W0237858

Leszek Kolakowski
Die Hauptströmungen des Marxismus

Leszek Kolakowski

Die Hauptströmungen des Marxismus

Entstehung · Entwicklung · Zerfall

Erster Band

R. Piper & Co. Verlag
München Zürich

Autorisierte Übersetzung aus dem polnischen Manuskript
von Eberhard Kozlowski
Die erste Buchausgabe erschien unter dem Titel
›Główne Nurty Marksizmu‹, Paris 1976

ISBN 3-492-02310-X (bei Einzelbezug)
ISBN 3-492-02322-3 (bei Gesamtabnahme)
© Leszek Kolakowski 1976
Deutsche Ausgabe:
© R Piper & Co. Verlag, München 1977
Gesetzt aus der Aldus-Antiqua
Gesamtherstellung Clausen & Bosse, Leck
Printed in Germany

Inhalt

Vorwort

Es war meine Absicht, ein Lehrbuch zu schreiben. Wenn ich das sage, erhebe ich nicht den absurden Anspruch, daß es mir gelingen könnte, die Geschichte des Marxismus in einer nichtkontroversen Weise darzustellen, die frei wäre von meinen eigenen Meinungen, eigenen Interpretationsgrundsätzen und eigenen Neigungen. Ich meine damit nur soviel, daß ich bemüht war, diese Geschichte nicht in der Form eines lockeren Essays darzustellen, sondern vielmehr in einer Weise, die es ermöglicht, einen Bestand von wichtigsten Informationen darin unterzubringen, von denen ein jeder Gebrauch machen könnte, der in das Thema eingeführt zu werden wünscht, ungeachtet dessen, ob er mit meinen Bewertungen einverstanden ist oder nicht. Ich habe mich auch darum bemüht, meine Bewertungen bei der Beschreibung nicht zu verheimlichen, sondern sie in Gestalt von deutlich abgegrenzten Passagen darzustellen. Man weiß natürlich, daß es sich nicht vermeiden läßt, daß die Bewertungen und Neigungen des Autors in die Form der Präsentierung, in die Auswahl der Probleme, die er abhandelt, in die Rangordnung, die er den Ideen, Ereignissen, Menschen und Schriften zuschreibt, eingehen. Doch wäre das Verfassen eines beliebigen Geschichtslehrbuchs, sei es nun im Bereich der politischen Geschichte, der Ideengeschichte oder der Kunstgeschichte, überhaupt ein Ding der Unmöglichkeit, wenn wir von vornherein davon ausgingen, daß jedes Bild im gleichen Maße durch die Vorliebe des Autors verformt sei, daß es also gar keine Fakten gäbe oder daß jedes Faktum eine mehr oder weniger willkürliche Konstruktion sei, daß es, mit einem Wort, keine historische Beschreibung gibt, sondern nur Bewertungen.

Dieses Buch ist der Versuch einer Geschichte des Marxismus, das heißt der Geschichte der marxistischen Lehre. Es ist nicht eine Geschichte der sozialistischen Ideen. Es ist auch nicht eine Geschichte der politischen Parteien oder Bewegungen, die diese Lehre in unterschiedlichen Versionen als eigene Ideologie angenommen haben. Es bedarf nicht der Unterstreichung, daß eine solche Scheidung nicht einfach durchführbar und daß sie im Falle des Marxismus besonders heikel ist, da der Zusammenhang zwischen der Arbeit von Theoretikern und Ideologen mit den politischen Kämpfen offensichtlich und eng ist. Nichtsdestoweniger müssen wir, egal was unser Thema ist, stets bestimmte Fragmente aus »lebendigen Ganzheiten« herausschneiden, von denen wir im übrigen wissen, daß sie nicht völlig selbständig leben. Wenn uns dies nicht erlaubt wäre, dürften wir ausschließlich eine Weltgeschichte schreiben, sofern alles auf die eine oder andere Weise miteinander verbunden ist. Der Lehrbuchcharakter des Buches zeigt sich auch darin, daß ich versuche, die elementaren Informationen zu geben, die den Zusammenhang zwischen der Entwicklung der Lehre und ihren Funktionen als politische Ideologie aufweisen. Diese Informationen sind jedoch auf ein notwendiges Mindestmaß beschränkt. Das Ganze stellt eine mit meinen Randglossen versehene Erzählung dar.

Es gibt fast keine einzige die Marxismusinterpretation betreffende Frage, die kein Streitobjekt wäre. Ich bemühe mich, die wichtigsten dieser Auseinandersetzungen anzumerken, doch es würde die Konstruktion des Buches unweigerlich sprengen, wenn ich mich in detaillierte Diskussionen mit allen Historikern und Kritikern einließe, deren Werke mir bekannt sind und deren Meinungen oder Auslegungen ich nicht teile. Den Anspruch, eine besonders neue Marx-Interpretation vorzuschlagen, erhebt das Buch nicht. Leicht kann man auch bemerken, daß mein Lesen Marxscher Texte von Lukács mehr als von anderen Interpreten beeinflußt wurde (was nicht heißt, daß ich mich Lukács' Marxismusverständnis anschließe).

Wie man sehen kann, ist das Buch nach uneinheitlichen Prinzipien eingeteilt. Das chronologische Prinzip konnte, wie sich herausstellte, nicht rigoros eingehalten werden, sobald mir die Darstellung bestimmter Personen oder Strömungen als innerlich zusammenhängender Ganzheiten wichtig erschienen war. Die Aufteilung des Buches in einzelne Bände ist zwar chronologisch motiviert, doch auch in dieser Hinsicht mußte ich einige Inkonsequenzen begehen, um die verschiedenen Richtungen im Marxismus nach Möglichkeit als abgegrenzte Ganzheiten behandeln zu können.

Die erste Fassung des ersten Bandes habe ich im Jahr 1968 geschrieben, indem ich die Freizeit nutzte, über die ich nach meiner Entfernung vom Lehrstuhl an der Warschauer Universität verfügte. Nach einigen Jahren erwiesen sich zahlreiche Ergänzungen, Korrekturen und Veränderungen dieses Bandes als unumgänglich. Den zweiten Band habe ich in den Jahren 1970 bis 1973 und den dritten von 1975 bis 1976 geschrieben, indem ich die Privilegien nutzte, die mir die Mitgliedschaft am All Souls College in Oxford einräumte. Ich bin fast sicher, daß ich unter anderen Bedingungen, ohne diese Privilegien, diese beiden Bände nicht geschrieben hätte.

Das Buch enthält keine erschöpfende Bibliographie. Es begnügt sich mit Hinweisen für den Leser, der nach den Quellen und den wichtigsten

Kommentaren greifen möchte. In der von mir angesprochenen Sekundärliteratur wird jeder Leser mühelos Hinweise auf die Literatur finden, die heute für einen einzelnen Leser leider nicht mehr voll erfaßbar ist.

Das Manuskript des zweiten Bandes haben zwei meiner Warschauer Freunde gelesen, Dr. Andrzej Walicki und Dr. Ryszard Herczyński; der eine ist Ideenhistoriker, der andere Mathematiker; beiden verdanke ich zahlreiche wertvolle, kritische Hinweise und Anregungen. Das Gesamtmanuskript hat außer mir nur meine Frau, Dr. Tamara Kołakowska, gelesen, die von Beruf Ärztin, Psychiaterin ist. Wie alles, was ich schreibe, verdankt auch dieses Buch ihrer kritischen Lektüre und ihrem nüchternen Verstand sehr viel.

Leszek Kolakowski

Einleitung

Karl Marx war ein deutscher Philosoph. Dieser Satz sieht nicht sonderlich entdeckerisch aus. Bei näherer Betrachtung könnte er sich jedoch als weniger banal und offenkundig erweisen als auf den ersten Blick. Ich imitiere mit dieser Äußerung Jules Michelet, der seine Vorlesungen über die britische Geschichte mit dem Satz begonnen haben soll: »Meine Herren, England ist eine Insel!« Es ist selbstverständlich ein großer Unterschied, ob wir ganz einfach in Kenntnis der Tatsache sind, daß England eine Insel ist, oder das historische Schicksal dieses Landes aus dieser Sicht interpretieren. Im zweiten Fall ist in einem solchen schlichten Satz eine bestimmte historische Option enthalten. Eine ähnliche philosophische oder historische Option enthält die Behauptung, Marx sei ein deutscher Philosoph gewesen, wenn wir sie als Angebot einer bestimmten Interpretation seines Denkens behandeln. Eine solche Interpretation geht nämlich davon aus, daß wir den Marxismus als ein philosophisches Projekt behandeln, das in den ökonomischen Analysen und der politischen Lehre seine Präzisierung erfuhr. Diese Art der Darstellung ist weder trivial noch unumstritten. Mehr noch: Wenn die Formel, daß Marx ein deutscher Philosoph gewesen sei, heute nicht als Entdeckung gelten kann, so hat es sich noch vor fünfzig Jahren ganz anders verhalten. Die Mehrheit der Marxisten der Epoche der 2. Internationale hatte Marx eher für den Autor einer bestimmten ökonomischen oder Gesellschaftstheorie gehalten, die, nach Meinung der einen, sich mit verschiedenen metaphysischen oder erkenntnistheoretischen Standpunkten vereinbaren lasse oder, nach Ansicht anderer, von Engels durch philosophische Grundlagen ergänzt worden sei, so daß der eigentliche Marxismus einen kohärenten theoretischen Block darstelle, der aus zwei oder drei Teilen zusammengesetzt sei, die entsprechend von zwei Autoren erarbeitet wurden.

Wir kennen alle den politischen Hintergrund des zeitgenössischen Interesses am Marxismus. Es ist das Interesse für eine Lehre, die als ideologische Tradition des zeitgenössischen Kommunismus angesehen wird. Sowohl Leute, die sich selber für Marxisten halten, als auch ihre Gegner erwägen für gewöhnlich die Frage: Ist der zeitgenössische Kommunismus, sowohl was die Ideologie als auch was die Institutionen betrifft, der rechtmäßige Erbe Marxens? Die drei gängigsten Standpunkte zu dieser Frage sind, vereinfacht, die folgenden:

1. Ja, der zeitgenössische Kommunismus ist die vollendete Verkörperung der marxistischen Lehre, was auch beweist, daß diese Lehre der Samen von Sklaverei, Tyrannei und Verbrechen ist.

2. Ja, der zeitgenössische Kommunismus ist die vollendete Verkörperung der marxistischen Lehre, was auch beweist, daß die Menschheit dieser Lehre die Hoffnung auf Emanzipation und Glück zu verdanken hat.

3. Nein, der Kommunismus ist eine tiefgreifende Deformation des originalen Marxschen Evangeliums, ist Verrat an den grundlegenden Voraussetzungen des Marxschen Sozialismus.

Die erste Antwort stammt von der traditionellen antikommunistischen Orthodoxie, die zweite von der traditionellen kommunistischen Orthodoxie, die dritte von allen nur möglichen kritischen, revisionistischen und »offenen« Marxisten.

Meine Auslegung geht davon aus, daß die Frage, auf die diese drei Einstellungen antworten, falsch gestellt sei und daß der Versuch, sie zu beantworten, nicht lohne. Genauer: Beantwortbar ist weder die Frage »Auf welche Weise lassen sich die verschiedenen Probleme der zeitgenössischen Welt in Übereinstimmung mit dem Marxismus lösen?« noch die Frage »Was würde Marx sagen, wenn er das Werk seiner Bekenner sehen könnte?« Beide Fragen sind unergiebig, und es gibt keine rationale Methode der Beantwortung auch nur einer von ihnen. Dem Marxismus ist keine präzisierte Methode zur Lösung von Fragen inhärent, die Marx sich selbst nicht gestellt hat oder die zu seiner Zeit noch nicht existiert hatten. Hätte Marx 90 Jahre länger gelebt, als es tatsächlich der Fall war, so hätte er sich in einer Weise ändern müssen, von der sich kein Mensch eine Vorstellung machen kann.

Diejenigen, die der Auffassung sind, der Kommunismus sei ein »Verrat« oder eine »Deformation« des Marxismus, wollen Marx gewissermaßen von der Verantwortung für die Taten derer entlasten, die sich als seine geistigen Erben bezeichnen. In ähnlicher Weise haben die Häretiker und Schismatiker des 16. und 17. Jahrhunderts die Römische Kirche wegen des Verrats an der ursprünglichen Botschaft kritisiert und auch versucht, den hl. Paulus von Verbindungen zur Korruption Roms freizusprechen. Ähnlich argumentierten auch jene, die den von den düsteren Beziehungen zur Ideologie und Praxis des deutschen Nazismus befleckten Namen Nietzsches reinigen wollten. Die ideologischen Motivationen solcher Versuche sind evident, doch ihr Erkenntniswert ist gering. Wir sind an Erfahrung reich genug, um zu wissen, daß alle sozialen Bewegungen durch eine Vielzahl von Umständen geklärt werden müssen und daß die ideologischen Quellen, auf die sie sich berufen und denen sie treu bleiben möchten, nur einen unter anderen Faktoren darstellen, die auf ihre Form, ihre Wirk- und Denkweisen Einfluß nehmen. Wir können mit Sicherheit davon ausgehen, daß keine einzige politische oder religiöse Bewegung eine vollendete Verkörperung ihres vermeintlichen »Wesens« war, das in den Schriften enthalten ist, die von diesen Bewegungen als kanonische anerkannt wurden; wir können auch mit Sicherheit voraussetzen, daß diese Schriften nie ein absolut formbares Material darstellen, sondern daß sie einen gewissen eigenständigen Einfluß auf die Gestalt der Bewegung ausüben. Normalerweise verhält es sich also so, daß die gesellschaftlichen Kräfte, die bestimmte Ideologien tragen, stärker sind als diese Ideologien, zugleich aber bis zu einem gewissen Grad dem Gewicht ihrer eigenen Tradition unterworfen sind.

Die Frage, die sich ein Ideenhistoriker stellt, sollte demnach nicht in der Konfrontation der »Essenz« einer bestimmten Idee mit ihrer praktischen »Existenz« in Form der sozialen Bewegungen bestehen. Wir sollten vielmehr fragen, in welcher Weise und infolge welcher Umstände die ursprüngliche Idee fähig war, über so zahlreiche und so unterschiedliche, sich gegenseitig bekämpfende Kräfte das Patronat auszuüben. Hat es etwas in dieser ursprünglichen Idee, in ihren Ambivalenzen, ihren konflikthaften Tendenzen gegeben – und wenn, was? –, das eben diese spätere Entwicklung ermöglichte? Die Aufspaltungen und Differenzierungen aller einflußreichen Ideen in ihrer späteren Ausstrahlung sind eine Regel und keine Ausnahmeerscheinung in der Kulturgeschichte. Sinnlos wäre auch, danach zu fragen, wer gegenwärtig ein »wahrer« Marxist sei, denn solche Fragen können nur innerhalb der ideologischen Perspektive entstehen, deren Voraussetzung es ist, daß die kanonischen Schriften eine autoritative Wahrheitsquelle darstellen und daß infolgedessen die Lösung des Problems, wer deren bester Interpret sei, zugleich auch darüber entscheidet, wer im Besitz der Wahrheit sich befinde. In Wirklichkeit hindert uns nichts daran, anzuerkennen, daß verschiedene Bewegungen und verschiedene Ideologien, selbst wenn sie sich gegenseitig verdammen sollten, das »Recht besitzen«, sich auf den Marxismus zu berufen (abgesehen von extremen Fällen, mit denen wir uns in diesem Diskurs jedoch nicht beschäftigen wollen). Ähnlich unergiebig ist die Erörterung der Frage »Wer war der wahre Aristoteliker: Averroes, Thomas von Aquin oder Pomponazzi?« oder »Wer war der echteste Christ: Calvin, Erasmus, Bellarmin oder Ignatius von Loyola?« Für den gläubigen Christen mag dieses Problem wesentlich sein, für den Ideenhistoriker ist es bedeutungslos. Diesen wird vielmehr die Frage interessieren, was im ursprünglichen Gehalt des Christentums dafür verantwortlich war, daß so unterschiedliche Personen wie Calvin, Erasmus, Bellarmin und Ignatius von Loyola sich auf ein und dieselbe Quelle berufen konnten. Mit anderen Worten: Der Ideenhistoriker nimmt die Ideen ernst, er geht nicht davon aus, daß sie den Umständen absolut gehorsam seien und jeder Eigenkraft entbehrten (andernfalls bestünde kein Grund für ihr Studium), doch er meint auch nicht, daß sie über Generationen ohne Sinnverschiebungen am Leben bleiben könnten.

Das Verhältnis des Marxschen Marxismus zum Marxismus der Marxisten als Problem zu behandeln, ist berechtigt, doch darf es nicht die Frage danach sein, wer der »echtere« Marxist sei.

Wenn wir uns, als Ideenhistoriker, in diesem Sinn außerhalb der Ideologie plazieren, plazieren wir uns keineswegs außerhalb der Kultur, in der und aus der wir leben. Im Gegenteil: die Ideengeschichte und insbesondere die Geschichte von geistig bedeutsamen und einflußreichen Ideen, die weiterhin wirksam sind, ist bis zu einem gewissen Grade eine Art Selbstkritik der Kultur. Ich schlage vor, gegenüber dem Marxismusverständnis den Standpunkt zu beziehen, den Thomas Mann im »Doktor Faustus« gegenüber dem Nazismus und seinen Verbindungen zur deutschen Kultur bezogen hat. Thomas Mann hätte sagen können und hätte das Recht dazu gehabt, dies zu sagen, der Nazismus habe gar nichts mit der deutschen Kultur zu tun und stelle deren schamlose Verneinung und Verfälschung dar. Er durfte das sagen, doch er hat es nicht gesagt. Er stellte sich hingegen die Frage, auf welche Weise ein Phänomen wie die Nazibewegung und die Nazi-Ideologie in Deutschland entstehen konnte und was in der deutschen Kultur seine Entstehung ermöglichte. Er schrieb, daß jeder Deutsche in den Monstrositäten des Nazismus die grotesk verzerrten Züge mit Entsetzen wiedererkennen würde, die er bei den besten (den besten, das ist wesentlich) Vertretern seiner Kultur wahrnehmen konnte.[1] Er begnügte sich also nicht damit, der Frage nach der ideellen Genese des Nazismus einfach auszuweichen, er gab sich nicht zufrieden mit der Erklärung, der Nazismus habe kein Recht, auf irgend etwas Anspruch zu erheben, was die deutsche Kultur hervorgebracht hat. Er unternahm eine Selbst-Kritik der Kultur, deren Teil und Mitschöpfer er war. In der Tat, die Formel, die Nazi-Ideologie sei eine »Karikatur« Nietzsches gewesen, genügt nicht, denn von Karikatur kann nur gesprochen werden, wenn wir mit ihrer Hilfe das Original wiedererkennen können. Die Nazis hießen ihre Übermenschen »Der Wille zur Macht« lesen, und es genügt nicht, zu sagen, dies sei ein belangloser Zufall gewesen, so, als ob sie anstelle dieses Buches ebensogut auch die »Kritik der praktischen Vernunft« hätten empfehlen können. Es geht hier selbstverständlich nicht um eine »Schuld« Nietzsches, nicht darum, daß Nietzsche als Person für den Gebrauch verantwortlich zu machen sei, der von seinen Schriften gemacht wurde; doch dieser Gebrauch muß dennoch Grund zur Beunruhigung sein, kann nicht einfach beim Verständnis seiner Texte als unbedeutender Zufall ignoriert werden. Die Person des hl. Paulus trägt für die Römische Kirche am

Ende des 15. Jahrhunderts und für die Inquisition keine »Verantwortung«; doch weder ein Christ noch ein Nicht-Christ darf sich mit der Aussage zufriedengeben, das Christentum sei durch die Taten unwürdiger Päpste oder Bischöfe entstellt und depraviert worden; er sollte vielmehr fragen, ob die Paulinischen Botschaften nichts enthalten haben, das als Unterstützung der Verbrechen und Untaten hätte dienen können, und was es im einzelnen gewesen sei. Die Fragen an Marxens Adresse und an die Adresse des Marxismus müssen analoge Fragen sein, und in diesem Sinne ist diese Darstellung nicht nur eine historische Beschreibung, sondern auch der Versuch einer Reflexion über die seltsame Geschichte einer Idee, die mit dem prometheischen Humanismus begann und mit den Ungeheuerlichkeiten der stalinistischen Tyrannei endete.

*

Die Chronologie des Marxismus ist vor allem deshalb verworren, weil zahlreiche Schriften von Marx, die heute als überaus bedeutsam angesehen werden, erst in den zwanziger und dreißiger Jahren unseres Jahrhunderts oder später im Druck erschienen sind (hierzu gehören: »Die deutsche Ideologie«, der gesamte Text der Dissertation »Differenz der demokritischen und epikureischen Naturphilosophie«, »Zur Kritik der Hegelschen Rechtsphilosophie«, »Ökonomisch-philosophische Manuskripte aus dem Jahre 1844«, »Grundrisse der Kritik der politischen Ökonomie«; hierzu gehört auch »Dialektik der Natur« von Engels). Diese Texte konnten also keine Bedeutung für die Epoche besitzen, in der sie entstanden waren, gelten heute jedoch nicht nur als Beiträge zur geistigen Biographie von Marx selbst, d. h., sie sind nicht nur von historischem Interesse, sondern werden als konstitutive Bestandteile der Lehre analysiert, die man ohne diese Texte nicht verstehen könne. Die Auseinandersetzung darüber dauert an, ob und in welchem Maße das sog. reife Denken Marxens, das besonders im »Kapital« zum Ausdruck kam, inhaltlich eine Fortsetzung seiner jugendlichen philosophischen Exkurse oder ob es, wie einige Interpreten unterstellen, Ergebnis eines radikalen geistigen Umschwungs war; ob und in welchem Maße Marx also in den fünfziger und sechziger Jahren seinen frühen Denkstil verworfen habe, der hauptsächlich durch den Problemhorizont der hegelianischen und junghegelianischen Philosophie geprägt war. Die einen meinen, die Gesellschaftsphilosophie des »Kapital« sei in den Frühschriften gewissermaßen vorgeformt gewesen und stelle ihre Entwicklung oder Präzisierung dar, die anderen sind im Gegenteil der Ansicht, die Analysen der kapitalistischen Gesellschaft bedeuten einen Bruch mit der utopischen und normativen Rhetorik der Frühphase Marxens; die Standpunkte in diesem Streit korrelieren mit den unterschiedlichen Interpretationen des Gesamtsinnes des Marxschen Denkens.

Ich gehe in dieser Darstellung davon aus, daß die philosophische Anthropologie nicht nur chronologisch, sondern auch logisch den Ausgangspunkt des Marxismus bildet. Zugleich muß angemerkt werden, daß es, ohne Deformierungen, fast unmöglich wäre, aus dem Marxschen philosophischen Denken den philosophischen Gehalt als einen eigenständigen Bereich auszusondern. Marx war kein akademischer Autor, vielmehr war er ein Humanist im renaissancehaften Wortsinn, und sein Denken umfaßte das Gesamt der menschlichen Belange, ähnlich wie die Vision der sozialen Emanzipation in Wechselbeziehung zum Gesamt der entscheidenden Probleme stand, mit denen sich die Menschheit herumschlägt.

Man hat sich daran gewöhnt, drei Problemkreise des Marxismus auseinanderzuhalten: die philosophisch-anthropologischen Voraussetzungen, die sozialistische Lehre und die ökonomische Analyse, und dementsprechend die Aufmerksamkeit den drei Hauptquellen zuzuwenden, denen die Marxsche Lehre entspringt: deutsche Dialektik, französisches sozialistisches Denken und englische politische Ökonomie. Verbreitet ist jedoch auch die Überzeugung, daß die Aufgliederung des Marxismus in derartig ausgezeichnete Bestandteile den Intentionen von Marx selber zuwiderläuft, der versucht habe, die menschlichen Verhaltensweisen und die Menschheitsgeschichte global zu interpretieren und eine ganzheitliche Wissenschaft vom Menschen zu rekonstruieren, in der jede Einzelfrage ihren Sinn aus dem Bezug zur Gesamtheit der Fragen gewinne. Welcher Art diese Interdependenz aller Bestandteile des Marxismus und wie seine innere Kohärenz näher zu charakterisieren wäre, das ist ein Problem, das sich nicht mit einem Satz beantworten läßt. Es scheint jedoch, als ob Marx in der Tat bestrebt gewesen wäre, solche Qualitäten des historischen Prozesses zu erfassen, bezüglich derer sowohl erkenntnistheoretische wie ökonomische Fragen wie schließlich auch gesellschaftliche Ideale erst einen gemeinsamen Sinn erhalten, d. h., daß er gedankliche Instrumente oder Erkenntniskategorien schaffen wollte, die einen so hohen Allgemeinheitsgrad besäßen, daß sämtliche Phänomene der menschlichen Welt mit ihrer Hilfe verständlich würden. Der Versuch einer Rekonstruktion dieser Kategorien und der Darstellung des Marxschen Denkens gemäß seinem Kategoriengefüge kann jedoch zur Folge haben, daß die Entwicklung des Denkers selbst ignoriert wird, und birgt überdies die Gefahr, daß die Ganzheit seiner Texte als homogener einmalig geformter Block behandelt wird. Es scheint daher vorteilhafter, die Hauptglieder der Entwicklung des Marxschen Denkens zu verfolgen und sich erst dann der Frage zuzuwenden, welche Motive, und sei es implizit, in dieser Entwicklung perseverieren und welche hingegen als temporäre Akzidenzien angesehen werden dürfen.

Für den nun folgenden knappen Überblick über die Geschichte des Marxismus wird ein Problem zum Kristallisationspunkt werden, das, wie es scheint, am Anfang des selbständigen Marxschen Denkens im Zentrum der Betrachtung gestanden hatte: Wie kann man die Alternative von Utopismus und historischem Fatalismus vermeiden? Mit anderen Worten: Wie kann man einen Standpunkt artikulieren und verteidigen, der weder ein arbiträres Dekretieren von erfundenen Idealen noch ein Sichabfinden mit der unumgänglichen Abhängigkeit der menschlichen Probleme von einem anonymen Geschichtsprozeß bedeutete, an dem alle teilnehmen, über den jedoch niemand die Macht besitzt? Die verblüffende Vielfalt der Standpunkte, die unter den Marxisten zum Thema des sog. historischen Determinismus von Marx bezogen werden, ist ein weiterer Faktor, der die Richtungen des Marxismus im 20. Jahrhundert am prägnantesten darzustellen und zu klassifizieren gestattet. Klar scheint auch, daß die Antwort auf die Frage nach dem Platz, den Bewußtsein und Wille des Menschen im Geschichtsprozeß einnehmen, zu einem nicht geringen Maße den Sinn bestimmen, der den sozialistischen Idealen zugeschrieben wird und der unmittelbar mit der Theorie der Revolution und der Krisentheorie zusammenhängt.

Den Raum, aus dem die Marxschen Überlegungen ausgegangen sind, bestimmen jedoch philosophische Fragen, die als Hegelsches Erbe vorgefunden wurden, und der Zerfall dieses Erbes stellt die natürliche Ausgangsposition dar, mit der jeder Versuch der Darstellung des Marxschen Denkens notwendigerweise beginnen muß.

Erstes Kapitel

Die Entstehung der Dialektik

Alle lebendigen Strömungen der zeitgenössischen Philosophie haben eine Vorgeschichte aufzuweisen, die sich fast bis an den Anfang der schriftlich überlieferten philosophischen Reflexion zurückverfolgen läßt; sie weisen mithin eine Geschichte auf, die ihren Bezeichnungen und eindeutig festgelegten Umrissen vorausgeht; so läßt sich begründeterweise von einem Positivismus vor Comte, von einer Existenzphilosophie vor Jaspers sprechen. Die Situation des Marxismus stellt sich scheinbar anders dar, weil die Bezeichnung dieser Richtung ganz einfach vom Namen ihres Gründers abgeleitet wurde. Solcherweise mag es auch scheinen, es habe wenig Sinn, das Problem eines »Marxismus vor Marx« zu erörtern. Eine Formel dieser Art mag in der Tat abstrus klingen, ähnlich wie die Formel »Cartesianismus vor Descartes« oder »Christentum vor Christus«. Die geistigen Strömungen, deren Entstehung in engem Zusammenhang mit einer Person steht, besitzen jedoch stets eine eigene Vorgeschichte, das heißt ein Repertoire von Fragen, die früher in Erscheinung getreten sind, oder einen Bestand von Suggestionen, die bereits zuvor einzeln artikuliert worden sind und dann von einer herausragenden Persönlichkeit zu einer Ganzheit verbunden wurden und dadurch den Rang eines neuen Phänomens in der Kultur gewinnen konnten. »Christentum vor Christus« kann selbstverständlich auch nur ein Wortspiel sein, das sich im Grunde darauf zurückführen läßt, daß dem Begriff »Christentum« sein historisch fixierter Sinn entzogen wird; nichtsdestoweniger sind sich heute alle darüber einig, daß die frühchristliche Geschichte sich nicht ohne die mühsam gesammelten Kenntnisse über das geistige Leben Judäas in der Epoche verstehen ließe, die der Botschaft Christi unmittelbar vorausgegangen war. Bezüglich der Situation des Marxismus läßt sich eine ähnliche Beobachtung machen. Die Formel »Marxismus vor Marx« hat keinen Sinn, aber das Denken Marxens würde seines Inhalts beraubt werden, wenn man es nicht innerhalb der gesamten Geschichte der europäischen Geisteskultur plazieren würde, wenn wir also nicht imstande wären, es als Antwort auf bestimmte Grundfragen zu begreifen, die die Philosophie in immer neuen Artikulationen seit Jahrhunderten gestellt hat. Nur durch den Rekurs auf diese Fragen, auf die Geschichte ihrer Kumulation und ihrer Verwandlungen kann die Marxsche Philosophie sowohl in ihrer historischen Einmaligkeit wie in ihren dauerhaften Werten begriffen werden. Im Verlauf des letzten halben Jahrhunderts haben sich viele Marxismus-Historiker Verdienste durch die Untersuchung jener Fragen erworben, die die klassische deutsche Philosophie vor Marx stellte und die der Marxismus neu beantwortete. Doch auch die klassische deutsche Philosophie – von Kant bis Hegel – war der Versuch, neue begriffliche Formen für die Artikulierung von ewigen Fragen zu finden; sie selber wäre ohne eine solche Relativierung unverständlich, wenngleich sich ihr Gesamtgehalt gewiß nicht in den originären, ewigen Fragen auflösen läßt; die Geschichte der Philosophie würde aufhören zu existieren, wenn derartige Reduktionen möglich wären, jede philosophische Formation würde ihrer Spezifität und des Zusammenhanges mit der eigenen Epoche verlustig gehen. Die historisch-philosophische Reflexion muß auf zwei einander beschränkende Regeln zurückgreifen: die eine heißt die Fragen, die für jeden Philosophen wesentlich sind, als Varianten grundsätzlich derselben Interessenstruktur des menschlichen Geistes begreifen, die auf die gleichen, unabänderlichen Lebensumstände gerichtet ist, auf die unsere Vernunft stößt; die zweite empfiehlt, um die Erfassung eines Maximums an historischer Besonderheit einer jeden untersuchten geistigen Formation und eines jeden historisch-philosophischen Faktums Sorge zu tragen, seine Verbindungen zur unwiederholbaren Situation jener Epoche genauestens zu beschreiben, die den Philosophen hervorgebracht hat und die er selber mitschuf. Das Zusammenbefolgen dieser Regeln ist eine heikle Aufgabe; obwohl wir nämlich wissen, daß sie sich gegenseitig beschränken müssen, können wir die Prinzipien dieser Beschränkung nicht klar formulieren und sind in der historischen Reflexion gelegentlich auf die labile Intuition angewiesen. Wenngleich diese beiden Regeln also weit entfernt sind von der Unfehlbarkeit und Eindeutigkeit, die für die Konstruktionsregeln naturwissenschaftlicher Experimente gelten oder für die Grundsätze der Identifizierung von Dokumenten, so sind sie dennoch nützlich und schaffen einen allgemeinen Orientierungsrahmen, der mindestens zwei Extremformen des historischen Nihilismus vermeiden läßt. Die eine davon besteht in der programmäßigen Reduktion jeglicher philosophischer Arbeit auf eintönig wiederaufgegriffene, immer gleiche Fragen, wodurch sie das Panorama der kulturellen Entwicklung des Menschen zerstört und diese Entwicklung überhaupt annulliert. Die zweite begnügt sich mit der maximalen Erfassung der spezifischen Eigenarten eines jeden untersuchten Phänomens (oder auch einer kulturellen Epoche), indem sie, direkt oder implizit, von der Voraussetzung ausgeht, daß nur das wesentlich sei, was unwiederholbare einmalige historische Ganzheiten schaffe, innerhalb derer jede Einzelheit, auch wenn sie eine zweifelsfreie Wiederholung bereits früher entstandener Einfälle wäre, nur durch den Rekurs auf jene einmalige Ganzheit erneut verständlich werde und daß ihr Sinn restlos auf diese Ganzheit hin relativierbar sei. Eine solche hermeneutische Voraussetzung muß auch, in ihren Auswirkungen, als eine Art historischen Nihilismus angesehen werden; indem sie nämlich den Sinn einer jeden Einzelheit ausschließlich auf eine bestimmte synchrone Ganzheit bezieht (egal, ob diese Ganzheit nun ein bestimmtes denkendes Individuum oder eine ganze Kulturepoche wäre), verhindert sie die Untersuchung jedweder wiederholbarer Sinngehalte, d. h., sie zwingt dazu, jede Forschungseinheit (also eben ein Individuum oder eine Epoche, je nach Entscheidung) als eine Ganzheit zu behandeln, die anderen Ganzheiten gegenüber monadisch abgeschlossen wäre, d. h., es besagt *a priori*, daß die Kommunikation zwischen ausgezeichneten Ganzheiten unmöglich und eine Sprache, mit deren Hilfe man sie zusammen beschreiben könnte, nicht konstruierbar sei (jeder Begriff hat einen anderen Sinn, je nachdem, auf welche Ganzheit er angewandt wird, und übergeordnete oder nicht-historische Kategorien lassen sich grundsätzlich nicht konstruieren, denn dies widerspräche dem Forschungsprinzip).

Indem wir uns mithin bemühen, diese beiden nihilistischen Neigungen auszuschalten, sollten wir bestrebt sein, die zentralen Marxschen Gedanken als Antworten auf Fragen zu verstehen, die die philosophische Meditation seit langem bewegten, zugleich aber auch versuchen, diese Gedanken in der Fülle ihrer unwiederholbaren Besonderheit zu begreifen, die im Genie ihres Schöpfers wurzeln, aber auch in der Einmaligkeit seiner historischen Zeit. Ein solches methodologisches Prinzip läßt sich freilich leichter formulieren als wirksam anwenden, um so mehr, als eine strikte Befolgung das Verfassen einer kompletten Philosophiegeschichte oder nachgerade einer Kulturgeschichte verlangte. Der kurze Abriß von Problemen, im Hinblick auf welche das Marxsche Denken in der Geschichte des europäischen philosophischen Denkens als ihre wesentliche neue Phase plaziert werden darf, kann nur ein geringer Ersatz für eine solche undurchführbare Arbeit sein.

1. Die Frage nach der Zufälligkeit des menschlichen Daseins

Während die Erfassung des Seinsganzen das Bestreben der Philosophie war, bestand ihr Ausgangsimpuls in der Erfahrung der menschlichen Hinfälligkeit. Das eine wie das andere – das Gefühl der Hinfälligkeit, das das philosophische Denken in Bewegung setzte, sowie das Streben nach Überwindung dieser Hinfälligkeit durch das Verstehen des Seinsganzen – erbte die Philosophie von den Mythenbeständen.

Zentraler Ort der philosophischen Interessiertheit waren die Hinfälligkeit und das menschliche Elend, jedoch nicht jene offensichtliche, unmittelbar zu sehende, heilbare Hinfälligkeit, sondern die fundamentale, die sich nicht mit technologischen Mitteln bewältigen läßt, die Invalidität des Seins selbst, das, sobald es einmal so oder so verstanden wurde, die Suggestion nährte, daß es der eigentliche Urheber der empirischen, greifbaren Hinfälligkeit sei und diese letztere seine sekundäre Erscheinung. Diese fundamentale genuine Hinfälligkeit trug verschiedene Namen: Die Philosophie des christlichen Mittelalters sprach von »Zufälligkeit« des menschlichen Daseins, das in dieser Hinsicht im übrigen die Situation jeglichen geschaffenen Seins teile. »Zufälligkeit« – ein aus der Aristotelischen Tradition übernommener Terminus (in »Peri hermeneias« werden die Kontingenzschlüsse erörtert, d. h. diejenigen Urteile, die Aussagen über Eigenschaften des Dings treffen, die ihm zukommen können oder nicht, ohne seine Natur zu tangieren) – bedeutete die Situation des endlichen Seins, daß es existieren oder nicht existieren kann, daß das Dasein nicht seinem Wesen selbst inhärent, mithin nicht notwendig ist. Jegliches geschaffene Seiende besitzt, als geschaffenes, einen Anfang in der Zeit, also gibt es einen Zeitpunkt, in dem es es schlechthin nicht gibt, folglich *muß* es nicht existieren. Für die peripatetisierende Scholastik war diese Unterscheidung von Wesen und Dasein, die das geschaffene Sein in seinem Gegensatz zum Schöpfer kennzeichnet, dessen Existenz notwendig ist (Wesen und Dasein sind in Gott eins), zwar das krasseste Zeugnis für die Nichtigkeit des geschaffenen Seins, galt jedoch keineswegs als Quelle des Verderbens noch als Kennzeichen des Falls. Daß der Mensch ein zufälliges, ein Sein von ungefähr darstelle, das war eine Information, die zur Demut gegenüber dem Schöpfer und zu dessen Lobpreisung anhalten sollte, zugleich aber auch eine Information, die den unvermeidlichen und unveräußerlichen Status unseres, des menschlichen Seins auszeichnete, nicht aber das Resultat eines Rangverlustes oder Abfalls. Auch die Zeitlichkeit des menschlichen Daseins und die Tatsache der Leiblichkeit des Menschen waren keine Merkmale seines Abstiegs, gehörten vielmehr zu den natürlichen Bedingungen, die der menschlichen Gattung in Übereinstimmung mit der Seinshierarchie eigneten.

Für die Platonische Tradition hingegen, die vom Terminus »Zufälligkeit« selbst keinen oder nur seltenen Gebrauch machte, zeugte allein der Umstand, daß der Mensch als endliches und in der Zeit lebendes Sein etwas anderes ist als *das Wesen des Menschen*, davon, *daß der Mensch nicht ist, was er ist*, daß seine empirische, faktische, zeitlich begrenzte Existenz also nicht mit dem idealen und vollkommenen, außerzeitlichen Sein der Menschheit als solcher zusammenfällt. Aber Nicht-sein-wasman-ist bedeutet, an einem unerträglichen Zwiespalt leiden, mit dem

Bewußtsein des eigenen Falls leben, unaufhörlich nach vollkommener Identifikation sich sehnen, die vom körperlichen, dem Untergang geweihten, zeitlich begrenzten Leben in keiner Weise gewährleistet werden kann. Die Welt, in der wir als endliche Individuen leben, der eigenen Vergänglichkeit bewußt, wird zum Ort der Verbannung.

2. Plotins Soteriologie

Platon und die Platoniker haben in der philosophischen Sprache die Frage formuliert, die aus der religiösen Tradition übernommen und durch die gesamte Geschichte der Kultur permanent wiederholt wurde: Ist die menschliche Zufälligkeit heilbar? Ist die Situation der ontischen Beiläufigkeit endgültig, wie Lukrez meinte, wie auch die zeitgenössischen Existentialisten meinen, oder hat der Mensch vielleicht doch, trotz seiner Entzweiung, eine auffindbare Verbindung zu dem nicht-zufälligen und nicht-bedingten Sein bewahrt, die seine Hoffnung auf Selbstidentifikation rechtfertigen würde? Mit anderen Worten: Wohnt ihm eine Bestimmung inne, zur Totalität und Nicht-Zufälligkeit zurückzukehren?

Für die Platoniker, vor allem für Plotin, aber auch für Augustinus, offenbart sich die Hinfälligkeit des menschlichen Daseins am krassesten in seiner Zeitlichkeit, nicht nur darin, daß seine Zeit einen Anfang aufweist, sondern auch darin, daß es überhaupt dem zeitlichen Ablauf unterliegt. Plotin führt das von Parmenides ins griechische Denken gesetzte Motiv weiter, und obwohl er bemüht ist, in seiner Konstruktion ein noch höheres Niveau zu erreichen als das des Parmenidischen Seins (das von ihm als dem Einen oder Absoluten gegenüber als sekundär behandelt wird), so ist die grundlegende philosophische Intuition jedoch die gleiche. Plotin argumentiert nicht wie die Aristoteliker *ex contingente ad necessarium*, d. h., er versucht nicht aufzuweisen, daß die Realität des Einen konklusiv aus der Beobachtung des endlichen Seienden abgeleitet werden kann als dessen notwendige logische Prämisse. Das Eine besitzt eine zwar unausgesprochene, nichtsdestoweniger offenkundige Realität, denn »sein« schlechthin im letztendlichen Wortsinn bedeutet absolut unveränderlich sein, also auch absolut nicht zusammengesetzt sein, also außer-zeitlich sein. Das, was wirklich *ist*, kann nicht der Zeitlichkeit unterworfen sein, kann nicht in einer Weise leben, daß es sein Leben in eine Vergangenheit und eine Zukunft differenzierte. Das endliche und bedingte Seiende lebt im Gegenteil auf der ständigen Flucht vor der Vergangenheit, die es nicht mehr gibt, in eine Richtung strebend, die es noch nicht gibt, ist demnach gezwungen, sich selbst als Vermittlung von Erinnerung und Antizipation zu begreifen, ist sich selbst nicht unmittelbar gegeben, sondern nur in einer unvermeidlichen Mediatisierung, die durch die Differenz zwischen dem, was war, und dem, was sein wird, geleistet wird. Es ist nicht mit sich selbst identisch, denn es ist nicht »zugleich ganz«, sondern lebt ausschließlich in der Gegenwart, die im selben Moment, in dem sie ist, bereits verschwindet und »später« vermittels des Gedächtnisses in Erscheinung tritt. *Das Eine* ist wahrhaft sichselbstgleich und kann daher auch nicht adäquat verstanden werden in seinem Gegensatz zur vergänglichen Welt, sondern nur durch sich selbst. (»Man darf ihn überhaupt nicht als zu etwas in Beziehung stehend ansprechen; denn er ist das, was er ist, und ist vor den anderen Dingen; wir tun ja selbst das ›ist‹ von ihm fort, und folglich auch jede Beziehung zu den seienden Dingen.« – Enn. VI 8,8.[1] »Demjenigen Wesen nun, welches nicht aus sich selbst herausschreitet, sondern nie von sich abweicht, wird man im eigentlichen Sinne zuschreiben dürfen, daß es eben das ist, was es ist.« – Enn. VI 8,9.[2]) Die zusammengesetzten Existenzen hingegen sind nicht mit sich selbst identisch, denn etwas anderes ist es, zu sagen, sie seien, und etwas anderes, sie seien ›so‹. Das, was ist, was es ist, entzieht sich der Macht der Rede, selbst »das Eine«, selbst »Sein« sind nur unbeholfene Werkzeuge, mit deren Hilfe wir bestrebt sind, das Unaussprechliche zu beschreiben; die, die es erfahren haben, wissen, worüber sie sprechen, aber sie können diese ihre Erfahrung niemals vermitteln. Mit unendlicher Beharrlichkeit kreisen die »Enneaden« um diese fundamentale Intuition, die stets der Macht der Sprache entgleitet. Von endlichen Dingen läßt sich eigentlich nicht sagen, sie »sind«, da sie gerade in jedem Punkt ihres Bestehens vergehen und da sie sich selbst nicht als mit sich selbst identische zu erfahren vermögen, sondern das Selbstverständnis durch ein Hinausgehen über sich selbst nach rückwärts und vorwärts vermitteln. Doch auch in bezug auf das Absolute scheint das Wort »existieren« inadäquat, sofern gerade unsere Sprache dem Existenz zuschreibt, was begrifflich greifbar ist, während das Eine keinen Begriff hat. Unsere Vernunft dringt zum Einen nur durch Negation vor, erfaßt es in ihrer Unbeholfenheit als das, was die beschränkte Welt auf eine radikale Weise nicht ist, und sei es nicht einmal die sinnliche, und sei es die Welt der ewigen Ideen der Vernunft. Doch dieser Weg der Negation ist nur ein notwendiges Übel, denn in Wirklichkeit verhält es sich doch umgekehrt: Die Welt der veränderlichen Dinge ist durch ihre Negativität bestimmt, durch die Beschränkung, durch ihre Teilnahme am Nichtsein. Das Eine ist nicht »Etwas«, denn »Etwas«-sein bedeutet soviel, wie etwas anderes nicht sein, soviel, wie sich durch Qualitäten erfassen lassen, die als die eigenen somit im Gegensatz zu anderen Qualitäten stehen, eben jenen, die nicht die eigenen sind. Etwas-sein bedeutet mithin Beschränktsein, am Nichtsein teilhaben.

Die Hypostasen der Wirklichkeit sind Stufen der Degradierung. Das

Sein oder der Geist, also die zweite Hypostasis, ist das durch die Vielheit degradierte Eine, denn es ist eine Hinwendung auf sich selbst, und erzeugt infolge dieser Hinwendung gewisserweise die Unterscheidung zwischen sich als einem, das sich hinwendet, und dem, auf das es sich hinwendet. (*Das Eine* kann nicht erkennen, sofern die Erkenntnis die Differenzierung in Subjekt und Objekt voraussetzt – Enn. V 3,12–13; Enn. V 6,2–4.) Die Seelen hinwieder, die dritte Hypostasis, sind der durch den Kontakt mit der körperlichen Welt, also mit dem Nichtsein oder dem Bösen degradierte Geist. Die Materie sowie ihre qualitativen Bestimmtheiten, also die Körper, sind die letzte Stufe der degradierten Wirklichkeit, Fast-Schatten, Abwesenheit von Ordnung, radikale Passivität, Nichtselbstgenügsamkeit, Mangel, dasjenige, dessen »ist« eigentlich soviel heißt wie »ist nicht« (Enn. I 8,7–8). Im weiteren Verlauf des Abstiegs von der Einheit zur Vielheit, der Bewegungslosigkeit zur Bewegung, der Ewigkeit zur Zeitlichkeit, begegnen wir gleichsam den aufeinanderfolgenden Stufen des schwächer werdenden Seins. Die Bewegtheit ist die Degradierung der Unbewegtheit, das Handeln die abgeschwächte Anschauung (Enn. III 8,4). Die Zeit »fiel« aus der Ewigkeit heraus (Enn. III 7,11). Der menschliche Geist kennt zwar die Ewigkeit nur als Nicht-Zeit, in der Tat ist die Zeit jedoch Nicht-Ewigkeit, Negation des Seins, ein geschwächtes oder von Ohnmacht befallenes Sein. In-der-Zeit-sein bedeutet soviel wie Nicht-zugleich-sein. Genauer gesagt, in Übereinstimmung mit den komplizierten Ausführungen der dritten »Enneade« (Kapitel 7) sind die Seelen nicht »in der Zeit«, vielmehr ist die Zeit »in ihnen«, denn sie waren es, die die Zeit geschaffen haben, indem sie sich den sinnenfälligen Dingen zuwandten. Die Ewigkeit, die Plotin beschreibt als »das am Seienden sich vollziehende im Sein seiende Leben, das zugleich ganz und erfüllt und gänzlich unausgedehnt ist« (Enn. III 7,3[3]) – Muster der berühmten klassischen Ewigkeits-Definition aus der Boethiusschen »Consolatio philosophiae« –, kennt keine Unterscheidung in Schon-Gewesenes und Noch-nicht-Eingetretenes, ist also nichts anderes als reales Sein (»Das wahre Sein nämlich ist: niemals nicht sein oder anders sein; dies aber heißt: unveränderlich sein.« – ebd. 6[4]).

Doch die der Vergänglichkeit verhaftete Seele, die auf der unaufhörlichen Flucht vor dem Nichts des Gewesenen zum Nichts des Nochnichtgewesenen hinuntergestoßen wurde, ist dennoch nicht zur ewigen Verbannung verurteilt. Die sechste »Enneade« ist nicht nur eine Beschreibung der unendlichen Entfernung, die die allerwirklichste Wirklichkeit von unserem sinnlichen und geistigen Leben, von unserer Sprache und unseren Begriffen trennt; sie ist auch eine Beschreibung des Rückwegs vom Ort der Verbannung zur Vereinigung mit dem Absoluten. Doch diese Rückkehr ist keine übernatürliche Erhebung des Menschen über seine angeborene Verfassung (der Begriff des Übernatürlichen selbst läßt sich in Plotins Denken nicht konstruieren); es ist im Gegenteil die Rückkehr der Seele *zu sich selbst.* (»Denn die Seele kann ihrem Wesen nach nicht in das schlechthin Nichtseiende gelangen; sondern wenn sie hinabschreitet, kommt sie ins Übel und insofern in Nichtseiendes, jedoch nicht in das schlechthin Nichtseiende; läuft sie dagegen in entgegengesetzter Richtung, so gelangt sie, da sie nicht in einem andern ist, nicht in einem Nichts sein, sondern nur in sich selbst, und so kann sie, da sie nicht in einem andern ist, nicht in einem Nichts sein; sondern nur in sich selbst; und nur in sich selbst und nicht in Jenem als in etwas Seiendem . . .« – Enn. VI 9,11.[5]) In der Tat ist die Seele niemals, auch dann nicht, wenn sie am Boden ihres Falls angelangt ist, von ihrer Quelle getrennt, und der Rückweg steht ihr immer offen (»Denn wir sind nicht von ihm abgeschnitten oder gesondert, wenn auch das Leibeswesen sich eindrängt und uns zu sich gezerrt hat, sondern wir atmen und werden erhalten nur indem jenes nicht nur einmal dargereicht und sich dann abgewendet hat, sondern immerdar spendet, solange es ist was es ist« – ebd. 9[6]). Daher besteht der Weg zur Vereinigung nicht in der Suche nach etwas, das sich außerhalb des Suchenden befände, sondern im Gegenteil darin, daß alle Bindungen mit den äußerlichen Realitäten abgestreift werden, zuallererst mit dem körperlichen, dann auch mit der Ideenwelt, um mit jenem Sein verkehren zu können, das in der Seele ihr eigenes, allerwirklichstes Sein erschafft. So ist Plotins Werk eigentlich keine Auslegung der Metaphysik, denn über das Wichtigste vermag es nichts auszusagen; es ist ein Hinweis für den, der auf eigene Rechnung den Weg der Befreiung vom zeitlichen Sein antreten will, ein geistiger Ratgeber, keine Theorie.

Plotin, Jamblichos und andere Platoniker haben solcherweise, teils unmittelbar, teils über ihre frühen christlichen Rezeptionen, einem Gedanken zur Verbreitung verholfen, der seitdem in unserer Kultur nie erlosch, der jedoch selber eine philosophische Artikulation der mythenschöpferischen Sehnsucht nach dem Paradies und des mythenschöpferischen Glaubens an Jenen war, der ist, was er ist, und der dem Menschen nicht nur als selbstgenügsames Sein und nicht nur als Schöpfer entgegentritt, sondern auch als höchstes Gut und als Stimme, die zu sich und an den Ort ruft, wo die *wahre* Bestimmung des Menschen sich erfüllt. Sie brachten Kategorien in Umlauf, die den Unterschied zwischen dem empirischen, faktischen und endlichen Dasein des Menschen und seinem authentischen Sein erfassen sollten, dem von der Zeit befreiten, sichselbstgleichen Sein; sie wiesen den »natürlichen Platz« des Menschen außerhalb seiner akuten Wirklichkeit, beschrieben seine Berufung zum »Selbstsein«. Sie zeigten den Weg des Falls und den Rückweg, die Bewegung »hinauf und hinab«, faßten die Entzweiung des Menschen in zufälliges und authentisches Sein in Worte und wollten die Perspektive der Überwindung jener Entzweiung in der Bewegung der Selbstvergöttlichung erschließen. Sie fanden sich nicht damit ab, daß der Mensch zur Zufälligkeit verurteilt sein sollte, und glaubten, die Perspektive des Absoluten sei eine für uns geöffnete Perspektive.

Zugleich zeigte Plotin die Verbindung auf, die zwischen der Entzweiung des menschlichen Seins und seiner Beschränktheit besteht, die bewirkt, daß wir gezwungen sind, die von uns erkannte Welt als eine grundsätzlich von uns unterschiedene zu behandeln, daß wir einer Situation unterworfen sind, in der unser Denken und unsere Wahrnehmung mit etwas in Kontakt tritt, was anders als sie selber. Die Aufhebung der Fremdheit des Geistes *gegenüber sich selber* (und die Zeit erzeugt diese Fremdheit unausweichlich, sofern sie uns heißt, uns selber als bereits Gewesene oder noch nicht Entstandene zu sehen) hebt mithin zugleich die Fremdheit des Geistes gegenüber allem auf, worauf sich sein Sehnen oder sein Erkennen oder seine Liebe richten. Platon schrieb in dem »Siebenten Brief«: »Denjenigen, der die Sache nicht innerlich verwandt ist, den kann weder Schulbegabung noch ein gutes Gedächtnis dazu bringen, denn in ihr fremden Naturen kann sie überhaupt keine Wurzel fassen.«[7] In dem Wissen, das wahrhaft wichtig ist, ist das Subjekt nicht ganz einfach ein Absorber von Informationen über Realitäten, die ihm gegenüber völlig äußerlich sind; es tritt vielmehr in eine intime Vereinigung mit dem Erkannten, und sein Erkennen ist eine Weise des im Vergleich zur vorangegangenen besseren Seins. Sowohl für Platon wie für seine Schule ist die Bewegung des Geistes in Richtung der Befreiung von Zufälligkeit somit ein sukzessives Aufheben der Fremdheit zwischen dem Geist und seinem Gegenstand – Voraussetzung seiner Arbeit ist mithin das Bewußtsein, daß *alles, was die Welt zu einer mir fremden und grundsätzlich von mir verschiedenen macht, zugleich Quelle meiner eigenen Beschränktheit,* meiner Gebrechlichkeit, meiner Unvollkommenheit ist. Die Rückkehr zu mir selbst ist mithin die Aneignung der Welt als meiner eigenen, der Zusammenfall mit dem Sein. Meine eigene Einheit ist somit die Einheit von mir und dem Sein, und die Aufwärtsbewegung meiner Erkenntnis ist identisch mit der Bewegung des Seins, das zur verlorenen Einheit strebt. In diesem Sinn ist die Logik, also der Ablauf meines Denkens über das Sein, zugleich ein Aufstieg des Seins selbst (denn der menschliche Geist ist der Führer der erschaffenen Welt) zur verlorenen Einheit. Eine solche Formulierung kann sich anhören wie ein Hegelscher Diskurs, ist jedoch durchaus im Einklang mit dem Plotinischen Vorwurf: »[Die Dialektik] besteht nicht in nackten Lehrsätzen und Regeln, sondern handelt von Gegenständen und hat das Seiende sozusagen zum Stoff; indes tritt sie methodisch an sie heran, denn sie hat die Lehrsätze zugleich mit den Gegenständen« (Enn. I 3,5[8]). Wenn die kosmische Odyssee die Geschichte des Geistes ist und die Arbeit des

Geistes auf dem logischen Denken beruht, so treffen Begriffsbewegung und Seinsbewegung zusammen, so unterscheiden sich Dialektik und Metaphysik nicht mehr voneinander. Der Gedanke ist im eigentlichen Sinn ein auf sich selbst bezogener, auf sich selbst gerichteter Gedanke. (»Bezieht sich dagegen das Denken auf die Außendinge, so ist es ein mangelhaftes und es ist kein Denken im echten Sinne.« – Enn. V 3,13.[9])

Fassen wir zusammen. Für Plotin gibt es nur eine einzige absolut nicht-zufällige Wirklichkeit, d. h. eine mit der eigenen Existenz identische. Die Zufälligkeit des Menschen besteht darin, daß *sein wahres Wesen sich außerhalb seiner befindet*, darin, daß er in seinem empirischen Dasein etwas anderes ist als in seiner Wahrheit; die Zeitlichkeit ist die krasseste Enthüllung dieses Falles. Die Rückkehr zum Status der Nicht-Zufälligkeit ist die Rückkehr zur Einheit – einer nicht näher bestimmten und grundsätzlich nicht einmal ausgesprochenen Einheit – mit dem Absoluten. Jene Rückkehr ist die Befreiung von der Zeit (im befreiten Leben erlischt das Gedächtnis – Enn. IV 4,1[10]). Die Bewegung des sich aus seiner Zeit-Verfassung befreienden Geistes ist zugleich die Bewegung des aus der Bedingtheit zur unbedingten Realität zurückkehrenden Seins. In dieser Bewegung *verschwindet die Unterscheidung zwischen Erkennendem und Erkanntem*, Subjekt und Objekt finden wieder zueinander, die Welt hört auf, ein fremdes Ding zu sein, zu dem der Geist von außen vordringen müßte.

3. Plotin gegenüber dem christlichen Platonismus. Die Frage nach dem Grund des Geschaffenen

Die christliche Version des Neuplatonismus, namentlich die Philosophie des Augustinus, unterscheidet sich grundsätzlich von der Plotinischen, denn sie geht von der Idee der Fleischwerdung Gottes und der Erlösung aus, darüber hinaus von einem deutlich personalen und freischaffenden göttlichen Sein, das kraft seines eigenen Beschlusses die Welt ins Leben ruft. Aber auch für Augustinus drückt sich die Zufälligkeit des Menschen am evidentesten in seiner Zeitlichkeit aus. Das berühmte 11. Buch der »Bekenntnisse« legt – gewiß nicht ohne Plotins Einfluß – von jener ergreifenden Erfahrung Zeugnis ab, die in dem Bewußtsein des eigenen Lebens zwischen der nicht mehr existenten Vergangenheit und der noch nicht existierenden Zukunft besteht. Die Zeit ist subjektiv, sie ist eine Qualität der Seele, die ihr eigenes Sein erlebt, denn das Vergangene und Künftige besitzen kein anderes Dasein als eben das vom menschlichen Denken erfaßte. Sinnvoll kann daher nur im Hinblick auf die Seele von einer Unterscheidung zwischen vergangener und künftiger Wirklichkeit gesprochen werden. Doch diese Unterscheidung selber entlarvt gleichsam die Beiläufigkeit des Seins, das sich darüber im klaren ist, daß sein

Leben ein ewiges Schwinden ist, daß es jeweils ein Punkt zwischen dem einen und dem anderen Nichtsein ist. Augustinus beschreibt ähnlich wie Plotin die Nichtautarkie des Menschen, doch die Idee der Vorsehung verändert dieses Bild; wenn der personale Gott und die erschaffene Welt die einzige relevante, grundlegende Dichotomie des Seins bilden und wenn die erschaffene Welt von der göttlichen Fürsorge erfaßt ist, wenn, des weiteren, die Erde der Ort des Falls infolge der Sünde ist, nicht aber kraft einer unvermeidlichen Emanation, wobei die Erlösung von der Sünde grundsätzlich das Werk des fleischgewordenen Erlösers ist, so nimmt es nicht wunder, daß die Augustinischen Texte vor allem einen Hilferuf darstellen, nicht aber – wie die Plotinischen – einen Aufruf zur Anstrengung. Das Augustinische Denken, das so ungemein stark von der Polemik gegen den Manichäismus geprägt ist, rekonstruiert das Sein, indem es sich vor allem auf das Bild der göttlichen Allmacht beruft, auf Gottes Fürsorgemacht über sein Werk, während für Plotin die Wirklichkeit vor allem ein Bild des »Weges hinab und hinauf« darstellt. Das Plotinische Absolute ist in dem beschriebenen Sinn die »menschliche Natur«, der Mensch findet sie in sich als das wahre Selbst, entdeckt die »Natürlichkeit« der Ewigkeit, während der Augustinische Mensch sich als Mittelpunkt von Elend und Ohnmacht identifiziert, und was ihn am stärksten bestimmt, ist seine Unfähigkeit zur Selbsterlösung. Daher wäre, wie bereits erwähnt, die Trennung in eine natürliche und unnatürliche Wirklichkeit in der Plotinischen Konstruktion sinnlos, während sie in der Augustinischen das Hauptgerüst der Metaphysik bildet. Gott ist nicht das Wesen des Menschen, sondern Autorität und Hilfsquelle. Die Zeitlichkeit ist ein sichtbares Zeugnis für die Nichtigkeit des Menschen, Quelle des von ihm erfahrenen Bedürfnisses nach Unterstützung und Schutz.

Zusammenfassend kann man also sagen, daß die Rückkehr zum verlorenen Paradies bei beiden Philosophen auf etwas jeweils anderem beruht und auf andere Weise erfolgt. Die Plotinische Rückkehr ist die Identifikation mit dem Absoluten, sie kann durch die Anstrengung jedes Einzelnen erworben werden, sofern dieser sich vom Druck der Physis, ja sogar des begrifflichen Seins zu befreien vermag; sie geht auch davon aus, daß das Absolute grundsätzlich »in uns« gegenwärtig sei. Die Augustinische Rückkehr ist nur möglich dank der Unterstützung durch die Gnade und hängt nur sekundär oder überhaupt nicht von der Anstrengung des Einzelwillens ab; sie hebt den Unterschied zwischen Schöpfer und Schöpfung auch nicht auf und ist keine Rückkehr zur verlorenen Identität zwischen ihnen, im Gegenteil, sie beginnt vielmehr mit dem Selbstbewußtsein der Kluft, die das gefallene menschliche Sein von Gott trennt.

Doch in beiden Konstruktionen, der auf der Emanation gegründeten und der christlichen, bleibt die Frage ungelöst, der in beiden zwar als einer die Kraft des menschlichen Geistes überfordernden ausgewichen wird, die jedoch in beiden, trotz dieser Einschränkungen, bestimmte Beantwortungsversuche findet: Weshalb kam es überhaupt zur Degradierung des Seins? Diese Frage muß auf verschiedene Weise eine Präzisierung erfahren, je nachdem, wie das Absolute aufgefaßt wird. Sie wird entweder lauten: »Weshalb hat das Eine das Viele aus sich hervorgebracht?« oder »Weshalb hat Gott die Welt geschaffen?« Immerhin zeichnen sich sowohl das Plotinische Eine wie der Augustinische Schöpfer durch absolute Selbstgenügsamkeit aus, und es wäre ein Sakrileg, wollte man ihnen irgendein »Bedürfnis« nach anderem Seienden zuschreiben, das heißt irgendeinen Mangel, der in der geschaffenen Welt auf diese Weise seine Befriedigung erfahren würde. Selbstverständlich kann die Frage »warum?« nicht in dem Sinn gestellt werden, wie wenn sie nach der Erfassung einer Ursache streben würde, die den göttlichen Willen (oder die Emanationstätigkeit des Absoluten) von außen her bestimmen sollte. Nichtsdestoweniger kann ein absolutes in sich gestilltes Sein, das frei ist von jeglichem Mangel und kein Bedürfnis kennt und nicht vollkommener werden kann, als es ist, den menschlichen Geist auf keinen »Grund« hinweisen, der an der Quelle des Schöpfungsaktes liege. Die bloße Vorstellung des Schöpfer-Absoluten erscheint mit einem gewissen Widerspruch belastet: Wenn es ein Absolutes ist, warum schafft es dann überhaupt etwas? Wenn die geschaffene Wirklichkeit das Böse enthält, und sei es als reine Negation, als Hinfälligkeit, als Mangel verstanden, wie läßt es sich dann erklären, daß jenes Böse in der Welt gegenwärtig ist, in einer Welt, die kraft des Absoluten ins Leben gerufen wurde, eines Absoluten namentlich, das das Gute selbst und die Kraft selbst ist?

Die Antworten Plotins und des Augustinus auf diese Frage sind im Grunde identisch und zeichnen sich durch die nämliche verblüffende Ratlosigkeit aus. Vom Guten, sagt Plotin, sei alles abhängig, und alles Seiende strebe nach dem Guten, weil alles seiner bedürftig sei, während es selber keiner Sache bedürfe (Enn. I 8,2); wenn jedoch nicht nur das Gute gegenwärtig sei, sondern auch seine Ausstrahlung, so müsse das Ende dieser Ausstrahlung unweigerlich das Böse sein, also der pure Mangel, also Materie, und dies notwendigerweise (»Nun ist aber das, was auf das Gute folgt, mit Notwendigkeit vorhanden; folglich auch jenes Letzte: und zwar ist dies die Materie, welche nichts mehr von jenem an sich hat.« – ebd. 7[11]). Solcherart wissen wir, daß dem Abstieg vom Einen zu immer niedrigeren Hypostasen eine Art Unvermeidlichkeit innewohnt und daß die einzelnen Stufen des Bösen, d. h. des Mangels, sein unvermeidliches Korrelat darstellen. Über den Grund, aus dem das Gute über sich selbst hinausgehen mußte, um das Sein hervorzubringen, dessen es nicht bedarf und das die Unruhe des Bösen in die geschlossene Autarkie des Absoluten einbrechen läßt, spricht Plotin in einer lakonischen Bemerkung von dem »Überfluß« und der »Überfülle« des Einen (»Da Jenes von vollkommener Reife ist – es sucht ja nichts, hat nichts und bedarf nichts – so ist es gleichsam übergeflossen und seine Überfülle hat ein Anderes hervorgebracht. Das so Entstandene aber wendete sich zu Jenem zurück und wurde von ihm befruchtet, und indem es entstand, blickte es auf Jenes hin; und das ist der *Geist*.« – Enn. V 2,1[12]).

Jene rätselhafte Wendung »Überfülle« des Seins oder »Überfluß« des Guten wurde von nun an für die gesamte christliche Philosophie zum Ausweg aus der heiklen Frage, wenngleich seine Dürftigkeit offenkundig war. (»Überfluß« – woran gemessen?, genügt es zu fragen.) Augustinus scheint diese Frage nicht in Verlegenheit zu bringen, für ihn bestehen da scheinbar keinerlei Bedenken, und er kann sich nicht genug wundern über die, wie er sagt, Fehler, die Origines in diesem Punkt unterlaufen seien. Gott erfahre keinen Mangel, sagt er, die Schöpfung hingegen sei das Werk seiner Güte; nicht aus Notwendigkeit noch aus eigenem Bedürfnis habe er die Welt geschaffen, sondern weil er gütig sei und weil die Schaffung guter Dinge dem Höchsten Gut gebühre. (Conf. XIII, 2,2; Civ. Dei XI, 21–23).

Dieses Motiv wiederholt sich fast unverändert in der gesamten christlichen Philosophie, und zwar in jener, die frei ist von Verdächtigungen. »Die Überragenheit der göttlichen Gutheit über die Kreatur wird also gerade dadurch am meisten zum Ausdruck gebracht, daß die Kreaturen nicht immer gewesen sind«, sagt Thomas von Aquin (Summa contra gentiles, II, 35[13]). Mehr läßt sich auch in der Tat nicht sagen unter der Voraussetzung der vollendeten Selbstgenügsamkeit der Gottheit, wiewohl die Dürftigkeit dieser Erklärung nicht gänzlich unbemerkt bleiben konnte. Was ist denn im Grunde jene »Überragenheit der Gutheit« (*excessus bonitatis*), um was für einen Überfluß an Güte handelt es sich denn, die eine Welt entstehen läßt, der keiner bedarf? Die Güte ist jedoch ein relatives Attribut, zumindest für den menschlichen Geist; unverständlich muß bleiben, worin die Güte des selbstgenügsamen Gottes besteht, eine Güte, die über keine Schöpfung verfügt, auf die sie sich richten könnte; so entsteht in natürlicher Weise die Vermutung, daß die Güte des der Welt ledigen Gottes nur eine virtuelle, nicht aber eine wirkliche Güte sei, was wiederum dem Prinzip widerspricht, wonach Gott nichts Potentielles innewohne. Man könnte meinen, Gott habe des Schöpfungsaktes doch bedurft, damit seine Güte sich offenbaren konnte, daß Gott mithin in der Schöpfung selbst eine größere Vollendung erfahren habe, als er sie zuvor besaß, was wiederum dem Prinzip widerspricht, demgemäß die göttliche Vollkommenheit absolut sei und keinen Zugewinn erfahren könne. Die Theologie antwortet selbstverständlich auf diese Einwände, indem sie erklärt, es habe keinen Sinn, überhaupt über das göttliche Sein »vor« der Schöpfung zu sprechen, weil die Zeit selber mit der Schöpfung begonnen habe, Gott aber der Zeitlichkeit nicht unterworfen sei und daher auch nicht, wie Augustinus sagte, »in der Zeit der Zeit«[14] vorangehe. Er fügt jedoch hinzu, daß unser Verstand grundsätzlich außerstande sei, Gott in der Verborgenheit seiner geheimen Natur zu erkennen, sondern ihn nur durch die Eigenschaften kenne, die auf die Geschöpfe zutreffen; als Schöpfer, als Allmächtigen, als Guten und Barmherzigen; von daher sei es gewiß, daß Gott keinerlei relative Qualitäten eignen können, daß er »der ist, was Er ist«[15] und daß die geschaffene Welt ihm nichts Neues zuführe. Doch diese Antworten sind nur das Eingeständnis, daß es keine Antwort gibt. Wenn unsere Kenntnis des göttlichen Seins nämlich dieses Sein ausschließlich in seiner Bezogenheit auf uns selber zeigt und wenn bekannt ist, daß diese Bezogenheit in Gott selber keine Realität besitzt, so geht daraus nur soviel hervor, daß das, wonach wir fragen – nämlich nach dem göttlichen Sein an sich und seinem Verhältnis zum göttlichen Sein »nach« der Schöpfung –, nicht wirklich Gegenstand der Frage sein kann und man sich mit den Formeln des heiligen Wissen zu bescheiden hat, ohne in ihren Sinn einzudringen.

Doch es gibt eine weitere Schwierigkeit, die im Zusammenhang mit dem Schöpfungswerk infolge des »Übermaßes« an göttlicher Güte sich auftut. Diese besteht in der Präsenz des Bösen. Das Böse – und die ganze christliche Theologie von den agnostizistischen und anti-manichäischen Kämpfen an ist sich diesbezüglich einig – besitzt kein Sein, sondern ist reine Negativität, Mangel, Abwesenheit des Guten. Das Böse ist der Mangel dessen, was sein *sollte*, der Begriff des Bösen setzt mithin eine normative Idee voraus, der die Wirklichkeit nicht gewachsen ist. Die Ungleichheit innerhalb des Seienden ist kein Böses, ist nur Ordnung. Das Böse im exakteren Sinne, d. h. das sittliche Böse, stammt ausschließlich von den vernünftigen Geschöpfen und wird von der Sünde des Ungehorsams verursacht. Es steht in der Macht dieser Geschöpfe, von ihrem eigenen Willen gegen den Schöpferwillen Gebrauch zu machen, daher ist das Böse kein Werk Gottes. Alle beunruhigenden und so oft über Jahrhunderte erörterten Passagen der Heiligen Schrift, die deutlich suggerieren, daß Gott der Schöpfer des Bösen sei, lassen sich selbstverständlich mit Hilfe einer wirksamen Exegetik auf das erwünschte Schema zurückführen (Gott lasse das Böse zu, ohne es zu bewirken), nichtsdestoweniger bleibt die Frage nach dem Grund der Schöpfung einer Welt, in der das Böse besteht, ungelöst. Die christlichen Theodizeen schwanken zwischen zwei Schemata. Das eine versucht aufzuweisen, daß das Böse einen unverzichtbaren Bestandteil der Vollkommenheit des

Kosmos als Ganzes darstelle, unterstellt mithin ganz klar, daß es das Böse im Grunde nicht gibt bzw. daß es lediglich unter einem partikularen Gesichtspunkt in Erscheinung zu treten pflegt, während es verschwindet, sobald man einen globalen Standpunkt bezieht; dies ist eine Art von Theodizee, die für Doktrinen kennzeichnend ist, die zur pantheistischen Idee tendieren. Das zweite Schema begnügt sich mit der Erklärung, daß das Böse, wenngleich es nur Negation ist, *privatio* oder *carentia*, seinen Grund in der Fehlleitung des Willens habe, der von den göttlichen Forderungen abweiche (diese beiden Versionen der Theodizee sind im übrigen in der Philosophie Plotins präsent, ohne voll ausgebildet und geordnet zu sein, wie Bréhier zeigte). Diese zweite Version, die Gott von der Verantwortung für das Böse befreit, suggeriert jedoch, daß der Mensch die Quelle einer absolut spontanen kreativen Initiative (und sei es im Bösen) sei, daß seine Freiheit also, vermöge derer er sich Gott widersetzen kann, vollkommen und der göttlichen gleich sei (ohne die göttliche Allmacht und Güte, versteht sich). Das ist der Weg zur Anerkennung des Menschen als Mittelpunkt einer absoluten, selbständigen Uranfänglichkeit des Handelns oder zu seiner Anerkennung als eines von Gott unabhängigen Absoluten. Die Artikulation dieser Konsequenz wurde jedoch erst von der Theorie der kartesischen Freiheit geleistet.

Die erste Version aber (das Böse als Bedingung des Guten) ist schwer annehmbar unter der Voraussetzung, daß es das Böse überhaupt nicht gebe. Sie läßt sich nur innerhalb eines dynamischen Weltbildes aufrechterhalten, d. h. unter der Voraussetzung, daß das Böse die notwendige Bedingung des künftigen Gedeihens des Guten erfülle, daß es notwendig sei, damit das Gute in seiner höchsten Dimension in Erfüllung gehe. Der Antwort auf das Problem des Bösen – aber auch auf das Problem der Zufälligkeit des Seins – entspringt demnach die Idee *der Dialektik der Negativität*, der Gedanke also, der besagt, daß Böses und Zufälligkeit unverzichtbar seien, damit das Sein sein ganzes Vermögen aus sich hervorbringen könne.

Die Dialektik der Negativität entscheidet die Frage nach den Gründen der Weltschöpfung, nach den Gründen des Bösen und der Hinfälligkeit des Menschen, doch entscheidet sie diese Frage in einer Weise, die die zulässigen Grenzen der christlichen Orthodoxie überschreiten heißt. Sie verlangt die Annahme der Vermutung, daß Gott der Welt bedurfte, daß Gott erst im Schöpfungswerk zur Vollendung gelangt sei und durch die unvollkommenen Realitäten, die er ins Dasein ruft, selber erst höchste Vollkommenheit erreiche. Sie widersetzt sich somit dem in der Heiligen Schrift verankerten Grundsatz (Apg. 17,25) von der Selbstgenügsamkeit Gottes. Sie führt die Gottheit selber in die Geschichte ein und unterwirft sie dem Prozeß der Selbstvermehrung im geschaffenen Sein.

4. Eriugena. Die christliche Theogonie

Eben dieser Gedanke, der wohl zum erstenmal – in einer noch unvollständigen Ausdrucksweise – im Werk von Johannes Scotus Eriugena artikuliert wurde, stellt seitdem ein grundlegendes Motiv der gesamten pantheistischen Mystik des Nordens dar, und wir können fast mit jedem Generationswechsel seinen Fortbestand in verschiedenen Versionen weiterverfolgen, die von der karolingischen Renaissance bis hin zu Hegel führen. Es ist dies, in allgemeinster Form, die Idee eines potentiellen Absoluten (also eigentlich die Idee eines halbherzigen Absoluten, wenn man das ohne Widerspruch sagen darf), das seine Fülle dadurch aktualisiert, daß es eine nicht absolute Realität aus sich hervorbringt, die von Nichtigkeit, Zufälligkeit und Bösem gezeichnet ist; mithin stellen jene nicht absoluten Realitäten eine unverzichtbare Phase des Heranreifens des Absoluten zu seiner Selbstverwirklichung dar, und in dieser ihrer Funktion rechtfertigen sie die Weltgeschichte. In ihnen und durch sie – und zwar vornehmlich im Menschen – gelangt die Gottheit zu sich selbst, und zwar dergestalt, daß sie, nach Erzeugung des endlichen Geistes, diesen von seiner Endlichkeit befreit und erneut in sich zurücknimmt, wodurch sie eine Bereicherung des eigenen Seins erfährt. Der menschliche Geist ist ein Werkzeug des göttlichen Reifens und gelangt zugleich, während das Reifen in Erfüllung geht, selber in den Besitz der Unendlichkeit, streift die eigene Fremdheit gegenüber der Welt ab, entledigt sich der Zufälligkeit und der Situation, die durch den Gegensatz von Subjekt und Objekt bestimmt ist. Im kosmischen Drama erfüllen sich mithin Gottheit und Menschheit *(humanitas)* zugleich, das Rätsel des Absoluten und die Rätsel der Schöpfung werden auf einen Schlag gelöst. Die Perspektive der endgültigen Erfüllung der Seinseinheit verleiht dem menschlichen Sein Sinn im Hinblick auf die göttliche Geschichte, doch zugleich auch im Hinblick auf den Menschen selbst, der zur Verwirklicherung der eigenen Menschheit als Gottheit gelangt.

Dies ist selbstverständlich ein reduziertes Schema, ausgedrückt in einer Sprache, die sich keineswegs in den Texten von Eriugena, Eckhart, Cusanus, Boehme oder Angelus Silesius finden ließe – um nur die wichtigsten Namen von denen aufzuführen, die in Frage kommen. Nichtsdestoweniger erlaubt die interpretatorische Tätigkeit, in der Vielfalt der Ausdrucksweisen eine grundsätzlich identische, sich wiederholende Intuition zu entdecken, die sich als historischer Hintergrund der Hegelschen Dialektik darbietet und solcherweise auch der Marxschen Historiosophie. Die Geschichte dieser Dialektik läßt sich selbstverständlich nicht in allen ihren Varianten in einer Darlegung beschreiben, die lediglich dahin tendiert, die Antezedentien des Marxschen Denkens zu umreißen, doch einige Punkte des Verlaufs dieser Geschichte sollen hier ganz knapp verzeichnet werden.

Eriugenas Hauptwerk »De divisione naturae« führt mit seiner Anfangsunterscheidung von vier Naturen jenes Motiv ein, das auf die Konzeption eines historischen Gottes, eines in der Welt werdenden Gottes hindeutet. Gott als Schöpfer *(natura naturans non naturata)* und Gott als Ort der endgültigen Vereinigung des Seins *(natura non naturata non naturans)* tritt unter dieser Doppelbezeichnung keineswegs aus dem Grund auf, weil dies wegen der Unzulänglichkeit der menschlichen Erkenntnis oder aus didaktischen Gründen erforderlich wäre. Die Zusammenstellung dieser beiden Bezeichnungen zeigt im Grunde *die Geschichte* Gottes selber, der »am Ende« aller Dinge nicht mehr derselbe ist, der er am Anfang war.

Eriugena beruft sich auf eine reiche Tradition: die Kappadokier, auf Augustinus und den hl. Ambrosius, gelegentlich auf Origines, am häufigsten jedoch auf Pseudo-Dionysius Areopagita und Maximus Confessor; von den Dionysius-Motiven ist die ganze Idee der negativen Theologie am wichtigsten (der königliche Weg der Theologie ist das Erkennen Gottes ausschließlich daran, was er nicht ist), die im Traktat »De divinis nominibus« enthalten ist. Aus allen diesen Quellen konstruiert Eriugena jedoch eine originelle Theogonie im neuplatonischen Geist, die er, indem er unentwegt durch Widersprüche schreitet, mit ungewöhnlicher Anstrengung mit den Glaubenswahrheiten in Einklang zu bringen versucht.

»De divisione naturae« ist eigentlich der – fast ein Jahrtausend frühere – Prototypus der Hegelschen »Phänomenologie des Geistes«: die dramatische Geschichte der Rückkehr des Geistes zu sich selbst über die geschaffene Welt; die Geschichte des Absoluten, das sich selbst in seinen Produkten wiedererkennt und diese zur Vereinigung führt mit sich, an den Ort, wo jegliche Verschiedenheit, jegliche Fremdheit und jegliche Zufälligkeit aufgehoben werden, wo jedoch die Fülle des Geschaffenen nicht einfach zerstört wird, sondern in eine höhere Existenzform eingeht: jene höhere Form hatte zudem den Fall zur Bedingung.

Eriugena akzeptiert selbstverständlich den Grundsatz, der allen Platonikern und allen christlichen Theologen gemeinsam ist: Gott geht den Geschöpfen nicht zeitlich voraus, weil die Zeit selber zu den Geschöpfen gehört, während Gott in jenem *nunc-stans* lebt, in dem keine Unterscheidung zwischen vergangener und künftiger Zeit gegeben ist (III, 6,8). Gott ist unveränderlich, und der Schöpfungsakt fügt nichts Neues zu ihm hinzu noch ist er zufällig im Hinblick auf das eigene Wesen (»denn es ist dem Schöpfer aller Dinge nicht zufällig, das Geschaffene geschaffen zu haben, sondern allein durch seine Beständigkeit ist er vor und über allem Geschaffenen« – V, 24[16]). Doch sogleich wird die verbal anerkannte Unwandelbarkeit Gottes faktisch in Frage gestellt, wenn nach den Gründen der Schöpfung gefragt wird. Es zeigt sich nämlich, auch »Gott wird in der Creatur auf wunderbare und unaussprechliche Weise geschaffen, indem er sich selber offenbart, unsichtbar sich selber sichtbar, unbegreiflich sich selber offenbar und unbekannt sich selber bekannt macht, indem er sich ferner aus einem Form- und Gestaltlosen zu etwas Schönem und Anziehendem, überwesentlich zu einem Wesentlichen, übernatürlich zu einem Natürlichen und einfach zu einem Zusammengesetzten, von Zufälligem frei zu etwas Zufälligem, unendlich zu etwas Endlichem, unumschränkt zu etwas Umschränktem, überzeitlich zu einem Zeitlichen, überräumlich zu einem Räumlichen, allschaffend zu etwas in Allem Geschaffenen macht« (III, 17[17]). Eriugena unterstreicht, daß sich diese Ausführung nicht nur auf die Fleisch- und Menschwerdung des Wortes beziehe, sondern auf die Ganzheit des Herabsteigens Gottes in die Schöpfungswelt. Das ist im übrigen begreiflich unter der Voraussetzung, daß nur Gott im eigentlichen Wortsinn *ist*, daß er »das Sein von Allem« (I, 2), die »Form von Allem« (I, 56) ist oder daß alles Seiende im Hinblick auf das Sein Gott ist. Auf der anderen Seite verhält es sich so, daß auch die Wendung »Gott ist« irreführend klingt, sofern sie nämlich bedeuten sollte, daß er etwas sei, während er etwas anderes nicht sei (III, 19). Sofern das Sein jedoch die Gottheit selber ist, wird die Wendung zutreffen, daß »die göttliche Natur sowohl geschaffen wird, als auch schafft. Geschaffen wird sie nämlich von ihr selber in den ersten Ursachen, und sie schafft demgemäß sich selbst, d. h., sie beginnt in ihren Gott-Erscheinungen hervorzutreten, indem sie aus den verborgensten Grenzen ihrer Natur aufsteigen will, worin sie selber noch unbekannt ist und noch in keinem sich erkennt, weil sie unbegrenzt und übernatürlich und überwesentlich und über Allem ist, was gedacht und nicht gedacht werden kann« (III, 23[18]). Den Schöpfungsakt können wir demnach in seinen Gründen verstehen, die sich auf Gott selber beziehen: Gott steigt zur Schöpfung hinab, *um* sich zu offenbaren, *um* »Alles in Allem« zu werden und sodann, nachdem er alles erneut zu sich gerufen hat, in sich selbst zurückzukehren.

Doch nicht alle Geschöpfe nehmen in gleichem Maße und unmittelbar an diesem Werk teil; die ganze sichtbare Welt wurde für den Menschen ins Dasein gerufen, damit er über sie herrschen könne. Deshalb ist die menschliche Natur in der gesamten geschaffenen Natur anwesend, die Ganzheit des Geschaffenen ist in ihr aufbewahrt, und die Ganzheit gelangt dank des Menschen zur Befreiung (IV, 4). Als mikrokosmische Kurzfassung jeglichen geschaffenen Seins enthält der Mensch jegliche Qualitäten der sichtbaren und unsichtbaren Welt (V, 20). Die menschliche Gattung ist daher gleichsam der Anführer des ganzen Kosmos, der mit ihm zusammen im Fall versinkt und mit ihm zusammen zur Vereinigung mit der göttlichen Seinsquelle zurückkehrt.

Es wird demnach klar, daß Eriugena im Schöpfungsakt die Befriedigung der Schöpferbedürfnisse erblickt, daß er in der Kreisbewegung, kraft derer die geschaffene Welt zu ihrem Schöpfer zurückkehrt, die Bewegung sieht, die Gott selber seine eigene Natur zurückerstattet, die anders ist als zu Anfang. An einer Stelle formuliert er übrigens direkt die Frage: Wozu wurde alles aus dem Nichtsein ins Dasein gerufen, um zu seinen Ursachen zurückzukehren? Er behauptet zuerst, die Antwort auf diese Frage würde das menschliche Fassungsvermögen übersteigen, wonach er diese Antwort aber sofort selber formuliert: Alles ist deshalb aus dem Nichtsein entstanden, damit die Fülle und Maßlosigkeit der göttlichen Güte sich offenbaren können und in Seinen Werken gepriesen werden. Verharrte die göttliche Güte nämlich tatenlos in ihrer Ruhe, so bekäme sie keine Gelegenheit zur Preisung, ergösse sie sich jedoch in den Reichtum der sichtbaren und unsichtbaren Welt, so preise die gesamte Schöpfung ihren Ruhm. Darüber hinaus mußte ein aus sich und in sich selber bestehendes Gut ein anderes Gut schaffen, das am ersten Gut teilhat, andernfalls wäre Gott nicht der Herr, der Schöpfer, der gerechteste Richter, der Spender seiner Güter (V, 33).

Wir sehen somit, daß das Absolute aus sich selbst hinausgehen mußte, um in der von ihm selbst geschaffenen Welt – der zufälligen, endlichen, zerstörbaren – sich wie in einem Spiegel selbst wiederzuerkennen und, nachdem es seine Entäußerungen erneut in sich aufgenommen hat, etwas anderes zu werden, als es war; reicher um das Gesamt der Beziehungen, die es mit der Welt verbinden, mußte es aus der geschlossenen Selbstgenügsamkeit in eine Situation des von seinen Geschöpfen anerkannten und geliebten Absoluten übergehen.[19]

Wir begegnen hier dem vollen Schema der »bereichernden Entfremdung«, das zur Erklärung der ganzen Seinsgeschichte dient. Wir sehen einen Gott, der sich durch den Fall entwickelt.

Das Wort »Fall« muß hier jedoch mit einem Vorbehalt versehen werden. Der Eintritt in die geschaffene Welt ist an sich selbstverständlich gleichbedeutend mit dem Abstieg der Gottheit in eine niedrigere Seinsform. Heißt das jedoch, daß auch das Böse, also das Nichtsein, vom Schema des universellen Zyklus erfaßt wird? Mit anderen Worten: Erfüllt auch das Böse eine unverzichtbare Funktion im Prozeß des Hervorkommens der Schöpfung und ihrer Rückkehr? Eriugena spricht das nirgends deutlich aus. Der Fall des Menschen kann nicht der menschlichen Natur zugeschrieben werden, diese nämlich ist gut; sie kann auch nicht das Werk des freien Willens sein, sofern auch dieser gut ist (V, 36), auch wenn er ein Bestandteil der tierischen Natur des Menschen ist (IV, 4). Er ist das Werk der bösen Begierden, die bei den Tieren gut, bei den

Menschen jedoch naturwidrig sind (V, 7). Eriugena erklärt nicht im einzelnen, auf welche Weise der Fall überhaupt möglich war, während er die Hauptaufmerksamkeit auf den Rückgang der Menschheit zur verlorenen Vollkommenheit lenkt. Das »Paradies« ist ebensoviel wie die ursprünglich »nach Gottes Bild geschaffene menschliche Natur selber«[20], deren Bestimmung das unsterbliche Leben ist; der Tod und sämtliche Folgen der Vertreibung aus dem Paradies sind ein Resultat der Sünde, doch die Vertreibung selber ist ein Zeichen der Barmherzigkeit des Schöpfers, der den Menschen nicht verdammen, sondern erneuern, erleuchten und zum Genuß der Früchte des Lebensbaumes befähigen wollte (V, 2). Eriugena wiederholt unzählige Male, daß die Rückkehr des Menschen zu Gott der gefallenen Schöpfung ihre ursprüngliche Würde und Größe zurückerstatten werde, und erklärt, daß jene Rückkehr sich in fünf Stadien vollziehen werde: körperlicher Tod, Auferstehung, Umwandlung des Körpers in Geist, Rückkehr des Geistes und der ganzen menschlichen Natur zu den ursprünglichen Ursachen *(causae primordiales)*, schließlich die Rückkehr der Natur selbst mit ihren Ursachen (Prinzipien, Ideen) zu Gott (V, 7–8). Jenen uranfänglichen Ursachen oder essentiellen Formen wohnt keinerlei Zufälligkeit, Veränderlichkeit oder Zusammengesetztheit inne: jede Gattung entsteht durch Teilnahme an ihrer »wesentlichen Form«, und diese Form ist nur eine und ist gänzlich in jedem Gattungsexemplar enthalten: in jedem einzelnen Menschen ist ein- und dieselbe Form der Menschheit enthalten (III, 27). Es könnte scheinen, als bedeute die Vereinigung der Menschheit in Gott infolgedessen einen Verlust an Singularität und Identifizierung der gesamten Gattung mit ihrem *universale*, das zum göttlichen Wesen gehört. Einen solchen »Monopsychismus« suggerieren verschiedene Bemerkungen über Einheit und Nichtzusammengesetztheit der ursprünglichen Ursachen, die überhaupt nicht zu den Geschöpfen gehören und weder räumliche noch zeitliche Bestimmtheit aufweisen (V, 15,16), sowie die Erklärung, daß »Alles, was das zu sein beginnt, was es nicht war«, aufhöre zu sein, »was es ist« (also sicherlich die Differenzierung der menschlichen Einzelwesen nach zufälligen, individualisierenden Qualitäten – V, 19[21]). Wir können im übrigen deutlich lesen, daß es im Himmel keine zufälligen Unterschiede geben werde (V, 23,27). Auf der anderen Seite wird jedoch die Differenzierung der menschlichen Ränge im Himmel in Aussicht gestellt, je nach dem Ausmaß der göttlichen Liebe (wenngleich alle der Erlösung teilhaftig werden und das Böse vollends aus dem Sein verschwinden wird). Es wird deutlich, daß der Charakter dieser Vereinigung mit Gott Eriugena nicht klar ist und daß er nicht zu sagen vermag, ob und in welchem Maße die menschliche Individualität in der endgültigen Einheit erhalten bleiben wird. Sicher ist jedoch, daß, was immer von Gott geschaffen wurde, nicht zugrunde gehen kann, wenngleich es seinen Charakter verändert: das Niedere wird vom Höheren aufgenommen (nicht aber getilgt); die Körperlichkeit wird in den Geist übergehen, ohne ihres Wesens verlustig zu gehen, dieses vielmehr veredelnd, und ähnlich wird der Geist sich mit Gott vereinigen (V, 8). Es wird demnach zu einer totalen Resorption der unteren Stufen des Seins durch die einander folgenden immer vollkommeneren kommen, und nichts, was geschaffen wurde, wird verlorengehen; wir haben das Muster des Hegelschen »Aufhebens«.

Diese ganze Rück-Bewegung, die der Mensch anführt, ist keineswegs ein Werk der Gewalt, die Gott der Natur zufügen würde; im Gegenteil, sie ist in der Menschheit selber angelegt, deren griechische Bezeichnung *anthropia* der Philosoph, der etymologischen Phantasterei seiner Zeit folgend, von *ano-tropia*, Aufwärtsgerichtet-sein (V, 31), ableitet. Die Auferstehung von den Toten ist ein natürlicher Vorgang (Eriugena widerruft seine vorangegangene Auffassung, die Auferstehung sei ausschließlich der Gnade zuzuschreiben – V, 23), und natürlich ist auch die Rückkehr in das Haus Gottes, wo für alle Platz ist. Zum übernatürlichen Geschenk der Gnade wird lediglich die Plazierung der Auserwählten, der in Christus Seligen, genau in der Mitte des Paradieses, wo sie ihre Vergottung erfahren werden.

Doch ähnlich wie Gott, der nach Abschluß des kosmischen Epos sich nicht mehr als der vorfinden wird, der er an seiner Quelle war, sondern in der Erkenntnis von seiten seiner eigenen Geschöpfe eine Bereicherung erfahren wird, so kehrt auch der Mensch, wenngleich er »an den Anfang zurückkehrt«, nicht in Wirklichkeit an seinen Anfang zurück; er wird sich in einem Zustand wiederfinden, in dem ein erneuter Fall grundsätzlich unmöglich ist, in dem also die Einheit mit Gott unverzichtbar und ewig bleiben wird (wenngleich die *theosis* den Auserwählten vorbehalten bleibt). Es scheint auch, als ob das Werk des fleischgewordenen Wortes unter diesem Gesichtspunkt für Eriugena nicht nur in der Rückerstattung der früheren paradiesischen Glückseligkeit durch die Tilgung der Sündenfolgen bestünde, d. h., daß der Akt der Fleischwerdung in Christus Resultate zeitigte, die über die Erlösung hinausgehen; Christus nämlich hat alle erlöst, die einen hat er jedoch lediglich in ihren ursprünglichen Zustand zurückversetzt, andere hingegen bis zur Vergottung erhoben und dadurch die Menschlichkeit mit göttlicher Würde ausgestattet (V, 25).

Es zeigt sich mithin, daß die Degradierung des Seins vergeblich war. In ihren endgültigen Resultaten ist die Entzweiung des Menschen (denn er wurde zu einem zusammengesetzten Sein, infolgedessen kann er nicht zum wahren Ebenbild des nicht zusammengesetzten Gottes werden – V, 35) die Bedingung seiner Rückkehr zu sich selbst in der Rückkehr zu Gott. Die Menschheit findet ihre eigene verlorene Natur wieder und übersteigt diese sogar in der Vergottung. Das Ende des Dramas ist die Eroberung eines gottähnlichen Seins, der Sichselbstgleichheit, ist die Aufhebung der Trennung zwischen den Seinsformen, also wiederum die Herbeiführung der Koinzidenz des Geistes mit seinem Gegenstand. In Einklang mit der Intention der Dialektik Eriugenas steht demnach seine endgültige Erklärung, laut welcher das Böse sich uns nur in der Betrachtung einzelner Teile der Welt zeige, während es, betrachteten wir das Ganze, völlig verschwinde, da es seine Rolle im göttlichen Plan erfülle und dazu beitrage, daß das Gute um so schöner erstrahle (V, 35). In dieser Theodizee findet alles seine Rechtfertigung, und aus der eschatologischen Perspektive ist die Geschichte des Kosmos letztlich die Geschichte des Selbstwachstums Gottes im menschlichen Geist sowie die Geschichte des Heranreifens des Menschen zur Gottheit. Diese alle stellen also zusammen die Geschichte des Seins durch Negation dar. Wenn die Schöpfung eine Negation der Gottheit genannt werden kann – infolge ihrer Differenziertheit, Vielheit und Endlichkeit –, so kann die Gottheit als der Ort der Rückkehr, als *natura non naturans non naturata*, als *Negation der Negation* bezeichnet werden. Eriugena benutzt diesen Ausdruck, der wohl erstmalig bei Eckhart auftaucht, nicht.

Ungeachtet der zahlreichen Schwankungen und Widersprüche des Werkes Eriugenas (beispielsweise: das Böse hat keinen Grund, das Böse hat seinen Grund im fehlgeleiteten Willen; niemand ist verdammt – einige werden ewige Traurigkeit erleiden; in Gott wird alles Einheit sein – im Himmel bleibt die Hierarchie erhalten; die ewigen Ideen gehören zu den Geschöpfen – die ewigen Ideen sind unendlich usw.), hat es erstmalig, aus der griechischen Patristik schöpfend, ein ausgebautes Kategoriensystem in die lateinische Welt eingeführt, mit dessen Hilfe die menschliche Geschichte in die Geschichte des selbstwerdenden Gottes integriert, die Qual des Lebens durch die Hoffnung auf Deifizierung gerechtfertigt, die Perspektive der Aussöhnung des endgültigen Menschen mit sich selbst durch die Aussöhnung mit dem absoluten Sein eröffnet werden konnte.

Eine so gigantische Theogonie, als welche *De divisione naturae* erscheint, wurde bis zu den Zeiten Teilhard de Chardins in der christlichen Welt nicht mehr geschrieben. Nichtsdestoweniger begegnen wir allen für dieses Werk konstitutiven Motiven – nicht immer in den gleichen Zusammenstellungen – ununterbrochen in der gesamten Philosophie, Theologie und christlichen Theosophie, die unmittelbar oder mittelbar aus dem Erbe von Plotin, Proklos, Jamblichos schöpften und die in späteren Jahrhunderten durch die Ausstrahlung des arabischen und jüdischen Denkens unterstützt wurde, das von denselben Quellen inspiriert war.

Daß ausschließlich das Absolute mit sich selbst auf vollkommene

Weise identisch ist, der Mensch hingegen an Entzweiung leidet und als temporäres Sein unfähig ist, Selbstidentifikation zu erreichen;

daß das Wesen des Menschen sich entweder *außerhalb seiner* befindet oder – was dasselbe bedeutet – *ihm* als nicht realisiertes, nach Realisation verlangendes Absolute *innewohnt*;

daß die Aufhebung der Zufälligkeit der menschlichen Existenz eine für uns offene Perspektive darstellt und daß sie in der Vereinigung mit dem Absoluten erfolgen kann;

daß diese Aufhebung nicht nur die *Bestimmung* des Menschen bildet und die Rückkehr zum *Selbstsein,* sondern auch *für das Absolute* den Weg zur Totalität, die es ohne die hinfällig geschaffene Welt nicht besaß;

daß also der Prozeß, in dem das Absolute ein bedingtes Sein hervorbringt, für das Absolute einen »Verlust« seiner selbst bedeutet, damit es sich »bereichert«, und die Degradierung eine Bedingung der Beförderung des höchsten Seins;

daß die Geschichte der Welt infolgedessen auch *die Geschichte des unbedingten Seins* ist, das im Spiegel des endlichen Geistes zu seiner endgültigen Vollkommenheit gelangt;

daß in jener endgültigen Phase die Differenz zwischen Endlichem und Unendlichem verschwindet, denn das Absolute eignet sich erneut die eigenen Hervorbringungen an, diese wiederum gehen in das göttliche Sein ein;

daß folglich auch der Gegensatz von *Subjekt und Objekt* verschwindet, also die Fremdheit zwischen dem erkennenden und liebenden Geist und dem übrigen Sein, also der Geist sich die Unendlichkeit aneignet, aufhört, »Etwas« zu sein im Gegensatz zu einem anderen »Etwas«, das er nicht wäre.

Alle diese Gedanken wiederholen sich, allen Verdammungen und Kritiken zum Trotz, beharrlich in der christlichen Philosophie und werden später von den Dissidenten der Reformation übernommen.

»Du allein also, Herr«, sagt Anselm von Canterbury, »bist, was Du bist, und Du bist, wer Du bist. Denn was anders ist im Ganzen und anders in den Teilen und in dem etwas veränderlich ist, ist durchaus nicht, was es ist. Und was aus dem Nichtsein begonnen und als nichtexistierend gedacht werden kann und ins Nichtsein zurückkehrt, wenn es nicht durch ein anderes Bestand hat, und was eine Vergangenheit hat, die nicht mehr ist, und eine Zukunft, die noch nicht ist: das ist nicht im eigentlichen und absoluten Sinne (»Proslogion« XXII[22]).

Doch entspringt dieser Gegenüberstellung, wenngleich sie nicht über die strenge Orthodoxie hinausgeht, sofort die Frage: Ist Erlösung ohne Aufhebung der Zufälligkeit des Menschen möglich und stellt die menschliche Zufälligkeit nicht ein unausweichliches Korrelat seiner ontischen Partikularität dar? Mit anderen Worten: Müßte der Mensch, der

Selbstidentifikation erreichen will, nicht dessen verlustig gehen, was ihn als partikuläres Sein auszeichnet, um in totaler Passivität in das göttliche Sein sich umzuwandeln?

5. Meister Eckhart. Die Dialektik der Vergottung

Eben diese Konsequenz übernahm die Mystik des Nordens, die sich in diesem Punkt von gewissen Ambivalenzen des Eriugenaschen Platonismus befreite. Für Eckhart bedeutet die Losung »mit seinem Gott mitzuwirken« soviel wie »vernichten seiner selbst«, wobei jene mystische *kenosis* keine gewöhnliche moralische Unterweisung darstellt, sondern eine Idee der ontologischen Transformation. »Wer alle Dinge empfangen will, der muß auch alle hergeben«[23], doch alles besitzen heißt Gott besitzen, alles aufgeben heißt, auch sich selbst aufgeben. Gott will nur mir allein gehören, aber er will mir ganz gehören. Eine Seele, die diese Fülle der Armut oder der inneren Selbstentblößung erreicht, eignet sich Gott ganz an, er wird ihr Eigentum genauso strikt, wie er das eigene ist. In der Seele gibt es dann nichts, was nicht Gottes wäre. Aber zugleich entäußert sie sich auch ihrer selbst als Kreatur, d. h. als ein Nichts, denn jegliche Kreatur ist (gemäß der berühmten Formel aus der Predigt über Jak. I,17, die auch in der Bulle Johannes' XXII. zitiert wird) reines Nichts, nicht etwas Geringwertiges oder überhaupt etwas, sondern Nichts im wörtlichsten Sinn, Abwesenheit des Seins.[24] Die mystische Selbstvernichtung ist also eigentlich eine paradoxale Vernichtung des Nichts, ist quasi – wenn es erlaubt ist, diesen Gedanken so zu erläutern – die Überwindung des Widerstandes, den das Vakuum dem Sein stellt. Der ihrer partikularen Natur ledigen Seele gibt sich Gott in der Fülle seines Seins hin, gehört ihr auf genau dieselbe Weise wie sich selbst. Doch durch diese Selbstvernichtung erobert die Seele eben das, was sie eigentlich ist, denn ihr wohnt ein göttlicher Funke (»Seelenfunken«) inne, der durch die Verbindung mit den Kreaturen und durch das Verhaftetsein an die singuläre, begrenzte Form überschattet wird. In der Seele ist etwas enthalten, was nicht geschaffen ist – der Sohn Gottes; daher ist die Vereinigung Christi mit dem Vater ein Zustand, der auch *mir* zugänglich ist. »Mit sich selbst eines sein« bedeutet mithin soviel wie mit Gott eines sein. Somit identifiziert sich der menschliche Wille mit dem göttlichen Willen und eignet sich dessen Allmacht an; man kann daher sagen, daß für die Seele, die sich – oder Gott in sich – wiedergefunden hat, das Problem des Verhältnisses der eigenen Quellen zum Willen des Absoluten überhaupt verschwindet, beide sind grundsätzlich dasselbe, das Problem des Gehorsams oder Ungehorsams wird gegenstandslos. Die bei Eckhart bestehende Unterscheidung zwischen partikularer zufälliger

Willkür, die bemüht ist, das partikulare subjektive Sein in seiner Abgetrenntheit zu bewahren, und dem wirklichen Willen, der identisch ist mit dem Willen des universellen Seins, welches allein Sein im eigentlichen Sinne ist (wenngleich – entgegen der thomistischen Interpretation – ein gegenüber dem göttlichen Intellekt als sekundär verstandenes Sein).

In Eckharts Denken ist die Überzeugung ungemein stark und permanent anwesend, daß das Sein Gott ist; das bedeutet, daß die ganze Vielheit der Einzelexistenzen, sofern eine jede von ihnen beschränkt und partikulär ist, ein Nichts ist, sofern es sich hingegen des Seins erfreut – eben Gott ist. Daher taucht die Frage nach den Gründen der Schöpfung in Eckharts Predigten und Schriften eigentlich überhaupt nicht auf. Dennoch unterscheidet er eine Gottheit, also das Absolute, das sich der Beschreibung völlig entzieht – das Plotinische Eine –, und einen Gott oder das personale Absolute. Gott (d. h. gleichsam Plotins zweite Hypostasis: Sein oder Geist) realisiert sich selber in der Schöpfung als Gott. Genauer: Erst in der menschlichen Seele, als ihre verborgene Natur, wird Gott zu dem, was er ist. In diesem Sinn darf vom Grund der Schöpfung im Hinblick auf Gott selber gesprochen werden. Doch das endgültige Ziel der Bemühung des Menschen ist nicht die Entdeckung Gottes in sich, sondern dessen Vernichtung, d. h. die Vernichtung der letzten Stufe, die die Seele von der Gottheit trennt, und ihre Rückkehr in die unaussprechliche Einheit des Absoluten. Diese Rückkehr vollzieht sich in der Erkenntnis und endet mit einem Zustand, in dem das Erkennende und Erkannte jegliche Spur einer Unterschiedenheit verlieren.

Wir haben demnach in der pantheistischen Eckhartschen Mystik die Wiederholung einiger grundlegender Motive, von denen bereits die Rede war. Die Zufälligkeit der menschlichen Existenz ist eine scheinbare (»*Der* Mensch ein himmlischer Mensch ist«[25] – »Predigt über Hebr. 11,37«), aber jener Schein muß beseitigt werden durch die Anstrengung des erkennenden Geistes, und erst dadurch findet dieser Geist zu sich selbst. Er findet zu sich selbst, indem er sich seiner selbst als partikulares Sein entäußert und zugleich als Ganzes, als Gottheit, als Absolutes in sich zurücknimmt. Die Partikularisierung des Seins gehört zur Geschichte des werdenden Gottes, der das eigene Sein erst in der Seele verwirklicht, gehört jedoch nicht zur Geschichte der Gottheit, also der ersten Hypostasis, jene nämlich ist jeglichen Werdens enthoben.

6. Cusanus. Die Widersprüche des absoluten Seins

Der nordeuropäische Spiritualismus des 14. Jahrhunderts hat viel von der Eckhartschen Tradition bewahrt, doch er bewahrte sie stärker in

Werken praktisch-devoten als spekulativen Charakters. Die sozialen und kirchlichen Umstände, die die Lebendigkeit jener mystischen Frömmigkeit des ausgehenden Mittelalters aufrechterhielten, müssen an dieser Stelle umgangen werden. Auf einen entwickelten Versuch einer neuen spekulativen neuplatonischen Theogonie stoßen wir im 15. Jahrhundert in den Schriften des Nikolaus von Kues. Er artikuliert, deutlicher vielleicht als seine Vorgänger, den Gedanken vom Bedürfnis, das Gott beim Schöpfungsakt geleitet hat; Gott nämlich habe seinen Ruhm offenbaren wollen, und zu diesem Behufe habe er der vernünftigen Geschöpfe bedurft, damit sie ihn kennenlernen und preisen. (»Denn nichts veranlaßte den Schöpfer, dieses Weltall, das schönste Werk, zu errichten als nur sein Lobpreis und seine Herrlichkeit, die er zeigen wollte. So ist er selbst, der auch der Ursprung ist, der Zweck der Schöpfung. Und weil jeder König ohne Lobpreis und Herrlichkeit unerkannt ist, wollte der Schöpfer aller Dinge erkannt werden, damit er seine Herrlichkeit zeigen könne. Darum schuf er, der erkannt werden wollte, die vernünftige Natur, welche der Erkenntnis fähig ist.« – So schrieb Cusanus 1463 in seinem Brief an den Novizen Nikolaus Albergati in Montoliveto.)[26]

Diese Idee suggeriert jedoch allzu nachdrücklich das Bild eines Gottes, der eines von ihm Unterschiedenen bedarf, ein Bild, das im Gegensatz zum Prinzip der göttlichen Selbstgenügsamkeit steht. Doch in seinem opus magnum, »De docta ignorantia«, kapituliert der Cusaner bei der Erörterung des Problems der Beziehung Gottes zu seinen Geschöpfen schließlich angesichts des Geheimnisses, das der Anblick der Widersprüche im göttlichen Wesen hervorruft. In der Tat, die absolute Einheit Gottes ist alles, was sein kann, d. h. volle Aktualität, und unterliegt dabei nicht der Vervielfältigung (»Diese Einheit kann als die größte nicht vervielfältigt werden; sie ist alles das, was sein kann« – I, 5[27]). Auf der anderen Seite steigt Gott oder »rerum entitas«, »forma essendi«, »actus omnium«, »entitas et quidditas absoluta omnium« usw. in die Welt der Mannigfaltigkeit und Differenziertheit hinab und schafft die Ganzheit ihrer Seinsrealität. Das Geschöpf an sich ist nichts; sofern es ist – ist es Gott; man kann nicht sagen, daß es eine Zusammensetzung aus Sein und Nicht-sein darstellt. Als *esse Dei* ist es ewig, als zeitliches – ist es nicht von Gott (II, 2). Es ist also gleichsam eine »endliche Unendlichkeit« oder ein »geschaffener Gott«; »und wenn der Schöpfer gesagt hat ›Es werde‹, so ist dies geworden, was Gott ähnlicher werden konnte, da er selbst als Ewigkeit nicht werden konnte (...) Denn der gütigste Gott teilt das Sein allen so zu, wie sie es aufnehmen können« – (ebd.[28]). Gott stellt die *complicatio* (Einfaltung) der Dinge dar, analog wie die Einheit die *complicatio* jeglicher Zahl darstellt, die Ruhe die *complicatio* der Bewegung, die Gegenwart – die *complicatio* der Zeit, jegliche Selbigkeit – die *complicatio* der Verschiedenheit, die Gleichheit – der Ungleichheit, die Einfachheit – der Teilung. In Gott jedoch stehen Einheit und Selbigkeit nicht im Widerspruch zur in ihm »eingefalteten« Vielfältigkeit der Welt. Das umgekehrte Verhältnis heißt *explicatio* (Aus- bzw. Entfaltung); die Welt stellt demnach eine *explicatio* Gottes dar, die Vielheit – die *explicatio* der Einheit, die Bewegung – der Ruhe usw. Der Charakter dieses doppelseitigen Verhältnisses entziehe sich jedoch unserem Begriffsvermögen, verkündet der Cusaner; wenn nämlich Einsehen und Sein in Gott identisch sind, dann müßte er selber, indem er die Vielheit versteht, eine Vervielfältigung erfahren, was andererseits eine Unmöglichkeit ist (II, 3[29]). Die »Entfaltung« Gottes in der Vielheit scheint unmöglich ohne Verletzung seiner absoluten Einheit oder seiner vollen Aktualität, oder schließlich seiner ontischen Exklusivität; indessen müßte eines dieser Attribute und mit ihm die übrigen von Gott abfallen, wenn man anerkennen würde, daß die Bewegung von der Einheit zur Vielheit, oder ganz einfach der Schöpfungsprozeß, das Sein aus der Potentialität in den Zustand der Aktualisierung führt. Aber genau das ist der Fall, nämlich daß in der Vielheit der Dinge nur Gott allein das Sein ist. Wir wissen also nur soviel, daß alles in Gott ist, sofern er die Einfaltung von allem ist und Gott zugleich in allem ist, sofern die Welt die Ausfaltung der Gottheit darstellt; wie das geschieht, das können wir nicht ergründen. Das Universum als Vermittler zwischen Gott und Vielheit oder als *unitas contracta* (verschränkte Einheit), also jene allgemeine Seiendheit, die, ohne ein Einzelding zu sein, doch in jedem Ding es selbst ist (»Wenn daher das Gesamt auch weder Sonne noch Mond ist, so ist es dennoch in der Sonne Sonne und im Mond Mond« – II, 4[30]), löst den Widerspruch weiterhin nicht auf, denn das Sein aller Dinge ist nur Gott und sonst nichts.

Die Schwierigkeit des Cusaners ist die Schwierigkeit jeglichen Monismus. Er kann keine Formel finden, die die Bewegung der Einheit zur Vielheit als reale Bewegung bewahren könnte, ohne sie zugleich als Bewegung vom potentiellen zum aktuellen Sein zu begreifen; und eine solche Anerkennung beschwört die Gefahr herauf, Gott selbst Potentialität zuzuschreiben. Das Cusanische Denken ist demnach zwischen zwei extremen Möglichkeiten angelegt, von denen keine mit einer noch so lasch verstandenen Orthodoxie vereinbar ist: Entweder man erliegt der ewigen Versuchung, die ganze Mannigfaltigkeit der Welt als Täuschung oder scheinbares Sein und die Einheit des Absoluten als einzige Realität anzuerkennen, oder aber man erklärt die Welt zum werdenden Gott, nimmt Gott faktisch seine volle Aktualität, verkündet also, daß er keineswegs das Absolute sei bzw. es erst am Ende der Geschichte der erschaffenen Welt und dank der Vermittlung dieser Welt sein werde. Die Pantheisten schwanken zuweilen zwischen den beiden Polen dieser Alternative, die sich im übrigen jedwedem monistischen Denken aufdrängt. Die erste dieser Möglichkeiten führt zur kontemplativen Moral der Selbstvernichtung; die zweite – zum religiösen Prometheismus, der in der Hoffnung auf Vergottung lebt, die durch eigene Anstrengung errungen wird.

Es besteht kein Zweifel, daß die Idee des im eigenen Schaffen werdenden Gottes dem Cusaner näher steht (wenngleich er ihre Artikulation scheut) als die Idee der geschaffenen Welt, die nur eine Täuschung wäre. Der menschliche Geist ist für ihn wie für alle Emanatisten das Medium, durch das die Gottheit zur Aktualisierung gelangt, weshalb das Absolute auch zugleich die wahre Erfüllung der Menschheit ist; der Rückgang des Geistes zum aktualisierten Absoluten ist das *Wissen*, und zwar das Wissen vom Ganzen und seiner Beziehung zu den Teilen, also ein paradoxales Wissen, ein Wissen, das den Satz vom Widerspruch zugunsten des *coincidentia oppositorum*-Prinzips aufgibt, das seinen Prototyp in der Mathematik der unendlichen Größen und der Grenzwerte besitzt. Dank des Wissens gelangt der Geist zur Entdeckung seiner selbst als Gottheit, eignet sich demnach den unendlichen Gegenstand seines Wissens als eigenes Selbst an.

Der Cusaner hat im göttlichen Sein einen unheilbaren Widerspruch ermittelt. Dies war jedoch, Hegelsch gesprochen, ein festgewordner Widerspruch, das heißt das Ergebnis einer Spekulation, die zur Antinomie führt; das bloße Nachdenken über die göttliche Natur führt zum Schluß, daß in ihr Qualitäten enthalten sein müssen, die sich im endlichen Seienden gegenseitig ausschließen; wenn Gott nämlich reine Aktualität ist und zugleich das Seinsganze umschließt, so gibt es nichts im Sein, das in der göttlichen Einheit nicht auf unbegreifliche Weise realisiert sein müßte. Der Cusaner stieß mithin auf die antinomische Situation, die der bloßen Entfaltung des *Begriffs* des Absoluten entspringt. Der Widerspruch hatte logische, nicht energetische Gestalt, war nicht ein Zusammenstoß realer Kräfte, aus deren Antagonismus ein Neues auftaucht, war keine Erklärung des göttlichen Schaffens, sondern viel eher Sichabfinden mit dem Absurden, dem der Geist begegnet, wenn er denkend in den Bereich des Unendlichen vorstößt.

7. Jakob Boehme. Das entzweite Sein

Der Widerspruch, oder vielmehr der Antagonismus als ontologische Kategorie erscheint wohl erstmalig in den Texten Jakob Boehmes, die einem Knäuel dichten finsteren Rauchs gleichen, die in der Geschichte der Dialektik jedoch ein neues Kapitel eröffnen. Die Welt als Schauplatz kosmischer Kämpfe zwischen feindlichen Kräften – dieses Bild war selbstverständlich der Tradition entnommen und wiederholte sich öfter in verschiedenen Rückbesinnungen der manichäischen Theologie. Doch etwas anderes ist es, die ganze Wirklichkeit als Kampfplatz feindlicher Rivalen anzusehen, und etwas anderes, den inneren Konflikt des Seins aus der Entzweiung *eines* Absoluten abzuleiten.

Das visionäre Gesamtwerk Boehmes ist die Fortsetzung jenes Platonismus, der unter den pantheistischen Dissidenten der Reformation weiterlebte und der – wie im Falle Sebastian Francks und Valentin Weigels – mit neuen Worte viele alte Ideen Eckharts und der »Deutschen Theologie« wiederholte. Boehme war ein gewisses Novum innerhalb dieser Strömung. Die sichbare Welt bietet sich ihm – im Einklang mit der alchimistischen Tradition – als Ensemble sinnvoller und lesbarer Zeichen dar, die die unsichtbaren Realitäten offenbaren, doch ist diese Offenbarung eindeutig eine Notwendigkeit und ein Bedürfnis der Gottheit selbst, die sich in der Anstrengung der Entäußerung selber entdeckt. Gott, der »ein in sich selber Wirken, sich selber Gebären und Finden«[31] ist, verdoppelt sich gleichsam, um aus undifferenzierter Bewegungslosigkeit wahrhaft Gott zu werden. Wir haben also, im Begriff der Gottheit, jene selbe Ambivalenz, die wir aus den Texten Eckharts kennen – das Echo der ersten beiden Plotinischen Hypostasen. Der geoffenbarte Gott ist ein Gott, der sich in die Schöpfung verwandelt, aber er kann sich nur insofern verwandeln, als das, was mit ihm eins ist, als die gegensätzlichen Kräfte des Lichtes und der Finsternis zu Worte kommt. »Die Kraft im Lichte ist Gottes Liebesfeuer, und die Kraft in der Finsternis ist Gottes Zornfeuer, und ist doch nur ein einig Feuer, theilet sich aber in zwei Principia, auf daß eines im andern offenbar werde: denn die Flamme des Zornes ist die Offenbarung der großen Liebe; in der Finsterniß wird das Licht erkannt, sonst wäre es ihm nicht offenbar« (»Mysterium Magnum«, 8,27[32]). Indem er seine Abgeschlossenheit verwirft und aus sich selber auf der Suche nach sich selbst hinausgeht, bringt Gott unweigerlich eine entzweite Welt hervor, in der die Qualitäten nur dank dessen identifizierbar sind, als sie eigene Gegensätze besitzen. Boehme denkt vor allem an jenen inneren Antagonismus, der im menschlichen Geist widersprüchlichen Neigungen entspringt. Das eigentliche Drama der geschaffenen Welt spielt sich in der Einzelseele ab, die zwischen gegensätzlich gerichteten Kräften ausgebreitet ist. Ihre eigentliche Heimat ist Gott, der in sie den Samen der Gnade ausgesät hat; zugleich versucht sie jedoch, ihren partikularen Willen zu festigen. Auch gibt es keine Rückkehr zu Gott ohne inneren Kampf, in dessen Verlauf das Harmoniestreben letztendlich durch Selbstentsagung den Willen zur Selbstaffirmation besiegt.

Boehmes Theosophie ist gleichsam das unklare Selbstbewußtsein der zentralen Antinomie, die in der Idee des unbedingten Seins enthalten ist, das endliche Existenzen hervorbringt; diese sind nämlich seine Offenbarung und Verneinung zugleich und können nicht das eine sein ohne das andere. Wenn der absolute Geist mithin seine Entbergung anstrebt, dann negiert er sich unweigerlich selbst. Die Welt des endlichen Seienden, die vom Hauch einer originären Einheit getragen wird, kann sich nicht der Kraft entledigen, die sie erneut zur Quelle hinzieht, doch ebensowenig vermag sie, sofern sie entstanden ist, sich des Willens zur Selbstbestätigung in ihrer Endlichkeit entledigen. Dieser Konflikt hat in Boehmes Theosophie erstmalig klar die Gestalt des Gegensatzes zweier kosmischer Energien angenommen, die der Spaltung des originären Schöpfungstriebes entspringen.

8. Angelus Silesius. Fénelon. Die Erlösung in der Anihilierung

Die Dialektik der göttlichen Selbstbegrenzung und der Gedanke von der Nicht-Sichselbstgleichheit des menschlichen Seins wiederholen sich kontinuierlich im 17. und 18. Jahrhundert, vornehmlich in der nördlichen Mystik. Bei Benedikt de Canfeld, bei Angelus Silesius können wir mühelos die gleichen Schemata wiederfinden. Während de Canfeld jedoch die »Nichtigkeit« jeglichen geschaffenen Seins und die Seinsexklusivität Gottes herausstreicht, begnügt sich Angelus Silesius im »Cherubinischen Wandersmann«, der aller Wahrscheinlichkeit nach noch vor seiner Konversion zum Katholizismus entstanden war, nicht damit und kehrt zum Eckhartschen Motiv der Gottheit zurück, die das eigentliche Wesen und die Berufung des Menschen sei. Der Appell der Ewigkeit ist in jedem Einzelnen ständig präsent – ihm folgen heißt soviel wie aus einem »Zufälligen« ein »Wesentliches« werden, die Partikularität des singulären Seins zugunsten des Aufgehens im absoluten Sein aufgeben. Die Entgegensetzung von »Zufälligem und Wesentlichem« ist bei Silesius deutlich erkennbar (»Mensch, werde wesentlich; denn wenn die Welt vergeht, / so fällt der Zufall weg, das Wesen, das besteht.« – »Cherub. Wandersmann«, II, 30[33]). Während die Zufälligkeit des singulären Seins jedoch in einem gewissen Teil der Epigramme des Silesius ganz einfach das Böse zu sein scheint, dessen Anwesenheit unverständlich ist und das man durch freiwilligen Verzicht auf jedwede Bindung an seine »Selbheit« oder »Seinheit« abschaffen muß, so entdecken wir in anderen das Eriugenasche Bild des Zyklus, in dem Gott durch die Geschöpfe sein eigenes Sein zurückgewinnt, das ein anderes ist, als es zuvor war. Nur im Menschen findet Gott seinen Doppelgänger, der ihm in der Ewigkeit ebenbürtig sein wird (»Ich bin Gotts andrer Er, in mir findt er allein, / Was ihm in Ewigkeit wird gleich und ähnlich sein« – I, 278[34]), nur im Menschen *wird* Gott »etwas« (I, 200 –[35]). Man kann daher sagen, die

Gottheit trete in die Welt des Zufalls und Elends ein, damit der Mensch seinerseits selber der Gottheit teilhaftig werde (III, 20). Wir haben also das nämliche Modell eines Absoluten, das sein eigenes Sein zu dem Zweck in die Endlichkeit hinaussetzt, um sodann, indem es jene Endlichkeit aufhebt, zur Einheit mit sich selbst zurückzukehren, einer Einheit jedoch, die um alles das reicher wurde, was die Verdoppelung des Geistes bewirkt hat, also einer, wie man vermuten darf, reflexiv auf sich selbst gerichteten Einheit. Die Zufälligkeit, das Böse, die Endlichkeit (und diese Worte bedeuten dasselbe) sind somit kein vergeblicher und unbegreiflicher Fall Gottes oder Schöpfungen eines bösartigen Konkurrenten, sondern gehören zur notwendigen Phase der zyklischen dialektischen Bewegung, leisten die Negation der Gottheit, die sodann in einer weiteren Negation aufgehoben wird, welche nunmehr das Werk des endlichen Geistes ist, der freiwillig seine Selbstzerstörung anstrebt. Erneut ist also der Rückgang Gottes zu sich selbst zugleich der Rückgang des menschlichen Geistes zu sich selbst, nämlich zu jener Ewigkeit, die seine wirkliche Natur und Bestimmung darstellt und die von der zeitlichen Existenz zwangsläufig ausgeschaltet wird. Die Selbstzerstörung ist das Ende der unerträglichen Zerrissenheit, die die Zeit in das Leben des Geistes hineinträgt, einer Zerrissenheit, die zwar ein unverzichtbarer Faktor des göttlichen Werdens ist, die jedoch zur Heilung verurteilt ist.

Es lohnt jedoch nicht, die Liste der Beispiele übermäßig auszudehnen. Das Motiv der »Zufälligkeit« des Menschen finden wir in der ganzen pantheistischen Literatur und im gesamten Schrifttum der Mystiker, sowohl der katholischen Orthodoxen wie der Protestanten oder Konfessionslosen. »O mein Gott, ich bin nicht der, der ist! Ach, – ich bin fast der, der nicht ist«, schrieb François de la Mothe Fénelon. »Ich erfasse mich als ein unbegreifbares Mittelding zwischen dem Nichts und dem Sein: ich bin, der gewesen ist; ich bin der, der sein wird; ich bin der, der nicht mehr ist, was er gewesen; ich bin der, der noch nicht ist, was er sein wird, und was bin ich wirklich in diesem Zwischen? Ein Ich-weiß-nicht-Was, das in sich selbst nicht bleiben kann, das keinen Bestand hat, das sich so schnell wie Wasser verströmt; ein Ich-weiß-nicht-Was, das ich nicht fassen kann, das meinen Händen entflieht, das nicht mehr ist, sobald ich es greifen und wahrnehmen will; ein Ich-weiß-nicht-Was, das in demselben Augenblick aufhört, in dem es beginnt. So kommt es, daß ich mich mir selbst keinen einzigen Augenblick so sichern und vergegenwärtigen kann, um einfach zu sagen: *ich bin*« (»Traité de l'Exist. et de attr. de Dieu«[36]). »In der Tat sind alle Dinge in der Natur so wie sie sind, mit Ausnahme des Menschen, der, betrachtet man ihn als Ansich, nicht ist wie er ist; dieser nämlich stellt sich vor, etwas zu sein, während er nicht etwas ist. Alle Dinge jedoch sind, was sie sind, nicht in ihrem Ansich, sondern in dem, der sie schuf, der Mensch hingegen bildet sich ein, an sich etwas zu sein, doch ist er dies nur aufgrund seiner betrügerischen Idee«, schrieb der konfessionslose niederländische Mystiker Jacob Bril (»Alle de Werken . . .«, 1715,534).[37] Das so gesehene Bild des entzweiten Menschen, der sein wahres Sein in Gott zurückließ, ist gängig und tritt stets gepaart mit der Hoffnung auf Rückkehr auf. Die Grundannahme, die im zufälligen Sein das negative Stadium des Reifeprozesses des Absoluten sieht, verlangt selbstverständlich weitere Voraussetzungen, und man begegnet diesen nur bei Autoren, die die konfessionelle Orthodoxie der »Großkirchen« bewußt überschreiten oder als Ketzer verurteilt werden.

9. Die Aufklärung. Verwirklichung des Menschen im Schema des Naturalismus

Man könnte meinen, diese beiden Schemata könnten nur dem Boden des religiösen Denkens entwachsen, setzten notwendigerweise die Interpretation der körperlichen Welt als einer Theophanie voraus und müßten den Menschen durch seine – sei es nun negative oder positive oder, was am häufigsten der Fall ist, zwiefache Rückbeziehung auf den absoluten Geist begreifen. Daß dem nicht so ist, beweist der Umstand, daß die Theorie der Rückkehr des Menschen zu sich selbst auch innerhalb der naturalistischen Philosophie der Aufklärung als einer ihrer konstitutiven Bestandteile anzutreffen ist. Es scheint überhaupt, als gehöre diese Theorie, zusammen mit dem Glauben an das Paradigma des verlorenen Paradieses, zu den dauerhaften Determinanten des Denkens über den Menschen und als artikulierte sie sich ebensogut innerhalb religiöser Strukturen wie in radikaler Opposition zu diesen.

Eine eigene Lehre von der Bestimmung des Menschen zur verlorenen Selbstidentität kam im Schrifttum der Aufklärung sowohl im Schaffen der Utopisten als auch in verschiedenen, keineswegs einheitlichen Theorien des natürlichen Menschen zum Ausdruck. Skeptizismus und Empirismus, gespeist von der Lektüre Lockes und Bayles, dienten der negativen Begründung des Harmonie-Ideals, einer Harmonie, zu deren *Rückgewinnung* der Mensch *innerhalb* der Natur fähig und *berufen* sei. Es zeigte sich, daß die Affirmation des Menschen als eines endlichen Seins sich mit der Überzeugung vertrage, daß man erfahren könne, was der *wahre* Mensch sei, respektive, worin die Bedingung des Menschseins bestehe. Wenn die Existenz des Menschen also in dem Sinne als zufällig anerkannt werden muß, daß er in der Natur kein Zeichen für die Aktivität eines Geistes darstellt, der der Natur vorausginge, so liefert die Natur selber jedoch Informationen über erfülltes Menschsein oder lehrt, was ein vollends mit seiner angeborenen Bestimmung identischer Mensch wäre; jeder aktuelle Kulturzustand läßt sich mithin dem in der Natur vorhandenen normativen Modell konfrontieren. An die Stelle der *Kritik der Erde im Namen des Himmels* tritt somit *die Kritik* der partikularen *Kulturen* im Namen der *natürlichen Menschheit.* Während die Mystiker die universelle, von Einzelkulturen unabhängige menschliche Verfassung der authentischen Menschheit gegenüberstellten, die im Absoluten ihre Erfüllung findet, konfrontieren die Naturalisten jede einzelne – allen voran die eigene – kulturelle Verfassung mit der authentischen Menschheit, die in den Imperativen der Natur erfüllt ist; aus diesem Blickwinkel ist es unwesentlich, ob sie jenen Imperativ für etwas halten, das irgendwann oder irgendwo einmal *faktisch* erfüllt wurde (wie in den Theorien vom glücklichen Wilden), oder ganz einfach als Muster, das anzustreben ist, mit dem Vorbehalt, daß dieses Muster kein einfach ausgedachtes ist, sondern eins, das in den Regeln der Natur *entdeckt* wurde. Die Distanz zur eigenen Kultur, gepaart mit der Kritik an ihrer »Unnatürlichkeit«, war zwar bereits früher, in der Literatur der Spätrenaissance (Montaigne), aufgetaucht und wurde der Aufklärung gewissermaßen kontinuierlich von der libertinistischen Bewegung übermittelt. Hier wurde sie jedoch in ihrer Massiertheit, Konsequenz, Offenheit, Radikalität erst zur Determinante einer neuen geistigen Formation. Das für die Aufklärung so kennzeichnende Betrachten der eigenen Zivilisation mit den Augen einer anderen, fremden Zivilisation (Goldsmiths Chinesen, Montesquieus Perser, Swifts Pferde, Voltaires Ankömmlinge vom Sirius und Saturn) verknüpfte sich mit dem Glauben an die Diskrepanz zwischen den kritisierten Verhältnissen und den »natürlichen« Mustern und fußte im Glauben an das Modell des wahren Menschentums. Das bezieht sich jedoch nicht auf die bittere Satire Swifts, bei dem die Utopie nicht zufällig im Staat der Pferde erfüllt wird, das heißt eben als »Utopie« im etymologischen und landläufigen Wortsinn demaskiert wird.

Die Zurückforderung des »natürlichen Menschen«, die gegen die herrschende Zivilisation gerichtet ist, umfaßte verschiedene Gruppen von Qualitäten und Rechtsansprüchen. Doch das Recht des Menschen auf Glück, das Recht auf Freiheit, das Recht auf Inanspruchnahme der Vernunft, die angeborene Gleichheit – alles das waren gängige Themen und im Grund als Werkzeug der Kritik hinreichende.

Dennoch erwies sich das Begriffsgerüst der aufklärerischen Ideale alsbald als unwirksam, und seine Bestandteile erwiesen sich als nicht deckungsgleich. Die beiden Bannerlosungen »Natur« und »Vernunft« fügten sich, bei näherer Betrachtung, nicht zu einem kohärenten Ganzen. Wie sollte man, in der Tat, den Kult der Vernunft als Geschenk der Natur mit dem Kult der Natur als einer vernünftigen vereinbaren? Wenn die menschliche Vernunft, wie die Materialisten darlegten, eine

Fortsetzung der tierischen Natur ist und es keine Diskontinuität zwischen der Dressur von Affen und den Argumenten der Mathematiker (de la Mettrie) gibt, wenn darüber hinaus die Moral vollends reduzierbar ist auf die mit der Lust- und Unlusterfahrung verknüpften Reflexe, dann ist die Menschheit mit ihrem abstrakten Denken und ihren sittlichen Gesetzen zwar ein Werk der Natur, ohne jedoch einen höheren Rang als den blinden Trieb ihrer Mechanik zu besitzen. Wenn wiederum die Natur, wie viele ausführten, vernünftig, zweckmäßig, beschützend ist, dann ist sie nur die andere Bezeichnung für das göttliche Sein. Entweder also ist die Vernunft keine Vernunft oder aber die Natur keine Natur; entweder man erkennt die Irrationalität des Denkens an oder man billigt der Natur gottähnliche Qualitäten zu. Wie sollte man denn anerkennen, daß die menschlichen Triebe auf ähnliche Art natürlich seien wie die sittlichen Regeln, welche sie beschränken und zügeln? Es wiederholen sich die ewigen Dilemmata, dieselben, mit denen die Atheisten seit Epikurs Zeiten den Verehrern der Götter zusetzten: Wenn die Welt voll des Bösen ist, dann ist Gott entweder machtlos oder böse oder unfähig oder schließlich machtlos, böse und unfähig zugleich. Bezüglich der »guten und allmächtigen« Natur erhebt sich genau dieselbe Frage. Ist die Natur jedoch dem Menschen und seinem Schicksal gegenüber gleichgültig, so besteht kein Grund zur Annahme, daß das Böse überhaupt heilbar sei; vielleicht wirkt dann in der Natur ganz einfach das Gesetz des Stärkeren, und vielleicht können die menschlichen Sozietäten, in Einklang mit den Naturgesetzen, nicht nach anderen Grundsätzen existieren als Pflanzen. Die aufklärerischen *idées-forces* spalten sich daher auf, es entstehen die pessimistischen Reflexionen Mandevilles, Swifts, des späten Voltaire. Die Vorstellung von der natürlichen, wohltätigen Ordnung, die man nur zu erkennen braucht, um Konflikte und Unglück abzuschaffen, gerät ins Wanken.

10. Rousseau, Hume. Die Zerstörung des Glaubens an die natürliche Ordnung

Diesen Zweifeln haben Rousseau, Hume und Kant Ausdruck verliehen. Rousseau glaubt an das Muster des in Sichselbstgleichheit lebenden Menschen, doch er glaubt nicht, daß man zu dessen Glück zurückkehren könne, indem man die Zivilisationsergebnisse annulliert. Der Naturmensch litt nicht unter Zerrissenheit, weil seine Beziehung zum Leben nicht von der Reflexion vermittelt war; er erlebte sein Leben unmittelbar, ohne Zuhilfenahme des Denkens über das Leben, er affirmierte, unbewußt, seine eigene Situation, mitsamt der eigenen Endlichkeit. Dank dessen bildete sich seine Gemeinsamkeit mit den anderen spontan heraus und ohne die Notwendigkeit besonderer Einrichtungen, die diese Gemeinsamkeit schützten. Die Zivilisation hat die Distanz des Menschen zu sich selbst geschaffen und die ursprüngliche Ordnung des Zusammenlebens zerstört. Sie hat den Egoismus allgemein verbreitet, während sie die Solidarität ruinierte und zugleich das persönliche Leben abtötete, indem sie es in den moralischen Konformismen und künstlichen Bedürfnissen aufgehen ließ. In dieser Gesellschaft ist die Sichselbstgleichheit des Individuums unerreichbar, man kann allenfalls – jeder kann es für sich – den Versuch unternehmen, mit dem Druck der Gesellschaft zu brechen, zurückzukehren zu einer von den landläufigen Meinungen unabhängigen Weltbetrachtung. Das positive Zusammenleben und die Solidarität mit den anderen beraubt das Individuum nicht seines wahren persönlichen Lebens, im Gegenteil, die negative Bindung von Besitztrieb und Ehrgeiz zerstört Gemeinschaft und Persönlichkeit zugleich. Die wahre Bestimmung des Menschen ist das gleichzeitige Selbstsein und das freiwillig solidarische Miteinander mit den anderen. Die Menschen werden jedoch nicht in den vorzivilisatorischen Zustand zurückkehren. Laßt uns daher Kompromißlösungen erproben, möge jeder in sich selbst den natürlichen Zustand entdecken, möge er andere in diesem Geist erziehen. Kein historisches Gesetz gibt uns die Garantie, daß diesen Anstrengungen Erfolg beschieden und zur Restitution der wahren Gemeinschaft oder zur Wiedergeburt der Gesellschaft in den Individuen führen wird; doch ist dies nicht gänzlich ausgeschlossen.

Rousseau kennt keine geschichtliche Theodizee und beabsichtigt nicht, das Böse der Welt in die Hoffnung auf eine künftige Ordnung zu integrieren, die auf den Monstrositäten der vergangenen Geschichte einst gedeihen soll. Der Bruch mit der ursprünglichen Harmonie stellt für ihn schlechthin das Böse dar, das durch nichts gerechtfertigte und zu nichts dienende Böse. Die vage Hoffnung auf Verbesserung wird von keiner Dialektik des »spiralförmigen Fortschritts« gestützt.

Rousseau hat also ein eigenes Modell der authentischen Menschheit, doch kann er keine Gründe aufweisen, die den Bruch mit diesem Modell rechtfertigen; der Fall des Menschen ist für ihn keine selbstaufhebende Phase der Vervollkommnung; in dieser Hinsicht steht sein Schema dem landläufigen Christentum näher als den Begründern der platonisierenden Theogonien: Das Böse ist böse, ist vom Menschen verschuldet und enthält keinen in der kosmischen Geschichte verborgenen Sinn. Gegenwärtig ist hingegen bei ihm die der Geschichte vorangehende und nicht von dieser determinierte Bestimmung des Menschen, deren Realität ein offenes Problem bleibt.

Humes Lehre wiederum war die Aufspaltung von zwei anderen tragenden Kategorien des aufklärerischen Denkstils: der Kategorie der Erfahrung und der Kategorie der natürlichen Ordnung. Sobald man nämlich die Grundsätze des Empirismus zu ihren letzten Konsequenzen führte, stellte es sich heraus, daß die Kategorie der natürlichen Ordnung nicht bestehen kann. Wenn das in der Wahrnehmung wirklich Gegebene jeglichen möglichen Erkenntnisgehalt erschöpft und wenn aus dem Sammeln dieser Beobachtungsdaten keinerlei »notwendiger« Zusammenhang, keinerlei notwendiges Gesetz zustande kommen kann, so ist es klar, daß das Sein, verstanden als etwas von der Bündelung singulärer Qualitäten Unterschiedenes, dem menschlichen Erkenntnisvermögen unzugänglich ist. Ebenso unzugänglich ist jedwede natürliche Ordnung, derbezüglich wir befugt wären, zu glauben, daß sie der immanente Besitz der Welt sei, nicht aber ganz einfach – wie alle von der Wissenschaft entdeckten Gesetze – die subjektive Fixierung von wiederholbaren Reflexgruppen im Geist, die deshalb als »Gesetze« anerkannt werden, weil ihre Anerkennung für die Menschen von praktischem Nutzen ist. Auch besteht kein Grund, sich vorzustellen, daß irgendein Moralgesetz, das eine von den Lust- oder Unlustempfindungen unabhängige Geltung besäße, uns in irgendeiner Weise verpflichtete. Zusammengefaßt: Sowohl die physische wie die sittliche Ordnung sind Vorstellungen, die die faktischen und möglichen Erfahrungsbestände übersteigen. Somit wird auch die Einbildung verhindert, daß es irgendein Modell der Menschheit oder der Bestimmung des Menschen gäbe, das unabhängig wäre vom faktischen Verlauf der menschlichen Geschichte und seine Verwirklichung verlangte.

Hume sagt nicht, daß die Welt oder der Mensch zufälliges Sein seien. Im Gegenteil: Indem er die Unmöglichkeit der kosmologischen Gottesbeweise vor Augen führt, sagt er, daß uns die Erfahrung keine Auskunft über die Zufälligkeit der Welt geben könne. Doch besagt diese Feststellung nichts anderes, als daß die Welt nicht in dem Sinn zufällig ist, den die Scholastiker diesem Wort zugeschrieben haben, das heißt, sie besitzt keine Eigenschaften, die darauf hinweisen würden, daß sie in ihrem Sein von einem notwendigen Schöpfer abhängig wäre. Vom Standpunkt der Scholastik ist die »Zufälligkeit« der Welt nämlich nichts anderes als gerade das Postulat der Nichtzufälligkeit; der an sich betrachteten Welt inhäriert keine Existenznotwendigkeit, doch muß eine derartige Notwendigkeit gegeben sein, sofern die Welt existiert; somit ist die Zufälligkeit der Welt nur eine scheinbare und entlarvt ihre Scheinbarkeit, sobald wir sie auf das göttliche Sein beziehen. Im Hinblick auf Gott, das heißt in ihrer wirklichen Situation erfaßt, *ist* die Welt *nicht* zufällig, denn kein Existierendes ist ein Zufälliges. Indem Hume also sagt, die Erfahrung liefere uns keinerlei Informationen über die Zufälligkeit der Welt, sagt er genaugenommen nichts anderes, als daß die Welt gerade zufällig *ist*, das heißt, daß ihr keine Eigenschaft inhärent ist, die ihr Sein auf eine notwendige oder absolute Wirklichkeit zurückverweisen würde; mit anderen Worten, die Wendung »zufällig« ist nur dann sinnvoll und verständlich, wenn der ihr entgegengesetzte Ausdruck »notwendig« sinnvoll und verständlich ist. Der Sinn des Humeschen Gedankens ist der folgende: Die Welt ist so, wie sie ist, die Entgegensetzung von Zufälligkeit und Notwendigkeit ist nicht in den Erfahrungsdaten verwurzelt. Die Humesche Welt ist demnach genau in dem Sinne eine zufällige wie die Sartresche Welt; sie besitzt keinen »Grund« und läßt nicht einmal die Frage nach ihrem Grund zu.

Humes Kritik hat die Grundpfeiler der aufklärerischen Konstruktionen endgültig erschüttert, die anfänglich die Regeln des Empirismus mit dem Glauben an eine natürliche Ordnung, den moralischen Utilitarismus mit der menschlichen Berufung zum Glück, das Bild der Vernunft als eines Produktes der Natur mit dem Glauben an die Souveränität dieser Vernunft kohärent zu verbinden schienen. Wenn sich die Rechtmäßigkeit des Glaubens an die Einheit und Notwendigkeit des Seins sowie an das Modell der authentischen Menschheit restituieren läßt, das verschieden wäre von der empirischen, historischen Menschheit, so mußten auf dem Weg zu dieser Restitution die vernichtenden Ergebnisse der Humeschen Analyse zur Kenntnis genommen werden. Einen derartigen Versuch stellt das Werk Kants dar.

11. Kant. Der Dualismus des menschlichen Seins und seine Beseitigung

Kant entschied sich für den Glauben an die Souveränität der Vernunft *gegen* den Glauben an die natürliche Ordnung, deren Teil oder Erscheinungsweise die menschliche Vernunft sein sollte. Seine Philosophie war die Aufgabe der Hoffnung darauf, daß die Vernunft das natürliche Gesetz, die prä-existente Ordnung, den vernünftigen Gott würde je entdecken und daß sie sich selbst innerhalb dieser Ordnung würde interpretieren können. Zwar verhält es sich, entgegen Hume, nicht so, daß unsere Erkenntnis zur bloßen Zufälligkeit der Einzelwahrnehmungen verurteilt wäre, denn nicht alle Urteile sind nur empirisch oder nur analytisch; die synthetischen Urteile *a priori*, die also, die zugleich etwas über die Wirklichkeit aussagen, ohne aus der Erfahrung ableitbar zu sein, bilden das wesentliche Gerüst der Wissenschaft, und die Rechtmäßigkeit, Notwendigkeit sowie allgemeine Gültigkeit dieser Urteile sichert unserer Erkenntnis dauerhafte Grundlagen. Dennoch, und das ist eines der wichtigsten Ergebnisse der »Kritik der reinen Vernunft«, *beziehen sich alle synthetischen Urteile a priori ausschließlich auf Gegenstände möglicher Erfahrung*; das bedeutet, daß sie nicht als Grundlage für die Errichtung einer rationalen Metaphysik dienen können, diese nämlich müßte, sofern sie möglich wäre, aus synthetischen Urteilen *a priori* bestehen. Möglich ist nur eine immanente Metaphysik, verstanden als eine Menge von Naturgesetzen, die nicht durch Abstraktion von der Erfahrung gewonnen werden, sondern sich apriorisch setzen lassen. Jeder Gedanke bezieht sich letzten Endes auf die Wahrnehmung, und die Ganzheit der apriorischen Konstruktionen, die unser Verstand notwendigerweise errichtet, ist nur insofern sinnvoll, als er auf eine empirische Welt anwendbar ist. So wird also die Ordnung der Natur, hinsichtlich ihrer konstitutiven Determinanten, nicht in der Natur gefunden, sondern dieser durch die Ordnung unseres Verstandes selber aufgezwungen; zu dieser Ordnung gehören sowohl die räumliche wie zeitliche Gliederung der Dinge wie die Prinzipien der reinen Naturwissenschaft, wie schließlich das System der Kategorien, d. h. der nicht mathematischen Begriffe, die der Erfahrung Einheit verleihen, ohne aus der Erfahrung abgeleitet zu sein.

Ohne die vereinigende Kraft des Intellekts ist Erfahrung mithin unmöglich. Die Ordnung der Welt ist ein Zeugnis für die Souveränität des Geistes gegenüber der Welt. Doch diese Souveränität ist nicht vollständig. Jedes Fragment unserer Erkenntnis, die inhaltlich leere analytische Erkenntnis ausgenommen, enthält Inhalte, die aus zwei verschiedenen Quellen stammen. Anschauung und Urteilen sind zwei radikal verschiedene Tätigkeiten; in der sinnlichen Wahrnehmung sind uns die Gegenstände unmittelbar gegeben, während wir den passiven Rezeptor ihrer Wirkung darstellen; in den Verstandestätigkeiten werden die Gegenstände zu gedachten; diese beiden Seiten des menschlichen Seins in der Welt, die passive und aktive, sind unverzichtbar in allen unseren Erkenntnisakten anwesend. Das bedeutet, daß es kein rechtmäßiges Denken gibt, das sich nicht auf die Anschauung beziehen würde, und daß es keine Anschauung gibt ohne die vereinigenden Tätigkeiten des Verstandes. Der erste dieser beiden Umstände hat zur Folge, daß unsere Hoffnung auf theoretisches Wissen, das über die empirische Welt zu absoluten Realitäten vorstoßen könnte, unbegründet ist sowie daß die völlige Unterordnung der Mannigfaltigkeit der Erfahrung unter die Urteilskraft ein Ding der Unmöglichkeit ist; der zweite bringt die gesetzgeberische Vorherrschaft des Geistes über die Natur als Ordnung an den Tag.

Die nicht zu beseitigende Doppelheit der menschlichen Erkenntnis ist zwar nicht unmittelbar sichtbar, sobald sie jedoch entdeckt wird, entlarvt sie gewisserweise auch die Doppelheit des gesamten menschlichen Seins, das die Welt zugleich als Gesetzgeber und als leidendes Subjekt assimiliert. In den Grenzen des legitimen Gebrauchs, den man von den Verstandeskräften machen darf, *sind wir nicht imstande, die unerklärliche Zufälligkeit der Erfahrungsdaten zu beseitigen.* Diese Zufälligkeit ist eine schlechthin angestammte, und wir sind gezwungen, sie zur Kenntnis zu nehmen, indem wir darauf verzichten, sie auf endgültige Weise zu beherrschen. Wir sind also außerstande, uns und der Welt eine endgültige Einheit zu verleihen. Mein Ich, das mir in der Introspektion gegeben ist, ist mir als zeitlicher Gegenstand gegeben, fällt also nicht mit dem Ich an sich zusammen, dieses aber bleibt der theoretischen Erkenntnis verschlossen (zwar ist mir außer diesem introspektiven Ich auch die transzendentale Einheit der Apperzeption zugänglich, die Bedingung der vereinigenden Tätigkeit des Subjekts, das Selbstbewußtsein, das befähigt ist, alle Anschauung zu begleiten, doch von dieser wissen wir nur, daß sie *ist*, nicht aber, wie dieses Ich an sich selbst ist.) Überhaupt setzt die Ganzheit unserer organisierten Erfahrung die Existenz eines Gebietes unerkannter Realität, das die Sinne affiziert, voraus, das jedoch nur in einer von unseren apriorischen Formen geordneten Gestalt in Erscheinung tritt und in seinem selbständigen Sein nicht zu uns dringt. Die Anwesenheit einer Welt an sich wird nicht durch Deduktion aus empirischen Daten gewonnen, sie ist unmittelbar bekannt, und das Bewußtsein meines eigenen Daseins ist zugleich das unmittelbare Dingbewußtsein. Dennoch ist außer diesem ein Wissen, daß die selbständigen Realitäten überhaupt sind, kein anderes möglich. Somit ist weder die Aufhebung der Zufälligkeit der kognitiv zugänglichen Welt noch die Aufhebung der Entzweiung, der der menschliche Geist unterworfen ist, möglich.

Dennoch vermag der menschliche Geist sich nicht mit diesem Wissen von seiner Begrenztheit abzufinden, er kann sich nicht mit jener mageren Metaphysik bescheiden, die auf die Kenntnis der apriorischen Bedingungen der Erfahrung beschränkt bleibt. Die Natur unseres Denkens ist eine solche, daß sie unbeirrbar die *absolute Einheit der Erkenntnis* sucht, nicht nur, um zu begreifen, *wie* die Welt ist, sondern auch, wie sie *notwendigerweise* ist, die Differenz, die in den Postulaten des empirischen Denkens gegeben ist, *zwischen dem Möglichen, dem Wirklichen und dem Notwendigen*, aufzuheben. Diese Differenz läßt sich nicht aus dem Denken eliminieren: Möglich ist alles, was mit den formalen Bedingungen der Erfahrung übereinstimmt, wirklich ist, was faktisch in den materialen Bedingungen der Erfahrung gegeben ist, notwendig hingegen das, was im Wirklichen durch die allgemeinen Erfahrungsbedingungen bestimmt ist. Die Realitäten der Welt enthalten demnach Zufälligkeit, die wir erst dann beseitigen könnten, wenn uns das Sein in seiner Unbedingtheit zugänglich wäre, wenn wir die absolute Einheit von Subjekt und Objekt der Erkenntnis erreichen würden. Wir streben unentwegt danach, obschon dieses Streben vergeblich ist; doch die Illusionen der Metaphysik werden, selbst wenn sie entlarvt sind, nicht aufhören, im menschlichen Geist fortzuleben. Diese Illusionen finden Ausdruck in der Bildung von Begriffen, die nicht nur nicht aus der Erfahrung *durch Abstraktion gewonnen* (denn apriorische Begriffe sind rechtskräftig und unumgänglich in der Erkenntnis) werden, sondern auch auf die Erfahrung nicht anwendbar sind. Diese Begriffe oder »Ideen« der reinen Vernunft: Gott, Freiheit, Unsterblichkeit, stellen die unaufhörliche Versuchung des Geistes dar, wenngleich ihr Gebrauch innerhalb der theoretischen Vernunft untersagt ist. Genauergenommen, auch innerhalb der Grenzen der reinen Vernunft besitzen sie einen gewissen Sinn, jedoch keinen »konstitutiven«, sie stellen vielmehr ein »regulatives« Prinzip dar. Das heißt, daß man die Korrelate dieser Begriffe nicht zu Erkenntnisgegenständen machen, sondern sie lediglich als unerreichbare Grenze betrachten kann, die der Bewegung unserer Erkenntnistätigkeit ihren Richtungssinn weist.

Der *rechtmäßige* Gebrauch einer Idee drückt sich mithin in der *Forderung der unendlichen Anstrengung* aus, mit der der Verstand jedes bereits erreichte Ergebnis überschreiten soll; der *unrechtmäßige* Gebrauch hingegen in der Überzeugung, daß diese Anstrengung *ein effektives Ende* im absoluten Erkennen erreichen könnte. Für jedes Urteil der syllogistischen Reihen will der Verstand eine umfassendere Prämisse ausfindig machen, und die Maxime des Syllogismus verlangt diese Suche nach einer Prämisse für jede Prämisse, also die Suche nach der Bedingung einer jeden Bedingung – endlos, bis zu einem Unbedingten. Diese Maxime ist die Determinante der guten Arbeit der Vernunft, und man soll sie nicht mit dem – falschen – Prinzip verwechseln, das besagt, daß die Reihe der Prämissen faktisch ein unbedingtes erstes Glied besitze. Etwas anderes nämlich ist es, zu wissen, daß in der gedanklichen Sequenz jedes gefundene Glied eine ihm vorausgehende Bedingung besitze, etwas anderes hingegen, anzunehmen, daß wir die Sequenz von Bedingungen als Ganzes zusammen mit ihrem ersten, unbedingten Glied würden erfassen können (ähnlich – um diesen Kantschen Gedanken anschaulicher zu machen – bedeutet die richtige Aussage, daß für eine beliebige Zahl jeweils eine größere besteht, etwas anderes als die – falsche – Aussage, daß es eine Zahl gibt, die größer wäre als jede beliebige Zahl). Das Nichtauseinanderhalten der syllogistischen Maxime und des falschen, fundamentalen Grundsatzes der reinen Vernunft ist die Quelle von drei typischen Fehlern, die den drei Syllogismus-Typen entsprechen. Im Bereich des kategorischen Syllogismus besagt dieser Grundsatz, daß wir bei der sukzessiven Suche nach Bedingungen der prädikativen Urteile schließlich auf ein Subjekt stoßen können, das kein Prädikat wäre; im Bereich des hypothetischen Syllogismus: daß wir zu einer Hypothese gelangen können, die nichts mehr voraussetzt; im Bereich des disjunktiven Syllogismus, daß wir eine solche Menge von Teilungsgliedern umfassen können, die die Begriffe restlos komplettiert. Solcherweise erliegen wir der Täuschung, daß wir in der Erkenntnis drei Arten unbedingter Einheit setzen können: *die Einheit des denkenden Subjekts* in der Psychologie, *die Einheit der Sukzession der Erscheinungsbedingungen* in der Kosmologie und *die Einheit der Gegenstände des Denkens überhaupt* in der Theologie. Doch innerhalb der Grenzen der endlichen Erfahrung gibt es keinen Gegenstand, der irgendeiner dieser drei Ideen entspräche. Theoretisch läßt sich weder die substanzielle Einheit der menschlichen Seele noch die Einheit des Kosmos noch die Einheit Gottes erfassen.

Es erscheint als ein in der Geschichte beispielloser Fall, daß ein Philosoph wie Kant soviel Mühe für den Beweis der Unrechtmäßigkeit von Hypothesen aufgewandt hat, an deren Wahrhaftigkeit ihm dringend gelegen war. Der Glaube an die Existenz Gottes, der unsterblichen Seele und der Freiheit war für ihn keinesfalls eine unwesentliche Sache, derbezüglich er ganz einfach Neutralität hätte postulieren wollen. Im Gegenteil, es waren für ihn Probleme ersten Ranges. Er erkannte jedoch an, daß die Vernunft sich täuschte, sooft sie sich in Zufriedenheit über das scheinbar gebändigte Absolute wiegte. Das Absolute ist ein Wegweiser, der dem Wissen die Richtung einer unendlichen Bewegung weist, und kann nie zu einem Besitz werden, das der Geist sein eigen nennt.

Das Absolute kognitiv erfassen heißt nichts anderes als zum Absoluten werden. Doch die Entzweiung des Menschen in *ein leidendes und ein aktives Sein*, dem die Entzweiung der Welt in eine *angeschaute* und eine *gedachte* Welt, in eine *zufällige und eine gedanklich notwendige* Wirklichkeit entspricht – diese Entzweiung kann nur in der Unendlichkeit beseitigt werden. Ähnlich kann auch der Gegensatz von *Wille* und *Gesetz*, von *Glück* und *Sollen* in unserem moralischen Leben nur in der Unendlichkeit abgeschafft werden. Unser Leben als Willenssubjekte ist nämlich genauso gespalten in die beiden Ordnungen, an denen der Mensch unausweichlich teilhat: die Ordnung der Erscheinungswelt, der natürlichen, der Kausalität unterworfenen Welt sowie die Ordnung der Welt der Dinge an sich, der Welt der Freiheit und der totalen Unabhängigkeit des Geistes. Das, was zum Sollen gehört und sich in Form eines Gebots äußert, ist nicht nur völlig unabhängig von unseren Neigungen, sondern setzt – durch seine bloße Existenz als Gebot – voraus, daß es bezüglich seines Inhalts diesen Neigungen zuwiderläuft. (»Denn ein Gebot, daß man etwas gerne tun soll, ist an sich widersprechend, weil, wenn wir, was uns zu tun obliege, schon von selbst wissen, wenn wir uns überdem auch bewußt wären, es gerne zu tun, ein Gebot darüber ganz unnötig, und, tun wir es zwar, aber eben nicht gerne, sondern nur aus Achtung fürs Gesetz, ein Gebot, welches diese Achtung eben zur Triebfeder der Maxime macht, gerade der gebotenen Gesinnung zuwider wirken würde.« – »Kritik der praktischen Vernunft«, 1. Teil, 1. Buch, 3. Hauptstück.[38]) Doch die Übereinstimmung zwischen Willen und Gesetz ist die Bedingung des höchsten Guts und muß möglich sein. Ähnlich muß ein höchstes Gut möglich sein, das Glückseligkeit und Tugend harmonisch zur Synthesis bringt, zwei Postulate, die sich in der empirischen Welt gegenseitig beschränken. Die Vernunft erkennt das Sittengesetz unmittelbar, d. h. unabhängig von den subjektiven Bedingungen, die die Befolgung dieses Gesetzes gewährleisten; mit anderen Worten: der Mensch weiß, was er zu tun hat, noch bevor er weiß, daß er über Handlungsfreiheit verfügt; erst daraus, daß er *soll*, erfährt er, daß er *kann*, d. h., daß er *frei ist*. Doch ist die solcherweise erkannte Freiheit Gegenstand der praktischen Vernunft, die über einen größeren Spielraum verfügt als die spekulative Vernunft; jeder wird zugeben, daß er fähig sei, das sittliche Gebot zu befolgen, auch wenn er nicht sicher wäre, daß er es im Notfall wirklich befolgen werde. »Er urteilet also, daß er etwas kann, darum weil er sich bewußt ist, daß er es soll und erkennt in sich die Freiheit, die ihm sonst ohne das moralische Gesetz unbekannt geblieben wäre« (ebd., 1. Hauptstück, § 6 Anmerkung[39]). Da die praktische Vernunft eigene Prinzipien *a priori* besitzt, die nicht ableitbar sind aus dem theoretischen Wissen, zwingt die Gültigkeit dieser Prinzipien auch zur Annahme bestimmter fundamentaler Wahrheiten, die dem Verstand nicht zugänglich sind, der bei der Erzeugung von Begriffen durch deren empirische Anwendbarkeit begrenzt ist. Da wiederum der dem Sittengesetz unterstellte Wille das höchste Gut zum notwendigen Gegenstand hat, muß das höchste Gut möglich sein. Somit setzt – wenn dieses Gute absolute Vollkommenheit verlangt, die sich nur im unendlichen Fortschritt verwirklichen läßt – die Rechtmäßigkeit des moralischen Gebots notwendigerweise die unendliche personale Fortdauer des Menschen voraus, also die individuelle Unsterblichkeit. Ähnlich geht auch das Postulat des höchsten Guts, sofern es rechtskräftig sein soll, von der Übereinstimmung der Glückseligkeit des Menschen mit seinem Sollen aus, doch wird diese Übereinstimmung auf offenkundige Weise nicht von den natürlichen Verhältnissen gewährleistet; das höchste Gut als notwendiger Willensgegenstand setzt mithin notwendigerweise die Existenz einer vernünftigen und freien Ursache der Natur voraus, die nicht zur Natur gehört, d. h. eben einen Gott. Dank unserer Bewußtheit des Sittengesetzes gewinnen die Ideen der spekulativen Vernunft somit eine objektive Realität, die sie auf dem Boden der Theorie nicht erreichen können. Unsere Unsterblichkeit, unsere Teilnahme an der intelligibelen Welt oder die unbedingte Freiheit und die Herrschaft des Schöpfers über die Welt, alles das erweist sich als Realität, die unweigerlich vom Sittengesetz gefordert wird.

Alles in allem ist die Spaltung des Menschen in oppositionelle Ordnungen: das natürliche Dasein – das freie Dasein, die Welt der Begierden – die Welt des Sollens, das passive, von der Zufälligkeit der Beobachtungsdaten erfüllte Sein – das aktive Sein, für das die Zufälligkeit des

Objekts verschwindet, ist diese *Spaltung heilbar*, aber heilbar nur in einer »Unendlichkeit des Fortschritts«. (Kant in »Die Religion innerhalb der Grenzen der bloßen Vernunft«.[40]) Die Perspektive des Menschen besteht im unbegrenzten Streben nach Selbstvergöttlichung, doch nicht im mystischen Sinne, d. h. nicht im Sinne der Eroberung einer Identität mit der transzendentalen Gottheit, sondern im Sinne der Gewinnung einer absoluten Vollkommenheit, die die Herrschaft des Zufalls über die Freiheit aufhebt; die volle Souveränität von Vernunft und Willen gegenüber der Welt, also eben ein gottähnlicher Status, ist der Horizont, der für den unendlichen Fortschritt eines jeden menschlichen Wesens für sich richtungweisend ist.

Kants Philosophie enthält keine Geschichte vom verlorenen Paradies und vom Fall des Menschen. Sie enthält dagegen die Perspektive *der Verwirklichung des menschlichen Wesens*, nicht auf dem Weg des Gehorsams gegenüber der Natur, vielmehr durch Emanzipation von ihrer Vorherrschaft. Sie eröffnet ein neues Kapitel in der Geschichte der philosophischen Überwindung der ontischen Zufälligkeit der Menschheit: Sie instauriert *die Freiheit* als Verwirklichung des Menschen, weist die Unabhängigkeit der autonomen Vernunft und des Willens als Grenz-Dominante des unendlichen Wegs des Menschen zu sich selbst aus, zu seinem göttlichen Selbst.

12. Fichte. Die Theorie der Selbstüberwindung des Geistes

Johann Gottlieb Fichte war es, der die Kantsche Lehre von der Freiheit als Bestimmung des menschlichen Geistes von den Beschränkungen befreien und dadurch einen Gesichtspunkt entwerfen wollte, in dem das radikale Selbstbewußtsein seiner unbegrenzten Herrschaft über das Sein, die bedingungslose Uranfänglichkeit der eigenen Existenz, der rückhaltlose Mangel an Einschränkung seitens irgendeiner vorgefundenen Ordnung ein *Können*, aber auch ein *Sollen* des Menschen darstellen. Er wollte beweisen, wie er in seiner Rede über die »Würde des Menschen« (1794) sagte, daß die »Philosophie uns alles im Ich aufsuchen« lehre. »Erst durch das Ich kommt Ordnung und Harmonie in die todte formlose Materie.«[41] Der Mensch sei »seinem Daseyn nach schlechthin unabhängig von allem, was ausser ihm ist, er ist schlechthin durch sich selbst. (. . .) Er ist ewig, durch sich selbst und aus eigner Kraft.«[42] Dieses Selbstbewußtsein der eigenen Position als eines bedingungslosen Initiators des Seins stellt jedoch zugleich nicht etwas dar, das einfach in fertiger Gestalt gegeben wäre, sondern ist eine moralische Aufgabe, ein Aufruf zur unaufhörlichen Selbstüberschreitung, zur unendlichen Anstrengung, die keine ausgebildete Seinsform als endgültig anerkennen kann, sondern immer nur als den Gegenstand eines neuen Sollens.

Diese philosophische Emanzipation des Geistes von der Natur, diese Auffassung der Welt als einer ewigen moralischen Aufgabe wurde der Tradition entsprechend – u. a. auch von Marx – als Ergebnis der Schwäche des deutschen politischen Radikalismus interpretiert, als Makel einer Kultur, die sich nicht zu einem praktischen revolutionären Aufschwung entschließen könne, die jegliche Tat in das Gebiet des Denkens verlege und der Praxis einen moralisierenden Charakter verleihe. Doch dank diesen Wesenszügen bot sich der deutschen Philosophie die Welt nicht als fertiges Material für optimistische Prognosen dar, als biedere Natur, die die Werte selbst setzt und selbst ihre Erfüllung gewährleistet, sondern eben als Aufgabe. Die Vernunft hörte auf, eine Kopie der Natur zu sein, fand in ihr keine fertige Ordnung vor. Die Philosophie war folglich fähig, im erkennenden Menschen einen Teil oder einen Aspekt des ganzheitlichen Menschen, des praktischen Seins zu erblicken; dank dessen entstand die Interpretation der Erkenntnis als eines praktischen Verhaltens.

Die Opposition Fichtes gegenüber der Aufklärung entspringt einem Kantischen Motiv; in der Tat, wenn der Mensch von der vorgefundenen Natur, der er selber als Körper angehört, unterdrückt wird, so ist nur eine utilitaristische Moral möglich, eine Bilanz der Lust und Unlust, d. h., daß es eine Moral im eigentlichen Sinne überhaupt nicht geben kann. Wenn die Welt Gegenstand der Pflicht sein soll, so kann der Mensch nicht in ihren vorgefundenen Determinationen gefangengehalten werden. Aus diesem Grund wird die metaphysische und epistemologische Entscheidung zum moralischen Problem. Die Versuchung des »Dogmatismus«, d. h. – in Fichtes Verständnis – einer Haltung, die das Bewußtsein durch die Dinge erklärt, lauert ständig auf uns, denn der Dogmatismus befreit von der Verantwortung und heißt sich im Leben auf vermeintliche, in der Natur vorgefundene Kausalgesetze verlassen; wer sich faktisch nicht von seiner Dingabhängigkeit befreien kann, der neigt zum Dogmatismus. Der Idealismus dagegen behandelt das Bewußtsein als Ausgangspunkt und beruft sich auf dieses, um die Dingwelt zu verstehen; ein Bekenner des Idealismus ist der, der zum Selbstbewußtsein der eigenen Freiheit gelangt ist, der seine Verantwortung für die Welt auf sich nimmt und bereit ist, ihr die Stirn zu bieten. Diejenigen, die das Selbstbewußtsein mit dem objektiven Sein des Menschen unter den Dingen identifizieren, das heißt die Materialisten, irren nicht so sehr, sie haben vielmehr einen schwachen Charakter, sind unfähig, die Rolle des Seinsinitiators auf sich zu nehmen. Der Idealismus ist nicht nur in moralischer Hinsicht überlegen, auch in philosophischer Sicht ist er der natürliche Ausgangspunkt, denn er befreit von unlösbaren Fragen;

er braucht sich keine Gedanken darüber zu machen, für welche Seite die ursprüngliche Erfahrungstatsache gegeben ist; aus dieser Sicht fallen nämlich Subjekt und Objekt zusammen; das Ausgangssein, das Selbstbewußtsein, ist ein Fürsichsein, bedarf also keiner Erläuterung.

Doch auf der anderen Seite ist dieses Fürsichsein des Selbstbewußtseins unserer Reflexion nicht als Ding, als Substanz gegeben; es zeigt sich nur als Tat. Fichte bricht mit der Beobachtungsweise, für die die Substanz dem Akt vorausgehen muß, während der Akt eine aktive Substanz voraussetzt. Im Gegenteil, *ursprünglich ist die Tat,* in bezug auf welche das substantielle Sein nur ein sekundäres Konkrement oder ein Produkt ist. Das Bewußtsein ist reines Handeln, Bewegung der noch von außen determinierten Schöpfungsinitiative, es ist *causa sui.* Die Dingwelt hat keine Seinsunabhängigkeit, das Sein der Dinge, wie sie an sich sind, stellt in Kants Philosophie ein Relikt des Dogmatismus dar. Im Selbstbewußtsein der von nichts beschränkten Freiheit erkennt der Mensch sich selbst als unbedingt für das Sein Verantwortlichen, das Sein hingegen als etwas, das dank des Menschen als Ganzes sinnvoll ist. Die Freiheit ist auch die Bedingung der wirklichen Gemeinsamkeit der Menschen, einer Gemeinsamkeit, die auf freiwilliger Solidarität basiert, nicht aber auf der negativen Bindung des Eigennutzes, die als Bindung unter der Voraussetzung bestehen bleibt, daß das menschliche Dasein von Bedürfnissen bestimmt wird, die ihm von Natur eingegeben wurden. Indessen ist Fichtes Ideal ähnlich wie das Rousseausche eine Sozietät, in der die menschlichen Bindungen sich auf eine freiwillig vereinbarte Kooperation stützten, nicht aber auf der Regulierung eines von außen oktroyierten Vertrages.

Wenn das Bewußtsein jedoch ein unbedingtes originäres Faktum darstellt, so kann es nicht ein *Bewußtsein der Vorstellungen* sein, wie im Idealismus Berkeleys, sondern ausschließlich ein *Bewußtsein der Willensakte.* Das erste und absolut uranfängliche Postulat des Bewußtseins ist die Verpflichtung, sich selbst zu denken, und dieses Denken verlangt, daß das Ich ein Gegenglied bildet, in dem es sich, als in der eigenen Selbstbegrenzung, erst wiedererkennt. Das Bewußtsein, das Ich, setzt demnach ein Nicht-Ich, um sich dadurch selbst im selbstbewußten Schaffen zu setzen. Der Geist begnügt sich nicht mit seiner unmittelbar gegebenen Sichselbstgleichheit, sondern verlangt eine Reflexions-Sichselbstgleichheit, die auf sich selbst gerichtet ist, eine ihrer selbst bewußte, die aber kann er nicht anders erreichen als durch die vorausgehende Selbst-Entzweiung, durch die Objektivierung seines Selbst in der Hervorbringung einer Welt, die sich ihm als Außenwelt darbietet und die ihm zum Werkzeug der Selbsterkenntnis wird. Diese Dialektik der selbstaufhebenden Entäußerung ist eine unmittelbare Vorwegnahme des Hegelschen Schemas, ist zugleich aber auch in der ganzen Geschichte der neuplatonischen Theogonie verwurzelt, in allen jenen Doktrinen, die den durch sein eigenes Schaffen werdenden Gott konzipiert haben. Die Qualitäten des göttlichen Seins wurden in der Fichteschen Doktrin auf den menschlichen Geist übertragen. Dieser Geist verfügt nunmehr über eine grenzenlose Autonomie, auf die bezogen jegliches übrige Sein relativ ist. In bezug auf das Ich selbst läßt sich der Gegensatz von Aktivität und Passivität nicht anwenden. In der ersten Fassung seiner »Wissenschaftslehre« von 1794 sagt Fichte: »Besteht nun das Wesen des Ich bloß und lediglich darin, daß es sich selbst setzt, so ist für dasselbe *Sich-Setzen* und *Sein* Eins und Ebendasselbe. (. . .) Tätigkeit und Leiden des Ich sind Eins und Ebendasselbe. Denn insofern es etwas in sich *nicht* setzt, setzt es ebendasselbe in das Nicht-Ich« (II, § 4, E. III, 2[43]). Das Ich deckt sich dabei nicht mit dem empirischen, psychologischen singulären Subjekt. Es ist ein transzendentales Ich, das heißt die Menschheit als Subjekt, das sich jedoch insofern nicht als gemeinschaftliches Subjekt bezeichnen läßt, als es – im Unterschied z. B. zur überindividuellen allgemeinen Vernunft der Averroeisten – kein selbständiges Dasein besitzt, das unabhängig wäre vom Einzelbewußtsein. Mit anderen Worten: Die Menschheit ist als Natur eines jeden einzelnen Menschen gegenwärtig, als Bewußtsein, das ein jeder für sich in sich entdecken muß. Dank dessen wird die menschliche Gemeinschaft möglich; Aufgabe jeder einzelnen Persönlichkeit ist die Kenntnis ihrer selbst als Menschheit.

Das Ich muß demnach die Dingwelt setzen, die das Produkt seiner Freiheit ist, doch zugleich, vom Augenblick dieser Setzung an, auch seine Beschränkung, die nach Aufhebung verlangt. Daher ist die Schaffung der Welt nicht eine einmalige, sondern eine permanente Anstrengung, die dem Geist seine objektivierten Produkte in einer aufhebenden Bewegung erneut zurückerstatten soll. Den Widerstand der eigenen Vergegenständlichungen überwindend – und ohne diesen Widerstand als eines Sprungbretts kann er sich nicht entfalten –, erreicht der Geist mithin in einem unendlichen Fortschreiten seinen Status eines absoluten Selbstbewußtseins. Er setzt sich unaufhörlich Grenzen, die er überwinden muß. Diese Bewegung hat ihren vom absoluten Bewußtsein gesetzten Endpunkt, doch ist dieser Endpunkt nicht effektiv erreichbar, sondern bildet – ähnlich wie in Kants Philosophie – den Horizont des unendlichen Fortschritts. Die positive Eroberung der Freiheit setzt demnach die ewig negative Aktivität des Geistes gegenüber jeder bereits gesetzten Form der menschlichen Kultur voraus. Der Geist ist ein ewiger Kritiker der eigenen Entäußerungen, und die Spannung zwischen der Trägheit der gesetzten Formen und dem spontanen Schaffen des Geistes kann nicht nachlassen, denn sie ist die Existenzbedingung des Geistes selber, ja, so könnte man sagen, seine Existenz schlechthin.

Auf diese Weise strebte die Fichtesche Philosophie zum Verständnis des Menschen als eines praktischen Wesens und führte die Herrschaft des praktischen, und das heißt: des sittlichen Standpunkts in die Erkenntnistheorie ein. Die menschliche Erkenntnis ist hinsichtlich ihres Inhalts durch die praktische Perspektive bestimmt, das Verhältnis des Menschen zur Welt besteht nicht in der Rezeption, sondern im Schaffen, die Welt selber ist gegeben als Gegenstand des Sollens, nicht als fertige Quelle von Vorstellungen. Weil aber das eigentliche Ziel des Ichs in der eigenen Selbstvervollkommnung liegt, besteht das eigentliche Sollen des Menschen auf dem Gebiet der Erziehung und der Selbsterziehung.

Dank der Interpretation des Ichs als Freiheit, die die eigenen Schranken unaufhörlich überwindet, ist die menschliche Geschichte verständlich als Geschichte des seine Freiheit erkämpfenden Geistes. Für Fichte wird die menschliche Geschichte – ähnlich wie später für Hegel – sinnvoll, sofern sie als Fortschritt des Freiheitsbewußtseins aufgefaßt wird. Von der reflexionslosen Spontaneität über die Herrschaft der Macht der Tradition, über die Dominanz des singulären Partikularismus und schließlich die Entdeckung der Vernunft als äußeren Walters strebt die Geschichte eine Situation an, in der die individuelle Freiheit vollkommen mit der allgemeinen Vernunft zusammenfiele und dadurch die Quellen der zwischenmenschlichen Konflikte beseitigte. Die auf diese Weise betrachtete Geschichte ist eine Art Theodizee (oder vielmehr Anthropodizee): Das Böse, dem wir in ihr begegnen, kann entweder interpretiert werden durch den Rekurs auf ein dynamisches Ganzes und erweist sich darin als Werkzeug des Fortschritts, oder wir können aufweisen, daß es gänzlich irrational sei, also keinerlei ontische Konsistenz besitze, daß es nichts sei und nicht zur Geschichte gehöre.

Das Fichtesche Bild des Freiheitsmenschen, des Menschen, der seine Bestimmung im unaufhörlichen Ringen mit der Trägheit der eigenen Entfremdungen entdeckt, schuf die Grundlagen für die Kritik jeglicher Tradition und schien die freiheitlichen Aspirationen in kulturellem und politischem Leben zu fördern. Es zeigte sich jedoch, daß man aus dieser Philosophie Konsequenzen ableiten konnte, die ihren sichtbaren Intentionen zuwiderliefen. Fichte selbst tat das in der späteren Phase seines Schaffens. Seine Kritik des aufklärerischen Utilitarismus und die Apologie der nicht-utilitären zwischenmenschlichen Beziehungen hat sich, in der Epoche der Napoleonischen Kriege, mit dem Kult der Nation als dem Inbegriff der nicht-utilitären und nicht-rationalen Gemeinschaft par excellence verknüpft. In dieser Hinsicht nimmt Fichte das romantische Denken vorweg. Die Idee, derzufolge die einzelnen Nationen im geschichtlichen Fortschritt Träger der Hauptwerte ihrer Epoche seien, führte ihn zu einem deutschen Messianismus und die Idee der Menschheit als dem Wesen des Menschen zur Forderung, daß eine staatliche

Erziehung den Reifeprozeß der Individuen zur Entdeckung der eigenen Bestimmung mit Rechtsmitteln beschleunigen helfen solle. Die totalitäre Utopie, die Fichte in »Der geschloßne Handelsstaat« (1800) entwarf, läßt sich in der Tat durch seine Freiheitsphilosophie rechtfertigen. Die hypothetische Denkweise, die diese beiden Gebiete verband, ist folgende: Die Bestimmung des Menschen ist die Entdeckung der bedingungslos freien und schöpferischen eigenen Menschheit; diese Bestimmung ist kein willkürlich erfundenes Ideal, sondern der wirkliche, unverzichtbare Zweck des Selbstbewußtseins, denn das Streben nach diesem wird identisch mit der menschlichen Existenz selbst. Da aber nicht alle menschlichen Individuen und nicht alle Völker sich parallel auf diese ihre Bestimmung hin bewegen, ist es ganz natürlich, daß die Erziehung der weniger entwickelten durch die weiter entwickelten die Menschheit der ersteren beschleunigen helfen könne. Wenn überhaupt die Erziehung zur Gemeinschaft und zur Menschheit Sache des Staates ist, dann nimmt es nicht wunder, daß die Regierenden, die besser als die Regierten wissen, welcher der Inhalt der Menschheit sei, Zwang anwenden dürfen, um in den Individuen die in ihnen angelegte, aber noch schlummernde *humanitas* zu erwecken. Ein solcher Zwang wird nämlich nichts anderes sein als der gesellschaftliche Ausdruck jenes Zwangs, der in jedem Individuum als ihm eigenes, noch nicht bewußtgewordenes Wesen enthalten ist, wird also nicht eigentlich ein Zwang sein, sondern die Verwirklichung seiner Menschheit. Wenn der Mensch von Geburt an die Menschheit in sich trägt, wird der Zwang zur Gemeinschaft keine Vergewaltigung des Individuums und seiner Freiheit sein, sondern im Gegenteil: seine Erlösung aus dem Kerker, in den ihn die eigene Ignoranz und Passivität gestoßen haben. Die Fichtesche Philosophie der Menschheit als Freiheit ist geeignet, den Kult des Polizeistaates als Inbegriff der Freiheit zu propagieren.

Fichte war der eigentliche Initiator der immanenten Dialektik, d. h. der Dialektik, die nicht über die menschliche Subjektivität hinausgeht, sondern diese Subjektivität zum absoluten Ausgangspunkt macht (wenngleich er in der letzten Phase seines Schaffens zum außer-menschlichen Absoluten zurückgekehrt war, an dessen Freiheit der menschliche Geist teilhat). Subjekt und Objekt waren für ihn das Ergebnis der nach einer Synthesis im unendlichen Fortschritt strebenden Entzweiung; da es jedoch um das *menschliche* Subjekt ging, sollte sich diese Synthesis nicht in der Kontemplation eines außer-menschlichen Absoluten vollziehen, sondern in der Aktivität der menschlichen Individuen selbst, die durch nichts zu ersetzen ist. Dank der Anerkennung der Menschheit als *unbedingtes Sein* konnte Fichte nicht umhin, es als *praktisches Sein* anzuerkennen, das grundsätzlich von der aktiven Einstellung zur eigenen Welt bestimmt wird, denn deren Sein ist voraussetzungsgemäß ein bedingtes, auf die schöpferische Subjektivität bezogenes. Solcherweise lieferte er die Grundsätze für das *Verständnis der menschlichen Geschichte als Selbsterschaffung der Gattung,* als einbahnige Bewegung, die sinnvoll wird durch ihren Aufstieg zum Selbstbewußtsein der Freiheit. Die Geschichte ist natürlich das Medium, in dem zuerst das unhistorische und unmittelbar mit sich selbst identische Bewußtsein zur reflexiven Sichselbstgleichheit strebt. Die Geschichte ist demnach kein Selbstzweck, sie umfaßt die Menschheit nicht restlos, sondern stellt eine Brücke dar zwischen den beiden nichthistorischen Realitäten: dem unmittelbaren anfänglichen Bewußtsein und dem Bewußtsein als Schlußpunkt des menschlichen Werdens. Das transzendentale menschliche Subjekt, das in sich selbst, als Freiheit, wurzelt, das sich in der praktischen Anstrengung in die subjektiv-objektive Welt entzweit und durch die Geschichte zur ihrer selbst bewußten Freiheit im unendlichen Fortschritt zurückkehrt, das ist der wesentliche Inhalt der Fichteschen Metaphysik.

Die Möglichkeit der Interpretation dieser Metaphysik als einer Apologie des totalitären Staates ist vor allem an zwei ihrer Voraussetzungen geknüpft. Fichte geht namentlich davon aus, daß die Bestimmung jedes einzelnen Individuums und die Bestimmung der Menschheit als Ganzes restlos zusammenfallen, daß *die Verwirklichung jedes einzelnen Menschen sich in der Verwirklichung der allgemeinen Menschheit erschöpft,* die in ihm selbst als seine nicht bewußt gewordene eigene Natur enthalten ist. Er setzt außerdem voraus, daß der Grad der Verwirklichung dieses Wesens das Aufteilungsprinzip der Menschen in mehr oder weniger in der Entwicklung fortgeschrittene ist. Wenn der Erziehungsprozeß also auch seinem Verständnis nach vor allem eine maieutische Kunst sein und aus jedem einzelnen die ihm innewohnende menschliche Würde zum Vorschein bringen soll, so läßt dieses Programm sich jedoch aufgrund der Arbitrarität, mit der die Aufgeklärten den faktischen Inhalt der projektierten *humanitas* bestimmen können, sehr leicht als Zwangssystem interpretieren, das einem jeden seine Freiheit mit Gewaltmitteln ins Bewußtsein rufen wird. Mit anderen Worten, wenn die Freiheit in keiner Weise mit der Differenzierung verbunden sein wird, wenn die Verwirklichung des einzelnen ausschließlich in der Verwirklichung der undifferenzierten Menschheit bestehen kann, dann ist die Eroberung der Freiheit keineswegs abhängig von der Freiheit zum Selbstausdruck der Persönlichkeit als einer auf nichts zurückführbaren Realität. Das transzendentale Ego ist kein Produkt des empirischen menschlichen Lebens, es ist diesem gegenüber vielmehr souverän und kann ihm im Namen seiner Freiheit eigene Forderungen diktieren; es kann auch, ähnlich wie Gott, den Fortschritt seiner Freiheit beschleunigen, indem es den empirischen Menschen unterjocht.

13. Hegel. Der Gang des Bewußtseins zum Absoluten

Trotz des wesentlichen Gegensatzes zwischen dem Kantschen und Fichteschen Versuch der Autonomisierung des menschlichen Seins ist in beiden der grundsätzlich dualistische Gesichtspunkt erhalten geblieben: Bei Kant war es der Dualismus der zufälligen Sinnlichkeit und der notwendigen Verstandesformen sowie der Dualismus von Sollen und Natur im Menschen; bei Fichte dagegen der Dualismus von Sollen und Wirklichkeit, dessen Gegebensein die konstante Bedingung der Entwicklung des Geistes ist und der sich unendlich in der Fortschrittsbewegung verlängert. Unüberwunden blieb in beiden Fällen die Alternative: *Entweder* der Geist stößt auf *die Zufälligkeit des Seins* und steckt sich dabei sozusagen selber, als erkennender, an der Zufälligkeit an, oder er *hebt*, indem er die Zufälligkeit aufhebt, zugleich *die Seinsvielfältigkeit auf.*

Das gigantische Hegelsche System sollte u. a. den Versuch einer Interpretation des Seins darstellen, in dem jegliche Macht der Zufälligkeit aufgehoben werden und zugleich der gesamte Reichtum und die Vielfältigkeit der Welt erhalten bleiben sollten. Hegel wollte demnach – im Gegensatz zum Schellingschen Idealismus – das Sein nicht auf die undifferenzierte Identität des Absoluten reduzieren, in dem die ganze Vielheit und Vielfalt der Formen endlicher Realität sich verlören oder als Schein gelten mußten, und wollte zugleich auch nicht – im Gegensatz zu Kant –, daß das denkende Subjekt gewissermaßen hilflos der Erfahrung jener Vielheit und Vielfalt ausgesetzt wäre, die sich ihm für immer als ein schlechthin Gegebenes, eines Grundes und Sinnes Lediges darstellen würde. Er dachte demnach daran, *wie die Welt als Ganzes sinnvoll gemacht werden könnte, ohne zugleich ihrer Differenziertheit verlustig zu gehen.* Es galt, wie er in der Vorrede zur »Phänomenologie des Geistes« schrieb, »Die Erfüllung dessen, was gefordert wird, nämlich der aus sich entspringende Reichtum und sich selbst bestimmende Unterschied der Gestalten«.[44]

Doch ein von Zufälligkeit befreiter Geist bedeutet soviel wie ein unendlicher Geist. Wenn nämlich das Objekt dem Subjekt als etwas *Fremdes* erscheint, so wird er zu seiner *Begrenzung,* seiner *Negation;* das begrenzte Bewußtsein ist ein endliches, also ist das Objekt, als fremdes, zugleich ein ihm feindliches. Erst wenn der Geist sich im Objekt selbst wiedererkennt, also seine Fremdheit und die Gegenständlichkeit selbst aufhebt, streift er auch die Begrenzungen ab und erreicht die Unendlichkeit; somit verliert die Differenziertheit des Seins ihre Zufälligkeit. Um jedoch in ihrer ganzen Fülle erhalten zu bleiben, kann die Bewegung der Aufhebung von Fremdheit und Gegenständlichkeit der Welt nicht in der Zerstörung der erschaffenen Welt beruhen oder darin, daß man sie zur Einbildung erklärt, die sich letztlich in der Einheit eines alles absorbierenden Absoluten auflöste, sondern muß *in ihrem Untergehen erhalten bleiben,* das heißt: ihre Negation durch den Geist muß eine assimilierende Negation sein. Der Terminus »Aufheben« bezeichnet eben diese besondere Art der aufbewahrenden Negation, in der wir sowohl die Autonomie des Geistes wie die Seinsvielfältigkeit retten können. Doch diese Rettung wird nicht einfach dadurch ermöglicht, daß man eine beliebige Definition des Geistes quasi akklamiert, die diese Bedingungen erfüllte, sondern auf dem Weg der historischen Beschreibung, in der die gesamte Seinsentwicklung enthalten sein würde, eine Beschreibung, die fähig wäre, die Weltgeschichte mit einem einheitlichen Sinn zu umgreifen, vor allem aber die Geschichte der menschlichen Kultur. Dieses historische System bezweckt also die Darstellung des Heranwachsens des Geistes – durch die Qual der Geschichte – zur absoluten Gestalt hin. Eben jene Beschreibung enthält die »Phänomenologie des Geistes«, das wichtigste der Hegelschen Werke, die zu den Keimzellen des Marxismus gehören. Es ist eine Präsentation der aufeinanderfolgenden Phasen der *notwendigen* Entwicklung des Bewußtseins, das vom *natürlichen und gewöhnlichen Bewußtsein des Individuums* über das *Selbstbewußtsein, die Vernunft, den Geist* und *die Religion* zum *absoluten Wissen* gelangt und in diesem letzteren den Zweck der Welt erfüllt, die nunmehr mit der Welterkenntnis identisch ist. Außer der beispiellos verwickelten und der hochgradig unkonkreten, ausschweifenden Sprache, die die Gedanken des Lesers unweigerlich auf mehrere, unterschiedlich gerichtete Spuren lenkt und monströse Vieldeutigkeiten des Sinnverständnisses schafft, weist die »Phänomenologie« Hegels noch den Nachteil auf, daß es in ihr nicht klar wird, an welchen Stellen die einzelnen sukzessiven Entwicklungsphasen des Geistes den realen Phasen der kulturellen Entwicklung entsprechen, an welchen sie wiederum nur Evolutionsschemata sind, die in völliger Unabhängigkeit von dieser Entwicklung konstruiert wurden. An bestimmten Stellen bestätigt Hegel den Sinn seiner Beschreibungen der Einzelphasen durch Rekurse auf eindeutig bestimmte Phänomene aus der Philosophie-, Religions- oder Staatengeschichte (wenn er vom Stoizismus oder Skeptizismus spricht oder von der Aufklärung, der Blüte der Wissenschaften, der griechischen Religion usw.). Das könnte sogar die Vermutung rechtfertigen, daß Hegel die aufeinanderfolgenden Stufen des objektiven Geistes in der Kulturgeschichte verfolgt. Auf der anderen Seite wird jedoch sichtbar, daß die phänomenologische Chronologie keineswegs der wirklichen Geschichte entspricht; die Religion z. B. erscheint erst als Entwicklungsstufe, der die Evolution des Selbstbewußtseins, der Vernunft und des Geistes vorangeht; diese Evolution umfaßt viele Elemente der Neuzeit, die Religion selbst indes beginnt mit der Antike. Und dennoch ist die Phänomenologie keine außerzeitliche

Klassifikation der Erscheinungen, sondern das Bild ihres notwendigen Werdens und Reifens. Von solchen Vieldeutigkeiten gibt es mehr in der »Phänomenologie«; sie betreffen u. a. den Ort, den diese ganze Beschreibung im Ganzen des Hegelschen Systems einnimmt. Es lassen sich dennoch einige wesentliche Tendenzen, die für den hier erörterten Bereich relevant sind, sinnfällig machen.

Daß das Geistige Ausgangspunkt jeglicher Seinsevolution ist, erscheint Hegel als Selbstverständlichkeit; diese Selbstverständlichkeit hatte in der Tat seit dem Urbeginn der europäischen Philosophie, seit Parmenides, Platon und den Platonikern ihren Ausdruck gefunden, und Hegel hat sie dieser Tradition entnehmen können. Der absolute Anfang nämlich muß etwas sein, das sich in seinem Sein auf gar nichts stützt, was an sich existiert und in einer bestimmten (vorerst nicht näher bestimmten) Weise auf sich selbst bezogen ist. Es kann mithin nicht etwas sein, das aus gegenseitig sich beschränkenden oder zueinander neutral sich verhaltenden Teilen zusammengesetzt wäre; das Ansichsein ist ein Sein des Geistes, und das Aufsichselbstbezogensein ist ein Sein des Geistes. Das Absolute ist definitionsgemäß frei von Beschränkungen seitens irgendeines anderen, d. h., es ist unendlich, aber unendlich in diesem Sinn kann nur der Geist sein. Hegel sagt jedoch noch mehr: Der Geist ist nicht nur der Anfang, er ist auch die *einzige* Wirklichkeit; das heißt, daß jegliche Seinserscheinungsweisen, jegliche Wirklichkeitsformen nur als Entwicklungsphasen des Geistes, als seine Werkzeuge, seine Manifestationen, seine Bewältigungsweisen der eigenen Unzulänglichkeit begriffen werden können.

Denn der Geist, als Ansichseiendes, genügt sich selbst nicht. Hegel ist frei von den Schwierigkeiten, über die die Platoniker und Christen stolperten, als sie den Grund der endlichen Welt erklären sollten, unter der Voraussetzung der Selbstgenügsamkeit des Absoluten. Hegel geht nämlich davon aus, daß das Absolute in dem Sinn selbstgenügsam ist, als es für sein Ansichsein keinerlei Stütze bedarf, nicht jedoch in dem Sinn, daß es die Totalität seines Vermögens wäre. Es muß auch zum *Fürsichseienden* oder zur Totalität des Wissens um sich selber als Geist werden; mit anderen Worten, es muß zum Gegenstand werden, um hernach seine Gegenständlichkeit aufzuheben und sie sich restlos anzueignen, es muß zum aufgehobenen, auf sich selbst bezogenen Gegenstand werden, seinsgemäß mit dem Wissen über sich selbst identisch. Jedoch – und das ist die bezeichnende Eigentümlichkeit des Hegelschen Denkens – unsere Vernunft muß, wenn sie über das Werden des Absoluten nachdenkt, ihre Tätigkeit selber als einen Bestandteil eben jenes Werdens begreifen, andernfalls würden die Entwicklung des Geistes auf der einen und die Entwicklung unseres Denkens über diese Entwicklung auf der anderen Seite zu zwei separaten Realitäten werden, die sich nicht zur Kohärenz bringen lassen, unser Denken würde zu einem zufälligen im Hinblick auf die Entwicklung des Geistes oder umgekehrt. U. a. darin besteht der Fehler des Kantschen Kritizismus, d. h. des Programms, das zuerst die Natur des Erkenntnisvermögens untersuchen heißt, um danach mit seiner Hilfe das Sein zu untersuchen, nachdem die Vernunft bereits die Grenzen der eigenen Rechtmäßigkeit abgesteckt hat. Das ist ein undurchführbares Unternehmen, das auf einer falschen Voraussetzung basiert; undurchführbar, weil es unmöglich ist, daß sich unsere endliche Vernunft bezüglich ihrer Kompetenzen selbst bestimmte, ohne am Anfang über etwas zu verfügen, also, daß sie existierte, bevor sie existiert; basierend auf einer falschen Voraussetzung, weil sie davon ausgeht, daß die Erkenntnis ein zwischen dem Menschen und dem Absoluten befindliches Medium darstelle, daß diese sich »auf zwei verschiedenen Seiten« befinden. Die Vernunft, die das Absolute denkt, muß ihrem eigenen Denken einen Sinn geben können durch die Bezogenheit auf eben jenes Absolute, andernfalls verurteilt sie sich selbst zur Zufälligkeit, und jeder ihrer Ansprüche, *das Absolute zu erfassen, das dieses Denken über es selber nicht umfaßt,* bleibt eine Illusion. Unser Denken über die Welt weiß sich somit als ein Fragment des Werdens dieser Welt, als Fortsetzung eben dessen, worauf es bezogen ist. Hegel schreibt nicht *über* den Geist: er schreibt die Autobiographie des Geistes.

Indem wir in dieser Weise denken, versuchen wir den Sinn jeglichen Werdens derart zu erfassen, daß wir jeden Bestandteil auf das Entwicklungsganze beziehen. Mit anderen Worten: *Die Wahrheit läßt sich nur durch das Ganze ausdrücken.* Der Sinn ist nur in seiner Relativiertheit auf den Gesamtprozeß greifbar, »das Wahre ist das Ganze« (*Vorrede*).[45] Diese Aussage hat einen doppelten Sinn; einen, der sich unabhängig von der Hegelschen Konstruktion akzeptieren läßt und der soviel besagt, daß die Kenntnis eines beliebigen Bestandteils der Welt nur insofern mit Sinn ausgestattet ist, als sie diesen Bestandteil auf die globale Seinsgeschichte bezieht; einen anderen, spezifisch Hegelschen, der besagt, daß die Wahrheit eines jeden Wesens dasjenige ist, was in seinem Begriff enthalten ist, und daß das Wesen, das sich selbst verwirklicht, die Fülle seiner zuerst verborgenen Natur offenbart, mit seinem Begriff einig wird und sich letztlich hinsichtlich seines Seins nicht mehr vom Wissen um sich selbst unterscheidet. Auch dieser letzte Punkt hat eine andere Bedeutung, wenn man ihn auf ein Fragment der Welt bezieht, und eine andere, wenn er das Ganze betrifft. Über jedes Wesen kann nämlich ausgesagt werden, daß es, indem es sich entwickelt, etwas verwirklicht, was zuvor nur sein Vermögen war (oder *ein* Vermögen, nicht aber die Vielheit unterschiedlicher Vermögen), und daß es auf diese Weise zu seiner Wahrheit gelangt. In diesem Sinn ist der Baum die Wahrheit des Samens und das Küken die Wahrheit des Eis. Indem es das erreicht, was nur sein Vermögen darstellte, wird das Ding seine *Wahrheit.* Doch Hegel begnügt sich nicht damit: In der Entwicklung des als Ganzes (als Totalität) begriffenen Seins ist Wahrheit oder der Gewinn von Übereinstimmung mit dem eigenen Begriff nicht nur eine passive Übereinstimmung, d. h. nicht ein Zustand, der auf der Koinzidenz zweier Realitäten beruht, die der Geist von außen so miteinander konfrontieren könnte, wie man das Bild mit dem Original oder das Hausprojekt mit dem Haus konfrontiert. Diese Übereinstimmung ist, sofern es sich um den ganzheitlichen Entwicklungsprozeß des Geistes handelt, Identität des Wesens mit seinem Begriff, ist also gerade die endgültige Situation, in der das Sein des Geistes dasselbe ist wie das Wissen von diesem Sein; hier ist der Geist, nachdem er seine eigene gegenständliche Form aufgehoben hat, zu sich als sein eigener Begriff zurückgekehrt, aber als ein Begriff, der zugleich Bewußtsein dieses Begriffs ist, nicht aber ein Abstraktum.

Die Bewegung des Geistes ist demnach ein Kreislauf. Der Geist ist am Ende das, was er am Anfang war, was jedoch bedeutet: er ist seine eigene Wahrheit, wurde also bewußt das, was er an sich war. Dieser endgültige Zustand heißt absolutes Wissen. »Diese Substanz aber, die der Geist ist, ist das *Werden* seiner zu dem, was er *an sich* ist; und erst als dies sich in sich reflektierende Werden ist er an sich in Wahrheit *der Geist.* Er ist an sich die Bewegung, die das Erkennen ist, – die Verwandlung jenes *Ansich* in das *Fürsich,* der *Substanz* in *das Subjekt,* des Gegenstands des *Bewußtseins* in Gegenstand des *Selbstbewußtseins,* d. h. in ebensosehr aufgehobnen Gegenstand, oder in den *Begriff.* Sie ist der in sich zurückgehende Kreis, der seinen Anfang voraussetzt, und ihn nur im Ende erreicht« (»Phän. d. G.«, DD, VIII).[46]

Wenn die Arbeit des Geistes jedoch, die den eigentlichen Inhalt seiner Geschichte bildet und mit seiner Rückkehr zu sich selbst endet, nicht vergeblich ist, wenn der Geist also nicht einfach in seinen Anfangszustand zurückkehrt, wie wenn nichts geschehen wäre, so eben deshalb, weil jener Endzustand *erst mit seinem Werden zu einer Ganzheit wird,* daß der Geist also den gesamten Reichtum des zurückgelegten Weges im Resultat aufbewahrt. Diese Arbeit vollzieht auch auf dem Weg einer unaufhörlichen »Vermittlung«, das heißt über die Entzweiung des Geistes, der immer neue Formen hervorbringt, um sie, indem er ihren gegenständlichen Charakter aufhebt, erneut sich anzueignen. Auf allen einander folgenden Etappen seines Verlaufs geht der Geist demnach durch eine unaufhörliche Bewegung der Selbstnegation, die sodann ihrerseits negiert wird; doch die Werte jener ursprünglichen Negation bleiben erhalten, werden zurückgenommen durch die höhere Phase. »Aber nicht das Leben, das sich vor dem Tode scheut und von der Verwüstung rein bewahrt, sondern das ihn erträgt und in ihm sich erhält, ist das Leben des Geistes. Er gewinnt seine Wahrheit nur, indem er in der absoluten Zerrissenheit sich selbst findet (. . .) er ist diese Macht nur, indem er dem Negativen ins Angesicht schaut, bei ihm verweilt. Dieses Verweilen ist die Zauberkraft, die es in das Sein umkehrt« (*Vorrede*).[47]

Die erste Daseinsform des Geistes ist das noch nicht selbstbewußte *Bewußtsein*. Es durchläuft die Phase der *sinnlichen Gewißheit*, wo wir bereits der Entgegensetzung zwischen Bewußtsein und Gegenstand gewärtig werden, also den Zustand, in dem überhaupt etwas für das Bewußtsein zum Sein des Ansich wird. Das, was Gegenstand war, wird zum Wissen dieses Gegenstandes. Das Sein wird also zum Ansichsein für das Bewußtsein. Dadurch ändert sich auch das Bewußtsein, indem es sich allmählich der Illusion entledigt, es laste etwas Fremdes auf ihm. Wenn das Bewußtsein die Dinge in ihrer Bestimmtheit erfaßt und ihre Einheit verstanden hat, wird es zum wahrnehmenden Bewußtsein oder zur *Wahrnehmung* schlechthin. In der Wahrnehmung gelangt das Bewußtsein an einen völlig neuen Punkt: Es begreift nämlich *die Allgemeinheit in der Einzelerscheinung*; tatsächlich enthält ja jede aktuelle Wahrnehmung etwas Allgemeines; um die Jetzt-Wahrnehmung als gegenwärtige zu erfassen, bedarf es erst der Erfassung jenes »Jetzt« in seiner Unabhängigkeit vom Inhalt der Wahrnehmung, man muß gewissermaßen das Abstraktum im Konkreten herausfinden. Analog, wenn wir das bloße Einssein einer Sache erfassen wollen, können wir dies nicht anders tun, als indem wir mit einem bestimmten Abstraktum des »Einsseins« operieren, wir befinden uns demnach bereits auf der Ebene des allgemeinen Wissens, wenn wir uns dieses Einssein als solches bewußt machen. Das sinnliche »Dieses« ist überhaupt unausdrückbar, die Sprache gehört dem Bereich des Allgemeinen an, so daß jede verbalisierte Wahrnehmung in Kontakt mit der Welt der Allgemeinheit tritt. Die Wahrnehmung hebt also, indem sie der Sinnlichkeit Allgemeinheit verleiht, das Ding als ein konkretes Dieses auf, während sie es zugleich bewahrt. Darüber hinaus zeichnet sich das Ding durch seine Bestimmtheiten unter den anderen Dingen aus; jener Entgegensetzung verdankt es seine Selbständigkeit; doch macht es eben diese Entgegensetzung zugleich auch zu einem Unselbständigen, denn die durch die Entgegensetzung des Dinges den übrigen Dingen gekennzeichnete Selbständigkeit, also eine, die durch seine negative Abhängigkeit von etwas anderem bestimmt ist, ist überhaupt keine Selbständigkeit; das Ding geht auf in seinen Verbindungen zu den anderen Dingen und erweist sich als Fürsichsein, das mit dem Sein für ein anderes behaftet ist, also als Fürsichsein nur als Füranderessein und als Füranderessein nur als Fürsichsein. Mit dem Erreichen dieser Form der Allgemeinheit innerhalb der sinnlichen Welt tritt das Bewußtsein zugleich in das Reich des *Verstandes*. Der

Verstand ist nicht nur zur Erfassung des Allgemeinen im Besonderen fähig, sondern auch zur Erfassung der Allgemeinheit als solcher, im vollen Gehalt ihres begrifflichen Seins. Er begreift die übersinnliche Welt durch den Gegensatz zur sinnlichen. In dieser Entgegensetzung sind beide Welten für das Bewußtsein aufeinander relativ, eine jede kann nur als Negation der anderen verstanden werden, eine jede enthält demnach ihren Gegensatz in sich und wird dadurch zur Unendlichkeit (die Unendlichkeit ist nämlich die Annullierung der Grenze, auf die das Sein seitens irgendeines Fremden stößt; die Welt, die etwas in sich enthält, was zuvor ihre Begrenzung war, wird solcherweise unendlich). Wird der Begriff des Unendlichen zum Gegenstand des Bewußtseins, so wird das Bewußtsein zum *Selbstbewußtsein* oder zur Bewegung der Selbstreflexion.

Das Selbstbewußtsein wird sich dessen bewußt, daß das Ansich des Gegenstandes und sein für ein Anderes Sein dasselbe ist, es versucht demnach, den Gegenstand zu beherrschen und seine Gegenständlichkeit vollends aufzuheben. Das Wesen des Selbstbewußtseins beruht im Streben zur Unendlichkeit, die es sich begrifflich angeeignet hat. Auf der anderen Seite existiert das Selbstbewußtsein an und für sich nur dank dessen, daß es *durch ein anderes Selbstbewußtsein* als solches anerkannt wird. Jedes Selbstbewußtsein ist für ein anderes das Vermittlungsglied, von dem ein jedes mit sich selbst verbunden wird. Mit anderen Worten: Das Selbstbewußtsein des menschlichen Individuums existiert nur im Prozeß der gegenseitigen Kommunikation und des gegenseitigen Austauschs der Menschen untereinander; nur als Illusion kann ein Selbstbewußtsein existieren, das sich als absoluten Ausgangspunkt betrachtet. Die Anwesenheit des zweiten Selbstbewußtseins, das die Existenzbedingung des ersten Selbstbewußtseins darstellt, ist zugleich auch seine Grenze, lähmt sein Streben zur Unendlichkeit. Deshalb treten eine natürliche Spannung und Kampf zwischen den nebeneinander existierenden Selbstbewußtseinen auf. Es ist ein Kampf auf Leben und Tod, in dem jedes Selbstbewußtsein freiwillig die Vernichtung wagt. In diesem Kampf kommt es dazu, daß ein Selbstbewußtsein seine Selbständigkeit verliert und von einem anderen unterjocht wird. Es entsteht somit die Beziehung Herr–Knecht. An dieser Stelle beginnt der Entwicklungsprozeß des Geistes durch die *menschliche Arbeit,* die im Akt der wechselseitigen Abhängigkeit von Knecht und Herr seinen Ort hat. Der Herr hat das selbständige Ding gebändigt, indem er sich des Knechtes als eines Werkzeugs bediente. Der Knecht unterzieht die Dinge der Bearbeitung, die zuvor zweckgemäß, also im Geiste, entworfen wurde; seine Tätigkeit ist eigentlich die Tätigkeit des Herrn, des Befehlshabers, und erst dieser eignet sich die Dinge durch ihren Genuß an. Doch gerade in diesem Prozeß, der das Ding als geistige Entäußerung des Herrn zu verwirklichen scheint, vollzieht sich etwas Umgekehrtes, als die knechtische Beziehung vorauszusetzen schiene. Die Arbeit ist nämlich ein Verzicht auf den Genuß, ist »gehemmte Begierde«: Im Fall des Knechts ist es eine Hemmung, die aus Furcht vor dem Herrn erfolgte, doch in dieser Furcht erreicht das knechtische Selbstbewußtsein das Fürsichsein, und die zurückgedrängte Begierde verleiht den Dingen bleibende *Form*; der Knecht betrachtet die Dinge als Hinaussetzung des eigenen Bewußtseins, und auf diese Weise wird das Fürsichsein dem Bewußtsein als sein Eigentum (seine Wahrheit) zurückerstattet. In der Arbeit, die gleichsam eine Vergeistigung der Dinge ist, entdeckt das knechtische Selbstbewußtsein seinen »eigenen Sinn«, obwohl es schien, als verwirkliche es nur einen »fremden Sinn«. In der knechtischen Arbeit erfährt der Mensch weitere Vermenschlichung durch die aktive geistige Assimilierung des Gegenstandes und durch seine Fähigkeit zur Askese. Diese Phase entbehrt jedoch noch der Freiheit bzw. zeichnet sich durch eine Freiheit aus, die »noch innerhalb der Knechtschaft stehen bleibt«[48]. Auch ist in ihr die Einheit vom Objekt und Subjekt nicht erreicht worden; das Selbstbewußtsein als selbständiger Gegenstand und der selbständige Gegenstand als Selbstbewußtsein sind getrennt.

Die nächste Form des Selbstbewußtseins ist das *denkende* Selbstbewußtsein, das sich als unendliches, also als *freies* begreift. Wenn ich denke, bin ich bei mir, bin ich frei, der Gegenstand wird zu meinem Fürsichsein. Diese Form des freien Selbstbewußtseins realisiert der Stoizismus, der die Knechtschaft für ungültig und die geistige Freiheit zu einer Situation erklärt, die völlig unabhängig ist von den äußeren Verhältnissen. Das Wesen dieser Freiheit ist das Denken überhaupt, der Gedanke zieht sich auf sich selbst zurück, verzichtet darauf, sich den Gegenstand anzueignen, und optiert bezüglich des natürlichen Seins für Gleichgültigkeit. Diese moralische Negation des Dinges vollendet der Skeptizismus, der das Ansich auch gedanklich negiert, der alles Andersseiende der Wesentlichkeit beraubt und die Vielfachbestimmtheit der Welt vernichtet. Das skeptische Bewußtsein heißt sowohl dem Gegenstand wie auch dem eigenen Verhalten zum Gegenstand verschwinden. Es leidet jedoch unter Entzweiung, denn während es durch die Negation der Unterschiede in der Welt Sichselbstgleichheit zu gewinnen scheint, wird es sich zugleich im nämlichen Akt seiner eigenen Zufälligkeit bewußt, also des Gegenteils dieser Sichselbstgleichheit. Sobald dieser Widerspruch bewußt wird, stoßen wir auf das *unglückliche Bewußtsein*, das die Entzweiung in sich als selbständiges Sein und in sich als zufälliges Sein erfährt. Ausdruck dieser Entzweiung ist die Kultur des Judentums sowie des Christentums in seinen ersten Phasen. Das Bewußtsein wird konfrontiert mit dem außerweltlichen göttlichen Sein, in dem es sich selbst sieht, aber eben sich als eines der göttlichen Unwandelbarkeit

Entgegengesetztes; es verfestigt somit die singuläre Zufälligkeit im Gegensatz zum göttlichen Sein in der Unterwerfung, erkennt das eigene Einzelsein nicht in seiner Wahrheit, also seiner Allgemeinheit. Die ohnmächtige Singularität erblickt sogar noch in den Resultaten der eigenen Arbeit Verzichtleistungen von seiten Gottes, findet jedoch in den Akten der Danksagung, die sich hieraus ergeben, die eigene Wirklichkeit wieder und erreicht die *Vernunft*, die nächste Phase der Evolution des Geistes.

Die Vernunft ist die Affirmation des individuellen Bewußtseins als eines selbständigen, seiner selbst gewissen Bewußtseins; es verleiht jener Gewißheit in den idealistischen Doktrinen Ausdruck, die die gesamte Realität als etwas anzuerkennen bemüht sind, das vom einzelnen Bewußtsein erfaßt wird. Dennoch ist jener rationalistische Idealismus außerstande, die Mannigfaltigkeit der Erfahrung in ihren Grenzen zu erfassen, und erklärt sie zum gleichgültigen Fremden. Er gerät dadurch in einen Widerspruch; während er nämlich die Affirmation der Selbständigkeit der Vernunft intendiert, erkennt er das Ding, und sei es im Gleichgültigwerden, zugleich (wie in Kants Doktrin) als ein der Einheit der Wahrnehmung fremdes an. Er ist somit gezwungen, das fremde Ich als ein Anderes zur Kenntnis zu nehmen, also auch als ein das eigene Sein Beschränkendes. Die Vernunft besitzt jedoch die Gewißheit, daß sie sich in der Welt selbst entdecken und das Anderssein des natürlichen Seins aufheben werde; sie versucht demnach zu allererst in der wissenschaftlichen Beobachtung *(beobachtende Vernunft)* die Sinnlichkeit in den Begriff zu verwandeln, geht hernach zur Suche nach *Gesetzen* über, die das sinnliche Sein überhaupt aufheben sollen, und anerkennt nur das, was von den Gesetzesbedingungen rein erfüllt ist, als wirklich. Die ungebändigte Wirklichkeit läßt sich jedoch nicht allenthalben annullieren. Die Vernunft wird unaufhörlich konfrontiert mit der Entgegensetzung ihrer Forderungen und der vorgefundenen Welt. Das Bewußtsein wiederum leidet unter der Zerrissenheit, in dem das Gegebene und die in der Vernunft geborenen Zwecke als chronischer Gegensatz auftreten. Zwischen Individualität und Allgemeinheit, Gesetz und Individuum, Tugend und dem Strom des faktischen geschichtlichen Werdens tritt ein Konflikt auf.

Dieses letzte Problem ist von besonderer Bedeutung, weil es in aller Allgemeinheit die Frage nach dem Verhältnis der moralischen Imperative zur vorgefundenen Wirklichkeit erfaßt. Im Kampf der Tugend mit dem Strom der Geschichtsereignisse muß die erste unterliegen. »Die Tugend wird also von dem Weltlaufe besiegt, weil das abstrakte, unwirkliche *Wesen* in der Tat ihr Zweck ist, und weil in Ansehung der Wirklichkeit ihr Tun auf *Unterschieden* beruht, die allein in den *Worten* liegen. Sie wollte darin bestehen, durch *Aufopferung der Individualität* das

Gute zur *Wirklichkeit* zu bringen, aber die Seite der *Wirklichkeit* ist selbst nichts anders, als die Seite der *Individualität*. Das Gute sollte dasjenige sein, was *an sich*, und dem, was *ist*, entgegengesetzt ist, aber das *Ansich* ist, nach seiner Realität und Wahrheit genommen, vielmehr das *Sein selbst*. Das *Ansich* ist zunächst die *Abstraktion des Wesens* gegen die Wirklichkeit; aber die Abstraktion ist eben dasjenige, was nicht wahrhaft, sondern nur *für das Bewußtsein* ist, d. h. aber, es ist selbst dasjenige, was *wirklich* genannt wird; denn das Wirkliche ist, was wesentlich *für ein anderes* ist, oder es ist das *Sein*. Das Bewußtsein der Tugend aber beruht auf diesem Unterschiede des *Ansich* und des *Seins*, der keine Wahrheit hat. – Der Weltlauf sollte die Verkehrung des Guten sein, weil er die *Individualität* zu seinem Prinzip hatte; allein diese ist das Prinzip der *Wirklichkeit*; denn eben sie ist das Bewußtsein, wodurch das *Ansichseiende* ebensosehr *für ein anderes* ist; er verkehrt das Unwandelbare, aber er verkehrt es in der Tat aus dem *Nichts der Abstraktion in das Sein der Realität*. Der Weltlauf siegt also über das, was die Tugend im Gegensatze gegen ihn ausmacht; er siegt über sie, der die wesenlose Abstraktion das Wesen ist« (ebd., C, V, Bc[49]). Wir haben hier in verwickelterer Form die Auslegung des klassischen Aphorismus aus der Vorrede zu Hegels »Grundlinien der Philosophie des Rechts«: »Was vernünftig ist, das ist wirklich; und was wirklich ist, das ist vernünftig.«[50] Hegel sieht nämlich in der Aufstellung eines fundamentalen Gegensatzes zwischen Geschichtsverlauf und »wesentlichen« Forderungen der Welt, eines Gegensatzes, der im Konflikt zwischen dem aus der Vernunft selbst abgeleiteten normativen Ideal und den Realitäten des Werdens des Geistes zum Ausdruck kommt, eine Täuschung der Vernunft. Es ist eine Kritik, die sowohl gegen Fichte wie gegen die Romantiker gerichtet war; der Fehler, der im angeblich ewigen Kampf des vernünftigen Imperativs mit der vorgefundenen Welt enthalten ist, kommt daher, daß die Vernunft noch nicht fähig ist, die Wirklichkeit als ein Werden der Vernunft zu begreifen, daß die Wirklichkeit sich ihr stets als zufällig gegebene Realität darbietet, die es zu überwinden gilt. Dieses Problem hat die wichtigsten Interpretationsstreitigkeiten unter den Erben des Hegelianismus entfacht. Die Frage war, ob Hegel versichern wollte, daß die freiwillige Affirmation jeglicher vorgefundener Wirklichkeit als solcher in allen Einzelheiten im Einklang mit der Vernunft stehe, ob also das Hegelsche Programm in der totalen Versöhnung mit der jeweils vorgefundenen Welt als einer schlechthin notwendigen Etappe der Entwicklung des Geistes bestanden habe. Handelte es sich um eine jedwede vorgefundene Wirklichkeit rechtfertigende Logodizee? Oder hat die Vernunft im Gegenteil die Aufgabe, zu untersuchen, was in der vorgefundenen Wirklichkeit mit den Prinzipien ihres Reifeprozesses übereinstimme, sich mithin das Recht zur Beurteilung der jeweiligen

Situation vorbehalten sollte? Die Zweideutigkeit des Hegelianismus in diesem fundamentalen Punkt ist schwer zu beseitigen. Hegel will die *vergangene* Geschichte in der Tat nicht in einer Weise betrachtet wissen, indem man sie moralischen Wertungen unterzieht, er möchte sie vielmehr verstehen, mitsamt ihren Monstrositäten, als die Quelle des an seiner Emanzipation arbeitenden Geistes. Auf der anderen Seite beschränkt er die Philosophie auf das Bewußtsein des bereits abgespulten Geschichtsprozesses und spricht ihr das Recht ab, in die Zukunft vorzulaufen, glaubt darüber hinaus, daß in eben dieser Philosophie, die er selber schuf, die endgültige Emanzipation des Geistes aus den Fesseln der Gegenständlichkeit zum Ausdruck komme. Man kann also sagen, daß seine Geschichtsphilosophie im Hinblick auf die *vergangene Geschichte* eine verständnisvolle Rechtfertigung ihres Ablaufs ist, durch den Bezug auf den endgültigen Zweck; hinsichtlich der künftigen Geschichte ist sie hingegen eine Art freiwilliger Urteilssuspendierung.

Dieser Gesichtspunkt bestätigt sich, wenn man jene Übereinstimmung zwischen dem sich entwickelnden Wesen und der faktischen Existenz auf das individuelle menschliche Dasein überträgt. Das Individuum weiß erst dank des eigenen Tuns, was es ist, seine Natur zeigt sich am Charakter seines Weltinteresses und an der praktischen Verwirklichung dieses Interesses. Das, was das Individuum tut, *ist* es selbst, die Tätigkeit ist nur die Übertragung des Vermögens auf die Existenz, die Erweckung schlummernder Potenz. Doch wenn dem so ist, so suchen wir in der Hegelschen Konstruktion vergeblich nach Regeln, die in der unmittelbaren Faktizität die Trennung erlauben würden zwischen dem, was die Erscheinungsweise des »Wesens« ist, sowohl des individuellen wie des universellen geschichtlichen »Wesens«, und dem, was dieses Wesen entstellt; als natürlich erscheint hingegen die Vermutung, daß die Faktizität ganz einfach die Erfüllung des Vermögens des wachsenden Geistes ist, der jedoch nur insoweit ist, als er in Erscheinung tritt (»Das Wesen muß erscheinen«, sagt Hegel in seiner »Wissenschaft der Logik«[51]), und der darüber hinaus nicht vor einer Vielheit verschiedener Wege seines Gedeihens steht, sondern nur die *einzige* Möglichkeit realisiert, die ihm innewohnt.

Wenn die Vernunft die Gewißheit erlangt, daß sie selbst ihre eigene Welt ist und die Welt sie selbst, wenn sie also weiß, daß sie die objektive Wirklichkeit ist und daß diese Wirklichkeit zugleich ihr Fürsichsein ist, wird die Vernunft zum *Geist,* zum Geist im engeren Wortsinn, beschränkt auf die Entwicklungsstufe des Bewußtseins. In der Gestalt des Geistes identifiziert die Vernunft sich also in der Welt, sieht die Welt als vernünftige an und hebt ihre Zufälligkeit auf, zugleich aber betrachtet sie die Welt nicht als eine Täuschung, sondern als die Wirklichkeit, in der sie sich selbst verwirklicht. Es ist also kein Geist, der sich von der Welt absonderte und sich über oder neben diese stellte, er stimmt nicht der Überantwortung des Seins seiner eigenen Zufälligkeit zu, findet sich aber auch nicht damit ab, sich eine illusorische Autonomie zu sichern, indem er die Welt zum Schein erklärt. Er steht im Gegensatz zu den Lösungen Kants, der Romantiker und der Idealisten zugleich. Der Geist verwirklicht sich in der Welt der Sittlichkeit, der Kultur und in der Ethik des Gewissens. »Aber nur der Geist, der sich als absoluter Geist Gegenstand ist, ist sich eine ebenso freie Wirklichkeit, als er darin seiner selbst bewußt bleibt« (»Phän. d. G.«, CC, VII).[52] Der Geist, der sich seiner selbst bewußt ist, ist der in der Religion wirkende Geist, das heißt im Wirken des *als* Selbstbewußtsein des Geistes auftretenden absoluten Wesens. Die erste Wirklichkeit des Geistes ist die natürliche Religion; die Aufhebung jener Natürlichkeit führt zur Kunst-Religion, und die Aufhebung der Einseitigkeiten beider vorangegangener Etappen vollzieht sich als synthetische offenbare Religion, wo das »Selbst« des Geistes unmittelbar gegenwärtig ist und die Wirklichkeit mit diesem »Selbst« identisch wird. Die offenbare Religion ist dennoch noch nicht die endgültige Erfüllung des Tuns des Geistes, denn »sein wirkliches Selbstbewußtsein ist nicht der Gegenstand seines Bewußtseins«, er hat »sein Bewußtsein als solches noch nicht überwunden« (ebd., DD, VIII[53]). Die letzte Gestalt des Geistes, das *absolute Wissen*, ist das reine Fürsichsein des Selbstbewußtsein. *Sein, Wahrheit* und *Gewißheit der Wahrheit* wurden eins; der volle Inhalt des Geistes, kumuliert im Verlauf der Geschichte, nimmt die Form des Ich an, die Gegenständlichkeit als Gegenständlichkeit wurde aufgehoben, und der Geist durchläuft sich selbst, gesättigt von der Totalität der historisch geschaffenen Vielfältigkeit und zugleich befreit von jeglichem ihn begrenzendem Anderssein, von allen Unterschieden, die auf den einzelnen Stufen zwischen dem Sein, dem Begriff und dem begrifflichen Bewußtsein aufgetreten waren.

Trotz aller Vieldeutigkeiten der »Phänomenologie des Geistes«, trotz der Vagheit des Verhältnisses der Entwicklungsnotwendigkeiten des Bewußtseins zur faktischen Chronologie der Kulturgeschichte, trotz der immensen Schwierigkeiten, auf die das Verständnis der Übergänge zwischen den jeweiligen Phasen der Selbstnegation des Geistes und erneuter Aneignung seiner Entäußerungen stößt, weist das Hegelsche metaphysische Epos eine hinreichende Anzahl von Orientierungspunkten bezüglich seiner generellen Intentionen auf. Hegel will, daß in unseren Erkenntnisakten nicht nur der erkannte *Gegenstand* erfaßt wird, sondern auch die *Tatsache seines Erkanntwerdens*; daß also der Gedanke in der kognitiven Aneignung des Dinges seine aktuelle Beziehung zu diesem verstehe. Er strebt also einen Beobachtungsstandort an, von dem aus die Wirklichkeit und das Denken über sie zusammen erklärbar würden, eine Perspektive, die Sein und Seinsverständnis zugleich umschließt. Nur aus dieser Perspektive, sofern sie möglich ist, verlieren Welt und Gedanke ihre Zufälligkeit, andernfalls muß eines von beiden unverständlich bleiben oder arbiträr zur scheinbaren Wirklichkeit erklärt werden. Mithin sehen wir jedoch, daß schon der Ausdruck »Beobachtungsstandort« inadäquat ist; wenn das Denken nämlich sein eigenes Verhältnis zur Welt betrachten könnte, würde der Akt dieser Betrachtung bereits eine neue Art von Beziehung schaffen, die nicht vom Selbstbewußtsein umfaßt wäre, und diese Aufwärtsbewegung zu einem immer höher gelegenen Beobachtungspunkt nähme kein Ende und würde das Bewußtsein stets an einem unerklärlichen Platz außerhalb der Welt und außerhalb seiner selbst belassen. Daher muß die endgültige Aufhebung der Fremdheit zwischen Geist und Gegenstand zugleich die effektive Aufhebung der Gegenständlichkeit des Gegenstandes selbst sein, nicht aber einfach nur ein theoretisches Begreifen des Gegenstandes als entfremdetes Bewußtsein; Gegenstand und Gegenstandserkenntnis müssen in einer Einheit zusammenfallen.

Stellte die Aufhebung des Gegensatzes von Subjekt und Objekt nur ein regulatives Ideal des Gedankens dar, nicht aber einen Zustand, der faktisch, in einer endlichen Entwicklung erreichbar ist, so wäre die Arbeit des Geistes vergeblich. Ein Fortschritt, der sich unendlich hinziehen würde, wäre kein Fortschritt mehr, wenn die noch zurückzulegende Distanz stets gleich bliebe, nämlich unendlich groß. Von diesem Standpunkt aus erhebt Hegel, vor allem in der »Wissenschaft der Logik«, Anklage gegen die Idee der »schlechten Unendlichkeit«, die er in der Kantschen und Fichteschen Doktrin erblickt. Die Gegensätze zwischen Ordnung der Natur und Ordnung der Freiheit, zwischen Sollen und Sein, werden in Kants und Fichtes Fortschrittstheorie verewigt, somit wird das *Endliche* zu einem *Absoluten*, Unüberwindlichen. »Der Verstand verharrt in dieser Trauer der Endlichkeit, indem er das Nichtsein zur Bestimmung der Dinge, es zugleich *unvergänglich* und *absolut* macht. Vergänglichkeit könnte nur in ihrem Andern, dem Affirmativen vergehen; so trennte sich ihre Endlichkeit von ihnen ab; aber sie ist ihre unveränderliche, d. h. nicht in ihr Anderes, d. h. nicht in ihr Affirmatives übergehende Qualität; *so ist sie ewig.* (. . .) Daß aber das Endliche absolut sei, diesen Standpunkt wird sich freilich irgendeine Philosophie oder Ansicht oder der Verstand nicht aufbürden lassen wollen; . . . das Endliche ist nur das Endliche, nicht das unvergängliche; dies liegt unmittelbar in seiner Bestimmung und Ausdruck« (»Wiss. d. Logik«, I. Teil).[54] Fassen wir die Unendlichkeit nur als Negation der Endlichkeit, so ist sie im Begriff selber von der Endlichkeit abhängig, die als real vorausgesetzt wird, so tritt die Unendlichkeit lediglich als Grenze der Endlichkeit auf, kann sich von ihr nicht lösen, ist also ein »verendlichtes Unendliches«, eben eine »schlechte Unendlichkeit«[55]. Die wirkliche, affirmative

Unendlichkeit dagegen ist die Negation der als Negation erfaßten Endlichkeit; die Unendlichkeit ist somit die Negation der Negation, die reale Überwindung der Endlichkeit, ein Hinausgehen über sich selbst. Erst wenn die Endlichkeit vermöge ihres eigenen Widerspruchs sich als unendlich zeigt, erst wenn das Endliche wahrhaft mit sich selbst zusammengeht, also eben zum Endlichen wird, erst dann gewinnt die Unendlichkeit einen positiven Sinn. Daher ist »der Progreß ins Unendliche« oder die Idee der unbegrenzten Vervollkommnung, der ewigen »Annäherung« der Wirklichkeit ans Ideal, innerlich widersprüchlich, aber es ist ein statischer Widerspruch, »der nicht aufgelöst, sondern immer nur als *vorhanden* ausgesprochen wird«[56], der sich endlos als derselbe reproduziert und zu nichts führt. Er ist die Langeweile der monotonen Nichterfüllung, das authentische Unendliche hingegen als »In-sich-Zurückgekehrtsein, Beziehung seiner auf sich selbst, ist Sein, aber nicht bestimmungsloses, abstraktes Sein, denn es ist gesetzt als negierend die Negation (...) als wahrhafte Unendlichkeit, in sich zurückgebogen, wird deren Bild der *Kreis*, die sich erreicht habende Linie, die geschlossen und ganz gegenwärtig ist, ohne Anfangspunkt und Ende« (ebd., Kap. 2, Cc[57]).

Man sieht, daß für Hegel der Begriff des unendlichen Fortschritts durch einen inneren, undialektischen Widerspruch belastet ist. Wenn die Idee der aufsteigenden Entwicklung überhaupt einen Sinn haben soll, so muß es eine Entwicklung sein, die an einen effektiven Endpunkt gelangt. Die Aufhebung der Zufälligkeit des Geistes und die Eroberung der Freiheit müssen faktisch möglich sein, und die Aussage, sie seien in der Unendlichkeit erreichbar, bedeutet nichts anderes, als daß sie überhaupt nicht erreichbar sind. Wenn die Seinsgeschichte sinnvoll ist, wenn der Dialektik des Geistes, also seinem beharrlichen Ringen mit den eigenen Vergegenständlichungen, ein Sinn verliehen werden kann, dann nur im Hinblick auf ein *reales* Absolutes, nicht aber auf ein Absolutes, das lediglich Wegweiser errichtet, die auf den Ort hinweisen, von dem der Geist im vorhinein weiß, daß er ihn nie würde erreichen können, auf einen Ort also, den es überhaupt nicht gibt.

Wir begreifen solcherweise, daß die Hegelsche Dialektik keine Methode ist, die man vom Inhalt lösen, auf den sie angewandt wird, und auf einen beliebigen anderen Bereich übertragen könnte. Sie ist die Beschreibung der Geschichte des Bewußtseins, das in unentwegter Selbstentzweiung die eigene Zufälligkeit und eigene Endlichkeit überwindet.

14. Hegel. Die Freiheit als Ende der Geschichte

Diese Überwindung der Zufälligkeit ist nichts anderes als die *Freiheit* des Geistes. Unter diesem Gesichtspunkt wird der Reifeprozeß des Geistes vor allem in den »Vorlesungen über die Philosophie der Geschichte« behandelt, einem Text, der nach dem Tod des Philosophen veröffentlicht wurde und der zusammen mit den »Grundlinien der Philosophie des Rechts« zum populärsten und meistgelesenen Text seiner Werke werden sollte; im Unterschied zur »Phänomenologie des Geistes« zeichnet er sich in der Tat durch eine ziemlich klare und unverwickelte Sprache aus, aus diesem Grund hat er auch am meisten zur Herausbildung des stereotypen Bildes der Hegelschen Philosophie beigetragen. Die Hegelsche Geschichtsphilosophie ist eine Beschreibung der Expedition, die der Geist durch die Mannigfaltigkeit der geschichtlichen Ereignisse unternimmt, um zur Freiheit zu gelangen.

Der Sinn der Geschichte läßt sich, nach Hegel, entdecken, doch ist es ein Sinn, der nicht von der Geschichte selbst determiniert ist, sondern sich ihrer als eines Werkzeugs bedient. Die Freiheit des Geistes ist seine eigentliche Natur, ähnlich wie die Schwere die Natur der Materie ist. Der Geist muß seine eigene Natur jedoch erst realisieren, seine Freiheit in den Rang der Freiheit-für-sich erheben, der selbstbewußten Freiheit. Diese Freiheit ist zurückführbar auf das Bei-sich-selbst-sein, d. h. den völligen Mangel an Beschränkungen seitens irgendwelcher fremder Gegenständlichkeit. Der Geist wird durch die menschliche Geschichte das, was er an sich war, doch er entledigt sich keineswegs des Reichtums des zurückgelegten Weges, wie einer Leiter, die ihren Wert verliert, nachdem man auf ihr hinaufgestiegen ist, sondern bewahrt die »unterwegs« gewachsenen Güter. »Das Leben des gegenwärtigen Geistes ist ein Kreislauf von Stufen, die einerseits noch nebeneinander bestehen, und nur andrerseits als vergangen erscheinen. Die Momente, die der Geist hinter sich zu haben scheint, hat er auch in seiner gegenwärtigen Tiefe« (»Philosophie der Geschichte«, Einleitung[58]).

Der Natur wohnt kein Element der Freiheit inne, es gibt in ihr keinen Fortschritt, nur Veränderungen, in denen sie sich selbst endlos reproduziert. Sie ist nur die notwendige Bedingung für das Wirken des menschlichen Geistes und nimmt insofern einen Platz in der Ökonomie des göttlichen Werks ein. Der eigentliche Fortschritt des Geistes vollzieht sich vielmehr in der menschlichen Geschichte, und zwar in der Entwicklung der Kultur, in der *der menschliche Geist* ein wachsendes Selbstbewußtsein der Freiheit erlangt. Die Geschichte wird als Ganzes sinnvoll, wenn wir sie als *Entwicklung des Freiheitsbewußtseins* auffassen, als in den grundsätzlichen Zügen ihres Verlaufs *notwendige* Entwicklung. Die antike orientalische Welt weiß nur, daß ein einziger Mensch, nämlich der despotische Herrscher, sich der Freiheit erfreut, daher realisiert sich die Vorstellung von Freiheit in dieser Welt in der brutalen Willkür des Tyrannen. Auch die antike europäische Welt, die griechische und römische, hat, obwohl sie sich zu einem keimenden Freiheitsbewußtsein aufgeschwungen hat und von der Freiheit einiger wußte, nicht zum Verständnis dessen sich erhoben, daß der Mensch als solcher frei sei. Dieses Verständnis erfolgte erst in der christlich-germanischen Kultur und gehört zu den unverzichtbaren und fundamentalen Errungenschaften des Geistes.

Die Weltgeschichte ist demnach die Geschichte der *Vernunft*, das heißt, ihr Gang ist einem rationalen Plan unterworfen, zu dessen Entdeckung der philosophische Blick fähig ist. Die historische Wirklichkeit erscheint als Chaos verknäulter Leidenschaften und Kämpfe, wo die Einzel- oder Gruppeninteressen zufällige und irrationale Folgen zeitigen und die ganze Masse von Unglück und Leid zu nichts nutzt, eingetaucht in die Gleichgültigkeit der allesverschlingenden Zeit. In Wirklichkeit verhält es sich durchaus anders. Die Einzelleidenschaften, die die Haupttriebfeder der menschlichen Handlungen bilden, fügen sich, unabhängig von irgendwelchen Intentionen, zu einer evolvierenden, fortschreitenden Bewegung und erweisen sich als Werkzeuge der »List der Vernunft«, die zu ihren Zwecken der von privaten Gründen motivierten Taten sich bedient. Die Geschichte ist demnach unverständlich, wenn wir sie vom psychologischen Gesichtspunkt aus darstellen, indem wir die Motive der einzelnen Schauspieler der historischen Szene erläutern. Der Sinn der Geschichte wird aufgedeckt in der Bewegung, die in keinem dieser Motive enthalten ist und die sie sich dennoch bei der Erfüllung der Berufungen des Geistes zunutze macht. Die subjektiven Beweggründe der menschlichen Unternehmungen sind also nicht zufällig, und zwar aus dem Grund nicht, weil sie auf eine Zweckmäßigkeit bezogen sind, die der Geschichte und dem individuellen Subjekt vorausgeht. Hegel sagt zwar, daß die Vernunft »immanent in dem geschichtlichen Dasein« sei und sich »in demselben und durch dasselbe« vollbringe (ebd.[59]), doch bedeutet das keineswegs, daß die empirische Geschichte erst die Spielregeln der universellen Vernunft schaffen würde; diese ist ihr gegenüber genauso immanent wie der christliche Gott, wenn er menschliche Gestalt annimmt, sein Zweck erfüllt sich nur durch die Geschichte, die gleichsam den Körper des Göttlichen darstellt, der aber unabhängig von dieser determiniert ist.

Die Arbeit des Geistes in der Geschichte bezweckt keineswegs die Befriedigung der menschlichen Bedürfnisse. »*Die Weltgeschichte ist nicht der Boden des Glücks.* Die Perioden des Glücks sind leere Blätter in ihr; denn sie sind die Perioden der Zusammenstimmung, des fehlenden Gegensatzes« (ebd.[60]). Die Menschheit geht durch Kämpfe und Antagonismen, Leiden und Qualen, um die eigene Bestimmung zu erfüllen, die zugleich die Bestimmung des universellen Geistes ist. »Zweck in ihm selbst nämlich ist der Mensch nur durch das Göttliche, das in ihm ist, durch das, was von Anfang an Vernunft, und, insofern sie tätig und selbstbestimmend ist, Freiheit genannt wurde« (ebd.[61]).

Sobald wir das begriffen haben, werden wir zur adäquaten Beurteilung von Utopien und Idealen finden, die die Menschen, nach ihrem Dafürhalten, der armseligen Wirklichkeit entgegenzustellen pflegten. Die Vernunft rechtfertigt die Geschichte, wenn sie in ihr entdeckt wird, verurteilt hingegen alle arbiträr konstruierten Modelle der vollkommenen Gesellschaft zu Ohnmacht und Vergeblichkeit. Selbst wenn sie mit den Ansprüchen und Kompetenzen übereinstimmen mögen, die das Individuum zu Recht erhebt, »das Recht des Weltgeistes geht über alle besonderen Berechtigungen« (ebd.[62]). Dieses Recht des Geistes indes verwirklicht sich mit unerbittlicher Notwendigkeit, gemäß der Selbstdetermination, der der Geist unterworfen ist.

Alle Schöpfungen der menschlichen Kultur, Recht und Staat, Kunst, Religion und Philosophie, nehmen einen bestimmten Platz im Fortschreiten des Geistes zu seiner Freiheit ein. Dank ihnen ist auch das vernünftige Bewußtsein des Individuums keineswegs, wie das stoizistische Bewußtsein, zu einer Art von Freiheit verurteilt, die nur im Sichzurückziehen in das eigene ohnmächtige Innere und in Resignation gegenüber den äußeren Unvermeidlichkeiten besteht, die unabweisbar, fremd und zufällig sind. Die Hegelsche Freiheit, die Einsicht der Notwendigkeit ist, fällt keineswegs mit der scheinbar ähnlichen Konstruktion der Stoiker zusammen. Im Gegenteil, strebt der menschliche Geist die Versöhnung mit der Wirklichkeit an, so nicht auf dem Weg der demütigen Resignation, die den Gegensatz zwischen dem in sich abgekapselten und selbstgenügsamen Selbstbewußtsein und dem gleichgültigen Lauf der Geschehnisse verewigt. Der subjektive menschliche Wille vollzieht sich am Ort einer solchen Aussöhnung mit der Welt, an dem er sich, dank der Einsicht, in dieser Welt selber realisieren kann, anstatt sich im Gefühl der eigenen Würde von ihr abzuwenden, einer Würde, die nur die Verzweiflung verdeckt. Der Ort dieser Versöhnung ist die Kultur, vor allem aber der Staat. Der Staat ist jenes »sittliche Ganze«[63], in dem das Individuum seine eigene Freiheit als Partikel der Gemeinschaft realisieren kann, wenngleich es zu diesem Behufe der launenhaften Willkür, die nach Maßgabe ihrer zufälligen Phantasie arbiträre Ansprüche an die Welt stellt, entsagen muß. Der Staat ist nicht nur ein Werkzeug, das zur Konfliktregelung oder zur Organisation gemeinschaftlicher Aufgaben ins Leben gerufen wurde. Als Ort der Vereinigung des subjektiven Willens mit dem allgemeinen (vernünftigen) Willen ist der Staat die Verwirklichung der Freiheit und Selbstzweck, »die göttliche Idee, wie sie auf Erden vorhanden ist«, jene Wirklichkeit, die dem individuellen Leben erst seinen Wert verleiht. ». . . allen Wert, den der Mensch hat, alle geistige Wirklichkeit, (hat) er allein durch den Staat.«[64] Als höchste Form der Objektivität des Geistes repräsentiert er den allgemeinen (wesentlichen) Willen, und die Freiheit des Individuums ist dann wirkliche Freiheit, wenn sie im Gehorsam gegenüber dem Gesetz besteht, denn dann »gehorcht (der Wille) sich selbst«[65]. In dieser Unterordnung löst sich der Gegensatz von Freiheit und Notwendigkeit auf, denn die durch die geschichtliche Vernunft determinierte Notwendigkeit vollzieht sich nicht durch Zwang, sondern durch den freien Willen. Hegel behauptete hierbei nicht, daß die Privatsphäre überhaupt verschwinden sollte, indem sie sich im allgemeinen Willen auflöste, der von den staatlichen Institutionen verkörpert wird; er glaubte hingegen, daß der Staat die Institution sei, die zwischen dem privaten und dem gemeinschaftlichen Leben vermittelt, sowie daß der Staatsapparat der Inbegriff dieser Vermittlung sei, denn das Privatinteresse der Staatsfunktionäre deckt sich mit dem gemeinschaftlichen Interesse. Was die übrigen Mitglieder der Gesellschaft betrifft, so bedeuteten die Beschränkungen, die ihrer privaten Willkür und den persönlichen Trieben auferlegt werden, keinerlei Beschneidung ihrer Freiheit, vielmehr stellen sie deren Bedingung dar. Der Staat besitzt zwar keine andere Realität als seine Bürger, das bedeutet jedoch nicht, daß das, was den Willen des Staates ausmacht, sich als ein Ensemble von privaten Einzelmeinungen der Bürger ermitteln ließe. Der allgemeine Wille ist nicht der Wille der Mehrheit, sondern der Wille der geschichtlichen Vernunft.

Die Hegelsche Historiosophie pflegte von Anfang vornehmlich aus zwei Gründen verurteilt zu werden und wird es auch heute noch. Man warf ihr erstens vor, daß sie jeglichen selbständigen Wert des menschlichen individuellen Lebens auslösche, daß sie die einzige Funktion des Individuums in der Erfüllung der Aufgaben des allgemeinen Geistes sehe und im Namen dieser Aufgaben jegliche Gewaltanwendung des Staates gegenüber den Individuen im Namen der höheren Freiheit legitimiere. Man beschuldigte sie zweitens, daß sie jegliche aktuelle Wirklichkeit rechtfertige als eine vermöge des eigenen Seins lobenswerte, da sie offensichtlich als solche vom göttlichen Geist geplant worden sei. Der erste Vorwurf stützt sich vorwiegend auf die Einleitung zu den »Vorlesungen über die Philosophie der Geschichte«, der zweite auf die Einleitung zu den »Grundlinien der Philosophie des Rechts«.

Was den ersten Einwand betrifft, der Hegel als einen Apologeten des totalitären Staates darstellt, so muß gesagt werden, daß man ihn bis zu einem bestimmten Grad abschwächen kann, wenn man berücksichtigt, daß die gesellschaftliche Entwicklung für Hegel nicht nur in der Entwicklung des absoluten Geistes *durch* die geschichtlichen Geschehnisse bestand, sondern auch in der stufenweisen Bewegung des Abstimmens des subjektiven mit dem allgemeinen Willen. Das heißt, daß kein Staat, der sich der Gewalt bedient, die höchsten Bestimmungen der Vernunft erfüllen kann. Zwar erscheint das Recht in den früheren Entwicklungsstadien gegenüber dem Individuum als ein äußerliches System von Beschränkungen und Verboten, doch tendiert die Entwicklung des Geistes ja gerade zur Überwindung dieses Gegensatzes, mit anderen Worten, zur Interiorisierung des allgemeinen Willens. Die geschichtliche Entwicklung beginnt keineswegs mit einem Goldenen Zeitalter; Hegel ist jegliche Mythologie eines glücklichen Naturzustandes oder eines Paradieses als Ausgangspunkt völlig fremd. Im Gegenteil, der Naturzustand ist ein Zustand der Barbarei und Willkür, der allmählich, in den immer vollkommener werdenden politisch-rechtlichen Institutionen, dem vernünftigen Denken weicht, welches über die partikulären Triebe siegt. Doch nach Hegel *toleriert der Gedanke nur den Zwang des Denkens* selbst, was bedeutet, daß das Gewaltsystem, das die Individuen beherrscht, ein Symptom der gesellschaftlichen Unreife ist und daß der Fortschritt eine Situation anstrebt, in der der Zusammenfall des subjektiven mit dem allgemeinen Willen spontan den Akten des Weltverstehens seitens der Mitglieder der Staatsgemeinschaft entspringen wird; die Vernunft kann unmöglich dort herrschen, wo sie ihre Forderungen mit Mitteln der Gewalt durchsetzen müßte, um also letztendlich *gegen* das Gewissen des einzelnen siegen zu können; dieser endgültige Triumpf kann nur von der geistigen Reife und dem reformierten Bewußtsein der Bürger garantiert werden.

Wenn es also zutrifft, daß Hegel keineswegs als Verkündiger der Tyrannenherrschaft anzusehen ist, die ihre Untertanen mit Gewalt zum Gehorsam gegenüber den Ansprüchen des geschichtlichen Geistes anhält, so zwingt doch auf der anderen Seite die praktische Anwendung seiner Empfehlungen dazu, daß in Konfliktsituationen dem Staatsapparat auf Kosten des Individuums systematisch recht gegeben wird. Solange das individuelle Bewußtsein sich nämlich nicht entsprechend verwandelt hat und weiterhin den privaten eigennützigen Trieben unterliegt, solange also keine vollkommene und freiwillige Übereinstimmung jeglichen subjektiven Willens mit der allgemeinen Vernunft vollzogen worden ist, muß die Frage auftauchen: Wer soll eigentlich darüber entscheiden, was in einer *hic et nunc* gegebenen Konfliktsituation den Forderungen des universellen Willens entspricht und was nicht? Wenn es außer dem Staat keine andere Instanz gibt, die darüber entscheiden könnte, und wenn der Staat definitionsgemäß die Inkarnation der Vernunft ist, übernimmt er in Konfliktfällen die Rolle der mittelalterlichen Kirche, das heißt, der Staat ist das einzig denkbare Medium der Verlautbarungen der Stimme Gottes. Daher muß, obgleich die völlige Interionisierung der geschichtlichen Vernunft in den Seelen aller Einzelpersonen gewiß Hegels Ideal gewesen ist, obgleich die Vollkommenheit der staatlichen Institutionen sich in seinem Verständnis im Überflüssigwerden jeglichen Zwangs äußern sollte, in konkreten Konfliktsituationen, in denen solche Instanzen wie »Wille der Mehrheit oder Stimme des Volkes« ausgeschaltet sind, der Staatsapparat, unabhängig von der labilen Meinung der Bürger, das letzte Tribunal sein, über dem keine Appellationsinstanz mehr steht. Hegel geht selbstverständlich davon aus, daß dies ein Apparat ist, der auf dem Boden der Rechtsordnung tätig wird, nicht aber kraft der launenhaften Entscheidungen eines Tyrannen oder Beamten, doch gerade in Fällen, die vom Gesetz nicht geregelt sind, oder in solchen, wo es gerade um eine Änderung der bestehenden Gesetze geht, gibt es keinen über dem aktuellen Staatsapparat stehenden Richter. In diesem Sinne behält der Staatsapparat trotz des Nachdrucks, mit dem Hegel für die verfassungsmäßigen und rechtsstaatlichen Formen des Gesellschaftslebens eintritt, in seiner Darlegung eine privilegierte Position und behält grundsätzlich recht nicht nur in der Konfrontation mit jedem einzelnen, sondern auch mit allen zusammen; im Staat nämlich, nicht aber im Willen der Mehrheit, lebt die Kraft der Vernunft. Die Historiker klärten zwar, daß Hegels Apologie der preußischen Monarchie als Staatsideal begrenzt gewesen sei, weil er bestimmte staatliche Einrichtungen beschrieben habe, die im damaligen preußischen Staat gar nicht existierten. Dennoch läßt sich nicht bestreiten, daß bei der Anerkennung der Rechtsstaatlichkeit zur Wesenseigenschaft des Staates sowie bei der Anerkennung des Grundsatzes der Gleichheit vor dem Gesetz (doch nicht: bei der Gesetzgebung) die Vernunft, die von Einzelpersonen oder selbst von der Mehrheit verkörpert wird, sich im Vergleich mit dem faktischen Staatssystem unweigerlich als Nicht-Vernunft erweisen muß. Wenn Hegel also verlangte, man sollte die Wirklichkeit vor das Tribunal der Vernunft stellen, so hatte die so verstandene Vernunft nie eine Chance, von einer anderen Instanz verkörpert zu werden als vom Staatsapparat.

Das Problem, ob und in welchem Maße der Wert des singulären menschlichen Daseins im Triumphzug des Geistes durch die Geschichte erhalten bleibt, wird von der Hegelschen Konzeption nicht gänzlich geklärt. Auf der einen Seite nämlich geht dem Geist in seinem Selbstwerden nichts vom Reichtum seiner Entäußerungen verloren, und die Werkzeuge, die er zu diesem Zweck einsetzt, werden nicht einfach verworfen, sondern bleiben in seinem unendlichen Reichtum erhalten, so daß es scheinen könnte, das singuläre Leben stelle für ihn einen autotelischen und dauerhaften Wert dar. Auf der anderen Seite beruht der Wert des singulären Lebens nur auf dem »Element des Göttlichen«, das in ihm enthalten ist, realisiert sich als *Wert des Absoluten*, darüber hinaus scheint er völlig aufzugehen in der endgültigen Erfüllung der Seinsbestimmungen. Der Geist gewinnt jedoch, sobald er seinen Marsch beendet hat, die Unendlichkeit, d. h., er hebt jegliche Beschränkungen seitens des »Anderen« auf, so daß man annehmen muß, daß die finale Seinsbestimmung für Hegel in der Zurücknahme jeglicher individueller Besonderheit durch das allgemeine Sein besteht, andernfalls müßte das Absolute Beschränkungen seitens jeglichem personalen Selbstbewußtsein erfahren, würde also auch seinen Endzweck nicht erreichen. Auch an diesem zentralen Punkt scheint Hegel die Tradition des neuplatonischen Pantheismus aufrechtzuerhalten: Die Aufhebung der Zufälligkeit der Menschheit und die Erfüllung des Menschen in seinem Wesen, seine Versöhnung mit sich selbst, muß zugleich seine totale Absorption durch das universelle Sein sein. Es bleibt ungeklärt, in welcher Weise die Singularität als solche in ihrer Fülle bewahrt bleiben sollte, wenn jegliche Differenz zwischen Subjekt und Objekt verschwindet; mit anderen Worten: man weiß nicht, in welcher Weise das unendliche Sein, das sein volles Selbstbewußtsein erreicht und erneut alle seine Objektivationen in sich zurückgenommen hat, etwas anderes als *ein* Sein sein könnte. Letztlich sollte man also meinen, daß in der Hegelschen Konstruktion die Menschheit zu dem wird, was sie ist, oder erst dann zur Vereinigung mit sich gelangt, wenn sie aufhört, Menschheit zu sein.

Die Hegelsche Historiosophie läßt sich selbstverständlich auch in ihren partikulären Ergebnissen erörtern, indem man auf den rationalistischen Determinismus des Geschichtsprozesses selbst hinweist, auf seine Gleichgültigkeit gegenüber den singulären menschlichen Bedürfnissen, auf seine Entwicklung über die aufeinanderfolgenden Negationen – während man vom Endresultat abstrahiert. Doch dieser Doktrin ihre eschatologische Perspektive nehmen bedeutet, sie des spezifisch Hegelschen Sinns zu berauben; weder die Hegelsche Dialektik noch ihre Anwendung auf das Geschichtsverständnis weisen einen Sinn außerhalb der Eschatologie auf, außerhalb der Perspektive der endgültigen Erlösung des Seins in der Rückkehr zu sich selbst.

Auch das Problem der Rationalität der Welt als solcher, in allen ihren Einzelheiten, verlangt eine bestimmte Differenzierung. Hegel ist in der Tat der Auffassung, daß *nur der faktische Geschichtsprozeß wertschaffend* sei, das heißt, daß es eine vergebliche und törichte Arbeit sei, beliebige Ideale zu erfinden, die unabhängig wären von dem wirklichen geschichtlichen Werden, oder die radikale Entgegensetzung zwischen dem »Sollen« und der vorgefundenen Welt. An diesem Punkt ist seine antiutopische Orientierung klar und unmißverständlich. Die, die Hegel vor dem Vorwurf des Konservativismus verteidigen, berufen sich zwar darauf, daß es in seinem Verständnis das Tribunal der Vernunft gebe, das darüber urteilt, was wahrhaft wirklich sei und was nur als wirklich erscheint, jedoch seiner »Wesenhaftigkeit« verlustig gegangen ist und sich lediglich in einem rein empirischen, scheinbaren Dasein erhält, das zum alsbaldigen Untergang verurteilt ist. Für Hegel ist in der Tat nicht jedes beliebige Faktum, das auftritt, Wirklichkeit: Er selbst schließt verschiedene menschliche Verhaltensweisen, z. B. partikuläre Gelüste, die nicht im geschichtlichen Willen verwurzelt sind, aus dem authentischen kulturschaffenden Prozeß aus. Das, was in der aktuellen Situation am deutlichsten sichtbar ist und dessen unabweisbare Realität fast erdrückend scheint, kann, vom Hegelschen Gesichtspunkt aus, nur die tote Kruste einer bereits vergangenen Welt sein, das wiederum, was erst aus schlummernder Virtualität erwacht und für die augenfällige Empirie kaum sichtbar ist, kann eine größere und gültigere Realität besitzen. Einen Augenblick, bevor das Küken aus dem Ei schlüpft, erscheint das Ei unantastbar in seiner »Eihaftigkeit«, in Wirklichkeit stellt es nur das Relikt eines Scheins dar, das im nächsten Augenblick zerfällt, um einer neuen Form zu weichen, die eigentlich bereits reif war, die bereits die einzig wahre war, wenngleich unsichtbar. In diesem Sinn empfahl Hegel das »wahrhaft« Wirkliche im Gegensatz zur Oberflächenwirklichkeit zu untersuchen, die im Schwinden begriffen ist. Eine solche Differenzierung ist für ihn Aufgabe der wissenschaftlichen Überlegung und erfordert infolgedessen keinerlei Wertung, die der Faktizität entgegengesetzt wäre. Eine derartige, die historische Notwendigkeit ignorierende Wertung verwarf Hegel als fruchtlose romantische oder Fichtesche Empörung. Das bedeutet jedoch nicht, daß er ganz einfach verlangt hätte, daß man die Feststellung trifft, was notwendig sei, und aus dieser sofort deduziert, was demgemäß erstrebenswert wäre. Die Dichotomie von Fakten und Werten ist aus seiner Konstruktion ganz einfach entfernt. Es besteht kein Anlaß, gesondert festzustellen, was wirklich ist, und dann dieser Feststellung Werturteile anzuhängen. Die Akte des Weltverständnisses sind einheitlich: Im nämlichen Akt, in dem wir etwas als Fragment des werdenden Geistes erfassen, affirmieren wir dieses Etwas zugleich auch; für Hegel ist die positivistische Entgegensetzung von Tatsachenurteilen und Bewertungen überhaupt nicht formulierbar, ähnlich wie in religiösen Konstruktionen: Wenn wir wissen, worauf das Streben des göttlichen Wollens gerichtet ist, brauchen wir nicht in einem gesonderten zusätzlichen geistigen Akt unsere Zustimmung zu diesem Wollen auszudrücken. Der Wahrnehmung der Welt, die jede Einzelheit auf den absoluten Willen bezieht, ist diese Art Dichotomie nicht inhärent, sie besteht aus Akten des Verstehens, deren der praktische affirmative Akt von vornherein innewohnt. In der Unterstellung des Geistes unter die Herrschaft des Absoluten ist zugleich, in untrennbarer Ganzheit, das Vertrauen in seine Weisheit und sein Verständnis enthalten.

Wenn es mithin unrichtig wäre, Hegel die Befürwortung eines beliebigen Bestandteils der vorgefundenen Wirklichkeit zuzuschreiben, aus dem alleinigen Grund, weil sie vorgefunden ist, erhebt sich auf der anderen Seite sofort die Frage nach den Kriterien, nach denen wir uns bei der Beurteilung der »Wirklichkeit« des jeweiligen Bestandteils leiten lassen sollten. Wer und nach welchen Prinzipien soll darüber entscheiden, ob der gegebene Tatbestand nur Realität vortäuscht, während er faktisch von der Seinsenergie völlig fallengelassen wurde, oder ob er sich im Gegenteil voller Vitalität erfreut? Die rein empirischen Kriterien nämlich können diese Entscheidungen nicht leisten. Wie also kann praktisch an die Urteile der universellen Vernunft appelliert werden, um beispielsweise festzustellen, ob eine gegebene Staatsform oder Institution sich bereits überlebt habe oder ob sie den Ansprüchen der Rationalität noch genüge? Diese Frage bleibt im Hegelschen System unbeantwortet. Wenn der Geist nämlich die Interiorisierung seiner Freiheit in den personalen Geistern anstrebt, so könnte es scheinen, daß die Form, gegen die sich die empirischen Individuen empören, solcherweise ihre Irrationalität entlarvt; auf dieser Grundlage könnten Systeme als irrational eingestuft werden, die auf den zweifelsfreien Widerspruch der Gesellschaft stoßen. Auf der anderen Seite ist es aber bekannt, daß der *consensus omnium* keinerlei Bewertungskriterium darstellt und daß alle oder fast alle sich gegenüber der Vernunft irren können, denn »was den Staat ausmacht, ist die Sache der gebildeten Erkenntnis und nicht des Volkes« (Einleitung[66]). Auf dieser Grundlage kann man wiederum zur konservativen Apologie der herkömmlichen Institutionen als derjenigen zurückkommen, die in der Interpretation der Urteilssprüche der Vernunft keinen Richter mehr über sich haben können in Form einer beliebigen anderen empirischen Realität.

Es wird sichtbar, daß das Hegelsche Denken in diesem fundamentalen Punkt unausweichlich zu Zweideutigkeiten führt, daß die konservative Interpretation jedoch stets weniger Interpolationen erfordert und weniger Schwierigkeiten bereiten wird – sie liefert nämlich der Beurteilung klare Hinweise, während die Interpretation des Hegelianismus im Sinne des »kritischen Prinzips« hinsichtlich der Bewertungskriterien Unsicherheit schafft.

Dieser Frage kann ausgewichen werden, wenn man sich auf die berühmten Sätze aus der Vorrede zur »Rechtsphilosophie« beruft, wo Hegel sagt, daß die Philosophie stets zu spät komme und immer nur einen bereits abgeschlossenen Prozeß interpretiere, und »mit Grau in Grau läßt sich nicht verjüngen, sondern nur erkennen«[67]. Aus dieser Sicht hat das Denken über die Welt überhaupt keine Relevanz für ihre praktische und wertschaffende Beurteilung, weil es nicht in die Zukunft vorausläuft, sondern nur die vergangenen Zusammenhänge zu verstehen sucht. Infolgedessen läßt sich folgende Frage überhaupt nicht stellen: Soll man eher die gegenwärtige Welt als schlechthin wirkliche affirmieren oder ihre empirischen Qualitäten an den transzendentalen Forderungen der Vernunft bemessen, wenn wir im allgemeinen weder die gegenwärtige Welt noch ihre Aussichten beurteilen, sondern immer nur die irreversibel vergangene Welt? Doch auch in den praktischen Konsequenzen führt eine solche Haltung zum konservativen Sichabfinden mit der Welt. Aus ihr resultiert nämlich, daß wir uns in jedem Fall eines Denkens enthalten müssen, das dem, was ist, etwas anderes, Besseres entgegenstellen würde. Das letzte Wort des Hegelianismus ist demnach nicht die Auflehnung der Vernunft angesichts der unvernünftigen Welt, sondern die Kontemplation dieser Welt als einer *a priori* vernünftigen. Wir wissen ja nicht, was in der existierenden Welt ein wirksames Instrument des Geistes ist: Wir haben keine Gründe zur Annahme, daß der Geist bereits aufgehört hat, Verbrecher zu seinen Zwecken einzusetzen. Das Individuum verfügt über keine moralischen Regeln, die Anspruch erheben könnten auf Dominanz über den Geschichtsprozeß. Die Revolte gegen die vorgefundene Welt *kann* vom Hegelschen Standpunkt aus gerechtfertigt sein, ob sie aber eine wirkliche Revolte ist, darüber zu befinden fehlen uns die wirksamen Werkzeuge, solange sie ihre Bestimmung nicht erfüllt hat. Erweist sie sich als erfolgreich, so beweist sie zugleich, daß sie die Wahrheit der Geschichte darstellte, wird sie niedergeschlagen, so wird klar, daß sie nur der Reflex eines fruchtlosen »Sollens« war; die Besiegten sind immer im Unrecht.

*

In der bisherigen Darlegung hatten wir es mit Lehren zu tun, die alle von der Voraussetzung ausgingen, daß der Mensch in seinem empirischen Dasein nicht das sei, was er in Wahrheit, in seinem Wesen sei, und daß der grundlegende Imperativ des Lebens darin bestehe, jenes wahre Dasein mit der empirischen Existenz ineinszusetzen.

Hierbei ergab sich folgende Alternative: Entweder befindet sich das Wesen des Menschen nicht nur außerhalb des empirischen Lebens des Menschen bzw. außerhalb der Menschheit überhaupt – was bedeuten würde, daß die »Rückkehr zu sich selbst« keine Rückkehr zu sich selbst, sondern die Verwirklichung des Absoluten wäre, in dem der partikulare Charakter der Menschheit sich auflösen würde –, oder aber die Verwirklichung des menschlichen Wesens ist (wie bei Kant und Fichte) eine unendliche Aufgabe. Doch auch in diesen beiden Fällen war die Bewegung der ihre Erfüllung anstrebenden Menschheit entweder vom Absoluten determiniert, das der Menschheit vorausging, oder von der Menschheit, die der eigenen Natürlichkeit vorausgeht; das menschliche Sein war nicht in sich selbst als in einem natürlichen Sein verwurzelt.

Die Erschließung einer neuen philosophischen Möglichkeit und einer neuen Eschatologie bestand in der Entdeckung der Menschheit selbst als eines Absoluten, die sich gleich in ihrer Endlichkeit selbst gegeben ist, bestand in der Zurückweisung aller Lösungen, in denen der Mensch sich entweder durch die Verwirklichung eines vormenschlichen absoluten Seins oder auf dessen Befehl hin verwirklichen sollte. Diesen neuen Horizont schafft das Werk von Karl Marx.

Zweites Kapitel

Der Linkshegelianismus

1. Der Zerfall des Hegelianismus

Der Versuch einer universellen Synthese des Seins, den Hegel unternahm, erwies sich kurz darauf als in seinen Ergebnissen inkohärent, wie das bei allen anderen universalistischen philosophischen Unternehmungen zu sein pflegt. Sofort nach Hegels Tod (1831) trat zutage, daß sowohl die allgemeine Theorie des Bewußtseins als auch ihre Applikationen auf das Geschichtsverständnis und die politisch-rechtlichen Probleme für unterschiedliche und einander widersprechende Interpretationen geeignet waren. Insbesondere war es alles andere als klar, bis zu welchem Grad Hegels politischer Konservativismus die natürliche Konsequenz seiner Geschichtsphilosophie war und ob man ihn von dieser als sozusagen privaten Meinung des Philosophen trennen konnte. Vor allem den radikal gesonnenen Hegelianismus-Interpreten erschien es, daß eine Philosophie, die das Prinzip der universellen Negativität verkündet und jede folgende Geschichtsphase als Prämisse ihrer eigenen Destruktion behandeln heißt, eine Philosophie, die in der kritischen und selbstzerstörerischen Bewegung das ewige Gesetz der Entwicklung des Geistes sieht, nicht – ohne Preisgabe ihrer Kohärenz – in die Apologie einer beliebigen historischen Situation münden und keine Form von Staat, Religion oder Philosophie als nicht zu überwindende Endgültigkeit akzeptieren kann.

Hegels Lehre enthielt jedenfalls – unabhängig von seinen eigenen unmittelbar geäußerten politischen Meinungen – zwei wesentliche Motive, deren Ausgleich nicht einfach schien und die, zumindest hinsichtlich bestimmter Konsequenzen, zum Widerspruch führen konnten. Auf der einen Seite war der Hegelianismus kompromißlos antiutopisch orientiert; er enthielt unübersehbar die Verurteilung des »Standpunktes des Sollens«, d. h. der Haltung, die an die Adresse der wirklichen Geschichte Forderungen stellt, die aus beliebig erfundenen normativen Idealen abgeleitet sind, aus moralisierenden Voraussetzungen und arbiträren Vorstellungen einer Welt, wie sie hätte sein sollen. Die Dialektik war in Hegels Verständnis eine Interpretationsmethode der vergangenen Geschichte, sie erhob jedoch keinen Anspruch darauf, in die Zukunft vorzulaufen, ja sie untersagte ganz deutlich derartige Extrapolationen, enthielt selber keine projektierenden Aspirationen für die Welt. Aus dieser Sicht mochte es erscheinen, als sei der Hegelianismus – in seinen Konsequenzen – eine Bejahung der herkömmlichen Geschichte und der vorgefundenen Situationen als Realitäten, die genauso unabweisbar sind wie die Regeln der Logik, und als müsse er jeglichen Protest gegen die bestehende Welt im Namen einer vorgestellten Welt als Kaprice des unreifen Bewußtseins verurteilen, die sicherlich erklärbar ist, aber eben grundsätzlich fruchtlos. Auf der anderen Seite ließ sich die Hegelsche Apologie der Vernunft auch als Postulat der Vernünftigkeit der Welt auslegen, als Forderung, die Wirklichkeit in eine rationale zu verwandeln, damit die empirische Geschichte mit den Forderungen des seine Freiheit anstrebenden Geistes zusammenfiele. Im ersten Verständnis schien das Hegelsche System eher zu einer kontemplativen Zustimmung zum Geschichtsprozeß als dem Ergebnis einer natürlichen Unvermeidlichkeit zu neigen, gegen die jedwede Rebellion zum Scheitern verurteilt ist. Im zweiten Verständnis schien im Gegenteil der Geist zu Kritik und Mißtrauen anzufachen, die Konfrontation mit jedweder vorgefundenen Welt und den Imperativen der Vernunft zu fordern, Maßstäbe zu enthalten, nach denen wir die Wirklichkeit bewerten, kritisieren und ihr Veränderungen abverlangen durften.

Während einiger Jahre nach dem Tod seines Schöpfers funktionierte der Hegelianismus in der Tat nahezu als preußische Staatsdoktrin, die Apologeten des preußischen Staates schöpften aus seinem Reichtum, und die Obrigkeit versuchte die Lehrstühle mit Bekennern der Hegelschen Philosophie zu besetzen. Diese Situation änderte sich alsbald, in der Mitte der dreißiger Jahre, als es sich erwies, daß die aktivste Gruppe der Hegelianer in eine Richtung strebte, die der preußisch-christlichen Monarchie mehr als unerwünscht war, und daß dieses verwickelte System seine radikalen Möglichkeiten aufdeckte, zumindest im Bereich der Kritik der herrschenden Religion. Der berühmte und endlos interpretierte Aphorismus Hegels »Das, was wirklich ist, das ist vernünftig« konnte so verstanden werden, daß er ganz einfach alle fertigen Situationen als rationale aus dem alleinigen Grund sanktioniert, weil sie eben *sind*; er konnte aber auch im Gegenteil besagen, daß *nur* das den Namen »Wirklichkeit« verdiene, was innerhalb der empirischen Welt die Forderungen der historischen Vernunft erfülle, während die Bestandteile der Welt, die den Forderungen der Vernunft zuwiderlaufen, nicht »wirklich« seien, auch wenn sie in der unmittelbaren Erfahrung offenkundiger sind als jene anderen, vernünftigen. Diese letzte Interpretation des Hegelianismus siegte mit der Zeit, vor allem dank der Arbeit der Linkshegelianer. Sie entscheidet jedoch nicht folgende Frage: Nach welchen Kriterien darf man das »Wirkliche«, d. h. die vernünftigen Bestandteile der Welt, von den irrationalen unterscheiden, d. h. denen, die nur scheinbar wirklich sind? Lassen sich diese Kriterien völlig unabhängig vom faktischen Geschichtsverlauf feststellen, gemäß den arbiträren Urteilssprüchen einer vor-geschichtlichen Vernunft, oder müssen sie auch der Kenntnis der durchlaufenden Geschichte entnommen werden, und wenn das zweite zutrifft, wie soll die Rolle der geschichtlichen Erkenntnis in der urteilfällenden oder normbildenden Arbeit des Geistes bestimmt werden? Anders ausgedrückt: In welchem Maße und in welchem Sinn können der Kenntnis der Geschichte die Regeln zur Beurteilung der »Rationalität« der aktuellen Welt entspringen? Und ohne dieses Vermögen besitzt diese Regel einen ähnlich formellen Charakter wie der Kantische Imperativ.

Die sogenannte Bewegung der Junghegelianer wollte den Grundsatz der permanenten Negation als den in der Hegelschen Philosophie dominierenden herausstellen, als unverzichtbares Gesetz der Entwicklung des Geistes, und schlug allmählich in eine radikale politische Kritik um, wurde in einigen ihrer Varianten zur philosophischen Begründung der kommunistischen Ideen. Engels bemerkte in einem frühen Text[1], daß die Hegelsche Linke der natürliche Weg zum Kommunismus gewesen sei, daß die Hegelianer (Heß, Ruge, Herwegh) bewiesen hätten, daß Deutschland den Kommunismus notwendigerweise annehmen müsse, sofern es nicht seine eigene philosophische Tradition von Kant bis Hegel verwerfen wolle. Diese Formulierung stammt zwar aus einer Zeit, in der Engels selber mit den Junghegelianern verbunden war, und deckt sich nicht mit den wenig später geäußerten Meinungen, nachdem er diese Beziehungen abgebrochen hatte; nichtsdestoweniger ist sie kennzeichnend für die Hoffnungen, die die damaligen Bekenner des Hegelianismus mit seiner radikalen Spielart verbanden.

Der Junghegelianismus war das philosophische Sprachrohr der republikanischen, bürgerlich-demokratischen Opposition, die in der Kritik der Feudalordnung des preußischen Staates den Blick gern nach Frankreich richtete (die Westprovinzen, das Rheinland und Westfalen, die mehr als zwanzig Jahre unter französischer Herrschaft lebten, hatten die Napoleonischen Reformen erlebt und wurden, nach ihrem Anschluß an Preußen, zum Mittelpunkt der lebhaftesten Konflikte mit der Monarchie). Literarischer Ausdruck dieser Opposition war zu Beginn der dreißiger Jahre die Gruppe des sog. »Jungen Deutschland« (Heine, Gutzkow, Börne), später dann die Bewegung der radikalen Hegelianer, die anfangs hauptsächlich in Berlin konzentriert war. Dort war auch der Klub junger Philosophen und Theologen tätig (Köppen, Rutenberg, Bruno Bauer), die die christliche Religion im Hegelschen Geiste reinterpretierten. Das war das Milieu, mit dem Marx zu Beginn seines selbständigen Denkens in Berührung kam.

2. David Friedrich Strauß. Der Anfang der Religionskritik

Literarischer Mittelpunkt des Zusammenschlusses der Linkshegelianer war das Werk von David Friedrich Strauß »Das Leben Jesu« (1835–36). Es war der Versuch der Anwendung der Hegelschen Methode auf die philosophische Rekonstruktion der Entstehung des Christentums. Für die mit den Werken Kants, Fichtes und Hegels großgewordene Generation war die Wahrheit, daß der Geist die Welt beherrscht, so selbstverständlich, daß sie kaum mehr eines Nachweises bedurfte: Es ging nichtsdestoweniger um die Erklärung, auf welche Weise er seine Herrschaft ausübe. Die Junghegelianer, insbesondere in ihrer zweiten Entwicklungsphase (die Jahre 1840–1843), »fichteanisierten« Hegel, wenn man so sagen darf; sie holten nämlich, bei der Betrachtung der Geschichte, den Standpunkt des »Sollens« zurück; das bedeutete, daß die Hegelsche Vernunft vor allem einen normativen Sinn zuerkannt bekommt: Es gilt, alle gesellschaftlichen Realitäten an den unabweisbaren Imperativen der Rationalität zu messen und sie von diesem Standpunkt aus der Kritik zu unterwerfen. Erster Gegenstand dieses Angriffs war das Christentum. Strauß ging von Hegelschen Prämissen aus, um den Hegelschen Glauben an den absoluten Charakter der christlichen Religion zu überwinden; er beabsichtigte demnach, die Hegelsche Methode in einer einzelnen, jedoch außerordentlich wichtigen Frage gegen Hegel anzuwenden. Er legte dar, daß keine partikulare Religion, insbesondere auch nicht die christliche, Anspruch darauf erheben konnte, Träger der absoluten Wahrheit zu sein. Das Christentum sei nur eine Stufe, gewiß eine notwendige, aber auch nicht mehr als eine Übergangsphase in der Entwicklung des Geistes, so wie andere Glaubenslehren auch. Die Evangelienberichte seien keineswegs ein Gefüge philosophischer Symbole, sondern ein Ensemble jüdischer Mythen. In der mythologischen Interpretation des Evangeliums ging Strauß so weit, die Geschichtlichkeit Jesu anzuzweifeln. Zugleich verlieh er seiner Überzeugung von der völligen immanenten Gegenwärtigkeit Gottes in der Geschichte Ausdruck und nahm Gott den Rest seines personalen Seins, sofern ein solcher Rest in der Hegelschen Konstruktion übriggeblieben war. Insbesondere war für ihn der Mythos von der einmaligen Fleischwerdung des Absoluten in einer konkreten historischen Person absurd: die unendliche Vernunft könne ihre Totalität in keinem endlichen Menschen zum Ausdruck bringen.

Straußens Kritik und die um diese sich entwickelnden Polemiken trugen zur Kristallisierung der Hegelschen Linken bei und begründeten das Selbstverständnis ihrer Gesondertheit. Diese wiederum kam vor allem in der Überzeugung zum Ausdruck, daß die Hegelsche dialektische Methode, sofern sie sich nicht selbst verneinen wolle, den Glauben an ein

Ende der Geschichte oder an die Endgültigkeit einer beliebigen Kulturform nicht zulassen dürfe (die Ablehnung des christlichen Glaubens an den fleischgewordenen Gott war ein wesentlicher Punkt, wenn auch nur ein Sonderfall dieser Voraussetzung). Die Dialektik der Negation kann, dieser Voraussetzung zufolge, mithin nicht bei der Interpretation der Geschichte als einer bereits vergangenen stehenbleiben, sie ist vielmehr verpflichtet, sich auf die Zukunft hin zu orientieren, d. h. aus einem Werkzeug des Weltverständnisses auch zu einem Werkzeug der aktiven Kritik zu werden, sich in eine auf die noch unerfüllten geschichtlichen Möglichkeiten gerichtete Projektion zu verwandeln, in die Tat überzugehen.

3. Cieszkowski und die Philosophie der Praxis

Bei der Umgestaltung der Hegelschen Dialektik der Negation in eine »Philosophie der Tat« oder vielmehr in die Losung, die Differenz zwischen Philosophie und Tat aufzuheben, hat der polnische Aristokrat Graf August Cieszkowski eine wesentliche Rolle gespielt, insbesondere sein frühes in deutscher Sprache geschriebenes Traktat »Prolegomena zur Historiosophie« (Berlin 1838). August Cieszkowski (12. 9. 1814–12. 3. 1894) studierte seit 1832 in Berlin und entzündete sich für den Hegelianismus vor allem dank Michelet, dessen Hörer er war und mit dem er zeit seines Lebens befreundet blieb.

Die »Prolegomena« wollten eine bewußte Revision der Hegelschen Geschichtsphilosophie sein, und zwar ein Bruch mit der kontemplativen und passeistischen Orientierung dieser Philosophie; sie sollten die Philosophie in einen Willensakt verwandeln (während sie bislang nur Reflexion und Interpretation war) und sie solcherweise auf die Zukunft hin orientieren (während sie bislang nur dem Präteritum zugewandt war). Der Hegelsche Rationalismus verbietet der Philosophie, nach Cieszkowski, darüber nachzudenken, was sein werde, heißt ihr mit dem Verständnis des bereits Geschehenen sich bescheiden. Doch die universelle Hegelsche Synthesis ist selbst nur eine bestimmte Phase der historischen geistigen Entwicklung und verlangt nach Überwindung. Die Geschichte der Menschheit gliedert sich in einen Dreistufenzyklus, ähnlich wie bei den mittelalterlichen Millenaristen (Cieszkowski beruft sich in seinen späteren Schriften selber auf Joachim von Fiore). Die Antike war vom Gefühl dominiert; der Geist lebte damals in vorreflexiver, elementarer Unmittelbarkeit und in Einheit mit der Natur und drückte seine Aktivität vor allem in der Kunst aus. Der Geist war »an sich selbst« und kannte noch nicht die Spaltung in Gedanken und Körper. Die zweite Epoche, die bis zum gegenwärtigen Zeitpunkt währt, wurde vom Christentum eingeleitet. Es ist die Epoche der Reflexion, der Aufsichselbstbezogenheit des Geistes, des Weggangs des Menschen von der sinnlichen und natürlichen Unmittelbarkeit, des Übergangs zu Abstraktion und Universalismus. Allen Umwälzungen und Veränderungen zum Trotz ist die Menschheit seit der Ankunft Christi grundsätzlich auf demselben Niveau des Geistes »für sich selbst« stehengeblieben. Gipfelpunkt und letztes Werk des Geistes in dieser Phase ist die Philosophie Hegels, die Absolutsetzung des Geistes und der Universalität auf Kosten der individuellen Existenz, auf Kosten des Willens und der Materie. Die vielen Jahrhunderte hindurch lebte die Menschheit im Zustand eines unerträglichen Zwiespalts: Irdische Welt und Gott, Materie und Geist, Gedanke und Tat setzten sich einander als antagonistische Werte entgegen. Doch diese Ära geht nunmehr zu Ende. Es ist an der Zeit, zu einer endgültigen Synthese zu schreiten, die eine Überwindung sowohl des Hegelianismus wie des Christentums wäre, aber eine Überwindung im Hegelschen Sinn, d. h. eine Synthese, die alle Güter der vorangegangenen Stadien bewahren wird. Sie wird das Ende des Dualismus von Materie und Geist, von Erkenntnis und Willen sein. Die Philosophie ist mit Hegel wirklich zu Ende gegangen: das heißt, daß der Geist der Zukunft sich überhaupt nicht mehr in Form philosophischer Spekulation äußern wird, sondern daß das, was sich bisher als Philosophie manifestiert hat, mit dem schöpferischen Handeln des Menschen zusammenfallen wird; es geht also nicht so sehr um eine Philosophie der Tat (d. h. um die philosophische Glorifizierung der Tat) als um die reale Auflösung des philosophischen Tuns in der synthetischen Praxis des Lebens. Der Geist, der »aus sich selbst« seine Vermögen entwickeln wird, wird sich sowohl die in der christlichen Epoche verachtete Natur aneignen wie den Gedanken, den diese Epoche einseitig vergöttert hat. Die neue Epoche der endgültigen Synthesis wird demnach sowohl eine Rehabilitierung der Sinnlichkeit sein; wird die Subjektivität mit der Natur, Gott mit der Welt, die Freiheit mit der Notwendigkeit, die spontanen Bedürfnisse mit den äußerlichen Geboten versöhnen. Himmel und Erde werden in ewiger Freundschaft zusammenfinden, und der Geist, vollends selbstbewußt und frei, wird sein tätiges Sein in der Welt nicht länger von seinem Denken über die Welt scheiden.

Wenn die christlichen Jahrhunderte die Menschheit in einen schmerzhaften Zwiespalt geworfen haben, bedeutet das keineswegs, daß man diesem Leid hätte entgehen können; die Geschichte entwickelt sich gemäß der genuinen Notwendigkeit des Geistes, und die Erbsünde – *felix culpa* – mußte dem künftigen Tag der großen Auferstehung vorangehen. Aus der Perspektive der endgültigen Synthesis wird alles, was in der Vergangenheit war, seinen Erlösungssinn aufdecken, alle zerstrittenen Erscheinungsweisen des Geistes werden sich als Beiträge zur künftigen Wiedergeburt erweisen.

Cieszkowskis Rolle in der Evolution des Hegelianismus bestand vor allem darin, daß er die Idee der Überwindung des Hegelianismus durch die Identifizierung von Philosophie und *praxis* in Umlauf brachte und somit – der Aufhebung der Philosophie in ihrem bisherigen Sinn. Andererseits ist es umstritten, ob und in welchem Maße man ihn der Hegelschen »Linken« zurechnen darf. Weil seine Theorie der Einheit von Philosophie und Praxis sich später im Werk von Moses Heß einfand und durch dessen Vermittlung zu einem Grundstein des Marxismus werden sollte, erschien die Lokalisierung Cieszkowskis im Bereich der Hegelschen »Linken« als natürlich, und so interpretierten ihn auch einige Historiker (z. B. A. Cornu). Andererseits werden auch Einsprüche gegenüber einer solchen Interpretation erhoben (z. B. von J. Garewicz). Diese Einwände stützen sich zum Teil darauf, daß Cieszkowski in seinen späteren Werken (»Gott und Palingenesie«, 1842, und besonders in »Ojcze nasz« [Vaterunser], Bd. I, 1848) seiner Triade den Sinn der Heiligen Geschichte verleiht (die Epoche Gottvaters, des Sohnes und des heiligen Geistes) und den Glauben an einen persönlichen Gott (der seine Vollkommenheit jedoch durch die menschliche Geschichte erfüllt) und die Unsterblichkeit (oder eigentlich Reinkarnation) ganz klar verteidigt. Bezogen auf die deutsche Situation, wo der Bruch zwischen Hegelscher Linken und Rechten sich vor allem aufgrund des Kriteriums des Verhältnisses zu Religion und Christentum vollzog, konnte Cieszkowski evident nicht der Linken zugerechnet werden. Außerdem war er von den Linken selbst nicht zu den Ihren gerechnet worden, obwohl die Losung von der Einheit von Philosophie und Tat alsbald zum Schlagwort in radikalen Kreisen wurde; demgegenüber wurde Cieszkowski von Michelet verteidigt, wenngleich dieser auch der Ansicht war, daß Cieszkowskis Ideen keineswegs über den Rahmen des orthodoxen Hegelianismus hinausgingen. Andererseits behandelt Cieszkowski anläßlich seines Angriffs auf Feuerbach dessen Naturalismus und Atheismus als natürliche Konsequenz des Hegelianismus, lokalisierte sich also selber, nach deutschen Kriterien, »rechts« von Hegel. Heß hingegen übernimmt, obwohl er sich in der kritischen Frage auf Cieszkowski beruft, dessen Historiosophie nicht im ganzen und glaubt insbesondere, daß sich Synthesen von Gedanke und Tat in der Geschichte der Menschheit von Anfang an beobachten lassen und daß die neue Epoche nicht erst eine Sache der Zukunft, sondern bereits von der deutschen Reformation eingeleitet worden sei.

Andere Historiker wiederum (A. Walicki) weisen darauf hin, daß das Verhältnis zur Religion zwar die Hauptdeterminante der Trennung in Linke und Rechte in Deutschland, nicht aber in Frankreich gewesen sei, von wo Cieszkowski viele Inspirationen schöpfte; die religiöse Interpretation des Sozialismus, die Auffassung von der neuen Epoche als der

Erfüllung des wahren Inhalts des Christentums seien im französischen Sozialismus der dreißiger und vierziger Jahre keine außergewöhnlichen, sondern eher gängige Motive gewesen. Cieszkowski war in der Tat unter dem starken Einfluß der Saint-Simonisten und Fouriers und schloß ein ausgebautes System sozialer Reformen in seine Soteriologie mit ein.

Das Problem der Lokalisierung Cieszkowskis auf der Landkarte der nach-hegelschen Streitigkeiten ist vom Gesichtspunkt der Marxismus-Geschichte von zweitrangiger Bedeutung; auch das spätere Schicksal seiner Philosophie sowie die bedeutende Rolle, die er innerhalb der polnischen Kultur spielte, sind unter diesem Aspekt von geringerer Relevanz. Wahr ist, daß sowohl die Drei-Stadien-Gliederung der Menschheitsgeschichte wie der Glaube an die künftige Synthese von Geist und Materie keine Neuigkeit darstellten, ja sogar ziemlich populär waren in der französischen Literatur. Dennoch läßt sich Cieszkowskis wesentliche Rolle in der Vorgeschichte des Marxismus nicht bestreiten. Er war es nämlich, der in Hegelscher Sprache und im Kontext Hegelscher Debatten der Idee von der künftigen Identifikation (nicht nur Vereinbarung) von geistiger Arbeit und gesellschaftlicher Praxis Ausdruck verlieh. Das aber ist der Samen, aus dem die Marxsche Eschatologie erwuchs. Der am häufigsten zitierte Marxsche Satz »Die Philosophen haben die Welt nur verschieden *interpretiert*, es kommt aber darauf an, sie zu *verändern*« ist nichts anderes als eine Wiederholung des Gedankens von Cieszkowski.

4. Bruno Bauer. Die Philosophie der Negativität des Selbstbewußtseins

Die Vorstellung vom Geist, der als Geist schlechthin stets in Opposition zur vorgefundenen Welt steht, stets schöpferisch, kritisch und unstet ist, wurde für die Linkshegelianer zum Instrument der politischen und religiösen Kritik. Die Hegelianer glaubten, daß die unabweisbare Kraft ihrer Kritik die anachronistischen staatlichen Einrichtungen letztendlich zur Kapitulation zwingen würde und fähig wäre, dem Staat die Übereinstimmung mit den Forderungen der Vernunft abzutrotzen. Der politische Inhalt dieser Kritik war pauschal und abstrakt, in hohem Maße von aufklärerischen Idealen inspiriert. Doch die Hoffnung auf einen baldigen Umschwung, der allein durch die philosophische Kritik geleistet würde, schwand bald. Die staatliche Obrigkeit entzog dem Hegelianismus, der in der junghegelianischen Bewegung seine destruktiven Resultate für das Regime zeigte, allmählich ihre Unterstützung, die Repressionen gegen die Philosophen häuften sich.

Bruno Bauer (1809–1882), der seine literarische Tätigkeit als orthodoxer protestantischer Theologe begonnen hatte, brach im Jahre 1838 mit der Orthodoxie (»Die Religion des Alten Testaments«), um bald darauf zum Autor des antichristlichsten aller Pamphlete zu werden, die in dieser Zeit in Deutschland erschienen sind (Feuerbach eingeschlossen). Von Berlin siedelte er nach Bonn über, wo er als Privatdozent an der Universität lehrte und wo seine Kritik des Christentums eine noch krassere Form annahm. Bauer interpretierte die Geschichte generell im Hegelschen Stil als Ausdruck des wachsenden Selbstbewußtseins des Geistes. Zugleich bot sich ihm die gesamte empirische Wirklichkeit, gemäß der Fichteschen Idee, als Ansammlung negativer Werkzeuge dar, als eine Art Widerstand, dessen der Geist bedarf, um ihn in seinem unendlichen Fortschreiten überwinden zu können; der Sinn all dessen, was empirisch *ist*, beruht darin, daß es überwunden werden kann und muß, daß es ein Element des Widerstandes darstellt, gegen den sich die Arbeit des Geistes kritisch widersetzen kann. Das Prinzip dieser Arbeit ist demnach die nie ruhende Negativität, die permanente Kritik des Bestehenden aus dem alleinigen Grund, weil es ein Bestehendes, ein Vorgefundenes ist. Die Geschichte ist letztendlich durch den permanenten Antagonismus zwischen dem Bestehenden und dem Sollenden bestimmt, und dessen Träger ist der nach Selbstbewußtsein suchende Geist; auf diesem Fichteschen, offenkundig nicht mehr Hegelschen Motiv errichtete Bauer u. a. seine Religionskritik. Die Evangelienberichte enthalten seiner Meinung nach überhaupt keine historische Wahrheit. Sie sind Ausdruck einer Übergangsphase des Selbstbewußtseins, eine phantastische Projektion seiner eigenen Geschicke in die historischen Ereignisse. Das Christentum hat zur Entwicklung des Geistes insofern beigetragen, als es das Bewußtsein des Wertes erweckte, auf den jedes menschliche Individuum Anspruch erheben kann. Zugleich hat es aber auch eine neue Form der Knechtschaft eingeführt, indem es das Individuum unter das Joch Gottes stellte.

Die Steigerung der staatlichen Macht im Rom der Cäsaren hat die Menschen zur Erkenntnis ihrer eigenen Ohnmacht gegenüber der Welt gezwungen. Das Selbstbewußtsein hat sich auf sich selbst zurückgezogen und die Außenwelt für verachtenswert erklärt, um auf diese einzig mögliche Weise sich von ihrem Druck zu befreien. (Es muß unterstrichen werden, daß die urchristliche Idee nach Bauer ein Produkt der römischen Kultur ist; den Anteil der jüdischen Tradition an der Entstehung des Christentums versucht er auf ein Minimum zu reduzieren, während er der populären stoischen Religion eine weitaus größere Bedeutung zubilligt.) Im Christentum hat die religiöse Entfremdung ihren Gipfel erreicht: Der Mensch entäußert sein eigenes Wesen und überläßt es der Herrschaft mythologischer Kräfte, die er selbst geschaffen hat und als deren Sklave er sich sodann selbst ansieht. Die wichtigste Aufgabe der gegenwärtigen Geschichtsphase beruht darin, daß dem Menschen sein entfremdetes Wesen zurückerstattet wird, indem der Geist aus den Fesseln der christlichen Mythologie und der Staat von der Religion befreit werden. Die praktische Konsequenz dieser Bauerschen Historiosophie war die Losung, das öffentliche Leben zu laizisieren. Er war hingegen nie ein Anhänger des Kommunismus: im Gegenteil, er beharrte darauf, daß, falls ein auf kommunistischen Grundsätzen basierendes System geschaffen werden sollte, dieses danach streben würde, sich alle menschlichen Tätigkeiten und Ideen unterzuordnen, daß es also letzten Endes die Gedankenfreiheit und menschliche Individualität selber zerstören und die kreative Arbeit des Geistes durch eine Menge staatlicher Dogmen ersetzen würde.

Zur Zeit seiner Bonner Dozentur veröffentlichte Bauer anonym eine Pamphlet-Persiflage unter dem Titel »Die Posaune des Jüngsten Gerichts über Hegel den Atheisten und Antichristen. Ein Ultimatum« (1841). Man weiß, daß Marx an der Fertigstellung dieses Textes beteiligt war, doch ist der Umfang seiner Mitarbeit unbekannt. Vermutlich war dieser nicht erheblich, das Buch wimmelt nämlich von Bibelzitaten und Verweisen auf theologische Literatur, offensichtlich hatte die Bauersche und nicht die Marxsche Bildung bei seiner Entstehung die Hauptrolle gespielt. »Die Posaune« war eine angebliche Kritik an Hegel vom Standpunkt eines orthodoxen protestantischen Theologen aus und sollte die atheistischen Konsequenzen der Hegelschen Philosophie entlarven. Der Autor wies mit simulierter Entrüstung auf, daß der Hegelsche Pantheismus nur im Sinne eines radikalen Atheismus weiterentwickelt werden könne und daß die Junghegelianer, als einzige authentische Kommentatoren die Lehre ihres Meisters, die eigentlichen Inhalte der Doktrin freigelegt hätten. Hegel sei ein Feind der Kirche, des Christentums und jeglicher Religion überhaupt. Im Grunde sei sogar sein Pantheismus scheinbar: In Wirklichkeit trete die Religion in seinem System nur als Bezogenheit des Selbstbewußtseins auf sich selbst auf, und alles, was sich vom Selbstbewußtsein unterscheidet, müsse als seine differenzierten »Momente« interpretiert werden. Die Kritik der »Religion des Gefühls« von Jacobi und Schleiermacher bei Hegel sei scheinbar: er werfe ihr Subjektivismus vor und erwecke dadurch den Anschein, als verteidige er die Realität Gottes. Nichts dergleichen! Indem er den endlichen Geist als Erscheinungsweise des universellen Geistes behandle, verwandle Hegel jenen universellen Geist in die Projektion des historischen Selbstbewußtseins, die Unendlichkeit selbst trete bei ihm nur als Selbst-Negation der Endlichkeit auf, also erweise sich Gott am Ende als Produkt des menschlichen Ich, das in seinem teuflischen Hochmut Allmächtigkeit usurpiere. Auch der »Weltgeist«, von dem Hegel schreibt, verwirkliche sich nur dank der Arbeit des menschlichen historischen Selbstbewußtseins. Die Menschheitsgeschichte sei demnach selbstgenügsam und besitze keinen Sinn außerhalb ihres eigenen Werdens. So also sei Gott, nach Hegel, gestorben und das Selbstbewußtsein bliebe die einzige Wirklichkeit. Das alles passe vorzüglich zu anderen Ingredienzien des Hegelschen Systems: zu seiner Vergötterung von Vernunft und Philosophie, zu seiner heftigen Kritik an allem, was nur deshalb bestehe, weil es bestehe, zu seiner Verherrlichung der Französischen Revolution, zu seiner Vorliebe für Griechen und Franzosen, zu seinem Haß und seiner Verachtung gegenüber den Deutschen (als eines feigen Volkes, das nicht einmal in seinen radikalen, aufklärerischen Formen auf die Religion verzichten könne), selbst zu seiner Abneigung gegen das Latein, alles das führe zu einem kohärenten Ganzen. Religion, Kirche und Glaube an Gott treten schließlich als Hindernisse auf, die der Geist überwinden müsse, um volle Souveränität zu erlangen; die Menschheit solle sich endlich klar darüber werden, daß wenn sie sich einbilde, Gott zu sehen, nur ein Spiegelbild sehe, das ihren eigenen Geist abbilde, während hinter dem Spiegel niemand stecke.

Wenn die Form des Buches auch parodistisch war, stilisiert auf ein christliches Lamento angesichts der Bosheit des Antichristen, so war sein Inhalt ausgesprochen seriös: Hegel sollte, aufgrund dieser Analyse, als Bruno Bauers Doppelgänger erscheinen, des Atheisten, Spötters, Apologeten des souveränen Selbstbewußtseins. Die Hegelsche Idee des Absoluten ist nichts anderes als eben das Selbstbewußtsein, nach dem der Geist auf allen Stufen seiner Entäußerung sucht. Der Weltgeist verwirklicht sich nur im menschlichen Geist, und jede Stufe seiner Arbeit endet mit der Annahme einer Form, die ihn von dem Augenblick an zu beschränken beginnt, in dem er seine Totalität erreicht hat und prompt nach Überwindung verlangt. Eine jede Form des Geisteslebens wird alsbald zu einer anachronistischen, d. h. irrationalen, jede ruft mithin durch ihr bloßes Gegebensein eine weitere Phase der Kritik hervor, die vom Geist zu leisten ist. Die Philosophie ist demnach eine Kritik, die weiß, was sein soll, und die im Namen dieses Sollens die jeweils vorgefundene Welt beurteilt und zerstört, und vor allem – die etablierten Formen der religiösen Mythologie.

Es ist nicht weiter erstaunlich, daß ein Philosoph, der die Zerstörung des Christentums zur vordringlichsten Aufgabe der Menschheit erklärte, ungern als Dozent an der Fakultät für protestantische Theologie gesehen war und daß seine Vorlesungen schließlich verboten wurden.

Wie man sieht, wird die gedankliche Arbeit in Bauers Philosophie als rein negative Anstrengung betrachtet. Im Unterschied zu Hegel, dessen Geschichtsphilosophie eine positive Verbindung zwischen Idee und empirischer Wirklichkeit aufrechtzuerhalten versuchte, führen Bauer und andere Hegelianer dieser Orientierung erneut einen radikalen Dualismus zwischen kritischem Geist und bereits formierter Welt ein. Der Geist ist, in diesem Verständnis, lediglich der Gärstoff ewiger Zersetzung, zu der jede Gestalt der empirischen Welt verurteilt ist. Er besitzt also in nichts, was in der Wirklichkeit selbst sich vollzieht, eine negative Stütze, sondern ausschließlich in den Imperativen der Vernunft, die dieser Wirklichkeit stets vorangehen. Die Idee ist vor allem ein Tribunal, das die Welt nach eigenen, der Geschichte vorauseilenden Gesetzen beurteilt; jede empirische Wirklichkeit tritt demnach, in den Augen des Geistes, als Gegenstand der Anklage auf. Der Geist bestimmt sich durch seine Destruktivität, und die Welt dadurch, daß sie den Bereich der Trägheit repräsentiert, der sich der Kritik widersetzt. Schließlich sind sowohl der Geist wie die Welt rein negativ bestimmt durch ihre wechselseitige Beziehung aufeinander: der eine als die reine Destruktion, die andere als die reine Inertion. Die Geschichte kann die Prinzipien nicht aus sich selber hervorbringen, nach denen ihre jeweilige Stufe kritisiert werden soll, sondern verlangt, um Gegenstand von Veränderungen werden zu können, eine Beurteilung, die sich auf vorhistorische Kriterien beruft. Die Prämissen der historischen Veränderungen sind außerhalb der Geschichte plaziert. Der Geist muß die Kruste gewaltsam durchstoßen, die ihm die empirische Welt auferlegt, doch er kann die Kraft für seine destruktiven Unterfangen nicht aus dieser Welt schöpfen.

Bauers Kritik der religiösen Entfremdung sollte in bedeutendem Maße beim jungen Marx wieder auftauchen (mitsamt dem berühmten Vergleich zwischen Religion und Opium). Zugleich war jedoch die Philosophie des Selbstbewußtseins in der Marxschen Entwicklung einer der wichtigsten negativen Bezugspunkte, durch deren Kritik er auf einen eigenen, gesonderten philosophischen Weg fand.

5. Arnold Ruge. Die politische Radikalisierung der Hegelschen Linken

In einem ähnlichen Geist entwickelte sich die Reinterpretation des Hegelianismus bei anderen Schriftstellern dieses Kreises. Arnold Ruge (1802–1880) trug als Herausgeber einer Zeitschrift vor allem zur Festigung des Junghegelianismus als politischer Bewegung bei. Er hatte mit anderen eine Entwicklung durchgemacht, die die antireligiöse Kritik allmählich radikalisierte und ihren Impetus auf den politischen Bereich übertrug. In den Jahren 1838–1841 gab er die »Hallischen Jahrbücher« heraus, die das Organ der junghegelianischen Philosophie waren. Diese Zeitschrift teilte anfangs Hegels Illusion bezüglich des preußischen Staates als des Inbegriffs der historischen Vernunft. Die Junghegelianer glaubten zuerst, daß das historische Selbstbewußtsein in Preußen auf den Staatsapparat übergegangen sei, so daß die Entwicklung der Freiheit, die die geschichtliche Vernunft fordere, auf dem Wege friedlicher Reformen stufenweise vonstatten gehen könne. Das Staatsideal, das Preußen anstreben sollte, war in dieser Zeit für die Publizisten des Blattes eine konstitutionelle protestantische Monarchie, wobei der Protestantismus nicht in der Vorherrschaft einer Konfession bestehen sollte, sondern in der Übereinstimmung aller öffentlicher Einrichtungen mit den Forderungen der Vernunft sowie in der freiwilligen Abhängigkeit der Religionen von den Prinzipien der Wissenschaft. Die antifeudalistischen Postulate der Junghegelianer (ein Staat ohne Standesunterschiede und Privilegien, der alle zu den öffentlichen Ämtern und Würden zuläßt, der die Freiheit des Wortes und des Eigentums sichert, mit einem Wort, der bürgerliche Gleichheitsstaat) sollte die Anwendung ihrer philosophischen Grundsätze sein. Der Vernunftsstaat, projektiert nach Maßgabe der aufklärerischen Ideale (zusammen mit dem Kult der Aufklärung und des aufgeklärten Herrschers, Friedrichs II.), bot sich ihnen nicht als eine spekulative Utopie dar, sondern schien in den genuinen Geschichtsverlauf zu passen, in dem Preußen aktuell eine besondere Sendung zufiel. Unter diesem Gesichtspunkt griffen die Junghegelianer sowohl den Katholizismus als Religion vergangener Zeiten an, die die Dogmendominanz über die Vernunft verlange, als auch die prostestantische Orthodoxie und den pietistischen Sentimentalismus wie schließlich die romantische Philosophie, die die Vernunft zugunsten der Emotion und den Geist zugunsten des Kultes der unvernünftigen Natur degradiere.

Die Änderung der politischen Orientierung der Junghegelianer zog eine Revision des philosophischen Glaubens an die geschichtliche Vernunft mit sich. Die preußische Regierung griff keineswegs die junghegelianische Anregung auf, sich als Inbegriff der geschichtlichen Vernunft zu verstehen, der die Ungleichheiten des Feudalismus wegfegte und die politische Unterdrückung aus der Welt schaffte. Die junghegelianischen Appelle wurden mit Repressalien beantwortet, die besonders ab 1840 an Stärke gewannen, als der neue König, Friedrich Wilhelm IV., anfänglich die Hoffnung der Radikalen, sich als kompromißloser Verteidiger aller reaktionären Standesordnungen und der erblichen Monarchie erwies und politische Freiheiten ebenso wie Glaubenstoleranz noch stärker einschränkte. Arnold Ruge und andere Publizisten der »Hallischen Jahrbücher« (später »Deutsche Jahrbücher für Wissenschaft und Kunst«, die derselbe Ruge in den Jahren 1841–1843 herausgab) verloren den Glauben daran, daß die politische Realität Preußens automatisch zum Königreich der Vernunft strebe, und wurden sich der Kluft zwischen den eigenen Idealen und der stagnierenden sozialen Situation bewußt. Eben damals tauchte in ihrer Historiosophie der Grundsatz von der unausweichlichen Dissonanz zwischen den Forderungen der Vernunft und der empirischen Welt auf; die Vernunft spielte nicht mehr die Rolle eines

Werkzeugs zur Versöhnung mit der Wirklichkeit, die *per definitionem* rational wäre, sondern als Quelle des Sollens, das mit der Welt konfrontiert werden muß. Die Praxis, die Tat, das bewußte kritische Handeln erscheinen als Kategorien, die den Gegensatz zwischen der Welt, wie sie sein sollte, und der vorgefundenen zum Ausdruck brachten. Ruge gelangte zu der Ansicht, daß Hegel dem eigenen Idealismus untreu geworden sei, indem er bestimmte Formen des Geistes und des sozialen Lebens (den preußischen Staat, das Christentum in seiner protestantischen Version) als endgültige Erfüllung der Forderungen der Vernunft verabsolutiert, daß er gegen das Prinzip der ewigen Kritik verstoßen und sein System in der Apologie eines kontemplativen, konformistischen Weltverständnisses zweckentfremdet habe.

Die Radikalisierung des Junghegelianismus erfolgte in drei Punkten: Philosophisch präsentierte sie sich als Bruch mit dem Hegelschen Glauben an die sich selbst erfüllende Bewegung der Geschichte zugunsten der Anerkennung des Gegensatzes zwischen historischem Sein und normativer Vernunft. Im Bereich der religiösen Probleme zeigt sich diese Radikalisierung in der totalen Absage an die christliche Tradition, und sei es in ihren pantheistisch verwässerten Formen, und im Übergang auf eindeutig atheistische Positionen, die, neben Bauer, am frühesten von Feuerbach formuliert wurden. In politischer Hinsicht schließlich äußerte sich der junghegelianische Radikalismus in der Aufgabe der reformistischen Hoffnungen und der grundsätzlichen Anerkennung der revolutionären Perspektive als einzigen Weg der Wiedergeburt der Menschheit, vor allem Deutschlands. Jener politische Radikalismus wies jedoch, sieht man von Heß und dem wenig einflußreichen Edgar Bauer ab, keine sozialistischen Inhalte auf, d. h., die revolutionäre Perspektive verknüpfte sich keineswegs mit der Hoffnung auf einen Umsturz in den Eigentums- und Produktionsverhältnissen, sondern blieb auf einen politischen Umsturz beschränkt. Im Gegensatz zu Hegel, der die Trennung zwischem dem Staat, d. h. den politischen Institutionen, und der »bürgerlichen Gesellschaft«, also dem Gesamt der privaten, partikularen Interessen, für unausweichlich hielt, glaubten die Junghegelianer in ihrer radikalen Phase, daß die vollkommene Gesellschaft der Zukunft die Trennung, ja nachgerade Differenz zwischen diesen Bereichen aufheben würde. Hegel war in der Tat nicht der Ansicht, daß jegliche Spannung zwischen den privaten zerstrittenen Interessen der Einzelnen und dem Gemeinwohl sich überhaupt je würde abschaffen lassen; er glaubte lediglich, daß unter der Voraussetzung dieser Spannungen eine Vermittlung in Form des Beamtenapparates möglich wäre, für den das eigene Interesse und das allgemeine Staatsinteresse identisch ist. Da für Hegel der Staat als Form des gemeinschaftlichen Seins keinerlei Rechtfertigung in den Interessen der einzelnen Individuen bedurfte, aus denen er sich zusammensetzte, sondern die Teilnahme am staatlichen Leben im Gegenteil das höchste und autonome Gut dieser Individuen darstellte, sind die Funktionen des Staates, die in der Überwindung der zerstrittenen Partikularismen der bürgerlichen Gesellschaft bestehen, sozusagen gerechtfertigt durch den selbstzwecklichen Wert dieses Staates. Hegel ist in seiner politischen Lehre ein Ideologe der preußischen Bürokratie, und das Gemeinwohl, d. h. das Staatswohl, ist in seinem Verständnis unabhängig von den Interessen der Individuen und nicht aus diesen Interessen ableitbar; eher umgekehrt, es ist das Interesse des Einzelnen, und für diesen stellt das Staatsbürgersein einen autonomen Wert dar. Die Junghegelianer gaben diesen Gesichtspunkt völlig auf, indem sie das eigene republikanische Ideal beschrieben, die allgemeine Teilnahme des Volkes am politischen Leben forderten – allgemeine und gleiche Wahlen, Pressefreiheit und Freiheit der öffentlichen Kritik –, und indem sie eine Regierung verlangten, die eine wirkliche und frei gewählte Vertretung der ganzen Gesellschaft wäre, glaubten sie zugleich, daß in einem solchen Staat der Unterschied zwischen Gemein- und Privatwohl überhaupt verschwinden würde. Wenn die politischen Institutionen zu einer freien Emanation des Volkes geworden sein werden, können sie sich dem Einzelnen nicht mehr als fremde Gebilde entgegenstellen; der Staat, in dem die Erziehung das universelle Bewußtsein der Einheit der Menschheit erwecken und allen Bürgern die Postulate der Vernunft näherbringen wird, wird die Einheit des Einzel- und Gemeinwohls verwirklichen können. Die Junghegelianer belebten solcherweise aufs neue die republikanische Utopie der Aufklärung und glaubten, daß durch Erziehung und Einführung der politischen Freiheiten alle sozialen Probleme gelöst werden könnten, ohne die Eigentumsverhältnisse anzutasten, in denen die materielle Produktion und der Güteraustausch sich vollziehen.

Die Junghegelianer haben in Deutschland eine große Rolle bei der Erweckung der geistigen Bewegung und bei der Verbreitung der demokratischen Ideen gespielt. Trotz ihrer Popularität gelang es ihnen nicht, ihre Philosophie zum Keim einer politischen Bewegung zu machen, die wesentliche gesellschaftliche Kräfte um sich versammelt hätte. Der Zerfall der Hegelschen Linken, die mit dem Verbot der »Deutschen Jahrbücher« im Jahre 1843 begann, fand seinen philosophischen Niederschlag in Ideen, die jegliches theoretische Denken überhaupt der politischen Bewegung entgegenstellten. Der Beginn dieser Destruktion fällt zusammen mit dem Beginn der selbständig werdenden Reflexion Marxens, der im Kreis der Linkshegelianer heranreifte, der jedoch bereits damals, als er in ihren philosophischen Kategorien dachte und ihre Fragen aufgriff, die wesentliche Unterschiedlichkeit seines Geschichtsverständnisses hervorhob.

Drittes Kapitel

Marxens Denken in der frühsten Phase

1. Jugend und Studium

Karl Marx kam mit den Linkshegelianern in Berührung, als diese sich bereits der eigenen Besonderheit bewußt waren. Das Universitätsstudium erlaubte es ihm, Zeuge des Konflikts zwischen dem Hegelschen Rationalismus und der konservativen Lehre der sog. historischen Rechtsschule zu sein. Die häusliche Erziehung und seine natürliche kritische Begabung förderten das frühe Erwachen seiner radikalen Orientierung.

Marx wurde am 5. Mai 1818 in Trier in einer jüdischen Familie geboren, die sowohl väterlicher- wie mütterlicherseits auf eine lange Rabbinertradition zurückblicken konnte. Beide Großväter waren Rabbiner. Der Vater war ein wohlhabender Advokat; er hatte mit dem jüdischen Glauben gebrochen, den Namen Herschel in Heinrich umgeändert und war zum Protestantismus übergetreten, was in Preußen Bedingung der beruflichen und kulturellen Emanzipation war. Der junge Marx wurde in einem liberal-demokratischen Geist erzogen. Er immatrikulierte sich nach seinem Abitur, im Herbst 1835, an der Bonner Universität. Der Einfluß der romantischen Philosophie, die an dieser Universität von A. W. Schlegel propagiert wurde, ist in den lyrischen Versuchen des jungen Studenten sichtbar, die uns überliefert wurden. Doch den wahren Impetus bekam er erst durch sein Studium in Berlin, wohin er sich im folgenden Jahr begab. Er war zwar Jurastudent, doch die philosophischen und historischen Lektüren zogen ihn stärker an als sein eigentliches Studienfach. In Berlin las u. a. Eduard Gans, der allgemein zum liberalen Zentrum der Hegelianer gezählt wird. In seiner Darstellung war der Hegelianismus vor allem eine Interpretation der Geschichte als fortschreitende Rationalisierung der Welt im Einklang mit den unausweichlichen Gesetzen des Geistes; die Erforschung jener geistigen Evolution, die das allmähliche Heranwachsen der empirischen Wirklichkeit zur Übereinstimmung mit der universellen Vernunft aufdeckt, sollte die vornehmste Aufgabe des philosophischen Denkens sein. Gans gehörte dabei zu den damals seltenen Hegelianern, die sozialistische Ideen verfochten; er war von ihnen in der Saint-Simonistischen Version affiziert.

Von Anfang an wurde Marx solcherweise in den Hegelianismus als in eine Lehre eingeführt, die keineswegs ein demütiges Zustimmen zur bestehenden Wirklichkeit verlangte, sondern die Konfrontation dieser Wirklichkeit mit den von der Vernunft vorgeschriebenen Forderungen.

Genau den gegenteiligen Standpunkt vertrat an der Berliner Universität Friedrich Karl von Savigny (1779–1861), der führende Theoretiker der historischen Rechtsschule, Autor von Werken über die Geschichte des römischen Rechts sowie des berühmten Pamphlets »Vom Beruf unserer Zeit für Gesetzgebung und Rechtswissenschaft« (1815). Savignys Philosophie war die exakte Realisierung der Forderung, das Sollen aus dem Sein abzuleiten, insbesondere jegliches Recht – aus dem positiven Recht, der Sitte, den herkömmlichen und traditionsgeweihten Regeln. Savigny setzte seinen Konservativismus vor allem den aufklärerischen politischen Doktrinen entgegen, die die Rechtfertigung der Rechtsordnung und politischen Institutionen vor dem Tribunal der souveränen Vernunft verlangten, ohne Rücksicht darauf, welches Recht und welche Institutionen faktisch in Kraft sind, vermöge der historischen Tradition. Diese Doktrinen forderten Sozialreformen gemäß den abstrakten Normen der Vernünftigkeit, unabhängig von Geschichte und Tatbestand. Der Kult der Vernunft und die programmgemäße Absage, die faktische Geschichte als Autorität anzuerkennen, waren demnach die wesentliche Bedingung des politischen Radikalismus, und die politischen Losungen entwarfen ein Bild der sozialen Welt, wie sie sein *sollte*. Für Savigny waren die faktischen, positiven, d. h. von der Geschichte *gegebenen* Institutionen und Sitten im Gegenteil gewissermaßen autoritativ vermöge ihrer bloßen Faktizität, ihrer bloßen Verwurzelung in der Geschichte. Quelle des Rechts konnte, unter diesem Gesichtspunkt, kein arbiträrer und beliebiger gesetzgeberischer Akt sein, der sich auf die Notwendigkeit einer rationalen Gesellschaftsordnung beruft, legitime Quellen jeglicher Gesetzgebung sind Gewohnheitsrecht und Geschichte. Diese programmäßig konservative Lehre lieferte somit die philosophische Rechtfertigung jeglicher bestehenden politischen Ordnungen allein auf der Grundlage, daß sie bestehen, d. h. eben positiv sind, und verurteilte *a priori* jeglichen Versuch der Verbesserung der bestehenden Ordnung im Namen einer vorgestellten Ordnung. Sie empfahl, alle Bestandteile der feudalen Rückständigkeit Deutschlands zu achten, da ihr bloßes Dasein sie mit Rechtmäßigkeit identisch machte. Den Kult der irrationalen »Positivität« verknüpfte Savigny mit dem Glauben an den »organischen«, d. h. von allen Gründen unabhängigen Charakter der sozialen Gemeinschaft, vor allem der Volksgemeinschaft. Die menschlichen Sozietäten sind keine Werkzeuge, die gemäß den Prinzipien einer rationalen Kooperation funktionieren, sie sind vielmehr durch eine nicht vernünftige Bindung zusammengeschweißt, die keiner Rechtfertigung bedarf und die aus sich selbst wertvoll ist, unabhängig von jeglichem Nutzen.

Subjekt der Gesetzgebung ist das Volk, das spontan sich herausbildet und das seine Gesetze spontan hervorbringt und ändert. Das Volk wiederum ist ein unzertrennbares Ganzes, und das Recht, ähnlich wie Sprache und Brauchtum, ist nur ein Ausdruck der gemeinschaftlichen Individualität unter vielen; es könne, wie es die Utopisten wollen, nicht eine einzige »rationale« Gesetzgebung für alle Völker geben, unabhängig von ihren differierenden Traditionen. Die Gesetzgebung ist keine Sache der freien Entscheidung – der Gesetzgeber findet stets ein bestimmtes Rechtssystem vor, das bereits existierte, und kann nur die Veränderungen des Rechtsbewußtseins formulieren, die infolge des organischen Wachstums der Volksgemeinschaft eintreten. Im krassen Gegensatz zu den utilitaristischen und rationalistischen Theorien und in enger Verbindung mit der romantischen Philosophie trat Savigny also im Grunde für die Losung ein, daß alles Vorgefundene heilig sei, eine Losung, die Hegel von einigen seiner Gegner und einigen seiner Schüler zugeschrieben zu werden pflegt als mögliche Interpretation der Gleichsetzung von »wirklich« und »vernünftig«. In Wirklichkeit war der Hegelianismus aber keineswegs Savignys Inspirationsquelle. Hegel selber unterzog den konservativen Philosophen einer Kritik. Immerhin beabsichtigte er selbst, wenngleich er den realen Geschichtsprozeß nicht den arbiträren Bekundungen der Vernunft entgegensetzen wollte, auch nicht die bestehende Ordnung aufgrund ihres bloßen Bestehens als vernünftige und respektable zu akzeptieren. Die junghegelianischen Radikalen, die die empirischen Realitäten mit den abstrakten Forderungen der Vernunft konfrontieren wollten, und Savigny, der die Affirmation dieser Realitäten als schlechthin gegebenen verlangt, stellen die antipode Lösung ein und desselben Problems dar, das den Brennpunkt des frühen Marxschen Denkens bildet. Zwischen diesen beiden Polen ist Hegels Denken plaziert, mitsamt seinen Ambiguitäten und Unbestimmtheiten. Im Hinblick auf das hervorgehobene Problem stehen die Marxschen Lösungsversuche Hegels Orientierung näher als der junghegelianischen. Die konservative Denkweise der historischen Rechtsschule war ihm stets fremd, und später, im Sommer 1842, sollte er sie in einem in der »Rheinischen Zeitung« veröffentlichten Artikel, der der Geschichtsphilosophie von Gustav Hugo gewidmet war, direkt verspotten. (»*Jede Existenz* gilt ihm«, schrieb Marx, »für eine *Autorität*, jede Autorität gilt ihm für einen *Grund* [. . .] Mit einem Worte: *der Hautausschlag ist so positiv als die Haut.*«[1]) Doch die junghegelianische oder vielmehr fichteanische Entgegensetzung von Sollen und historischem Sein, Geboten der Vernunft und sozialer Empirie eignete sich Marx ebenfalls nie in extremer Form an, obwohl er diesem Gesichtspunkt sicherlich näher stand. Sehr früh bemühte er sich, das revolutionäre Prinzip der permanenten Negativität des Geistes so zu verstehen, daß es nicht den Glauben an die unbegrenzte Souveränität des Geistes voraussetzt. Er akzeptierte das Absolute des rationalen Sollens nicht, das sich der Welt als äußerliches Imperativ aufzwingt und hinsichtlich seines Inhalts völlig gleichgültig bleibt gegenüber den faktischen historischen Verhältnissen, doch wollte er den antiutopischen Standpunkt Hegels retten, die Anerkennung für die unabweisbaren faktischen Qualitäten der vorgefundenen Welt aufrechterhalten.

2. Die hellenistische Philosophie aus der Sicht der Hegelianer

Wir können diese Bemühung um Selbstplazierung Marxens gegenüber den beiden negativen Bezugspunkten – der rationalistischen Utopie und des konservativen »Positivitäts«-Kultes in den Studien des jungen Philosophen verfolgen, die dem nacharistotelischen griechischen Denken gewidmet sind. Dieses Interesse besaß einen wesentlichen Grund. Die Junghegelianer beschäftigten sich intensiv mit der Welt der hellenistischen Philosophie, weil sie suggestive Analogien zwischen der Situation zu sehen glaubten, in der der Untergang der panhellenistischen Ideale nach Alexander dem Großen mit der Auflösung der großen Aristotelischen Synthese zusammenfiel, und ihrer eigenen Epoche, in der ebenfalls die Hoffnung auf die napoleonische Einheit Europas erlosch und zugleich der Zerfall der allumfassenden Synthese sichtbar wurde, die Hegel unternommen hatte. Die Junghegelianer rehabilitierten gewissermaßen die nacharistotelischen Schulen, die epikureische, skeptizistische und spätstoische, und förderten ihre von Hegel ignorierten Werte an den Tag. Für Hegel besaßen alle diese Schulen, denen er Eklektizismus und philosophische Unbedarftheit vorwarf und die er hauptsächlich in ihren römischen Varianten behandelte, lediglich den Zweck, den Geist angesichts der hoffnungslosen und grausamen sozialen Wirklichkeit gleichgültig zu machen. Sie verschafften eine imaginäre Versöhnung mit der Welt durch den Gedanken, der in seinem Fürsichsein zum alleinigen Objekt geworden war, der also seine Beziehung zum Gegenstand verloren hatte, sowie durch den Willen, der die eigene Ziellosigkeit zum alleinigen Ziel erklärte. Sie unternahmen demnach einen rein negativen Versuch der Verteidigung angesichts der Verzweiflung, von denen die Menschen beim Anblick des Zerfalls ergriffen wurden, dem alle staatlichen und sozialen Bindungen im kaiserlichen Rom anheimfielen. Das denkende Sein, das sich auf die bloße Auto-Reflexion zurückzieht, ist für Hegel zu einer nur abstrakten Singularität verurteilt, während die konkrete Singularität vom unaufhörlichen Kontakt mit dem Allgemeinen gespeist sein muß, also von der Beziehung zur Welt.

Für Bruno Bauer hingegen waren alle jene »Philosophien des Selbstbewußtseins« keineswegs rein negative Symptome der Ohnmacht. Wenn sie es dem Individuum, das in dem katastrophalen Untergang der alten Welt mit zugrunde ging, ermöglichten, eine bestimmte Form der geistigen Emanzipation durch die Hinwendung auf sich selbst zu gewinnen, wenn sie gewissermaßen die Gewalt der Welt gegenüber dem Selbstbewußtsein außer Kraft setzten, dann eröffnete sich zugleich, eben dadurch, daß sie die geistige Unabhängigkeit des Individuums fundierten, eine neue und notwendige Phase in der Entwicklung des Geistes; sie autonomisierten das individuelle Bewußtsein, lieferten ihm Instrumente zu seiner Selbstaffirmation gegenüber der Welt, universalisierten und befreiten es, erlaubten ihm also gewissermaßen, sich seine eigene Freiheit bewußtzumachen, die in Form der Kritik der verfaulten Wirklichkeit die Stirn bieten kann. Alles in allem war die Interpretation der Philosophie des Selbstbewußtseins bei Hegel und den Junghegelianern also ähnlich, doch beide Parteien beurteilten ihren historischen und philosophischen Wert unterschiedlich. Nach Hegel lieferte die Verabsolutierung des individuellen Selbstbewußtseins nur ein Zeugnis für die Ohnmacht des philosophischen Geistes, während sie in der Interpretation von Bauer gerade einen Sieg des kritischen Geistes über den Druck seitens der Welt bedeutete.

3. Marxens Epikur-Studien. Freiheit und Selbstbewußtsein

Marx hatte die Hegelsche Konversion früh, bereits während seines Berliner Studiums, durchgemacht, und er wurde Mitglied eines Klubs, in dem junge Doktoren der Lehre ihres Meisters eine radikale Orientierung verleihen wollten. Als er an seine Dissertation ging, beabsichtigte er ursprünglich, in ihr alle drei Schulen des hellenistischen Denkens einer Analyse zu unterziehen, die Arbeit weitete sich jedoch übermäßig aus, und im Resultat beschränkte er sich auf die epikureische Lehre, im Grunde auf ein hervorragendes Fragment dieser Lehre, nämlich die epikureische Naturphilosophie, die Marx mit dem demokritischen Atomismus konfrontierte. Marx arbeitete an dieser Abhandlung seit Beginn des Jahres 1839, und im April 1841 erhielt er für sie das Doktordiplom der philosophischen Fakultät der Universität Jena. Er beabsichtigte, das Werk zum Druck vorzubereiten, doch alsbald wurde er von anderen Aufgaben in Anspruch genommen, so daß die Abhandlung schließlich ungedruckt blieb. Sie wurde in einer Manuskript-Abschrift mit erheblichen Lücken überliefert und 1902 auszugsweise von Mehring veröffentlicht, und später ist sie, zusammen mit den Vorarbeiten, 1927 in der Marx-Engels-Gesamtausgabe (MEGA) erschienen.

Das Werk »Differenz der demokritischen und epikureischen Naturphilosophie« ist in den Kategorien der Hegelschen Logik und in romantischer Stilmanier geschrieben. Es wird in ihm deutlich, daß Marx in der Frage nach der Beziehung des Geistes zur Welt noch weit von der Artikulation jenes eigenen Standpunktes entfernt war, den wir aus drei bis vier Jahre später entstandenen Texten kennen. Dennoch gestattet die »Doktordissertation«, konfrontiert man sie mit eben diesen Texten, die Keime des originellen Denkens zu erkennen, das sich sowohl vom Glauben der Junghegelianer an die Souveränität des kritischen Geistes wie vom Hegelschen Konservativismus unterscheidet. Wenn wir die Texte aus den Jahren 1843–45 als Schlüssel zum Verständnis dieser Arbeit benutzen, erkennen wir in ihr den Versuch wieder, die eigene Verbundenheit mit einer bestimmten philosophischen Tradition manifest zu machen: mit jener nämlich, die vom Geist verlangt, er solle sich weder den vorgefundenen Fakten unterordnen noch an die Allmächtigkeit normativer Kriterien glauben, die er in sich selbst entdeckt, ohne Rücksicht auf die vorgefundene Welt, sondern vielmehr die eigene Freiheit als Werkzeug zur Einflußnahme auf die Welt benutzen. Marx kritisiert Epikur und kritisiert, um vieles heftiger, dessen Kritiker, und zwar Cicero und Plutarch, die, seiner Meinung nach, den Sinn der epikureischen Philosophie völlig verkannten. An einigen Stellen scheint Marx inspiriert vom beflügelten Pathos der Lukrezischen Rhetorik, ihrer antireligiösen Rebellion, ihrem prometheischen Glauben an die in der Freiheit verwurzelte menschliche Würde.

Entgegen der Tradition, die, eben Plutarch und Cicero folgend, im Atomismus Epikurs die verdorbene Physik Demokrits erblickte, verdorben insbesondere durch die arbiträre und phantastische Theorie des zufälligen Ausbeugens in der Bewegung der Atome von der geraden Linie (Deklination, *clinamen atomi*), deutet Marx darauf hin, daß die scheinbare Affinität dieser beiden Philosophen die tiefe und bis an die Wurzel des Denkens reichende Unterschiedlichkeit verdecke. Die Theorie der zufälligen Abweichungen sei bei Epikur keineswegs eine willkürliche Laune, sondern ein notwendiges Prinzip des Denkens, deren organisierende Achse die Freiheit des Selbstbewußtseins sei. Basierend auf dem fleißig zusammengetragenen Material (es gab zu Marxens Zeit noch keine Editionen der zerstreuten Texte der griechischen Denker, wie die Sammlungen Diels und Usener), versucht er zu beweisen, daß die philosophischen Intentionen Demokrits und Epikurs grundverschieden seien. Demokrit setzt die den Sinnen unzugängliche Welt der Atome – der Wahrnehmung entgegen, die unausweichlich eine subjektive Täuschung ist. Er hält sich an die empirische Beobachtung, von der er weiß, daß sie nicht die Wahrheit enthält, diese Wahrheit wiederum ist für ihn leer, weil sie sinnlich nicht zugänglich ist. Er wollte sich mit dieser scheinbaren Kenntnis der Natur begnügen und behandelt dieses Wissen als Selbstzweck. Epikur dagegen erklärt die Welt zu einer »objektiven Erscheinung« und akzeptiert die Wahrnehmungsinhalte kritiklos (wobei er sich dem unvernünftigen Spott von seiten der Verehrer des »gesunden Menschenverstandes« aussetzte). Es geht ihm jedoch überhaupt nicht um die Erkenntnis der Welt, sondern einzig und allein um die »Ataraxie des Selbstbewußtseins«, die durch das Bewußtsein der eigenen Freiheit erreicht wird. In der Deklination verwirklicht sich das Wesen des Atoms, die Freiheit. Dies ist aber eine von Widersprüchen belastete Verwirklichung, weil der epikureische Atombegriff in sich die Negation jeglicher Qualitäten enthält, seine reale Existenz aber notwendigerweise allen qualitativen Bestimmtheiten, wie Größe, Gestalt, Schwere, unterworfen ist. Das Atom – Prinzip des Seins, nicht aber physikalische Einheit – ist bei Epikur die Projektion der absoluten Freiheit des Selbstbewußtseins, doch zugleich will der Philosoph die Unwirklichkeit, die Zerbrechlichkeit der Natur als Welt der Atome aufdecken. Seine Theorie der Meteore (der Himmelskörper) soll, nach Marx, beweisen, daß die Himmelskörper entgegen den herkömmlichen Vorstellungen keineswegs ewig, unveränderlich und unsterblich seien – wären sie das, so würden sie das Selbstbewußtsein durch ihre Größe und Beständigkeit niederdrücken, ihm seine Freiheit nehmen. Die Bewegungen der Himmelskörper können durch viele Ursachen erklärt werden, und jede Erklärung eignet sich, sofern sie kein Mythos ist, genausogut zur Annahme. Epikur nimmt der Natur mithin ihre Einheit, macht sie labil und unbeständig, denn ohne das wäre die Ruhe des Selbstbewußtseins gestört. Die Degradierung der Natur, die Epikur im übrigen vom naturwissenschaftlichen Standpunkt überhaupt nicht interessiert, ist zugleich die Beseitigung der Quelle der Unruhe, gibt dem Selbstbewußtsein das Gefühl der eigenen Souveränität und der totalen Freiheit gegenüber der Welt. Das Atom – metaphysisches Prinzip – wird in der vollkommensten Form des Daseins degradiert, die der Himmel darstellt. Dank der Zerstörung der Mythen, die der Dürftigkeit des Selbstbewußtseins die Unsterblichkeit der überirdischen Natur entgegenstellten, wird die Hauptquelle der Furcht aufgehoben. Für Epikur ist jegliches bestimmte Sein, das auf etwas anderes bezogen ist als auf sich selbst, durch etwas anderes determiniert ist, ein Feind. Das Atom ist ein Fürsichsein, seine Natur selbst enthält demnach die Notwendigkeit der Deklination von der geraden Linie. Das Gesetz des Atoms ist die Abwesenheit des Gesetzes, Zufall und Willkürlichkeit. Die Deklination ist keine sinnliche Qualität (sie ist, wie Lukrez schrieb, weder bestimmt durch den Ort noch durch die Zeit), sondern die Seele des

Atoms, jener Widerstand, der in ihm selbst – also *in uns* – unverzichtbar gegenwärtig ist.

Marx sieht in Epikur den Zerstörer der griechischen Mythen und zugleich den Philosophen, der den Zerfall der Urgemeinde aufdeckte. In seiner Lehre zerfiel der sichtbare Himmel der Antike, der Kitt des politischen und religiösen Lebens. Marx bekennt sich gleichsam zum epikureischen Atheismus, der für ihn noch eine Herausforderung darstellt, den die geistige Elite der Gewöhnlichkeit des gesunden Menschenverstandes entgegenwirft.

»Die Philosophie, solange noch ein Blutstropfen in ihrem weltbezwingenden, absolut freien Herzen pulsiert, wird stets den Gegnern mit Epikur zurufen: Gottlos aber ist nicht der, welcher mit den Göttern der Menge aufräumt, sondern der, welcher die Vorstellungen der Menge den Göttern andichtet.«[2]

Mehr noch, bereits in dieser Abhandlung erscheint das Motiv der religiösen Entfremdung in Analogie zur Entfremdung des ökonomischen Lebens. In einem beiläufigen Rekurs auf die Kantische Zurückweisung des ontologischen Gottesbeweises sagt Marx:

»z. B. der ontologische Beweis hieße nichts als: ›was ich mir wirklich (realiter) vorstelle, ist eine wirkliche Vorstellung für mich‹, das wirkt auf mich, und in diesem Sinne haben *alle Götter*, sowohl die heidnischen als christlichen, eine reelle Existenz besessen. Hat nicht der alte Moloch geherrscht? War nicht der delphische Apollo eine wirkliche Macht im Leben der Griechen? Hier heißt auch Kants Kritik nichts. Wenn jemand sich vorstellt, hundert Taler zu besitzen, wenn diese Vorstellung ihm keine beliebige, subjektive ist, wenn er an sie glaubt, so haben ihm die hundert eingebildeten Taler denselben Wert wie hundert wirkliche. Er wird z. B. Schulden auf seine Einbildung machen, sie wird *wirken, wie die ganze Menschheit Schulden auf ihre Götter gemacht hat* (. . .) Wirkliche Taler haben dieselbe Existenz, die eingebildete Götter [haben]. Hat ein wirklicher Taler anderswo Existenz als in der Vorstellung, wenn auch in einer allgemeinen oder vielmehr gemeinschaftlichen Vorstellung der Menschen? Bringe Papiergeld in ein Land, wo man diesen Gebrauch des Papiers nicht kennt, und jeder wird lachen über deine subjektive Vorstellung. Komme mit deinen Göttern in ein Land, wo andere Götter gelten, und man wird dir beweisen, daß du an Einbildungen und Abstraktionen leidest. Mit Recht (. . .) *Was ein bestimmtes Land für bestimmte Götter aus der Fremde, das ist das Land der Vernunft für Gott überhaupt, eine Gegend, in der seine Existenz aufhört.*«[3]

Wie man sieht, verknüpft sich bei Marx die Feuerbachsche Beschreibung des Menschen, der sich in der Gewalt der eigenen Einbildungen befindet, dessen unbewußt, daß er selbst ihr Schöpfer ist, und der ihnen dabei wirklich, nicht nur in der Einbildung, unterliegt, bereits mit dieser notwendigen Beteiligung der »Vorstellung«, die in der Macht des Geldes gegeben ist. Die spätere Theorie des Warenfetischismus findet hier ihre erste, noch undeutliche Präfiguration.

Zugleich stellt Marx jedoch, indem er Epikur und Lukrez als den Philosophen huldigt, die das antike Bewußtsein aus der Furcht vor dem Menschen fremden Gottheiten und vor der Natur befreiten und dem Geist das Selbstbewußtsein der Freiheit zurückerstatteten, die epikureische Freiheit als einen Eskapismus dar, als den Versuch des Selbstbewußtseins, sich auf einen risikofreien Ort zurückzuziehen. Das Ideal des Weisen und die Hoffnung auf Glück sind im Epikureismus auf dem Wunsch gegründet, die Bindung zur Welt abzubrechen. Sie sind Ausdruck des Bewußtseins der unglücklichen Epoche, da »ihre Götter gestorben (sind), und die neue Göttin . . . unmittelbar noch die dunkele Gestalt des Schicksals, des reinen Lichts oder der reinen Finsternis (hat). (. . .) Der Kern des Unglücks aber ist, daß dann die Seele der Zeit, die geistige Monas, in sich ersättigt, in sich selbst nach allen Seiten ideal gestaltet, keine Wirklichkeit, die ohne sie fertig geworden ist, anerkennen darf. Das Glück in solchem Unglück ist daher die subjektive Form, die Modalität, in welcher die Philosophie als subjektives Bewußtsein sich zur Wirklichkeit verhält. So war z. B. die epikureische, stoische Philosophie das Glück ihrer Zeit; so sucht der Nachtschmetterling, wenn die allgemeine Sonne untergegangen ist, das Lampenlicht des Privaten.«[4]

Für Marx stellt die monadische epikureische Freiheit einen Fluchtakt dar; Gegenstand seiner Kritik ist nicht der Glaube an die Freiheit des Geistes, sondern die Überzeugung, daß diese Freiheit durch die Absage an die Beteiligung an den Weltdingen erreichbar sei, also Unabhängigkeit sei, nicht aber Schaffen:

»Wem es nicht mehr Vergnügen macht, aus eignen Mitteln die ganze Welt zu bauen, Weltschöpfer zu sein, als in seiner eignen Haut sich ewig herumzutreiben, über den hat der Geist sein Anathema ausgesprochen, der ist mit dem Interdikt belegt, aber mit einem umgekehrten, er ist aus dem Tempel und dem ewigen Genuß des Geistes gestoßen und darauf hingewiesen, über seine eigne Privatseligkeit Wiegenlieder zu singen und nachts von sich selber zu träumen.«[5]

Das erste Marxsche Werk befindet sich fast restlos innerhalb der Grenzen des junghegelianischen Denkens: Sein antireligiöser Impetus und seine Überzeugung von der Schöpferrolle des Geistes in der Geschichte exzedieren nicht den Horizont des Junghegelianismus; so auch seine Kritik des Epikureismus als eines Bewußtseins, das das Joch der Natur abwerfen und sich in einer rein subjektiven Unabhängigkeit verschließen wolle. Auch für die Junghegelianer war die Souveränität des

Geistes nicht mit dem Wunsch nach Isolierung gepaart, sondern trat im Gegenteil als Bedingung des kritischen Angriffs gegen die Unvernunft des Bestehenden auf.

Doch können wir in diesem Werk die Keime der Entstehung der Idee dessen beobachten, was sich des weiteren als *Philosophie der Praxis* im Unterschied zur *kritischen Philosophie* der Junghegelianer entwickeln sollte. Der zentrale Knotenpunkt der Differenz zwischen der kritischen Philosophie der Linkshegelianer und der Marxschen Philosophie der Praxis in ihrer entwickelten Form ist folgender: Für die kritische Philosophie tritt der freie Geist in die Welt als ewige Negation dieser Welt, als Akt des normativen Urteilens über das faktische Leben, als Artikulierung dessen, was die Wirklichkeit sein sollte, unabhängig davon, wie sie eben ist. Die kritische Philosophie ist in dieser Version unverändert souverän gegenüber der Welt, und obwohl sie nicht verlangt, sich von ihr zu separieren, sondern sie zu beeinflussen und ihre Stabilität zu brechen, bewahrt sie konstant die Autonomie eines Richters, der im Besitz von Urteilskriterien über das Sein ist, die nicht aus diesem Sein stammen, sondern aus der Philosophie selbst. Demgegenüber geht die Philosophie der Praxis davon aus, daß die Philosophie in ihrer kritischen Arbeit die Selbstdestruktion anstrebt, daß sie ihr kritisches Werk erfüllt, indem sie aufhört, ein Denken über die Welt zu sein, indem sie zur Bewegung des menschlichen Lebens selbst wird, d. h., indem sie die Trennung zwischen Geschichte und kritischer Geschichtsreflexion, die Differenz zwischen der Praxis des gesellschaftlichen Subjekts und dem Bewußtsein dieser Praxis aufhebt. Solange die Theorie die Praxis vom Standpunkt eines Richters dominiert, beweist ihre Lokalisierung die Zerrissenheit zwischen dem bewußten Individuum und der Umwelt, zwischen dem Gedanken und der menschlichen Welt. Die Aufhebung dieser Zerrissenheit ist die Aufhebung der Philosophie und somit auch des falschen Bewußtseins; das Bewußtsein wird nämlich so lange kein Selbstverständnis dieser Welt sein, Selbstbewußtsein ihrer natürlichen Bewegung, wie es ein äußerliches Verständnis der unvernünftigen Welt bleibt. Wenn die Perspektive der Identifikation von Selbstbewußtsein und historischer Bewegung jedoch real sein soll, muß dieses Selbstbewußtsein dem immanenten Drängen der Geschichte selbst entspringen, nicht aber den Regeln der Vernünftigkeit, die außerhalb der Geschichte beschlossen wurden. Es gilt somit, in der Geschichte selber die Bedingungen wiederzufinden, die fähig wären, sie zu einer vernünftigen Geschichte zu machen, oder auch die Bedingungen, dank denen ihr empirisches Werden mit dem Bewußtsein ihrer Teilnehmer zusammenfallen und dadurch das falsche Bewußtsein abschaffen könnte, das Bewußtsein, das die Welt überwacht, das jedoch nicht Selbstbewußtsein der Welt ist.

In der Doktordissertation kommt die embryonale Idee einer so verstandenen Philosophie der Praxis an einigen Stellen zum Ausdruck. Marx bemerkt, sobald die Philosophie *als Wille* sich gegen die empirische Wirklichkeit richte, sei sie *als System* der eigene Gegner; in ihrer aktiven Form bekämpfe sie sich selber als verknöcherte Form. Dieser Widerspruch werde aufgelöst durch den Prozeß des »Philosophisch-Werdens« der Welt, welcher zugleich ein »Weltlich-Werden« der Philosophie sei. In diesem Kampf entzweit sich das philosophische Selbstbewußtsein – auf der einen Seite entsteht die positive Philosophie, die die Philosophie selbst von ihrem Mangel heilen will und sich auf sich selbst richtet, auf der anderen Seite die liberale Partei, die sich der Welt in einem kritischen Akt zuwendet und, obwohl sie sich als Werkzeug der Kritik bejaht, unbewußt zur Selbstaufhebung der Philosophie strebt; nur diese Partei aber sei zu »realen Fortschritten« fähig. Der antike Weise, der der »substanziellen« Wirklichkeit das eigene, freie Urteil entgegenstellen will, erleidet eine Niederlage, weil er sich nicht von dieser »Substanzialität« befreien kann, die er beurteilt, also beurteilt er, ohne es zu wissen, unentwegt sich selbst. Epikur ist bemüht, die Abhängigkeit des Menschen von der Natur auf die Weise aufzuheben, indem er die unmittelbare Form des Bewußtseins, ihr Fürsichsein, zur Naturform erklärt. Unabhängigkeit von der Natur können wir jedoch nur dadurch erringen, daß wir sie zum Eigentum der Vernunft machen, das wiederum erfordert, daß wir die Vernünftigkeit der Natur an sich anerkennen.

Wenn wir diese Bemerkungen, die in Marxens erstem philosophischen Versuch enthalten sind, zusammenstellen, erkennen wir in ihnen die Rudimente einer neuen Weltsicht: die Perspektive der *Aufhebung der Philosophie durch ihre Einverleibung* in den historischen Prozeß, die Überzeugung, daß der Gedanke in der »Vernünftigkeit« der Welt selbst eine Stütze für die eigene Emanzipation suchen müsse, die mit ihrer Absorption durch die gedachte Wirklichkeit zusammenfällt. Wir entdekken darin den Umriß des künftigen Menschenideals, in dem der Unterschied zwischen dem Leben und der Lebensreflexion verschwindet, also eines Menschen, dessen Befreiung in der Versöhnung des Selbstbewußtseins mit der empirischen Welt erfolgt. Wir sehen auch den Keim des Gedankens, der mit der Zeit zur Theorie des falschen Bewußtseins sich entwickeln sollte: Marx ist sich nämlich dessen bewußt, daß die Philosophen außer der aufgedeckten Struktur ihres Philosophierens eine verborgene Struktur besitzen, die ihnen selber verborgen bleibt, daß ihre Selbstdarstellung eine andere ist als die wahren Kristallisationen der Systeme, in denen der »stumm fortwirkende Maulwurf des wirklichen philosophischen Wissens«[6] zum Ausdruck kommt; die Aufdeckung dieser realen, unbewußten Struktur ist die eigentliche Aufgabe des Philosophiehistorikers, und Marx setzt der eigenen Arbeit über Epikur eben dieses Programm.

Weder die gesellschaftlichen Quellen der Selbstmystifikation der Philosophen noch die gesellschaftlichen Situationen, die das falsche Bewußtsein aufheben und dem Menschen die Einheit von Selbstbewußtsein und Leben zurückerstatten könnten, finden in dieser frühen Arbeit jedoch nicht einmal in pauschaler Form Erwähnung. Marx operiert noch mit der abstrakten Entgegensetzung von Geist und Welt, Selbstbewußtsein und Natur, Mensch und Gott. Diese Voraussetzung der weiteren Kristallisierung seiner Philosophie war der nähere Kontakt mit den politischen Realitäten und die Teilnahme an der politischen Publizistik seiner Zeit.

Viertes Kapitel

Heß und Feuerbach

Im nämlichen Jahr 1841, in dem Marx seine Dissertation über Epikur abschloß, erschienen in Leipzig zwei wichtige Bücher zweier Autoren, die auf sein frühes Schaffen entscheidenden Einfluß nehmen sollten und die es ihm in der Folge ermöglichten, sich allmählich von den gängigen Schablonen des Junghegelianismus zu befreien.

Moses Heß, der Autor der »Europäischen Triarchie«, war der erste, der das Hegelsche philosophische Erbe in die kommunistischen Ideale zu integrieren versuchte; Ludwig Feuerbach, der Autor von »Das Wesen des Christentums«, führte die Linkshegelianer gewissermaßen aus dem Kerker der Philosophie des Selbstbewußtseins heraus und brachte nicht nur die Kritik der Religionen zum Abschluß, sondern erweiterte sie auf alle Formen des philosophischen Idealismus und sprach sich mit aller Deutlichkeit für den naturalistischen Standpunkt aus, der jegliches geistige Leben als Produkt der Natur behandelt.

1. Heß. Die Philosophie der Tat

Moses Heß (1812–1875) war der Sohn eines jüdischen Kaufmanns aus dem Rheinland, Autodidakt, erzogen in der strengen Orthodoxie des jüdischen Glaubens. In seiner Jugend stand er unter dem starken Eindruck der Schriften Spinozas und Rousseaus; während er vom ersten die Überzeugung von der absoluten Einheit der Welt und das Prinzip der Identität von Verstand und Wille übernahm, affizierte ihn die Lehre von der angeborenen Gleichheit der Menschen des zweiten. In Frankreich kam er mit den sozialistischen Ideen in Berührung, bald jedoch zog ihn der Junghegelianismus an, und aus allen diesen Quellen komponierte er eine eigene, kommunistische Philosophie. Seine Schriften, auch die aus der Zeit, da er aktiv an der deutschen sozialistischen Bewegung teilnahm und selber unter Marxens Einfluß stand, tragen stets Merkmale des Visionärtums. Seine Bildungslücken und die prophetische Natur eines Schwärmers gestatteten es nicht, seinen Gedanken eine wissenschaftliche und kohärente Form zu verleihen; er äußerte nichtsdestoweniger eine Reihe von Gedanken, die von entscheidender Bedeutung für die

Herausbildung der Idee des wissenschaftlichen Sozialismus in Marxens Kopf waren.

In seinem ersten Buch, »Die heilige Geschichte der Menschheit. Von einem Jünger Spinozas« (1837), kündigte Heß eine neue Epoche des Bündnisses zwischen Mensch und Gott an, in der, infolge der Wirkung unausweichlicher historischer Gesetze, die jedoch von der bewußten menschlichen Tat verkörpert werden, die endgültige Versöhnung der menschlichen Gattung stattfinden werde, die Gesellschaft der Gleichen und Freien, basierend auf Gütergemeinschaft und Bruderliebe. Erstmalig äußerte er dabei die Vermutung, daß die soziale Revolution infolge der unausweichlichen Vertiefung der Gegensätze zwischen dem sich kumulierenden Reichtum der Besitzenden und der wachsenden Armut des Volkes erfolgen werde. In »Die Europäische Triarchie« (1841) versuchte er seinen Kommunismus auf dem Hegelschen Schema zu begründen, jedoch mit der Absicht einer Überwindung des Hegelianismus, die darauf abzielte, diesem seine kontemplative, in die Vergangenheit gerichtete Orientierung zu nehmen und ihn in eine Philosophie der Tat umzugestalten. Ähnlich wie andere Junghegelianer forderte Heß, daß sich die deutsche spekulative Begabung mit dem französischen Sinn für Politik verbinde, wodurch die deutsche Philosophie Fleisch würde, anstatt eine theoretische Meditation zu bleiben (dieses Motiv der Verknüpfung des deutschen spekulativen Geistes mit der französischen politischen Energie ist ein bei den Junghegelianern gängiges; wir begegnen ihm auch beim jungen Marx). »Die Philosophie der Tat« ist, aus Heßscher Sicht, eine Entwicklung der Ideen Cieszkowskis. Die Menschheitsgeschichte weist eine Dreistadiengliederung auf. In der antiken Phase sind Geist und Natur miteinander vereint, doch unbewußt; der Geist wirkt unmittelbar in der Geschichte. Das Christentum hat die Entzweiung eingeführt, in der der Geist sich zu sich selbst zurückzog. Wir sind in der Zeit der Rückkehr zur Einheit von Geist und Natur, aber einer Rückkehr, nach der diese Einheit nicht mehr nur elementar und unreflektiert sein wird, sondern bewußt und tätig. Die neue Epoche ist von Spinoza eingeleitet worden, dessen Absolutes – wenn auch erst nur theoretisch – die Einheit von Ansichsein und Fürsichsein, die Identität von Objekt und Subjekt realisiert. Im Hegelianismus hat dieses Verständnis der Identität von Objekt und Subjekt seinen Scheitelpunkt erreicht, ist aber weiterhin nur Verstehen; Hegel hat sich auf die Interpretation der vergangenen Geschichte beschränkt, und es hat ihm an Kraft gemangelt, die Philosophie selber in ein Werkzeug zur bewußten Gestaltung der künftigen Geschichte umzumodeln. Der Übergang von der Philosophie der Vergangenheit, der interpretierenden Philosophie, zur Philosophie der Tat ist das Werk der Linkshegelianer. Die gegenwärtige Stufe beruht darauf, daß das, was nach den Plänen des Geistes sich in der Geschichte erfüllen soll, sich dank der freien Tat erfüllt. Auf dieser Entwicklungsstufe fallen menschliche Freiheit und geschichtliche Notwendigkeit in einem Akt zusammen, das, was kraft der geschichtlichen Gesetze *eintreten muß, kann* nur durch die absolut *freie* Tat eintreten. Die heilige Geschichte, also die Geschichte, die das Werk des Geistes in der menschlichen Geschichte ist, wird von nun an zur Menschheitsgeschichte schlechthin werden. Die Überwindung des Hegelianismus beruht vor allem darin, daß die Philosophie nunmehr einen Anspruch auf die Zukunft anmeldet, der geschichtlichen Notwendigkeit bewußt, doch zugleich auch dessen, daß sich diese Notwendigkeit nur über das absolut *freie* Schaffen in die reale Geschichte verwandeln, nur dadurch Gestalt annehmen kann. Dank dessen erfährt auch die vergangene Geschichte ihre Heiligung, und zwar durch ihre Relativierung auf die Zukunft, die zur Erfüllung der Bestimmung der Menschheit in der Geschichte wird; Hegel habe, eben dadurch, daß er sich einer solchen Relativierung beraubte, durch sein Verbot, die Dialektik nicht auf die zukünftige Geschichte auszudehnen, die Zukunft nicht heiligen können, obwohl er dies angestrebt habe. Die Freiheit des Geistes, die die deutsche Reformation eingeleitet hat, wird sich nunmehr mit der Freiheit der Tat verbünden, der wiederum die Französische Revolution den Anfang gesetzt hat. Die baldige Wiedergeburt Europas wird das Ergebnis der Einheit beider sein. In dieser Wiedergeburt wird sich die Wahrheit des Christentums erfüllen: die authentische Religion der Liebe.

Die Religion der neuen Welt bedarf weder der Kirche noch der Priester, weder der Dogmen, nicht einmal des transzendenten Gottes, weder des Glaubens an die Unsterblichkeit noch der Erziehung durch Angst. Gott wird die Menschen nicht von außen unterstützen, strafen oder belehren, sondern wird sich in ihnen selbst elementar als Liebe und als Tapferkeit offenbaren. Dadurch wird auch die Unterscheidung zwischen Kirche und Staat gegenstandslos, weil, im Unterschied zur mittelalterlichen, zufälligen Einheit beider, Staat und Kirche jetzt auf dem Boden der grundsätzlichen Einheit der gesellschaftlichen Welt miteinander identisch werden: Das weltliche und das religiöse Leben wird ein und dasselbe, die partikularen Konfessionen werden ihre Unzeitgemäßheit aufdekken. In der vereinten Gesellschaft, die aber von innen her und freiwillig vereint sein wird, ohne Anwendung von Zwang, wird der Antagonismus zwischen Ordnung und Freiheit verschwinden, beide werden einander unterstützen, anstatt sich, wie bisher, gegenseitig beschränken. Der Sieg des Einigungsprinzips der Liebe im menschlichen Leben ist für diesen Zweck die Voraussetzung. Daher hält Heß die Bewußtseinsveränderungen für eine notwendige Bedingung, die dem Kommunismus vorangeht. »Nur aus der geistigen folgt auch die sittliche und sociale Unfreiheit. Eben so ist umgekehrt die Emancipation der Gesetze, wie jene der Sitten, eine *notwendige* Folge der Emancipation des Geistes.«[1] Somit bedarf die Gesellschaft der Zukunft keiner Rückversicherung ihres Fortbestands durch Gesetze oder repressive Institutionen, sofern das Prinzip ihrer Existenz die freiwillige Harmonie ist, die Identität des Einzel- und Gemeinwohls, die dank des entwickelten Selbstbewußtseins erreicht wird.

2. Heß. Revolution und Freiheit

In seinen späteren Aufsätzen und Büchern bestimmte Heß den Charakter der vorausgesehenen kommunistischen Gesellschaft genauer und versuchte, die ökonomischen Quellen des zeitgenössischen Mißstandes näher zu ergründen; nachdrücklicher als zuvor artikulierte er darin auch seinen atheistischen Standpunkt. Er bleibt jedoch bei der Überzeugung, daß die vollkommene Gesellschaft nichts anderes sei als die Verwirklichung des Wesens der Menschheit, d. h. die Herbeiführung der Dekkungsgleichheit zwischen der empirischen Existenz des Menschen mit dem *normativen* Muster, das in seinem *Begriff* enthalten ist; diese Übereinstimmung würde, seines Erachtens, die Möglichkeit eines sozialen Konflikts von selber beseitigen, sofern das Wesen der Menschheit Gültigkeit besäße und für alle gleicherweise verbindlich wäre. Er versuchte zu zeigen, daß in dem Prinzip der sozialen Einheit die bedingungslose Freiheit der Person mit der vollkommenen Gleichheit verknüpft sei, die von Fourier projektiert wurde, und daß das Ideal der authentischen Freiheit das Privateigentum als dem allgemeinen Wesen der Menschheit widersprechend ausschließt. Er war mithin der Auffassung, daß der Kommunismus, verstanden als Projekt der Aufhebung des Eigentums, sich durch den Glauben an die Gattungsgemeinschaft des Menschen begründen lasse. Diese Gemeinschaft wird, sobald sie praktisch verwirklicht ist, zugleich auch das Bedürfnis nach Religion und Politik (d. h. nach den politischen Institutionen) abschaffen, die eine wie die andere sind nämlich nichts anderes als Werkzeuge und Erscheinungsweisen der Unfreiheit, unter der die Menschheit leidet, die von egoistischen Interessenkonflikten zerrissen ist. Im Menschen, der sich seiner selbst als eines menschlichen Wesens bewußt geworden ist, wird auch die Unterscheidung zwischen Denken und Handeln verschwinden, die beide durch den undifferenzierten Akt des Lebens verschlungen werden: gemäß der völlig arbiträren Interpretation seitens Heß ist die Spinozistische Identität von Verstand und Wille die philosophische Begründung jener Identität von Gedanke und Tat. Der freie Geist wird sich selbst in allen Gegenständen seines Denkens und Handelns wiedererkennen, daher wird er sich die gesamte Welt als seine eigene Welt aneignen, und die Fremdheit zwischen Natur und Mensch, zwischen Mensch und Mensch wird getilgt werden; der Mensch wird wahrhaft in der Welt »bei sich« sein. In der bisherigen Welt hat »das Allgemeine« den realen menschlichen Kontakt in religiösen und politischen Abstraktionen ausgehöhlt; der Kommunismus wird den Widerspruch zwischen Individuum und Allgemeinheit aufheben, weil er dem Einzelnen die Möglichkeit gibt, sich jegliche Allgemeinheit als sein eigenes Produkt anzueignen. Die Entfremdung, die Herrschaft der menschlichen Produkte über die Menschen, die sich dessen nicht bewußt sind, daß sie die Schöpfer der eigenen Herren sind, wird aufgehoben werden. An die Stelle der negativen Freiheit, die nur ein in der Welt des Zwangs erkämpftes Randgebiet ist, wird die freiwillige Selbstbeschränkung treten, die das Wesen der wahren Freiheit darstellt; denn »die Freiheit ist die Überwindung der äußern Schranke durch Selbstbeschränkung, das Selbstbewußtsein des Geistes als Thätiges, die Aufhebung der Naturbestimmtheit in Selbstbestimmung (. . .) In der Menschheit (ist) jede Selbstbeschränkung des Geistes nur eine Entwickelungsstufe (über die) *hinausgegangen* wird.«[2] Aber die Freiheit ist unteilbar: Die soziale und die geistige Unfreiheit, d. h. die Religion, bedingten einander; aus Elend und Unterdrückung entsprang die illusorische Betäubung im Opium der Religion; das Böse muß an der Wurzel gepackt werden, d. h. vor allem als soziales Übel. Feuerbach kritisierend, der in den religiösen Vorstellungen die Wurzel der sozialen Unfreiheit gefunden zu haben glaubte, versuchte Heß zu zeigen, daß das Geld eine ähnlich originäre Form der Entfremdung sei wie Gott. In diesen Ausführungen ist Proudhons Einfluß deutlich. Nicht allein die Gottheit ist ein entfremdetes Wesen des Menschen, das seinen eigenen Schöpfer beherrscht: es ist vielmehr das Geld, »das Geld, das wir *verzehren* und zu dessen *Erwerb* wir arbeiten, (es) ist unser *eigenes Fleisch und Blut,* welches in seiner *Entäußerung* von uns erworben, erbeutet und verzehrt sein muß«[3], das eine abstrakte Gestalt angenommen hat und zum Wertmesser des menschlichen Wertes wurde. Sowohl das Proletariat wie die Kapitalisten sind gezwungen, die eigene Lebenstätigkeit zu verkaufen, wie Kannibalen vom Produkt des eigenen Blutes zu leben, das die Form des abstrakten Tauschwerts angenommen hat. In der Entfremdung des Geldes drückt sich die Umkehrung der menschlichen und der natürlichen Ordnung am vollkommensten aus: anstatt daß das Individuum, wie es der Natur der Sache entspräche, das Mittel bildet, die Gattung hingegen den autonomen Zweck, macht sich das Individuum im Gegenteil die Gattung als Zweck untertan und verwandelt sein Gattungswesen in ein unwirkliches Abstraktum, welches der Gott in den religiösen Vorstellungen und das Geld im sozialen Leben darstellen.

In Heß' Schriften läßt sich die Spur vieler flüchtiger und nicht gänzlich verdauter Lektüren leicht nachweisen, zahlreiche temporäre Einflüsse, die sich in seinem Denken niederschlugen, ohne zu einer synthetischen Ordnung zu führen. Es läßt sich nur schwer sagen, wie man den junghegelianischen Glauben an das menschliche Gattungswesen, das sich mit der Zeit in jedem Einzelnen verwirkliche, wodurch – gemäß der Rousseauschen Hoffnung – die bloße Möglichkeit eines Konflikts zwischen Individuum und Gesellschaft ausgeräumt werde, mit dem Hegelschen Grundsatz vom Primat der Gattung über das Individuum vereinbaren ließe. Es ist nicht klar, ob die geistige Befreiung letzten Endes, nach Heß, die Bedingung der sozialen Befreiung sein solle oder vielmehr umgekehrt. Sein Ideal des Kommunismus als vollkommener Harmonie, die die Aufhebung des Privateigentums und des Erbrechts gewährleistet, erscheint dagegen als klar umrissen; seine Utopie geht jedoch nicht über Themen hinaus, die schon damals landläufig waren, wenn auch nicht in Preußen, so doch in Frankreich. Der Sozialismus als soziale Bewegung ist in seiner Auffassung vor allem das Ergebnis des Elends, wenngleich der Gegensatz Reiche–Arme in diesem Gesellschaftsbild seine Dominanz verliert und dem Gegensatz Proletarier–Kapitalisten zu weichen beginnt.

Heß artikuliert als erster gewisse Ideen, die sich als ungemein wichtig aus dem Blickwinkel der Marxismus-Geschichte erweisen sollten, auch wenn sie in seinen Schriften kaum mehr als eine pauschale und aphoristische Form angenommen haben. Er hat vor allem die Überzeugung ausgesprochen, daß die soziale Revolution das Resultat der Akkumulation des Reichtums und des Elends auf den beiden Polen des sozialen Lebens sein werde, bei allmählichem Verschwinden der Mittelklassen. Er suggerierte die Analogie zwischen der religiösen und der ökonomischen Entfremdung, Keim der späteren Marxschen Analysen des Warenfetischismus. Er versuchte den Gegensatz zwischen Notwendigkeit und Freiheit philosophisch aufzuheben, nämlich in seiner Philosophie der Tat, die verkündet, daß in der neuen Geschichtsphase die Notwendigkeit im freien Tun wirksam werde und Selbstbewußtsein und Geschichtsprozeß miteinander identisch werden; dieser Gedanke wurde zwar im Kontext von Überlegungen ausgesprochen, die sich auf das philosophische Selbstbewußtsein der Menschheit als solcher bezogen, kehrte jedoch in anderer Form bei Marx wieder als Überzeugung von der Identität von Klassenbewußtsein und Geschichtsprozeß in der ausgezeichneten Klasse des Proletariats. Die Perspektive der Aufhebung der Philosophie durch ihre Verwirklichung, die später auch bei Marx auftauchte, ist ebenfalls in der Heßschen Philosophie enthalten (»Wo die deutsche Philosophie anfängt, *praktisch* zu werden, hört sie auf, *Philosophie* zu sein«[4]). Die herausragende Bedeutung von Heß beruht darin, daß er als erster den Versuch unternahm, eine Synthese zwischen junghegelianischer Philosophie und kommunistischer Lehre herbeizuführen, und daß er sich klar gegen die junghegelianische Orientierung auf einen rein politischen Umsturz zugunsten der sozialen Revolution ausgesprochen hat. Mit dem Schaffen von Heß ist die deutsche Bewegung des sog. »wahren Sozialismus« verbunden (Karl Grün, Hermann Püttmann, Hermann Kriege), die wiederholt von Marx (u. a. in der »Deutschen Ideologie« und im »Kommunistischen Manifest«) als reaktionäre Utopie verurteilt wurde; die Lehre dieser Bewegung beurteilte die realen ökonomischen Bedingungen nur als Symptome der geistigen Unterdrückung und setzte auf einen Sozialismus, der dadurch eintritt, daß die Menschen sich ihres eigenen Gattungswesens bewußt werden. Heß, der Marx im Herbst 1841 kennenlernte und einige Jahre mit ihm zusammenarbeitete und mit ihm befreundet war, übernahm später ebenfalls, bis zu einem gewissen Grad, die Klassenorientierung des Marxschen Sozialismus. Heß konnte jedoch mit der theoretischen Entwicklung des Sozialismus, deren Spitze Marx hielt, nicht schritthalten und übernahm weder die Geschichtsinterpretation in der Marxschen Version noch die Marxsche Theorie der proletarischen Revolution.

3. Feuerbach. Die religiöse Entfremdung

Ludwig Feuerbach (1804–1872) war im Jahre 1841 bereits ein bekannter Autor. Er hatte während seines Berliner Studiums die Schule Hegels und Schleiermachers absolviert, doch sowohl vom Hegelschen Idealismus wie vom Christentum hatte er sich früh abgewandt. In seinen »Gedanken über Tod und Unsterblichkeit« (1830) unterzog er die Lehre vom ewigen Leben einer Kritik, und in »Geschichte der neueren Philosophie von Bacon bis Spinoza« (1833) sowie in Studien über Bayle und Leibniz verlieh er seiner Verbundenheit mit der freigeistigen Tradition klar Ausdruck. Er stellte die Selbständigkeit der Vernunft jeglichem Dogmatismus entgegen, rief zu einer philosophischen Rehabilitierung der Natur auf und kritisierte den Hegelianismus; er sagte, daß man, sofern man mit dem Geist beginne, die Vorentscheidung darüber treffe, daß man nicht über ihn hinauskommen werde, und erkläre somit die Natur *a priori* zum Anderssein. Doch erst »Das Wesen des Christentums« (1841) begründete seinen Ruhm. Dieses Werk enthielt die naturalistische Kritik der Religion, in Hegelscher Sprache formuliert. Feuerbach machte ungern von der Bezeichnung »Materialismus« Gebrauch, wobei er den negativen moralischen Assoziationen Rechnung trug, die mit diesem Wort verbunden sind, bekannte sich jedoch in der Grundfrage zum materialistischen Standpunkt. Er wollte beweisen, daß die Anthropologie das Geheimnis der Theologie sei, d. h., daß alles, was immer die Menschen über Gott aussagen mögen, der mystifizierte Ausdruck ihres

Wissens über sich selbst sei. Wenn man mithin die wirkliche Wahrheit der Religion ausspricht, erweist es sich, daß diese Wahrheit der Atheismus oder ganz einfach die positive Affirmation der Menschheit ist. Überhaupt ist alles, was der Mensch gedanklich erfaßt, sein eigenes vergegenständlichtes Wesen. »An dem Gegenstande wird daher der Mensch *seiner selbst* bewußt: Das Bewußtsein des Gegenstandes ist das *Selbstbewußtsein* des Menschen (...) Der Gegenstand ist sein *offenbares* Wesen, sein *wahres, objektives* Ich. Und dies gilt keineswegs nur von den geistigen, sondern auch den sinnlichen Gegenständen. Auch die dem Menschen fernsten Gegenstände sind, *weil* und *wiefern* sie ihm Gegenstände sind, Offenbarungen des menschlichen Wesens.«[5] Das heißt selbstverständlich nicht, daß die Dinge ihr Sein dem menschlichen Bewußtsein verdankten, sondern nur, daß die Prädikate, mit denen der Mensch die Dinge kognitiv erfaßt, die auf den Gegenstand projizierten Prädikate seiner selbst sind, daß also die Dinge stets in menschlicher Weise erfaßt werden, daß sie die projizierte Reproduktion seines Selbstbewußtseins sind. Auf der anderen Seite ist »der Mensch ... *nichts ohne Gegenstand*«[6], er erkennt sich selbst nur vermittels der Gegenständlichkeit. Die Idee der Interdependenz von Subjekt und Objekt (das Subjekt konstituiert sich im Selbstbewußtsein durch den Gegenstand, der Gegenstand – in der Projektion des Selbstbewußtseins) fand im Feuerbachschen Werk jedoch keine nähere Explikation; er formuliert sie pauschal in der Form, die besagt, daß der Mensch, entgegen dem vulgären Materialismus, zum Wesen der Natur gehöre, die Natur hingegen – zum Wesen des Menschen.

Der Hauptgegenstand des Feuerbachschen Interesses war jedoch jene besondere Art von Vergegenständlichung, die in der religiösen Entfremdung sich vollzieht. Wenn die Menschen sich auf den Gegenstand in wesentlicher und notwendiger Weise beziehen, wenn sie in ihm die Totalität und Vollkommenheit ihres Gattungswesens affirmieren, ist dieser Gegenstand Gott. Gott ist mithin eine imaginäre Projektion des menschlichen Gattungswesens, ein Ensemble seines gesamten Vermögens und seiner Qualitäten, die in die Dimension des Unendlichen geführt wurden. Jedes Gattungswesen ist »unendlich«, d. h. als Wesen eben die Totalität der Vollkommenheit, das Muster aller Einzelexistenzen. Die Erkenntnis Gottes ist der Versuch der menschlichen Selbsterkenntnis im Spiegel der Äußerlichkeit; der Mensch entäußert sich des eigenen Wesens, bevor er sich in sich selbst erkennt, und der Gegensatz Gott – Mensch ist die mystifizierte Gestalt des Gegensatzes Gattung – Individuum. Gott kann grundsätzlich keine anderen Prädikate besitzen als die, die die Menschen von sich selbst abstrahiert haben, er ist in dem Maße wirklich, als diese Prädikate wirklich sind. Die Religion kehrt die reale Subjekt-Objekt-Beziehung jedoch um, indem sie die menschlichen

Prädikate – in Gestalt der Gottheit – zu primären bezüglich des realen menschlichen Konkretums macht. Die Religion ist die Entzweiung des Menschen mit sich selbst, seiner Vernunft und seines Gefühls, die Übertragung seiner intellektuellen und emotiven Qualitäten auf ein imaginäres göttliches Sein, das sich in der Einbildung verselbständigt und die Herrschaft über seinen Schöpfer ausübt. Die religiöse Entfremdung, »der Traum des menschlichen Geistes«[7], ist jedoch nicht nur ein Fehler. Sie ist auch eine Verarmung der Menschheit, denn der Mensch geht darin seiner besten Qualitäten und Fähigkeiten verlustig, die auf die Gottheit übertragen werden. Je mehr eine Religion das göttliche Wesen bereichert, desto stärker muß sie den Menschen berauben: Das Wesen der Religion findet in den blutigen Opferriten seinen exaktesten Ausdruck. Die Menschheit muß die Erniedrigung erleiden, muß degradiert und ihrer Würde beraubt werden, damit die Gottheit sich in ihrer Größe bestärkt. »Der Mensch negiert nur von sich, was er in Gott setzt.«[8] Mehr noch, die Religion lähmt die menschliche Fähigkeit zum freundschaftlichen Miteinander, weil sie die menschliche Energie der Liebe in das imaginäre göttliche Wesen verpflanzt und die reale menschliche Gemeinschaft in den Himmel der Vorstellungen plaziert. Dadurch zerstört sie das Gefühl der Solidarität und die gegenseitige Liebe, fördert den Egoismus, entwertet alle Güter des irdischen Lebens, inhibiert die soziale Gleichheit und Harmonie. Die Aufhebung der Religion ist zugleich die Verwirklichung dessen, was den Wert der Religion ausmacht: Sie ist eine Affirmation des menschlichen Wertes. Die sich selbst wiedererstatteten Menschen, die in den religiösen Personifikationen das Produkt der eigenen kindlichen Phantasie erblicken, werden fähig sein, wahrhaft humanistische Verhältnisse ihres Zusammenlebens zu erreichen. Sie werden das Prinzip Spinozas anerkennen: *Homo homini Deus est.* Der Kult der imaginären überirdischen Wesen wird durch den Kult des Lebens und der Liebe ersetzt werden. »Ist das Wesen des Menschen das *höchste Wesen* des Menschen, so muß praktisch das *höchste* und *erste Gesetz* die *Liebe des Menschen zum Menschen sein.*«[9]

Die Feuerbachsche Theorie im »Wesen des Christentums« bestand also im Versuch der Anwendung der Hegelschen Entfremdungstheorie zum Zweck der Formulierung eines rein naturalistischen und anthropozentrischen Standpunkts. Im Gegensatz zu Hegel sah Feuerbach im Entfremdungsprozeß ein rein negatives Phänomen. Für Hegel verwirklichte das Sein sein Wesen nämlich, indem es sich dieses Wesens entfremdet, um es später wieder in sich zurückzunehmen und sich gewissermaßen dadurch zu bereichern; das, was dem Sein potentiell innewohnt, kann es durch die voraufgehende Selbstentfremdung dieses Reichtums aktualisieren; die absolute Idee gelangt erst durch ihr mannigfaltiges Anderssein zum Selbstbewußtsein; sie ist kein reiner Akt, wie der Gott der Scholastiker, sondern erreicht in der Geschichte, im Verlauf der sukzessiven Akte der Selbstentfremdung, ihre Totalität. Für Feuerbach ist die Entfremdung schlechthin ein Übel, ein Fehler und enthält keinerlei positive Werte; die religiöse Mystifikation entfremdet den Menschen der eigenen Gattung und schafft die Antagonismen zwischen den Einzelnen, verschwendet die menschliche Energie im Kult imaginärer Hypostasen, wodurch sie die Hinwendung auf den wahren, einzigen Wert verhindert, den der Mensch für sich selbst darstellt.

4. Feuerbach. Die zweite Phase. Quellen der religiösen Verirrung

Die späteren Schriften Feuerbachs decken seine immer weiter getriebene Abwendung vom Hegelianismus und den immer eindeutiger werdenden materialistischen Standpunkt in aufklärerischer Version auf. Schon im Vorwort zur zweiten Auflage des »Wesens des Christentums« (1843) gibt Feuerbach die Ansicht von der wechselseitigen Bedingtheit von Subjekt und Objekt auf und sagt, daß die kognitive Erfassung der Dinge primär sinnlich und leidend sei, erst sekundär tätig und begrifflich. In seinen »Vorlesungen über das Wesen der Religion« (1848–49, ed. 1851) wiederholt er diesen Standpunkt und unterstreicht darüber hinaus die Herkunft der religiösen Vorstellungen aus dem Gefühl der Abhängigkeit des Menschen von der Natur (während er in diesen Vorstellungen zuvor ganz einfach die Vergegenständlichung des »Wesens der Menschheit« gesehen hatte). Hegte er zuvor die Erwartung, daß die Überwindung der Religion gleichbedeutend sein würde mit dem Sieg über den menschlichen Egoismus, so behauptet er jetzt, daß der Egoismus eine natürliche und unveräußerliche Eigenschaft des Menschen sei, die selbst die altruistischen Vorhaben lenke, kehrt also zur aufklärerischen Stereotype des »natürlichen Egoismus« zurück. In »Wesen des Christentums« beschrieb Feuerbach den Prozeß der gottschaffenden Projektion, ohne deren Ursachen zu erklären. Nunmehr versucht er dies nachzuholen, begnügt sich aber mit der Feststellung, daß die Quelle der religiösen Vorstellungen ganz einfach die Unwissenheit, die Unfähigkeit der Menschen sei, die eigene Situation der der Natur adäquat zu interpretieren; die eigene – ewige und unausweichliche – Abhängigkeit von der Natur erfahrend, vermag der Mensch nicht, sie in rationale Kategorien zu fassen, daher stammt sowohl seine Angst vor den unberechenbaren Launen der Natur wie auch die positiven Gefühle der Dankbarkeit gegenüber der Natur und die Hoffnungen, die sich in anthropomorphen Einbildungen äußern. Die Religion ist der Versuch der Ersatzbefriedigung von Bedürfnissen, die die Menschen in anderer Weise nicht zu befriedigen verstehen: sie möchten die Natur mit magischen Mitteln und durch die Berufung auf die Wohltätigkeit der Gottheit zum Gehorsam zwingen, sie wollen, mit einem Wort, in der Phantasie erreichen, was ihnen in der Wirklichkeit nicht gelingt. Der Fortschritt des Wissens bewirkt, daß die Religion – der infantile Zustand des Geistes – allmählich einer rationalen Weltanschauung weicht, in der die Menschen mit den Mitteln der Kultur, durch technologische Anstrengung, dazu befähigt werden, die zuvor unkontrollierten Kräfte zu bändigen. Zugleich macht Feuerbach auf eine Quelle der religiösen Vorstellungen aufmerksam, die in der Natur der Erkenntnisprozesse selber gegeben ist, namentlich im Abstraktionsakt; weil wir nicht anders zu denken und auszudrücken vermögen als mit Hilfe von Abstrakta, schreiben wir den Abstrakta leicht ein außerhalb der einzelnen Individuen liegendes autonomes Sein zu; daher sind Gott und andere religiöse Hypostasen, die die menschlichen Gefühle, Fähigkeiten oder Gedanken verkörpern, gleichsam eine unberechtigte Autonomisierung der legitimen Erkenntniswerkzeuge. »Dass auf derselben Nothwendigkeit, auf denselben Gründen die Idee oder der Gattungsbegriff der Gottheit in ihrer metaphysischen Bedeutung als die Idee oder der Begriff des Dings, des Obstes beruht, beweist schon dies, dass bei den Polytheisten die Götter nichts Anderes sind, denn als Wesen vorgestellte Collectiv- oder Gattungsnamen und Begriffe«[10]; doch »es ist nicht nothwendig, um die Bedeutung der Allgemeinbegriffe anzuerkennen, sie deswegen zu vergöttern, zu verselbständigen, von den Individuen oder Einzelwesen unterschiedenen Wesen zu machen. So wenig wie ein Laster, um es zu verabscheuen, mir als einen Teufel zu verselbständigen brauche . . .«[11] In den »Vorlesungen über das Wesen der Religion« können wir keine einzige Spur der Hegelschen Schule ihres Autors mehr finden, Feuerbach wiederholt dort ganz einfach die aufklärerische Lehre von der Entstehung der Religion aus der mit Ignoranz gepaarten Angst. Er wiederholt auch – ohne irgendeine Korrektur – die sensualistischen und empiristischen Doktrinen der Aufklärung. Innerhalb der deutschen philosophischen Kultur, die von den Hegelschen und Kantschen Kategorien beherrscht waren, mochten diese Vorlesungen in der Tat ein *novum* darstellen, doch von einer gesamteuropäischen Warte aus waren sie die Wiederholung wohlbekannter Theorien. Wesentlich scheint hierbei, daß Feuerbach in der Religion kontinuierlich die Wurzel allen sozialen Übels sieht. Er glaubt, daß zusammen mit der Abschaffung der religiösen Mystifikation auch die Quellen der sozialen Ungleichheit, der Ausbeutung, des Egoismus und der Unfreiheit versiegen würden. Die Religion stellt für ihn das Konzentrat des historischen Übels dar. Daher seine Annahme, die öffentliche Erziehung werde, indem sie den religiösen Aberglauben abschafft, zugleich auch die eigentlichen Quellen der sozialen Knechtschaft abschaffen. Das war einer der wichtigsten Punkte – aber nicht der einzige –, an dem Marx alsbald seine radikal kritische Einschätzung der Feuerbachschen Philosophie zum Ausdruck bringen sollte. Feuerbachs Abwendung vom Hegelianismus gegen Ende der 40er Jahre ist eine totale. Er qualifizierte den Hegelianismus ähnlich wie alle anderen Formen des Idealismus als eine gewöhnliche Fortsetzung der religiösen Einbildungen; alle Hypostasen der klassischen deutschen Philosophie, wie Hegels »Idee«, Fichtes »Ich« oder Schellings »Absolutes« erschienen ihm schlechthin als Substitute des göttlichen Wesens, die von der philosophischen Einbildungskraft zu einer abstrakten Form umgeprägt wurden. Die menschliche Gattung interpretierte er in rein zoologischen Kategorien, und die soziale Gemeinschaft schien er als eine natürliche gattungsinterne Kooperation anzusehen, die von religiösen Vorurteilen verstümmelt oder entwürdigt wurde, während er in den ethischen Vorstellungen nicht über das eudämonistische Schema der Aufklärung hinausging. Der humanistische Elan seiner freidenkerischen Rhetorik brachte ihm eine große Anhängerschaft ein. »Das Wesen des Christentums« übte in Deutschland einen gewaltigen Einfluß aus und wirkte entscheidend auf die Veränderungen des gesamten junghegelianischen Milieus ein, indem es seine antireligiöse Orientierung radikalisierte. Insbesondere für Marx war die Feuerbachsche Philosophie nicht nur ein negativer Bezugspunkt, sondern auch einer der Hauptimpulse, der ihm die Hegelsche Manier im eigenen Denken aufgeben half. Er verdankte Feuerbach auch viel auf dem Gebiet der Kenntnis der Philosophiegeschichte, vor allem des 16. und 17. Jahrhunderts. Die Kritik des Hegelianismus als der Philosophie, in der »Subjekt und Objekt . . . das Verhältnis einer absoluten Verkehrung zueinander«[12] haben und den menschlichen Schöpfungen Priorität gegenüber den Menschen einräumt, machte sich Marx zu eigen und wandte sie in seiner Analyse der Hegelschen Rechtsphilosophie an.

Es könnte scheinen, als sei die Philosophie Feuerbachs nach den Marxschen Kritiken an ihr völlig anachronistisch geworden, um so mehr, wenn man ihren ziemlich ermüdenden, wiederholungsfreudigen Stil bedenkt. Doch sie stößt weiterhin auf Interesse, sowohl bei denen, die weiterhin nach einer universellen Formel des Humanismus suchen, als auch sogar bei Theologen. Zentrum dieses Interesses ist der radikale Anthropozentrismus dieser Philosophie. Man kann ihn kurz so ausdrükken: Der Mensch ist der einzige Wert, alle anderen Werte sind diesem einen stets als Werkzeuge untergeordnet; zweitens: Der Mensch ist immer ein lebendiges und endliches Konkretum; drittens: In der menschlichen Natur sind dauerhaft Eigenschaften präsent, die eine konfliktlose Gemeinschaft der Menschen ermöglichen, die auf gegenseitiger Liebe und Achtung vor dem Leben gegründet ist; viertens: Die Aufhebung der Religion in ihren bisherigen, dogmatischen und mystifizierten Formen ist die Eröffnung des Weges zu einer neuen, authentischen

Menschheitsreligion, in der die Menschen das zum Ausdruck bringen könnten, worum es ihnen in allen Religionen wahrhaft ging, um das Bedürfnis nach Glück, Solidarität, Gleichheit und Freiheit.

Fünftes Kapitel

Marx. Die frühe politische und philosophische Publizistik

Nach Abschluß seines Studiums kehrte Marx im Frühjahr 1841 ins heimatliche Trier zurück, später ließ er sich in Bonn nieder, wo er seine publizistische Tätigkeit bei der junghegelschen Presse begann. Der erste Artikel, der der neuesten preußischen Zensurinstruktion gewidmet war, wurde mit den »Deutschen Jahrbüchern« konfisziert; er erschien erst 1843 in dem Sammelband »Anekdota«, herausgegeben von Ruge, in der Schweiz. Doch einen Zyklus von Artikeln zum selben Thema veröffentlichte Marx in der »Rheinischen Zeitung«, dem Organ der liberalen Bourgeoisie des Rheinlands, das Anfang 1842 in Köln gegründet wurde und von junghegelschen Journalisten beherrscht war (Mitarbeiter des Blattes waren u. a. Adolf Rutenberg, Friedrich Engels, Moses Heß, Bruno Bauer, Karl Köppen, Max Stirner). Einige Monate hindurch, von Oktober 1842 bis März 1843, war Marx selber Chefredakteur der Zeitung. Er veröffentlichte in dieser Zeit außer Artikeln, die sich mit der Pressefreiheit befaßten, Analysen der Verhandlungen des Rheinischen Landtags. In diesen Aufsätzen richtete sich seine Aufmerksamkeit erstmalig auf die Probleme des ökonomischen Lebens und der materiellen Lage der unterprivilegierten Schichten. Er deckt in ihnen – vom Standpunkt eines radikalen Demokraten – den Pseudoliberalismus der preußischen Regierung auf und verteidigt die unterdrückten Bauern.

1. Der Staat und die Freiheit der Kultur

Aus allgemein theoretischer Sicht der Marxschen Entwicklung ist seine frühe publizistische Arbeit vor allem in zwei Punkten wesentlich. Indem Marx die Zensurgesetze aufs heftigste verurteilt, spricht er sich nicht nur für eine unbedingte Pressefreiheit aus, gegen die nivellierende Auswirkung der Zensurrestriktionen (»Ihr verlangt nicht, daß die Rose duften soll wie das Veilchen, aber das Allerreichste, der Geist soll nur auf *eine* Art existieren dürfen?«[1]), sondern äußert auch Ansichten, die sich ganz allgemein auf die Natur des Staates und das Wesen der Freiheit beziehen. Indem er die Verschwommenheit und Vieldeutigkeit des Pressegesetzes aufdeckt, zeigt Marx auch, daß die Zensur als solche nicht nur dem

Begriff der Presse, sondern auch der Natur des Staates selber widerspricht. »Von dem Standpunkte der Idee aus versteht es sich von selbst, daß die Preßfreiheit eine ganz andere Berechtigung hat als die Zensur, indem sie selbst eine Gestalt der Idee, der Freiheit, ein positiv Gutes ist, während die Zensur eine Gestalt der Unfreiheit, die Polemik einer Weltanschauung des Scheines gegen die Weltanschauung des Wesens, eine nur negative Natur ist.«[2] »Die Freiheit ist so sehr das Wesen des Menschen, daß sogar ihre Gegner sie realisieren, indem sie ihre Realität bekämpfen.«[3] »Das Wesen der freien Presse ist das charaktervolle, vernünftige, sittliche Wesen der Freiheit. Der Charakter der zensierten Presse ist das charakterlose Unwesen der Unfreiheit, sie ist ein zivilisiertes Ungeheuer, eine parfümierte Mißgeburt. Oder bedarf es noch des Beweises, daß die Preßfreiheit dem Wesen der Presse entspricht und die Zensur ihm widerspricht?«[4] Daher hält Marx daran fest, daß »die Zensur, so wenig wie die Sklaverei, jemals gesetzlich werden kann, und wenn sie tausendmal als Gesetz vorhanden wäre«[5], und daß das Pressegesetz nur dann ein wirkliches Gesetz ist, wenn es die Pressefreiheit gesetzlich schützt. Die Zensur widerspricht der Natur des Rechts und des Staates, denn die freie Presse ist die notwendige Bedingung des seinem Begriff entsprechenden Staats, ist die Verkörperung der Kultur, das Band zwischen Individuum und Staat, geistiger Spiegel des Volkes. Die zensierte Presse depraviert das gesellschaftliche Leben, bewirkt, daß die Regierung nur ihre eigene Stimme hört. Indes bedarf die Freiheit keiner Rechtfertigung, denn sie gehört zur Natur des geistigen Lebens des Menschen selbst, »wie in dem Weltsystem jeder einzelne Planet sich nur um die Sonne bewegt, indem er sich um sich selbst bewegt, so kreiset in dem System der Freiheit jede ihrer Welten nur um die Zentralsonne der Freiheit, indem sie um sich selbst kreiset (. . .) hebe ich die Freiheit eines Charakters nicht auf, wenn ich verlange, er solle in der Weise eines anderen Charakters frei sein?«[6] Die schriftstellerische Arbeit ist kein Mittel zu einem anderen Zweck, sondern Selbstzweck, kann also nicht durch Gesetze beschnitten werden, die ein anderes Interesse im Auge haben als die geistige Entwicklung.

Wie man sieht, steht Marx in diesen Überlegungen auf einem Standpunkt, der das *wirkliche* Recht und den *wirklichen* Staat, d. h. die ihren Begriffen entsprechenden und die nur formell gültigen und sei es mit Polizeigewalt geschützten Gesetzen und Institutionen, auseinanderhält. Diese Unterscheidung stammt aus der Hegelschen Tradition: Recht und Staat, die nicht die Verwirklichung der Freiheit sind, stehen in Widerspruch zu ihrem Begriff und zum Wesen von Staat und Recht selbst, sind mithin kein wirkliches Recht und kein wirklicher Staat, auch wenn sie durch Gewalt bestehen. Sichtbar ist aber auch, daß für Marx, anders als für Hegel, die Freiheit des Wortes nicht von einem übergeordneten

Interesse eines »wahren« Staates eingeschränkt werden darf, denn zur Natur des wirklichen Staates, d. h. des Staates, der mit seinem Begriff übereinstimmt, gehört die Freiheit des Wortes als integrale Bedingung. Wenn Marx somit mit einem normativen Begriffsmodell des Staates operiert, an dem man die faktischen Staaten messen kann, um zu bestimmen, ob sie wahrhaft »wirklich« sind oder nur empirisch existieren, so beruft er sich jedoch bei der Anwendung dieser Methode auf die differenzierende Freiheit als einen unveräußerlichen und selbstzwecklichen Wert des Lebens, lehnt demnach den Hegelschen Standpunkt ab.

Das zweite Motiv, das zu dieser Zeit in den Marxschen Überlegungen auftritt, kommt in seiner Reaktion auf die Landtagsdebatte über das Holzdiebstahlgesetz zum Ausdruck (es ging um die Aufhebung des Gewohnheitsrechts, das den Bauern das Recht auf das Einsammeln von Raffholz in den Wäldern zugestanden hatte). Marx trat in seinen Artikeln als Verteidiger der Bauern und zugunsten des Gewohnheitsrechts auf. Er bezieht einen philanthropischen Standpunkt gegenüber der benachteiligten Landbevölkerung, versucht zugleich zu zeigen, daß der Landtag Gesetzgebung und Staatsgewalt auf die Rolle eines Instruments der partikularen Interessen der Grundbesitzer degradieren will, widersetzt sich demnach der Idee des Staates selbst. Den Institutionen, die den Staat zu einem Vollzugsorgan einzelner Stände machen, setzt Marx demnach den Staat als den Vertreter des Ganzen der Gesellschaft entgegen. Noch nicht ersichtlich ist jedoch, ob er die Antwort auf die Frage kennt, unter welchen Bedingungen jene Koinzidenz von staatlichen Institutionen und Gemeinwohl möglich wäre, und – ob und auf welche Weise der Staat selber in der Lage ist, soziale Probleme zu lösen, vor allem aber das Problem der Ungleichheit von Einkommen und Elend.

2. Kritik an Hegel. Staat – Gesellschaft – Persönlichkeit

Die politische Tätigkeit motivierte Marx zu einem detaillierten Studium der Hegelschen Staatsphilosophie. Die große Abhandlung »Zur Kritik der Hegelschen Rechtsphilosophie«, geschrieben im Sommer 1843 (ed. 1927), wurde nicht abgeschlossen, doch einige wichtige Gedanken daraus sind auch in der kleinen Abhandlung »Zur Judenfrage« sowie in einem zweiten Aufsatz »Zur Kritik der Hegelschen Rechtsphilosophie. Einleitung« enthalten. Diese beiden Artikel, die Ende 1843 entstanden, erschienen in den »Deutsch-Französischen Jahrbüchern«, die Marx zusammen mit Arnold Ruge und Heß in Paris herausgab. Marx war nämlich im Herbst 1843 nach Paris übergesiedelt, wo er Kontakte mit Verbänden französischer Sozialisten und deutscher Arbeiter aufnahm.

Er war begleitet von seiner kurz zuvor geehelichten Frau Jenny, der Tochter des Barons Ludwig von Westphalen, der in Trier preußischer Geheimer Regierungsrat war.

Marx war vermutlich schon früher über die kommunistische Propaganda in Frankreich informiert gewesen, und zwar aufgrund der Lektüre des Werks von Stein »Der Sozialismus und Kommunismus des heutigen Frankreichs« (1842). Lorenz von Stein, ein konservativer Hegelianer, untersuchte die sozialistische Bewegung in Frankreich im Auftrag der preußischen Regierung, die sich für die subversive Tätigkeit der deutschen Arbeiter in Frankreich interessierte. Von Stein war ein Gegner des Sozialismus und hielt die Klassenhierarchie für die Voraussetzung der Existenz der Gesellschaft, doch sein informationsreiches Buch war in Deutschland in radikalen Kreisen allgemein bekannt.

In der großen Kritik bekämpft Marx vor allem die Hegelsche Idee eines Staates, der sowohl bezüglich seiner Genese wie seines Wertes von den empirischen menschlichen Individuen völlig unabhängig sein sollte, aus denen er sich zusammensetzte. Für Hegel sind die Funktionen des Staates auf zufällige Weise mit dem menschlichen Individuum verbunden, während sie faktisch ein *vinculum substantiale*, eine notwendige Bindung zusammenhält. Hegel begreift die staatlichen Funktionen nämlich abstrakt, an sich, während er die empirischen Individuen als ihren Gegensatz behandelt. In Wirklichkeit ist »das Wesen der ›besonderen Persönlichkeit‹ nicht ihr Bart, ihr Blut, ihre abstrakte Physis, sondern ihre *soziale Qualität* . . .«, und »die Staatsgeschäfte etc. (sind) nichts als Daseins- und Wirkungsweisen der sozialen Qualitäten des Menschen. Es versteht sich also, daß die Individuen, insofern sie die Träger der Staatsgeschäfte und Gewalten sind, ihrer sozialen und nicht ihrer privaten Qualität nach betrachtet werden.«[7]

Zum zweiten Gegenstand der Marxschen Kritik wird (hierin Feuerbach folgend) die »Umkehrung des Verhältnisses von Prädikaten zum Subjekt« in der Hegelschen Philosophie. Die einzelnen Menschen, also die wirklichen Subjekte, werden bei Hegel zu Prädikaten der allgemeinen »mystischen«[8] Substanz. In Wirklichkeit ist das Allgemeine aber nur Kennzeichen des singulären Seins, das wahre Subjekt ist stets endlich. Der einzelne Mensch ist für Hegel eine sekundäre und subjektive Form des Daseins des Staates, während »die Demokratie vom Menschen (ausgeht) und den Staat zum verobjektivierten Menschen (macht). Wie die Religion nicht den Menschen, sondern wie der Mensch die Religion schafft, so schafft nicht die Verfassung das Volk, sondern das Volk die Verfassung.«[9] Marx möchte demnach alle politischen Institutionen theoretisch auf ihre wirkliche menschliche Genesis zurückführen. Doch will er zugleich den wirklichen Staat den menschlichen Bedürfnissen unterordnen, ihm den Schein eines selbständigen autonomen Wertes nehmen, der unabhängig wäre von seiner Funktion eines Werkzeugs empirischer Individuen. Die Losung der Demokratie ist, in seinem Verständnis, die erneute Umgestaltung des Staates zu einem Werkzeug des Menschen, also die Re-Entfremdung der politischen Institutionen. Nur ein Staat, der die Form des Daseins des Volkes wäre, nicht aber ein diesem entfremdeter Körper, ist ein wirklicher Staat, d. h. entspricht dem Wesen der Staatlichkeit selbst. Ein undemokratischer Staat ist kein Staat. Hegel verewigt die Trennung, zu der es zwischen Staat und Mensch gekommen ist, er begreift die Gesellschaft nämlich nicht als Verwirklichung der Person, sondern als etwas, was der Staat erreicht; der empirische Mensch gilt demnach als höchste Wirklichkeit des Staates, nicht aber als dessen Schöpfer. »Statt daß die Subjekte sich in der ›allgemeinen Angelegenheit‹ vergegenständlichten, läßt Hegel die ›allgemeine Angelegenheit‹ zum ›Subjekt‹ kommen. Die Subjekte bedürfen nicht der ›allgemeinen Angelegenheit‹ als ihrer wahren Angelegenheit, sondern die allgemeine Angelegenheit bedarf der Subjekte zu ihrer *formellen* Existenz. Es ist eine Angelegenheit der ›allgemeinen Angelegenheit‹, daß sie auch als Subjekt existiere.«[10] Die Zielrichtung dieser Kritik ist klar: Wenn die menschlichen Individuen nur »Momente« der Entwicklung der allgemeinen Substanz sind, die durch ihre Vermittlung die höchste Seinsform erreicht, so sind die Individuen nur Werkzeuge jener allgemeinen Substanz, nicht aber autotelische Werte. Auf diese Weise sanktioniert die Hegelsche Philosophie die Täuschung, daß der Staat als solcher der Inbegriff des Gemeinwohls sei; so verhält es sich auch tatsächlich unter der Voraussetzung, daß das Gemeinwohl den Interessen und Bedürfnissen der menschlichen Konkreta völlig entfremdet ist. Dieses Problem steht in striktem Zusammenhang mit der Funktion der Staatsbürokratie. Hegel glaubte in der Tat, daß der Staatsgeist, seine Vorherrschaft über die partikularen Interessen der Bürger, vom Beamtenbewußtsein verkörpert werde; die Beamten identifizieren ihre partikularen Interessen nämlich mit dem allgemeinen Staatsinteresse, wodurch sie, als Staatsorgan, die Synthese der Konfliktsituation schaffen, die im Zusammenstoß des gesellschaftlichen Gemeinwohls mit dem Wohl der einzelnen Schichten oder Körperschaften entsteht. Für Marx ist dieser Standpunkt jedoch eine Illusion; er deckt in der Hegelschen Lehre die Ideologie des preußischen bürokratischen Apparates auf, der sich einredet, daß er die ideale Verkörperung des Gemeinwohls sei. Im Gegenteil, »wo die ›Bürokratie‹ neues Prinzip ist, wo das allgemeine Staatsinteresse anfängt, für sich ein ›apartes‹, damit ein ›wirkliches‹ Interesse zu werden, kämpft sie gegen die Korporationen, wie jede Konsequenz gegen die Existenz ihrer Voraussetzungen kämpft.«[11] »Im wahren Staat handelt es sich nicht um die Möglichkeit jedes Bürgers, sich dem allgemeinen als einem besondern Stand zu widmen, sondern um die

Fähigkeit des allgemeinen Standes wirklich allgemein, d. h. der Stand jedes Bürgers zu sein.«[12]

Hegel hatte im modernen Leben zwei separate Sphären ausgezeichnet: die bürgerliche Gesellschaft und den politischen Staat. Marx akzeptiert diese Aufteilung. Die bürgerliche Gesellschaft ist die Ganzheit der zerstrittenen partikularen Privat- und Gruppeninteressen, der empirische Alltag mit allen seinen Konflikten und Auseinandersetzungen, der Ort, an dem jeder Einzelne sein Privatleben fristet. Als Bürger partizipiert er hingegen an der staatlichen Institution. Hegel war der Meinung, daß die Zerstrittenheiten der bürgerlichen Gesellschaft rational zu bewältigen seien und im übergeordneten Staatswillen, der unabhängig ist von den partikularen Interessen, zu einer Synthese finden würden. In dieser Frage macht Marx seinen Einspruch gegen die Hegelschen Illusionen deutlich. Die Trennung dieser beiden Sphären ist real, doch eine Synthese zwischen ihnen ist unmöglich. In seiner gegenwärtigen Form ist der Staat keineswegs ein Vermittler zwischen den partikularen Interessen. Der Mensch als Bürger ist ein gänzlich vom Privatmann unterschiedenes Wesen, doch nur als Privatmann, als Mitglied der bürgerlichen Gesellschaft, ist er ein wirkliches, konkretes Sein: als Bürger partizipiert er an einem abstrakten Gebilde, das seinen Schein von Realität einer Mystifikation verdankt. Das Mittelalter kannte diese Mystifikation nicht, dort war die Ständegliederung zugleich die unmittelbare politische Gliederung, die Artikulation der bürgerlichen Gesellschaft deckte sich mit der politischen Aufteilung. Die neuzeitlichen Gesellschaften haben, durch die Änderung oder Annullierung des politischen Sinns der Ständegliederung, einen Dualismus des Lebens eingeführt, von dem jedes einzelne menschliche Dasein erfaßt wird und der zum Widerspruch jedes Einzelnen wird, als Privatmensch und als Staatsbürger. Es geht jedoch nicht darum, diesen Widerspruch zu beschreiben, sondern seine Herkunft zu erklären.

3. Die Idee der gesellschaftlichen Emanzipation

Im Aufsatz »Zur Judenfrage« greift Marx dieses Motiv noch klarer auf, nicht nur in Form der Beschreibung, sondern auch in Form eines Programms. Er spricht darin – anläßlich der Kritik an Bauer – die eigene Idee der menschlichen Emanzipation in ihrer Unterscheidung zur politischen Emanzipation aus. Bauer hat, nach Marx, die gesellschaftlichen Fragen in theologische verwandelt; er fordert religiöse Emanzipation als Hauptvoraussetzung politischer Emanzipation, beschränkt sich auf das Programm der Befreiung des Staates von der Religion, d. h. auf die Idee eines weltlichen Staates, der von der Kirche getrennt wäre. Doch sind die religiösen Beschränktheiten nicht der Grund für die weltlichen, sondern deren »Phänomen«. Die Befreiung des Staates von den religiösen Beschränkungen befreit den Menschen nicht von ihnen, der Staat kann sich von der Religion befreien und die Mehrheit der Bürger in religiöser Befangenheit zurücklassen. Ähnlich kann der Staat politisch das Privateigentum annullieren, d. h. den Vermögenszensus in der politischen Tätigkeit aufheben, kann die Standes- und Geburtenunterschiede annullieren, d. h. sie für politisch irrelevant erklären, doch gestattet er auch weiterhin dem Privateigentum wie den Standes- und Geburtsunterschieden zu »wirken«. Zusammengefaßt: Die rein politische, also partielle Emanzipation, obschon wichtig und wertvoll, ist noch nicht die menschliche Emanzipation, weil sie die Trennung der beiden Bereiche, bürgerliche Gesellschaft und Staat, auch weiterhin aufrechterhält. In der bürgerlichen Gesellschaft leben die Menschen ihr reales, aber egoistisches Leben, zurückgezogen, in einem unausweichlichen Interessenkonflikt; der Staat bietet ihnen den Bereich des gemeinschaftlichen, doch illusorischen Lebens an. Das Ziel der menschlichen Emanzipation ist es, zu bewirken, daß der gemeinschaftliche, gattungsgemäße Charakter des menschlichen Lebens zum wirklichen Leben wird, daß die Gesellschaft selber ihr Gemeinwesen wiedergewinnt und mit dem Staatsleben zusammenfällt. Bauer dringt nicht vor zu den realen Quellen des Antagonismus zwischen privatem und gemeinschaftlichem Leben, indem er nur den religiösen Ausdruck dieses Konflikts bekämpft; die Freiheit, die er verkündet, stützt sich, ähnlich wie in der Erklärung der Menschen- und Bürgerrechte, auf die gegenseitige Abgrenzung der Menschen voneinander (die Grenze meiner Freiheit ist die fremde Freiheit). Unter den Bedingungen der Trennung beider Bereiche fördert der Staat nicht die Aufhebung des egoistischen Charakters des Privatlebens, sondern verleiht ihm nur einen gesetzlichen Rahmen. Die politische Revolution befreit die Menschen weder von Religion noch von Eigentum, gibt ihnen nur das Recht auf Besitz und religiöses Bekenntnis. Die politische Emanzipation verfestigt mithin die Spaltung des Menschen in den öffentlichen und den Privatmenschen.

»Erst wenn der wirkliche individuelle Mensch den abstrakten Staatsbürger in sich zurücknimmt und als individueller Mensch in seinem empirischen Leben, in seiner individuellen Arbeit, in seinen individuellen Verhältnissen, *Gattungswesen* geworden ist, erst wenn der Mensch seine ›forces propres‹ als *gesellschaftliche* Kräfte erkannt und organisiert hat und daher die gesellschaftliche Kraft nicht mehr in der Gestalt der *politischen* Kraft von sich trennt, erst dann ist die menschliche Emanzipation vollbracht.«[13]

Auf diese Weise gerät Marx auf die Spur eines Gedankens, der es ihm in politischer Hinsicht ermöglichte, das rein politische, republikanische und antifeudalistische Programm der Junghegelianer hinter sich zu lassen und die Losung des *gesellschaftlichen* Umsturzes auszugeben, der den Konflikt zwischen dem privaten und dem politischen Leben des Menschen abschaffen würde. Aus philosophischer Sicht stützte er dieses Postulat auf die Idee des totalen Menschen, der seine eigene Gespaltenheit in den Bereich des privaten Interesses und der gemeinschaftlichen Kooperation überwindet. Marx geht in seiner Auffassung vom »Menschen selbst«[14] über die Feuerbachsche Philosophie hinaus, denn die religiöse Mystifikation erscheint ihm nur als Phänomen, nicht aber als Wurzel der gesellschaftlichen Unfreiheit; auch begreift er den Menschen nicht naturalistisch wie Feuerbach, d. h., er behandelt die vorstellbare menschliche Gemeinschaft nicht als eine Rückkehr zu gleichsam genuinen Kooperationsregeln, die nach der Abschaffung der religiösen Entfremdung gewissermaßen automatisch das gemeinschaftliche Leben beherrschen würden. Im Gegenteil, die Emanzipation des Menschen stellt für ihn eine spezifisch menschliche Emanzipation dar, die ermöglicht wird dank der Identifizierung des privaten Lebens mit dem gesellschaftlichen Leben, d. h. der Identifikation der politischen mit der gesellschaftlichen Sphäre. Die bewußte »Zurücknahme« der Gesellschaft im Individuum, also die bewußte und freie Selbstidentifikation mit sich selbst als eines Trägers der Gemeinschaft seitens eines jeden ihrer Mitglieder, ist in seiner Vorstellung die Rückkehr des Menschen zu sich selbst.

Trotz alledem bleiben diese Postulate, wie sie in »Zur Kritik der Hegelschen Rechtsphilosophie« und in dem Aufsatz »Zur Judenfrage« sich darbieten, im Bereich der »Utopie« in dem Sinne, den Marx diesem Wort später selber verlieh, weil sie ganz einfach den aktuellen Zustand – die Entzweiung des Menschen – seiner vorstellbaren, im übrigen äußerst abstrakt bestimmten Einheit entgegensetzten. Die Frage nach der Form des Übergangs zu dieser Einheit und den Kräften, die fähig wären, diesen Übergang zu leisten, bleibt weiterhin offen.

4. Die Entdeckung des Proletariats

Daher gilt der Aufsatz »Zur Kritik der Hegelschen Rechtsphilosophie. Einleitung« als der Text in der intellektuellen Entwicklung Marxens, der die entscheidende Wende bringt. Hier kommt nämlich erstmalig die Idee der besonderen geschichtlichen Sendung des Proletariats zum Ausdruck sowie die Interpretation der Revolution als eines Aktes, der keine Vergewaltigung der Geschichte ist, sondern die Erfüllung ihrer genuinen Tendenz.

Der letzte Gedanke erscheint schon in dem Brief Marxens an Ruge vom September 1843. »Wir entwickeln der Welt aus den Prinzipien der

Welt neue Prinzipien. Wir sagen ihr nicht: Laß ab von deinen Kämpfen, sie sind dummes Zeug; wir wollen dir die wahre Parole des Kampfes zuschrein. Wir zeigen ihr nur, warum sie eigentlich kämpft, und das Bewußtsein ist eine Sache, die sie sich aneignen *muß*, wenn sie auch nicht will. Die Reform des Bewußtseins besteht *nur* darin, daß man die Welt ihr Bewußtsein innewerden läßt, daß man sie aus dem Traum über sich selbst aufweckt, daß man ihre eigenen Aktionen ihr *erklärt*. (...) Es wird sich dann zeigen, daß die Welt längst den Traum von einer Sache besitzt, von der sie nur das Bewußtsein besitzen muß, um sie wirklich zu besitzen.«[15]

Aus diesem Zitat wird ersichtlich, daß die gewaltige Rolle, die Marx der Bewußtseinserweckung zuschreibt, nicht wie bei den meisten Junghegelianern und bei Feuerbach sowie den meisten sozialistischen Autoren der dreißiger und vierziger Jahre darin besteht, daß man ein beliebig erfundenes Ideal der vollkommenen Gesellschaft anbieten könnte, das die Menschheit mitreißen und das aufgrund seiner bloßen Erhabenheit bewirken würde, daß alle angehalten sein werden, es in die Tat umzusetzen. Das reformierte Bewußtsein ist für Marx aus dem Grund die fundamentale Bedingung der gesellschaftlichen Veränderung, weil es die Aufdeckung und klare Ausformung dessen ist oder sein kann, was nur ein *implizites* Bewußtsein war; daß sie den Prämissen eine transparente Gestalt verleiht, die bereits wahrhaftig an den Fundamenten des bisher geführten Befreiungskampfes lagen, daß sie also die unbewußte gegeschichtliche Tendenz in die bewußtgewordene Tendenz verwandelt oder daß das, was bislang nur ein Geschichtstrieb war, sich in eine *freie* Aktivität verwandelt. Dieses Projekt stellt die Grundlage der Lehre dar, die Marx später wissenschaftlichen Sozialismus nannte, im Gegensatz zum utopischen Sozialismus, der sich auf das Propagieren eines arbiträr konstruierten (»ausgeheckten«) Ideals beschränkte. In der Forderung des Umsturzes, der dadurch erfolgt, daß die Menschen zum Verständnis des Sinns ihres eigenen Verhaltens gelangen, wird Marxens Abkehr sowohl vom utopischen Standpunkt der ihm zeitgenössischen Sozialisten wie von der Fichteschen Opposition von Sollen und Sein deutlich, auf die die Junghegelianer zurückgegriffen haben.

Marxens »Einleitung« greift dasselbe Thema auf, wobei der Gegensatz zur Feuerbachschen Religionskritik noch ausdrücklicher herausgestellt wird. Marx akzeptiert den Grundsatz, demgemäß der Mensch selber der Schöpfer der Religion sei. Er fügt jedoch hinzu: »Der Mensch, das ist *die Welt des Menschen*, Staat, Sozietät. Dieser Staat, diese Sozietät produzieren die Religion, ein *verkehrtes Weltbewußtsein*, weil sie eine *verkehrte Welt* sind. Die Religion ist die allgemeine Theorie dieser Welt, ihr enzyklopädisches Kompendium, ihre Logik in populärer Form, ihr spiritualistischer Point-d'honneur, ihr Enthusiasmus, ihre moralische Sanktion, ihre feierliche Ergänzung, ihr allgemeiner Trost- und Rechtfertigungsgrund. Sie ist die *phantastische Verwirklichung* des menschlichen Wesens, weil das *menschliche Wesen* keine wahre Wirklichkeit besitzt. Der Kampf gegen die Religion ist also unmittelbar der Kampf gegen *jene Welt,* deren geistiges *Aroma* die Religion ist. (. . .) Sie ist das *Opium* des Volks. Die Aufhebung der Religion als des *illusorischen* Glücks des Volkes ist die Forderung seines *wirklichen* Glücks. Die Forderung, die Illusionen über seinen Zustand aufzugeben, ist die *Forderung, einen Zustand aufzugeben, der der Illusionen bedarf.* (. . .) Es ist zunächst die *Aufgabe der Philosophie,* die im Dienste der Geschichte steht, nachdem die *Heiligengestalt* der menschlichen Selbstentfremdung entlarvt ist, die Selbstentfremdung in ihren *unheiligen Gestalten* zu entlarven. Die Kritik des Himmels verwandelt sich damit in die Kritik der Erde, die *Kritik der Religion* in die *Kritik des Rechts,* die *Kritik der Theologie* in die *Kritik der Politik.*«[16]

Solcherweise die Illusionen der Religionskritik aufdeckend, die sich die Macht der selbständigen Aufhebung der menschlichen Knechtschaft anmaßt, wiederholt Marx die Kritik der deutschen Verhältnisse; in Deutschland haben sich alle Umstürze lediglich innerhalb der Philosophie ereignet, Deutschland ist ein politischer Anachronismus, der unter allen Mängeln des modernen *ancien régime* leidet, doch keines seiner Vorzüge kennt. Bedingung der Emanzipation Deutschlands ist jedoch das schonungslose Bewußtsein seiner wirklichen Lage. »Man muß den wirklichen Druck noch drückender machen, indem man ihm das Bewußtsein des Drucks hinzufügt, die Schmach noch schmachvoller, indem man sie publiziert. (. . .) Man muß diese versteinerten Verhältnisse dadurch zum Tanzen zwingen, daß man ihnen ihre eigne Melodie vorsingt! Man muß das Volk vor sich selbst *erschrecken* lehren, um ihm *Courage* zu machen.«[17] Die Revolution in Deutschland wäre die Verwirklichung der deutschen Philosophie durch ihre Aufhebung. Doch die Verwirklichung der Philosophie kann sich ausschließlich im Bereich der materiellen Praxis vollziehen. »Die Waffe der Kritik kann allerdings die Kritik der Waffen nicht ersetzen, die materielle Gewalt muß gestürzt werden durch materielle Gewalt, allein auch die Theorie wird zur materiellen Gewalt, sobald sie die Massen ergreift. Die Theorie ist fähig, die Massen zu ergreifen, sobald sie *ad hominem* demonstriert, und sie demonstriert *ad hominem,* sobald sie radikal wird. Radikal sein ist die Sache an der Wurzel fassen. Die Wurzel für den Menschen ist aber der Mensch selbst.«[18]

Die gesellschaftliche Revolution kann nur von einer Klasse durchgeführt werden, deren partikulares Interesse mit dem Interesse der ganzen Gesellschaft zusammenfällt, deren Rückforderungen die allgemeinen Bedürfnisse repräsentieren. Diese Klasse aber ist das Proletariat, die

Schicht der Gesellschaft, »welche einen universellen Charakter durch ihre universellen Leiden besitzt und kein *besondres Recht* in Anspruch nimmt, weil kein *besondres Unrecht*, sondern das *Unrecht schlechthin* an ihr verübt wird (. . .), welche sich nicht emanzipieren kann, ohne sich von allen übrigen Sphären der Gesellschaft und damit alle übrigen Sphären der Gesellschaft zu emanzipieren, welche mit einem Wort der *völlige Verlust* des Menschen ist, also nur durch die *völlige Wiedergewinnung des Menschen* sich selbst gewinnen kann.«[19]

Mit anderen Worten: die Befreiung des Proletariats ist zugleich die Aufhebung des Proletariats als einer separaten Klasse und die Aufhebung der Klassenscheidung überhaupt durch die Aufhebung des Privateigentums. Marx glaubt, daß Deutschland das Land sei, das zur Ingangsetzung der proletarischen Revolution berufen sei, weil in Deutschland alle Widersprüche der modernen Welt konzentriert seien, verflochten mit den Widersprüchen der Feudalwelt. Die Aufhebung der besonderen Form der Unterdrückung würde demnach in Deutschland gleichbedeutend sein mit der Aufhebung der Unterdrückung überhaupt, die allgemeinmenschliche Emanzipation. »Der *Kopf* dieser Emanzipation ist die *Philosophie*, ihr *Herz* das *Proletariat*. Die Philosophie kann sich nicht verwirklichen ohne die Aufhebung des Proletariats, das Proletariat kann sich nicht aufheben ohne die Verwirklichung der Philosophie.«[20]

Es ist bemerkenswert, daß die Idee der besonderen Sendung des Proletariats als einer Klasse, die sich nicht selbst befreien kann, ohne zugleich die Gesellschaft als Ganzes zu befreien, bei Marx zuerst mehr das Ergebnis einer philosophischen Deduktion denn als Resultat der Beobachtung erscheint. Marx hat seinen Aufsatz in einer Zeit geschrieben, als sein Kontakt mit der realen Arbeiterbewegung noch gering war. Er hat in ihm nichtsdestoweniger ein Prinzip formuliert, das zur dauerhaften Grundvoraussetzung seiner Gesellschaftsphilosophie werden sollte. Bald darauf formulierte er dann die Idee des Sozialismus, der nicht in der Ersetzung einer Form des politischen Lebens durch eine andere bestünde, sondern in der Aufhebung des Bereichs des Politischen überhaupt.

In den Artikeln, die in der Pariser Emigranten-Wochenzeitschrift »Vorwärts« im Jahr 1844 erschienen sind, sagt er, daß es keine soziale Revolution mit politischer Seele geben könne, daß es dagegen eine politische Revolution mit sozialer Seele gebe. Die Revolution als solche ist ein politischer Akt, den Sozialismus kann man nicht ohne Revolution erreichen. Dieses politischen Aktes bedarf der Sozialismus jedoch zum Sturz der alten Ordnung. »Wo aber seine organisierende Tätigkeit beginnt, wo sein Selbstzweck, seine *Seele* hervortritt, da schleudert der Sozialismus die politische Hülle weg.«[21]

Man muß auf den Umstand hinweisen, daß sich das sozialistische

Programm Marxens von Anfang an und immerzu keineswegs auf der Abschaffung des individuellen Lebens oder der »Nivellierung« der Singularität zugunsten des Abstraktums »Gemeinwohl« basierte, wessen ihn seine Gegner wiederholt beschuldigten. Eine derartige Vorstellung von Sozialismus war in der Tat kennzeichnend für viele primitiv-kommunistische Lehren und taucht sowohl in den Utopien der Renaissance wie der Aufklärung auf, die von den Traditionen des klösterlichen Kommunismus gezeichnet sind, wie auch in der sozialistischen Literatur der vierziger Jahre des 19. Jahrhunderts. Für Marx stellt der Sozialismus im Gegenteil die Emanzipation des individuellen Lebens in seiner ganzen Fülle dar, und zwar durch die Aufhebung der Mystifikation, die das gemeinschaftliche Leben zu einer entfremdeten Sphäre macht, die von den entfremdeten Schichten der Staatsbürokratie geschützt wird. Marxens Ideal ist die sich des gesellschaftlichen Charakters der eigenen Persönlichkeit voll bewußte Person, die dank dessen fähig wäre, ihre persönlichen Talente in ihrer ganzen Mannigfaltigkeit zu entwickeln. Es geht keineswegs um die Reduzierung der Individuen auf ein universelles Gattungswesen, sondern um eine menschliche Gemeinschaft, in der die Quelle der Antagonismen zwischen den Individuen beseitigt wären; die Wurzeln dieser Antagonismen liegen nämlich, nach Marx, in der gegenseitigen Isolierung der Menschen, die unausweichlich ist unter Verhältnissen, in denen das politische Leben ein von der Gesellschaft abgetrennter ziviler Bereich ist und das Privateigentum des Menschen die eigene Singularität nur im Gegensatz zu anderen Individuen zu affirmieren erlaubt.

Die Kritik der bestehenden Gesellschaft ist bei Marx somit von Anfang an sinnvoll nur in ihrer Bezogenheit auf seine Vision einer neuen Welt, in der der gesellschaftliche Sinn des persönlichen Lebens für jeden Einzelnen unmittelbar einsichtig wird und das persönliche Leben sich dabei nicht in der farblosen Homogenität der Gesellschaft auflöst. Diese Kritik geht somit davon aus, daß eine vollkommene Identität des gemeinschaftlichen und individuellen Interesses möglich ist; daß die Beseitigung der privaten, »egoistischen« Motivationen im menschlichen Verhalten möglich ist zugunsten der vollentwickelten solidarischen Verbundenheit mit der »Totalität«, daß, mit einem Wort, eine Gesellschaft, in der alle Quellen des Konflikts, der Aggression und des Bösen von Grund auf ausgemerzt worden sind, nicht nur denkbar ist, sondern uns bereits hinter der nächsten Geschichtskurve erwartet.

Sechstes Kapitel

Die Manuskripte von 1844. Die Theorie der entfremdeten Arbeit. Der junge Engels

1844 bereitete Marx in Paris eine Abhandlung vor, die der Kritik der politischen Ökonomie und dem Versuch einer allgemeinen, philosophischen Analyse der ökonomischen Grundbegriffe: Kapital, Grundrente, Arbeit, Eigentum, Geld, Bedürfnisse, Arbeitslohn, gewidmet sein sollte. Der nicht abgeschlossene Text dieser Abhandlung, der erst 1932 veröffentlicht wurde und unter dem Titel »Ökonomisch-philosophische Manuskripte aus dem Jahre 1844« bekannt ist, wurde nach seiner Veröffentlichung, ungeachtet seines skizzenhaften Charakters, zu einer der wichtigsten Quellen, auf die sich die Forscher der Marxismusevolution berufen. Er stellt in der Tat den Versuch der Erfassung des Sozialismus als einer ganzheitlichen Weltanschauung dar, nicht nur als eines Programms der gesellschaftlichen Reform, also den Versuch der Integration der ökonomischen Kategorien in die philosophisch interpretierte Relation von Mensch und Natur, wobei diese Relation die Ausgangssituation auch für die Erörterung erkenntnistheoretischer und metaphysischer Fragen bildet.

Marxens Ausgangspunkt sind diesmal nicht nur deutsche Philosophen und sozialistische Autoren, sondern auch die Begründer der politischen Ökonomie, deren Werke er zu studieren begonnen hatte: Quesnay, Smith, Ricardo, Say, James Mill.

Völlig verfehlt wäre selbstverständlich die Vermutung, man könnte aus den »Manuskripten« den ganzen Gehalt des »Kapital« herauslesen. Nichtsdestoweniger ist es der erste Umriß eines einzigen Buches, an dem Marx bis an sein Lebensende schreiben wird und dessen Endversion das »Kapital« darstellt. Es gibt wesentliche Gründe, die dafür sprechen, daß diese letzte Version keineswegs die Negation der ersten, sondern deren Entwicklung darstellt. In den »Manuskripten« fehlt die Werttheorie und Mehrwerttheorie, das also, was als die Grundlage des Marxismus in seiner »reifen« Variante angesehen wird. Die Werttheorie in ihrer spezifisch Marxschen Gestalt (d. h. zusammen mit der Unterscheidung von abstrakter und konkreter Arbeit sowie mit der Anerkennung des Warencharakters der Arbeitskraft) ist jedoch nichts anderes als die definitive Version der Theorie der entfremdeten Arbeit.

1. Die Kritik an Hegel. Arbeit als Fundament der Menschheit

Den negativen Bezugspunkt für Marx stellt Hegels »Phänomenologie des Geistes« dar, vor allem die Theorie der Entfremdung und der Arbeit als eines Entfremdungsprozesses. Die Größe der Hegelschen Dialektik der Negativität besteht für Marx darin, daß sie den Prozeß der menschlichen Selbsterzeugung als sukzessive Phasen von Entfremdung und ihres Aufhebens begreift. Der Mensch offenbart nach Hegel sein Gattungswesen ausschließlich in der Weise, daß er sich erst auf die eigenen Kräfte in vergegenständlichter Form bezieht, um sie danach gleichsam von außen sich wieder anzueignen. Die Arbeit als Verwirklichung des menschlichen Wesens besitzt für Hegel also ausschließlich einen positiven Sinn, ist das Werden der Menschheit durch ihre Entfremdung. Das menschliche Wesen fällt für Hegel jedoch mit dem Selbstvertrauen zusammen und die Arbeit mit dem geistigen Handeln, somit ist der Entfremdungsprozeß in seiner ursprünglichen Form die Entfremdung des Selbstbewußtseins und jegliche Gegenständlichkeit – entfremdetes Selbstbewußtsein. Die erneute Aneignung des eigenen Wesens durch den Menschen ist somit die Aufhebung des Gegenstandes und dessen Rückkehr in die geistige Natur des Menschen. Die Integration des Menschen mit der Natur vollzieht sich auf der Ebene des Geistes und ist, aus diesem Grund, für Marx nur abstrakt und scheinbar.

Marx begreift hingegen, sich auf Feuerbach berufend, bei der Betrachtung der Menschheit die Arbeit im Sinne des sinnlichen Umgangs mit der Natur als die Ausgangssituation. Die Arbeit ist die Bedingung jeglicher geistigen Tätigkeit des Menschen, und in der Arbeit erzeugt der Mensch sowohl sich selbst wie die Natur, das Objekt seines Schaffens. Die Gegenstände der menschlichen Bedürfnisse, also die Gegenstände, in denen der Mensch sein eigenes Wesen aufdeckt und verwirklicht, sind von ihm unabhängig; das bedeutet, daß der Mensch auch ein leidendes Wesen ist. Doch er ist auch ein Fürsichsein, nicht nur ein Naturwesen, daher existieren die Dinge für ihn nicht einfach so, wie sie ohne Rücksicht auf jene Situation des Menschliche-Objekte-Seins sind. »Weder sind also die *menschlichen* Gegenstände die Naturgegenstände, wie sie sich unmittelbar bieten, noch ist der *menschliche Sinn,* wie er unmittelbar *ist,* gegenständlich ist, *menschliche* Sinnlichkeit, menschliche Gegenständlichkeit.«[1] Die Aufhebung des Gegenstandes als eines entfremdeten kann somit, im Gegensatz zu Hegel, nicht die Aufhebung der Gegenständlichkeit überhaupt sein. Man kann die Möglichkeit der Wiederaneignung der Natur und des Gegenstandes durch die Menschen erst dann aufzeigen, wenn man die Weise erklärt, in der das wirkliche

Phänomen der Entfremdung entsteht, d. h., nachdem man den Mechanismus der entfremdeten Arbeit aufgedeckt hat.

2. Der gesellschaftliche und praktische Charakter der Erkenntnis

Weil die Arbeit für Marx die primäre Kategorie in der Charakterisierung des Menschen darstellt, d. h. der aktive Kontakt zur Natur, in dem der Mensch als tätig und leidend zugleich auftritt, ändert Marx auch seine Einstellung gegenüber den traditionellen erkenntnistheoretischen Fragen. Er kann weder die Rechtmäßigkeit der Kartesischen noch der Kantschen Fragen anerkennen; er kann nicht die Frage stellen, auf welche Weise der Übergang vom Akt des Selbstbewußtseins zum Objekt möglich sei, weil die Annahme der Selbstreflexion als eines uranfänglichen Aktes auf der Fiktion eines Subjektes basiert, das fähig wäre, sich selbst in seiner völligen Unabhängigkeit von seinem Sein in Natur und Gesellschaft zu erfassen. Auf der anderen Seite kann er auch nicht die Natur als eine vertraute Realität annehmen, um den Menschen und die menschliche Subjektivität als deren Produkt zu betrachten, wie wenn man eine Anschauung der an sich seienden Natur besitzen könnte, frei von der praktischen, menschlichen Beziehung zur Natur. Die Ausgangssituation ist ein aktiver Kontakt mit der Natur, und die beiden Seiten dieses Kontaktes, das menschliche selbstbewußte Sein und das Sein der Natur, sind erst in einer sekundären Abstraktion gegeben. Der Umgang des Menschen mit der Welt ist ursprünglich keine Anschauung, keine Kontemplation, keine passive Rezeption, in der die Dinge dem Subjekt ihre Abbilder übermittelten oder ihr Ansichsein in Partikel der subjektiven Wahrnehmung ummodeln würden. Die Wahrnehmung ist von Anfang an das Resultat der Kooperation von Natur und praktischer Einstellung des Menschen, in der die Menschen, die gesellschaftlichen Subjekte, sich zu den Dingen als zu ihren Gegenständen verhalten, als zu Dingen »für etwas«. »Der Mensch eignet sich sein allseitiges Wesen auf eine allseitige Art an, also als ein totaler Mensch. Jedes seiner *menschlichen* Verhältnisse zur Welt, Sehn, Hören, Riechen, Schmecken, Fühlen, Denken, Anschauen, Empfinden, Wollen, Tätigsein, Lieben, kurz, alle Organe seiner Individualität, wie die Organe, welche unmittelbar in ihrer Form als gemeinschaftliche Organe sind, sind in ihrem *gegenständlichen* Verhalten oder in ihrem *Verhalten zum Gegenstand* die Aneignung desselben. Die Aneignung der *menschlichen* Wirklichkeit, ihr Verhalten zum Gegenstand ist die *Betätigung der menschlichen Wirklichkeit.*«[2] »Das Auge ist zum *menschlichen* Auge geworden, wie sein *Gegenstand* zu einem gesellschaftlichen, *menschlichen*, vom Menschen für den Menschen herrührenden Gegenstand geworden ist. Die *Sinne* sind daher unmittelbar in ihrer Praxis *Theoretiker* geworden. Sie verhalten sich zu der *Sache* um der Sache willen, aber die Sache selbst ist ein *gegenständliches menschliches* Verhalten zu sich selbst und zum Menschen und umgekehrt.«[3] »Dem *Auge* wird ein Gegenstand anders als dem *Ohr*, und der Gegenstand des Auges *ist* ein andrer als der des *Ohrs*. Die Eigentümlichkeit jeder Wesenskraft ist gerade ihr *eigentümliches Wesen*, also auch die eigentümliche Weise ihrer Vergegenständlichung, ihres *gegenständlich-wirklichen*, lebendigen *Seins* (. . .) Wie für das unmusikalische Ohr die schönste Musik *keinen* Sinn hat, [kein] Gegenstand ist, weil mein Gegenstand nur die Bestätigung einer meiner Wesenskräfte sein kann, also nur so für mich sein kann, wie meine Wesenskraft als subjektive Fähigkeit für sich ist, weil der Sinn eines Gegenstandes für mich (nur Sinn für einen ihm entsprechenden Sinn hat) grade so weit geht, als *mein* Sinn geht, darum sind die *Sinne* des gesellschaftlichen Menschen *andre* Sinne wie die des ungesellschaftlichen.«[4]

Wie man sieht, greift Marx die Richtung des erkenntnistheoretischen Interesses auf, die sowohl bei Kant wie bei Hegel die philosophische Arbeit organisiert: Auf welche Weise kann das menschliche Bewußtsein sich in der Welt »bei sich« wiederfinden, ist die Aufhebung der Fremdheit zwischem dem rationalen Bewußtsein und der Welt, die einfach gegeben ist, die also in ihrer Unmittelbarkeit irrational ist, möglich und wie? Wenn wir dieser Frage eine so verallgemeinerte Gestalt geben, können wir sagen, daß Marx sie von der klassischen deutschen Philosophie geerbt hat. Doch seine Fragen sind im einzelnen anders, sie unterscheiden sich vor allem von den Kantschen. In der Kantschen Lehre ist die Fremdheit der Natur gegenüber dem freien und vernünftigen Subjekt unüberwindbar; der Dualismus der Erkenntnisinhalte, d. h. der grundsätzliche Unterschied zwischen dem Gegebenen und den apriorischen Formen, läßt sich nicht real beseitigen, die Mannigfaltigkeit der Erfahrungsdaten sich nicht rationalisieren. Das sich selbst bestimmende, also freie Subjekt stößt auf die Notwendigkeiten unterworfene Natur als auf das, was es eben nicht ist, als Irrationalität, mit der es sich abfinden muß. Auch die Ideale und die sittlichen Gebote können nicht aus der irrationalen Welt der Gegebenheiten abgeleitet werden, wodurch der Gegensatz von Ideal und Wirklichkeit unvermeidlich wird. Die Einheit der Welt, die Subjekt und Objekt, menschliche Freiheit und Notwendigkeit der Natur, Sinnlichkeit und Denken umfaßt, diese Einheit ist ein Grenzpostulat, das die Vernunft effektiv nicht zu erfüllen vermag, dessen Erfüllung sie allenthalben unendlich anstreben kann. Die Wirklichkeit bietet sich dem Subjekt mithin als permanente Grenze seiner gedanklichen Fähigkeiten und sittlichen Ideale dar. Für Hegel bedeutet der Kantsche Dualismus den Verzicht auf den Rationalismus, und das Postulat der Einheit, als unerreichbarer Grenze unendlicher Anstrengung, war für ihn das Beispiel einer antidialektischen Weltsicht; wenn der Zwiespalt der beiden Welten, an denen der Mensch teilhat, in jedem seiner kognitiven und moralischen Akte genauso drastisch ist, so ist das unendliche Streben nach seiner Aufhebung eine unendlich fruchtlose Unendlichkeit, die endlos dieselbe Unfähigkeit des Menschen zur Selbsttherapie der inneren Spaltung reproduziert. Daher will Hegel den Prozeß der allmählichen Aneignung des Seins durch das Subjekt auf dem Weg des sukzessiven Wiedererkennens der eigenen verborgenen Vernünftigkeit, d. h. seines geistigen Wesens, im Sein selbst beschreiben. Die Vernunft ist machtlos, sofern sie nicht die Vernünftigkeit in der Tatsächlichkeit des Seins selbst entdeckt, wenn sie sich damit abfindet, daß sie die eigene, auf sich selbst gerichtete Vollkommenheit züchten und zugleich die Bürde des unvernünftigen Seins tragen solle. Und wenn sie in der Welt selber die werdende Vernunft aufdeckt, wenn sie die Wirklichkeit als das Produkt des Selbstbewußtseins und als Ergebnis der selbstbegrenzenden Tätigkeit des Absoluten erkennt, dann wird sie fähig sein, die Welt der Subjektivität als ihr Eigentum zurückzuerstatten. Die Philosophie ist zu eben dieser Arbeit berufen.

Feuerbach scheint der erste gewesen zu sein, der Marx die Arbitrarität und Spekulativität der Lösung vor Augen geführt hatte, die der Hegelsche Idealismus anstelle des Kantschen Dualismus anbot. Hegel geht ganz einfach davon aus, daß das dingliche Sein das entfremdete Selbstbewußtsein ist, um auf diese Weise die Welt dem Selbstbewußtsein zurückzuerstatten. Doch das Selbstbewußtsein kann in der Selbstentfremdung nur die abstrakte Dingheit, nicht aber das reale Ding setzen; die Produkte dieser Selbstentfremdung gewinnen nur den Schein der Selbständigkeit, und wenn dieser Schein im menschlichen Leben den Menschen dominiert und ihm seine Herrschaft oktroyiert, ist es Aufgabe des Menschen, ihn auf seinen eigentlichen Platz zurückzuweisen, d. h. das Abstraktum im Abstraktum wiederzuerkennen. Der Mensch ist selber Natur, und wenn er sich in der Natur wiedererkennt, dann nicht in dem Sinne, daß er in ihr ein Gebilde des Selbstbewußtseins wiedererkennt, das absolut ursprünglich wäre gegenüber der Natur, sondern nur darin, daß die Natur im Prozeß der Selbsterzeugung des Menschen in der Arbeit zum Gegenstand *für* den Menschen wird, auf menschliche Weise wahrgenommener Gegenstand, der kognitiv nach Maßgabe der menschlichen Bedürfnisse organisiert ist und nur in der Kopplung mit dem praktischen Verhalten der Gattung gegeben ist. »Aber auch die *Natur*, abstrakt genommen, für sich, in der Trennung vom Menschen fixiert, ist für den Menschen *nichts.*«[5] Ist der aktive Dialog der menschlichen Gattung mit der Natur die Ausgangssituation, sind sowohl die Natur wie das Selbstbewußtsein, wie es der Erkenntnis gegeben ist, nur innerhalb dieses Dialogs gegeben, nicht aber in der Reinheit ihres Fürsichseins, so wird verständlich, daß man die Natur, wie sie uns gegeben ist, vermenschlichte Natur nennen darf, ähnlich wie das Selbstbewußtsein – Selbstbewußtsein der Natur. Der Mensch, als Produkt und Teil der Natur, verwandelt sie in einen Teil seiner selbst, die Natur ist das Material seiner Praxis und zugleich die Verlängerung seiner Physis. Unter diesem Gesichtspunkt wird es unmöglich, die Frage nach dem Schöpfer der Welt zu stellen, die Frage selbst geht nämlich von einer fiktiven Situation des Nicht-Seins von Natur und Welt aus, einer Situation, die man nicht wahrhaft als Ausgangspunkt unterstellen darf. »Wenn du nach der Schöpfung der Natur und des Menschen fragst, so abstrahierst du also vom Menschen und der Natur. Du setzest sie als *nichtseiend* und willst doch, daß ich sie als *seiend* dir beweise. Ich sage dir nun: Gib deine Abstraktion auf, so gibst du auch deine Frage auf . . .«[6] »Indem aber für den sozialistischen Menschen die *ganze sogenannte Weltgeschichte* nichts anders ist als die Erzeugung des Menschen durch die menschliche Arbeit, als das Werden der Natur für den Menschen, so hat er also den anschaulichen, unwiderstehlichen Beweis von seiner *Geburt* durch sich selbst, von seinem *Entstehungsprozeß*. Indem die *Wesenhaftigkeit* des Menschen und der Natur, indem der Mensch für den Menschen als Dasein der Natur und die Natur für den Menschen als Dasein des Menschen praktisch, sinnlich anschaubar geworden ist, ist die Frage nach einem *fremden* Wesen, nach einem Wesen über der Natur und dem Menschen . . . praktisch unmöglich geworden. Der *Atheismus*, als Leugnung dieser Unwesentlichkeit, hat keinen Sinn mehr, denn der Atheismus ist eine *Negation des Gottes* und setzt durch diese Negation das *Dasein des Menschen*; aber der Sozialismus als Sozialismus bedarf einer solchen Vermittlung nicht mehr; er beginnt von dem *theoretisch und praktisch sinnlichen Bewußtsein* des Menschen und der Natur als des *Wesens*. Er ist *positives*, nicht mehr durch die Aufhebung der Religion vermitteltes *Selbstbewußtsein* des Menschen, wie das *wirkliche Leben* positive, nicht mehr durch die Aufhebung des Privateigentums, den *Kommunismus*, vermittelte Wirklichkeit des Menschen ist.«[7]

Man sieht hieraus, daß für Marx die erkenntnistheoretischen Fragen ihre Rechtmäßigkeit ebenso verlieren wie die metaphysischen. Der Mensch kann die Welt nicht mehr aus der Totalität des menschlichen Verhaltens herausschälen, weil das erkennende Subjekt eine Qualität des ganzheitlichen Subjekts ist, des aktiven Teilnehmers an der Natur. Der menschliche Koeffizient ist in einer Natur präsent, wie sie für den Menschen ist, und auf der anderen Seite kann der Mensch im Umgang mit der Welt den eigenen passiven Bestandteil nicht aufheben. In diesem Punkt richtet sich Marxens Denken mithin sowohl gegen die Hegelsche Orientierung eines Selbstbewußtseins, das den Gegenstand als eigene

Entäußerung setzt, wie gegen die herkömmlichen Materialismusversionen, für die der Erkenntnisakt an der Quelle eine passive Rezeption des Objekts darstellte, seine Umgestaltung zu einem subjektiven Inhalt. Den eigenen Standpunkt bezeichnete Marx als »durchgeführten Naturalismus« oder auch als einen Humanismus, der sich, wie er sagte, »sowohl von dem Idealismus, als dem Materialismus unterscheidet und zugleich ihre beide vereinigende Wahrheit ist«.[8] Es ist ein anthropozentrischer Standpunkt, der in der vermenschlichten Natur gleichsam das Gegenglied der praktischen Intention des Menschen sieht, weil aber die menschliche Praxis gesellschaftlichen Charakter besitzt, sind auch ihre kognitiven Ergebnisse, das Bild der Natur, ein Werk des gesellschaftlichen Menschen. Das menschliche Bewußtsein ist lediglich der gedankliche Ausdruck der gesellschaftlichen Beziehung zur Natur und muß als Produkt der gemeinschaftlichen Gattungstätigkeit begriffen werden. Solcherweise müssen auch die Deformationen des Bewußtseins nicht durch die Bewegung des Bewußtseins selbst, nicht durch seine Fehlgeleitetheit oder Unvollkommenheit erklärt werden, sondern es gilt, ihre Quellen in ursprünglicheren Prozessen zu entdecken, namentlich in der Entfremdung der Arbeit.

3. Die Entfremdung der Arbeit. Der entmenschte Mensch

Marx betrachtet den Entfremdungsprozeß der Arbeit auf dem Boden der entwickelten Form der kapitalistischen Verhältnisse, d. h. jener, unter denen auch das Grundeigentum allen Gesetzen der Marktwirtschaft unterworfen ist. Das Privateigentum ist seiner Auffassung nach die Folge, nicht aber die Ursache der entfremdeten Arbeit; eine Erklärung für den Beginn dieser Entfremdung enthält das überlieferte Manuskript nicht. In den entwickelten Verhältnissen der kapitalistischen Aneignung drückt sich die Entfremdung der Arbeit darin aus, daß dem Arbeiter sowohl die Tätigkeit wie die Produkte dieser Tätigkeit entfremdet werden. Die Arbeit wurde zu einer Ware unter anderen Waren, was bedeutet, daß der Arbeiter selbst zur Ware wurde und gezwungen ist, sich zu Marktpreisen zu verkaufen, die von seinem Existenzminimum bestimmt sind; daher die stete Tendenz des Arbeitslohns, auf das niedrigste Niveau zu sinken, das gerade noch ausreicht, um den Arbeiter am Leben zu erhalten und seine Fortpflanzung zu gewährleisten. Im Produktionsprozeß reproduziert sich eine ähnliche Situation, wie die, die Feuerbach beschrieb, als er den Prozeß der Erschaffung der Götter im menschlichen Bewußtsein analysierte; der Arbeiter wird um so ärmer, je mehr Reichtümer er produziert; der Wertzuwachs der Dingwelt entspricht dem Wertverfall des Menschen, der sie produziert. Der Arbeitsgegenstand widersetzt sich dem Arbeitsprozeß selbst als ein fremdes Ding, das vom Erzeuger unabhängig, verselbständigt ist. Je stärker der Arbeiter sich die Natur aneignet, desto mehr beraubt er sich der Mittel zum Leben. Doch nicht nur das *Arbeitsprodukt* wird dem Subjekt entfremdet. Auch die Arbeit selbst ist eine entfremdete, denn sie stellt keine Selbstaffirmation dar, sondern, im Gegenteil, einen auszehrenden Prozeß, Quelle seines Unglücks. Der Arbeiter arbeitet nicht, um das eigene Arbeitsbedürfnis zu befriedigen, sondern um sich am Leben zu erhalten. Bei sich fühlt sich der Arbeiter nicht im Arbeitsprozeß, d. h. nicht beim Vollzug jener spezifisch menschlichen Tätigkeiten, sondern nur in seinen tierischen Funktionen, wenn er ißt, schläft, Kinder zeugt. Wenn aber die Arbeit das auszeichnende Merkmal des Menschen ist (im Unterschied zu den Tieren produziert »der Mensch selbst frei vom physischen Bedürfnis« und »erst wahrhaft [. . .] in der Freiheit von demselben«[9]), ist daher die Entfremdung der Arbeit zugleich die Entmenschung des Arbeiters, sie beraubt ihn der Möglichkeit, Mensch zu sein, d. h. dessen, Produzent in menschlicher Weise zu sein. Der Arbeiter geht seines menschlichen Lebens verlustig, die Arbeit stellt sich ihm nämlich als fremder Prozeß dar, und sein menschliches Wesen wird auf die biologischen Tätigkeiten reduziert. Das Gattungsleben – die Arbeit – wird dadurch ausschließlich zum Mittel seines individuellen tierischen Lebens, das gesellschaftliche Wesen des Menschen sinkt in die Rolle eines Werkzeugs seiner individuellen Existenz. Die entfremdete Arbeit entreißt dem Menschen sein Gattungsleben, bewirkt somit, daß er den anderen entfremdet wird, inhibiert die menschliche Gemeinsamkeit und reduziert das Leben auf das Spiel zerstrittener Egoismen. Das Privateigentum, das aus der entfremdeten Arbeit hervorgeht, wird seinerseits selber zur Quelle steigender Entfremdung und reproduziert diese unaufhörlich aufs neue.

Die Verdinglichung des Arbeiters, der Umstand, daß seine persönlichen Qualitäten, seine Muskeln und sein Gehirn, seine Fähigkeiten und Aspirationen zu einem Ding, zu einer zum Kauf und Tausch angebotenen Ware werden, bewirkt keineswegs, daß der Besitzende dadurch Bedingungen der Freiheit und Menschlichkeit garantiert hätte. Im Gegenteil, der Prozeß der Verdinglichung umfaßt auf andere Weise auch den Kapitalisten und entäußert ihn seiner Persönlichkeit. So wie der Arbeiter auf seine tierische Natur reduziert wird, reduziert der Kapitalist sich unausweichlich auf die abstrakte Kraft des Geldes, wird zu dessen persönlichem Repräsentanten, und seine menschlichen Eigenschaften nehmen die Gestalt der dem Geld inhärenten Kräfte an. »So groß die Kraft des Geldes, so groß ist meine Kraft. Die Eigenschaften des Geldes sind meine – seines Besitzers – Eigenschaften und Wesenskräfte. Das, was ich *bin* und *vermag*, ist also keineswegs durch meine Individualität bestimmt. Ich *bin* häßlich, aber ich kann mir die *schönste* Frau kaufen.

Also bin ich nicht *häßlich,* denn die Wirkung der *Häßlichkeit,* ihre abschreckende Kraft ist durch das Geld vernichtet. Ich – meiner Individualität nach – bin *lahm,* aber das Geld verschafft mir 24 Füße; ich bin also nicht lahm; ich bin ein schlechter, unehrlicher, gewissenloser, geistloser Mensch, aber das Geld ist geehrt, also auch sein Besitzer. Das Geld ist das höchste Gut, also ist sein Besitzer gut.«[10]

Aufgrund der Entfremdung sind das Gattungsleben des Menschen und die menschliche Gemeinschaft und dadurch auch das persönliche Leben gelähmt. In der entwickelten kapitalistischen Gesellschaft ist die *gesamte* gesellschaftliche Unfreiheit, sind alle Formen der Entfremdung in der Beziehung des Arbeiters zur Produktion enthalten, daher ist die Emanzipation der Arbeiter nicht einfach *ihre* Emanzipation als einer Klasse, die ihre partikularen Interessen besitzt, sondern die Emanzipation der Gesellschaft als Ganzheit und der Menschheit als solcher.

Doch die Befreiung des Arbeiters beruht nicht einfach auf der Negation des Privateigentums. Der Kommunismus, also eben diese Negation, besitzt verschiedene Formen. Marx betrachtete u. a. den primitiven totalitären Egalitarismus der frühkommunistischen Utopien. Es ist in seinen Augen ein Kommunismus, der alles abschaffen möchte, was nicht Privateigentum aller werden kann, also alles, was die Individuen auszeichnen könnte, der die Talente liquidieren, überhaupt die gesamte menschliche Persönlichkeit auslöschen möchte und mit ihr die gesamte Kultur. Ein so verstandener Kommunismus ist keineswegs die Aneignung der entfremdeten Welt, sondern im Gegenteil eine extreme Steigerung dieser Entfremdung, indem er alle in die gegenwärtige Situation der Arbeiter stürzen würde. Der Kommunismus als *positive* Aufhebung des Privateigentums, als Aufhebung der Selbstentfremdung, soll die Aneignung des eigenen Gattungswesens »durch und für den Menschen« sein, die Rückkehr des Menschen zu sich als eines gesellschaftlichen Wesens. Dieser Kommunismus löst den Konflikt zwischen Mensch und Mensch, Essenz und Existenz, Individuum und Gattung, zwischen Freiheit und Notwendigkeit auf. Worin besteht aber jene *positive* Aufhebung des Privateigentums? Marx suggeriert selber die Analogie mit der Aufhebung der Religion: So wie der Atheismus seinen Sinn in dem Augenblick verliert, in dem die Affirmation des Menschen nicht mehr negativ von der Negation der Gottheit abhängig ist, ist der Sozialismus im vollen Sinn die unmittelbare Bestätigung der Menschheit, ohne negative Unabhängigkeit vom Privateigentum, ist also – sicherlich – ein Zustand, in dem das Problem des Eigentums selbst erloschen und aus dem Bewußtsein verbannt sein wird. Der Sozialismus kann nur das Ergebnis eines langwierigen und brutalen Geschichtsprozesses sein, doch ist er in seiner vollen Gestalt die totale Emanzipation des menschlichen Wesens, aller menschlichen Qualitäten und Vermögen. In der sozialistischen neuen Produktionsweise wird »an die Stelle des nationalökonomischen *Reichtums* und *Elendes* der *reiche Mensch* und das reiche *menschliche* Bedürfnis« treten. Und »der *reiche* Mensch ist zugleich der einer Totalität der menschlichen Lebensäußerung *bedürftige* Mensch«.[11] Während also der Anstieg der menschlichen Bedürfnisse unter den Bedingungen der entfremdeten Arbeit eine Vertiefung der Entfremdungsphänomene nach sich zieht (der Produzent versucht die Bedürfnisse mit künstlichen Mitteln zu steigern und den Menschen in steigendem Maße von einer wachsenden Menge an Produkten abhängig zu machen, die in dieser Situation nur die Menge seiner Unfreiheit vermehren), besteht der Reichtum an Bedürfnissen unter den Bedingungen des Sozialismus im wirklichen Reichtum des Menschen.

Die »Ökonomisch-philosophischen Manuskripte« sind, wie man sieht, der Versuch der Begründung des Sozialismus als Verwirklichung des menschlichen Wesens, zugleich wird der Sozialismus in diesem Text jedoch nicht als Ideal schlechthin dargestellt, sondern als Forderung des genuinen Geschichtsprozesses. Aus diesem Grund hält Marx auch weder Privateigentum noch Arbeitsteilung noch menschliche Entfremdung für einen »Fehler«, den man in einem beliebigen Augenblick abschaffen könnte, wenn die Menschen zur adäquaten Kenntnis der eigenen Lage gelangen, sondern für die unverzichtbare Bedingung ihrer künftigen Emanzipation. Die Sozialismus-Vision der »Manuskripte«, die im übrigen ziemlich pauschal ist, sieht dagegen die *totale* und *vollkommene* Versöhnung des Menschen mit sich selbst und mit der Natur vor, geht davon aus, daß die völlige Identifikation von menschlichem Wesen und menschlicher Existenz in der Zukunft erreichbar sei, d. h. die volle Harmonie der menschlichen Bestimmung mit dem empirischen Dasein der Menschen. Man müßte meinen, daß eine so gesehene sozialistische Gesellschaft der Ort der vollen Befriedigung der Bedürfnisse sein müßte, also eine endgültige Gesellschaft, die keiner weiteren Entwicklung mehr bedürfte oder die der Impulse für eine solche ledig wäre. Marx drückt seine Sozialismusvision nicht mit diesen Worten aus, doch grenzt er sie auch nicht gegen eine solche Auslegungsmöglichkeit ab, und die Suggestion, daß man seine Gedanken auf eben diese Weise interpretieren darf, ergibt sich daraus, daß er den Sozialismus als Abschaffung aller Quellen zwischenmenschlicher Konflikte ansieht sowie als einen Zustand, in dem das empirische Leben den »Menschen« in seinem Wesen verwirklicht. Der Kommunismus ist, wie er schreibt, »das aufgelöste Rätsel der Geschichte und weiß sich als diese Lösung«.[12] Es fragt sich daher, ob die Lösung des Rätsels der Geschichte nicht mit dem Ende der Geschichte gleichbedeutend ist.

4. Die Feuerbachkritik

Bestätigung und gewissermaßen Krönung der Philosophie der »Manuskripte« sind die Marxschen »Thesen über Feuerbach«, geschrieben im Frühjahr 1845, die Engels 1888 nach Marxens Tod veröffentlichte und die als *epitome* der neuen Weltanschauung gelten. Sie gehören zu den meistzitierten Marx-Texten. Die »Thesen« sind die ausdrücklichste Formulierung des Marxschen Gegensatzes zum Feuerbachschen Materialismus, vor allem durch eine Praxiskonzeption, die dessen rein kontemplativer Erkenntnistheorie entgegengesetzt ist, und durch eine Sinnveränderung der religiösen Entfremdung. Marx wirft Feuerbach und allen bisherigen Materialisten vor, daß sie den Gegenstand nur in der Form der Anschauung erfaßten, nicht aber als »*sinnlich menschliche Tätigkeit, Praxis,* nicht subjektiv«, infolgedessen »die *tätige* Seite abstrakt im Gegensatz zu dem Materialismus von dem Idealismus – der natürlich die wirkliche, sinnliche Tätigkeit als solche nicht kennt«[13], entwickelt worden sei. In diesem Vorwurf wiederholt sich der in den »Manuskripten« erörterte Gedanke: Die Anschauung selbst ist Bestandteil des praktischen Verhaltens des Menschen zur Welt, und folglich ist auch der Gegenstand dieser Anschauung ein »vermenschlichter« Gegenstand, erfaßt innerhalb des Horizonts der menschlichen Bedürfnisse und Tätigkeiten, nicht aber eine fertige Gegebenheit der gleichgültigen Natur. Derselbe praxisbezogene Standpunkt kommt in der Weigerung zum Ausdruck, den spekulativen Streit über die Koinzidenz von Denken und Gegenstand des Denkens fortzuführen: »In der Praxis muß der Mensch die Wahrheit, i. e. Wirklichkeit und Macht, Diesseitigkeit seines Denkens beweisen. Der Streit über die Wirklichkeit oder Nichtwirklichkeit des Denkens – das von der Praxis isoliert ist – ist eine rein *scholastische* Frage.«[14] Wie man vermuten darf (und die Ausführungen der »Deutschen Ideologie« werden es bestätigen), bleibt für Marx die Erkenntnisfunktion der Praxis nicht darauf beschränkt, daß die erfolgreiche Praxis die Übereinstimmung zwischen unserem Wissen und dem faktischen Tatbestand bestätigt, noch darauf, daß sie – als Ziel – den Umkreis der menschlichen Interessen bestimmt; es geht auch darum, daß die Wahrhaftigkeit selbst »Wirklichkeit und Macht« des Gedankens darstellt, mit anderen Worten, daß das wahr ist, worin der Mensch sich selbst als »gattungsmäßiges Sein« bestätigt. Daher bezeichnet Marx den Streit um die »Wirklichkeit« des reinen Gedankenaktes, d. h. die Kartesische Frage, als »scholastische«. Die erkenntnistheoretische Frage ist, genaugenommen, keine Frage, weil der reine Wahrnehmungs- oder Denkakt, der in ihr vorausgesetzt wird, ganz einfach eine spekulative Fiktion ist. Wenn das Bewußtsein, das zu seinem Selbstverständnis gelangt ist, sich als Koeffizient des praktischen Verhaltens auffaßt, werden die Fragen, die man dem Bewußtsein nach dem Sinn seiner eigenen Unternehmungen stellen kann, auch zu Fragen nach seiner Effizienz im Dienst des gesellschaftlichen Lebens der Menschen.

Zum zweiten wiederholt Marx in den »Thesen« die Kritik an der Feuerbachschen Religionskritik; diese Theorie führt die religiöse Welt zwar auf ihre irdische Grundlage zurück, erklärt jedoch nicht jene innere Zerrissenheit durch die Selbstzerrissenheit der menschlichen Situation in der Welt, aus dem Grund ist sie auch unfähig, eine wirksame Therapie für das Bewußtsein anzubieten, das Bewußtsein kann sich nämlich nur dadurch von der Mystifikation befreien, indem die Negativitäten des gesellschaftlichen Lebens, aus denen es hervorgeht, in der Praxis beseitigt werden.

Gegenstand der Marxschen Kritik ist zum dritten die Feuerbachsche Auffassung vom menschlichen Wesen als »dem einzelnen Individuum innewohnendes Abstraktum«, während das menschliche Wesen »in seiner Wirklichkeit . . . das ensemble der gesellschaftlichen Verhältnisse«[15] ist. Infolge dieser Auffassung geht Feuerbach von einem Individuum aus, das von seinen Gattungseigenschaften getrennt ist, und reduziert die Bindung zwischen den Menschen auf die natürliche Bindung. Denselben Standpunkt drückt die 10. These aus, die wesentliche Gedanken wiederholt, welche bereits in dem Aufsatz »Zur Judenfrage« enthalten waren: »Der Standpunkt des alten Materialismus ist die bürgerliche Gesellschaft, der Standpunkt des neuen die menschliche Gesellschaft oder die gesellschaftliche Menschheit.«[16] Es ist dies die gleiche Forderung, die Marx zuvor formulierte: daß die bürgerliche Gesellschaft mit der politischen Gesellschaft zusammenfallen müsse, wodurch beide in ihrer bisherigen Gestalt zu existieren aufhörten; die erste werde nicht länger eine Menge zerstrittener Interessen sein, die zweite eine nur scheinbare und abstrakte Staatsgemeinschaft; der Mensch als wahre Gemeinschaft werde seine Gattungsnatur in sich zurücknehmen und seine Persönlichkeit als gesellschaftliche Persönlichkeit verwirklichen.

Wesentlich ist zum vierten die 3. These, die Marxens Opposition gegenüber den auf dem aufklärerischen Materialismus basierenden Lehren des utopischen Sozialismus Ausdruck verleiht. Es genüge nicht, zu sagen, die Menschen seien ein Produkt der Umstände und der Erziehung, denn Umstände und Erziehung seien auch ein Resultat der Menschen; wer nur das erste bekunde, sondiere »die Gesellschaft in zwei Teile – von denen der eine über ihr erhaben ist . . . Das Zusammenfallen des Änderns der Umstände und der menschlichen Tätigkeit oder Selbstveränderung kann nur als *revolutionäre Praxis* gefaßt und rationell verstanden werden.«[17]

Mit anderen Worten: Die Umgestaltung der Gesellschaft kann nicht ein Werk der Reformer sein, die die Bedürfnisse der Gesellschaft begriffen haben, sondern das Werk der grundlegenden Masse dieser Gesellschaft, deren partikulares Interesse mit dem allgemeinen Interesse identisch ist. In der revolutionären Praxis des Proletariats fallen »Erzieher« und »Erzogene« zusammen, die Entwicklung des Bewußtseins ist also zugleich der historische Prozeß der Weltveränderung, aufgehoben wird jegliche »Priorität« der Umstände gegenüber dem Bewußtsein oder des Bewußtseins gegenüber den Umständen. Es geht hierbei um »revolutionäre Praxis«, das heißt um eine Situation, in der die Arbeiterklasse zum Zentrum der geschichtlichen Initiative wird und nicht nur die Klasse ist, die sich gegen die Unterdrückung der besitzenden Klassen auflehnt und auf deren Vorgehen reagiert.

Derselbe Standpunkt der Praxis dominiert sowohl in der Konzeption der Erkenntnisfunktionen des Bewußtseins wie in ihrer Rolle im Geschichtsprozeß, wobei für Marx die praktische Orientierung der Menschen stets eine gesellschaftliche ist. »Alles gesellschaftliche Leben ist wesentlich *praktisch*« (8. These[18]). Darin besteht auch die Aufgabe der Philosophie, von der die 11. These spricht – der wohl am häufigsten zitierte Marxsche Satz: »Die Philosophen haben die Welt nur verschieden *interpretiert*, es kömmt drauf an, sie zu *verändern.*«[19]

Es wäre eine völlige Entstellung von Marx, wenn man diesen Satz so verstehen würde, daß die Erforschung der Gesellschaft irrelevant und einzig und allein die unmittelbare revolutionäre Tätigkeit von Bedeutung wäre, daß sich also, grob gesagt, das Studieren nicht lohne, sondern einzig und allein das Handeln. Der ganze Kontext der berühmten 11. These gibt ihr einen klaren Sinn: Es ist eine Formel, die den Standpunkt der »Philosophie der Praxis« in ihrem Gegensatz zur »kontemplativen« Hegelschen, aber auch zur Feuerbachschen am bündigsten formuliert, der Standpunkt also, den Heß (und durch seine Vermittlung Cieszkowski) Marx nahegebracht hat und der zum philosophischen Kristallisationspunkt des Marxismus wurde. Das Verstehen der Welt soll kein Beurteilen der Welt »von außen« sein, ihre moralische Bewertung oder wissenschaftliche Erklärung; es soll das Selbstverständnis der Gesellschaft sein, ein Akt also, in dem das Subjekt das Objekt durch den Akt seines Verstehens verändert, was nur dann möglich wird, wenn Objekt und Subjekt zusammenfallen, wenn die Differenz zwischen Zögling und Erzieher verschwindet, wenn der Gedanke selbst zum revolutionären Akt wird, zur Selbsterkenntnis des menschlichen Daseins.

5. Das frühe Schaffen von Engels

Seit 1844 datiert auch die Freundschaft und Zusammenarbeit Marxens mit Friedrich Engels, mit dem er zuvor nur flüchtig in Köln zusammengekommen war. Engels hatte eine ähnliche geistige Entwicklung durchgemacht wie Marx, wenngleich der Ausgangspunkt seiner frühesten Edukation ein anderer war. Er wurde am 28. 11. 1820 in Barmen (Westfalen) als Sohn eines Fabrikanten geboren. Engels wuchs in der dumpfen, bigotten Atmosphäre des Pietismus auf. Das konservative und fromme Elternhaus beeinflußte ihn jedoch nicht lange. Noch vor Abschluß des Gymnasiums begann er in der Handelsfirma seines Vaters zu arbeiten, und 1838 fuhr er nach Bremen zum kaufmännischen Praktikum. Der direkte Kontakt zu Industrie und Handel lenkte seine Aufmerksamkeit sehr bald auf die sozialen Probleme. Er eignete sich rasch im Selbststudium die liberaldemokratischen Ideen an und wurde vom junghegelschen Radikalismus angezogen. Er begann seine publizistische Tätigkeit 1839 in der Zeitschrift »Telegraph für Deutschland«, die Gutzkow in Hamburg herausgab, sowie im »Morgenblatt«, das in Stuttgart erschien. Er griff die deutsche Bigotterie und die Verlogenheit des pietistischen Bürgertums an und machte zugleich auf die Verhältnisse in der Industrie aufmerksam, auf die Unterdrückung und das Elend der Arbeiter. Eine Zeitlang blieb er noch mit dem Christentum verbunden, er stand der sentimentalen, pantheistischen Religiosität Schleiermachers nahe, wurde jedoch, vorwiegend unter dem Einfluß der Werke von David Friedrich Strauß, Atheist. Während des Militärdienstes in Berlin 1841 trat er dem Kreis der radikalen Philosophen bei und schrieb drei kleine Abhandlungen im linkshegelianischen Geist, die die Schellingsche Philosophie kritisierten. Bereits in der Zeit, als er sich selber als Kommunist bezeichnete, hielt er den Kommunismus für die natürliche Frucht der deutschen klassischen Philosophie. Gegen Ende des Jahres 1842 fuhr er in der Absicht nach Manchester, seine kaufmännische Ausbildung fortzusetzen. Dort widmete er die meiste Zeit der Erforschung der Lage der englischen Arbeiter und dem Studium der politischen Ökonomie und sozialistischen Lehren. In derselben Nummer der »Deutsch-Französischen Jahrbücher«, in der Marx die erwähnten beiden Aufsätze veröffentlichte, erschien auch Engels' Aufsatz »Umrisse zu einer Kritik der Nationalökonomie«. Engels wies dort auf, daß die Widersprüche der kapitalistischen Wirtschaft nicht auf dem Boden der Voraussetzungen dieser Wirtschaft beseitigt werden können, daß die periodischen Krisen der Überproduktion die unausweichliche Folge der freien Konkurrenz seien, daß die Konkurrenz selber zur Monopolwirtschaft führe, während das Monopol seinerseits neue Formen der Konkurrenz schaffe usw. Das Privateigentum erzeugt notwendigerweise den Antagonismus zwischen den Klassen und zwischen den Individuen innerhalb einer jeden Klasse sowie den unheilbaren Widerspruch zwischen dem Einzel- und Gemeininteresse. Die Anarchie der Produktion und ihre Folgen in Gestalt der Krisen sind dauerhaft mit dem System des Privateigentums verbunden.

Die Ökonomisten sind außerstande, diese Zwangsläufigkeit zu verstehen, sofern sie das Privateigentum verteidigen, und erfinden daher, wie Malthus, durch nichts gerechtfertigte Theorien, die vor allem dazu dienen, das soziale Übel auf andere Faktoren abzuwälzen, wie z. B. auf die im Verhältnis zum Produktionswachstum überschüssige natürliche Vermehrung der Bevölkerung. Die Aufhebung des Privateigentums ist die einzige Rettung der Menschheit vor Krisen, Elend und Ausbeutung. Eine planmäßig organisierte Produktion wird sowohl die soziale Ungleichheit wie die absurde Situation abschaffen, in der der Güterüberfluß die Ursache des Elends ist. »Wir vernichten den Widerspruch einfach dadurch, daß wir ihn aufheben. Mit der Verschmelzung der jetzt entgegengesetzten Interessen verschwindet der Gegensatz zwischen Übervölkerung hier und Überreichtum dort, verschwindet das wunderbare Faktum, wunderbarer als alle Wunder aller Religionen zusammen, daß eine Nation vor eitel Reichtum und Überfluß verhungern muß; verschwindet die wahnsinnige Behauptung, daß die Erde nicht die Kraft habe, die Menschen zu ernähren.«[20]

Die Erfahrungen seines fast zweijährigen Aufenthalts in England hat Engels in dem 1845 in Leipzig veröffentlichten Buch »Die Lage der arbeitenden Klasse in England« gesammelt. Es war ein für die damalige Zeit sensationelles Werk. Engels stellte darin allgemein die Auswirkungen der industriellen Revolution in England dar, schilderte auf dramatische Weise das bittere Elend des Großstadtproletariats, Hunger, Verwilderung und die verzweifelte Hoffnungslosigkeit des Lebens; zugleich schrieb er über die Arbeiterklasse nicht vom Standpunkt eines Philanthropen oder Moralisten, sondern leitete aus den Bedingungen ihres Lebens selbst die Perspektive des unausweichlichen sozialistischen Umsturzes ab, den diese Klasse aus eigenen Kräften innerhalb der nächsten Jahre zu vollbringen habe. Engels wollte somit die sozialistische Perspektive nicht auf einer allgemeinphilosophischen Reflexion über die menschliche Natur oder auf dem Bedürfnis nach der Zusammenbringung der menschlichen Existenz mit dem menschlichen Wesen aufbauen, sondern auf der empirischen Kenntnis der Verhältnisse der Arbeiterklasse und ihren Entwicklungstendenzen. Er prognostizierte das baldige Verschwinden des Mittelstandes und die fortschreitende Konzentration des Kapitals in England sowie einen heraufziehenden blutigen Krieg der Armen gegen die Reichen, einen Krieg, der sich nicht mehr verhindern lasse. Das Werk von Engels wurzelte in einem eindeutigen Klassenstandpunkt, wobei das Proletariat sich darin nicht nur als die am meisten leidende und unterdrückte Klasse präsentierte, sondern als diejenige Klasse, die zur Aufhebung jeglicher Unterdrückung berufen ist; zugleich betrachtete Engels, indem er mit einem Detailreichtum die Schändlichkeit der englischen Bourgeoisie schilderte, ihr Verhalten nicht einfach als das Ergebnis des moralischen Verfalls, sondern als unausweichlichen Bestandteil der Situation dieser Klasse, die gewissermaßen durch die Umstände des unerbittlichen Konkurrenzkampfes zur Maximierung der Ausbeutung genötigt war.

Siebtes Kapitel

Die heilige Familie

Die Pariser Begegnung zwischen Marx und Engels im August 1844 inaugurierte ihre vierzigjährige wissenschaftliche und politische Zusammenarbeit. In dieser Zusammenarbeit übertraf Marx Engels durch die Kraft der konsequenten Abstraktion, Engels wiederum Marx durch die unmittelbare Kenntnis der sozialen Realitäten und seine Fähigkeit, ständig in Kontakt mit der Empirie zu bleiben. Das erste Ergebnis ihres Zusammenwirkens war das Buch »Die heilige Familie oder Kritik der kritischen Kritik. Gegen Bruno Bauer und Konsorten«, das im Februar 1845 in Frankfurt am Main erschienen ist. Engels, der nach seinem kurzen Aufenthalt in Paris wieder nach Barmen zurückkehrte, hat im übrigen nur einen geringen Anteil an diesem Buch.

»Die heilige Familie« ist eine radikale und, so könnte man sagen, erbarmungslose Verabschiedung des Junghegelianismus. Es ist eine bissige, sarkastische und unloyale Abrechnung mit den einstigen Verbündeten, vor allem mit Bruno und Edgar Bauer. Das Buch ist langatmig, voll von kleinlichen Verspottungen, Kalauern, die von den Namen der Gegner abgeleitet sind, usw. Es soll die geistige Dürftigkeit und Naivität der Hegelschen »heiligen Familie«, den spekulativen Charakter ihrer Kritiken demonstrieren; es enthält – im Gegensatz zur späteren »Deutschen Ideologie« – nur wenige selbstentwickelte Analysen. Es ist jedoch ein wichtiges Dokument; es zeugt vom endgültigen Bruch mit dem Stil des junghegelianischen Radikalismus; *gegen* ihn nämlich – nicht aber als Ergänzung seiner Kritik – sprechen sich Marx und Engels für den Kommunismus als die Bewegung der Arbeiterklasse aus. Die Arbeit bekundet sogar in der Vorrede, daß der »*reale Humanismus* in Deutschland keinen gefährlicheren Feind (habe) als den *Spiritualismus* oder den *spekulativen Idealismus*, der an die Stelle des *wirklichen individuellen Menschen* das ›*Selbstbewußtsein*‹ oder den ›*Geist*‹ setzt«.[1]

»Die heilige Familie« bekräftigt in einigen wichtigen Punkten den bereits früher formulierten theoretischen Standpunkt Marxens, verleiht ihm jedoch einen stärkeren Ausdruck, in einigen anderen Punkten hingegen bringt das Buch wiederum neue Elemente ein.

1. Der Kommunismus als Tendenz der Geschichte. Das Bewußtsein des Proletariats

Deutlicher als bisher spricht Marx den Gedanken von der geschichtlichen Unvermeidbarkeit der Bewegung zum Kommunismus aus. Das Privateigentum erzeugt, durch sein bloßes Streben nach unbegrenztem Fortbestand, den eigenen Gegensatz: das Proletariat. In der Selbstentfremdung des Menschen, die vom Privateigentum vertieft wird, erfährt die besitzende Klasse eine Genugtuung, wird durch den Schein von Menschlichkeit befriedigt, während die arbeitende Klasse unter Depravierung und Ohnmacht leidet. Das Privateigentum strebt unbewußt, gegen den Willen der Besitzenden, zur Selbstzerstörung, weil das von ihm erzeugte Proletariat die ihrer selbst bewußte Entmenschung ist. Das Proletariat kehrt durch seinen Sieg die vorangegangene Situation nicht einfach um, indem es den Platz mit dem Besitzenden tauscht, es hebt vielmehr diese Situation auf, indem es sich selbst und zugleich seinen Gegensatz aufhebt. In seiner Lage konzentriert sich das Maximum an Unmenschlichkeit, aber auch das Bewußtsein dieser Unmenschlichkeit und die Notwendigkeit der Empörung. Das Elend des Proletariats bewirkt, daß es sich befreien muß, und es kann dies nicht, ohne zugleich »*alle* unmenschlichen Lebensbedingungen der heutigen Gesellschaft«[2] aufzuheben.

Der Nachdruck, den Marx dem Selbstbewußtsein des Proletariats im Prozeß seiner Befreiung verleiht, ist wichtig im Hinblick auf die später zuweilen gegen ihn geäußerten Einwände, er habe angeblich die Fatalität der Revolution verkündet, die sich gewissermaßen vermöge eines unpersönlichen Geschichtstriebs vollziehe, ohne Rücksicht auf die freie Tätigkeit des Menschen. In Wirklichkeit gibt es für Marx nicht das Dilemma: geschichtliche Notwendigkeit oder bewußtes Handeln, denn das Klassenbewußtsein des Proletariats ist in seiner Auffassung nicht nur die Bedingung der Revolution, sondern bereits selber ihr geschichtlicher Reifeprozeß. Das ist auch der Grund, weshalb er sich in der »Heiligen Familie« gegen jedwede Personifizierung der Geschichte als einer selbständigen Kraft ausspricht. Gerade für Bauer, behaupten die Autoren, verwandele sich die Geschichte in ein metaphysisches Subjekt, dessen Träger die wirklichen Individuen seien. Ihre Auffassung dagegen lautet: »*Die Geschichte* tut *nichts*, sie ›besitzt *keinen* ungeheuren Reichtum‹, sie ›kämpft *keine* Kämpfe‹! Es ist vielmehr *der Mensch*, der wirkliche, lebendige Mensch, der das alles tut, besitzt und kämpft; es ist nicht etwa die ›Geschichte‹, die den Menschen zum Mittel braucht, um *ihre* – als ob sie eine aparte Person wäre – Zwecke durchzuarbeiten, sondern sie ist *nichts* als die Tätigkeit des seine Zwecke verfolgenden Menschen.«[3] Diese Überlegungen bilden den Ausgangspunkt für den späteren Streit um den sogenannten Marxschen Geschichtsdeterminismus. Die zitierte Formel zerstreut, ähnlich wie andere, spätere (insbesondere die Wendung, daß die Menschen ihre Geschichte selber machen, aber nicht aus »freien Stücken« und nicht unter beliebigen Umständen), jedoch nicht alle Interpretationszweifel. Geht es darum, daß der Mensch in seinem Einwirkungsvermögen auf den Geschichtsprozeß eingeschränkt ist, daß die vorgefundenen Verhältnisse nicht gänzlich formbar durch die menschliche Praxis sind, sondern sich nur innerhalb gewisser Grenzen dem organisierten Gemeinwillen fügen, oder resultiert daraus auch, daß die Verhältnisse, in denen der Mensch handelt, sein Bewußtsein und seine Praxis allein bestimmen? Das sind Schlüsselfragen für das Verständnis des historischen Materialismus, und es wird auf sie zurückzukommen sein.

2. Fortschritt und Masse

Der wesentliche Punkt der Marxschen Bauer-Kritik ist das Problem des Gegensatzes zwischen *Masse* und *Freiheit*, Masse und kritischem Geist. Für Bauer nämlich stellte die menschliche Masse als solche die Verkörperung von Konservativismus, Rückständigkeit, Dogmatismus, geistiger Trägheit dar. Die Masse eignet sich sämtliche, auch die revolutionären Ideen, auf konservative Weise an, d. h., eine jede Lehre verwandelt sich in eine Religion, sobald sie von der Masse geteilt wird. Die Masse kann jede kreative Idee nur in der Weise assimilieren, daß sie ihr die Kreativität entzieht. Deshalb sind die Ideen, die auf die Unterstützung der Massen angewiesen sind, im vorhinein zur Entstellung und Degeneration, also zum Scheitern verurteilt; alle Niederlagen der großen historischen Unternehmungen haben ihren Ursprung eben darin, daß sie von der Masse aufgegriffen wurden. Marx erkennt in dieser Kritik die absurde Absicht, die Geschichte zu verdammen. Für ihn sind die Ideen, sofern sie sich als erfolgreich erweisen, stets der Ausdruck irgendeines Masseninteresses (»Die ›*Idee*‹ blamiert sich immer, soweit sie von dem ›*Interesse*‹ unterschieden war.«[4]), das »Interesse« geht, wenn es die Gestalt einer Idee gewinnt, über seine wirklichen Inhalte hinaus und muß den Menschen ein nicht partikulares, sondern allgemeinmenschliches Interesse vortäuschen. Die Gegenüberstellung von Fortschritt und konservativer Masse als Antagonisten verurteilt die Proposition der Bauerschen Kritik dazu, daß sie nicht über den Bereich der Weltanschauung hinausgeht, und das heißt, nicht fähig ist, wirkliche Kritik, Bewegung der gesellschaftlichen Umgestaltung zu werden. Die undifferenzierte Kategorie des Fortschritts selbst ist übrigens nach Marx gehaltlos; die sozialistischen Ideen haben ihren Anfang mit der Beobachtung genommen, daß das, was Fortschritt heißt, in der Geschichte sich stets *gegen* die Mehrheit der Gesellschaft wirksam vollzog und zu immer »entmenschteren« Verhältnissen führte; daher entstand die Überzeugung, daß die ganze zivilisierte Welt von einem grundlegenden Übel befallen sei; diese Reflexion wiederum fiel mit der Massenbewegung des gesellschaftlichen Protests zusammen. Man kann sich daher nicht mit der Fortschrittsphrase begnügen, sofern man aus der Geschichte nicht herausdestillieren kann, was Fortschritt im absoluten Wortsinn wäre. Marx führt hier erstmalig den Gedanken ein, dem wir in seinen späteren Texten wiederholt begegnen; anstelle des unheilbaren Antagonismus zwischen Masse und Kritik (der seiner Auffassung nach nur die Travestie der uralten philosophischen Entgegensetzung von Materie und Geist ist, wobei das Individuum Träger des Geistigen, die Masse wiederum Träger der materiellen »Geistlosigkeit« ist) setzt er die Reflexion über die fundamentale Antinomie, die der bisherigen Geschichte innewohnt, in der der wirkliche (insbesondere der technologische) Fortschritt auf Kosten der grundlegenden Interessen der arbeitenden Bevölkerungsmassen sich vollzogen hat. Während die Bauersche Historiosophie durch ihren bloßen Gehalt nicht umhin kann, bei den Parolen rein theoretischer Emanzipation Halt zu machen, richtet sich die sozialistische Kritik gegen die materiellen Bedingungen, die bisher den Widerspruch zwischen der zivilisatorischen Entwicklung und den Bedürfnissen der unmittelbaren Produzenten schufen. Wie Marx sagt, können die Ideen allein den alten Weltzustand nicht überwinden, dazu bedarf es der Menschen, die praktische Gewalt anwenden, damit die Ideen ihre Verwirklichung erfahren.

3. Die Welt der Bedürfnisse

Marx kehrt in »Die heilige Familie« noch einmal zum Problem des Gegensatzes zwischen dem wirklichen menschlichen Gemeinwesen und der imaginären staatlichen Gemeinschaft zurück. Bauer meinte, die menschlichen Individuen seien egoistische Atome, die erst im Staat zu einem Organismus zusammengebunden werden. Marx sieht darin eine spekulative Fiktion; das Atom sei selbstgenügsam und bedürfnislos; das menschliche Individuum könne sich zwar einbilden, es sei ein Atom in diesem Sinne, doch in Wirklichkeit sei es niemals eines. Die Welt der Menschen nämlich sei eine Welt der *Bedürfnisse*, und erst diese schaffen, entgegen allen Mystifikationen, die realen Bindungen zwischen den Mitgliedern der Gesellschaft. Nicht der Staat schaffe die soziale Bindung, sondern der Umstand, daß die Menschen nur in der Vorstellung Atome sein können, während sie in Wirklichkeit egoistische Menschen seien. Der Staat ist nach Marx ein sekundäres Gebilde der Bedürfnisse, die über den gesellschaftlichen Zusammenhalt befinden, nicht aber umgekehrt. Wenn die Welt der Bedürfnisse aber den Konflikt erzeugt, wenn die Bedürfnisse durch den Kampf der zerstrittenen Egoismen befriedigt werden und die soziale Bindung sich erst durch ihren Gegensatz, als Kampf, verwirklicht, dann ergibt sich erst die Frage nach der Möglichkeit einer realen menschlichen Gemeinschaft. Bauer begnüge sich indes mit der Zementierung des Hegelschen Gegensatzes zwischen dem Staat als Gemeinwesen und der bürgerlichen Gesellschaft als einem Knäuel von Egoismen und sehe in diesem Gegensatz ein ewiges Lebensprinzip.

4. Die Tradition des Materialismus

Erstmalig kommt in der »Heiligen Familie« auch das Bewußtsein des Zusammenhangs zwischen den sozialistischen Ideen und der philosophischen Tradition des Materialismus zur Sprache. Marx stellt in der Geschichte des französischen Materialismus zwei Richtungen heraus. Die eine, die von Descartes sich ableitet, ist naturwissenschaftlich orientiert und verwandelt sich in ihrer weiteren Entwicklung in die moderne Naturwissenschaft. Die zweite, empiristische, die ihren Ursprung in der Lockeschen Lehre hat, ist die unmittelbare Tradition des Sozialismus. In der antimetaphysischen Kritik der Materialisten des 18. Jhds., in ihren Angriffen gegen die dogmatischen Systeme des vorangegangenen Jahrhunderts, in ihrer materialistischen Orientierung sind die ideellen Voraussetzungen des Sozialismus enthalten. Der Lockesche Sensualismus enthielt implizit das Prinzip der Gleichheit der Menschen (jeder Mensch kommt gleicherweise als *tabula rasa* auf die Welt, und alle geistigen Unterschiede zwischen den Menschen sind erworben). Wenn alle geborene Egoisten sind und wenn jegliche Moral nur ein rationalisierter Egoismus sein kann, so muß man sich Gedanken über die Möglichkeit einer gesellschaftlichen Organisation machen, in der sich das egoistische Interesse jedes einzelnen mit den Bedürfnissen der Allgemeinheit vereinbaren ließe. Wenn die Menschen restlos die Produkte ihrer Erziehung und der äußeren Umstände sind, dann kann man die Menschen nur dadurch ändern, indem man die sie bildenden gesellschaftlichen Institutionen ändert. Fouriers Lehre ist das Ergebnis des aufklärerischen französischen Materialismus, und Owens sozialistische Ideen sind in Benthams Denken verwurzelt und durch seine Vermittlung – in Helvétius. Die Prinzipien des Empirismus und aufklärerischen Utilitarismus, die davon ausgehen, daß die Menschen von Natur aus weder gut noch böse seien, sondern es erst durch ihre Erziehung werden, daß das Interesse die Moral beherrsche usw., liefern den Impuls zur Untersuchung der gesellschaftlichen Verhältnisse, die es einzurichten gilt, um die menschliche Gemeinschaft Wirklichkeit werden zu lassen.

Marx äußert somit das Gefühl der eigenen Verbundenheit mit den Traditionen des Materialismus – auch gegen Bauer, der mit Hegel das Selbstbewußtsein substantialisierte (während das Selbstbewußtsein zwar eine Eigenschaft des Menschen, jedoch kein gesondertes Sein ist) – und stellt sich infolgedessen vor, daß der Geist entgegen der Natur Spontaneität bewahren kann. Auch infolge dieses Hirngespinstes reduziere Bauer das menschliche Sein auf die geistigen Tätigkeiten und verwandle die ganze Geschichte in eine Geschichte der Gedanken. Dagegen sei die wirkliche Geschichte vor allem die Geschichte der materiellen Produktion.

»Die heilige Familie« enthält somit, wenn auch noch in lakonischen und pauschalen Formeln, die keimhaften Ideen des materialistischen Geschichtsverständnisses: den Gedanken von der Mystifikation, der die menschlichen Interessen unterliegen, wenn sie in ideologischer Gestalt zum Ausdruck kommen, und den Gedanken von der genetischen Abhängigkeit der Ideengeschichte von der Produktionsgeschichte. Wir finden in diesem Werk die Anwendung des klassischen Schemas der Negation der Negation der Hegelschen Dialektik auf die neue Historiosophie: Das Privateigentum erzeugt in seiner Verwertungsgeschichte selber seine antagonistische Kraft und kann seinen Fortbestand nicht anders sichern, als daß es seine Selbstverneinung produziert; die negative Kraft wiederum ist das Konzentrat der Enthumanisierung und wird mit sich vertiefender Enthumanisierung zur Bedingung des Übergangs zur Synthesis, in der der bestehende Gegensatz zusammen mit seinen beiden Gliedern – Eigentum und Proletariat – aufgehoben wird, was die Rückkehr des Menschen zu sich selbst ermöglicht.

*

Die eigentlichen Grundsätze des materialistischen Geschichtsverständnisses wurden im nächsten Werk formuliert, das Marx zusammen mit Engels schrieb, der »Deutschen Ideologie«. Marx wohnte bis Anfang 1845 in Paris, wo er aktiv an den Versammlungen der dortigen sozialistischen Organisationen teilnahm, vor allem des »Bundes der Gerechten«. Engels war in Deutschland tätig, wo er die kommunistischen Ideen in Wort und Schrift propagierte und versuchte, die zerstreuten Gruppen zu einer einheitlichen sozialistischen Organisation zusammenzuschließen. Im Februar 1845 wurde Marx auf Ersuchen der preußischen Regierung aus Paris ausgewiesen und siedelte nach Brüssel über, wo im Frühjahr auch Engels eintraf. Beide begaben sich im Sommer desselben Jahres nach England, wo sie Kontakte zur Chartisten-Bewegung aufnahmen und den Anstoß zur Gründung einer internationalen Zentrale für die Zusammenarbeit revolutionärer Bewegungen verschiedener Länder gaben. Nach ihrer Rückkehr nach Brüssel – während sie auch weiterhin am Zusammenschluß der revolutionären Organisationen wirkten – gingen sie an eine neue theoretische Abrechnung mit der deutschen Philosophie.

Achtes Kapitel

Die deutsche Ideologie

»Die deutsche Ideologie« haben Marx und Engels im Jahre 1846 abgeschlossen, doch es ist ihnen nicht gelungen, das Werk zu veröffentlichen. Fragmente des Manuskripts sind verlorengegangen, und der erhaltene Text wurde 1903 teilweise von Bernstein veröffentlicht, der gesamte Text jedoch erst 1932 in der Marx-Engels-Gesamtausgabe (MEGA). Die Hauptobjekte der Kritik in diesem Werk sind Feuerbach, Stirner und der sogenannte wahre Sozialismus; Bruno Bauer tritt darin nur noch am Rande auf. In philosophischer Hinsicht sind die Teile die wesentlichsten, die der Kritik des Feuerbachschen »Gattungsmenschen« und des »existentiell« erfaßten Menschen Max Stirners gewidmet sind. In diesen Passagen kommen auch die meisten positiven Überlegungen der Autoren zum Ausdruck. (Feuerbach wird im übrigen nur indirekt kritisiert durch die Darlegung des eigenen Standpunktes der Autoren.) Der Feuerbachschen Anthropologie wird die als historische Kategorie verstandene Menschheit entgegengesetzt; der Stirnerschen Absolutsetzung des individuellen Selbstbewußtseins der Mensch, der in seiner Singularität und Außergewöhnlichkeit selbst seine gesellschaftliche Natur verwirklicht. Im Hinblick auf die Problematik, die in der weiteren Entwicklung des Marxismus sich als die lebendigste erwies, müssen diejenigen Ideen der »Deutschen Ideologie« als zentral anerkannt werden, die sich auf das Verhältnis des Denkens der Menschen zu ihren Lebensumständen beziehen; sie enthalten die später präzisierten Grundsätze des materialistischen Geschichtsverständnisses.

1. Der Ideologiebegriff

Der Begriff der Ideologie entstand gegen Ende des 18. Jahrhunderts. Eingeführt wurde er von Destutt de Tracy zur Bezeichnung der Wissenschaft, die sich mit Herkunft und Gesetzen der »Ideen« im Sinne Condillacs (d. h. jeglicher psychischer Fakten) beschäftigte sowie mit ihrer Beziehung zur Sprache. Die Bezeichnung »Ideologen« wurde auch zur Benennung einer politischen Gruppe verwendet, die die Enzyklopädisten-Tradition fortsetzte (Destutt de Tracy, Cabanis, Volney, Daunou);

Napoleon verwendete dieses Wort im pejorativen Sinn gegen sie, wobei er unter einem »Ideologen« einen politischen Träumer verstand. Bei den Hegelianern tauchte dieses Wort nur selten zur Kennzeichnung der subjektiven Seite des Erkenntnisprozesses auf.

Marx und Engels gebrauchten das Wort »Ideologie« im eigenen Sinne, der später Verbreitung fand. In dem Buch »Deutsche Ideologie« finden wir zwar keine einhellige Definition des Terminus, doch die Art seiner Verwendung deutet klar auf den Sinn, den Engels bedeutend später in seinem »Ludwig Feuerbach« (1888) und in dem Brief an Mehring vom 14. 7. 1893 charakterisiert hat. In dieser Bedeutung ist Ideologie identisch mit dem falschen Bewußtsein oder dem gedanklichen Prozeß, der im Bewußtsein eine Mystifizierung derart erfährt, daß der Mensch die Kräfte nicht kennt, die sein Denken wirklich lenken, und sich vorstellt, von der reinen Folgerichtigkeit des Gedankens selbst oder von rein gedanklichen Einflüssen geleitet zu werden; im ideologisch deformierten Denken ist der Mensch sich nicht dessen bewußt, daß jeglicher Gedanke und insbesondere sein eigener in seinem Verlauf und seinen Ergebnissen der Einwirkung außergedanklicher gesellschaftlicher Umstände unterworfen ist und daß er diesen Umständen in einer von den Interessenpräferenzen einer Gruppe deformierten Gestalt Ausdruck verleiht. Die Ideologie ist demnach die Gesamtheit der Ideen (im Sinne von Ansichten, Meinungen, Losungen – vor allem solchen, die sich auf das gesellschaftliche Leben beziehen, also philosophische, religiöse, ökonomische, historische, juristische Ansichten, aber auch Utopien, politische und wirtschaftliche Programme), die in den Köpfen ihrer Bekenner ein scheinbar unabhängiges Leben leben, von eigenen Gesetzen regiert werden, die des Selbstbewußtseins ihrer Verwurzelung in den gesellschaftlichen Verhältnissen und ihrer Funktion bei der Erhaltung oder Abänderung eben dieser Verhältnisse beraubt sind. Daß der menschliche Gedanke durch die Konflikte des materiellen Lebens der Menschen determiniert ist, dieser Umstand wird in den ideologischen Produkten nicht bewußt, andernfalls bildeten sie eben keine Ideologie. Der Ideologe ist mithin der gedankliche Repräsentant einer bestimmten gesellschaftlichen Konfliktsituation, der sich des genetischen und funktionalen Zusammenhangs seines Denkens mit eben dieser Situation nicht klar ist. In diesem Sinne sind alle Philosophen Ideologen, aber ebensowohl die religiösen Reformatoren und Denker, die Rechtstheoretiker, die Schöpfer politischer Programme. (Erst bedeutend später, in der Stalin-Ära, hat sich im Marxismus ein anderer Gebrauch des Wortes »Ideologie« verbreitet, in dem es nicht norwendigerweise mystifiziertes Bewußtsein bedeuten mußte, sondern sich auf alle Formen des gesellschaftlichen Bewußtseins bezog, auch auf die, bezüglich derer die Voraussetzung galt, daß sie frei sind von Mystifikationen und Deformationen und einer rein wissenschaftlichen Beschreibung der Welt Ausdruck verleihen; man sprach damals von »marxistischer Ideologie« oder »wissenschaftlicher Ideologie«, Zusammenstellungen also, die Marx und Engels ohne Sinnverschiebung nicht hätten benutzen können.)

Eben dieser Marxsche Ideologiebegriff war es auch, der in unserem Jahrhundert zum Ausgangspunkt für die Theorie der Ideologie wurde oder allgemeiner, der Wissenssoziologie (Karl Mannheim), d. h. der Wissenschaft vom Denken, das unabhängig von der Frage betrachtet wird, ob es wahr oder falsch sei (denn die ideologische Mystifikation ist etwas anderes als »Falschheit« im kognitiven Sinn; die Bestimmung einer beliebigen Geistesproduktion als Ideologie sagt über Wahrheit oder Falschheit ihres Inhalts nichts aus), aber im Hinblick darauf, daß es die Manifestationsweise gewisser Gruppeninteressen sei und praktische Instrumente bilde, mit deren Hilfe die menschlichen Gruppen (Gesellschaftsklassen, aber nicht nur Klassen) ihre partikularen Interessen und Werte verfolgen. Die Ideologietheorie erforscht also die Gesellschaftskonflikte und -strukturen in ihrem gedanklichen Ausdruck, untersucht die menschlichen Gedanken, Theorien, Glaubensinhalte, Programme und Doktrinen im Hinblick auf die Korrelation, die zwischen dem Inhalt dieser Gedanken und den gesellschaftlichen Situationen, in denen sie entstehen, besteht. Sie betrachtet den Gedanken als eine Maskerade der Wirklichkeit. Mannheim machte darauf aufmerksam, daß diese Art der Betrachtung bereits vor Marx entstanden sei; Machiavelli habe, seiner Auffassung nach, als erster den Maskeradencharakter der moralischen Ideale, des religiösen Glaubens und der philosophischen Lehren aufgedeckt. Nach Marx und vor Mannheim ist uns derselbe Zugriff aus dem Werk Nietzsches und Sorels bekannt. Gegenwärtig wird bei der Analyse der Gedanken die Differenzierung zwischen ihrem ideologischen Gehalt und ihren Erkenntniswerten allgemein praktiziert, also die Unterscheidung zwischen der Erforschung der funktional-genetischen Bedingtheit des Gedankens und der Erforschung seiner wissenschaftlichen Legitimität. Marx war der Pionier dieser Differenzierung, doch ging es ihm nicht nur um die Aufdeckung der Abhängigkeit, die zwischen den Gedanken und den Interessen gegeben ist, sondern auch um die Herausstellung eines ganz bestimmten Typus von Interessen, die die mächtigste Determinante in der ideologischen Produktion darstellen, nämlich jene Interessen, die mit der Klassengliederung der Gesellschaft zusammenhängen.

Marx setzt an bei der zentralen Illusion der deutschen Ideologen, die der Auffassung seien, daß, wenn die menschliche Welt unter der Herrschaft falscher Gedanken und Vorstellungen stehe, wenn die Menschen in der Gefangenschaft der eigenen gedanklichen Produkte (die Götter in der Feuerbachschen Fassung) verharren, die philosophische Kritik fähig sei, diese falschen Gedanken zu Fall zu bringen, ihre Falschheit zu entlarven und dadurch auch die Wirklichkeit zu revolutionieren, die von diesen irreführenden Vorstellungen aufrechterhalten wird. Die grundlegende Aufgabe für Marx und Engels besteht also im Nachweis, daß die Vorherrschaft der Täuschungen im menschlichen Denken nicht allein von den Deformationen dieses Denkens abhängig sei und sich daher auch nicht durch das Einwirken aufs Bewußtsein heilen lasse, sondern in den gesellschaftlichen Verhältnissen verwurzelt sei und nur der Situation der gesellschaftlichen Knechtschaft gedanklichen Ausdruck verleihe.

2. Gesellschaftliches Sein und Bewußtsein

Indem sie also ein Thema aufgreifen, das sich in den vorangegangenen Texten bereits pauschal ankündigte, wollen Marx und Engels das junghegelianische und Feuerbachsche Schema zerstören, das davon ausgeht, daß die geistigen Unbilden und Deformationen der gesellschaftlichen Unfreiheit gegenüber primär seien und auf anderes menschliches Unglück antworten. Sie unterziehen die Herkunft der Ideen einer Analyse, jedoch nicht im Condillacschen Sinne; sie wollen die *gesellschaftlichen Bedingungen der Bewußtseinsproduktion* untersuchen. Die Hegelianer beschränken sich in ihren Illusionen nicht auf den Glauben an die Allmacht des Gedankens in der Sozialgeschichte. Indem sie meinen, daß die zwischenmenschlichen Beziehungen Ausdruck der falschen Vorstellungen der Menschen über die Welt und sich selbst seien, nicht aber umgekehrt, reduzieren die Hegelianer – von Strauß bis Stirner – darüber hinaus jegliche menschlichen Ansichten – die politischen, juristischen, moralischen oder metaphysischen – auf die Theologie, verwandeln die Ganzheit des gesellschaftlichen Bewußtseins in religiöses Bewußtsein; konsequenterweise erblicken sie daher in der Religionskritik das Allheilmittel gegen jegliche Erkrankung der menschlichen Gattung.

In Wirklichkeit jedoch ist, nach Marx und Engels, nicht der Gedanke das ursprüngliche auszeichnende Merkmal der Menschheit, nicht der Gedanke, als ursprüngliche Qualität, unterscheidet die Menschen von den Tieren, sondern die *Produktion der Lebensmittel.* Das Was und Wie dieser Produktion hat den Menschen in seiner Seinsspezifität konstituiert. Das, was die Menschen sind, hängt auch im Verlauf der gesamten späteren Geschichte von der Reproduktionsweise des eigenen Lebens ab; davon hängt auch ihre Denkweise ab. Die Menschen sind das, was sie in ihrem Verhalten sind, sie sind deshalb vor allem die Ganzheit der Tätigkeiten, in denen sie das eigene materielle Leben produzieren. (»Wie die Individuen ihr Leben äußern, so sind sie. Was sie sind, fällt also zusammen mit ihrer Produktion, sowohl damit, *was* sie produzieren, als auch damit, *wie* sie produzieren. Was die Individuen also sind, das hängt ab von den materiellen Bedingungen ihrer Produktion.«[1]) Die Entwicklungsstufe der Produktion, die durch die Produktivkräfte bestimmt wird, d. h. durch die Entwicklungsstufe der Werkzeuge und der technologischen Fähigkeiten, determiniert ihrerseits wiederum die Gesellschaftsstruktur. Die Gesellschaftsstruktur hingegen ist vor allem die Struktur der Arbeitsteilung, und die gesellschaftliche Entwicklung der Menschheit verläuft in Stufen, die durch die verschiedenen Formen der fortschreitenden Arbeitsteilung bestimmt werden. Jede neue Form der Arbeitsteilung ist zugleich eine neue Eigentumsform. Das ursprüngliche Stammeigentum, das antike Gemeinde- und Staatseigentum, das feudale oder ständische Eigentum der Grundbesitzer und Handwerker, das kapitalistische Eigentum, das sind die verschiedenen Formen des gesellschaftlichen Seins, welche die verschiedenen Produktionsfähigkeiten hervorgebracht haben, über die die Gesellschaft verfügte. Jegliches bewußte Leben der Menschen kann nur dann sinnvoll betrachtet werden, wenn es als Bestandteil der Lebenstotalität gefaßt und begriffen wird, die in erster Linie durch die Art und Weise der Befriedigung der elementaren Bedürfnisse, durch die Erweiterung des Bedürfnisfeldes, die Reproduktionsweise der Gattung im Familienleben und das System der Kooperation bestimmt wird, das selbst als Teil der Produktivkräfte angesehen werden muß. Das Bewußtsein ist nichts anderes als das bewußtgemachte menschliche Sein, aber auch die Selbstmystifikation des Bewußtseins, welches sich einbildet, seine eigene Arbeit nur selbst zu bestimmen, ist durch die Arbeitsteilung bedingt. Erst dann nämlich, wenn es der Entwicklungsstand der Produktion gestattet, die materielle Arbeit von der geistigen zu trennen, kann das Bewußtsein der Lebenspraxis, und reine, separate Gattungen der geistigen Arbeit zu erzeugen wie Philosophie, Theologie oder Moral. Mehr noch, die in einer gegebenen Epoche herrschenden Gedanken trennen sich mit der Zeit von den herrschenden Individuen. d. h., die geistige Arbeit wird zu einer separaten Tätigkeit, der Beruf des Ideologen tritt in Erscheinung; unter diesen Bedingungen kann sich leicht die Vorstellung verbreiten, der Gedanke regiere die Geschichte, man könne die Beziehungen zwischen den Menschen, wie Hegel es tat, vom Begriff des Menschen selbst ableiten. »Auch die Nebelbildungen im Gehirn der Menschen sind notwendige Sublimate ihres materiellen, empirisch konstatierbaren und an materielle Voraussetzungen geknüpften Lebensprozesses. Die Moral, Religion, Metaphysik und sonstige Ideologie und die ihnen entsprechenden Bewußtseinsformen behalten hiermit nicht länger den Schein der Selbständigkeit. Sie haben keine Geschichte, sie haben keine Entwicklung, sondern die ihre materielle Produktion und ihren materiellen Verkehr entwickelnden Menschen ändern mit dieser ihrer Wirklichkeit auch ihr Denken und die

Produkte ihres Denkens. Nicht das Bewußtsein bestimmt das Leben, sondern das Leben bestimmt das Bewußtsein. In der ersten Betrachtungsweise geht man von dem Bewußtsein als dem lebendigen Individuum aus, in der zweiten, dem wirklichen Leben entsprechenden, von den wirklichen lebendigen Individuen selbst und betrachtet das Bewußtsein nur als *ihr* Bewußtsein.«[2]

Diese ersten, ziemlich krassen Formulierungen des materialistischen Geschichtsverständnisses nehmen die späteren Auseinandersetzungen über die Marxsche Auffassung von der Abhängigkeit des Denkens von den gesellschaftlichen Verhältnissen vorweg. Die These, daß solche Bereiche des gesellschaftlichen Lebens wie Religion, Moral und Recht überhaupt keine eigene Geschichte aufzuweisen haben, rechtfertigt nämlich die Vermutung, für Marx bedeuteten die menschlichen Ideen nicht mehr als die natürliche Sekretion des gesellschaftlichen Lebens ohne eigene Aktivität, ein Nebenprodukt der wirklichen Geschichte, d. h. der Prozesse der materiellen Produktion und der ihnen entsprechenden Eigentumsverhältnisse (oder auch, wie die Marxismuskritiker später sagten, das geistige Leben sei ein »Epiphänomen« der Produktionsverhältnisse). Dieses Problem wurde zum Streitobjekt zwischen dem sog. ökonomischen Materialismus und der Marxismus-Version, die dem »subjektiven« Faktor, d. h. gerade der geistigen Tätigkeit sowie der ungezwungen projektierenden politischen Initiative, eine aktive und selbständige historische Rolle zubilligt.

Es wird deutlich, daß man Marx keineswegs die These zuschreiben kann, der historische Prozeß verliefe grundsätzlich vermöge der bloßen »geschichtlichen Gesetze«, gänzlich unabhängig davon, was die Menschen selber über ihr Leben denken, und als stellten die gedanklichen Prozesse und ihre Produkte nur den »Schaum« der Geschichte dar, ohne an ihrem Verlauf teilzunehmen. Marx spricht von der tätigen Funktion der Idee als einer unverzichtbaren Bedingung des Fortbestehens und Umgestaltens aller Formen des gesellschaftlichen Lebens (im übrigen bilden auch die Fähigkeiten und technologischen Fertigkeiten der Menschen einen Teil des Begriffs der Produktivkräfte). Das Menschliche konstituiert sich, in seiner Auffassung, nicht über das Selbstbewußtsein, dieses ist ihm als Produkt des Lebens gegeben, und zwar auch nicht in »reiner« Form, sondern als ein in der Sprache artikuliertes Selbstbewußtsein, d. h. als kommunikatives Selbstbewußtsein, das bezüglich seiner Form durch die Instrumente der gemeinschaftlichen Kommunikation bestimmt ist. In diesem Sinne ist das Bewußtsein stets ein gesellschaftliches Produkt. Doch machen, wie Marx betont, »die Umstände ebensosehr die Menschen, wie die Menschen die Umstände machen«[3]. Sowohl die gesellschaftliche Knechtung wie die ihre Aufhebung anstrebende Bewegung müssen daher bestimmte subjektive Umstände zur

Bedingung haben. Die materielle Unterdrückung verlangt nach geistiger Unterdrückung; die Gedanken der herrschenden Klasse sind auch die herrschenden Gedanken; die Klasse, die über die materielle Gewalt verfügt, verfügt auch über die Mittel der geistigen Gewalt, produziert und verbreitet Ideen, die die Herrschaft dieser Klasse »ausdrücken«.

Die Frage, ob man Marx eine Theorie zuschreiben kann, in der die Geschichte als anonymer Prozeß begriffen wird, in dem die bewußten Absichten und Gedanken der Menschen lediglich als bloße Beigabe auftreten, scheint negativ entschieden; zugleich jedoch begründet diese Theorie akute Auslegungsstreitigkeiten, nämlich im Hinblick darauf, daß die Gedanken, Gefühle, Absichten, der menschliche Wille als unverzichtbare Bedingung des Geschichtsprozesses gelten. Unter dieser Voraussetzung kann man nämlich das Prinzip des strikten historischen Determinismus im ganzen Umfang beibehalten, indem man jene »subjektiven« Faktoren als notwendige Glieder der Ereignisse behandelt, zugleich aber als Glieder, die restlos von nichtsubjektiven Faktoren determiniert sind, aus denen sie entstehen, indem man ihnen also eine mitwirkende Rolle zubilligt, die Fähigkeit zur Initiative jedoch abspricht, d. h. negiert, daß die freie Bewegung von Gedanken und Gefühlen in der Geschichte irgend etwas auslösen könne. Mit anderen Worten: Auch bei der Verwerfung einer Marx-Interpretation im Sinne des ökonomischen Materialismus bleibt der Streit über den Stellenwert der freien Aktivität im Geschichtsprozeß offen; dieser Streit brach in der Tat in verschiedenen Marxismus-Versionen unseres Jahrhunderts erneut aus und kann keineswegs als beendet angesehen werden.

3. Die Arbeitsteilung und ihre Aufhebung

Die Arbeitsteilung stellt für Marx die genetisch primäre Quelle der sozialen Konflikte dar. Die Arbeitsteilung führt unausweichlich zur Kollision zwischen den drei Ebenen des gesellschaftlichen Lebens, den Produktivkräften, dem gesellschaftlichen Zustand und dem Bewußtsein. Die Arbeitsteilung erzeugt die Ungleichheit und das Privateigentum, sie ist auch verantwortlich für die Gegensätze zwischen dem Einzel- und Gruppeninteresse (d. h. dem, das aus der unausweichlichen wechselseitigen Abhängigkeit der Menschen hervorgeht). Solange die Arbeitsteilung sich weiter entfaltet und sich spontan verfestigt, ohne der menschlichen Kontrolle unterworfen zu werden, werden ihre gesellschaftlichen Resultate zu einer fremden Gewalt, die die Individuen beherrscht und ihnen als selbständige, übermenschliche Macht erscheint, nicht aber als ihr eigenes Produkt.

Marx verallgemeinert, wie man sieht, den Entfremdungsbegriff, indem er den Mechanismus der Entfremdung auf die Ganzheit des historischen Prozesses ausdehnt. Nicht nur die religiösen Vorstellungen sind, wie Feuerbach wähnte, entfremdete Gebilde. Die Geschichte selbst ist eine entfremdete Geschichte, weil die menschliche Gattung ihren Verlauf nicht beherrscht und weil ihre Auswirkungen nicht der menschlichen Herrschaft unterstellt sind, sondern als unpersönlicher Prozeß ablaufen, dessen Rätselhaftigkeit seine ohnmächtigen Teilnehmer erdrückt. Die Aufhebung der Entfremdung bedeutet also, daß der Mensch die Macht über die Resultate der eigenen Tätigkeiten zurückgewinnt, daß die Geschichte zu einer menschlichen, d. h. von den Menschen kontrollierten Geschichte gemacht wird.

Wenn die Arbeitsteilung genetisch als ursprüngliche Quelle der gesellschaftlichen Ungleichheit und des Eigentums herausgestellt wird, muß der Kommunismus vor allem die Aufhebung der Arbeitsteilung sein. Daher ist der Kommunismus erst unter Bedingungen möglich, die jedem einzelnen eine allseitige Entwicklung sichert und niemand an eine einzige Beschäftigungsart gekettet sein wird, jeder einzelne vielmehr sukzessiv an allen Arbeitsformen partizipieren kann. Die Verdinglichung der menschlichen Produkte, ihre Verwandlung in autonome, die einzelnen beherrschende Mächte stellt einen der wichtigsten Faktoren des Geschichtsprozesses dar; diese Verdinglichung ist es auch, die bewirkt, daß das »Gesamtinteresse« in Gestalt des Staates sich verselbständigte, der gegenwärtig eine unverzichtbare Form ist, die es der Bourgeoisie ermöglicht, ihr Eigentum zu festigen. Die politischen Kämpfe innerhalb des Staates sind Ausdruck des Klassenkonfliktes, wobei eine jede Macht anstrebende Klasse das eigene partikulare Interesse in der Form des Gesamtinteresses darstellen muß und ihre Ideologie die Aufgabe erfüllt, diese Mystifikation zu bekräftigen.

Jene Entfremdung der Menschen vom Geschichtsprozeß, dessen Schöpfer sie sind, wird Marx später mit der Situation des Zauberlehrlings aus Goethes »Märchen« vergleichen; der unerfahrene Lehrling befreit die Mächte, die er nicht mehr unter seine Gewalt bringen kann und die sich gegen den Zauberer richten. Die Aufhebung der Entfremdung ist jedoch nicht unter beliebigen Umständen möglich. Zwei Bedingungen sind hierfür unerläßlich: Erstens, die Unterdrückung selbst muß unerträglich werden, die Masse der menschlichen Gattung muß eigentumslos sein und in einem radikalen Gegensatz zur gegebenen Ordnung stehen; zweitens, die technologische Entwicklung muß sehr weit fortgeschritten sein, der Kommunismus unter unterentwickelten Bedingungen wäre nur eine Verbreitung des Elends. Außerdem muß diese Entwicklung *universell* sein, d. h. zu einem Faktor werden, der das ökonomische Leben der gesamten Welt bestimmte; der Kommunismus kann erst entstehen, wenn ein Weltmarkt existiert und die allgemeine wirtschaftliche Abhängigkeit zwischen den einzelnen Ländern erreicht ist. Er ist nur möglich als Tat der herrschenden und am weitesten entwickelten Völker, in denen die Revolution gleichzeitig stattfinden würde. Das Proletariat, das zu kommunistischem Umsturz fähig wäre, kann nur eine Klasse sein, die als solche »weltgeschichtlich existiert«[4].

Der letzte Punkt, der zu den grundlegenden Voraussetzungen der Marxschen Revolutionstheorie gehört, sollte später, zu Beginn der stalinistischen Ära, zum Gegenstand heftiger Auseinandersetzungen werden, als das Problem des Aufbaus des Kommunismus in einem isolierten Land zur Debatte stand.

Doch die gesellschaftlichen Bedingungen, die den Kommunismus ermöglichen, machen die Bewegung in seine Richtung zugleich zu einer unausweichlichen Bewegung. »Der Kommunismus ist für uns nicht ein *Zustand*, der hergestellt werden soll, ein *Ideal*, wonach die Wirklichkeit sich zu richten haben [wird]. Wir nennen Kommunismus die *wirkliche* Bewegung, welche den jetzigen Zustand aufhebt.«[5] Auch dieser später in verschiedenen weiteren Varianten von Marx geäußerte Gedanke gab den Anstoß zu einer wesentlichen Kontroverse: Soll die kommunistische Bewegung gleichsam der spontanen Entwicklung des Massenprotestes folgen und ihm eine Form geben, oder soll sie jenen Protest selber von außen organisieren, ohne auf das spontane Heranwachsen der Klasse zum Verständnis ihrer Verhältnisse zu warten? Ist die Zielrichtung der politischen Aktion ein bestimmter endgültiger Zustand, dem alle aktuellen politischen Handlungen unterzuordnen sind, oder soll, wie es die Reformer wollten, die Arbeiterbewegung sich mit dem Kampf um einzelne, jeweils situationsbestimmte Errungenschaften begnügen? Diese Probleme sind in den späteren Polemiken weiterentwickelt worden. In der »Deutschen Ideologie« ging es Marx und Engels in dieser Frage vor allem um einen allgemeinen Gedanken, demzufolge der Kommunismus kein arbiträr konstruiertes Ideal der besten aller Welten ist, sondern die natürliche Tendenz des Geschichtsprozesses. Solange die gesellschaftlichen Voraussetzungen für den totalen Umsturz nicht voll entfaltet sind, ist es gleichgültig, in welcher Art und wie oft die Idee dieses Umsturzes ausgesprochen wird. Doch der kommunistische Umsturz unterscheidet sich grundsätzlich von allen vorangegangenen. Die früheren Revolutionen haben die Arbeitsteilung, die Distribution der gesellschaftlichen Tätigkeiten der Menschen, verändert. Die kommunistische Revolution wird zur *Aufhebung der Arbeitsteilung* überhaupt führen und damit auch zur Aufhebung der Klassengliederung, also zur Auflösung der *Klassen* und zur Auflösung der *Völker* als gesonderter Segmentationen der Menschengattung. Der Kommunismus wird erstmalig eine universelle Umwälzung in den bisherigen Produktions- und Austauschverhältnissen bringen, er wird erstmalig alle bisherigen Formen der gesellschaftlichen Entwicklung als menschliche Schöpfungen behandeln und sie der Macht der vereinigten Individuen unterwerfen.

4. Individualität und Freiheit

Die Rückkehr des Menschen zur Totalität des Menschlichen, die die Spannung zwischen den individuellen Aspirationen und dem gesellschaftlichen Interesse aufhebt, bedeutete für Marx keinesfalls Verzicht auf individuelles Leben noch auf singulare Freiheit. Das Problem der Freiheit und des menschlichen Individuums ist interpretatorisch von Bedeutung unter anderem in Anbetracht der gängigen Illusion, Marx habe die menschlichen Individuen lediglich als Exemplare der gesellschaftlichen Klassen behandelt und als sei die »Rückkehr zum Gattungsleben« in seinen Augen die Nivellierung des persönlichen Lebens, die Reduktion der Persönlichkeit auf eine »gemeinsame gesellschaftliche Natur«. Dieser Interpretation zufolge, auf die man bei den Kritikern des Marxismus wie auch bei seinen Bekennern stößt, läßt sich die Individualitätskategorie innerhalb dieser Lehre nicht konstruieren, oder die Individualität erscheint darin lediglich als Hemmnis auf dem Weg der Gesellschaft zu einer homogenen Gesellschaft. Die »Deutsche Ideologie« entzieht sich jedoch einem solchen Verständnis. In diesem Werk unterscheidet Marx nämlich das *persönliche* und das *zufällige Individuum*; dieser Unterschied stellt für ihn ein historisches Faktum dar. Der Widerspruch zwischen Individuum und System der zwischenmenschlichen Beziehungen ist die Fortsetzung des Widerspruchs zwischen Produktivkräften und Produktionsverhältnissen. Solange es diesen Widerspruch nicht gibt, bieten sich die Umstände, unter denen das Individuum tätig ist, diesem nicht als äußerliche Wirklichkeit dar, sie sind vielmehr ein Teil dieses Individuums. Bis zu diesem Zeitpunkt waren die gesellschaftlichen Verhältnisse, in die die Individuen einer Klasse verwickelt waren, dergestalt, daß die Individuen an ihnen nur als durchschnittliche, als Exemplare ihrer Klasse, nicht aber als Individuen partizipierten. Zugleich unterlagen die Lebensumstände, eben weil die Produkte der individuellen Tätigkeit sich ihrer Kontrolle entzogen, einer verdinglichten, außermenschlichen Gewalt, während das Individuum selbst hinsichtlich seines Schicksals völlig der Zufälligkeit ausgesetzt war. Diese Zufälligkeit des Lebens nannte man Freiheit. Die persönlichen Beziehungen zwischen den Menschen haben sich in sachliche Verhältnisse verwandelt, d. h., die Menschen traten in ihren Wechselbeziehungen als Repräsentanten unpersönlicher, die Welt beherrschender Kräfte auf, als Waren, als Träger des Geldes oder der Macht, und die Freiheit manifestierte sich in Formen mangelnder Kontrolle des Einzelnen über die eigenen Lebensbedingungen, also als Ohnmacht des Individuums gegenüber der Welt. Die Aufhebung dieser Verdinglichung, d. h. die Unterwerfung der sachlichen Gewalt der Herrschaft des Menschen, bedeutet also nach Marx auch, daß der Mensch erneut in den Genuß des persönlichen Lebens kommt, zumal der Schwund der verdinglichten Beziehungen zwischen den Menschen dem Individuum die allseitige Entwicklung seiner eigenen personalen Anlagen und Talente ermöglichen wird. An einer solchen Gemeinschaft partizipieren die Menschen nicht mehr als Exemplare ihrer Klasse, sondern eben als Individuen.

Wenn es also als sicher gelten kann, daß Marx entgegen der Kartesischen Tradition den Begriff des Menschen nicht über das Selbstbewußtsein zu konstruieren beabsichtigt (dieses ist für ihn dem physischen ebenso wie dem gesellschaftlichen Leben gegenüber sekundär), so erscheint ebenfalls als sicher, daß er das Prinzip der Individualität retten möchte, jedoch nicht in der Weise, daß diese eine antagonistische Kraft gegenüber dem »Gesamtinteresse« darstellte, sondern mit diesem in vollkommener Weise zusammenfiele. Dies ist jedoch keine neue Version der aufklärerischen Theorie vom »vernünftigen Egoismus«, gemäß welcher eine durchorganisierte Rechtsordnung den Konflikt zwischen dem – unausweichlich egoistischen – Individuum und der Gemeinschaft beseitigen könne, indem er bewirkt, daß die gegen das gesellschaftliche Interesse gerichteten Handlungen sich gegen den Täter wenden, daß also ein wohlverstandener Egoismus zu einer gesellschaftlich konstruktiven Kraft werden könne. Marx hat die Theorie vom »angeborenen Egoismus« nämlich keineswegs akzeptiert. In dieser Hinsicht steht er der Fichteschen Philosophie näher. Er glaubte, daß die Aufhebung der Abhängigkeit der Menschen von den entfremdeten Gewalten zugleich eine Rückerstattung der gesellschaftlichen Natur des Menschen sein werde, d. h. die Aneignung der Gemeinschaft durch das Individuum als seine eigene, interiorisierte Natur. Doch diese Gemeinschaft, die in jedem einzelnen ihrer Mitglieder bewußt gegenwärtig ist, soll keineswegs eine Auflösung der Persönlichkeit in der homogenisierten Anonymität des Kollektivs sein, soll nicht die Oktroyierung oder freiwillige Annahme der Homogenität sein: diese Einstellung betrachtete Marx gerade als einen Bestandteil des primitiven utopischen Kommunismus, der keine Überwindung des Privateigentums darstelle, sondern ihm noch nicht gewachsen sei. Im Gegenteil, der Marxsche Kommunismus ermöglicht die Aufdeckung eines Maximums an Vermögen eines jeden menschlichen Individuums; er liquidiert die Bedingungen, die die persönliche Entwicklung hemmen und die durch die Herrschaft der Dinge über den Menschen, die Zufälligkeit des individuellen Lebens, die Reduktion der Individuen auf durchschnittliche Situationen und die Entfremdung der

Arbeit verursacht werden. Dagegen war Marx tatsächlich der Meinung, daß der Kommunismus die Bedingungen schaffe, unter denen die individuellen Möglichkeiten des Menschen sich nur auf eine gesellschaftliche konstruktuve Weise äußern und die zwischenmenschlichen Konflikte jegliche Existenzgrundlage verlieren würden.

5. Max Stirner. Die Philosophie des Egozentrismus

Die Problematik von Individuum und individueller Freiheit haben die Autoren der »Deutschen Ideologie« in der Polemik gegen Max Stirner entwickelt. Stirner (eigentlicher Name Johann Caspar Schmidt, 1806–1856) war Mitglied des Berliner Kreises der Junghegelianer, sein berüchtigtes Werk »Der Einzige und sein Eigentum« (1844) gehört bereits zur Periode des ideellen Zerfalls der Hegelschen Linken und stellt eine Verarbeitung ihres Menschenkultes im Geist des extremen Egozentrismus dar. Vor der Veröffentlichung des »Einzigen« schrieb Stirner in den Jahren 1841–42 – vorwiegend anonym – Artikel, Rezensionen und Korrespondenzen für verschiedene Zeitungen (bes. »Rheinische Zeitung« und »Leipziger Allgemeine Zeitung«). Es gelang ihm nicht, eine Beamtenstelle im staatlichen Schulwesen zu erlangen, und er verdiente sich seinen Lebensunterhalt über längere Zeit als Lehrer an einem Berliner Mädchenpensionat; nach einer reichen Heirat konnte er hernach sein Glück in Handelsspekulationen versuchen, die ihn jedoch in den Bankrott trieben und ins Schuldgefängnis brachten. Das Schicksal war ihm ungnädig; der Apologet des souveränen Absoluten des Ich starb nämlich an einem Fliegenstich; das mochte in der Tat wie ein grober Scherz des Herrgotts wirken. Nach dem »Einzigen« veröffentlichte Stirner nur noch ein paar kleinere Artikel und Polemiken sowie ein kompilatorisches Buch »Geschichte der Reaktion« (1852). Sein Hauptwerk war eine kurzfristige Sensation in Deutschland. Es geriet dann mehrere Jahrzehnte in Vergessenheit, und erst im letzten Jahrzehnt des 19. Jahrhunderts erlebte es eine Renaissance, wurde Gegenstand zahlreicher Kommentare, wurde neu aufgelegt und avancierte zum Bestandteil der klassischen anarchistischen Literatur; zumindest einige Spielarten des Anarchismus erkannten im Autor des »Einzigen« ihren Ideologen. Nicht selten wird Stirner gegenwärtig als Existentialist *avant la lettre* angesehen, da der fundamentale Grundsatz seiner Überlegungen, nämlich die Irreduzibilität des persönlichen Selbstbewußtseins auf etwas anderes als auf es selbst – als Formel einer bestimmten Version der Existenzphilosophie gelten kann. Dies scheint jedoch eher eine Übereinstimmung als eine tatsächliche historische Kontinuität: Nur durch Nietzsches Vermittlung, der Stirners Werk kannte (wenngleich er es in seinen Texten nie erwähnte), ist eine gewisse reale Beziehung von Stirner zum zeitgenössischen Existentialismus gegeben.

Stirners Werk ist ein Manifest des absoluten Egoismus, die philosophische Affirmation des »Ich«, das jedoch nicht als ein in der Welt ausgezeichnetes Individuum, Leib oder Seele verstanden wird, sondern eben als Selbstbewußtsein, ein »Ich« also, dessen Dasein mit dem Daseinsbewußtsein identisch ist. Die Apologie des »Einzigen« ist die extremste Reaktion auf die Hegelsche Reduktion der menschlichen Individuen auf Werkzeuge der universellen Idee; doch ist sie zugleich eine Antwort auf die Feuerbachsche Philosophie mit ihrem Kult des auf die Gattung zurückgeführten Menschen, auf die christliche Religion, die die menschlichen Individuen von Gott oktroyierten Werten unterstellt, schließlich eine Reaktion auf den Liberalismus mit seinem demokratischen Glauben an die Gemeinsamkeit der menschlichen Natur ebenso wie auf den Sozialismus und teilweise sogar auf Marx (den Stirner einmal als Autor des Aufsatzes »Zur Kritik der Hegelschen Rechtsphilosophie« zitiert).

Stirner behauptet in der Tat, die gesamte Philosophie setze sich aus verschiedenen Versuchen der Knechtung des authentischen menschlichen Individuums durch zahlreiche Formen des unpersönlichen allgemeinen Seins zusammen. Hegel habe die menschlichen Individuen der Wirklichkeit beraubt, indem er sie als Manifestation des universellen Geistes behandelte. Feuerbach habe die philosophische Emanzipation des Menschen nur scheinbar erreicht, indem er die religiöse Entfremdung entlarvte; er habe nur die Tyrannei Gottes durch die Tyrannei des »Gattungsmenschen« ersetzt, des Allgemeinheits-Menschen.[6] So, wie Feuerbach Gott dem Gattungsmenschen entgegenstellte, stellt Stirner dem »Menschen« das irreduzible, ausschließlich sich selbst gegebene, jeweils einzige »Ich« entgegen. Alle Religionen, Philosophien, politischen Doktrinen heißen »mir« mich unaufhörlich mit fremden Dingen beschäftigen: mit Gott, Mensch, Gesellschaft, Staat, Menschheit, Wahrheit, nie schlechthin mit *mir.* Doch für mich ist ausschließlich meine Sache wichtig; sie bedarf keiner Rechtfertigung, weil sie eben die *meine* ist. Daher Goethes Worte, die Stirner zum Motto seiner Ausführungen wählte: »Ich hab' Mein' Sach' auf Nichts gestellt.« Das »Ich« ist nicht in Worten beschreibbar, die zur Beschreibung anderer Dinge dienen, es ist in radikaler Weise irreduzibel, ist die selbstgenügsame Totalität der Subjektivität, die vollkommene und abgeschlossene Welt. Indem ich mein »Ich« affimiere, bin ich schlechthin ich selbst, das »Ich« ist für sich selbst die einzige Wirklichkeit und der einzige Wert. Das »Ich« ist souverän, es duldet keinerlei Obrigkeit von Menschheit, Wahrheit, Staat und ähnlichen unpersönlichen Gebilden, deren permanentes Bestreben es ist, das »Ich« einzuschränken. Alle allgemeinen Werte sind »mir«

fremd, gehen mich nichts an. Von dieser Warte aus sind die Unterschiede zwischen den verschiedenen moralischen oder philosophischen Doktrinen irrelevant; das Christentum hat die Eigenliebe, den Egoismus, die Neigung entwertet, doch der Liberalismus verfährt genauso, wenn auch im Namen eines anderen Prinzips. Das Ergebnis bleibt sich gleich. Für die Souveränität des »ego« ist die Idee der Gleichheit genauso vernichtend wie der Despotismus Gottes; indem ich die Individuen auf das Sein zurückführe, das auf der gleichen Teilnahme an der unpersönlichen Natur der Menschheit beruht, bestimme ich die Persönlichkeit von außen, verwandle ich sie in ein Gattungsexemplar, vernichte sie also. Der Sozialismus führt auf anderem Weg zum gleichen Ergebnis, indem er bestrebt ist, das unwiederholbare »ego« auf die Anonymität des gesellschaftlichen Seins zu reduzieren, und versucht, seine Werte den allgemeinen Werten unterzuordnen. Alles in allem, im Hinblick auf das Grundproblem – die Befreiung des »Ich« – ist meine Unfreiheit nahezu dieselbe, ob nun die unpersönliche Hegelsche Vernunft ihre Quelle ist oder der Mensch als Allgemeinheit oder die Gottheit oder das Kollektiv. Alle wollen lediglich die wirkliche menschliche Existenz, d. h. die subjektive Existenz, auf irgendein universelles Wesen zurückführen, wollen also den Konflikt zwischen dem menschlichen Subjekt und der Gesellschaft beseitigen, indem sie das Subjekt selbst beseitigen. Die wahre Aufhebung der menschlichen Entfremdung besteht in der Liquidierung alles dessen, was das »ego« einen wie auch immer gearteten »Allgemeinen«[7], unpersönlichen Werten unterwirft. Stirners Philosophie ist also eine Affirmation des Egoismus und totalen Egozentrismus, für den die ganze Welt nur insofern zählt, als sie das Werkzeug zur Erreichung von Werten darstellt, die exklusiv an das Ich gebunden sind.

Ist unter solchen Voraussetzungen überhaupt ein gemeinschaftliches Leben möglich? Stirner behauptet, ja, doch geht es darum, daß die Beziehungen zwischen den Individuen persönliche Beziehungen sind, d. h. nicht durch die Gesellschaft, nicht durch Institutionen vermittelte, von verdinglichten Formen freie. Daher soll die Aufgabe der Erziehung nicht darin bestehen, die Menschen im Hinblick auf die Dienste zu bearbeiten, die sie für die Gesellschaft erbringen sollen; die Forderung nach einer Bildung, die – wie in den Doktrinen des Liberalismus – gute Staatsbürger erziehen soll, ist eine Knechtung des »ego«, der Triumph des »Allgemeinen« über die wirkliche Existenz; in dieser Hinsicht ist der Liberalismus eine Fortsetzung des Christentums und der Kommunismus eine Fortsetzung des Liberalismus. Stirner behauptet also, daß das menschliche Individuum sich selbst entfremdet ist, auch wenn dieses »das Gute«, auch wenn dieses »die Wahrheit« als allgemein verbindliche Regeln wäre. Es gibt kein allgemein Gutes, es gibt keine moralischen Regeln, die mir von außen als meine Pflicht aufgezwungen werden könnten, sogar die Regeln der Logik stellen eine Tyrannei über meine »einzige« Existenz dar. Aber auch die Sprache enthält eine Bedrohung, sie ist nichts anderes als eine Form des verdinglichten Lebens. Es ist im übrigen nicht klar, wie dieses Programm des totalen Egoismus zu verwirklichen wäre. Für Stirner stellt nämlich die gesamte menschliche Kultur ein Ensemble von Instrumenten zur Unterdrückung des »ego« dar, so daß ich bei einer konsequenten Selbstaffirmation des »Ich« im Grunde aller Dinge entsagen müßte, die ich als fixierte Produkte der gesellschaftlichen Kultur vorfinde, der wissenschaftlichen wie der moralischen oder künstlerischen; alle dienen nämlich der Vertiefung »meiner« Unfreiheit. Die Destruktion der Entfremdung, also die Rückkehr zur Authentizität wäre nichts anderes als die Zerstörung der Kultur, die Rückkehr zum Tiersein, sie wäre ganz einfach die Affirmation des jeweiligen Ausdrucks meiner ungehemmten Leidenschaft. Wenn die spezifisch menschlichen Verhaltensweisen von der gemeinschaftlich entstandenen Zivilisation determiniert sind, wäre die globale Absage an die Normen jener Zivilisation die Rückkehr zum vormenschlichen Status. Diese Schlußfolgerung spricht Stirner jedoch nicht aus. Er beruft sich dagegen auf die Notwendigkeit der »Empörung« des »ego« gegen die Knechtschaft. Diese Empörung soll keine Veränderung der gesellschaftlichen Verhältnisse sein, nicht auf Veränderungen der äußerlichen Situation abzielen, sie soll vielmehr ein Emanzipationsakt des personalen Selbstbewußtseins sein; er kann also unter beliebigen äußeren Umständen erfolgen. Die »Empörung« ist nur eine Selbstaffirmation, in der ich mich selbst, mein »Ich«, jeglichem Allgemeinen entgegenstelle, sie ist also eine Handlung, die ohne Aussichten auf Erfolge nach außen getätigt wird und die dieser Erfolge überhaupt nicht bedarf (als Verkörperung des Stirnerschen »Einzigen« gilt Dostojewskijs Raskolnikow). Stirners Programm geht also davon aus, daß die Unfreiheit eines jeden Menschen letzten Endes in ihm selbst begründet sei und jeder in seinen falschen Vorstellungen und in seiner übertriebenen Nachgiebigkeit gegenüber den »Allgemeinheiten« die eigenen Fesseln erkennen müsse, daß seine Emanzipation infolgedessen auch durch einen rein geistigen Akt erfolgen könne.

Das Stirnersche »Ich« ist immer das einzige auf der Welt; doch bedeutet das nicht einfach: unwiederholbar, ausgestattet mit einem Gefüge spezifischer Eigenschaften. Das bedeutet: Es ist überhaupt nicht verbalisierbar; seine spezifische und irreduzible Subjektivität läßt sich keiner Definition unterziehen, ist unzugänglich für den Begriff, sofern die Sprache aus Zeichen besteht, die der Bezeichnung wiederholbarer Qualitäten dienen. Die Subjektivität liegt außerhalb der Reichweite der Sprache. Das Leben des »Einzigen« ist die Findung seiner selbst und das Erleben der eigenen Gedanken als strikt *eigenen*, nicht aber als unpersönlicher allgemeiner »Wahrheiten«. Der Mensch *wird* ausschließlich allein, ist seine eigene Wurzel und bedarf keiner Rechtfertigung, doch der »Mensch« als das sich selbst erlebende »ego«, nicht als gemeinschaftliches Individuum. Die mit dem »ego« verknüpften Werte befinden sich in einem absoluten Gegensatz zu den allgemeinen Werten, solchen wie z. B. allgemeines Glück, Recht usw. »Meine« Freiheit ist der Feind der »allgemeinen« Freiheit. Das »Ich« begreife ich nur als Negation der gesamten übrigen Welt. Das Recht des »Ich« ist sein Verlangen, sind sogar seine Launen, für das »Ich« gelten keine anderen »Menschenrechte« oder Staatsgesetze. Es verlangt von der Gesellschaft keine Privilegien für sich und lehnt alle Verpflichtungen gegenüber dem Staat ab. Es hat ein Recht auf alles, was es erreichen kann. Gelingt es dem Verbrecher, der Strafe zu entkommen, hat er sein eigenes Recht auf seiner Seite. Wird er aber bestraft, so kann er niemandem die Schuld geben; in beiden Fällen geschieht ihm recht. Das »Verbrechen« ist ein staatlicher Begriff, und als solcher drückt er den Standpunkt des »Allgemeinen« aus. Das wahre Verbrechen besteht in der Vergewaltigung meines »Ich«. Für den Egoisten, den »Einzigen«, ist die Gemeinschaft mit den anderen nur soviel wert, als sie seine Kraft vermehrt. Ein Verein von Egoisten ist vorstellbar, doch wäre er keine Gesellschaft, d. h. keine stabile Verbindung, sondern ein unaufhörlicher Prozeß des Sichvereinigens, der jedoch keine dauerhafte Beziehung, d. h. keine institutionelle Form, hervorbringen würde. Der »Einzige« läßt sich nicht nach dem Maßstab des »Menschen« messen, er bekräftigt seine Einzigkeit und erkennt nichts über sich Stehendes an, nicht einmal die Gedanken; kein Prinzip geht meinem Denken voran, denn mein Denken ist mein Selbst, ist also Souveränität. In einem Verein von Egoisten gibt es insofern keine Gegensätze, als es in ihm keine Bindungen gibt, denn sogar der Konflikt ist eine Form von Bindung, tritt somit nicht auf bei völliger Separation.

Das Stirnersche Werk ist gleichsam der Verzicht des Junghegelianismus auf jegliche Verbindung mit der Hegelschen Tradition, ein Ad-absurdum-Führen der Kritik an Hegel durch die Absicht, jedwede menschliche Gemeinschaft und die Ganzheit der Kultur im Namen einer monadischen Souveränität des Subjekts zu verurteilen. Zwar greift Stirner in seiner heftigen Hegelkritik ein Motiv auf, das auch bei Marx gegeben ist: den Protest gegen die Reduzierung des individuellen menschlichen Lebens auf ein Werkzeug des Absoluten. Doch hat dieser Protest jeweils einen völlig anderen Sinn. Für Marx gibt es auch keine wirkliche »Menschheit« jenseits der Individuen, doch ist die Singularität selbst ein Produkt der Kultur. Für Stirner hingegen ist die Singularität identisch mit der erlebten Subjektivität, das Dasein ist das Daseinsbewußtsein. Insofern darf von einer Vorwegnahme des existentialistischen Denkens in seiner Philosophie gesprochen werden. Zugleich stellt diese Philosophie den Versuch dar, den Wert jeglicher zwischenmenschlicher Bindungen und jeglichen historischen, also gemeinschaftlichen Werdens zu vernichten. Wie die neuesten Studien über die Rezeption der Stirnerschen Doktrin bewiesen (H. G. Helms), wurden von ihr nicht nur verschiedene anarchistische Strömungen inspiriert, sondern auch diverse deutsche Gruppen, die dem Faschismus unmittelbar vorausgegangen sind. Die totalitäre Doktrin des Nationalsozialismus nimmt sich zwar wie ein radikaler Gegensatz des Stirnerschen »Individualismus« aus. Doch gerade der Faschismus war der Versuch, mit jeglicher historisch geschaffenen gesellschaftlichen Bindung zu brechen, er schuf eine künstliche Bindung zwischen Individuen, von denen ein jedes vollkommenen Gehorsam beweisen sollte nach dem Prinzip des absoluten Egoismus; die faschistische Erziehung sollte ein Werkzeug zum privaten »Sichetablieren« in der Welt sein. Die Stirnersche Philosophie zielt nämlich nicht gegen den Konformismus, sondern nur gegen die Opferung des »ego« an irgendein höheres Prinzip; sie gestattet die vollkommene Anpassung an die Welt, sofern der »Einzige« sich von einer solchen Anpassung einen Profit versprechen kann. Die Empörung des »Einzigen« kann sich in vollkommener Form sowohl im unterwürfigsten Servilismus ausdrücken, sofern er für den »Einzigen« profitabel ist, denn für ihn gelten keine »allgemeinen« Werte und keinerlei »Menschheits«-Mythos. Daher steht das Ideal des Totalitarismus – die Gesellschaft als gehorsame Kaserne, zugleich aber auch als Kaserne, in der jede wirkliche, historisch gestaltete Bindung vernichtet wurde – keineswegs im Widerspruch zu den Stirnerschen Prinzipien. Der »Einzige« muß nämlich, sofern er authentisch sein will, stets zum Mitmarschieren in beliebigen Reihen bereit sein, wenn ihm dadurch die Erfahrung größerer Befriedigung in Aussicht gestellt wird.

6. Die Stirnerkritik. Individuum und Gemeinschaft

Wenn Marx und Engels das Stirnersche Manifest einer schonungslosen Kritik unterziehen, wenn sie der Fruchtlosigkeit der Stirnerschen Empörung die revolutionäre gemeinschaftliche Tat entgegensetzen, wenn sie dem »Einzigen« die an dem Gemeinschaftsleben partizipierende und mit ihm sich befreiende Individualität entgegenstellen, wenn sie die Ineffizienz und Hoffnungslosigkeit des Programms des vollkommenen Egoisten aufweisen, ist ihre Kritik an einigen Punkten gleichsam eine vorweggenommene Abrechnung des Marxismus mit der Existenzphilosophie. Diese Kritik ist bissig und sarkastisch und bringt außerdem an einigen Stellen die Intentionen zum Ausdruck, die, unabhängig vom polemischen Kontext, für das Marxismusverständnis wesentlich sind.

Marx greift Stirner nicht vom Hegelschen Standpunkt an, versucht seine Doktrin der Souveränität des »ego« nicht durch eine erneute Zurückführung des persönlichen Lebens auf irgendeine »Allgemeinheit« (universelle Vernunft, Gesellschaft oder Staat) zu bekämpfen. Er stellt ihm den Umriß eines Gedankens entgegen, in dem die reale Persönlichkeit (nicht aber das fiktive selbstgenügsame Subjekt, das ausschließlich im eigenen Selbstbewußtsein lebt) vor der Perspektive der Übereinstimmung seiner persönlichen Unwiederholbarkeit mit der Gemeinschaft steht, ohne in der allgemeinen Bindung aufzugehen.

Marx weist somit auf die Fiktionalität des Menschen hin, dessen gesamtes Leben nichts anderes wäre als die Erscheinungsvielfalt des Selbstbewußtseins und das unempfindlich bleiben könnte gegenüber den physischen und gesellschaftlichen Umwandlungen, die die Bewußtseinsveränderungen bedingen. Der Stirnersche »Einzige« ist grundsätzlich unverständlich, und jegliche »Tat« dieses Einzigen ist voraussetzungsgemäß unfruchtbar. In Marxens Augen drückt Stirner nur die ohnmächtige und sentimentale Unzufriedenheit des deutschen Kleinbürgers aus: Er empöre sich gegen die vorgefundenen Heiligkeiten, sei aber nur fähig, sie in der eigenen Einbildung zu bekämpfen, ohne sie in Wirklichkeit anzutasten; er stelle sich vor, den Staat in einem Akt gedanklicher Empörung zu zerstören, decke aber in Wirklichkeit nur die eigene Unfähigkeit zur realen Teilnahme an der materiellen Kritik dieses Staates auf. Revolution und Empörung, auf Stirnersche Art proklamiert, unterscheiden sich nicht dadurch, daß die erste eine politische, die zweite dagegen eine egoistische Tat sei, sondern dadurch, daß eine so verstandene Empörung überhaupt keine Tat darstelle, weil sie nämlich hinsichtlich ihrer Auswirkungen die Grenzen des sich empörenden Bewußtseins nicht überschreite. Stirner stelle sich vor, man könne auf die menschlichen Bindungen nach eigenem Gutdünken verzichten und der Staat werde von selbst zerfallen, sobald seine Mitglieder aus ihm austreten; er versuche die Welt zu besiegen, indem er gegen ihre Idee ankämpfe. Er möchte sich von »dem Bestehenden« befreien, d. h. von jeglichen Institutionen des gesellschaftlichen Lebens, indem er sie als Ausdruck irgendeines »Gesamtwillens« betrachte, während im Gegenteil der »Gesamtwille« selber Ausdruck des gesellschaftlichen Zwanges ist, der bewirkt, daß die herrschende Klasse ihrer Herrschaft den ideologischen Wert des »Allgemeinen« verleihen muß, und ihre eigene Situation hängt in keiner Weise von ihren Präferenzen ab. Das Stirnersche Programm der Emanzipation durch Egoismus lasse sich letztlich darauf zurückführen, daß der Egoist sich der Welt entledigen möchte, wofern diese ihn beschränke, was ihn auf der anderen Seite nicht daran hindere, in dieser Welt Karriere zu machen.

Stirner möchte, daß die Individuen persönlich miteinander verkehrten, ohne Vermittlung der Gesellschaft und ihrer Institutionen; dies jedoch ist, nach Marx, ein frommer Wunsch. Der persönliche oder institutionelle Charakter der Beziehungen, die die Menschen miteinander eingehen, hängt nämlich nicht vom Willen der Individuen ab: Unter den Bedingungen der Arbeitsteilung verwandeln sich die persönlichen Verhältnisse unausweichlich in Klassenverhältnisse, und auch das, was die Überlegenheit des einen Individuums über das andere schafft, vollzieht sich in der Form eines Privilegs, also einer bestimmten gesellschaftlichen Beziehung. Mit einem Wort: Der Charakter und die Entwicklungsstufe von Bedürfnissen und Produktivkräften bestimmen den gesellschaftlichen Charakter der Beziehungen zwischen den Individuen, völlig unabhängig von ihren Intentionen. »Die Individuen sind immer und unter allen Umständen ›*von sich* ausgegangen‹, aber da sie nicht *einzig* in dem Sinne waren, daß sie keine Beziehung zueinander nötig gehabt hätten, da ihre *Bedürfnisse*, also ihre Natur, und die Weise, sie zu befriedigen, sie aufeinander bezog (Geschlechtsverhältnis, Austausch, Teilung der Arbeit), so *mußten* sie in Verhältnisse treten. Da sie ferner nicht als reine Ichs, sondern als Individuen auf einer bestimmten Entwicklungsstufe ihrer Produktivkräfte und Bedürfnisse in Verkehr traten, in einen Verkehr, der seinerseits wieder die Produktion und die Bedürfnisse bestimmte, so war es eben das persönliche, individuelle Verhalten der Individuen, ihr Verhalten als Individuen zueinander, das die bestehenden Verhältnisse schuf und täglich neu schafft (. . .) die Geschichte eines einzelnen Individuums (ist) keineswegs von der Geschichte der vorhergegangenen und gleichzeitigen Individuen loszureißen, sondern (wird) von ihr bestimmt . . .«[8]

Für Marx üben die Intentionen der Individuen keinen großen Einfluß aus auf die Bestimmung der Ergebnisse und des gesellschaftlichen Sinns ihres Verhaltens in Situationen, in denen nicht die wirklichen Individuen über die von ihnen selbst produzierten gesellschaftlichen Bindungen herrschen, diese Beziehungen haben im Gegenteil die Gestalt einer fremden und verselbständigten Gewalt angenommen, die die Individuen beherrscht. In unserer Epoche wird die Individualität von sachlichen Formen oder von der »Zufälligkeit« erdrückt; dieser Druck hat eine Extremform erreicht und stellt die Menschheit eben aufgrund seiner Extremheit vor die Aufgabe des Umsturzes, der den Individuen die Macht über die zwischenmenschlichen Beziehungen zurückerstatten und die Zufälligkeit des Lebens aufheben würde. Der Kommunismus bedeutet eben dies: die Wiedererstattung der Herrschaft über die sachlichen Formen ihres Seins oder ihre versachlichten Beziehungen an die menschlichen Individuen. In letzter Instanz fällt diese Aufgabe mit der *Aufhebung der Arbeitsteilung* zusammen, was wiederum erst auf einer Stufe der technologischen Entwicklung möglich sein wird, die diese

Aufhebung selbst verlangen wird, da sie durch die bestehenden Eigentumsverhältnisse und die bestehende Arbeitsteilung gefesselt ist. Das Privateigentum kann nur aufgehoben werden »unter der Bedingung einer allseitigen Entwicklung der Individuen, weil eben der vorgefundene Verkehr und die vorgefundenen Produktivkräfte allseitig sind und nur von allseitig sich entwickelnden Individuen angeeignet, d. h. zur freien Betätigung ihres Lebens gemacht werden können«.[9] In der kommunistischen Gesellschaft ist die allseitige Entwicklung der Individuen keine Phrase, besteht auch nicht darin, daß das Individuum eine Selbstbestätigung in einer im übrigen unerreichbaren Unabhängigkeit von anderen Menschen anstrebt, in einer monadischen Isolierung, in der Proklamation des eigenen Rechts *gegen* die Gesellschaft. Im Gegenteil, »sie (ist) bedingt eben durch den Zusammenhang der Individuen, ein Zusammenhang, der teils in den ökonomischen Voraussetzungen besteht, teils in der notwendigen Solidarität der freien Entwicklung Aller, und endlich in der universellen Betätigungsweise der Individuen auf der Basis der vorhandenen Produktivkräfte«.[10]

Deshalb ist auch das auf der Kategorie des »Einzigen« basierende Programm der individuellen Emanzipation eine eitle Phantasterei. Wenn die »Einzigkeit« nichts anderes als das Bewußtsein der »Einzigkeit« sein soll, dann läßt sie sich selbstverständlich unter beliebigen Umständen realisieren, ohne Veränderung der realen Situation, als rein gedanklicher Akt. Wenn die »Einzigkeit« nur die banale Tatsache sein soll, daß jedes einzelne Individuum sich in irgendeiner Hinsicht von allen übrigen Individuen unterscheidet, dann kann eine so verstandene »Einzigkeit« nie zu einem Programm werden, weil sie ganz einfach in einem völlig trivialen Sinn verwirklicht werden kann: Gemäß dem Leibnizschen Prinzip gibt es keine zwei völlig identischen Dinge, und sogar der Paß eines Menschen unterscheidet sich vom Paß eines anderen Menschen, wodurch die Identifizierung eines singulären Individuums auf dieser rein amtlichen oder polizeilichen Grundlage gewährleistet ist. Nicht um die Feststellung dieser Selbstverständlichkeit geht es jedoch. Die »Einzigkeit« wird erst dann zu einer sinnvollen Kategorie, wenn sie die Originalität, ein besonderes Talent oder eine besondere Fähigkeit bezeichnet. Doch diese erscheinen oder realisieren sich ausschließlich als gesellschaftliche Werte nur in der menschlichen Gemeinschaft. »Die ›Einzigkeit‹ im Sinne von Originalität, setzt voraus, daß die Tätigkeit des unvergleichlichen Individuums in einer bestimmten Sphäre sich selbst von der Tätigkeit *Gleicher* unterscheidet. Unvergleichliche Sängerin ist die Persiani, eben weil sie *Sängerin* ist und mit andren Sängerinnen verglichen wird . . .«[11]

Auf der Grundlage dieser Ausführung läßt sich die Irrigkeit der (heute seltenen, einst verbreiteten) totalitären Interpretationen aufweisen, die

Marx folgendes Kommunismus-Ideal zuschrieben: Eine Gesellschaft, in der es durch den Wegfall aller Qualitäten, die die Individuen voneinander unterscheiden, und durch den Schwund der schöpferischen Initiative, als deren Zentren einzelne Individuen auftreten, zur Identifikation des Individuums mit der Gattung kommt. Marx glaubte in der Tat nicht daran, daß die Individuen sich im Akt des Selbstbewußtseins selbst bestimmen oder in solchen Akten ihre Einzigkeit wahrhaft bestätigen könnten; eine Selbstbestätigung dieser Art ist immerhin unter beliebigen Umständen durchführbar, erfordert keine Veränderungen in der Welt der sozialen Beziehungen und ist daher auch außerstande, das Böse zu entwurzeln, das die Menschen in Knechtschaft hält, d. h., es kann die ewige Produktion und Reproduktion der Fesseln eigener Selbstentfremdung nicht aufheben. Die Affirmation der eigenen Singularität ist in Marxens Augen auch die Restitution des »gesellschaftlichen Charakters« oder des »Gattungswesens«, in deren Unterschied und *im Gegensatz* zum »zufälligen« Dasein, einem Dasein also, das entfremdeten Gewalten ausgeliefert ist. Der Schwund des Antagonismus zwischen den persönlichen Aspirationen und der Gattung in der kommunistischen Gemeinschaft beruht nicht auf Identifikation (einer freiwilligen, nichtsdestoweniger erzwungenen), d. h. auf der Reduktion der Individuen auf eine undifferenzierte Mittelmäßigkeit, er beruht darauf, daß die gesellschaftlichen Verhältnisse es den Individuen gestatten werden, ihre eigenen Fähigkeiten nicht gegen die anderen voll zu entfalten, sondern auf eine gesellschaftlich wertschöpferische Weise, daß also die persönlichen Fähigkeiten sich nicht, wie es gegenwärtig der Fall ist, in eine Quelle von Privilegien oder der Unterdrückung anderer Menschen verwandeln. Die »Depersonalisation«, wenn man das heute populäre Wort auf die Marxschen Überlegungen anwenden darf, besteht in der Unterwerfung der Individuen unter die eigenen Produkte, kann somit nicht auf dem Wege einer bloßen Reform des Denkens beseitigt werden, sondern durch eine erneute Inbesitznahme der eigenen Kräfte, die eine dingliche Gestalt angenommen haben.

Wenn wir jedoch sagen, daß die totalitäre Interpretation Marxens seinen Intentionen zuwiderlaufe, treffen wir keine Vorentscheidung darüber, daß eben diese Interpretation ein gewöhnlicher Irrtum gewesen sei. Bestehen bleibt weiterhin die Frage, die es zu erwägen gelten wird: Enthält die von Marx umrissene Version der gesellschaftlichen Einheit – unabhängig von der Intention – keinerlei Prämissen, die mit dieser Intention im Streit liegen, und ist Marx selber nicht bis zu einem gewissen Grad für die totalitäre Form des Marxismus »verantwortlich«, d. h., kann man sich die Realisation einer solchen Einheit auch in einer anderen Form vorstellen als eben in der totalitären, ist es nicht vielmehr so, daß das Endergebnis der Intention widerspricht?

7. Entfremdung und Arbeitsteilung

Seit der »Deutschen Ideologie« erscheint der Begriff »Entfremdung« seltener in den Marxschen Texten, woraus man, einigen Historikern zufolge, schließen müsse, Marx habe seine früheren gesellschaftlichen Kategorien aufgegeben. Diese Auffassung scheint jedoch nicht zutreffend. In den »Manuskripten« ist die entfremdete Arbeit der originäre Prozeß, der alle anderen Formen der menschlichen Knechtschaft nach sich zieht – die Institution des Privateigentums ist ihr gegenüber sekundär. Marx hat jedoch die Frage, was seinerseits die Quelle des Phänomens der Arbeitsentfremdung darstelle, nicht beantwortet. In der »Deutschen Ideologie« ist die Arbeitsteilung das Erzübel: Auch hier tritt das Privateigentum als Ableitung eines elementaren Phänomens auf, doch man sollte nicht meinen, die nicht gänzlich klare Kategorie der »Entfremdung« erfahre in der Kategorie »Arbeitsteilung« ganz einfach eine nähere Spezifizierung. Die Arbeitsteilung – Ergebnis der Werkzeugvervollkommnung – ist in Marxens Auffassung der Ursprung des Entfremdungsprozesses und – durch seine Vermittlung – des Privateigentums. Die Teilung der Arbeit führt von sich aus zum Warenaustausch, d. h. zur Verwandlung der vom Menschen produzierten physischen Objekte in Träger des abstrakten Tauschwerts. Mit dem Augenblick, in dem die Dinge zu Waren werden, ist die grundlegende Voraussetzung der Entfremdung bereits gegeben. Ungleichheit, Privateigentum, die entfremdeten Institutionen der politischen Gewalt, die dem Schutz der Privilegien dienen, alles das ist eine Fortsetzung ein und desselben Prozesses. Das Phänomen der »entfremdeten Arbeit« ist weiterhin wirksam und wird im Produktionsprozeß unentwegt reproduziert. Eine Sonderform der Entfremdung tritt mit der Trennung der körperlichen Arbeit von der geistigen in Kraft. Diese Trennung bewirkt, daß das mystifizierte Bewußtsein der Ideologen zum Vorschein kommt, die meinen, ihr eigenes Denken sei nicht von den Bedürfnissen des gesellschaftlichen Lebens geleitet, schöpfe seine Energie vielmehr aus immanenten Quellen; das bloße Gegebensein des Ideologen-Berufs bringt es mit sich, daß die Überzeugung von der selbständigen Kraft der Idee leicht Verbreitung findet.

Daß Marx im Verlauf seiner Arbeit an der »Deutschen Ideologie« die Entfremdungskategorie nicht aufgegeben und die Arbeitsteilung als eigentliche Quelle der Entfremdungsphänomene angesehen hat, die ihrerseits vom Stand der technologischen Entwicklung der Gesellschaft bedingt sind, wird u. a. aus einer Bemerkung am Rande des ersten Teils dieses Werkes deutlich: »Die Individuen sind immer von sich ausgegangen, gehen immer von sich aus. Ihre Verhältnisse sind Verhältnisse ihres wirklichen Lebensprozesses. Woher kömmt es, daß ihre Verhältnisse sich gegen sie verselbständigen? daß die Mächte ihres eignen Lebens übermächtig gegen sie werden? Mit einem Wort: *die Teilung der Arbeit*, deren Stufe von der jedesmal entwickelten Produktivkraft abhängt.«[12]

Die Theorie der Entfremdung ist – wenngleich das Wort selber selten auftritt – in der Marxschen Sozialphilosophie bis zuletzt anwesend; was anderes wenn nicht ihre Präzisierung ist die Beschreibung des Warenfetischismus im »Kapital«?

Wenn Marx sagt, die menschlichen Produkte stellen sich im Tauschprozeß seinen Teilnehmern als von ihnen unabhängige Verhältnisse dar (der als spezifische Eigenschaft des Gegenstandes, nicht aber als Arbeitskonzentrat mystifizierte Tauschwert), die höchsten Formen jener Fetischisierung sei das Geld als Wertmaßstab und Tauschmittel, reproduziert Marx die Theorie der menschlichen Selbstentfremdung, die er 1844 formuliert hatte. Daß die gesellschaftlichen Verhältnisse und die Totalität der menschlichen Geschichte ein menschliches Produkt sind, das jedoch den Schein von Autonomie gewinnt, weil es sich wirklich der menschlichen Kontrolle entzieht, dieser Umstand wird für Marx bis zum Schluß die fundamentale Determinante seiner Überlegungen über die Degradierung des Menschen in der kapitalistischen Gesellschaft und die gesellschaftliche Funktion der proletarischen Revolution bleiben.

8. Die Befreiung des Menschen und der Klassenkampf

Und nun der zweite Punkt, der ebenfalls nach der Auffassung einiger Historiker die Änderung beweisen soll, die der Marxsche Standpunkt durch die »Deutsche Ideologie« erfährt; Marx, der in den »Manuskripten« und anderen Frühschriften von der Emanzipation des Menschen im allgemeinen sprach, habe gewissermaßen die Idee jener universellen Emanzipation durch die Theorie des Klassenkampfs des Proletariats mit der Bourgeoisie ersetzt. In Wirklichkeit läßt sich auch in diesem Fall keineswegs von einem wesentlichen Perspektivenwechsel sprechen. Bis an sein Lebensende bedeutete der Kommunismus für Marx die Emanzipation *des* Menschen, der Menschheit als Ganzes, das Proletariat hingegen, als Klasse, die das Maximum der Enthumanisierung auf sich versammelt – das bewußte Werkzeug dieser Emanzipation. Daß der Kommunismus die Aufhebung der Klassen ist, nicht aber eine Umkehrung der Verhältnisse der Klassenherrschaft, ist ein als klassisch angesehener Marxscher Gedanke. Doch ist in ihm auch nichts anderes als die frühere Idee der Emanzipation enthalten. Von der Enthumanisierung kann nicht nur eine einzige Klasse unter Ausschluß der anderen erfaßt werden; alle Klassen sind von ihr betroffen, wenn auch nicht in gleichem Ausmaß, obschon die besitzende Klasse die eigene Enthumanisierung affirmiert.

Man kann in der Tat feststellen, daß die allgemein emanzipatorische Funktion des Kommunismus in Marxens späteren Schriften weniger Raum einnimmt als das Problem der Revolution, verstanden als eine vom Klasseninteresse des Proletariats inspirierte Tat. Das wird im übrigen schon in der »Deutschen Ideologie« sichtbar und erklärt sich leicht aus dem polemischen Kontext, der Kritik des sog. wahren Sozialismus. Der »wahre Sozialismus« war die Doktrin, die die sozialistische Utopie nicht nur als universelle Befreiung der Menschheit behandelte, sondern auch als eine Perspektive, deren Verwirklichung nur der Berufung auf die moralischen Losungen universellen Charakters bedurfte, die an alle gesellschaftlichen Klassen ohne jede Unterscheidung gerichtet sei. Mit anderen Worten: Der »wahre Sozialismus« war die Idee des Sozialismus ohne eine von den Klasseninteressen inspirierte Revolution und ohne die Voraussetzung des Klassenkampfes überhaupt. Marx war überzeugt, daß das partikulare Interesse des Proletariats und sein Kampf gegen die besitzenden Klassen die Triebkraft des sozialistischen Umsturzes seien, daß der endgültigen Aufhebung und dem Abklingen der gesellschaftlichen Antagonismen eine Revolution vorausgehen müsse, die jenes gegen die Ausbeuter gerichtete Interesse in einer Übergangsepoche aufrechterhalten werde. Weil Marx jedoch mit zunehmend näherem Kontakt zu den politischen Realitäten den Perspektiven der revolutionären Organisation mehr Aufmerksamkeit widmete als dem Ausmalen der »endgültigen Gesellschaft« – und es muß gesagt werden, daß er sich (wie beispielsweise Fourier) nie mit der detaillierten Planung des kommunistischen Systems befaßte, sondern seine Anstrengung mehr auf die Idee des Klassenkampfes als auf die Gesellschaftseschatologie konzentrierte. Es bleibt jedoch unübersehbar, daß die ganze Klassenkampftheorie ohne jene Eschatologie sinnlos wäre und daß Marx in keinem Augenblick seines Lebens auf die Prinzipien des Kommunismus im Sinne seiner Beschreibung aus dem Jahr 1844 verzichtet hatte. Er war der Überzeugung, daß man sich im Klassenkampf nicht auf das undifferenzierte allgemeinmenschliche Interesse berufen dürfe; später (und zwar in der »Kritik des Gothaer Programms«) trennte er deshalb deutlich die erste, negative nachrevolutionäre Phase von der künftigen allgemeinmenschlichen Gemeinschaft. Doch ist die Perspektive dieser Gemeinschaft in seinem Denken permanent gegenwärtig (was allein der dritte Band des »Kapital« beweist) und kollidiert weder mit der Klassentheorie noch mit der Anerkennung der Proletariats als Erlöser der Menschheit, das, ausgehend vom eigenen Gruppeninteresse, die allgemeinmenschliche Sache verwirklicht.

9. Der erkenntnistheoretische Sinn der Theorie des falschen Bewußtseins

Das »falsche Bewußtsein« ist nach Marx kein »Fehler« im kognitiven Sinn, ebensowenig wie die Emanzipation des Bewußtseins eine Rückkehr zur«Wahrheit« im landläufigen Wortsinn ist. Marx suspendiert das Erkenntnisproblem in der »Deutschen Ideologie« genauso wie in den »Manuskripten«. Für ihn besteht kein Problem der »Widerspiegelung« der Welt im Geist in einem anderen Sinn als dem, von dem er wiederholt spricht: das Bewußtsein ist das Bewußtsein des Lebens, das die Menschen führen. Die erkenntnistheoretische Frage nach der »Übereinstimmung« von Denken und Wirklichkeit an sich besitzt für ihn keinen Sinn, weil die bloße Entgegensetzung von Subjekt und Objekt als zweier selbständiger Seinsweisen, von denen eine der Empfänger der von der zweiten produzierten Bilder wäre, absurd ist; die Frage nach der Realität der Welt als eine von den praktischen menschlichen Interessen unabhängige ist eine »rein scholastische Frage« (gemäß der »Thesen über Feuerbach«) und erscheint selber als Ergebnis einer ideologischen Mystifikation (». . . das ganze Problem, vom Denken zur Wirklichkeit und daher von der Sprache zum Leben zu kommen (existiert) nur in der philosophischen Illusion, d. h. (ist) nur berechtigt (. . .) für das philosophische Bewußtsein, das über die Beschaffenheit und den Ursprung seiner scheinbaren Trennung vom Leben unmöglich klar sein kann.«[13]). Wenn die Natur außerhalb des Menschen »nichts für den Menschen« ist, wenn der Mensch die Natur nur als eigene vergegenständlichte Praxis kennt (was natürlich nicht bedeutet, daß er sie als physisches Dasein geschaffen hätte), wenn die Erkenntnis darin besteht, daß den Dingen Sinn verliehen wird, d. h. menschlicher Sinn, dann kann der Unterschied zwischen dem falschen Bewußtsein und dem emanzipierten Bewußtsein nicht der wie zwischen »Fehler« und »Wahrheit« sein, sondern eine *funktional* im Hinblick auf die Rolle des Denkens bezüglich des gesellschaftlichen Lebens der Menschen bestimmte Differenz. Das »falsche« Denken ist ein Denken, das den Zustand der menschlichen Unfreiheit bestätigt und des Selbstbewußtseins der eigenen Funktionalität bar ist; das emanzipierte Denken ist ein solches, das eine »Bestätigung des Menschen« sein, d. h. der Entfaltung seiner menschlichen Fähigkeiten dienen wird. Das Bewußtsein ist der bewußtgemachte Lebensprozeß der Menschen, d. h. ein gesellschaftlicher – denn nur durch die Sprache, also die Kommunikation, realisiert es sich – Prozeß ihres Verkehrs miteinander und die Aneignung der Natur als einer vermenschlichten. Das Bewußtsein kann die Unfreiheit des Menschen entweder vertiefen oder zu deren Aufhebung beitragen. Das Bewußtsein verleiht den Dingen ihre Bestimmtheit, nicht aber ihren gegenständlichen Charakter. ». . . nicht der *bestimmte* Charakter des Gegenstandes, sondern sein *gegenständlicher* Charakter (ist) für das Selbstbewußtsein das Anstößige und die Entfremdung . . .«[14] Noch anders drückt Marx das in einem seiner frühen Artikel aus: »Der Charakter der Dinge ist ein Produkt des Verstandes. Jedes Ding muß sich isolieren und isoliert werden, um etwas zu sein. Indem der Verstand jeden Inhalt der Welt in eine feste Bestimmtheit bannt und das flüssige Wesen gleichsam versteinert, bringt er die Mannigfaltigkeit der Welt hervor, denn die Welt wäre nicht vielseitig ohne die vielen Einseitigkeiten.«[15]

Für Marx gibt es demnach nicht die Frage nach dem Erkenntniswert des Wissens im Unterschied zu seinem Wert als einem Organon der menschlichen »Selbstbestätigung«. Die Heilung des Selbstbewußtseins ist Bestandteil, nicht nur Konsequenz der Aufhebung der entfremdeten Arbeit. Die Marxsche Erkenntnistheorie ist Teil seiner Sozialutopie; der Kommunismus hebt das falsche Bewußtsein in dem Sinne auf, als er die Illusion aufhebt, der Gedanke sei noch etwas anderes als nur die Bestätigung der Lebensbedingungen durch die Menschen, nicht aber in dem Sinne, daß er anstelle eines mit der Welt nicht koinzidierenden Bildes einer an sich seienden Welt ein »adäquates« setzte. Die erkenntnistheoretischen wie die metaphysischen Fragen verlieren ihre Gültigkeit, sie werden nicht etwa anders entschieden: genauso die Frage nach der Erschaffung der Welt durch Gott wie die Frage nach dem »Ansichsein« und nach der Beziehung der subjektiven Daten zu diesem. Die Kenntnis von Genese und Funktion des menschlichen Denkens inhibiert die spezifisch erkenntnistheoretischen Fragen. Das Denken artikuliert stets seine Epoche, dennoch kann es nicht nur durch den Rekurs auf seine Epoche als »gut« oder »schlecht« beurteilt werden, d. h. nicht nur im Hinblick darauf, ob es im Interesse der (materiell, also auch geistig herrschenden) Klassen der gegebenen Epoche wirksam arbeite; in diesem Fall nämlich wäre ein spezifisch bourgeoises Bewußtsein ja gerade »gut«, d. h. den Bedürfnissen der Bourgeoisie angemessen. Das Denken kann ebensogut im Hinblick auf einen absoluten Gesichtspunkt beurteilt werden, doch nicht im Hinblick auf eine vom Menschen abgetrennte Wirklichkeit, sondern auf das emanzipierte Bewußtsein hin, d. h. auf das Bewußtsein, welches das »Gattungswesen des Menschen« radikal bestätigt. Daher kann das Bewußtsein auch dann noch ein falsches Bewußtsein sein, wenn es die historische Situation, in der es entsteht, richtig ausdrückt; mehr noch, vom falschen Bewußtsein, d. h. von Ideologie, darf nur im Hinblick auf jenen absoluten Zustand der Emanzipation des Bewußtseins gesprochen werden. Wenn man die Konzeption des »Verstandes« als eines praktischen Organons des gesellschaftlichen Lebens berücksichtigt und die Konzeption des Gegenstandes als eines – in seinen Bestimmtheiten, wenngleich nicht in seiner Gegenständlichkeit selbst – vom Verstand erzeugten, kann man von Marxens Erkenntnistheorie als von einem Gattungssubjektivismus sprechen.

Neuntes Kapitel

Rekapitulation

Wir wollen jetzt versuchen, das Schema des Marxschen Denkens zu rekapitulieren, in der Gestalt, die es bis 1846 angenommen hat. Von 1843 an zeigt dieses Denken eine ungewöhnlich deutliche Konsequenz, so daß wir das gesamte spätere Marxsche Schaffen als Verzweigung und Fortsetzung des ursprünglichen Stammes ansehen können, der zu der Zeit der Entstehung der »Deutschen Ideologie« bereits ausgebildet war.

1. Der Marxsche Ausgangspunkt ist das vom Hegelschen Denken geerbte eschatologische Problem: *wie kann die Versöhnung des Menschen mit sich selbst erreicht werden?* Mit anderen Worten: Wie kann die Fremdheit zwischen Mensch und Welt aufgehoben werden? Für Hegel ist die Versöhnung des Bewußtseins mit dem Sein dadurch möglich, daß das Bewußtsein, welches die Qual des Kreuzweges durchläuft, als welcher die gesamte Geschichte erscheint, zum endgültigen Verständnis der Welt als der eigenen Selbstentäußerung gelangt, indem es sich diese Welt als eigene Wahrheit aneignet und ihren gegenständlichen Charakter aufhebt, während es zugleich all das aktualisiert, was an seinem Ausgangspunkt nur potentiell war. Unter dem Einfluß von Feuerbach wählt Marx den Menschen in seiner »irdischen Wirklichkeit« zum Kristallisationszentrum, nicht aber den Geist, als dessen bloßes Werkzeug oder Entwicklungsstufe die empirischen menschlichen Individuen erscheinen würden. Er wählt somit eine Perspektive, *in der das Menschliche die Voraussetzung ist und von keiner anderen Wirklichkeit gerechtfertigt wird* (»Die Wurzel für den Menschen ist aber der Mensch selbst«) und von nichts anderem abgeleitet werden kann.

2. Marx sieht demnach, wie Hegel, die Perspektive der endgültigen Versöhnung des Menschen mit der Welt, mit sich selbst und mit den anderen. Entgegen Hegel und mit Feuerbach sucht er diese Perspektive nicht in der Anerkennung des Seins als eines Produktes des Selbstbewußtseins, sondern in der Entdeckung der Quellen der Entfremdung in der irdischen Situation des Menschen selbst und in deren Überwindung. Entgegen dem junghegelianischen »kritischen Prinzip« will er nicht den ewigen Konflikt anerkennen zwischen dem zwangsläufig negativen Selbstbewußtsein und dem Widerstand der inerten Welt, sondern stellt sich die völlige Aufhebung ihrer Fremdheit vor: *einen Zustand, in dem*

der Mensch sich selbst in der durch sich erschaffenen Welt affirmieren werde. Gegen Feuerbach wiederum sucht er die Quellen der Entfremdung nicht allein im mythenschaffenden Bewußtsein, das die menschlichen Werte entfremdet, indem es sie auf Gott projiziert, hält vielmehr *das mythenschaffende Bewußtsein selbst für ein sekundäres Produkt der entfremdeten Arbeit.*

3. *Die entfremdete Arbeit ist die Folge der Arbeitsteilung, zu der es wiederum* infolge des technologischen Fortschritts kam. Der Entfremdungsprozeß war also unausweichlicher Bestandteil der geschichtlichen Entwicklung. Gegen Feuerbach und in Übereinstimmung mit Hegel sieht Marx mithin in der Entfremdung nicht nur ihre destruktiven und inhumanen Ergebnisse, sondern erkennt in ihr die Bedingung der künftigen allseitigen Entwicklung der Menschheit, wenngleich er – gegen Hegel – die ganze bisherige Entwicklung nicht als fortschreitendes Erobern der Freiheit ansieht, vielmehr als wachsende Entwürdigung, die in der entwickelten kapitalistischen Gesellschaft ihren Gipfel erreicht. Doch die künftige Befreiung des Menschen hatte die Erfüllung der gesamten menschlichen Qual und das Erreichen jenes Maximums an »Entmenschung«, die offensichtlich geworden ist, zur Bedingung; sie ist also keine Rückkehr zum verlorenen Paradies, sondern die Eroberung der Menschheit.

4. Die Entfremdung besteht darin, daß der *Mensch in das Joch seiner eigenen Produkte gerät,* die dingliche Gestalt annehmen: der Warencharakter der Produkte und seine Manifestation in Form des Geldes (das Heßsche Motiv) bewirken, daß der gesellschaftliche Tauschprozeß durch Faktoren geregelt wird, die nach dem Muster von Naturgesetzen wirken, die vom menschlichen Willen unabhängig sind. Das Privateigentum und die politischen Institutionen (der Staat) sind Entfremdungsprodukte. Der Staat schafft eine fiktive Gemeinschaft, die den Mangel an wirklicher Gemeinschaft in der bürgerlichen Gesellschaft ersetzen soll, wo die zwischenmenschlichen Beziehungen sich unausweichlich als Antagonismus zerstrittener Egoismen realisieren. Die Unfreiheit der Gemeinschaft, die der Gewalt der eigenen Produkte unterworfen ist, zieht die gegenseitige Isolation der einzelnen nach sich.

5. Die Aufhebung der Entfremdung kann sich somit nicht auf dem Weg des bloßen Nachdenkens über diese Aufhebung vollziehen, erfordert vielmehr die praktische Einwirkung auf die Verhältnisse, die die Entfremdung erzeugen. *Der Mensch ist ein praktisches Wesen und auch sein Denken ist bewußtgemachte Lebenspraxis,* wenngleich dieser Umstand im falschen Bewußtsein verwischt wird. Das Denken wird vom praktischen Bedürfnis geleitet, und das ganze Weltbild im menschlichen Kopf ist gemäß der durch die praktischen Aufgaben oktroyierten Artikulation organisiert, nicht aber durch die Qualitäten des Ansichseins.

Vergegenwärtigen wir uns den grundsätzlich praktischen Charakter des Denkens, so setzen wir zugleich die Fragen außer Kraft, die nur dadurch entstanden sind, daß die Philosophen die Bedingungen wegdachten, die zur Entstehung dieser Fragen notwendig sind (und diese Bedingungen sind vorausgesetzt in der Trennung der geistigen von der produktiven Arbeit). *Wir suspendieren also die metaphysischen und erkenntnistheoretischen Fragen,* die dem hoffnungslosen Versuch des Menschen entspringen, den menschlichen, praktischen Horizont zu exzedieren und zu einer absolut »jenseits« des Menschen liegenden Wirklichkeit vorzudringen.

6. Die Aufhebung der Entfremdung ist gleichbedeutend mit dem Kommunismus. Dieser ist die totale Umwälzung des menschlichen Seins, die Rückkehr des Menschen zu seinem gattungsmäßigen Wesen. Der Kommunismus *hebt die Aufteilung des Menschen in das staatliche und das private Leben auf, hebt die Differenz zwischen der bürgerlichen Gesellschaft und dem Staat auf,* indem er das Bedürfnis nach politischen Institutionen, politischer Gewalt und Regierung selbst aufhebt. Er schafft das Privateigentum ab und seine Quelle, die Arbeitsteilung. Dadurch liquidiert er auch die Entzweiung des Menschen, die verkrüppelnde und einseitige Entwicklung der Individuen, merzt die gesellschaftlichen Klassen und die Ausbeutung aus. Entgegen Hegel ist die Unterscheidung von Staat und bürgerlicher Gesellschaft nicht ewig. Entgegen den aufklärerischen Liberalen soll die soziale Harmonie nicht durch die Übereinstimmung des unausweichlichen Egoismus der Individuen mit dem Gesamtinteresse auf dem Weg einer Rechtsreform erreicht werden, sondern durch die Abschaffung der Grundlagen dieses Antagonismus selbst: *Das Individuum wird die Gemeinschaft in sich zurücknehmen,* es wird, dank der Aufhebung der Entfremdung, die Menschheit als seine eigene, internalisierte Natur wiederfinden; dann wird freiwillige Solidarität, nicht aber Zwang oder eine rechtliche Interessenordnung das menschliche Zusammenleben in einer konfliktlosen Gesellschaft gewährleisten. Die Gattung selbst (das Fichtesche Motiv) wird sich im Individuum verwirklichen können. Der Kommunismus wird die Herrschaft der sachlichen Verhältnisse über den Menschen aufheben, ihm die Kontrolle über die Ganzheit seiner eigenen Produkte zurückerstatten, dem Menschen seine vergesellschafteten Sinne und seine Vernunft wiedergeben, die Fremdheit zwischen Mensch und Natur aufheben. *Er ist die Erfüllung der menschlichen Bestimmung, d. h. die Übereinstimmung von Wesen und Existenz im menschlichen Sein.* Er ist auch das Bewußtsein des praktischen, menschlichen und gesellschaftlichen Charakters, den jegliche gedankliche Tätigkeit unausweichlich besitzt, und daher beseitigt er auch die scheinbare Selbständigkeit der bestehenden Formen des gesellschaftlichen Bewußtseins: der Philoso-

phie, des Rechts, der Religion. Indem der Kommunismus die Philosophie verwirklicht, hebt er sie auf.

7. *Der Kommunismus beraubt den Menschen nicht der Singularität,* nivelliert nicht die persönlichen Aspirationen und Anlagen zu einem homogenen Grau, sondern ist – ganz im Gegenteil – die Bedingung für die Entfaltung der persönlichen Kräfte, die von jedem einzelnen als gesellschaftliche Kräfte begriffen werden, d. h. als ausschließlich in der menschlichen Gemeinschaft realisierbare und nur als solche wertschöpferische. Erst der Kommunismus ermöglicht die eigentliche Nutzung der menschlichen Vermögen, denn er bewirkt, dank der allseitigen technologischen Entwicklung, daß das spezifisch menschliche Schaffen sich vom Zwang des physischen Bedürfnisses befreit, daß es nicht länger unter dem Imperativ elementarer Notdurft steht, also zum wahren Schaffen wird. Mithin ist der Kommunismus die Verwirklichung der Freiheit: *nicht nur der Freiheit von Ausbeutung und politischer Macht, sondern auch der Freiheit von den unmittelbaren körperlichen Bedürfnissen.* Er ist die Auflösung des Rätsels der Geschichte und ist das Ende der Geschichte im bisherigen Sinn, d. h. das Ende der Zufälligkeit des individuellen und gemeinschaftlichen Lebens. Er bewirkt, daß der Mensch von nun an die Eigenentwicklung wird frei lenken können, nicht von sachlicher Gewalt geknechtet, die er selbst geschaffen, über die er jedoch die Herrschaft verloren hat. Im Kommunismus ist der Mensch nicht länger eine Beute des Zufalls, sondern der bewußte Schöpfer seiner selbst. *Der Mensch hat den Status des zufälligen Seins hinter sich gelassen.*

8. Der Kommunismus ist – entgegen den utopischen Sozialisten – jedoch kein Ideal, das sich als solches der faktischen Welt widersetzt und das in einer beliebigen Epoche hätte erfunden und praktisch initiiert werden können. Der Kommunismus ist die wirkliche Tendenz der neuzeitlichen Geschichte, *sie selbst strebt unbewußt auf ihn zu,* produziert seine Voraussetzungen. Denn sie *produziert das Maximum an Entmenschung,* indem sie auf der einen Seite den *Arbeiter in eine Ware verwandelt* und seine Situation in den Abgrund der Unmenschlichkeit treibt, auf der anderen Seite den Besitzenden in einen Träger des Geldes verkehrt und auch ihn der Menschheit entblößt. *Das Proletariat als reine Negation der bürgerlichen Gesellschaft, als Konzentrat der Enthumanisierung ist zum radikalen Umsturz berufen,* vermöge dessen es sich selbst als Klasse aufhebt und damit alle sozialen Klassen. *Das partikulare Interesse des Proletariats* – und nur sein Interesse – *fällt mit den Bedürfnissen der Menschengattung als Ganzes zusammen.* Daher ist das Proletariat nicht nur eine Anhäufung von Leid, Elend und Erniedrigung, sondern auch das Werkzeug der Geschichte, das dem Menschen seine Menschheit zurückerstattet. Die Entfremdung der Arbeit hat in

ihrer jahrhundertelangen Entwicklung die Arbeiterklasse als Prämisse ihrer Selbstdestruktion hervorgebracht.

9. *Doch das Proletariat ist nicht einfach das Werkzeug eines unpersönlichen Geschichtsprozesses.* Es erfüllt seine Sendung nämlich in dem Maße, in dem es sich dieser Sendung sowie seiner außergewöhnlichen Situation bewußt ist. Daher *ist das Bewußtsein des Proletariats kein seinem Stellenwert in den Plänen der Geschichte passiv gegenüberstehendes Bewußtsein, sondern ein freies Bewußtsein,* das zum Zentrum der revolutionären Initiative wird. In der Situation des Proletariats *schwindet mithin der Gegensatz von Freiheit und Notwendigkeit,* denn dasjenige, was geschichtliche Notwendigkeit ist, kommt im Bewußtsein des Proletariats als freie Initiative zu Wort. Indem es sich selbst versteht, versteht es nicht nur die Welt, sondern setzt durch den Akt seines Verstehens die Veränderung der Welt in der Praxis in Gang. In der Situation des Proletariats ist das Bewußtsein somit nicht, wie in der Hegelschen Lehre, ein Konstatieren der vergangenen Geschichte und ihre geistige Aneignung, sondern ist in die Zukunft gerichtet, ist aktive Weltveränderung, aber es ist auch nicht – wie in der Fichteschen und junghegelianischen – nur die Negation der vorgefundenen Welt, sondern ein Versuch, sie in eine Bewegung zu versetzen, die ihr gewissermaßen bereits potentiell innewohnte, der *Mobilisierung der natürlichen Schwungkraft der Geschichte,* die diesen Schwung jedoch nur durch die freie Initiative der Geschichte gewinnen kann. In der Situation des Proletariats fallen also geschichtliche Notwendigkeit und Freiheit zusammen.

10. Der Kommunismus als endgültige Umwälzung, die alle Bereiche des Lebens und des menschlichen Bewußtseins ergreift, *muß ein Ergebnis der Revolution sein, deren Triebfeder das partikulare Interesse des Proletariats ist,* der Klasse, die von Ausbeutung und Elend zu Boden gedrückt ist. Diese Revolution leistet die negative Arbeit, und der negative Charakter der proletarischen Tätigkeit muß so lange erhalten bleiben, wie der Kampf gegen die besitzenden Klassen notwendig ist. Die bloße Aufhebung des Privateigentums ist noch nicht die Errichtung des Kommunismus. Der Kommunismus als positive Überwindung des Privateigentums erfordert eine lange erschütterungsreiche gesellschaftliche Entwicklung. Diese Entwicklung wird sich ohne Rücksicht auf irgendetwas vollziehen, weil der stärkste Imperativ der Geschichte – der Fortschritt der Produktionsmittel – es verlangt. Der Kommunismus muß somit eine gewaltige technologische Entwicklung und einen Weltmarkt zur Voraussetzung haben, und er selber wird seinerseits Ausgangspunkt einer vielfach gesteigerten technologischen Entwicklung, die sich diesmal jedoch nicht, wie bisher, gegen die Produzenten richten, sondern sich zugunsten ihrer menschlichen, personalen Totalität auswirken wird.

Auf diese Grundannahmen seiner Philosophie wird Marx niemals verzichten. Sein Schaffen wird bis zur letzten Seite des »Kapital« ihre Bestätigung und Entwicklung sein. Das Schaffen von Engels hingegen wird, in einer mehr empirisch orientierten Begrifflichkeit, der gleichen Hoffnung auf eine klassenlose kommunistische Gesellschaft Ausdruck geben, die kraft der Aktivität der Arbeiter entstehen soll, die in eigener Initiative die natürliche Tendenz der Geschichte in Bewegung setzen. Im Engelsschen Schaffen wird sich jedoch der Standpunkt ändern, der das kognitive und ontische Verhältnis von Mensch und Natur betrifft. In Engels' späterer philosophischer Arbeit wird die »Philosophie der Praxis« (im hier anvisierten Sinn) einer Theorie weichen, die den Menschen in die allgemeinen Naturgesetze mit einbezieht und die menschliche Geschichte in einen Sonderfall dieser Gesetze verkehrt; aufgegeben wird darin mithin die Idee des Menschen, der »Wurzel seiner selbst« ist, und auch die Idee der »Menschlichkeit der Natur«. Dies ist eine neue Version der marxistischen Philosophie, die sich etwa von der ersten unterscheidet, wie sich die vordarwinsche Stufe der europäischen Geisteskultur von der Stufe unterscheidet, die mit dem Darwinismus anbrach.

Zehntes Kapitel

Die sozialistischen Ideen in der Mitte des 19. Jahrhunderts gegenüber dem Marxschen Sozialismus

1. Die Entstehung der sozialistischen Idee

Ab 1847 kehrte Marx nur noch gelegentlich zu philosophischen Überlegungen von der Art zurück, wie sie in seinen Frühschriften dominieren. Jene Rekurse sind wichtig, denn sie bestätigen die wesentliche Kontinuität und gestatten auch, seine politischen und ökonomischen Reflexionen in eine von den ursprünglichen Impulsen determinierte Perspektive zu stellen. Die unmittelbaren Inhalte der Marxschen Arbeit konzentrieren sich jedoch auf die immer präzisere Analyse des Funktionierens der kapitalistischen Wirtschaft, eine Analyse, die vom »Kapital« gekrönt werden wird, sowie auf die Polemik gegen verschiedene sozialistische Lehren und Programme, deren Geschichts- und Ökonomieinterpretationen die Entwicklung der revolutionären Bewegung hemmen. Nach der Abrechnung mit dem deutschen »wahren Sozialismus« kommt die Abrechnung mit Proudhon, mit dem utopischen Sozialismus, mit Bakunin, mit Lassalle. Alle diese Polemiken und Kämpfe sind von wesentlicher Bedeutung für die Geschichte der Arbeiterbewegung, doch nicht alle bringen wesentliche theoretische Novitäten ein.

Als Marx seine Tätigkeit als Theoretiker der proletarischen Revolution begann, hatten die sozialistischen Ideen bereits eine lange Entwicklung hinter sich. Wenn wir nach einer generellen historischen, nicht normativen Charakteristik des Sozialismus Ausschau hielten, d. h., wenn wir versuchen würden, die gemeinsamen Merkmale der Idee zu bestimmen, der man in der ersten Hälfte des 19. Jahrhunderts diesen Namen zu geben pflegte, würde sich dieser gemeinsame Inhalt unweigerlich als pauschal und dürftig erweisen. Der gemeinsame Aspekt der sozialistischen Ideen, die unter dem gekoppelten Einfluß der Französischen Revolution und der industriellen Revolution entstanden sind, besteht in der Überzeugung, daß die *unkontrollierte Konzentration der Reichtümer und die Konkurrenz unweigerlich zu steigender Armut und zu Krisen führen und daß dieses System durch ein anderes ersetzt werden müsse, in dem die Organisation von Produktion und Austausch Elend und Ausbeutung beseitigte und zu einer neuen Güterverteilung führte, die mit den Grundsätzen der Gleichheit übereinstimmte*: sei es zu einem völligen Ausgleich der Einkommen, sei es zu einer Güterverteilung nach dem Prinzip »jedem nach seiner Arbeit« oder in weiterer Perspektive, »jedem nach seinen Bedürfnissen«. Abgesehen von dieser pauschalen Gemeinsamkeit unterscheiden sich die sozialistischen Programme und Ideen in allen übrigen Punkten. Allgemein ist nicht einmal das Programm der Aufhebung des Privateigentums an den Produktionsmitteln. Auf dieser pauschalen gemeinsamen Plattform haben sowohl die Platz, für die der Sozialismus vor allem ein Problem der Arbeiterklasse ist, als auch jene, die in ihm ein allgemeinmenschliches Ideal sehen, das nach einem Appell an alle Klassen verlangt; sowohl die, die die Unausweichlichkeit der politischen Revolution propagieren, wie die, die auf die bloße Kraft von Agitation und Beispiel setzen; sowohl die, die eine baldige Aufhebung jeglicher Staatsordnung voraussehen, wie jene, die diese für unentbehrlich halten; die, für die die Freiheit den höchsten Wert darstellt, wie jene, die bereit sind, sie zugunsten von Gleichheit oder Produktionssteigerung weitgehend einzuschränken; außerdem auch noch jene, die sich auf das internationale Interesse der unterdrückten Klassen berufen, wie jene, die nicht über den nationalen Horizont hinausgehen; schließlich jene, die ganz einfach die vollkommene Gesellschaft in der Phantasie errichten, neben jenen, die die geschichtliche Entwicklung verfolgen, um in ihren genuinen Gesetzmäßigkeiten die sozialistische Perspektive zu entdecken.

Die Prägung der Bezeichnung »Sozialismus« schreibt sich der Saint-Simonist Pierre Leroux zu, der sie 1832 in der Zeitschrift »Globe« benutzte. Sie war auch in den dreißiger Jahren bei den englischen Owenisten in Gebrauch. Die Verbreitung der Bezeichnung selbst wie der Idee lenkte naturgemäß die Aufmerksamkeit der Denker und Propagatoren auf ihre historischen Antezedentien; in Platons Republik, in den kommunistischen Bewegungen der mittelalterlichen Bewegungen, bei den Utopisten der Renaissance, vor allem bei Morus und Campanella, bei ihren Nachahmern im 17. Jahrhundert und in der Aufklärung konnte man das Auftauchen gemeinsamer Motive verfolgen, die von den unterschiedlichsten Philosophien inspiriert waren. Während die hierarchische Platonische Organisation egalitären Vorstellungen fernstand, die die Mehrheit der modernen Sozialisten verbanden, während die asketischen Ideale der Lehrmeister des Mittelalters zu stark in spezifisch religiöse Inhalte verwickelt waren, wurzelte die Utopie bereits in Reflexionen über die ursprüngliche kapitalistische Akkumulation, und die Propagatoren des Sozialismus konnten in den Idealen dieser Utopie – Aufhebung des Privateigentums, allgemeine Arbeitspflicht, Ausgleich von Erträgen und Rechten, allgemein staatliche Organisation der Produktion, Liquidierung von Ausbeutung und Armut – viele verwandte Ideen erkennen. Die sozialistischen Ideen des 16., 17. und 18. Jahrhunderts waren im übrigen in der Regel nicht nur von der Reflexion über das zeitgenössische Unglück der diskriminierten Klassen inspiriert. Sie entwuchsen fast immer einem bestimmten philosophischen oder religiösen Glauben an die grundsätzliche Berufung des Menschen zu einem Leben in einer konfliktlosen Gemeinschaft. Sie gingen davon aus, daß Antagonismen, Interessenkämpfe, Ungleichheit und Unterdrückung wider die menschliche Natur seien, die von der großen Natur oder von Gott determiniert sei, daß die menschliche Bestimmung – im normativen Wortsinn – Gemeinschaft und Harmonie sei. Ihr Glaube gipfelte zuweilen in der Überzeugung, daß die vollkommene Gesellschaft die totale Vereinheitlichung aller ihrer Mitglieder in jeder Hinsicht zur Voraussetzung haben solle, nicht nur bezüglich der Rechte und Pflichten, sondern auch hinsichtlich der Lebens- und Denkweisen, der Kleidung und Ernährung, ja sogar (wie z. B. Dôm Deschamps) des physischen Aussehens. In den so gesehenen Idealen war häufig jeglicher Gedanke an Kreativität und Fortschritt zugunsten einer stagnierenden Vollkommenheit eliminiert. Das bezieht sich nicht auf alle Utopisten; bei Campanella spielt – anders als bei Morus – der Gedanke des wissenschaftlichen und technologischen Fortschritts im »Sonnenstaat« eine bedeutende Rolle.

2. Der Babouvismus

Nach der Französischen Revolution wurde die Verschwörung des Gracchus Babeuf zum ersten Brennpunkt der sozialistischen Bewegung. Es war in der Tat mehr eine Bewegung denn eine Doktrin; diese fand erst dank der 1828 von einem Teilnehmer der Verschwörung veröffentlichten Geschichte dieser Verschwörung, Filippo Buonarroti, Verbreitung. Babeuf und die Babouvisten übernahmen die wichtigsten ideellen Losungen von den Utopisten der Aufklärung und von Rousseau und hielten sich für die Fortsetzer des Robespierreschen Werks. Die Idee der Gleichheit war die fundamentale Voraussetzung der Bewegung. (». . . die immer treibende Ursache der Sklaverei der Nationen« liege vollständig in der Ungleichheit, solange die Ungleichheit existieren würde, werde »die Ausübung ihrer Rechts fast wirkungslos sein für eine Menge Menschen, die unsere Zivilisation unter die menschliche Natur herunterzieht«, schrieb Buonarroti in seinem Buch »Babeuf und die Verschwörung für die Gleichheit«[1]). Wenn alle Menschen von Natur die gleichen Rechte auf alle irdischen Güter besitzen und das Privateigentum die Quelle der Ungleichheit ist, muß das Eigentum aufgehoben werden. Die Gesellschaft der Zukunft wird die bedingungslos gleiche Güterverteilung einführen, unabhängig von der Art der ausgeführten Arbeit, wird das Erbrecht aufheben, die großen Städte auflösen, wird die bedingungslos gleiche Pflicht der körperlichen Arbeit einführen, die gleiche Lebensweise für alle. Die Babouvisten haben nicht nur die Prinzipien der Zukunftsgesellschaft ausgearbeitet, sondern auch die Regeln des Umsturzes, der zu ihr führen soll. Sie hatten während des Direktoriums eine konspirative Organisation gegründet, die die bestehende Regierung mit Gewalt stürzen wollte. Sie beschlossen, daß das vom geistigen Einfluß der Ausbeuter noch nicht emanzipierte Volk die Macht nicht sofort würde ausüben können, so daß die Verschwörer sie in der ersten Phase nach dem Umsturz selbst würden ausüben müssen. Erst allmählich, mit der Verbreitung der Bildung, werde das Volk fähig sein, die Macht mittels gewählter Institutionen auszuüben. Die Verschwörung Babeufs wurde 1796 aufgedeckt und ihr Führer aufgrund eines Gerichtsurteils guillotiniert. Seine Ideen lebten bis zu einem gewissen Grad in der Tätigkeit Blanquis wieder auf. Die Babouvisten operierten in ihren Programmen noch nicht mit klaren Klassenkategorien und begnügten sich mit dem Gegensatz von Armen und Reichen oder Volk und Tyrannen. Ihre egalitäre Rhetorik enthielt jedoch den ersten Versuch einer ökonomischen Kritik der auf Privateigentum basierenden Gesellschaft.

Die große Bedeutung der Babouvisten-Bewegung beruht auch darauf, daß in ihr erstmalig das Bewußtsein des Konflikts zur Sprache kam, der zwischen den beiden führenden Parolen der Revolution besteht: Freiheit und Gleichheit. Freiheit bedeutete nämlich nicht nur Freiheit der Versammlung und die Aufhebung der rechtlichen Unterschiede zwischen den Ständen, sondern auch das Recht jedes Einzelnen auf unbegrenzte ökonomische Aktivität und auf die Sorge um das eigene Eigentum; Freiheit bedeutete somit auch Ungleichheit, Ausbeutung und Elend. Die Babouvistenverschwörung war hinsichtlich ihrer unmittelbaren Ursache die Reaktion der jakobinischen Linken auf den Thermidor-Umsturz. Doch ging ihre Ideologie weit über die jakobinische Tradition hinaus. Die Babouvisten übernahmen vom Jakobinertum das Denken über die Gesellschaft in den Kategorien politischer Macht, die mit Gewalt errungen wird, und haben es der französischen sozialistischen Bewegung vermittelt (im englischen Sozialismus überwog von Anfang an die reformistische Tendenz, er erwuchs historisch nicht der politischen Revolution, sondern dem Industrialisierungsprozeß). Im »Manifeste des égaux«, das 1796 von Sylvain Maréchal geschrieben wurde, wird die Französische Revolution als Ankündigung einer weiteren, bedeutend größeren und bereits endgültigen Revolution bestimmt. Die Anführer der Verschwörung lehnten die Publikation dieses Manifests jedoch ab, weil sie darin zwei bezeichnende Wendungen anzweifelten. Die eine lautete: »Mögen, wenn es sein muß, alle Künste untergehen, wenn uns nur die wirkliche Gleichheit bleibt«; die zweite verlangte, es müßten alle Unterschiede verschwinden, nicht nur die von »Reich und Arm, von Hoch und Niedrig, von Herr und Knecht, sondern auch von Regierenden und Regierten!«[2] Der erste Satz, wenngleich abgelehnt, verrät trotzdem eine Tendenz, die sich in den kommunistischen Bewegungen wiederholen wird: die Gleichheit als höchster Wert, und zwar die Gleichheit der Nutzung materieller Güter. Diese Losung geht davon aus, ihre konsequente Durchführung vorausgesetzt, daß es weniger auf die Gütermenge ankomme, in deren Genuß die Menschen gelangen, als auf die Tatsache, daß alle den gleichen Anteil an ihnen erhalten, daß also im Falle der Alternative: soll man das Schicksal der Benachteiligten verbessern, aber die Einkommensungleichheit belassen, oder aber alle auf das gegenwärtige Niveau der Benachteiligung herabziehen, man zugunsten der zweiten Lösung optieren müßte. Selbstverständlich wurde von keiner kommunistischen oder sozialistischen Gruppe auch nur die Möglichkeit einer solchen Alternative erwogen, weil alle davon als von einer gesicherten Tatsache ausgingen, daß gleiche Güterverteilung automatisch wenn nicht Überfluß, so doch zumindest relativen Wohlstand für alle mitbedeute. Die Mehrheit ging auch von der naiven Voraussetzung aus, daß die Not der arbeitenden Klassen ihre Quelle im Luxuskonsum der Reichen habe und daß, wenn man die von den Privilegierten konsumierten Güter an das Volk verteilen würde, alle im Wohlstand leben könnten. In der ersten Entwicklungsphase der sozialistischen Ideen war die moralische Entrüstung über das Elend noch nicht von der ökonomischen Analyse der kapitalistischen Produktion getrennt oder ersetzte vielmehr diese Analyse. Die Losung der Gütergemeinschaft war, ähnlich wie bei den Utopisten der Aufklärung Morelly oder Mably, durch Deduktion aus der normativen Theorie der menschlichen Natur gewonnen, deren Voraussetzung es ist, daß die Menschen schlechthin als Menschen die gleichen Rechte auf alle irdischen Güter besitzen. Unabhängig davon, ob dieses Prinzip durch Zitate aus dem Neuen Testament begründet wurde (wie bei vielen sozialistischen Autoren) oder vielmehr durch die Tradition der Materialisten der Aufklärung, der Schluß war der gleiche: Die Ungleichheit der Konsumption sei gegen die menschliche Natur, und genauso gegen sie sei die Existenz eines nicht durch Arbeit gewonnenen Einkommens, also des Zinses, der Pachtrenten, der Wohnungsmieten.

Was die zweite Losung betrifft, die die Aufhebung der Unterschiede zwischen Regierenden und Regierten fordert, so ist sie, sofern man sie als unmittelbare revolutionäre Forderung auffaßt, eher ein Teil der anarchistischen Tradition; die Babouvisten hatten sie zurückgewiesen, weil sie eine Epoche der Diktatur voraussahen, die im Interesse des Volkes so lange ausgeübt werden sollte, wie dies für die Ausschaltung der Feinde der Gleichheit notwendig war.

Alles in allem trennten sich dank den Babouvisten in der nachrevolutionären Epoche erstmalig liberale Demokratie und Kommunismus, und die Gleichheitsparole sollte, wie sich herausstellte, die Freiheitsparole nicht so sehr ergänzen als vielmehr restringieren.

Das bedeutet jedoch keineswegs, daß diese Trennung sofort durchschaubar geworden wäre. Liberale Demokratie und Sozialismus traten über einen großen Zeitraum hinweg in verschiedenen Misch- und Kompromißformen gemeinsam auf, erst das Jahr 1848 zog in dieser Hinsicht eine deutliche Grenze. Auch die Bezeichnungen »Kommunismus« und »Sozialismus« waren über lange Zeit nicht klar voneinander geschieden, wenngleich sich für gewöhnlich bereits in den dreißiger Jahren diejenigen radikalen Reformer und Utopisten als Kommunisten bezeichneten, die die totale Abschaffung des Privateigentums verlangten (zuerst vor allem des Bodens, dann auch der Fabriken), die vollkommene Gleichheit der Konsumtion, und nicht auf den guten Willen der Regierungen oder Besitzenden setzten, sondern allein auf den Kampf der Ausgebeuteten selbst. Nach 1830 treten das sozialistische Denken und die keimförmige Arbeiterbewegung sowohl in Frankreich wie auch in England – und diese beiden Länder kann man als eigentliche Heimat der sozialistischen Ideen betrachten – bereits in verschiedenartigsten Verbänden auf. Doch früher schon waren die Ideen der radikalen Gesellschaftsreform im sozialistischen, nicht aber im kommunistischen (d. h. nicht aus der Babeufschen Tradition erwachsen) Geist in diesen Ländern in Form der theoretischen Reflexion über die Folgen der industriellen Entwicklung in Erscheinung getreten. Eben jener Sozialismus, der vor allem durch die Namen Saint-Simon, Fourier und Owen gekennzeichnet ist, besaß die größte Relevanz für das Marxsche Denken, sowohl als positiver wie negativer Impuls. Dieser Sozialismus kam nicht aus dem Protest der benachteiligten Klassen, sondern entsprang Forschungsintentionen, die von der Beobachtung gesellschaftlicher Mißstände, gesellschaftlichen Elends, Ausbeutung und Arbeitslosigkeit affiziert waren.

3. Der Saint-Simonismus

Claude Henri Saint-Simon (1760–1825) ist der eigentliche Schöpfer der modernen Theorie eines nicht nur als erfundenes Modell, sondern auch als *Ergebnis des Geschichtsprozesses* verstandenen Sozialismus. Abkömmling einer bekannten Fürstenfamilie, Teilnehmer am amerikanischen Bürgerkrieg, ruiniert durch mißglückte Handelsoperationen in den nachrevolutionären Jahren, gab er sich Überlegungen darüber hin, in welcher Weise das System der Gesellschaftswissenschaft zu reformieren sei, um die Gesellschaft selber in wissenschaftlicher Weise zu reformieren. Der Kult der Wissenschaft begleitet ihn das ganze Leben; er ist auch Autor des Gedankens, den Comte später weiterentwickelte – vom Fortschreiten jedes Wissensgebiets bis zum positiven Stadium über die vorausgegangene theologische und später metaphysische Phase. In seinen frühen Schriften (»Lettres d'un habitant de Genève«, 1803, »Introduction aux travaux scientifiques du XIX siècle«, 1807, u. a.) postulierte er die Notwendigkeit einer politischen Wissenschaft, die Zuverlässigkeit und Positivität im gleichen Maße wie die anderen Wissenschaftszweige aufweisen könnte, die Notwendigkeit der Wiederholung des Newtonschen Werks und der Einheit des ganzen wissenschaftlichen Bestandes, der seit jener Zeit sich angesammelt hatte, seine Erfassung in einem einheitlichen System; er zählte darauf, daß die Gelehrten mit der Zeit zu den Führern der Völker auf deren Weg zum Glück würden. In den Jahren 1814–1818, als Augustin Thierry sein Sekretär und Mitarbeiter war, erwog er erstmals ein Projekt der politischen Reform im liberalen Geist auf europäischer Skala (»De la réorganisation de la societé européenne«, 1814); er schlug die Erweiterung des englischen Parlamentarismus vor sowie des Systems der Gewaltenteilung auf allgemeiner Skala und die Erschaffung eines übernationalen europäischen Parlaments, das den Frieden, die industrielle Kooperation und die neue Einheit Europas – verwandt dem mittelalterlichen Christentum, doch auf liberalen Prinzipien gegründet – sichern sollte. Mit der Zeit konzentrierte sich seine Aufmerksamkeit immer mehr auf die Probleme der Weltwirtschaftsordnung. Er gelangte zu der Überzeugung (»L'Industrie«, 1816–1818), daß die eigentliche Aufgabe der Staatsgewalt die Sorge um das richtige Funktionieren der Produktion sei und daß sie die aus der Industrieverwaltung übernommenen Methoden auf alle sozialen Probleme anzuwenden habe. In den späteren Jahren verwarf er, diese Interessen fortentwickelnd – erst allein, dann teilweise mit Auguste Comte, der in den Jahren 1818–1822 sein Sekretär war –, völlig die Ideen der liberalen Wirtschaft und formulierte die Prinzipien eines »organischen« Gesellschaftsverbandes der Zukunft, die ihm vor allem Ruhm und Anhänger einbrachten.

Saint-Simon glaubte, daß die Menschheitsperspektiven aus der Sicht der bisherigen geschichtlichen Veränderungen und ihrer Tendenzen erforscht werden sollten. Er kam zu einem Schluß, der dem späteren historischen Materialismus verwandt ist, den er jedoch nicht konsequent in seinen Überlegungen anwandte, daß nämlich der *Fortschritt der Produktionswerkzeuge die Quelle aller politischen Veränderungen* in der Menschheitsgeschichte sei und daß auch der gegenwärtige technologische Zustand entsprechende Veränderungen in der Politik erfordere. Das zeitgenössische Elend und die Krisen werden durch die freie Konkurrenz verursacht und die aus ihr resultierende Anarchie in Produktion und

Austausch. Diese Anarchie bringt es mit sich, daß die produktiv tätigen Menschen, also die Unternehmer, Kaufleute, Arbeiter und Bauern, die inkompetente Herrschaft der Müßiggänger ertragen, von Menschen, die nur die Früchte fremder Arbeit konsumieren. Für Saint-Simon war die grundlegende gesellschaftliche Teilung die, die den Müßiggängern die in der Produktion nützlichen Menschen entgegensetzte. Die künftige Gesellschaft, die die industrielle Konzentration selbst anstrebt, wird ein »industrielles System« sein, in dem die Verwaltung in die Hände der Produzenten übergehen wird, und erst in dieser Gesellschaft wird die *planmäßige Organisation der Produktion* möglich werden, indem man ihre Größenordnungen an den gesellschaftlichen Bedürfnissen messen wird, und das *Privateigentum* wird, wenn auch nicht abgeschafft, seinen *bisherigen Charakter verlieren, weil seine Nutzung dem Gemeinwohl untergeordnet,* nicht aber der Willkür des Eigentümers überlassen sein und weil, was wichtiger ist, das Erbrecht außer Kraft gesetzt werden wird, wodurch die Exploitation des Eigentums von denen wird wahrgenommen werden können, die aufgrund ihrer Talente und Kompetenzen dazu berufen sind. Solcherweise wird an die Stelle der Konkurrenz der Wettbewerb der Individuen treten, in dem das Privatinteresse zu einem Werkzeug der Vervollkommnung der Talente werden, also in den Dienst der Gesellschaft gestellt wird, anstatt sich ihr zu widersetzen. Die Gesellschaftshierarchie wird nicht aufgehoben, jedoch ihren erblichen Charakter verlieren, die höchsten Funktionen werden den Bankiers zufallen, die die Verteilung der Investitionsmittel kontrollieren, sowie den Gelehrten, die Sorge für die allgemeine Entwicklung der Gesellschaft tragen. Das industrielle System wird den am stärksten von Elend und Erniedrigung betroffenen Teil der Gesellschaft, das Proletariat, aus seinem Elend und seiner Erniedrigung befreien; Saint-Simon berief sich jedoch nicht auf das Proletariat als auf die Vollstrecker seiner Projekte, vielmehr rechnete er damit, daß die Veränderungen zugunsten der Unterdrückten sich unter dem Patronat der »Industrialisten«, der Unternehmer, Bankiers, Wissenschaftler und Künstler, durchführen lassen würden, welche für die Doktrin zu gewinnen sind. In dem neuen System wird die Gewalt ihren Charakter völlig ändern; sie wird nicht mehr Herrschaft über die Menschen sein, sondern ein Verwalten von Sachen, sie wird der maximal erfolgreichen Exploitierung der Natur durch die menschliche Energie dienen. Die friedlichen Reformen, z. B. die Eroberung der parlamentarischen Macht durch die Industrialisten, sollten für die Veränderungen ausreichen; gelegentlich appellierte Saint-Simon auch an die Herrscher, die er für sein System gewinnen wollte. Im letzten größeren Werk (»Nouveau Christianisme«, 1825) trat er für die Notwendigkeit der Errichtung des politischen *Wissens* auf noch elementareren, nämlich religiösen Grundsätzen ein. Er ging davon aus, daß das industrielle System mitnichten den Ruin der christlichen Zivilisation bedeute, sondern die Erfüllung ihres eigentlichen Inhalts, nämlich des Gebots der Bruderliebe. Das egoistische Interesse allein sei nicht ausreichend für eine adäquate Gesellschaftsordnung: notwendig seien emotionale und religiöse Motive, das religiöse Leben stelle einen dauerhaften Bestandteil des menschlichen Daseins dar und könne durch nichts überholt werden.

Dieses religiöse Motiv des Saint-Simonismus wurde mit besonderem Nachdruck von seinen unmittelbaren Schülern aufgegriffen, die die Lehre des Meisters in eine systematische Gestalt brachten, indem sie bestimmte Motive weiterentwickelten und durch eigene Ideen anreicherten. In der Darstellung der Lehre Saint-Simons, deren ersten Band Enfantin und Bazard 1830 veröffentlichten, kann man die sukzessive Verwandlung der Saint-Simonistischen Philosophie in ein religiöses Dogma und des Schülerkreises in eine Sekte deutlich verfolgen. Zugleich finden wir dort in Form einer systematischen Sammlung die Ideen, die der Meister zuweilen kaum umrissen hatte.

Die Historiosophie des Saint-Simonismus geht von der Voraussetzung aus, daß die menschliche Geschichte ein ständiger Fortschritt ist, in dem wir jedoch den sukzessiven Wechsel von zweierlei Phasen feststellen können: von organischen und kritischen Perioden. Die organischen sind die, in denen die Gesinnung von bestimmten allgemein anerkannten Prinzipien beherrscht wird, die soziale Hierarchie klar stabilisiert ist und die Einheit der Konfessionen unangetastet bleibt. Die kritischen Perioden, die unumgänglichen Übergangsphasen, sind durch Chaos, fehlende Einheit, Verlust des Gemeinschaftsgefühls und allgemeine Auflösung gekennzeichnet. Nach der kritischen Periode, wie sie Europa seit der Reformationszeit bis zum Zeitpunkt der Betrachtung erlebte, kündigt sich eine neue organische Periode an, eine diesmal endgültige, die nicht die Vorwegnahme eines neuen Stadiums der Anarchie sein wird. Diese Periode wird somit gewissermaßen eine Rückkehr zur mittelalterlichen Theokratie sein, doch werden ihre Ideen keineswegs auf Verachtung dem irdischen Leben und irdischen Bedürfnissen gegenüber gegründet sein. Im Gegenteil, das Neue Christentum wird vom Kult der Wissenschaft und des technischen Fortschritts dominiert sein und wird die Produktionsarbeit als besonderen Wert anerkennen. Weder der Glaube an Gott noch die Hoffnung auf ein Leben im Jenseits, nicht einmal die Institution der Priester werden abgeschafft werden, sondern in einer synthetischen Ordnung mit der Sorge des Menschen um irdischen Wohlstand harmonisch zusammenfinden.

Die Perspektive des künftigen Gesellschaftsverbandes ist keineswegs eine willkürliche Erfindung, das Wachstum ihrer Prämissen läßt sich in der gesamten Geschichte beobachten, in der der sukzessive Reifeprozeß des Kooperationsprinzips sichtbar wird; die Entwicklung der Industrie allein und ihre wachsende Zentralisierung verlangen nach einer grundsätzlichen Änderung der Produktionsordnung. Auch die Teilnahme der Müßiggänger an der Ausbeutung der Arbeit der Produzierenden wird allmählich zurückgehen, was aus dem fallenden Zinssatz in den industriellen Ländern ersichtlich wird. Doch die Zukunftskeime müssen erst voll zur Entfaltung gebracht werden. Zur Zeit vertieft die Wirtschaft infolge von Konkurrenz und Anarchie die Klassenteilung der Gesellschaft, denn auch die Preissenkungen, die durch die Konkurrenzverhältnisse erzwungen werden, richten sich erneut gegen die Arbeiter, weil sie auf Kosten des Arbeitslohns erreicht werden. Die Erblichkeit des Eigentums liefert die Kontrolle über die Produktionsmittel inkompetenten Leuten aus, die das irrationale Vorrecht der Geburt genießen, das an die Stelle des Ständeprivilegs getreten ist. Die künftige Gesellschaft wird die Ausbeutung des Menschen durch den Menschen aufheben zugunsten der Ausbeutung der Erde durch die kooperierenden Produzenten; die Müßiggänger werden sich nicht länger die Früchte der Mühen der Arbeitenden aneignen können. Das wird durch die Abschaffung des Erbrechts auf Eigentum geschehen, namentlich auf Eigentum an den Produktionsmitteln, durch die Abschaffung des Kapitalzinses, die Einführung der allgemeinstaatlichen, zentralisierten Organisierung der Produktion. Der Staat wird entsprechend den gesellschaftlichen Bedürfnissen Investitionskredite und jegliche Produktionsmittel an die Industrialisten vergeben, wobei deren Fähigkeiten das Kriterium darstellen werden. Nur die Fähigkeiten werden das Recht auf Verfügung über die Produktionsmittel bestimmen, und nur auf diese Verfügung, unter der Kontrolle des Staates, wird das Eigentum reduziert werden. Dabei wird das menschliche Verhalten nicht nur vom puren egoistischen Interesse beherrscht werden, sondern auch von emotionalen Motiven, von Enthusiasmus, der Bereitschaft, für andere zu arbeiten, von moralischen und religiösen Ideen schließlich. Zwar wird das Einkommen nicht für alle gleich sein, weil die Verteilung vom Prinzip »Jedem nach seiner Arbeit« bestimmt sein wird, doch wird diese Ungleichheit nicht mit Ausbeutung gekoppelt sein, wird also die soziale Gemeinschaft nicht erschüttern können und weder die Wiederkehr der Klassen noch des Klassenantagonismus zulassen. Die fiktive Freiheit, die für den Hungernden ein Nichts ist, und die fiktive Gleichheit vor dem Recht, die durch die Privilegien des Reichtums zunichte gemacht wird, werden durch die allgemeine Brüderlichkeit der Arbeitenden ersetzt werden. Künstler, Gelehrte und Industrialisten werden einmütig an der unbeschränkten Vervollkommnung der menschlichen Gattung zusammenarbeiten, ihre materiellen, geistigen und moralischen Bedürfnisse befriedigen sowie ihre unschätzbare Bindung an das göttliche Wesen aufrechterhalten, ohne die der Mensch weder zu einem glücklichen Leben noch zur vertrauensvollen Zusammenarbeit mit seinem Nächsten fähig wäre.

Die Lehre Saint-Simons und der Saint-Simonisten wies, ähnlich wie andere, keine so hohe Kohärenz auf, die ihre Ausstrahlung in unterschiedliche Richtungen hätte verhindern können. Ihre autoritären Elemente – die Betonung der Notwendigkeit einer sozialen Hierarchie, die theokratischen Motive – gingen, teilweise durch Comtes Vermittlung, in die Tradition der konservativen Bewegungen ein, die alles das herausstellten, was Saint-Simon mit de Maistre und anderen traditionalistischen Kritikern nachrevolutionärer Ordnung verband. Doch zu den Schülern Saint-Simons gehörte auch Louis Blanc und, durch seine Vermittlung – Lassalle. Die sozialistischen Ideen, die der Staatsgewalt bei der Aufhebung der Klassengegensätze eine eminente Rolle zuschrieben, entwachsen zu einem Großteil der Saint-Simonistischen Tradition. Aus der Perspektive des Marxschen Sozialismus sind vor allem folgende Elemente dieser Lehre von Bedeutung: die Überzeugung von der historischen Gesetzmäßigkeit, die kraft eines historischen Gesetzes zum Sozialismus führt; die Kritik der ruinösen Folgen von freier Konkurrenz und Anarchie sowie der Gedanke von der Notwendigkeit einer allgemeinstaatlichen Wirtschaftsplanung; die Idee der Ersetzung der politischen Regierung durch die Wirtschaftsverwaltung; der Glaube an die Wissenschaft als die Triebfeder des gesellschaftlichen Fortschritts, die internationalistischen Ideen. Dagegen sind der Gedanke, man könne den bestehenden Staat zum Zweck sozialistischer Veränderung benutzen, und der Appell an die Zusammenarbeit der Klassen dem Marxismus völlig fremd; erst recht natürlich die religiösen Perspektiven der »industriellen Gesellschaft«. Die vom marxistischen Sozialismus übernommene Formel »Jeder nach seinen Fähigkeiten, jedem nach seinen Bedürfnissen« stammt von Louis Blanc, der die Lehre Saint-Simons in diesem Punkt reformierte.

Der Saint-Simonismus sollte, ähnlich wie der Marxismus, im Rahmen der romantischen Bewegung betrachtet werden oder vielmehr als der Versuch einer immanenten Überwindung der Romantik. Die Kritik der nachrevolutionären Gesellschaft erwächst nicht nur dem Mitleid mit den Erniedrigten und Beleidigten, sondern auch dem Entsetzen über den Zerfall aller traditionellen Bindungen der alten Gesellschaft. In den Augen der Romantiker, der Saint-Simonisten und des jungen Marx verdient es die industrielle Welt, in ihrer zeitgenössischen Form nicht nur als Quelle des sozialen Unrechts verurteilt zu werden, sondern auch als eine Gesellschaft, in der die negative Bindung des egoistischen Privatinteresses die positiven Beziehungen der Menschen untereinander fast völlig verdrängt hat; es ist eine Welt, in der alles käuflich ist und alles nur insofern einen Wert besitzt, als es wiederverkauft werden kann, in der die egoistischen Motivationen den bloßen Wert von Solidarität und menschlicher Gemeinschaft zersetzt haben. Die Romantiker pflegten dem technischen Fortschritt allein die Schuld an diesem Verfall zuzuschreiben und idealisierten die vorindustriellen Dorf- oder Rittergemeinschaften. Die Saint-Simonisten übernahmen die Kritik der neuen Ordnung oder vielmehr der neuen Unordnung, die aus der Revolution hervorgegangen war, von der Romantik, doch suchten sie den Ausweg nicht in der Vergangenheit, sondern in der rationalen Organisation der Produktion und im technischen Fortschritt selber, der, ihrer Meinung nach (ähnlich wie auch in Marxscher Auffassung), die eigenen destruktiven Folgen unausweichlich überwinden und der Menschheit (d. h. vornehmlich Europa) die organische Einheit auf der Basis einer hochentwikkelten Technik zurückerstatten würde und die nicht vom Primitivismus und der Stagnation des dörflichen Lebens abhängig wäre.

Die späteren Geschicke der Saint-Simonisten-Sekte und ihre Extravaganzen (die Einführung einer Priesterhierarchie, die Geschlechtermystik, die Suche nach einer Mutter für die neue Kirche in der Levante) sind vom Standpunkt der Geschichte des Sozialismus irrelevant. Der Kult der industriellen Organisation und der technischen Leistungsfähigkeit hingegen sowie die Glorifizierung des Unternehmertums haben den Saint-Simonistischen Ideen bei einer bestimmten Anzahl von Industriellen zur Attraktivität verholfen. Anders als in England, war die frühe Industrialisierung in Frankreich mit einer halbromantischen Ideologie verknüpft, in der die Ingenieure und Unternehmer in der Rolle von Rittern oder Eroberern der neuen Welt der Technik auftraten. Enfantin selber beendete sein Leben als Direktor einer Eisenbahnlinie; Saint-Simonist war auch Lesseps, der Erbauer des Sueskanals.

Keine der vormarxschen Lehren wirkte so stark wie der Saint-Simonismus auf die Verbreitung der sozialistischen Ideen unter den gebildeten Gesellschaftsschichten. Mit den Romanen von George Sand, die sich dieser Ideologie verschrieben hatte, wuchsen mehrere Generationen auf. Vor allem Saint-Simon und seinen Schülern ist es zu verdanken, daß der sozialistische Glaube die Intellektuellen aller größeren europäischen Länder erreichte, die deutschen Romantiker genauso wie die englischen Utilitaristen und die polnischen und russischen Radikalen.

4. Owen

Im Unterschied zu der Mehrheit ihm zeitgenössischer Sozialismustheoretiker begann Robert Owen (1771–1858) seine literarische und Lehrtätigkeit auf der Basis einer vorausgegangenen langjährigen Praxis in der Industrie und der unmittelbaren Kenntnis der Arbeiterexistenz. Auch lebte er im Unterschied zu den französischen Sozialisten in einem Land, das die negativen Auswirkungen der Mechanisierung und Industrialisierung unvergleichlich stärker zu spüren bekam.

Geboren in einer armen Handwerkerfamilie, verdiente sich Owen seinen Lebensunterhalt sehr früh selber; es gelang ihm, dank seiner immensen Energie und seines Einfallsreichtums, eine eigene mechanische Werkstatt in Manchester in Betrieb zu nehmen, später eine große Baumwollspinnerei zu leiten und schließlich, dank seiner Heirat mit einer Fabrikantentochter, Leiter und Mitinhaber eines großen Textilwerks im schottischen New Lanark zu werden. Dort war es auch, wo er seit 1800 organisatorische und pädagogische Experimente durchzuführen begann, die darauf abzielten, die Masse der Arbeiter aus Elend, Erniedrigung und sittlichem Verfall zu retten. Viele Jahre lang betätigte er sich als Unternehmer-Philanthrop. Er verkürzte die Arbeitszeit auf $10^{1}/_{2}$ Stunden, schaffte die Arbeit von Kindern unter 10 Jahren ab, entwickelte ein System der unentgeltlichen erzieherischen Fürsorge der Kinder, führte relativ hygienische Arbeitsbedingungen ein, merzte, ohne Androhung von Sanktionen, allein mit erzieherischen Methoden, Trunkenheit und Diebstahl aus und demonstrierte dann zum allgemeinen Erstaunen, daß er damit bessere Produktionsleistungen und Markterfolge erzielen konnte als andere Unternehmer, in deren Betrieben ein inhumanes und grausames Regiment Erwachsene und Kinder dezimierte, wo Hunger, Krankheiten, Kriminalität, Alkoholismus, ruinöse Arbeitsbedingungen und brutaler Zwang die entmündigte Arbeiterbevölkerung auf ein tierisches Niveau herabdrückten.

Die Ergebnisse seiner Experimente stellte Owen, zusammen mit den philosophischen Voraussetzungen, von denen sie geleitet waren, in Skizzen vor, die in London unter dem Titel »A new View of Society, or Essays on the Principle of the Formation of the Human Character« (1813–1814) veröffentlicht wurden. Er wollte darin die Fabrikbesitzer und den herrschenden Adel von der Notwendigkeit einer Reform der industriellen Ordnung, des Geldsystems, des Lohn- und Erziehungssystems überzeugen, wobei er so argumentierte, daß eine solche Reform nicht nur im Interesse der Arbeiter, sondern auch der Kapitalisten und der gesamten Gesellschaft liege. In zahlreichen späteren Schriften, Broschüren, Artikeln und Flugblättern, in Parlamentskampagnen, in Denkschriften und Gesetzesvorschlägen propagierte Owen mit unermüdlicher Energie seine reformerischen Ideen, wies auf die verheerenden Auswirkungen der Industrialisierung hin und nannte die erzieherischen und organisatorischen Mittel, die ihnen entgegenwirken könnten, ohne daß zugleich der Progreß der Mechanisierung zurückgeschraubt werden müsse; er kämpfte vor allem um die Milderung des grausamen Schicksals der Kinder, die damals allgemein vom sechsten Lebensjahr an in den Textilfabriken einen 14- bis 16stündigen Arbeitstag ableisten mußten. Unter ungeheuren Schwierigkeiten gelang es ihm, das erste Gesetz in England durchzusetzen, das die Kinderarbeit in der Textilindustrie einschränkte. Seit 1817 griff er auch in Schriften und persönlichen Auftritten die herrschende Religion heftig an, indem er ihr die Schuld für die irrigen und schädlichen Ansichten gab (vor allem den Glauben an die Verantwortung der Menschen für den eigenen Charakter und die eigenen Handlungen), die die Menschheit in Aberglauben und Elend gefangenhalten. Mit der Zeit stellte er sein philanthropisches Wirken ein, war hingegen als Organisator von Assoziationen und Arbeitergenossenschaften tätig und projektierte einen gänzlich neuen Gesellschaftstypus, der ohne Ausbeutung und Antagonismen auf freiwilliger Zusammenarbeit basierte. 1824 begab sich Owen, der wegen seiner Angriffe auf das Privateigentum ebenso wie wegen seiner antireligiösen Kampagne attakkiert wurde, nach Amerika, wo er den Versuch unternahm, kommunistische Musterkolonien zu gründen. Die Fehlschläge bei diesen Versuchen brachten ihn nicht von seinem Kampf ab. Er kehrte 1829 nach England zurück und war bis an das Ende seines Lebens als Mitorganisator der syndikalistischen und genossenschaftlichen Arbeiterbewegung tätig, womit er zum ersten bedeutenden Organisator des ökonomischen Kampfes des englischen Proletariats wurde. Von der Notwendigkeit der Einführung eines allgemeinen »Arbeitsgeldes« überzeugt, das es gestatten sollte, den Preis aller Produkte an ihrem wirklichen Wert zu messen, d. h. an der durchschnittlichen Arbeitszeit, die zu ihrer Herstellung erforderlich ist, gründete er eine Börse, an der der Austausch unter Umgehung des Marktes sich vollziehen konnte. Sowohl die englische Gewerkschaftsbewegung wie die genossenschaftlichen Vereine besitzen in Owen nicht nur ihren theoretischen Förderer, sondern auch ihren ersten Organisator großen Formats, obwohl sie später die Grundsätze ihrer Arbeit geändert haben.

Die Zwecke des Werks, dem Owen seine ganze unerschöpfliche Energie geopfert hat, waren vornehmlich praktische Zwecke, die Beseitigung von Elend, Arbeitslosigkeit, Kriminalität und Ausbeutung. Er stützte sich in seinem Kampf auf einige schlichte philosophische Voraussetzungen, die er für überaus bedeutsam hielt und deren allgemeine Anerkennung genügen sollte, um die ganze menschliche Gattung genesen zu lassen. Diese bestanden vor allem in einem Prinzip, das er direkt von den Utilitaristen der Aufklärung übernommen hatte. Es ging davon aus, daß der Mensch weder seinen Charakter noch seine Empfindungen, weder seine Ansichten noch seinen Glauben selber gestalte, sondern sich unter dem mächtigen Einfluß von Umwelt, Familie und Erziehern befinde. Es sei also ein überaus verhängnisvoller Irrtum, zu glauben – wie das alle religiösen Sekten tun – daß der menschliche Wille irgendeinen

Einfluß auf die menschlichen Überzeugungen besitze, daß das Individuum für seinen Charakter und seine Neigungen verantwortlich sei, sofern die offenkundigen Erfahrungen beweisen, daß die Menschen Produkte von Umständen und Erziehung seien, daß die Verbrecher im gleichen Maße Produkte der Situationen und Erziehung seien, die sie genossen haben, wie ihre Richter. Der Mensch besitze zwar ein genuines Glücksverlangen, angeborene Triebe, die er mit den Tieren teile, und geistige Fähigkeiten, auch komme jeder Einzelne mit verschieden proportionierten Eigenschaften und Fähigkeiten zur Welt, doch sei das Gesamt des Wissens und der Überzeugungen ein Werk der Erziehung, und das ganze Glück und Unglück des Menschen hänge vom erworbenen Wissen ab. Die *einzige Quelle* allen Übels und Unglücks der Menschheit seit Jahrhunderten sei die Unwissenheit, namentlich die Unkenntnis der menschlichen Natur. Das Wissen sei demnach das eigentliche Heilmittel gegen alle menschlichen Qualen. Es genüge, diese Umstände zu erkennen, um sich gleichzeitig zu vergegenwärtigen, daß das menschliche Glücksstreben nicht wirksam sein könne, wenn es sich in gegen die Nächsten gerichteten Handlungen realisiere, daß das richtig verstandene Glück jedes Einzelnen vielmehr ausschließlich in Verhaltensweisen erreichbar sei, die das Glück aller Mitmenschen bezweckten.

Diese Voraussetzungen – unbegrenzte Formbarkeit des Menschen, Möglichkeit der Gesellschaftsharmonie, die die Egoismen nicht eliminiert, sondern vermittels der Bildung zur Übereinstimmung bringt –, alles das gehörte zum klassischen geistigen Kapital der Aufklärung. Doch zieht Owen aus ihnen praktische Schlüsse, die auf die Revolutionierung des zeitgenössischen Gesellschaftssystems abzielten.

Die grundlegende Reform muß im Wandel des pädagogischen Milieus bestehen, den Kindern kann man, auf dem Weg einer entsprechenden Erziehung, Prinzipien des Miteinanders einflößen, die sie zeit ihres Lebens befolgen werden, man kann ihnen den Wunsch nach Zusammenarbeit mit anderen und Freundschaft zu Mitmenschen eingeben. Zu diesem Zweck müssen sie selbstverständlich überhaupt einer Erziehung unterzogen, nicht aber vom frühesten Alter an zu ruinöser Arbeit getrieben werden, die sie physisch degradiert und in Unwissenheit hält. »Kinder sind ausnahmslos passive und wunderbar zusammengesetzte Wesen, denen durch eine aufmerksame, sich auf richtige Sachkenntnis gründende Erziehung jeder beliebige menschliche Charakter aufgeprägt werden kann. Und obgleich diese zusammengesetzten Wesen wie alle anderen Werke der Natur unüberschaubare Mannigfaltigkeit aufweisen, so sind sie doch formbar genug, um bei beharrlichen Anstrengungen und richtiger Leitung endlich wahrhafte Muster für vernünftige Wünsche und Begierden zu werden.«[3]

Die Erziehungsreform muß mit der Reform des Arbeitssystems zusammengehen. Die Änderung des Schicksals der Arbeiter liegt im Interesse der Unternehmer selber, denn die Arbeiter stellen die grundlegende Masse der Abnehmer der von ihnen produzierten Waren dar. Das Elend und die niedrigen Löhne der Arbeiter verursachen die Krisen der Überproduktion, sie vermindern nämlich den Warenabsatz und tragen dadurch zum Ruin der Unternehmer bei. Daher glaubte Owen anfangs, es werde ihm gelingen, dem Kapitalisten die Ursachen der Krisen mit rationalen Mitteln zu erläutern und ihn zur Zustimmung zu seinen Reformen zu bewegen. Mit der Zeit kam er zu dem Schluß, daß die Arbeiter im Kampf um die Verbesserung ihres Schicksals nur auf sich selbst zählen können, obwohl er nie die Überzeugung aufgab, daß seine Reformen im Interesse der ganzen Gesellschaft seien und daß man sie ohne Revolution durchführen könnte, auf dem Wege stufenweiser Veränderungen und friedlicher Propaganda.

In den späteren Jahren setzte Owen seine Hoffnung in die Organisation agrar-industrieller Kommunen, die Keim der konfliktlosen Zukunftsgesellschaft sein sollten. In diesen Gemeinden würden, so meinte Owen, die Menschen dank der guten Arbeitsorganisation und des solidarischen Zusammenwirkens besser, williger und mehr produzieren als irgendwo sonst; die entsprechende Erziehung von den frühsten Jahren an sollte die Gemüter zum einträchtigen Miteinander bewegen, die religiöse Intoleranz und konfessionellen Streitigkeiten beseitigen; die Arbeit würde keiner auf Wettstreit oder Streben nach Auszeichnungen basierenden Impulse mehr bedürfen, der Dienst am Nächsten ein hinreichendes Motiv sein. Die Arbeit sollte daher den Gradmesser des Wertes bilden; wenn man das Arbeitsgeld in Umlauf setzt, das der Masse der wirklich produzierten Werte entspricht, wird eine so eingerichtete Wirtschaft von keinen Krisen, Überproduktion, Konjunkturschwankungen, Inflationen mehr bedroht werden. Müßiggang, Kriminalität, Trunksucht und Unzucht werden unbekannt sein, demzufolge auch alle Strafmaßnahmen, Gefängnisse und Galgen der Vergessenheit anheimfallen. Auch ist es, entgegen Malthus, nicht wahr, daß der Bevölkerungszuwachs, dem der Lebensmittelzuwachs nicht standhält, einen Bevölkerungsteil unweigerlich zu Unterernährung und Hungertod verurteilt; die Menschen sind im Gegenteil fähig, unvergleichlich mehr zu produzieren als sie konsumieren, und dieser Zuwachs wird immer bedeutender, auch ist keine untere Fruchtbarkeitsgrenze des Bodens bekannt.

Owen meinte, daß seine wenn auch schlichten Wahrheiten deshalb keine allgemeine Anerkennung gefunden haben, weil der menschliche Verstand gleichsam noch nicht reif sei zu ihrer Anerkennung; daher haben sich die Menschen infolge ihrer Unwissenheit gleichsam gegen sich selbst verschworen und jahrhundertelang an der Vertiefung der eigenen Qual gewirkt. Sobald jedoch die Zeit der Erleuchtung gekommen sein wird, wird man die ganze große Reform des Lebens rasch und ohne großen Widerstand durchführen können. Diese Reform wird mit der Zeit die ganze Welt erfassen, denn sie betrifft die gesamte Gattung, und die nationalen Vorurteile, die Überzeugung von der Ungleichheit der Völker, die Feindseligkeit zwischen den einzelnen Nationen und die Klassengliederung selber, das alles wurzelt im Aberglauben und wird zusammen mit diesem verschwinden.

Die Überzeugung, daß die menschliche Natur unveränderlich sei, widerspricht bei Owen nicht dem Glauben an die formbare Natur des Menschen, denn er geht davon aus, daß die Beständigkeit der Natur eben in dieser Beeinflußbarkeit seitens Änderungen beruhe sowie im menschlichen Glücksverlangen. Dem Ausdruck »menschliche Natur« begegnet man bei ihm auch häufig in einem normativen, nicht deskriptiven Sinne, wenn er dafür plädiert, daß der Mensch für ein Leben in Harmonie und Eintracht bestimmt sei, den Unterschieden der Individualität zum Trotz.

Owens Lehre baut sich jedoch, obwohl sie durchweg praktischen Erfahrungen erwuchs (ähnlich wie die französischen sozialistischen Ideen) auf dem Grundsatz auf, daß der Sozialismus eine ausgezeichnete Idee sei, die man in einem bestimmten Augenblick entdeckt habe und die sich dank ihrer Evidenz ohne Mühe innerhalb aller Klassen werde verbreiten lassen. Wenn Owen unaufhörlich wiederholt, die Menschen befinden sich kraft des natürlichen Determinismus unter der absoluten Herrschaft des überlieferten Aberglaubens und der überlieferten Glaubensinhalte, dann läßt sich schwer darüber befinden, auf welche Weise ein Teil von ihnen sich aus dieser Gefangenschaft befreien und dank dessen – wie Owen selbst – den anderen den Weg der gesellschaftlichen Reform weisen sollte. Die Initiatoren der großen Reform scheinen auf wunderbare Weise aufgetaucht zu sein, denn – der unabweisbaren Kraft der Tradition zum Trotz – sind sie gleichsam Kristallisationspunkte der neuen Ordnung, die einem spontan schaffenden Genie entspringen. Owen selbst hat dieses Problem nie erwogen, die philosophischen Fragen tangierten ihn nur insofern, als sie unmittelbar mit seinen sozialreformerischen Plänen zusammenhingen und eine Antwort auf diese darstellten. Wenn er sie beantwortete, so begnügte er sich mit allgemeinen Formulierungen, die aus der Tradition der Aufklärung stammten.

Das Problem des Klassenbewußtseins und seiner Funktionen erscheint in seinen Reflexionen an keiner Stelle; er ist viel eher geneigt, sich selber – wie übrigens die Mehrheit der sozialistischen Systemschöpfer auch – eine demiurgische Rolle im Geschichtsprozeß zuzuschreiben. Dies ist der zentrale Punkt, an dem sein Sozialismus sich vom Marxschen unterscheidet – die übrigen Unterschiede sind von diesem ableitbar, u. a. der Grundunterschied in der Auffassung der Wechselbeziehung zwischen der ökonomischen und politischen Seite der Reform. Marx rechnete, ähnlich wie Owen und andere Theoretiker, ebenfalls damit, daß die politische Gewalt in der sozialistischen Gesellschaft letzten Endes überflüssig werden würde und daß die Herrschaft über die Menschen der Verwaltung der Sachen, d. h. der Leitung des Produktionsprozesses, weichen würde. Doch machte er diese Perspektive von einem vorausgehenden politischen Umsturz abhängig. Owen glaubte hingegen, man würde die radikale ökonomische Reform im sozialistischen Geist durchführen können, indem man sich auf das allgemeinmenschliche Interesse beruft und obendrein die Unterstützung der bestehenden Staatsgewalt findet. An der englischen Gewerkschaftsbewegung blieb das Merkmal eben dieser Denkweise haften; für diese nämlich ist der politische Kampf unmittelbar den ökonomischen Interessen untergeordnet. Die sozialdemokratischen Theorien, die die politischen Arbeiterparteien als Organe der Gewerkschaften betrachteten, stellen eine Fortsetzung dieser Doktrin dar. Dieses Problem stand später in entwickelter Form im Zentrum der Auseinandersetzung der 2. Internationale.

Doch Owens Tätigkeit initiierte nicht nur eine neue Phase in der englischen Arbeiterbewegung, in der sie aufhörte, spontaner Verzweiflungsreflex zu sein, vielmehr zum systematischen und unbeugsamen Kampf wurde, der gewaltige gesellschaftliche Veränderungen zeitigen sollte. Seine Kritik am Kapitalismus und die Projekte, die die Zukunftsgesellschaft betrafen, enthalten dauerhafte Bestandteile, wenngleich gewisse Ideen, wie beispielsweise die Idee des Arbeitsgeldes (die von John Gray und John Francis Bray weiterentwickelt wurde) sich alsbald als unfruchtbar erwies, weil auf völlig falschen ökonomischen Diagnosen basierend.

Gleichzeitig formiert sich im England der ausgehenden dreißiger Jahre eine Arbeiterbewegung in Gestalt des Chartismus, die ein Jahrzehnt dauert; ihr wichtigstes Presseorgan war das Blatt »The Northern Star«, das 1838 von Feargus O'Connor gegründet wurde; Engels gehörte zu den Mitarbeitern dieser Zeitung. Die Chartisten traten vor allem für das allgemeine und gleiche Wahlrecht ein. Sie erreichten dieses Ziel jedoch nicht, erkämpften dagegen weitere Gesetze, die die unkontrollierte Ausbeutung in der Industrie einschränkten.

5. Fourier

Charles Fourier (7. 4. 1772–10. 10. 1837) erfreut sich allgemein des verdienten Rufes eines beispiellosen Phantasten und fanatischen Sonderlings, der in bezug auf Detailliertheit und Impetus in der Beschreibung des sozialistischen Zukunftsparadieses alle Utopisten vergangener Jahrhunderte erheblich in den Schatten stellte. Nichtsdestoweniger artikulierte er als erster bestimmte Beobachtungen, die sich in der weiteren Evolution der sozialistischen Ideen als wichtig erwiesen haben. Er war Augenzeuge und zum Teil auch Opfer aller Krisen, Spekulationen und wirtschaftlichen Zusammenbrüche und allen Elends in der Epoche der Revolution und der Napoleonischen Kriege; aus diesen Erfahrungen heraus entwickelte sich sein System, das er selbst für das bedeutendste Ereignis in der Geschichte der Menschengattung hielt.

Geboren in Besançon in einer wohlhabenden Kaufmannsfamilie, haßte Fourier den Handel, zu dem ihn von Jugend auf seine Familie hinlenkte. Dennoch arbeitete er seit 1791 als Handelsagent in Lyon und unternahm in dieser Eigenschaft zahlreiche Reisen durch Frankreich und in andere Länder. Er gründete schließlich eine eigene Handelsgesellschaft, doch die Revolutionsereignisse trieben ihn in den Ruin. Von nun an war er, was kaum erstaunen dürfte, von allen revolutionären Ideen angewidert. Zwangsweise eingezogen, verließ er die Armee 1796, wandte sich wieder seinem Agentenberuf zu und ging später als Makler nach Lyon. Nach einigen Jahren übersiedelte er nach Paris, kehrte dann nach Lyon zurück, wo er als Kassierer tätig war, und ließ sich schließlich für immer in Paris nieder, wo er erst als kaufmännischer Angestellter, dann als bescheidener Rentier lebte. Nahezu vierzig Jahre lang arbeitete er bis an sein Lebensende an seinem System der vollkommenen Gesellschaft, verbesserte, präzisierte und propagierte es, wobei er fast seine gesamte Freizeit dem Schreiben und nur einen minimalen Bruchteil der Lektüre widmete. Er war ständig auf der Suche nach einem reichen Protektor, der gewillt gewesen wäre, ein paar Millionen Franc in die von ihm geplante erste Zelle (Phalansterium) der Zukunftsgesellschaft zu investieren, absolut davon überzeugt, daß die ganze Menschheit diesem Beispiel innerhalb von vier Jahren folgen werde. Durch die Fehlschläge erbittert, ließ er dennoch nicht nach in seinen Propagandabemühungen und versammelte einen kleinen Kreis von Enthusiasten um sich, die bereit waren, Jünger der neuen Idee zu werden. Victor Considérant (1808 bis 1893) war die hervorragendste Figur unter ihnen. Nach den seit 1800 publizierten Artikeln legte Fourier die Grundsätze seines Systems 1808 in dem anonymen Werk »Théorie des quatre mouvements et des destinées générales« dar. 1822 veröffentlichte er »Traité de l'association domestique-agricole« und 1829 – »Le Nouveau Monde industriel et sociétaire«. Er hinterließ auch eine große Anzahl von Manuskripten, die teils von seinen Schülern herausgegeben wurden, teils erst heute veröffentlicht werden.

Die Denkweise Fouriers kommt vorzüglich in einer Anekdote zum Ausdruck, in der er erzählt, welche Umstände ihn auf seine Idee gebracht haben. Während einer Reise von Rouen nach Paris im Jahre 1798 sei ihm der gewaltige Preisunterschied der Äpfel in Orten mit ähnlichem Klima aufgefallen. Das habe ihn auf den Gedanken von der schädlichen und destruktiven Tätigkeit des Zwischenhandels gebracht, daraus wiederum sei das ganze System der Neuen Welt erwachsen. Fourier war der Auffassung, daß es neben den beiden historischen Äpfeln, die der Menschheit Unglück bescherten (der des Adam und der des Paris), in der Geschichte auch zwei wohltätige Äpfel gegeben habe: den Newtonschen und seinen eigenen Apfel, wobei er den letzteren in seinen segensreichen Wirkungen über alle bisherigen Entdeckungen der Vergangenheit stellte. Fourier war also der Ansicht, daß die Reorganisation der Welt nach seinen Prinzipien zu einem fast beliebigen vergangenen Zeitpunkt hätte erfunden werden können, beispielsweise in der Zeit des Perikles, was der Menschheit viel Leid und Unglück erspart hätte. Er schrieb sich die Rolle eines Welterlösers zu, ähnlich übrigens wie viele andere Theoretiker seiner Zeit, nur mit größerer Offenheit.

Die Beobachtung von Krisen, Spekulationen, Arbeiterelend und Ausbeutung war der Ausgangspunkt der Fourierschen Lehre. Ihr Ergebnis war, daß diese Erscheinungen weder unvermeidlich noch zwangsläufig mit der menschlichen Natur verbunden, vielmehr Resultat einer fehlerhaften Organisation von Arbeit und Austausch sind. Ein gewisser Bestand an Bedürfnissen und Leidenschaften ist zwar konstant, zur Ursache des Unheils wird er jedoch nur in einer fehlerhaft organisierten Gesellschaft. Also muß man sich darüber Gedanken machen, in welcher Weise die unverzichtbaren Leidenschaften und Bestrebungen der Menschen zufriedenzustellen seien, damit dieses Zufriedenstellen, anstatt Antagonismen zu schaffen, dem Gemeinwohl nütze. Die neuzeitliche Zivilisation widerspricht der von Gott eingerichteten Ordnung der Natur. Man muß die Forderungen der Natur entdecken und nach ihnen das gesellschaftliche Leben einrichten.

Die Zukunft der menschlichen Gattung ist eine harmonische Gemeinschaft, die in Phalansterien gegliedert wird, wo alle Leidenschaften ihre Befriedigung und konstruktive Verwendung finden. Es gibt zwölf elementare Leidenschaften, die allen Menschen gemeinsam, jedoch in unterschiedlichen Proportionen verteilt sind: vier seelische (Freundschaft, Ehrgeiz, Liebe, Familiengefühl), fünf sinnliche (entsprechend den fünf Sinnen) und drei distributive (das Bedürfnis nach ständigem Wechsel, das Intrigenbedürfnis sowie die Neigung zum Zusammenschluß in miteinander konkurrierenden Gruppen). Auf dem Wege komplizierter Berechnungen versuchte Fourier zu beweisen, daß unterschiedliche Kombinationen dieser Leidenschaften 810 charakterologische Grundtypen ergeben, daß die elementare gesellschaftliche Einheit (Phalange) im künftigen System wegen der maximalen Mannigfaltigkeit alle menschlichen Charaktere umfassen müßte, sie sollte doppelt so viele Personen versammeln, wie es Charaktere gibt, also 1620 oder besser noch 2000, damit eine Reserve besteht. Man muß die Produktion so organisieren, damit alle die Beschäftigung finden, die ihren Neigungen am meisten entspricht. Die Arbeit in den Phalansterien wird keine Qual mehr sein, sondern eine permanente Quelle von Lustgefühlen. Niemand wird an eine konstante Beschäftigung gebunden sein, jeder wird mindestens vierzig verschiedene Berufe ausüben und die Arbeit täglich wechseln können, um nicht der Monotonie zu verfallen. Die unangenehmen und schmutzigen Arbeiten, wie zum Beispiel die Kloaken- und Abflußreinigung oder die Metzgerarbeiten, werden mit Freude von kleinen Kindern ausgeführt werden, die mit Vorliebe im Unrat wühlen. Die Phalansterien sind agrarindustrielle Einheiten. In ihnen leben alle gemeinschaftlich, doch ist das Eigentum keineswegs aufgehoben; die Wohnungen sind mehr Hotel denn Kaserne; jeder findet reichlich Gelegenheit, den allerpersönlichsten Neigungen nachzugehen. Die Frauen sind den Männern absolut gleichgestellt, das Familienleben wird abgeschafft, denn die Kinder werden gemeinsam auf Kosten der Gemeinschaft erzogen, auch der mühselige Haushalt wird verschwinden, und alle Verbote, die das Liebesleben der Menschen bisher restringierten, fallen weg. Die völlige sexuelle Freiheit ist eines der grundlegenden Gesetze des neuen Systems: Wer in Monogamie leben möchte, hat ein Recht darauf, wen es nach häufiger Abwechslung gelüstet, kann sich beliebigen erotischen Praktiken widmen; die Bordelle gehören zu den respektabelsten Einrichtungen der neuen Welt.

Weder das Eigentum noch das Erbrecht noch die Vermögensunterschiede sind in diesem System abgeschafft, sie hören aber auf, Quelle von Antagonismen zu sein. Die Phalange sichert jedem das Existenzminimum, auch denen, die überhaupt nicht arbeiten wollen (diese Fälle wird es jedoch in der Praxis gar nicht geben, da jegliche Arbeit eine lustvolle Tätigkeit sein wird). Die Produktionseinheiten sind gleichsam Genossenschaften, die am Gesamteinkommen beteiligt sind, das durch verschiedene Faktoren bestimmt wird: Nützlichkeits- und Attraktivitätsgrad der gegebenen Arbeit usw. Jeder arbeitet in mehreren Gruppen und erhält in jeder von ihnen unterschiedliche Entlohnung, entsprechend den bewiesenen Tätigkeiten. Dieses System wird Ungleichheit schaffen, doch keinen Neid; stimulieren wird es indessen den Eifer und Wettbewerbsgeist. Ein jeder kann auch Anteil am Kapital der Genossenschaft erhalten, doch das Kapital wird keine Quelle der Ausbeutung sein; die allgemeine und kostenlose Ausbildung der Kinder wird den Wissenserwerb mit der frühen Teilnahme an nutzbringenden Produktionstätigkeiten verbinden. Die Institutionen der Staatsgewalt werden überflüssig, alle öffentlichen Probleme werden nach demokratischen Grundsätzen geregelt werden, und das Regieren wird identisch sein mit der Wirtschaftsverwaltung, wenngleich – im Interesse der Lebensvielfalt und als

Anregung der Rivalität – verschiedene Titel, Würden und Repräsentationspflichten erhalten bleiben werden. Von der Gründung des ersten Phalansteriums an wird die Welt sich innerhalb von vier Jahren grundlegend wandeln, es bedarf nur eines geringen Betriebskapitals zur Gründung eines Prototyps. Fourier errechnete exakt, wie viele Phalangen, die in der Folge zu immer höheren Einheiten organisiert wären, bis hin zum allgemeinen Weltstaat (oder vielmehr zur »Omnarchie«), die Menschheit umfassen wird. Da bisher das vom Menschen ausgestrahlte Böse auch die Natur ansteckte, wird die ganze Natur nach Einführung des neuen Systems sich positiv verändern, und der Mensch wird die volle Herrschaft über sie erlangen; das Wasser der Meere wird sich in süße Limonade verwandeln, die Wüsten werden erblühen, die Eisberge schmelzen, ewiger Frühling wird auf Erden einziehen, die Schädlinge werden aussterben oder zu Freunden des Menschen werden, Anti-Wale und Anti-Löwen werden die Wale und Löwen ersetzen, um der Menschheit zu dienen. Es wird eine allgemeine Menschheitssprache entstehen, alle werden ein voll erfülltes Leben leben, allseitig gebildet, glücklich und – ungeachtet aller Vielfalt der Gefühle und Neigungen – harmonisch und zufrieden.

Die ungezügelte Phantasie, die Fouriers Feder lenkte, als er das paradiesische Leben der Neuen Welt beschrieb, und die es ihm erlaubte, in voller Naivität insbesondere die eigenen Neigungen (das Bedürfnis ständiger sexueller Abwechslung, Naschsucht, Vorliebe für Blumen und Katzen usw.) auf die Menschheit zu projizieren, führte dazu, daß er sich den Ruf eines Wunderlings und Wirrkopfs erwarb, der verschiedene vernünftige und scharfsinnige Beobachtungen in seinen Traktaten überschattete. Es muß hinzugefügt werden, daß die ganze Idee außerdem in eine spekulative Kosmologie und Theologie eingepackt war, die alle menschlichen Probleme mit Hilfe allgemeiner kosmischer Gesetze erklären sollten; der Kult der Wissenschaft stellt für ihn eine Gott erwiesene Huldigung dar, und die Naturgesetze erscheinen als göttliche Richtsprüche; das Newtonsche Gravitationsgesetz läßt sich in einer Weise generalisieren, daß es auch das geistige Leben umfaßt (alle menschlichen Leidenschaften sind Symptome der »Anziehung«, somit sind alle »natürlich« oder göttlich und verdienen, erfüllt zu werden). Der Kosmos ist eine Art Phalansterium, wo die harmonische Zusammenarbeit astronomischer Einheiten sich vollzieht, die nach einer hierarchischen Ordnung gegliedert sind; es gibt eine Kopulation der Planeten, ein System der Sternseelen usw. Fourier berief sich auf die Theorie der Einheit der Welt, die Schelling lehrte, und glaubte wie dieser, daß die menschlichen Seelen und das Weltall nach ein und demselben Schema gebaut sind.

Bei all dem enthalten sowohl seine Kritik der Zivilisation (dieses Wort besitzt für ihn ausschließlich pejorative Bedeutung, bezieht sich auf den gegenwärtigen Zustand im Gegensatz zur vorgestellten künftigen Harmonie) als auch die Ideen über die künftige Gesellschaft viele Gedanken, die in die Tradition der sozialistischen Bewegungen eingegangen sind. Fourier äußerte die Ansicht, daß die Diskrepanz zwischen den entwickelten Produktionswerkzeugen und den Systemverhältnissen die Quelle von Ausbeutung und Elend sei, ein Gedanke also, der in präziserer Form bei Marx wiederkehrt. Er hob den parasitären Charakter des Handels unter den Bedingungen der Wirtschaftsanarchie hervor, wies auf die Schäden hin, die die Wirtschaft infolge der Zersplitterung der Landwirtschaft erleidet; er deckte auf, in welcher Weise der technologische Fortschritt zur Steigerung des Elends des Proletariats beiträgt (ohne dabei eine Wachstumseindämmung zu verlangen, sondern nur die Änderung des Eigentumssystems); er entdeckte, daß der Arbeitslohn die ständige Tendenz aufweist, sich auf dem Niveau des Existenzminimums zu halten. Sein Ideal war eine allgemein gesellschaftliche Produktionsordnung, die die Verschwendung menschlicher Kräfte unterbindet, die in überflüssigen vermittelnden Berufen stattfindet und die vor allem das Chaos der planlosen Produktion beseitigen würde, deren Überfluß das Elend der arbeitenden Bevölkerung erzeugt. Fourier unterzog auch die Doktrin einer Kritik, die die republikanischen politischen Freiheiten priesen, und wies auf, daß diese Freiheiten wenig bedeuten unter Verhältnissen, in denen es an gesellschaftlicher Freiheit mangelt, d. h. an Freiheit zu ungehemmter Entfaltung der persönlichen Anlagen; daß die Lohnarbeit eine Form der Versklavung und die Freiheit das Ziel der Menschheit ist, eine Freiheit, die auf der Koinzidenz der individuellen Neigungen und der faktisch ausgeführten Arbeit beruht, auf der freiwilligen Solidarität der Menschen in einer harmonischen Assoziation. Alles das sind Marx nahestehende Ideen. Dasselbe läßt sich über das Fouriersche Ideal des allseitigen Menschen sagen, der aus den Fesseln beruflicher Einseitigkeit befreit ist, fähig zur Ausführung unterschiedlicher Beschäftigungen, und der über Bedingungen verfügt, sie wirklich auszuführen. Das ist ein Gedanke, dem man bei Marx wiederholt begegnen kann, von den »Manuskripten« bis hin zum »Kapital«. Fourier gehörte auch zu den ersten Verfechtern der Frauenemanzipation; er behauptete, der allgemeine Fortschritt der Menschheit sei eine Funktion der fortschreitenden Emanzipation der Frau, und verurteilte – ähnlich wie die Marxisten – die Prostitution, die sich hinter der bürgerlichen Institution der Ehe verbirgt. Seine Utopie stellt den Gegenpol der klösterlichen Einrichtungen dar, die von verschiedenen kommunistischen Doktrinen der Renaissance und Aufklärung propagiert wurden; sie geht von der Voraussetzung aus, daß die Askese naturwidrig, daß die Befreiung des Menschen auch, oder vor allem, eine Befreiung der Leidenschaften sei. In dieser Hinsicht erinnert er mehr an Rabelais als an die Klassiker der Utopie. Auch die immense Rolle, die er den ästhetischen Empfindungen und dem künstlerischen Schaffen in seinem vorgestellten Paradies einräumte, steht dem Marxschen Sozialismus nahe. Fourier stellte die Frage, die trotz aller Phantasie, die er in die Antwort legte, rational und wesentlich ist: Wenn die Vielfalt der menschlichen Bestrebungen und Neigungen eine unverzichtbare Gegebenheit der Natur ist, wenn zur angeborenen Ausstattung der Individuen auch die aggressiven und egoistischen Neigungen (die Neigung zum Sichauszeichnen und zur Rivalität) gehören, wie soll dann bewirkt werden, daß alle diese natürlichen Kräfte sich nicht in einen sozialen Antagonismus verkehren, sondern konstruktiv genutzt werden? Im Grunde rechnete Fourier – im Gegensatz zu den meisten Utopisten – nicht mit einer wesentlichen Verwandlung der Menschen, er glaubte lediglich, die gemeinschaftliche Ordnung werde alle diese Neigungen im Interesse des Gemeinwohls nutzen können. Für ihn stellt der Konflikt der Gegensätze ein universelles Naturgesetz dar, und er trat daher nicht für hoffnungslose Anstrengungen zu ihrer Beseitigung ein, sondern für eine solche Organisation des gesellschaftlichen Lebens, damit sich aus diesen Zusammenstößen immer nur Harmonie ergebe. Die Versuche der Homogenisierung des Menschen und der allgemeinen Nivellierung hält er für aussichtslos und bekämpft sowohl Saint-Simon wie Owen vor allem aus diesem Grund; die Idee der totalen Gütergemeinschaft und der Abschaffung aller Ungleichheiten erscheint ihm chimärisch. Er ist dagegen davon überzeugt, daß partikulare Reformen der Zivilisation wertlos seien: Die Umgestaltung der Gesellschaft muß entweder komplett sein oder braucht überhaupt nicht zu erfolgen. Die Umwälzung, die er propagiert, hat totalen Charakter; er glaubt jedoch, daß es ihm gelingen würde, sie allein mit Hilfe der unwiderstehlichen Kraft des guten Beispiels durchzuführen.

Die Schüler Fouriers zeigten wenig Interesse für die religiöse und theologische Hülle seiner Träume; für sie war dagegen die Überzeugung kennzeichnend, daß die politischen Kämpfe keine Veränderungen herbeiführen können und daß nur eine soziale Reform Relevanz besitzt. Sie versuchten die Fourierschen Ideen in verschiedener Weise zu modifizieren, um ihnen eine realere Gestalt zu verleihen. Die Arbeiterkonsumgenossenschaften wuchsen aus dem Fourierschen Erbe; ähnlich die Versuche der Produktionskooperativen, die auf dem Grundsatz der Aktienbeteiligung der Angestellten basierten.

Neben Considérant, der die Fourierschen Schriften herausgab (»Le Phalanstère« in den Jahren 1832–1834 und »La Phalange« in den Jahren 1836–1849) und der in Texas nach den Grundsätzen der »Harmonie« Kolonien zu gründen versuchte (viele Utopisten suchten in Amerika einen Platz für ihre Experimente, u. a. Owen, Cabet, Weitling), muß von den Fourieristen der Name von Flora Tristan (1803–1844) genannt werden. Ihren Ruhm begründeten sowohl die Liebesabenteuer, die sie in ihrer Autobiographie beschrieb, wie ihr Eintreten für die Frauenemanzipation.

6. Proudhon

Pierre-Joseph Proudhon (1809–1865) nimmt unter den Theoretikern des Sozialismus einen besonderen Platz ein wegen der eigentümlichen Vielfältigkeit seines Einflusses; sie findet ihre Erklärung in der verblüffenden Inkohärenz seiner Schriften sowie in den zahlreich darin enthaltenen Widersprüchen. Dem leidenschaftlichen Sinn für soziale Gerechtigkeit, von dem er sein ganzen Leben erfüllt war, waren weder seine autodidaktische Bildung noch seine Fähigkeiten zur historischen Analyse gewachsen. Geboren in Besançon als Sohn eines Handwerkers, beendete er die Schule mit Unterstützung von Gönnern und erlernte den Setzerberuf. Es gelang ihm dann, mit Hilfe eines Stipendiums eine Reise nach Paris zu machen, wo er sein Wissen vertiefen wollte. 1840 veröffentlichte er eine Broschüre, die ihm eine immense Popularität einbrachte und die ebensoviel Haß wie Begeisterung auf ihn versammelte: »Qu'est-ce que la proprieté?« Er gab darin eine Losung aus, auf die er mächtig stolz war und die in dauerhafter Weise mit seinem Namen verbunden war: *Das Eigentum ist Diebstahl!* (In Wirklichkeit hatte Brissot genau dieselbe Formel bereits vor der Großen Revolution verwendet.) Vor Gericht gestellt, doch freigesprochen, veröffentlichte er zwei weitere Pamphlete zum Thema Eigentum, für die er sich erneut vor Gericht verantworten mußte, worauf er abermals freigesprochen wurde (»Lettre à M. Blanqui sur la proprieté,« 1841; »Avertissement aux propriétaires«, 1842). Bis 1847 verdiente er seinen Lebensunterhalt als Vertreter eines Transportunternehmens und veröffentlichte in dieser Zeit seine wichtigen Werke, »De la création de l'Ordre dans l'humanité ou Principes d'Organisation politique« (1843) und das riesige »Système des Contradictions économiques ou Philosophie de la misère« (1846). Dieses letzte Werk war der Anlaß für die vernichtende Antwort Marxens, »Misère de la Philosophie« (1847). Marx hatte Proudhon in Paris kennengelernt und mit ihm viel Zeit in Gesprächen verbracht, wobei er ihn, wie er hervorhob, mit einigen Ideen der Hegelschen Philosophie »infizierte«. Vermutlich lernte Proudhon jedoch, auch wenn er die deutsche Sprache nicht beherrschte, Hegels Philosophie aus den Vorlesungen und Büchern des deutschen Philosophen Ahrens kennen, der zu dieser Zeit in Paris lehrte. Bereits über ein Programm der sozialen Reform verfügend, versuchte sich Proudhon nach der Februarrevolution in politischer Tätigkeit, wobei er hoffte, daß es ihm gelingen würde, die

Regierung zur Verwirklichung seiner Ideen zu bewegen. Er wurde im Juni 1848 zum Deputierten gewählt und war in der Nationalversammlung der Hauptvertreter der Linken, wurde jedoch alsbald wegen Agitation gegen die Regierung zu drei Jahren Gefängnis verurteilt, in dem er übrigens eifrig arbeitete und sein nächstes Werk fertigstellte, »Idée générale de la Révolution au XIX siècle« (1851). Nach dem Staatsstreich Louis Napoleons glaubte er eine Weile, daß es ihm gelingen würde, diesen Herrscher zu einem Instrument der eigenen sozialistischen Projekte machen zu können. Ungeachtet des Mißerfolgs setzte er seine Agitation fort, indem er zahlreiche Schriften publizierte, ständigen Angriffen und Verleumdungen ausgesetzt, unaufhörlich mit Armut und Verfolgung ringend. Sein großes Werk »De la Justice dans la Révolution et dans l'Eglise« (1858) brachte ihm eine Verurteilung zu drei Jahren Gefängnis ein, vor dem er sich durch Flucht nach Belgien rettete. Auch von dort nach vier Jahren ausgewiesen, kehrte er nach Frankreich zurück, wo seine Bemühungen um die Gründung einer neuen Zeitung und einer Partei, die für seine Ideen gekämpft hätte, fehlschlugen. Er starb in Passy.

Proudhon hat, wie er gestand, seine früheren Texte nie noch einmal gelesen und schien die Widersprüche, die zwischen ihnen auftraten, nicht bemerkt zu haben. Sein Projekt der sozialen Reform liegt insofern im Rahmen der sozialistischen Utopien, als es rein normativen Charakter besitzt, der sich auf die Ideale der Gerechtigkeit und Gleichheit beruft; er wollte dieses Projekt jedoch auf eine Analyse des zeitgenössischen ökonomischen Lebens stützen und aus ihm selbst die Perspektive der Veränderung ableiten (die Bezeichnung »wissenschaftlicher Sozialismus« ist seine Prägung).

Proudhon glaubt, daß es eine »natürliche« Gesellschaftsordnung gibt und angeborene Menschenrechte, die im zeitgenössischen Wirtschaftssystem vergewaltigt werden: das Recht auf Freiheit, Gleichheit, persönliche Souveränität. Diese Rechte sind integraler Bestandteil der menschlichen Bestimmung, die vom göttlichen Willen determiniert ist (an anderer Stelle präsentiert sich Proudhon als Feind Gottes). Das gegenwärtige System, das von der Konkurrenz beherrscht wird, erzeugt Ungleichheit und Ausbeutung, läßt sich also nicht mit den Menschenrechten vereinbaren, und die Ökonomen, die sich mit seiner Beschreibung begnügen, heiligen das vorgefundene Chaos.

Doch können die Widersprüche, an denen das herrschende Wirtschaftssystem so reich ist, nicht einfach in einem Akt der Synthese aufgehoben werden. Im Rahmen seiner bescheidenen Kenntnisse der Hegelschen Dialektik interessierte sich Proudhon insbesondere für das berühmte Schema »These – Antithese – Synthese« (welches bei Hegel jedoch in Wirklichkeit eine völlig untergeordnete Rolle spielt, doch stets in besonderem Maße die Phantasie von Leuten anzuregen pflegte, die über ein nur bruchstückhaftes philosophisches Wissen verfügten). Nach Proudhons Auffassung war die Hegelsche »Synthesis«, die die Glieder des Widerspruchs assimiliert, so gedacht, daß sie jenen beiden Gliedern logisch vorangeht. Der Glaube, daß alle Widersprüche in einer synthetisierenden Bewegung des Fortschritts aufgehoben werden, ist die Grundlage des Hegelschen Staatskultes und letzten Endes auch seiner absolutistischen politischen Doktrin, die den ganzen Wert und die Würde des einzelnen auf die Staatsordnung relativiert. Eben jener Logik der Synthesis stellt Proudhon eine eigene negative Dialektik entgegen. Diese setzt voraus, daß die antagonistischen Glieder nicht in der Synthese aufgehen, sondern ein Gleichgewicht erlangen, ohne ihre Besonderheiten zu verlieren. Dieser Prozeß der Gleichgewichtsgewinnung ist dabei kein unausweichliches Gesetz des Fortschritts, sondern lediglich eine Möglichkeit, die die Menschen nutzen sollten, sofern sie dazu in der Lage sind. Die Menschen sind nämlich keine Instrumente eines Fortschritts, dessen Richtung unabhängig vom menschlichen Willen programmiert wäre; wenn Fortschritt erfolgt, dann ist er ein Resultat des menschlichen Schaffens.

Es trifft hierbei nicht zu, entgegen der parodistischen Marxschen Proudhonkritik, daß Proudhon die wirklichen gesellschaftlichen Verhältnisse und die wirklichen ökonomischen Kräfte für die Verkörperung abstrakter philosophischer Kategorien gehalten hätte, die den gesellschaftlichen Realitäten vorausgingen. Im Gegenteil, Proudhon unterstreicht mit Nachdruck den gegenteiligen Standpunkt: die geistige Organisation der sozialen Wirklichkeit in abstrakten Kategorien sei dieser Wirklichkeit gegenüber sekundär; der ursprüngliche bestimmende Faktor des menschlichen Seins sei die Produktionsarbeit, und die geistigen Tätigkeiten und ihre Produkte werden ursächlich durch Arbeit erzeugt. Wenn das geistige Leben seinen wirklichen Quellen entfremdet worden sei, wenn die Ideen vergessen haben, daß sie nicht aus sich selbst kommen, sondern aus der Arbeit, so sei das ein Symptom einer gesellschaftlichen Erkrankung, die es zu heilen gelte. Die »Arbeit« stellt für Proudhon jedoch nicht nur eine deskriptive, sondern auch eine normative Kategorie dar. Seine ganze Eigentumskritik resultiert aus der moralischen Entrüstung angesichts des *Einkommens ohne Arbeit.* Die Losung »Das Eigentum ist Diebstahl« könnte daher den Eindruck erwecken, als rufe sie zur Aufhebung jeglichen Privateigentums auf. In Wirklichkeit ist Proudhon jedoch von kommunistischen Ideen weit entfernt. In seinem berühmten Pamphlet, in dem er in Aussicht stellt, zu beweisen, daß »Eigentum physikalisch und mathematisch unmöglich« sei, geht es ihm im Grunde nur darum, zu sagen, daß das Eigentum in der Form, die dem Eigentümer die Verfügung über nicht durch Arbeit erworbenes Einkommen erzeugt, unmoralisch sei und die gesellschaftlichen Widersprüche erzeuge. Aufgrund des bloßen Eigentumstitels aus Zinsen, Renten, Mieten usw. Gewinn zu schöpfen, sei dasselbe, wie aus dem Nichts zu schaffen. Es ist hierbei unwesentlich, ob der Eigentümer sich selbst produktiv betätigt oder nicht: Wenn er arbeitet, so hat er Anspruch auf den seiner Arbeit entsprechenden Ertrag, doch der ganze Rest, den er sich kraft des Eigentumstitels aneignet, ist nichts anderes als Diebstahl an den übrigen Arbeitenden. Das Eigentum in Gestalt des Monopols, also eben das Privileg der Verfügung über Einkommen ohne Arbeit, ist die Quelle von Ungleichheit und Unrecht und zerstört das personale Leben; es hat seinen Ursprung in der Gewalt und ist gleichsam kristallisierte Gewalt. Doch das Gegenteil eines auf Eigentum basierenden Systems ist nicht der Kommunismus, sondern die Liquidierung von Einkommen ohne Arbeit, also eine Gesellschaft, in der der Austausch zwischen den Produzenten nach durch Arbeitsleistung bestimmten Proportionen sich vollzieht.

An diesem Punkt versucht Proudhon die Theorie von Ricardo und Smith zu modifizieren. Für Ricardo stellte die Arbeit das einzige Maß des Wertes dar und der Tauschwert eines jeden Produktes die in ihm kristallisierte Arbeitszeit, die für seine Herstellung erforderlich war; die Arbeitsprodukte sind sodann unter die Kapitalisten (in Form des Kapitalgewinns), die Grundbesitzer (in Form der Grundrente) und die Arbeiter (in Form des Arbeitslohns) aufgeteilt. Diese Theorie suggerierte den sozialistischen Reformern, die in den zwanziger und dreißiger Jahren in England tätig waren, daß der unmittelbare Warenproduzent zugleich der einzige Schöpfer der Werte sei, daß er also auch über die Ganzheit der selbstproduzierten Werte verfügen *sollte*; daher die Tatsache, daß die Werte ganz offensichtlich nicht gemäß ihren Werten ausgetauscht werden, sowie die Tatsache, daß jeder, der über Werte verfügt, die er nicht selber erzeugt hat, den natürlichen Gerechtigkeitssinn verletzt. Proudhon übernimmt diese naive Interpretation der Ricardoschen Theorie nicht in vollem Umfang, sondern lediglich in ihren letzten Konsequenzen. Er behauptet, daß von den drei Faktoren der Produktion – Werkzeuge, Boden, Arbeit – keiner für sich wertschaffend sei, sondern alle für die Erzeugung des Wertes unumgänglich seien. Weder die Werkzeuge allein noch der Boden allein besitzen ohne die menschliche Arbeit Produktivkraft, aber auch die Arbeit als nackte Energieverausgabung sei unproduktiv, wenn sie nicht die Nutzung von Werkzeugen zur Bearbeitung der natürlichen Objekte ist. Um in den Besitz von Fischen zu gelangen, bedürfe es sowohl des Meeres wie des Fischers wie des Netzes. Die Wirtschaftsorganisation der zeitgenössischen Welt basiert nach Proudhon auf der falschen Voraussetzung, daß allein das Kapital (d. h. die Maschinen und Arbeitswerkzeuge) oder allein der Boden, für sich genommen, Produktivkraft besitzen; nach diesem Prinzip verlangen die

Eigentümer der Werkzeuge, des Bodens oder der Immobilien Geld für ihre Nutzung. In einer »gerechten« Wirtschaft könnte das nicht stattfinden, genausowenig wie es möglich wäre, daß die Produkte gemäß den Schwankungen von Angebot und Nachfrage ausgetauscht würden, nicht aber entsprechend ihrem »wirklichen« Wert. Worin jener wirkliche Wert besteht, vermag Proudhon nicht genau zu erklären, er schreibt jedenfalls, der Wert sei einerseits durch die Nützlichkeit bestimmt, andererseits durch die Zusammenwirkung aller drei erwähnten Faktoren, an anderer Stelle wiederum – durch die Arbeit. Doch ist der leitende Gedanke seiner ökonomischen Utopie klar, auch wenn seine theoretischen Grundlagen inkohärent sind. Es geht darum, daß jeder das exakte Äquivalent in Form von Produkten anderer Menschen erhalten soll, die er selbst erzeugt hat, und diese Äquivalenz muß durch die Arbeitszeit bestimmt werden. Es geht also um die Liquidierung des Einkommens ohne Arbeit, um die Schaffung eines Systems des äquivalenten Austauschs, in dem die Produzenten ihre Waren gemäß der ihnen inhärenten Arbeitszeit austauschten. Auf diese Weise wird der Verdienst eines jeden Produzenten derart sein, daß er imstande sein wird, sein eigenes Produkt gänzlich einzulösen.

Solcherweise hebt sich das Eigentum im Sinne eines »Monopols« auf, nicht aufgehoben wird jedoch das Eigentum im Sinne der freien Verfügung über die Arbeitswerkzeuge durch die Produzenten. In diesem Sinne ist das Eigentum im Gegenteil die Voraussetzung der persönlichen Freiheit und Souveränität des Einzelnen. Die Konzentration des Reichtums in der Hand von wenigen auf Kosten der Pauperisation der Arbeitermassen kann nicht auf andere Weise abgeschafft werden als durch die völlige Aufhebung des aus dem Monopol fließenden Einkommens; verfehlt sind auch die Diagnosen der Malthusianer, die die Ursache des Elends in der Übervölkerung sehen; die Übervölkerung ist nämlich stets relativ zu der Menge der Produkte, die unter die nicht besitzende Bevölkerung verteilt werden; eine solche Übervölkerung kann nicht aufgehoben werden, wo es keinen äquivalenten Austausch gibt und wo der Arbeiter für seinen Arbeitslohn nur einen Teil der Werte erwerben kann, die er produziert hat; ganz gleich, wie viele Menschen beispielsweise aus einem bestimmten Land emigrieren, das Land wird in diesem Sinn stets übervölkert bleiben, das heißt, in ihm wird stets die große Masse der Bevölkerung im Elend leben.

Letzten Endes strebte Proudhon also (ähnlich wie Fourier, wenngleich auf der Grundlage gänzlich anderer moralischer und philosophischer Prämissen) nicht die Aufhebung des Eigentums an, sondern seine Verbreitung. Der Kommunismus läßt sich seiner Meinung nach (er denkt in seiner Kritik am Kommunismus vor allem an Cabet und Blanc) nie mit der Würde des Einzelnen und mit den Werten des Familienlebens vereinbaren; er strebe die Universalisierung des Elends an und die Unterdrückung des menschlichen Lebens in einem kasernenhaften Mittelmaß. Seine Befürworter hält er für Fanatiker der Macht, die zur Einführung der Allgewalt des Staates streben, der auf dem öffentlichen Eigentum basiert. In Wirklichkeit hebt der Kommunismus das Eigentum und dessen destruktive Folgen nicht nur nicht auf, sondern führt die Idee des Eigentums *ad absurdum*; im kommunistischen System besitzen die Individuen kein Eigentum, das gesamte Eigentumsrecht – oder vielmehr das Unrecht – wird auf den Staat übertragen, der nicht nur zum Besitzer der materiellen Güter, sondern auch zum Besitzer seiner Bürger wird. Die einzelnen Menschen, ihre Bestrebungen, Talente, ihr Leben, das alles wird auf einen Schlag verstaatlicht; das Prinzip des Monopols, welches Quelle allen sozialen Unheils ist, erfährt im Kommunismus seine höchste Steigerung; der Kommunismus ist nichts anderes als die Ankündigung eines extremen Polizeidespotismus.

Um einen äquivalenten Austausch zu gewährleisten und die Konkurrenz zu beseitigen, muß vor allem das Kreditwesen reorganisiert und der Kreditzins abgeschafft werden, diese besonders heimtückische Quelle der Ungerechtigkeit. Proudhon schlägt daher die Gründung einer Volkstauschbank vor, die den kleinen Produzenten einen zinslosen Kredit gewähren und die ganze Gesellschaft in den Rang von Eigentümern erheben würde. Diese Bank hätte Umlauf- oder Tauschbons auszugeben, die den Produzenten als Zahlungsmittel dienten nach dem Grundsatz »Jedem nach seiner Arbeit«. Einigen Schriften Proudhons könnte man entnehmen, sein Ideal bestehe in einer Gesellschaft von Kleinunternehmern, in der Verbreitung des Kleinbürgertums als des einzigen mit den Gerechtigkeitsgrundsätzen harmonisierenden Status. Andererseits kann man sich davon überzeugen, daß er keineswegs die Liquidierung der maschinellen Industrie und die Rückkehr zur Manufaktur im Sinne hatte. Es geht ihm vielmehr um die »industrielle Demokratie« (ein Terminus Proudhons) und darum, daß die Kontrolle über die Produktionsmittel in den Händen der Arbeiter bleibt. Die Produktionseinheiten sollten das Gemeinschaftseigentum aller Beschäftigten darstellen, und die ganze Gesellschaft bot sich ihm als agrar-industrielle Föderation dar.

Solcherweise sollte auch der Widerspruch aufgehoben werden, der den Maschinen innewohnt, die auf der einen Seite Ausdruck des Triumphs des menschlichen Geistes über die Materie sind, auf der anderen jedoch die Arbeiterklasse als Quelle von Arbeitslosigkeit, Lohnsenkungen und Überproduktion ruinieren. Auch wird der Widerspruch aufgelöst, der in der Arbeitsteilung enthalten ist, die Triebfeder des Fortschritts und zugleich Ursache der den Menschen degradierenden Einseitigkeit ist.

Das System der »mutualistischen« Zukunftsgesellschaft wird somit auf der Einheit von Eigentum und Gleichheit, Freiheit und Kooperation basieren, Werten also, die sich bislang nicht vereinbaren ließen.

Proudhon ignorierte die rein politischen Probleme, indem er die soziale Frage als einzig relevante Frage behandelte. In seinen früheren Schriften zeigt seine Staatskonzeption eine deutlich anarchistische Orientierung; der Staat, der gegenwärtig das Werkzeug in der Hand der Besitzenden sei, solle abgeschafft werden zugunsten eines Systems freier Verträge zwischen den ökonomischen Kooperanten. In den späteren Schriften rückt er vom Anarchismus ab, erkennt die Notwendigkeit der Staatsgewalt an, glaubt jedoch, daß sie nicht das Werkzeug in der Hand einer einzelnen Klasse sein werde, sondern Organisator der Produktion im Interesse des Gemeinwohls. Auch weiterhin bleibt die dezentralisierte Produktion sein Ideal sowie das auf einer lockeren Gemeindenföderation basierende Staatswesen.

Bezüglich der Art und Weise der Verwirklichung seiner Vorstellungen verließ sich Proudhon weder auf die politische, ja nicht einmal auf die ökonomische Aktion des Proletariats. Er war ein Gegner der Revolution und sogar ein Gegner von Streiks, in der Annahme, daß ein gewaltsames Vorgehen gegen die Besitzenden zu Despotismus und Anarchie führen und bestehende Klassengegensätze nur verschärfen würde, anstatt sie zu entspannen. Er glaubte, man könne sich in der Agitation auf alle Klassen ohne Unterschied berufen, wenn die von ihm propagierten Ideale in der menschlichen Natur verwurzelt seien und ihre Einführung nichts anderes sei als die Erfüllung der universellen menschlichen Bestimmung. So fehlt es in seinen Manifesten auch nicht an Appellen an die Bourgeoisie, sie möge die führende Rolle in der projektierten Reformation übernehmen. Er rechnete zu verschiedenen Zeitpunkten auf die Hilfe der Staatsgewalt. Viele Jahre lang stand er auf dem Boden der Zusammenarbeit der Klassen. Doch in seiner postum erschienenen Schrift »De la capacité politique des classes ouvrières« (1865) kehrte er zur Idee der totalen politischen Absonderung des Proletariats zurück und rief zur Vereinigung des ökonomischen mit dem politischen Kampf auf, wobei er das Prinzip des Boykotts der staatlichen Institutionen weiterhin aufrechterhielt. Seine Theorien zeichnen sich jedoch durch einen völligen Mangel an internationalistischen Idealen aus; die von ihm vorgeschlagenen Reformen betrafen ausschließlich Frankreich, auch war er keineswegs ein Gegner nationaler Werte, ging sogar so weit, in einem seiner Texte (»La guerre et la paix«, 1861) den Krieg als Bedingung der moralischen Stärke und als Gelegenheit zur Entfaltung der höchsten Tugenden zu preisen.

Das Gesamt der Proudhonschen Schriften ergibt ein chaotisches und inkohärentes Bild, dessen Unklarheiten vorzüglich durch das Schicksal seines Erbes bestätigt werden. Marx, der die erste Schrift Proudhons als wichtiges politisches Ereignis begrüßte und sie mit der berühmten Broschüre von Sieyès »Qu'est-ce que la Tiers État?« verglich, verspottete seine »Philosophie des Elends« später erbarmungslos, indem er dem Autor seine ökonomische Ignoranz, den phantastischen Gebrauch von mißverstandenen Hegelschen Schemata, den reaktionären Charakter seiner kleinbürgerlichen Utopie und moralisierende Auffassung des Sozialismus vorwarf. Proudhon beurteilte den Marxschen Angriff als ein Gespinst grober Verleumdungen, Fälschungen und Plagiate, doch polemisierte er gegen ihn nicht in der Öffentlichkeit. Es war evident, daß die beiden Denker weder in der Interpretation des ökonomischen Lebens noch in der Erfassung der sozialistischen Perspektiven noch in der politischen Taktik viel gemeinsam hatten.

Marxens Kritik war an einigen Punkten unredlich und ungerecht. Doch er hatte über Proudhon eine gewaltige intellektuelle Überlegenheit. Proudhon besaß alle Fehler eines begabten Autodidakten: die Unfähigkeit, die Grenzen der eigenen Unwissenheit und des eigenen Wissens abzuschätzen, Überheblichkeit, Zufälligkeit der Lektüre, aus der er schöpfte, Unfähigkeit zur Materialauswahl und -organisation, voreilige Verurteilung aller studierter Autoren, die von ihm vorwiegend mißverstanden wurden.

Die Ausstrahlung des Proudhonschen Denkens war jedoch, wenn auch heterogen, von ziemlicher Dauer. Die französische Syndikalistenbewegung der sechziger Jahre stand in hohem Maße unter seinem Einfluß: Programmgemäß lehnte sie den politischen Kampf ab und strebte die Befreiung der Arbeiterklasse durch die Organisation von Genossenschaften und gegenseitigen Krediten an. Die Mehrheit der französischen Mitglieder der 1. Internationale waren Proudhonisten (u. a. Tolain und Fribourg) und Gegner der Streikbefürworter und erst recht Gegner der politischen Revolution; sie verteidigte den »Mutualismus« ihres Patrons. Unter dem starken Einfluß Proudhons stand auch Bakunin, vorwiegend aufgrund der anarcho-syndikalistischen Bestandteile seiner Programme, und viele Proudhonisten waren an der Pariser Kommune beteiligt. Auch unter den späteren Anarchisten (Kropotkin) erfreute sich Proudhon der Anerkennung. Zugleich bekannten sich in der Zeit des Ersten Weltkriegs die französischen Monarchisten der *Action Française* mit Charles Maurras an der Spitze zu ihm. Ihrer Meinung nach lebte der Geist der ersten Ideologen der Konterrevolution, der Geist von de Maistre und Rivarol, in der Proudhonschen Lehre weiter: Verteidigung des individuellen, familiären Eigentums, französischer Patriotismus und Lob des Krieges, Affirmation der Familientugenden und des patriarchalischen Familienmodells (einschließlich der Anerkennung der genuinen Unterlegenheit der Frau), das Ideal der dezentralisierten Macht, Feindschaft gegenüber der Vereinigung Deutschlands und Italiens (Proudhon war im übrigen ein Gegner der polnischen Unabhängigkeit), Rassismus, Antisemitismus. Auf Proudhon, den prinzipiellen Streikgegner, berief sich Georges Sorel, der Theoretiker des revolutionären Syndikalismus.

In der Arbeiterbewegung nach der Pariser Kommune gab es keinen »Proudhonismus« im strikten Sinne. Einzelne Gedanken und Propositionen Proudhons erwiesen sich hingegen innerhalb des französischen Sozialismus als von erheblicher Beständigkeit: Seinem Erbe entwachsen in Frankreich die antizentralistischen und antietatistischen Tendenzen; die Kritik am Kommunismus als an einem System, das die extreme Zentralisierung der Staatsgewalt mit der Zentralisierung der Wirtschaft verbindet, ist ein Thema, das Proudhon in die Arbeiterbewegung eingeführt hat und das seine Aktualität nie verlieren sollte. Dem Proudhonschen Erbe entstammt auch die Idee der industriellen Demokratie. Proudhon war auch der Initiator der Tendenz, die in Frankreich den Namen »Ouvrierismus« erhielt und die sich in der Mißachtung von rein politischen und parlamentarischen Aktionen ausdrückt, in der Ablehnung der Beteiligung der Intelligenz an der Arbeiterbewegung sowie in der Skepsis gegenüber jeglichen Ideologien, die nicht dem unmittelbaren materiellen Interesse des Proletariats dienen.

7. Weitling

In der utopisch-kommunistischen Literatur der 40er Jahre verdienen die Schriften von Weitling nicht deshalb Beachtung, weil ihr Autor in irgendeinem Sinn ein »Vorläufer« von Marx gewesen wäre, sondern deshalb, weil er das Schicksal der Klasse praktisch teilte, in deren Namen er schrieb, und daher ihr wirkliches Bewußtsein in der damaligen Epoche besser artikulieren konnte als die Theoretiker, die aus den privilegierten Klassen kamen. Es war ein Kommunismus, der den Traditionen der deutschen Wiedertäufer der ersten Hälfte des 16. Jahrhunderts näherstand als dem Babouvismus.

Wilhelm Weitling (1808–1871) wurde im Elend geboren und wuchs im Elend auf. Aus dem heimatlichen Magdeburg brach er im frühen Alter auf und lebte als wandernder Schneidergeselle. Diese Beschäftigung führte ihn nach Wien, später nach Paris und in die Schweiz. In Paris, wo eine mehrere Tausend zählende Gruppe deutscher Arbeiter-Emigranten lebte, knüpfte er Kontakt zu illegalen kommunistischen Organisationen (»Bund der Geächteten« und »Bund der Gerechten«, seine Fraktion). Dort publizierte er auch 1838 seine Broschüre »Die Menschheit, wie sie ist und wie sie sein sollte«. Weil er Polizeirepressalien befürchten mußte, flüchtete er in die Schweiz, wo er hintereinander folgende Schriften veröffentlichte: »Garantien der Harmonie und Freiheit« (1842) und »Das Evangelium eines armen Sünders« (1843). Für den letzten Text mußte er mit einem mehrmonatigen Gefängnisaufenthalt in Zürich büßen. Dann begab er sich nach London, wo er kurz mit Karl Schapper zusammenarbeitete, dem Motor der dortigen deutschen Arbeiterverbände. Zu dieser Zeit waren seine Schriften bereits in ganz Europa berühmt. Doch ihre religiös-prophetische Gesinnung schreckte sowohl die eher praktisch eingestellten Arbeiterführer als auch die gebildeten Theoretiker ab. Auf seiner Rückreise auf den Kontinent traf Weitling im Frühjahr 1846 mit Marx zusammen, der zu diesem Zeitpunkt in Brüssel eine Zentrale organisierte, die die Verbindung zwischen den verschiedenen kommunistischen Verbänden Europas schaffen sollte. Die Begegnung verlief fatal. Marx fiel nämlich mit der Arroganz des Intellektuellen über den Autodidakten-Arbeiter her und warf ihm seine Ignoranz und Naivität vor. Weitling wiederum glaubte, daß ihm seine reale Schicksalsgenossenschaft mit dem Proletariat einen besseren Einblick in die peinvolle Lage und Perspektive dieser Klasse verschaffe, als ihn die Stubengelehrten gewinnen konnten. Wenige Monate später reiste er nach Amerika, kehrte jedoch alsbald zurück, gerade noch rechtzeitig, um 1848 an der Revolution in Berlin teilzunehmen, wonach er wiederum nach Amerika ausreisen mußte, diesmal für immer.

Weitlings Schriften sind das typische Exempel eines primitiven evangelischen Kommunismus. Es sind eigentlich Predigten über Gerechtigkeit und über die Notwendigkeit der Rebellion gegen die Tyrannen. Darin werden alle Zitate aus dem Evangelium, die sich als Argumente gegen die Reichen und Unterdrücker anwenden lassen, exakt eingesetzt, und dem Ganzen entsteigt das Bild von Christus, dem Kommunisten, der zur Zerstörung des bestehenden Unterdrückungs- und Ausbeutungssystems mit den Mitteln der Gewalt aufruft. Die Welt wird vom Egoismus der Reichen regiert, während die Arbeiter, die den Besitzenden durch ihre Qual zum Wohlstand verhelfen, in Elend und sozialer Unsicherheit leben. An dem Unglück sind nicht die Maschinen Schuld: In einem gerechten System wäre der technische Fortschritt ein Segen, im gegenwärtigen System trägt er aber nur zur Elendssteigerung bei. Die eigentliche Ursache der sozialen Katastrophen sind die ungleiche Güter- und Pflichtenverteilung sowie die unmäßige Luxusbegierde. Wenn man erst einmal die Gütergemeinschaft und allgemeine Arbeitspflicht eingeführt haben wird, wird das Übel der Welt rapide vom Erdboden verschwinden; die Arbeitszeit wird erheblich gekürzt, und die Arbeit selber wird sich aus einem Fluch in einen angenehmen Zeitvertreib verwandeln. Auch wird es weder Geld noch Reichtumshäufung geben, die Klassenunterschiede werden verschwinden, alle Güter des Geistes und Leibes werden für alle zugänglich sein. Das ist der wahre Inhalt der Botschaft Christi, das ist das Christentum. Es ist nicht verwunderlich, daß der Geist des

Evangeliums durch Könige und Priester geschändet und verfälscht wurde, die es zur Verteidigung ihrer Privilegien einzuspannen versuchten; doch die Zeit ist gekommen, ihre Gaunerei zu entlarven, eine neue, auf Gleichheit, Freiheit und christlicher Liebe basierende Welt zu errichten. Es ist jedoch nicht damit zu rechnen, daß die Regierungen und Kapitalisten, von diesem Ideal ergriffen, es für das Volk einführen werden; die Arbeiter können nur auf sich und auf ihren Kampf rechnen. Es fehlt bei Weitling auch nicht die traditionelle historische Triade, die Erbe der millenaristischen Sekten des Mittelalters ist: vom Urkommunismus früherer Jahrhunderte über die Epoche des Privateigentums zum Kommunismus der Zukunft. Weitling beschreibt die Organisation des künftigen Paradieses der Gleichen und Freien ziemlich detailliert. In dieser Welt werden alle bösen Begierden sowie Verbrechen, Neid und Haß verschwinden. Die Menschheit wird zur ersehnten Einheit zurückfinden. Sogar eine gemeinsame Sprache wird innerhalb von drei Generationen die überflüssigen Nationalsprachen verdrängen, die die menschliche Gattung spalten. Bald wird man sich auch Luxus gestatten können; bei gleichen Pflichten werden immerhin auch alle am Wohlstand beteiligt sein, und die, die ihrer Phantasie freien Lauf lassen und beispielsweise andere Kleidung tragen wollen als die, die ihnen die Gemeinschaft liefert, werden sie sich ganz einfach dazuverdienen können durch Überstunden, denn schon nach kurzer Zeit wird die obligatorische Arbeitszeit auf drei Stunden verkürzt werden können.

Weitling faßt in naiver Form alle gängigen Ideen und alle Träume der Armen zusammen. Verständlicherweise mußte Marx von seinem Predigertum irritiert werden. Doch war Weitling der Mann, der der deutschen Arbeiterklasse gleichsam das Ethos des mittelalterlichen Chiliasmus vermittelte, und obwohl er keinen Beitrag zur wissenschaftlichen Kapitalismusanalyse leisten konnte, trug er mit Sicherheit zur Erweckung eines rudimentären Klassenselbstbewußtseins des Proletariats bei.

8. Cabet

Während Weitling die Traditionen des revolutionären vorkapitalistischen Sektenwesens verkörpert, repräsentiert das Werk von Étienne Cabet (1788–1856) in der Epoche der Industrialisierung eine damals schon klassische literarische Gattung: die Beschreibung der glücklichen Insel des Kommunismus.

Cabet, ausgebildeter Rechtsanwalt, war aktiv an der Revolution von 1830 beteiligt, und fast seine gesamte literarische und politische Tätigkeit fällt in die Epoche der Juli-Monarchie. In den Jahren 1839–40 veröffentlichte er die vierbändige »Histoire populaire de la Révolution française« und 1840 sein bekanntestes Werk, »Voyage en Icarie«. Die erste Auflage erschien unter Pseudonym, denn der Autor wohnte bereits seit mehreren Jahren in England, wohin er aus Furcht vor Verfolgungen emigriert war und wo er sich dem Einfluß der Owenistischen Idee öffnete. Nach Frankreich zurückgekehrt, begann er erneut die Zeitschrift »Le Populaire« herauszugeben, in der er seine Ideen eines nichtrevolutionären Kommunismus propagierte, der sich auf die christliche Tradition und auf das Motiv von Jesus, dem Kommunisten, berief. Zu Beginn des Jahres 1849, nach der Revolution, emigrierte er erneut aus Frankreich und versuchte in Amerika, zuerst in Texas, später in Illinois, kommunistische Kolonien zu gründen. Eine von ihnen überdauerte mehrere Jahrzehnte. Er starb in Saint-Louis.

Cabets Ikarische Gesellschaft ist der Typus eines egalitären Gemeinwesens mit gewissen totalitären Zügen, ähnlich wie viele Utopien der Renaissance und Aufklärung. Weil die Ungleichheit die Ursache allen sozialen Übels ist und die Gleichheit nur denkbar bei totaler Gütergemeinschaft, weil, des weiteren, gleiche Rechte und Pflichten zu den unveräußerlichen Forderungen der »wahren« menschlichen Natur gehören und sowohl ein Gebot des Naturrechts wie des christlichen Glaubens darstellen, geht die ideale Gesellschaft von der völligen Aufhebung des Eigentums und des Geldverkehrs aus. Die gesamte gesellschaftliche Produktion bildet einen Organismus, dessen Partikel die Individuen sind. Für alle gilt die gleiche Arbeitspflicht, gemäß ihren Fähigkeiten, und jeder hat Anspruch auf den gleichen Anteil am Gesamteinkommen, gemäß seinem Bedarf. Die Gesellschaft muß nach Möglichkeit bestrebt sein, daß sich alle ihre Mitglieder einheitlich ernähren, einheitlich kleiden und einheitlich wohnen. Die Verwaltung arbeitet für diese Bereiche entsprechende allgemeinverbindliche Modelle aus: identische Wohnungen, identische Städte und in jeder Hinsicht identische Lebensverhältnisse. Das ganze Volk ist der einzige Souverän auf seinem Territorium; die Verwalter, die die Ganzheit der Produktionsprozesse überwachen, werden periodisch von der Bevölkerung gewählt. Es gibt weder Parteien noch politische Klubs (die im übrigen völlig überflüssig wären), und das geschriebene Wort wird einer strengen Kontrolle unterworfen, um der Demoralisierung zu begegnen.

Das alles läßt sich ohne Gewaltanwendung und ohne Revolution durchführen. Cabet distanziert sich deutlich von Babeuf und geht davon aus, daß alle gewaltsamen Verschwörungen, Revolutionen und Staatsstreiche dem Volk mehr Unglück als Nutzen gebracht haben. Weil die vollkommene Gesellschaft sich auf Forderungen gründet, die aus der universellen menschlichen Natur ableitbar sind, und alle Menschen in gleichem Maße an ihr partizipieren, wäre es ein fataler Fehler, wenn man die Errichtung der neuen Welt mit Akten der Gewalt, der Unterdrükkung oder des Hasses beginnen wollte; die Reichen und Unterdrücker seien vielmehr selber Opfer des fehlerhaften Gesellschaftssystems, und daher müsse man ihre Vorurteile mit Hilfe einer entsprechenden Erziehung ausmerzen, nicht aber durch Repressionen. Der Weg zur besseren Welt führt nicht über Gewalt und Konspirationen, sondern über stufenweise Verbesserungen und ein Übergangssystem, das sanft in die erträumte Gemeinschaft hinübergeleiten wird.

Cabets Schriften (neben der »Reise nach Ikarien« muß man erwähnen »L'Ouvrier, ses misères actuelles, leur cause et leur remède«, 1845; »Comment je suis communiste«, 1845; »Le vrai Christianisme suivant Jésus-Christ«, 1846) repräsentieren in vollendeter Form alle Wesensmerkmale einer »Utopie« in dem in der marxistischen Literatur verbreiteten negativen Wortsinn. Als populärer und vielgelesener Autor trug Cabet jedoch erheblich zur Propaganda der kommunistischen Ideale bei; in keiner Weise jedoch zur Entwicklung der Marxschen Ideen. In Frankreich setzte er aber die grundlegenden Werte des Kommunismus in Umlauf.

9. Blanqui

In der Geschichte des Sozialismus des 19. Jahrhunderts fungiert Blanqui weniger als Theoretiker denn als der Mann, der der Generation des Jahres 1848 und späteren das Erbe des Babouvismus vermittelte, die Kontinuität zwischen der Jakobinischen Linken und dem revolutionären Sozialismus des neuen Jahrhunderts aufrechterhielt und die Idee der revolutionären Konspiration auf die Arbeiterbewegung übertrug. Er ist der eigentliche Schöpfer der Idee (wenn auch nicht des Wortes) der Diktatur des Proletariats, die von einer organisierten Minderheit im Namen des Proletariats ausgeübt wird.

Louis-Auguste Blanqui (1. 2. 1805–1. 1. 1881) war der Sohn eines aktiven Girondisten. Während seines Jura- und Medizinstudiums in Paris machte er sich mit verschiedenen damals populären sozialistischen Lehren vertraut und war aktiv an der Julirevolution beteiligt. In den 30er Jahren organisierte er konspirative Gesellschaften mit radikal-demokratischer, zunehmend stärker ausgeprägter sozialistischer Orientierung. Als er im Januar 1832 vor Gericht stand, hielt er seine berühmte Rede – die mehr Anklage- denn Verteidigungsrede war –, in der er als Befürworter eines gerechten Krieges der Proletarier gegen die Reichen und Ausbeuter auftrat. Zu einem Jahr Gefängnis verurteilt, ließ er nach seiner Freilassung nicht ab von der konspirativen Tätigkeit und stand an der Spitze des fehlgeschlagenen Aufstandes gegen die Monarchie im Mai 1839. Das Todesurteil wurde in lebenslängliches Gefängnis verwandelt.

Anfang 1848 freigelassen, gehörte er während der Revolution zu den bekanntesten Pariser Arbeiterführern und wanderte bald wieder hinter Gitter; 1859 freigelassen, erfreute er sich nicht lange der Freiheit; die meiste Zeit der 60er Jahre verbrachte er hinter Gefängnismauern; freigelassen und erneut auf Thiers Befehl verhaftet, wurde er in Abwesenheit in die Führung der Kommune gewählt. Erst 1879 freigelassen, setzte er unverzüglich die revolutionäre Agitation fort, die er bis ans Ende seines Lebens weiterführte.

Die Schriften, die Blanqui zu seinen Lebzeiten veröffentlichte, besitzen eher agitatorischen als theoretischen Charakter, wenn man von der philosophischen Abhandlung »L'éternité par les astres« (1872) absieht, in der er, gestützt auf den mechanistischen Materialismus der Aufklärung, die stoische Idee von der ewigen Wiederkehr der Welten aufgriff (wenn der Zustand des Weltalls durch das Gefüge seiner materiellen Partikel auf vollkommene Weise bestimmt und wenn die Anzahl solcher Gefüge endlich sei, so könne man davon ausgehen, daß in der Weltgeschichte genau dieselben Gefüge sich unendlich viele Male wiederholen müssen.) Postum wurde seine zweibändige »Critique sociale« (1885) veröffentlicht. Insgesamt schien Blanqui nicht zum Theoretisieren geschaffen. Seine Kapitalismuskritik geht nicht über den rhetorischen Stil seiner Zeit hinaus und ist in ökonomischer Hinsicht ziemlich simplizistisch; er teilte den Glauben, daß Ungleichheit und Ausbeutung daher kommen, daß die Waren nicht zu ihrem »wirklichen« Wert ausgetauscht werden, der durch das Arbeitsquantum gesetzt ist; zum Thema der künftigen kommunistischen Gemeinschaft hat er sich nur in Form sehr pauschaler Bemerkungen geäußert. Seine Rolle in der Geschichte der sozialistischen Bewegung besteht darin, daß er die Überzeugung von der Bedeutung einer revolutionären Organisation verbreitete und zur Perfektionierung der Konspirationstechnik beitrug. Der Terminus »Blanquismus« blieb in der Sozialismusgeschichte ein Stereotyp, der ungefähr soviel bedeutet wie »revolutionärer Voluntarismus«, der also die Meinung bezeichnet, daß der Erfolg der kommunistischen Bewegung nicht von den »objektiven« ökonomischen Umständen abhänge und daß eine entsprechend organisierte Verschwörergruppe in einer politisch günstigen Situation die Macht ergreifen, die Diktatur im Namen der arbeitenden Massen ausüben und die kommunistische Ordnung errichten könne ohne Rücksicht auf die sonstigen gesellschaftlichen Verhältnisse. »Blanquismus« war ein geläufiges Schimpfwort, das die reformistischen Bewegungen gegen die revolutionären gebrauchten; insbesondere in Rußland benutzten es die Menschewiken gegen die Leninisten nach der Spaltung der Sozialdemokratie im Jahre 1903, die sie der nicht-marxistischen, verschwörerischen Revolutionsstrategie bezichtigten.

10. Blanc

Blanqui und Blanc gelten verdientermaßen als die Urväter zweier extrem entgegengesetzter Tendenzen in der sozialistischen Bewegung des 19. Jahrhunderts, die beide der Marxschen Lehre entgegengestellt waren. Der erste glaubte an die Omnipotenz des revolutionären Willens, dessen Verkörperung die bewaffnete Konspiration ist, der zweite setzte seine Hoffnung in den Staat, der Ungleichheit, Krisen, Ausbeutung und Arbeitslosigkeit auf dem Weg stufenweiser Reformen beseitigen würde. Der erste kommt aus dem Babouvismus, der zweite vom Saint-Simonismus, der in einigen Punkten gemildert war, die die Demokratie sowie die pauschale Verstaatlichung aller Produktionsmittel betrafen. Nachfolger des ersten waren Tkačev, später Lenin, Nachfolger des zweiten – Lassalle und die zeitgenössische Sozialdemokratie. Der erste war ein Konspirator, der zweite – ein Reformator und Gelehrter. Lenin wurde von Plechanow und Martow des »Blanquismus« beschuldigt, und er verglich seinerseits (in der Zeit zwischen der Februar- und der Oktoberrevolution) seine menschewistischen Gegner wiederholt mit dem Blanc des Jahres 1848, mit seinem Wankelmut, seiner Kompromißbereitschaft und seinem Mangel an revolutionärer Entschlossenheit.

Louis Blanc (29. 10. 1811–6. 12. 1882) studierte in Paris zur Zeit der Restauration und gründete dort 1839 das Blatt »La Revue du Progrès«, in dem er sein Werk »Organisation du travail« in Fortsetzungen veröffentlichte. Dieses Traktat gehörte zu den populärsten sozialistischen Texten der 40er Jahre. Neben größeren historischen Werken, die der Großen Revolution, der Revolution von 1848, Napoleon sowie der Geschichte der Juli-Monarchie gewidmet waren, veröffentlichte er 1848 »Le socialisme. Droit au travail« und eine Reihe von Artikeln über politische und soziale Themen. Nach der Februarrevolution von 1848 trat er als Mitglied der provisorischen Regierung der Zweiten Republik mit einem umfangreichen Programm von Sozialreformen und öffentlichen Arbeiten auf, die die Beseitigung der katastrophalen Arbeitslosigkeit und des Elends bezweckten. Er wollte den blutigen Unruhen durch Reformen entgegenwirken, als es jedoch zum Aufstand und zum Blutbad vom Juni kam, klagte ihn die Rechte an, er sei für die Ereignisse verantwortlich. Zur Flucht gezwungen, verbrachte Blanc mehr als zwanzig Jahre in England, von wo er sofort nach dem Sturz des Zweiten Kaiserreichs im Jahr 1870 zurückkehrte. Erfolglos bemühte er sich um einen Kompromiß zwischen der Kommune und Versailles, indem er sich beiden Seiten aussetzte. Seit 1876 bis zu seinem Tod war er Abgeordneter der gemäßigten republikanischen Linken und inspirierte in dieser Eigenschaft das Amnestiegesetz von 1879 für die Kommunarden.

Die »Organisation der Arbeit«, die Blancs klassisches Werk blieb, will die Unumgänglichkeit der sozialen Revolution aufweisen, wobei »Revolution« jedoch nicht einen Akt der Gewalt mit dem Ziel der Ablösung der politischen Macht meint, sondern eine radikale Sozialreform. Im Unterschied zu den Utopisten, die sich mit der Ausarbeitung von detaillierten Projekten einer vollkommenen künftigen Gesellschaftsordnung beschäftigten, will Blanc ein praktischer Reformator sein, der die Mittel zur Reform weisen will, die man unter der Voraussetzung des bestehenden Tatbestands ergreifen könnte. Er will keinen gewaltsamen Umsturz provozieren, sondern ihn verhindern; in einer Situation aber, da die Masse der hungernden und verzweifelten Menschen keine Beschäftigung findet, hielt er einen solchen Umsturz in nächster Zukunft für unausweichlich. Das brennendste Problem ist die Beseitigung der Arbeitslosigkeit. Ein auf grenzenloser Konkurrenz individueller Unternehmer basierendes System kann nicht lange bestehen: es erzeugt unweigerlich Krisen, sinkenden Arbeitslohn, Elend, grausame Kinderausbeutung, Familienzerfall, Stumpfsinn, Kriminalität. Wenn man nicht die Theorie von Malthus anwenden will, und zwar in der Weise, daß man den Kinderüberschuß in den Arbeiterfamilien ganz einfach ermordet, wird der Staat seine ganze Macht zur Durchführung der sozialen Reformen einsetzen müssen, deren unveräußerliches Mittel die politische Reform ist. Die gewalttätigen Revolutionen, die keine vorausblickenden Pläne aufzuweisen haben und deren Führer sich damit vertrösten, daß sie sich Gedanken über ihr Programm machen werden können, wenn sie erst einmal an der Macht sind, enden, wie die Erfahrung lehrt, mit einer Serie sinnloser Blutbäder. Wenn man das Jahr 1789 mit dem Jahr 1793 und seinen Auswirkungen vergleicht, so spricht dieser Vergleich für sich. Die bisherigen Reformprojekte von Owen, Saint-Simon und Fourier enthalten eine Menge wertvoller Beobachtungen, es mangelt ihnen jedoch an jeglichem praktischen Sinn; sie schlagen Veränderungen vor, deren baldige Durchführung unmöglich ist. Möglich wäre hingegen, daß der Staat die Lenkung der Produktion unverzüglich in Angriff nähme und die uneingeschränkte Konkurrenz allmählich abschaffte. Man muß mit Hilfe einer nationalen Anleihe den großen Plan einer auf öffentliches Eigentum gestützten Industrie schaffen; die Arbeiter, deren Lohn von der Arbeitsleistung abhängig ist, werden viel besser arbeiten, als sie dazu von den privaten Kapitalisten gezwungen werden können. Somit wird auch die Konkurrenz zwischen den vergesellschafteten und den Privatbetrieben alsbald zugunsten der ersteren verschwinden, weil diese besser und billiger produzieren werden. Ende der Konkurrenz, Ende der Krisen, Ende der scheinbaren Übervölkerung. Der technische Fortschritt wird, statt sich gegen die arbeitende Bevölkerung zu richten, der Arbeitserleichterung und Arbeitszeitverkürzung dienen. Die obligatorische und unentgeltliche Erziehung wird allen zugute kommen. Die Löhne werden allerdings über einen längeren Zeitraum differenziert bleiben müssen, denn die falsche Erziehung hat die Menschen in einer Weise geprägt, daß nur die Erwartung höherer Verdienste zu besserer Arbeit stimuliert; die Hierarchie der Verwaltungsfunktionen wird auf einem Wahlsystem aufgebaut, und die Produktionseinheiten werden Autonomie besitzen. Das Recht auf Arbeit wird zum allgemein anerkannten Grundprinzip der Gesellschaftsordnung werden.

Man kann sagen, daß Blanc als einer der bedeutendsten Vorläufer des »welfare state« anzusehen ist. Er glaubte, daß man ohne Gewaltanwendung und ohne Massenenteignung, allein auf dem Weg wirtschaftlicher Mittel und friedlicher Reformen, im Rahmen des Systems der politischen und industriellen Demokratie Herr der aus der Konkurrenz resultierenden Mißstände werden, das Elend beseitigen, die soziale Ungleichheit stufenweise aufheben und stufenweise die Vergesellschaftung der Produktionsmittel anstreben könnte. Von allen bisher behandelten Autoren war er mit Sicherheit am wenigsten »Utopist« (im landläufigen Wortsinn), ja sogar der einzige, dessen Ideen sich in einem gewissen Maße als realisierbar erwiesen haben, wenn man das Projekt der politischen Diktatur in den anderen Konzeptionen einmal ausklammert, das selbstverständlich ebenfalls realisierbar war, wenngleich zweckentfremdet.

11. Der Marxismus und der »utopistische Sozialismus«

Wie man aus dem bisherigen, flüchtigen Überblick ersehen kann, lassen sich die sozialistischen Autoren der ersten Hälfte des 19. Jahrhunderts nach verschiedenen Prinzipien klassifizieren. Man kann die Konspirateure den Reformern, die Romanciers den Theoretikern, die Demokraten den Befürwortern revolutionärer Despotie, die Arbeiterführer den Philanthropen entgegenstellen. Dagegen ist die Einteilung in die, die sich auf die Traditionen des Materialismus der Aufklärung berufen, und die, die ihre Projekte mit christlichen Werten begründen (wie Weitling, Cabet, Lammenais), nicht prinzipiell. Der philosophische *background* der Utopie ist nämlich gemeinsam. Nicht Jesus bildet ihn (auch wenn er als Zeuge der Wahrheit zitiert wird), sondern der Begriff der menschlichen Natur. Dieser Begriff selbst setzt nämlich den Gedanken voraus, daß alle Menschen als Menschen ganz einfach an ein und derselben Menschheitswürde teilhaben. Unabhängig also von den angeborenen Unterschieden zwischen den einzelnen, sind alle Individuen in diesem fundamentalen Sinn identisch. Beschreibt man diese Identität, so stellt sich heraus, daß sie zugleich für ein Ensemble identischer Rechte und Pflichten steht. Der Begriff der menschlichen Natur ist deskriptiv und normativ zugleich. Wir können aus ihm deduzieren, was dem Menschen zusteht, um wahrhaft Mensch zu sein; bevor wir dies jedoch tun, wissen wir bereits, das der Inhalt dieses Anspruchs *identisch* ist. Der Begriff der menschlichen Natur geht, wie es scheint, kraft der natürlichen Logik von der Idee der Gleichheit aus, noch bevor der Inhalt dieses Begriffs überhaupt explizit gemacht wurde.

Der Begriff der menschlichen Natur ist stets eine Beschreibung der *menschlichen Bestimmung.* Wie bereits gesagt, ist die utopische Literatur davon überzeugt, daß die Menschen dazu bestimmt sind, in Gleichheit und Bruderliebe zu leben, daß Kämpfe, Interessenkonflikte, Ungleichheit, Ausbeutung und Unterdrückung dieser Bestimmung widersprechen. Gelegentlich wurde selbstverständlich auch die Frage laut: Wenn dem so ist, kraft welcher Mächte ist die ganze Welt dann seit Jahrhunderten nach Prinzipien eingerichtet, die dieser »Bestimmung« exakt zuwiderlaufen? Wie konnte es eigentlich dazu kommen, daß die Menschen im Verlauf der gesamten uns bekannten Geschichte in Zwietracht mit der eigenen Natur lebten? Die Antworten auf diese Fragen fielen den Utopisten stets sehr schwer. Selbst unter der Voraussetzung, daß das Privateigentum irgendwann von irgend jemandem erfunden worden sei und daß es eine Erfindung gewesen sei, die es genausogut nicht hätte zu geben brauchen – aus welchem Grund sind dann alle Menschen dieser wahnwitzigen Idee gefolgt, entgegen den evidenten Forderungen der eigenen Menschheit? Wenn wir den bösen Trieben die Schuld daran geben, so fragt es sich wiederum, wie es hat dazu kommen können, daß diese bösen Triebe, die der »wahren« Natur des Menschen zuwiderlaufen, das gesellschaftliche Leben beherrschen konnten. Mit einem Wort, wie war es möglich, daß der Mensch, der »naturgemäß« mit allen anderen Mitgliedern seiner Gattung in Freundschaft und Gleichheit zu leben wünscht, empirisch etwas völlig Entgegengesetztes anstrebt? Wie soll man es sich erklären, daß die Mehrheit der menschlichen Gattung etwas anstrebt, was sie überhaupt nicht will? Die gesamte menschliche Geschichte muß solcherart in der Version der Utopisten als monströser Zufall erscheinen; sie ist überhaupt unbegreiflich, denn die Abweichung, die die Menschheit erreicht hat, widersetzt sich der Menschheitsnatur. Das ganze Problem wirft keine größeren Schwierigkeiten auf, sofern man es vom Standpunkt der traditionellen christlichen Doktrin betrachtet, mit ihrem Glauben an die Erbsünde und die Vergiftung des Menschengeschlechts an seinem Ursprung. Doch die Utopisten glauben nicht an die Erbsünde, selbst wenn sie sich für Christen halten, verfügen also über kein Instrumentarium zur Erklärung der Menschheitsgeschichte nach christlichen Grundsätzen. Aber sie verfügen auch nicht über Werkzeuge, die es ihnen erlauben würden, sie nach anderen

Grundsätzen zu erklären. Sie wollen das Gute, doch das Böse ist für sie unfaßbar und unerklärlich. Daher benutzen sie alle jenen nebulosen Begriff der menschlichen Natur, die auf irgendeine Weise *bereits da ist,* d. h. nicht einfach eine bloß willkürliche Norm darstellte (dann nämlich gäbe es keine Gründe für die Erwartungen, daß die Menschen sich ihr auch wirklich unterordnen werden), sondern eine bestimmte Realität oder normative »Essenz«, die in jedem Menschen, und sei es unbewußt, verborgen ist.

Aus dem nämlichen Grund taucht die Idee des kommunistischen Despotismus auch durchaus natürlich auf dem Boden des utopischen Denkens auf. Sofern wir nämlich die Bedingungen kennen, die die Natur der Menschheit erfüllt, ist es für die Verwirklichung dieser Menschheit ohne Belang, welcher Teil der menschlichen Gattung das Kommunismus-Programm annehmen möchte und welcher nicht. Jean-Jacques Pillot, ein französischer kommunistischer Autor, stellt am Ende seiner Broschüre »Ni châteaux ni chaumières« (1840) die Frage: »Und was, wenn die Menschheit nicht mitmacht?« und antwortet sofort: »Und wenn . . . die Insassen von Bicêtre [einer Irrenanstalt] ihr Bad nicht nehmen wollen?« In der Tat, wenn die Menschheit irre ist, muß man sie heilen, und sei es mit Gewalt. Es erhebt sich dann eine neue Frage, die die Utopisten nicht erwogen haben, die jedoch an Edgar Allan Poes Novelle über das System des Doktors Teer und Professors Feder denken läßt: Wer ist der Arzt und wer ist der Irre? Wer hat das Recht, darüber zu entscheiden und nach welchem Prinzip, daß eben er der Arzt und die Mehrheit der Menschheit vom Irrsinn befallen sei? Die Redewendung, die Menschheit selber habe über ihr Schicksal zu bestimmen, kann unter diesen Umständen bedeuten, daß wir uns damit abfinden, daß die Geschichte der Menschheit bislang in den Händen von Wahnsinnigen gelegen hat. Wenn wir dem jedoch nicht zustimmen wollen, so müssen wir den Beweis unserer Gesundheit erbringen. Solange man sich auf den göttlichen Willen als auf die unwiderrufliche Autorität berufen konnte, erschien die Sache einfach. Die Utopisten hatten sich zum Teil für den eigenen Bedarf auf diesen Willen berufen. Doch es war gleichzeitig bekannt, daß die Heilige Schrift über Jahrhunderte hinweg zur Rechtfertigung von sozialer Hierarchie und Ungleichheit benutzt worden war.

Dieselben Fragen konnte man allen Utopisten stellen, nicht unbedingt den Befürwortern des Despotismus, und Marx stellte sie Owen auch tatsächlich in Form eines Einwandes: Wer soll die Erzieher erziehen? Die Antwort auf diese Frage entscheidet vor allem über die Differenz zwischen der Marxschen Utopie und den Utopien aller seiner Vorgänger, wobei es sich hier auch um eine philosophische Differenz handelt, die nämlich zwischen den Erben der Hegelschen Phänomenologie und den Erben des französischen Materialismus.

Man kann, wie man sieht, die Werke der utopischen Sozialisten zu einer Anthologie zusammenstellen, die die wichtigsten Marxschen Ideen vorwegzunehmen scheint, auch wenn diese Ideen in einer derartigen Zusammenstellung nirgendwo auftreten und nie argumentativ so entwickelt worden sind. Es befinden sich darunter sowohl Gedanken, die sich auf historiosophische Voraussetzungen beziehen und auf die Analyse der kapitalistischen Gesellschaft, als auch sozialistische Projektionen.

Mit den beiden ersten Punkten hängen folgende Gedanken zusammen:

– eine wesentliche Veränderung des Systems der Güterverteilung ohne totale Veränderung des Produktionssystems und der Eigentumsverhältnisse ist undurchführbar;

– in der gesamten Geschichte bedingen die technologischen Veränderungen die Systemveränderungen;

– der Sozialismus ist das Resultat unausweichlicher historischer Gesetze;

– in der kapitalistischen Gesellschaft steht das System im Widerspruch zum Entwicklungsstand der Produktivkräfte;

– der Arbeitslohn im kapitalistischen System weist die natürliche Tendenz auf, sich auf dem Minimum zu erhalten, das zum Überleben ausreicht;

– Konkurrenz und Anarchie der Produktion erzeugen notwendigerweise Ausbeutung, Elend, Krisen der Überproduktion und Arbeitslosigkeit;

– der technische Fortschritt steigert die sozialen Katastrophen, doch nicht vermöge seiner eigenen »Natur«, sondern infolge des falschen Eigentumssystems;

– die Arbeiterklasse kann sich nur aus eigener Kraft befreien;

– die politische Freiheit hat geringen Wert, wenn die überwiegende Mehrheit der Gesellschaft unter ökonomischem Zwang leidet;

Im Bereich der Projektierung der sozialistischen Zukunftsgesellschaft – ob diese nun Harmonie, Mutualismus oder industrielles System heißt – lassen sich folgende Ideale nennen:

– Die Aufhebung des Privateigentums an den Produktionsmitteln;

– die Einführung der Planwirtschaft auf nationaler oder Weltskala, den gesellschaftlichen Bedürfnissen untergeordnet, durch die Konkurrenz, Anarchie und Krisen aufgehoben werden;

– das Recht auf Arbeit als eines der grundlegenden Menschenrechte;

– die Aufhebung der Klassen und der Quellen sozialer Gegensätze;

– freiwillige, solidarische Kooperation der assoziierten Produzenten;

– öffentliche und unentgeltliche Kindererziehung, die den Unterricht mit der Vorbereitung auf die Produktionsarbeit verknüpft;

– Aufhebung der Arbeitsteilung und der degradierenden Auswirkungen der Spezialisierung zugunsten der Kreativität allseitig in mannigfaltigen

Fähigkeiten entwickelter Individuen, die ihre menschlichen Vermögen voll ausschöpfen können;
– Aufhebung des Unterschieds zwischen Stadt und Land unter Beibehaltung der Tendenz der Industrie zur Konzentration;
– Aufhebung der politischen Macht zugunsten der Wirtschaftsverwaltung, Beendigung der Ausbeutung des Menschen durch den Menschen und der Herrschaft des Menschen über den Menschen;
– stufenweise Liquidation der nationalen Schranken;
– völlige Gleichstellung der Frauen mit den Männern hinsichtlich der Chancen und Rechte;
– Entfaltung der Wissenschaft und Kunst in voller Freiheit;
– der Sozialismus als universeller menschlicher Wert, die Ausbeutung des Proletariats als Hauptstimulans der Entwicklung auf den Sozialismus hin.

Wenngleich diese Analogien suggestiv wirken, besteht doch ein grundsätzlicher Unterschied zwischen der Marxschen Lehre und allen übrigen sozialistischen Ideen der ersten Hälfte des 19. Jahrhunderts. Dieser Unterschied ändert auch den Sinn vieler Einzelgedanken, die für sich genommen eine verblüffende Affinität aufweisen und mit Sicherheit auf die Inspirationen hindeuten, die der utopische Sozialismus Marx geliefert hat. Die Formulierung, der man zuweilen begegnet, wenn Marx mit den Utopisten konfrontiert wird: »das gleiche Ziel, doch unterschiedliche Mittel« (Revolution und friedliche Propaganda), ist nicht nur äußerst oberflächlich, sondern irreführend und genaugenommen auch nicht zutreffend. Marx bezieht nämlich nie einen ethischen, normativen Standpunkt, der erst den »Zweck«, also einen bestimmten erwünschten Zustand festlegt, um erst danach über die wirksamen Methoden zu seiner Verwirklichung nachzudenken. Doch es trifft andererseits auch nicht zu, daß Marx den Sozialismus ausschließlich als das unausweichliche Resultat historischer Determinationen betrachtet hätte, ohne sich für den Sozialismus als Wert zu interessieren. Das Bestreben, diese beiden Modi, den deterministischen wie den normativen Modus der Welterfassung zu vermeiden, erscheint als spezifisches Merkmal des Marxschen Denkens und als eben jenes, das seine Verbindung mit der Hegelschen Tradition demonstriert und es in einen Gegensatz zu den Lehren des utopischen Sozialismus stellt. Die Utopisten betrachteten den Sozialismus keineswegs in allen Fällen als ein frei entworfenes Projekt; Formeln, die sich auf die historische Notwendigkeit beziehen, findet man sowohl bei Owen wie bei Fourier und bei den Saint-Simonisten. Es handelt sich hierbei jedoch eher um Deklarationen, und keiner dieser Autoren weiß genau, was er mit seinem historischen Determinismus anfangen und wie er ihn zur Übereinstimmung mit der Idee des Sozialismus als Projekt, des Sozialismus als moralischer Wert bringen solle. Alle versichern, der Sozialismus (oder wie immer sie das Projekt nennen mögen) *müsse* die Welt beherrschen, und alle halten ihn zugleich für eine famose Erfindung eines geistreichen Kopfes, wobei alle zwischen den beiden Auffassungen pendeln, ohne sich ihre Inkohärenz zu vergegenwärtigen. Da sie jedoch einerseits davon überzeugt sind, daß die puren politischen Veränderungen das wichtigste Problem nicht lösen können, d. h. die Errichtung einer neuen Wirtschaftsordnung und Güterverteilung, ignorieren sie die politische Aktion im allgemeinen, in dem Glauben, die Wirtschaftsreformen müßten durch die unmittelbare Einwirkung auf die Ökonomie selber durchgesetzt werden. Sie verwerfen daher die revolutionäre Perspektive. Der Ausgangspunkt ihrer Überlegungen ist demnach das Elend, vor allem aber das Elend des Proletariats, das sie abschaffen möchten.

Für Marx ist dagegen nicht das Elend das Ausgangsfaktum, sondern die »Entmenschung«, das Phänomen also, das darin besteht, daß die menschlichen Individuen gezwungen werden, die eigene Arbeit – die Verausgabung ihrer menschlichen Energien – und die materiellen, geistigen und gesellschaftlichen Produkte dieser Arbeit (die Waren, Ideen und politischen Institutionen) als eine fremde Wirklichkeit zu betrachten, und daß sie der von ihnen selbst geschaffenen Welt, den anderen Menschen und schließlich sich selber entfremdet werden. Der Keim des Sozialismus innerhalb der kapitalistischen Gesellschaft ist das *Bewußtsein der Entmenschung*, das in der Arbeiterklasse ersteht, nicht aber das Bewußtsein des Elends. Dieses Bewußtsein entsteht, wenn der Prozeß der Entmenschung auf die Spitze getrieben wird; in diesem Sinn kann also gesagt werden, es sei ein Produkt der historischen Dynamik selbst. Doch zugleich ist es ein revolutionäres Bewußtsein, d. h. das Selbstbewußtsein der Arbeiterklasse als der Klasse, die im Befreiungskampf auf die eigenen Kräfte angewiesen ist. Das Proletariat kann das System der Lohnarbeit und Konkurrenz nicht auf friedfertigem Weg abschaffen, weil das Bewußtsein der Bourgeoisie, das gleichfalls durch ihre Situation im Produktionsprozeß determiniert ist, keinen freiwilligen Verzicht auf diese Situation zuläßt; die besitzende Klasse nimmt, wenn auch in anderer Form, an der Entmenschung teil, doch bewirken die Vorrechte, die diese Klasse für sich in Anspruch nehmen kann, daß sie selbst nicht zum klaren Selbstverständnis dieser Entmenschung gelangen kann, diese vielmehr affirmiert. So ist der Sozialismus insofern ein »Werk der Geschichte«, als die Entstehung des revolutionären Bewußtseins des Proletariers ein Werk der Geschichte ist. Es entspringt jedoch in dem Sinne einem Akt der Freiheit, in dem die revolutionäre Praxis eine freie Handlung ist, so daß die geschichtliche Notwendigkeit sich in der revolutionären Arbeiterbewegung in freier Tat verwirklicht. Die Revolution, also ein *politischer* Akt, ist die notwendige Bedingung des Sozialismus, denn die politischen Institutionen, in denen sich die scheinbare menschliche Gemeinschaft verwirklicht, stellen eine Verkörperung des partikularen Interesses der besitzenden Klassen dar; mithin können sie sich nicht in ein Werkzeug verwandeln, das sich gegen diese Interessen wendet. Die bürgerliche Gesellschaft oder die Menge wirklicher Individuen mit ihren Privatinteressen soll jene Schein-Gemeinschaft jedoch »in sich zurücknehmen« und sie in eine wirkliche Gemeinschaft umgestalten; das freie menschliche Handeln kann keine radikale Veränderung der Verhältnisse herbeiführen, sofern es nur in der Konstruktion von Idealen besteht und sich auf den Versuch der Erziehung der Gesellschaft von außen beschränkt; schöpferisches Handeln ist es erst, wenn es dem Selbstbewußtsein dieser Gesellschaft als einer entmenschten entwächst, dem Bewußtsein also, das ausschließlich in der Arbeiterklasse erstehen kann, jenem Konzentrat der Entmenschung. Es ist ein entmystifiziertes Bewußtsein, weil es *ad hoc* als Bewußtsein der Lebenspraxis auftritt; solcherweise ist es revolutionäres Bewußtsein, d. h. praktisches Streben nach Veränderung der vorgefundenen Welt durch die gewaltsame Aufhebung ihrer selbstschützenden politischen Einrichtungen. In diesem Bewußtsein fallen geschichtliche Notwendigkeit und freies Handeln zusammen, aber nur in diesem; »Das Zusammenfallen des Änderns der Umstände und der menschlichen Tätigkeit oder Selbstveränderung«, so lesen wir in den »Thesen über Feuerbach«, »kann nur als *revolutionäre Praxis* gefaßt und rationell verstanden werden.«

Insoweit ist die Vermutung irreführend, Marx unterscheide sich von den Utopisten durch seine Soteriologie, nicht aber durch seine Eschatologie, als er, in grundsätzlichen Zügen, ihr Bild der künftigen Gesellschaft teile, nicht aber ihre Hoffnungen auf die Friedlichkeit der Mittel, mit denen dieses Ziel zu erreichen wäre. Der Hegel-Schüler Marx wußte nämlich genau, daß die Wahrheit nicht nur das Ergebnis ist, sondern auch der Weg. Die Vorstellung einer harmonischen Gemeinschaft, einer konfliktlosen Gesellschaft, die die menschlichen Bedürfnisse befriedigt usw., das alles können wir bei Marx selbstverständlich in Formulierungen finden, die denen aus den Schriften der Utopisten bekannten ähneln. Doch ist der Sozialismus für Marx nicht einfach eine Wohlstandsgesellschaft, die Aufhebung von Konkurrenz und Elend, die Abschaffung der Verhältnisse, die die Menschen zu Feinden macht; er ist auch – und vor allem – die Aufhebung der Fremdheit zwischen Mensch und Welt, ist die Aneignung der eigenen Welt von seiten des menschlichen Subjekts. Im Klassenbewußtsein des Proletariats verlangt die Gesellschaft einen Zustand, in dem die Entgegensetzung von Subjekt und Objekt, Erzieher und Zögling verschwindet, denn durch die revolutionäre Praxis gestaltet sich die Gesellschaft selbst um, dank des Selbstbewußtseins ihrer Situation; dadurch wird auch zugleich die Trennung in Ideologen, die über der Gemeinschaft stehen, und der Gemeinschaft selbst abgeschafft; das Bewußtsein weiß, daß es selbst Bestandteil der Verhältnisse ist, von denen es erzeugt wird; es weiß auch, daß die Menschen ihre Ketten selber schmieden und daß nur sie selber sie zerreißen können. Der Sozialismus ist nicht nur Konsumbefriedigung, sondern Befreiung der menschlichen Energien, der Kräfte jedes einzelnen, der sich dessen bewußt wird, daß seine private Energie gesellschaftliche Energie ist. Daraus, daß die Produktionsverhältnisse durch die Produktivkräfte bedingt werden und vermittels der Produktionsverhältnisse auch die politischen Institutionen, resultiert nach Marx keineswegs, daß der Sozialismus durch die unmittelbare Einwirkung auf die ökonomischen Phänomene zu verwirklichen sei, weil die politischen Institutionen eben kein passives Produkt der Produktionssituation darstellen, sondern ihr Schutzinstrument; sie müssen zuerst aufgehoben werden, damit die Produktionsverhältnisse geändert werden können. Aus diesem Grund kann der Sozialismus nur das Ergebnis einer politischen Revolution mit »sozialer Seele« sein. Der Sozialismus ist weder ein arbiträr beschlossener Wert noch das Produkt eines historischen Gesetzes, das kraft eines Naturmechanismus wirkt, sondern das Ergebnis des bewußten Kampfes des entmenschten Menschen um Wiedergewinnung seiner Menschheit und um Wiederaneignung der Welt als einer menschlichen Welt; das Proletariat ist, indem es diesen Kampf in Gang setzt, keineswegs das Werkzeug der unpersönlichen Geschichte, sondern ein selbstbewußtes Zentrum der Initiative; dennoch mußte der Geschichtsprozeß zuerst in der Klassensituation des Proletariats den Gipfel der Entmenschung erreichen, der diesen Kampf ermöglichte.

12. Die Kritik an Proudhon

Die Proudhonkritik, die Marx in »Das Elend der Philosophie« unternahm, läßt sich in folgenden drei Themen zusammenfassen:

Erstens ist sich Proudhon nach Marx nicht über die unausweichlichen Folgen der Konkurrenz im klaren und ersetzt, indem er ihre »schlechten Seiten« abzuschaffen versucht, die ökonomische Analyse durch einen moralistischen Standpunkt. Die Losung »Das Eigentum ist Diebstahl!« selber ist, abgesehen davon, daß sie sachlich falsch ist (von Diebstahl kann erst dort gesprochen werden, wo Eigentum konstituiert ist, das Phänomen des Diebstahls setzt also die Existenz des Eigentums voraus), der Versuch eines derartigen Umgehens des ökonomischen Problems durch moralische Entrüstung. Das Projekt der »Konstituierung« des wirklichen Warenwerts, basierend auf dem Wertmaßstab der Arbeit, ist eine utopische Phantasie, sofern die individuelle Produktion und der individuelle Austausch, also auch die Konkurrenz beibehalten werden;

wenn die Arbeit eine Ware ist (für Marx besteht die Lohnarbeit zu diesem Zeitpunkt noch im Verkauf der Arbeit, nicht aber der Arbeitskraft, wie später, als er zur endgültigen Formulierung seiner Theorie des Mehrwerts gelangt war), bleibt ungeklärt, auf welche Weise die Arbeit und nicht vielmehr eine beliebige andere Ware den Wertmaßstab liefern sollte. Der wahre Wertmesser ist die Arbeitszeit, doch nicht die Zeit, die effektiv zur Herstellung der gegebenen Ware erforderlich ist, sondern die kürzeste Zeit, die der aktuelle Stand der Technologie und Organisation der Produktion gestattet. Die Konkurrenz bestimmt den Warenpreis gemäß der gesellschaftlich notwendigen Arbeitszeit, wodurch sie unausweichlich eine Ungleichheit zwischen den miteinander konkurrierenden Produzenten schafft. Bei Fortbestehen der Konkurrenz ist ein äquivalenter Austausch undenkbar. Doch eine Undenkbarkeit ist es daher auch (was Marx später detailliert auseinandersetzt), daß die Kapitalbewegung zum Ausgleich der Profitrate strebt, indem sie die Preise der Ware auf einem niedrigeren oder höheren Niveau als der wirkliche Wert festlegt (man kann keine Preise aufrechterhalten, die dem Wert entsprechen und zugleich die einheitliche Profitrate für unterschiedliche Produktionszweige halten). Unter Konkurrenzbedingungen ist darüber hinaus das Handelssystem zugunsten der Bedürfnisse der Produktion, nicht aber der Konsumtion tätig, und die Industrie wartet nicht auf die Nachfrage, sondern erzeugt sie. Das Privateigentum und die Konkurrenz beibehalten, indem man ihre »schlechten Seiten« beseitigt, dies sei eine moralisatorische Fiktion.

Zweitens wirft Marx Proudhon den reaktionären und aussichtslosen *Wunsch vor, die menschliche Produktion in die Zeit des Mittelalters, auf die individuelle Handwerksproduktion zurückzudrehen.* Unter den Bedingungen der Großindustrie ist, so Marx, das Ideal des individuellen, wertadäquaten Austauschs utopisch, ähnlich wie das Ideal der Aufhebung der Arbeitsteilung unter den Bedingungen der Kleinunternehmen. Für Marx selbst stellt auch die Arbeitsteilung eine Quelle der physischen und geistigen Degradierung dar; daher sieht er ihre Aufhebung in der Zukunft vor. Doch für Proudhon müßte die Aufhebung der Arbeitsteilung darin bestehen, daß der Arbeiter ganz einfach das Gesamt der Tätigkeiten auszuführen hätte, die zur Herstellung der gegebenen Ware erforderlich sind, d. h., er würde zu Handwerksbedingungen zurückkehren. Die von den Konkurrenzgesetzen beherrschte Industrie oktroyiert unabweisbar eine immer differenziertere Arbeitsteilung im Interesse der Produktivitätssteigerung. Die Aufhebung der Arbeitsteilung ist nur unter Bedingungen vorstellbar, unter denen die Produktion nicht mehr von der Konkurrenz abhängig, sondern durch die wirklichen menschlichen Bedürfnisse geregelt wäre. Proudhons Doktrin stellt daher für Marx eine kleinbürgerliche Phantasie dar, einen Wunschtraum von der Beseitigung des Proletariats unter Beibehaltung der Bourgeoisie, d. h. von der Verwandlung aller Menschen in Bourgeois.

Drittens versucht Proudhon die Hegelschen Schemata auf willkürliche und völlig phantastische Art anzuwenden. Dem Hegelschen Idealismus hat er die Denkweise entliehen, die die ökonomischen »Kategorien« als selbständige geschichtsbildende Kräfte, als geistige Mächte behandeln heißt, die den wirklichen Erscheinungen vorausgehen, daher glaubt er, man könne die »Kategorien« gedanklich reformieren und solcherweise die soziale Wirklichkeit verändern. Doch die ökonomischen Kategorien sind »nur die theoretischen Ausdrücke, die Abstraktionen der gesellschaftlichen Produktionsverhältnisse«[4], die einzige Realität des sozialen Lebens aber stellen die Menschen dar, die historisch bestimmte Bindungen eingehen und sie danach in »Kategorien« umprägen. Vor allem jedoch ist Proudhons Vermutung vollkommen falsch und unvereinbar mit der Hegelschen Dialektik, daß man die Aufhebung der »schlechten Seite« einer beliebigen Kategorie verfügen lassen und ihre positiven Werte jedoch gleichzeitig bewahren könne. *Die jeder historischen Epoche eigenen Widersprüche* stellen keineswegs gewöhnliche Mängel dar, die der gesunde Menschenverstand nach einer Überlegung abschaffen könnte; sie sind im Gegenteil die *unveräußerliche Bedingung der gesellschaftlichen Entwicklung* und des Übergangs der Gesellschaft zu reiferen Formen. »Hätten zur Zeit der Herrschaft des Feudalismus die Ökonomen, begeistert von den ritterlichen Tugenden, von der schönen Harmonie zwischen Rechten und Pflichten, von dem patriarchalischen Leben der Städte, von dem Blühen der Hausindustrie auf dem Lande, von der Entwicklung der in Korporationen, Zünften, Innungen organisierten Industrie, mit einem Wort von *allem*, was die schöne Seite des Feudalismus bildet, sich das Problem gestellt, *alles* auszumerzen, was einen Schatten auf dieses Bild wirft – Leibeigenschaft, Privilegien, Anarchie –, wohin wären sie damit gekommen? Man hätte alle Elemente vernichtet, welche den Kampf hervorriefen, man hätte die Entwicklung der Bourgeoisie im Keim erstickt. Man hätte sich das absurde Problem gestellt, die Geschichte auszustreichen.«[5] Marx wiederholt hier mit anderen Worten die Hegelsche Interpretation des Fortschritts als eines Prozesses, der sich durch das Anwachsen innerer Konflikte vollzieht und den man unmöglich von seinen »schlechten Seiten« befreien kann. »Mit dem Moment, wo die Zivilisation beginnt, beginnt die Produktion sich aufzubauen auf den Gegensatz der Berufe, der Stände, der Klassen, schließlich auf den Gegensatz zwischen angehäufter und unmittelbarer Arbeit. Ohne Gegensatz kein Fortschritt: das ist das Gesetz, dem die Zivilisation bis heute gefolgt ist. Bis jetzt haben sich die Produktivkräfte auf Grund dieser Herrschaft des Klassengegensatzes entwickelt.«[6] Daher die Absurdität des Projekts Proudhons, der alle Menschen zu Kapitalisten machen möchte, indem er die »schlechten Seiten« des Kapitalismus eliminiert, die Anarchie der Produktion, die Ungleichheit und Ausbeutung, also die sozialen Antagonismen aufheben und gleichzeitig ihre grundlegende Bedingung beibehalten, das Proletariat aufheben und die Bourgeoisie bewahren möchte.

Alle diese drei Hauptpunkte der Kritik sind eigentlich auf einen Gedanken zurückführbar: Der Geschichtsprozeß besitzt seine eigene Dynamik, die vom technologischen Entwicklungsstand determiniert ist (»Die Handmühle ergibt eine Gesellschaft mit Feudalherren, die Dampfmühle eine Gesellschaft mit industriellen Kapitalisten.«[7]) und durch den Klassenkampf realisiert wird; daraus ergibt sich, daß man durch Moralisieren keinen gesellschaftlichen Umsturz durchführen, *daß man unmöglich zu überholten Formen zurückkehren, daß man die gesellschaftlichen Widersprüche unmöglich durch die Eliminierung einer der kämpfenden Seiten auflösen könne; man kann sie ausschließlich dadurch auflösen, indem man den Kampf bis zu einer endgültigen Form treibt*, die schließlich beide Glieder des Gegensatzes zugunsten einer höheren Gesellschaftsform aufhebt (in der Revolution liquidiert das Proletariat sich selbst als Klasse, indem es zugleich jegliche auf Klassengegensatz gegründete Gesellschaft abschafft.

13. Das Kommunistische Manifest

In den Jahren 1847–48 traten Ereignisse ein, die von entscheidender Bedeutung für die Entwicklung der kommunistischen Bewegung und die kommunistische Agitation waren, die auf den Marxschen Grundsätzen basierten. In Brüssel gab es eine Gruppe deutscher Kommunisten, mit denen Marx zusammenarbeitete; diese Gruppe unterhielt Kontakte zu verschiedenen kommunistischen Organisationen in anderen Ländern, u. a. zum deutschen Bund der Gerechten, der seit dem Ende des Jahres 1846 seinen Hauptsitz in London hatte. Durch die Vermittlung von Joseph Moll, einen seiner Führer, wandte sich der Bund der Gerechten an Marx und Engels mit der Bitte, dieser Organisation beizutreten und ihre Programm-Grundsätze auszuarbeiten; im Bund waren damals unterschiedliche inkohärente Losungen im Umlauf, die ekklektisch aus verschiedenen sozialistischen Theorien zusammengewürfelt waren und eine klare theoretische Achse vermissen ließen. Im Juni 1847 nahm Engels an einem Kongreß des Bundes in London teil. Unter dem Einfluß von Marx und Engels änderte der Bund seinen Namen in »Bund der Kommunisten« und tauschte seine programmatische Losung »Alle Menschen sind Brüder!« gegen eine neue aus, die den Klassencharakter der Organisation unterstrich: »Proletarier aller Länder, vereinigt euch!«

Während Marx in Brüssel Zellen des Bundes organisierte, war Engels in Paris tätig, wobei dieser zuerst eine Art Katechismus verfaßte, der die programmatischen Grundsätze der Organisation darlegte. Diese »Grundsätze des Kommunismus« erläuterten in Form von Fragen und Antworten die Natur der kapitalistischen Ausbeutung, die Theorie der Unausweichlichkeit der Krisen sowie die Perspektive der künftigen Gesellschaft, die auf Gütergemeinschaft, politischer Demokratie, Lohngleichheit und planmäßiger Industrieproduktion basieren sollte. Der Katechismus von Engels formulierte auch den Gedanken von der Notwendigkeit der politischen Revolution, die alle zivilisierten Länder gleichzeitig erfassen müsse. An der Monatswende vom November zum Dezember nahmen beide, Marx und Engels, am Kongreß des Bundes der Kommunisten teil und arbeiteten in seinem Auftrag das Dokument aus, das zum klassischen und grundlegenden Text des wissenschaftlichen Sozialismus werden sollte – »Das Manifest der Kommunistischen Partei«. Dieses Dokument, ein Meisterwerk der politischen Propagandaliteratur, erschien erstmalig im Februar 1848 im Druck. In der späteren Edition trug es den Titel »Kommunistisches Manifest«.

Das »Kommunistische Manifest« behandelt der Reihe nach das Problem des Verhältnisses von Bourgeoisie und Proletariat, der Beziehung der Kommunisten zu den Proletariern sowie der Beziehung des Kommunismus zu den damaligen sozialistischen Doktrinen. Das erste Kapitel eröffnet der klassische Satz: »Die Geschichte aller bisherigen Gesellschaft ist die Geschichte von Klassenkämpfen.« Nach den Gegensätzen zwischen Patriziern und Plebejern, zwischen Freien und Sklaven in der antiken Gesellschaft, zwischen Herren und leibeigenen Bauern in der Feudalgesellschaft brachte die Epoche der Bourgeoisie den Kampf zwischen Bourgeoisie und Proletariat als die zentrale Gesellschaftsstruktur. Die moderne Gesellschaft hat die Klassensituation vereinfacht, denn in ihr zeichnet sich die Spaltung in zwei große grundlegende Klassen ab, die die Ganzheit der Gesellschaft in einem immer höheren Maße erfaßt. Die Entdeckung Amerikas und die Entwicklung der Großindustrie schufen den Weltmarkt und sicherten der Bourgeoisie im Verlauf langer Kämpfe ihre dominierende Rolle im politischen Leben. Die Bourgeoisie hat eine beispiellose revolutionäre Rolle gespielt, indem sie die patriarchalischen, scheinbar »natürlichen« Bindungen zwischen den Menschen zerstörte, alle menschlichen Beziehungen auf das von nichts mehr verhüllte »nackte« Interesse reduzierte, indem sie die alten »ehrwürdigen« Berufe auf gewöhnliche Lohnarbeit zurückführte, indem sie der Industrie, dem Handel und damit auch der menschlichen Kultur einen kosmopolitischen Charakter verlieh, die nationale Geschlossenheit und Beschränktheit sprengte, alle Völker der Erde in den Sog technologischer und kultureller Entwicklung hineinzog. »Erst sie [die Bourgeoisie] hat bewiesen, was die

Tätigkeit der Menschen zustande bringen kann.«[8] Doch kann und will die Bourgeoisie im Unterschied zu den bisherigen herrschenden Klassen nicht Stillstand und Konservierung der bestehenden Produktionsweisen anstreben. *Sie kann nur existieren unter der Voraussetzung der permanenten Revolutionierung der Technologie, also auch der gesellschaftlichen Verhältnisse.* Sie ordnet sich immer stärker die Agrarwirtschaft unter, konzentriert unaufhörlich Produktionsmittel, organisiert im eigenen Interesse Nationalstaaten mit einheitlicher Gesetzgebung. Doch genauso, wie der Sieg der Bourgoisie ein Resultat der Diskrepanz zwischen den feudalen gesellschaftlichen und rechtlichen Verhältnissen und den im Feudalismus entwickelten Produktivkräften war, wird auch ihre Niederlage das Resultat des Widerspruchs zwischen der Technik, die sie selber entwickelt, und den kapitalistischen Eigentumsverhältnissen sein. Erscheinungsform dieses Widerspruchs sind die periodischen Krisen der Überproduktion, die durch die Zerstörung der Produktivkräfte und die Eroberung neuer Märkte überwunden werden, doch werden diese Mittel ihrerseits wiederum zur Voraussetzung größerer Krisen. »Aber die Bourgeoisie hat nicht nur die Waffen geschmiedet, die ihr den Tod bringen; sie hat auch die Männer gezeugt, die diese Waffen führen werden – die modernen Arbeiter, die *Proletarier.*«[9] Die Arbeiter sind gezwungen, sich an die Bourgeoisie zu einem Preis zu verkaufen, der den Reproduktionskosten ihrer Arbeitskraft entspricht, d. h. zu einem Preis, der das Existenzminimum deckt; sie sind ein »bloßes Zubehör der Maschine«[10] geworden. Ausgebeutet durch die industrielle Bourgeoisie, die Hausbesitzer, die Händler, die Pfandleiher, nehmen sie den Kampf auf, der sich zuerst gegen die Produktionswerkzeuge selbst richtet, deren Fortschritt ihnen die Arbeitslosigkeit beschert und die Ungewißheit ihrer Lage steigert, später gegen die Ausbeutung in ihrem eigenen Arbeitsbetrieb, schließlich gegen die kapitalistischen Verhältnisse überhaupt. In dieser Phase nimmt der Kampf der Arbeiter einen politischen Charakter an, ergreift immer größere Bereiche und vereinigt das Proletariat auf nationaler, schließlich auf Weltskala. Das Proletariat ist die einzige wirklich revolutionäre Klasse, die partikularen Interessen des Mittelstandes, der Handwerker, Bauern und kleinen Kaufleute sind konservativ; diese Klassen möchten den unausweichlichen Prozeß bremsen, der sie mit steigender Zentralisierung und Konzentration des Kapitals ruiniert und auf die Ebene des Proletariats herabdrückt. Die Mittelstände sind in einem ständigen Schwinden begriffen und können nur insofern eine revolutionäre Kraft werden, als sie auf den Klassenstandpunkt des Proletariats übergehen. Die Bourgeoisie hingegen schafft mit zunehmender industrieller Entwicklung immer schlechtere Bedingungen für die Klasse der Lohnarbeiter und damit eine Situation, die sie zu einer vereinigten, assoziierten Aktion zwingt. Sie produziert mithin unbewußt, doch zwangsläufig, die Totengräber des eigenen Systems. Die Bourgeoisie bewies, daß sie nicht fähig ist, die herrschende Klasse der Gesellschaft zu stellen. Sie ist als Klasse zum Untergang verurteilt. Die Arbeiter können die Produktivkräfte nur in der Weise erobern, indem sie die gesamte bisherige Aneignungsweise abschaffen. »Die Proletarier haben nichts von dem Ihrigen zu sichern, sie haben alle bisherige Privatsicherheit und Privatversicherungen zu zerstören.«[11]

Die Kommunisten haben keine von den Interessen des Proletariats getrennten Interessen und unterscheiden sich von den anderen proletarischen Parteien nur dadurch, daß sie stets das Interesse des gesamten Proletariats in den Vordergrund rücken, unabhängig von den nationalen Besonderheiten. Sie gehen der Masse des Proletariats mit ihrer theoretischen Einsicht in die Welt voraus, in der sie kämpfen. Sie wollen das Proletariat bis zur Eroberung der politischen Macht führen, das bürgerliche Eigentum aufheben, das dem Kapitalisten die Aneignung der fremden Arbeit ermöglicht, wollen die Bourgeoisie und das Proletariat als gesellschaftliche Klassen aufheben. Das »Kommunistische Manifest« antwortet zugleich auf die gängigsten Vorwürfe, die den Kommunisten gemacht wurden:

1. Daß die Abschaffung des Privateigentums zur allgemeinen Faulheit und zum Absterben der Produktion führen werde. Doch das Privateigentum existiere gegenwärtig nicht für die überwältigende Mehrheit der Gesellschaft, wie also existiere dann diese Gesellschaft?

2. Daß die menschliche Persönlichkeit aufgehoben werde. In der Tat, insbesondere jene Person, die dank der besonderen Verhältnisse das persönliche Eigentum in ein Instrument der Unterjochung fremder Arbeit verwandelt.

3. Daß der Kommunismus die Familie aufhebe. Er hebe die bürgerliche Familie auf, die auf dem Kapitaleigentum in ihrer materiellen Grundlage gegründet sei, auf Prostitution und Heuchelei in ihren menschlichen Qualitäten. Die Großindustrie habe das Familienleben der Proletarier liquidiert.

4. Daß der Kommunismus die Nationalität abschaffen wolle. Doch »die Arbeiter haben kein Vaterland«[12], man könne es ihnen also nicht nehmen. Der Weltmarkt ruiniere bereits die nationalen Schranken, und der Sieg des Proletariats werde diesen Prozeß noch vertiefen. Die Aufhebung der Ausbeutung des Menschen durch den Menschen werde zugleich die Ausbeutung der Völker untereinander und die Feindseligkeit zwischen den Nationen aufheben. Die nationale Unterdrückung sei Ausdruck der gesellschaftlichen Unterdrückung.

5. Daß der Kommunismus die ewigen Wahrheiten ausmerzen wolle, die erhabenen religiösen, sittlichen, philosophischen Ideen. Doch alle durch die Geschichte überlieferten Ideen seien nur in den Grenzen

unveränderlich, in denen – trotz aller politischen Veränderungen – Ausbeutung und Unterdrückung unveränderlich waren; die geistigen Produkte der Menschen verändern sich mit diesen Veränderungen. Gewisse Ideen seien von Dauer, sofern sie mit den bisherigen gesellschaftlichen Verhältnissen verbunden seien. Der Kommunismus zerstöre die vermeintlich ewigen Ideen, weil er den Klassengegensatz auflöse, dessen Beständigkeit den Ideen den Anschein von Ewigkeit verliehen habe.

Die vorhandene sozialistische Literatur, die im »Kommunistischen Manifest« kritisiert wird, ist gemäß ihrer Klassengenese klassifiziert worden. So wird gesprochen vom »feudalen Sozialismus« oder der Kritik des Kapitalismus vom Standpunkt der durch die bürgerlichen Eigentumsverhältnisse ruinierten Aristokratie (die französischen Legitimisten, das »Junge England«). Dieser Sozialismus berufe sich auf das Paradies der patriarchalischen, feudalen Bindungen und klage die Bourgeoisie aus dem Grund an, weil sie die alte Gesellschaftsordnung in die Luft gesprengt habe, vor allem aber als den Erzeuger des revolutionären Proletariats. Der christliche Sozialismus (»das Weihwasser, womit der Pfaffe den Ärger des Aristokraten einsegnet«[13]) gehöre der gleichen Kategorie an. Des weiteren ist es der »kleinbürgerliche Sozialismus« (Sismondi), der die Angst der kleinen Produzenten angesichts des Untergangs ausdrücke, zu dem die Großindustrie sie verurteile. Dieser Sozialismus zeige, daß das Wachstum der Mechanisierung, die Konzentration des Kapitals sowie die Arbeitsteilung unausweichlich zu Krisen, Elend, Kriegen, Zersetzung der alten Sitten führe, diese Analyse sei zutreffend, jedoch sei das Heilmittel, das dieser Sozialismus anbiete, nämlich die Rückkehr zu vorkapitalistischen Produktions- und Verkehrsverhältnissen, aussichtslos und utopistisch. Schließlich wird der »wahre Sozialismus« der deutschen Schriftsteller (Grün und andere) genannt, der eine schöngeistige und sentimentale Spekulation darstelle, die sich auf »den Menschen überhaupt« berufe, ohne jede Klassendifferenzierung und ohne Berücksichtigung der spezifischen Interessen der Arbeiterklasse. Dieser Sozialismus greife im feudalen Deutschland die Bourgeoisie und jene liberalen bürgerlichen Doktrinen an, die damals gerade Ausdruck des Fortschritts gewesen seien, daher spenden ihm die Feudalen auch prompt Beifall.

Das sind die drei Formen des reaktionären Sozialismus. Neben ihm gibt es auch noch den konservativen *Bourgeoissozialismus* (Proudhon u. a.), der die bestehenden Verhältnisse bewahren möchte, indem er alles in ihnen beseitige, was zur Revolutionierung des gesellschaftlichen Lebens beitrage; »Sie wollen die Bourgeoisie ohne das Proletariat.«[14] Er postuliere philanthrope Lösungen oder Projekte administrativer Verbesserungen, ohne auch nur im geringsten die Aufhebung der bürgerlichen Eigentumsverhältnisse anzustreben.

Schließlich haben wir es mit dem *kritisch-utopischen Sozialismus und Kommunismus* zu tun (Saint-Simon, Owen, Fourier). Dieser Sozialismus übersehe die Klassengegensätze und die Unterdrückung des Proletariats zwar nicht, billige dem Proletariat selbst jedoch keine geschichtliche Initiative zu. Er berufe sich somit auf die Gesellschaft als Ganzes oder auf die privilegierten Klassen, wobei er die revolutionäre Perspektive ablehne. Dieser Sozialismus habe wesentliche Werte in der Kritik an der bürgerlichen Gesellschaft und wertvolle Reformideen erbracht, habe sich jedoch allmählich, indem er sich über den realen Klassenkampf zu erheben versuchte, in den späteren Generationen in reaktionäre Sekten verwandelt, die die Klassengegensätze zu entschärfen und die selbständige politische Bewegung des Proletariats zu liquidieren versuchten.

Die Kommunisten in verschiedenen Ländern unterstützen verschiedene politische Bewegungen, aber nur solche, die eine revolutionäre Umgestaltung der bestehenden Verhältnisse anstreben. Deutschland sei für sie besonders wichtig, weil dieses Land »am Vorabend einer bürgerlichen Revolution steht und weil es diese Umwälzung unter fortgeschrittneren Bedingungen der europäischen Zivilisation überhaupt, und mit einem viel weiter entwickelten Proletariat vollbringt, als England im siebzehnten und Frankreich im achtzehnten Jahrhundert, die deutsche bürgerliche Revolution also nur das unmittelbare Vorspiel einer proletarischen Revolution sein kann.«[15]

Marx und Engels hatten in den späteren Ausgaben des »Manifests« nicht viel zu revidieren, was die theoretischen Grundsätze angeht. Ihre späteren Vorworte oder Äußerungen heben, abgesehen von den Revisionen, die die politischen Prognosen betreffen (beide sollten sich klar werden über die allzu verfrühten Hoffnungen auf eine baldige europäische Revolution) und die damals nicht voraussehbaren Veränderungen in den internationalen Beziehungen (das »Manifest« erwähnt weder Rußland noch Amerika, was die Perspektive der Revolution angeht), nur ein einziges theoretisch wesentliches Problem hervor, das einer Revision bedurfte. Nach der Pariser Kommune hatten sich die Autoren des »Manifests« nämlich davon überzeugt, daß das Proletariat in der Revolution den bestehenden Staatsapparat nicht erobern und für seine Zwecke ausnutzen könne, sondern ihn zuvor zerstören müsse.

Was das Verhältnis zu den sozialistischen Theorien in der ersten Hälfte des 19. Jahrhunderts angeht, so kehrt Engels noch einmal auf diese Frage zurück, und zwar in seinem »Anti-Dühring« (1878), wo er die grundlegenden Gedanken des »Manifests« wiederholt, die den utopischen Sozialismus betreffen: Dieser Sozialismus sei das Produkt der Situation gewesen, in der die Arbeiterklasse noch nicht zur selbständigen geschichtlichen Initiative reif gewesen und lediglich als unterdrückte und leidende Klasse aufgetreten sei, nicht aber als Träger der sozialen

Revolution. Dem utopischen Sozialismus sei daher, aufgrund seiner eigenen Entstehungsbedingungen, die Fähigkeit genommen gewesen, die sozialistische Perspektive als geschichtliche Notwendigkeit zu erfassen. Er habe den Sozialismus als Erfindung aufgefaßt, die in einer beliebigen Epoche auftauchen konnte, also als einen Glückstreffer der geistigen Entwicklung des Menschen.

Diese drei Einwände: 1. philanthropisches Verhältnis zur Arbeiterklasse, 2. Verwerfung der revolutionären Perspektive, 3. Auffassung der sozialistischen Theorie als eines Zufallsprodukts – wiederholen sich in allen Texten der Begründer des wissenschaftlichen Sozialismus, in denen von ihren Vorgängern, den »utopistischen Sozialisten«, die Rede ist. Alle drei Einwände wurzeln in einer Voraussetzung: *Der Sozialismus als Theorie ist nur das theoretische Selbstbewußtsein der wirklichen Bewegung der revolutionären Initiative, die in der Arbeiterklasse selbst entsteht, die zugleich historisch notwendig und frei handelnd ist.* Engels huldigt den utopischen Sozialisten im übrigen wegen ihrer radikal kritischen Sicht auf die zeitgenössische Welt, ihres mutigen Angriffs auf die Heiligtümer dieser Welt und ihres Ideenreichtums in der Zeichnung einer Zukunftswelt; er wollte nicht auf sie von oben herabblicken als einer, dem die volle Wahrheit offenbart worden sei, weil er sich der geschichtlichen Bedingungen bewußt war, die das Gesichtsfeld der Denker zu Beginn des Jahrhunderts unvermeidlich einschränken mußten.

Man darf sagen, daß mit dem »Kommunistischen Manifest« die Marxsche Theorie der Gesellschaftsphänomene mitsamt den Grundsätzen des praktischen Kampfes in der Form eines gut ausgebildeten Skeletts fertig war. Die weiteren theoretischen Arbeiten veränderten die bereits formulierten Grundsätze in keinem wesentlichen Punkt, bereicherten sie jedoch durch detaillierte Analysen, die die pauschalen und gelegentlich nur in Form von Aphorismen und Parolen gefaßten Ideen in ein mächtiges theoretisches Gebäude verwandelten. Es sei daher erlaubt, den chronologischen Lauf der Darlegung von nun an zugunsten einer inhaltlichen Gliederung aufzugeben. Besondere Aufmerksamkeit wird hingegen der Engelsschen Dialektik der Natur sowie der Interpretation des philosophischen Materialismus zu widmen sein, weil in diesen Punkten von einer inhaltlichen Evolution des Marxismus – gemessen an den vor 1848 formulierten Grundannahmen – gesprochen werden darf. Auch die Voraussetzungen, die damals bereits ausgearbeitet waren und später im einzelnen begründet wurden, haben selbstverständlich nie eine Gestalt angenommen, die unterschiedliche, ja widersprüchliche Interpretationen hätte verhindern können. In der Entwicklung der sozialistischen Bewegung und der theoretischen Arbeit selbst stellte es sich immer wieder heraus, daß die einen oder anderen Probleme, beispielsweise die, die die Theorie der Klassen oder die Theorie der Revolution oder den sog.

historischen Determinismus betrafen, im Marxschen Werk unterschiedlich verstanden werden können. Das scheint das natürliche Schicksal aller großen Gesellschaftstheorien ohne Ausnahme oder zumindest jener, die zu einer wirklichen Kraft im politischen Leben geworden sind und einen bedeutenden Einfluß auf die gesellschaftliche Entwicklung ausgeübt haben, und in dieser Hinsicht kann sich keine moderne Theorie mit der Marxschen messen. Doch die wichtigsten theoretischen Auseinandersetzungen um den eigentlichen Sinn dieses Marxschen Gebäudes begannen erst nach dem Tod seines Architekten.

Elftes Kapitel

Die Schriften und Kämpfe von Marx und Engels nach 1847

1. Die Ergebnisse der fünfziger Jahre

Die Veröffentlichung des »Kommunistischen Manifests« fiel mit dem Beginn großer politischer Erschütterungen zusammen. Die Februarrevolution in Frankreich wirkte sich in Belgien durch Repressalien und Schikanen gegenüber den dort ansässigen Emigranten-Revolutionären aus. Aus Brüssel ausgewiesen, begab Marx sich nach Paris, von wo aus er im Auftrag des Bundes der Kommunisten zugunsten der Revolution in Deutschland tätig werden sollte. Als der Aufstand in Berlin ausbrach, gelang es einer großen Zahl von deutschen Emigranten, sich aus Frankreich nach Deutschland durchzuschlagen. Marx und Engels begaben sich nach Köln, das in Deutschland aktivste Zentrum kommunistischer Propaganda. Es gelang ihnen, ein Blatt ins Leben zu rufen, die seit Juni 1848 erscheinende »Neue Rheinische Zeitung«. Die politische Linie der Zeitung determinierten die früher von Marx und Engels ausgearbeiteten »Forderungen der kommunistischen Partei in Deutschland«. Es war kein kommunistisches, sondern ein radikal-demokratisches und republikanisches Programm: Konfiszierung der großen Landgüter, allgemeines und kostenloses Schulwesen, progressive Steuern, Verstaatlichung der Eisenbahn. Das Blatt, dessen Chefredakteur Marx war, stimulierte das revolutionäre Gären im Rheinland, geißelte den Wankelmut und das Kompromißlertum der deutschen Bourgeoisie, verlangte eine republikanische Verfassung und ein vereinigtes Deutschland, allgemeine und direkte Wahlen, verteidigte unterdrückte nationale Minderheiten, vor allem Polen, rief zum Krieg gegen Rußland als der Hauptstütze der europäischen Reaktion auf. Die politische Voraussetzung bestand demnach nicht in der Losung der kommunistischen Revolution, sondern im Bündnis zwischen Proletariat und republikanischem Bürgertum im Interesse einer demokratischen Revolution. Viele deutsche Kommunisten waren dieser Taktik gegenüber skeptisch eingestellt; sie waren der Ansicht, daß die Wortführer des Proletariats mit seiner politischen Separierung beginnen müßten, weil die Arbeiterklasse andernfalls in die Gefahr gerate, das Werkzeug einer Revolution zu werden, die nur der Bourgeoisie Nutzen bringe.

Die aufeinanderfolgenden Niederlagen der Revolution in Paris, Berlin, Wien und Frankfurt setzten der Zeitung sowie der revolutionären Tätigkeit Marxens in Deutschland ein Ende. Im Mai 1849 stellte die »Neue Rheinische Zeitung« ihr Erscheinen ein, während der aus Preußen ausgewiesene Marx sich nicht ohne Abenteuer nach Paris durchschlug, wo, wie er glaubte, ein neuer revolutionärer Ausbruch unmittelbar bevorstand. Die Schikanen der französischen Regierung verhinderten jedoch seine Ansiedlung in Frankreich. Im August begab er sich – finanziell ruiniert und mittellos – in ein neues Exil nach London. Dort sollte er den Rest seines Lebens verbringen, mit dem Elend, zahlreichen Krankheiten und Familienschwierigkeiten ringend. Engels ließ sich 1850 für 20 Jahre in Manchester nieder und zog Gewinn aus der Spinnerei, deren Miteigentümer sein Vater war; jahrelang unterstützte er seinen Freund finanziell, stets darum bemüht, ihm auf Kosten der eigenen Arbeit die wissenschaftliche Tätigkeit zu ermöglichen.

Kurz nach ihrem Eintreffen in London unternahmen Marx und Engels gemeinsam mit einigen Freunden den Versuch der Neubelebung des Bundes der Kommunisten, der in der Revolutionszeit aufgelöst worden war. Das Organ der deutschen Kommunisten, das sie im Zuge dieser Bemühungen gründeten, basiert auf anderen taktischen Voraussetzungen als die »Neue Rheinische Zeitung«; es verlangt, daß das Proletariat sich unabhängig vom republikanischen Bürgertum organisiere und, alle demokratischen Revindikationen unterstützend, zugleich danach streben solle, durch eine »permanente Revolution« die Eroberung der Staatsgewalt für sich durchzusetzen. Sie rechneten zuerst damit, daß der revolutionäre Prozeß infolge der heraufziehenden Wirtschaftskrise in Europa und besonders in Frankreich sehr bald wieder aufbrodeln würde. Als diese Hoffnungen jedoch enttäuscht wurden, war der Bund naturgemäß zum Absterben verurteilt. Die in London als Monatsschrift herausgegebene »Neue Rheinische Zeitung« (mit dem Untertitel »Politisch-Ökonomische Revue«) erschien nur wenige Monate. In den nächsten Jahren vegetierte die europäische sozialistische Bewegung an der Peripherie des gesellschaftlichen Lebens. Doch in dieser Zeit gewann sie zugleich dank den Anstrengungen von Marx die Grundlagen einer neuen theoretischen Orientierung, die es ihr später, unter günstigeren Bedingungen, gestatteten, sich um so schwungvoller zu entfalten. Marx kehrte zu seinem ökonomischen Studium zurück und betätigte sich während des nächsten Jahrzehnts in keiner politischen Organisation mehr, von seinen lockeren Beziehungen zu den Chartisten-Führern abgesehen.

Die erste größere Abhandlung, die Marx in der Londoner Zeit veröffentlichte, war die Analyse des französischen Staatsstreichs vom Dezember 1851 unter dem Titel »Der achtzehnte Brumaire des Louis Bonaparte«. Die Arbeit erschien in New York als erste Nummer der Wochenzeitschrift »Die Revolution«, die Marxens Freund Joseph Weydemeyer dort im Jahr 1852 herauszugeben begann. Sie war gewissermaßen die Fortsetzung der »Klassenkämpfe in Frankreich 1848 bis 1850«, einer Artikelserie, die zuvor in der Londoner »Neuen Rheinischen Zeitung« erschienen war. Im »Achtzehnten Brumaire« unternahm Marx eine detaillierte Analyse der Klassensituation, der es zu verdanken war, daß eine so mittelmäßige Figur wie Louis Napoleon auf dem Wege des Staatsstreichs die Macht in Frankreich an sich reißen konnte. Diese Analyse ist reich an Bemerkungen allgemeinen Charakters; einige davon gehören zum Repertoire der meistzitierten Marxschen Aphorismen.

Der Prozeß gegen die deutschen Kommunisten in Köln, in dem der Name Marx immer häufiger fiel, zwang ihn zu einer Presseaktion, in der er die Fälschungen des Gerichtsverfahrens geißelte. Das wichtigste Dokument dieser Aktion ist die anonym erschienene Broschüre »Enthüllungen über den Kommunisten-Prozeß zu Kölln«, die 1853 in Basel erschien. Zugleich schrieb Marx zwischen 1851 und 1862 aus Erwerbsgründen Korrespondenzen über aktuelle politische Themen für die »New York Daily Tribune«; ein Teil dieser Artikel stammte übrigens von Engels, wenngleich sie als Marxsche Texte galten. Diese Arbeit sicherte ihm jedoch nicht die ausreichenden Mittel zum Unterhalt, rettete ihn jedoch zuweilen aus den gröbsten Schwierigkeiten. Jahrelang war seine Armut ausgesprochen kraß; es mangelte an Geld für Schuhe, Papier und Miete, und Jenny war Stammgast der Londoner Pfandhäuser (Marx war im übrigen bei seinen Freunden für das völlige Unvermögen bekannt, mit seinen Einkünften und Ausgaben vernünftig umzugehen). Einmal hat er sich um eine Beamtenstelle bei der Bahn beworben, doch man lehnte seinen Antrag wegen seiner miserablen Handschrift ab.

Doch der Hauptgegenstand, auf den sich Marxens Anstrengungen konzentrierten, war die bereits in den »Manuskripten« von 1844 begonnene und immer wieder von neuem, in immer vollkommeneren Versionen in Angriff genommene Kritik der politischen Ökonomie. Marx war wiederholt überzeugt gewesen, bereits am Ende seines Unternehmens angelangt zu sein, doch seine nie zufriedenstellende Gewissenhaftigkeit hieß ihn immer wieder neue Quellen, neue Bestätigungen und neue Daten suchen. Eine neue Version dieser Kritik entstand in den Jahren 1857–58, nicht ohne den Impuls, den die Krise des Jahres 1857 für Marx bedeutete. Diese Version wurde jedoch von ihm weder veröffentlicht noch je beendet. Im Jahr 1903 veröffentlichte Kautsky ein Fragment daraus, die allgemeine »Einleitung«, in der »Neuen Zeit«. Dies ist der wichtigste und umfassendste Text von Marx, der den allgemeinen methodologischen Problemen der Sozialwissenschaften gewidmet ist. Der gesamte Text erschien erstmalig 1939–41 in Moskau unter dem Titel »Grundrisse der Kritik der politischen Ökonomie (Rohentwurf)«. Der

Zeitpunkt der Veröffentlichung des Textes macht verständlich, daß er den Wissenschaftlern praktisch unzugänglich war, und erst seit der nächsten Edition im Jahre 1953 in der DDR datiert das Interesse für dieses Werk; im Grunde wurde es jedoch erst in den 60er Jahren voll in die Diskussion um das theoretische Erbe von Marx mit einbezogen. Einer der Gründe für dieses Interesse ist der Umstand, daß dieser Rohentwurf die Kontinuität der Marxschen Fragestellungen von den »Manuskripten« von 1844 bis hin zum »Kapital« aufdeckt und daß durch diesen Text unter anderem die Theorie der entfremdeten Arbeit in neuer Version wiederholt und der Zusammenhang zwischen dieser Kategorie und den Ausführungen des »Kapital« besser verständlich wird.

Überhaupt kann man auf dem Boden der »Grundrisse« entdecken, daß Marx seine Anthropologie aus den 40er Jahren keineswegs aufgegeben, vielmehr versucht hat, sie in ökonomische Kategorien zu übersetzen. Man weiß auch aus einem Brief von Marx, daß seine neuerliche Lektüre der Hegelschen »Logik«, deren Exemplar ihm zufällig in die Hände geraten war, nicht ohne Einfluß auf seine Arbeitsmethode beim Verfassen dieses Textes geblieben ist. Die Einleitung der »Grundrisse« enthält außerdem den generellen Plan des Werks, das Marx zu schreiben beabsichtigte. Die Konfrontation des Textes mit diesem Plan setzte eine Diskussion darüber in Gang, ob und in welchem Maße dieser Plan in der Folge geändert worden sei, klar war nämlich, daß das »Kapital« nur einen Teil des Projektes verwirklicht hatte. Die genauere Analyse der »Grundrisse« (die zuletzt von McLellan durchgeführt wurde) demonstriert überzeugend, daß kein Grund zu der Annahme besteht, Marx habe sein ursprüngliches Projekt wesentlich geändert, und daß die drei Bände des »Kapital«, die nacheinander die Theorie des Wertes, des Geldes, des Mehrwerts und der Akkumulation des Kapitals (Bd. 1), die Theorie der Zirkulation (Bd. 2) und die Theorie des Profits, Kredits und der Grundrente (Bd. 3) darlegen, tatsächlich ein Fragment der ursprünglich projektierten Struktur bilden, während die »Grundrisse« den ersten und einzigen Entwurf des Ganzen darstellen, d. h. bezüglich des Umfangs die vollständigste Darstellung der Marxschen ökonomischen Lehre. Wir begegnen dort erstmalig der Darlegung wichtiger Theorien, die in das »Kapital« eingehen sollten (z. B. der Theorie der durchschnittlichen Profitrate, der Unterscheidung zwischen konstantem und variablem Kapital), aber auch Themen, die im »Kapital« fehlen. Hierzu gehören (abgesehen von dem frühsten, der Kritik Bastiats und Careys gewidmeten Fragment) Überlegungen zum Thema Außenhandel und Weltmarkt sowie über das ganze Werk verstreute Passagen philosophischer Natur, die deutlich die Stilmanier der »Manuskripte« von 1844 fortsetzen. Die Veröffentlichung der »Grundrisse« veränderte zwar das allgemeine Bild der Marxschen Lehre in keinem wesentlichen Punkt, doch führte sie zur Bestätigung der Auffassung jener Interpreten, die in ihrer Entwicklung die Kontinuität der philosophischen Inspiration sahen, nicht aber jener, die einen radikalen Bruch suchten, der den jungen Marx, den Anthropologen, vom reifen Marx, dem Ökonomen, trennen sollte.

Ein anderer Text von Marx, der in der gleichen Zeit entstand, erblickte jedoch das Tageslicht früher. Es war der Aufsatz »Zur Kritik der politischen Ökonomie«, der, dank der Unterstützung Lassalles, 1859 in Berlin erscheinen konnte. In diesem Werk legt Marx erstmalig die eigene, sich von der Ricardoschen unterscheidende Werttheorie dar, die allerdings noch nicht voll ausgereift ist. Das »Vorwort« zu diesem Text gehört zu den meistzitierten Marxschen Texten, es enthält nämlich die verallgemeinerte, knappe Formulierung der Lehre, die später die Bezeichnung historischer Materialismus erhielt.

Zur selben Zeit (1859–1860) wurde Marx auch stark von dem Streit mit Karl Vogt in Anspruch genommen, einem deutschen Geologen, der damals in der Schweiz lehrte. Vogts Nebenbeschäftigung bestand in politischen Intrigen zugunsten Bonapartes (eben diese Beschuldigung, die Marx ohne starke Beweise erhob und die sich später jedoch bestätigte, war der Anstoß für die Affäre); er war darüber hinaus bekannt als Befürworter des naturwissenschaftlichen Materialismus, den er in krasser und vulgarisierter Form verbreitete (er ist der Autor des berühmten Slogans, der Gedanke sei ein Gehirnsekret ähnlich wie die Galle ein Lebersekret). Die Broschüre »Herr Vogt«, die Marx 1860 schrieb und die die verwickelten Intrigen aufdeckte, die der deutsche Bonapartist schmiedete, besitzt heute nur mehr biographische Bedeutung.

2. Lassalle

Neben Proudhon war Lassalle in den 60er Jahren Marxens theoretischer Rivale, der ihn im Hinblick auf den Einfluß seiner Ideen in Deutschland eine lange Zeit erheblich überflügelte.

Ferdinand Lassalle (11. 4. 1825–31. 8. 1864) war der Sohn eines jüdischen Kaufmanns aus Breslau. In den Jahren 1843-46 studierte er Philosophie und Philologie in Berlin und Breslau und bereitete sich auf eine akademische Laufbahn vor. Er machte die Hegelsche, nicht aber die junghegelianische Bekehrung durch und kam früh mit der sozialistischen Literatur in Kontakt, zeitig gelangte er auch zu der Überzeugung, daß er zu großen Werken sowohl auf dem Gebiet der Philosophie als auch im Bereich der Umwälzung der gesellschaftlichen Verhältnisse in Deutschland berufen sei. Jahrelang jedoch zehrten komplizierte Privatangelegenheiten an seinen Kräften. Er war in die bedeutend ältere Gräfin Sophie von Hatzfeldt verliebt und prozessierte ein Jahrzehnt vor Dutzenden deutscher Gerichte in den verwickelten finanziellen Angelegenheiten gegen ihren Mann. Diese ritterliche Beschäftigung brachte ihn im Februar 1848 ins Gefängnis (er wurde der Beteiligung an einem Aktendiebstahl beschuldigt). Nachdem er nach 6 Monaten freigelassen wurde, gelang es ihn, doch rechtzeitig an den Revolutionsereignissen teilzunehmen; er hielt zahlreiche politische Reden, für die er erneut – im November desselben Jahres – für mehrere Monate in Haft genommen wurde. Bis 1857 wohnte er in Düsseldorf. In dieser Zeit begann er mit Marx zu korrespondieren (den er bereits 1848 kennengelernt hatte), verfaßte und veröffentlichte ein riesiges Werk über die Philosophie Heraklits («Die Philosophie Herakleitos, des Dunklen von Ephesos«, Berlin 1857). Marx quittierte dieses Buch in einem Brief an Engels vom 1. Februar 1858 mit der abschätzigen Bemerkung, Lassalle habe nichts anderes getan, als die Ansichten Hegels zu verwässern, die dieser in den entsprechenden Vorlesungen zur Geschichte der Philosophie dargelegt habe. In dieser Zeit schrieb Lassalle auch sein Geschichtsdrama »Franz von Sickingen« (erschienen 1859), in dem er, wie es scheint, anhand der Tragödie des deutschen Rittertums des 16. Jahrhunderts die Gründe für die Niederlage der Revolution von 1848 aufzeigen wollte. Die nationale Idee und der Glaube an die deutsche Sendung wurden in diesem Werk stark herausgestrichen. 1860 veröffentlichte er Aufsätze über Fichte und Lessing, in dem darauffolgenden Jahr – sein wissenschaftliches Hauptwerk »Das System der erworbenen Rechte«. Dieses Werk, das von der akademischen Kritik mit Wohlwollen aufgenommen wurde, verfolgte eine zugleich historische, philosophische und politische Absicht. Neben dem Überblick über die Geschichte des römischen und germanischen Erbrechts untersuchte Lassalle die Frage (die auch Gegenstand von Savignys Betrachtungen war): Unter welchen Bedingungen können einmal erworbene Rechte ihre Gültigkeit verlieren? Diese Frage hatte einen deutlich politischen Sinn, da die Verteidiger aller Formen traditioneller Privilegien sich auf die klassische Regel beriefen, derzufolge das Recht nicht rückwirkend sein könne; aus dieser Formel sollte dann resultieren, daß die alten Vorrechte, die im Rahmen von früher geltenden Gesetzen erworben worden waren, durch keine neuen Gesetze annulliert werden könnten. Die allgemeine These Lassalles lautete: Das erworbene Recht ist ein solches Anrecht, welches das Individuum sich durch eine vom Willen gelenkte Tat erworben hat. Jedes Gesetz geht jedoch stillschweigend davon aus, daß die erworbenen Anrechte nur so lange gelten, wie der Typus der Anrechte selbst ausschließlich durch das Bewußtsein des ganzen Volkes legitimiert ist. Wenn aber spätere Gesetze einen bestimmten Typ von Rechten ausschließen, so kann der einzelne sich nicht mit Hilfe der Formel *lex retro non agit* verteidigen und behaupten, er besitze beispielsweise ein ewiges Recht darauf, die Sklaverei, Leibeigenschaft oder Steuerfreiheit in Anspruch zu nehmen, aus dem alleinigen Grunde, weil es in der Vergangenheit auch so gewesen sei. Die Überlegungen Lassalles sollten also der Verteidigung der Rechtmäßigkeit verschiedener gesellschaftlicher Veränderungen dienen, die die bestehenden Privilegien aufheben.

Die eigentliche Tätigkeit Lassalles als Politiker und Ideologe der Arbeiterbewegung begann jedoch erst im Jahr 1862 und dauerte nicht viel länger als zwei Jahre. In Berlin, wo er sich niedergelassen hatte, nahm Lassalle an der Auseinandersetzung um die Verfassung teil und trat mit heftigen Angriffen gegen die deutsche liberale Bewegung auf, die in der Fortschrittspartei versammelt war. Im Frühjahr 1862 hielt er eine Rede vor Arbeitern, die später – unter der Bezeichnung »Arbeiterprogramm« – zu seinem klassischen Text werden sollte, außerdem eine Rede über Verfassungswesen und eine Festrede über Fichte.

Die Fortschrittspartei verfügte in Preußen über bedeutenden Einfluß auf die Arbeiterschaft; einer ihrer Führer, Hermann Schulze-Delitzsch, war Mitbegründer und Propagator von wirtschaftlichen Assoziationen, Arbeiterversicherungskassen und Konsumgenossenschaften, die die Situation des Proletariats im Rahmen des allgemeinen Grundsatzes der Zusammenarbeit von Kapital und Arbeit verbessern sollten. Es gab jedoch auch Arbeitervereine, die sich vom Protektorat des liberalen Bürgertums befreien wollten. Eine dieser Gruppen, nämlich die Leipziger, wandte sich an Lassalle mit dem Vorschlag, er möge seinen Standpunkt zum Problem der Arbeiterbewegung darlegen. Lassalle antwortete im März 1863 mit einem offenen Schreiben, das gewissermaßen zum programmatischen Dokument der ersten sozialistischen Arbeiterpartei Deutschlands wurde, des »Allgemeinen Deutschen Arbeitervereins« (ADAV), der im Mai desselben Jahres gegründet wurde und der Lassalle zu seinem Präsidenten wählte.

Zur selben Zeit knüpfte Lassalle, was erst später bekannt wurde, geheime Kontakte zu Bismarck, ganz offensichtlich in der Hoffnung, daß es ihm gelingen werde, eine Art Bündnis mit dem konservativen Lager im gemeinsamen Kampf gegen die Bourgeoisie zu schließen. Bismarck berichtete Jahre später, in einer Reichstagssitzung, über diese Gespräche. Er erklärte, er habe mit Lassalle wiederholt auf dessen eigenen Wunsch gesprochen, es seien jedoch keine politischen Verhandlungen gewesen, aus dem einfachen Grunde, weil Lassalle keine politische Kraft repräsentiert und nichts anzubieten gehabt habe. Bismarck lobte bei dieser Gelegenheit Lassalle als einen Mann von nationaler Gesinnung und hervorragendem Verstand.

Zu Lassalles Lebzeiten hatte seine Partei keine überragenden Erfolge aufzuweisen; sie gewann jedoch an die tausend Mitglieder und war die erste Organisationsform, in der die deutsche Arbeiterklasse sich politisch von der Bourgeoisie abgrenzte. Lassalle selbst wurde alsbald in Genf (Carrouge) in einem Duell um eine Frau getötet, die er ihrem Verlobten weggenommen hatte und die er zu heiraten beabsichtigte. Nachdem ihre adlige Familie jedoch jegliche Gespräche mit ihm abgelehnt hatte und die Auserwählte selber zu ihrem früheren Verlobten zurückgekehrt war, hatte Lassalle durch eine Beleidung das Duell provoziert, das er mit dem Leben bezahlte.

Die Beziehungen zwischen Marx und Lassalle waren nie gut (sie sahen sich 1861 in Berlin und im folgenden Jahr in London), Marx hatte kein Vertrauen zu ihm und kritisierte ihn wiederholt. Wir kennen diese Kritiken vor allem aus verschiedenen Briefen, und eine entwickelte Version enthält die »Kritik des Gothaer Programms«, die Marx 1875, viele Jahre nach Lassalles Tod, verfaßte. Dieser Unwille hatte auch einen persönlichen Hintergrund. Lassalle irritierte Marx ganz offensichtlich. Er war gewiß ein hervorragender Geist, doch haftete ihm auch viel naives Komödiantentum und die Eitelkeit eines Parvenu an (seine Briefbeichte, die er 1860 an eine Frau schrieb, in die er gerade verliebt war, ist ein unerhörtes Dokument des Eigenlobs; Lassalle stellte sich darin als ein vom Volk verherrlichtes Genie, als Führer einer revolutionären Partei vor, die damals nur in seiner Phantasie existierte, als Schrecken seiner Feinde und als Nachfolger Robespierres; er erklärt, 35 Jahre alt zu sein, jedoch die Erfahrung eines 90jährigen Greises zu besitzen, und gibt an, über eine Jahresrente in Höhe von 4000 Talern zu verfügen).

Doch die Konflikte zwischen Marx und Lassalle hatten ihre Hauptquelle nicht in persönlichen Ressentiments. Im Grunde genommen unterschieden sich die beiden in fast allen Fragen: in der ökonomischen Lehre, in der politischen Taktik, in ihrem Verhältnis zum Staat überhaupt und zum preußischen Staat im besonderen; man kann sagen, daß das, was das Gemeinsame ihrer Ansichten ausmacht, überhaupt nichts spezifisch Marxistisches ist.

Notieren wir die wichtigsten Streitpunkte.

Erstens die ökonomische Diagnose der Situation des Proletariats. In seinem »Offenen Antwortschreiben« bestand Lassalle darauf, daß – allen Illusionen der liberalen Partei zum Trotz – Einrichtungen wie Sparkassen, Konsumgenossenschaften usw. die Arbeiterklasse nicht befreien könnten. An diesem Punkt stimmte er mit Marx selbstverständlich überein. Doch begründete er seinen Standpunkt mit Hilfe des »ehernen ökonomischen Lohngesetzes«, welches besagt, daß unter den Bedingungen der Determination der Arbeitslöhne durch die Beziehung von Angebot und Nachfrage nach Arbeit der Lohn um das physische Minimum oszillieren müsse, d. h. auf ein Niveau reduziert bleibe, das für den notwendigen Lebensunterhalt des Arbeiters und für seine Fortpflanzung erforderlich sei. Der Grund dafür sei der, daß jede Lohnsteigerung automatisch die Geburtenrate der Arbeiter erhöhe; somit drücke das erhöhte Angebot an Arbeitskraft erneut die Löhne auf ein Minimum; wenn der Lohn im Gegenteil unter das Minimum falle, zeugen die Arbeiter weniger Kinder und die Nachfrage beginne das Angebot zu überbieten, was wiederum eine Lohnsteigerung zur Folge habe. Aus diesem Teufelskreis gebe es kein Entrinnen, solange das Gesetz von Angebot und Nachfrage die Löhne bestimme.

»Das eherne Lohngesetz« war in Wirklichkeit fast wörtlich von Malthus und Ricardo übernommen. Marx erkannte es niemals in dieser Form an, obwohl er gelegentlich, besonders in seinen frühen Schriften, zu der Ansicht neigte, der Arbeitslohn müsse um das physische Minimum oszillieren. Doch die Lassallesche Begründung akzeptierte er zu keinem Zeitpunkt. Lassalle isolierte in seinem Gesetz in der Tat den demographischen Faktor als den in der Relation von Angebot und Nachfrage nach Arbeitskraft einzig relevanten. In Wirklichkeit konnte man sich leicht davon überzeugen, daß Angebot und Nachfrage sich nicht in absoluten Zahlen ermessen ließen, sondern immer nur durch die Bezogenheit auf die gesamte ökonomische Situation, die u. a. solche Umstände aufweist wie Konjunkturschwankungen, Stand der Weltmärkte, technischer Fortschritt, Proletarisierung der Bauern und Kleinbürger, schließlich die Auswirkungen des Lohnkampfes der Arbeiterklasse. Diese Faktoren können in beide Richtungen wirksam werden, d. h. sowohl zum Sinken wie zum Steigen der Löhne beitragen, je nach Umständen; in jedem Fall aber mußte die Reduzierung des Lohnproblems allein auf die Geburtenrate des bereits existierenden Proletariats in Marxens Augen eine grobe Vereinfachung darstellen. Mehr noch, Lassalle widerspricht sich im nämlichen Text sofort wieder, indem er behauptet, das Bedürfnisminimum wachse mit dem allgemeinen Fortschritt, so daß nicht von einer Verbesserung des Arbeiterschicksals gesprochen werden könne, indem man die gegenwärtige Lage des Proletariats mit der vergangenen vergleiche. Die Arbeiter können höhere Löhne in absoluten Dimensionen erhalten, dennoch könne sich ihre Lage im Hinblick auf die aktuelle Bedürfnissumme verschlechtern. In diesem Fall jedoch ist das Minimum nicht nur durch physische Umstände, sondern auch durch kulturelle bestimmt. Das so verstandene Prinzip der »relativen Verelendung« war ein Gedanke, der den von Marx in den 50er und 60er Jahren geäußerten Gedanken nahestand.

Zum zweiten – und in diesem Punkt ist die Lassallesche Doktrin der Marxschen radikal entgegengesetzt –: Aus dem »ehernen Lohngesetz« sollte hervorgehen, daß der eigentliche Weg zur Befreiung des Proletariats in der Entwicklung von Produktivkooperativen bestehe. In diesen Betrieben sollten die Arbeiter für ihre Arbeit das volle Äquivalent der von ihnen erzeugten Waren erhalten. Da die Arbeiter diese Aufgabe jedoch nicht von allein meistern können, sei es Aufgabe des Staates, ihnen die Gründung solcher Unternehmen mit der Unterstützung von Kreditinstituten zu ermöglichen. Zu diesem Zweck müssen die Arbeiter jedoch erst über einen hinreichenden Einfluß auf die Staatsorgane verfügen, was wiederum aber nur denkbar sei auf der Grundlage des allgemeinen, gleichen und direkten Wahlrechts.

In mindestens drei wesentlichen Punkten widersprach dieses Programm in evidenter Weise der Marxschen Theorie. Die Idee der Produktionsassoziationen, die die Wirtschaft dominieren sollten, war in Marxens Augen nichts anderes als die Wiederholung der Proudhonschen Utopie; die voneinander unabhängigen ökonomischen Einheiten könnten selbst dann, wenn sie Eigentum der Arbeiter wären, nur auf der Grundlage derselben Konkurrenz existieren, die das gegenwärtige Wirtschaftssystem beherrscht. Somit blieben alle Marktgesetze unverändert in Kraft, Bankrott, Krisen und Konzentration des Kapitals miteingeschlossen. Darüber hinaus lasse sich das Projekt eines Arbeitslohns, der der volle Gegenwert des von den Arbeitern erzeugten Werts wäre, in keiner Gesellschaft verwirklichen, denn in jeder muß ein Teil des Wertes in allgemein-gesellschaftliche Bedürfnisse umgewandelt werden für nicht produktive, doch unentbehrliche Arbeiten, für Rücklagen usw. Schließlich ging das Lassallesche Programm davon aus, daß unter den Bedingungen der kapitalistischen Wirtschaft, die weiterhin erhalten bliebe, der Staat zum Hebel der Emanzipation der Arbeiterklasse werden könnte, was vom Marxschen Standpunkt aus der Funktion des Staates selbst, als eines Instruments zur Verteidigung der privilegierten Klassen, widersprach.

In der Tat kritisierte Lassalle die liberale Staatstheorie vom Hegelschen Standpunkt aus. Wie er im »Arbeiterprogramm« schrieb, sei nach den bürgerlichen Doktrinen der Schutz von Freiheit und Eigentum der Einzelnen die einzige Aufgabe des Staates, der Staat hätte also nichts mehr zu tun, wenn es keine Banditen und Diebe mehr gäbe. Dies stimme jedoch nicht. Der Staat sei die höchste Form der menschlichen Vereinigung, im Staat realisieren sich alle menschlichen Werte, und seine Aufgabe sei es, die menschliche Gattung zur Freiheit zu führen; der Staat sei eine Einheit aller Individuen in einem sittlichen Ganzen, die Triebfeder der Bewegung, welche die Bestimmung des Menschen verwirkliche.

Wenn Lassalle vom Staat sprach, meinte er den preußischen Staat; im Gegensatz zu Marx war er ein echter deutscher Patriot und beurteilte die laufenden politischen Ereignisse und Kriege mehr vom Standpunkt der nationalen Interessen als der des internationalen Proletariats. Da für ihn die Vereinigung Deutschlands eines der höchsten Ziele darstellte, versprach er sich von der Bismarckschen Politik mehr Gewinne als Verluste.

Darüber hinaus ging er davon aus, daß die Bourgeoisie der eigentliche Gegner des Proletariats sei, so daß er das Bündnis mit den konservativen Kräften für erstrebenswert hielt. Das war ein Standpunkt, der der im allgemeinen von Marx empfohlenen Strategie genau entgegengesetzt war; dort, wo die Ansprüche des liberalen Bürgertums mit den Interessen der konservativen, feudalen oder monarchistischen Kräfte kollidieren, ist es Aufgabe des Proletariats, an diesem Kampf auf der Seite des Bürgertums teilzunehmen.

Seinen Nationalismus begründete Lassalle auch philosophisch, was in seinem Vortrag über die Fichtesche Philosophie besonders kraß zum Ausdruck kommt. Er sagt darin, diese Philosophie sei eine Verkörperung der geistigen Größe des deutschen Volkes. Die ganze deutsche Philosophie sei von einem einzigen Streben beherrscht: den Dualismus in Objekt und Subjekt aufzuheben, den Geist mit der Welt zu versöhnen, zu erwirken, daß die »Innerlichkeit des Geistes« die Wirklichkeit regiere. Fichte habe die Sendung des deutschen Volkes aufgezeichnet: an der Spitze des menschlichen Fortschritts zu schreiten und, sich zur nationalen Selbständigkeit erhebend, die Ehre des göttlichen Schöpfungsplans zu retten. Deutschland sei nämlich nicht nur ein notwendiges Moment der geschichtlichen Entwicklung, es solle vielmehr zum einzigen Träger des Freiheitsbegriffs werden, auf dem die Zukunft der Menschheit errichtet werden werde. Eben deshalb, weil Deutschland über mehrere Jahrhunderte keine echte Geschichte gehabt, weil es ohne Staatswesen als »reine metaphysische Innerlichkeit« ausgeharrt habe, konnte es einen philosophischen Gedanken gebären, dessen Zweck in der Versöhnung von Geist und Sein bestehe. »Dem metaphysischen Volk, dem deutschen Volk, ist so durch seine gesamte Entwicklung und in höchster Übereinstimmung seiner inneren und äußeren Geschichte, dieses höchste metaphysische Los, diese höchste weltgeschichtliche Ehre zugefallen, sich aus dem bloßen *geistigen* Volksbegriff einen nationalen Boden, ein *Territorium* zu schaffen, sich aus dem Denken ein Sein zu erzeugen. Dem metaphysischen Volk die metaphysische Aufgabe! Es ist ein Akt wie der Weltschöpfungsakt Gottes! Aus dem reinen Geist heraus soll nicht eine ihm gegebene reale Wirklichkeit bloß gestaltet, sondern sogar die bloße Stätte seines Daseins, sein Territorium erst geschaffen werden –! Dies ist es, was noch nicht dagewesen, seitdem Geschichte ist.«[1]

Die Fichtesch-romantische Auffassung von Staat und Nation dominiert in Lassalles Denken seine halbmarxistische Sicht auf das Proletariat als Weltbefreier. Lassalle scheint sein Judentum, obwohl er es nicht verheimlichte, als Makel empfunden zu haben (er sagte, er habe stets zwei Arten von Menschen gehaßt: die Juden und die Literaten, und er gehöre leider beiden an), und er versäumte bei keiner Gelegenheit, seinen Patriotismus herauszukehren. In der Glorifizierung des Staates, den Idealen der organischen nationalen Einheit, der Hervorhebung der Vorrangstellung Deutschlands in der geistigen Entwicklung der Menschheit war er – ähnlich wie Fichte – ein Befürworter des nationalen Sozialismus. Sein prophetischer und schwülstiger Stil irritierte Marx ganz deutlich, ungeachtet der sachlichen Differenzen. Auf der anderen Seite waren Lassalles Erfolge unbestritten: Seine Agitation zugunsten der politischen Selbständigkeit des deutschen Proletariats wurde schließlich zum Grundpfeiler der organisierten sozialistischen Bewegung in diesem Land. Daher ist Lassalles Position bei der späteren marxistischen Orthodoxie zweideutig; Mehring legte das Gewicht mehr auf die persönlichen Vorbehalte, die Marx gegenüber Lassalle hegte, und minimalisierte die theoretischen und politischen Unterschiede zwischen ihnen; Kautsky ließ im Gegenteil keinen Zweifel darüber, daß es um grundsätzlich verschiedene Sozialismusauffassungen ging. Es war jedenfalls deutlich zu sehen, daß Lassalles theoretischer Horizont, im Gegensatz zu dem Marxens, innerhalb der Grenzen Deutschlands lag und daß auch sein Einflußbereich nicht über diese hinausging. In Deutschland aber war sein Einfluß stark und nachhaltig; auch dann noch, als die deutsche Sozialdemokratie die Lassalleschen Spuren aus ihrem Programm tilgte, hat sie der Geist Lassalles nie ganz verlassen; seine Gegenwärtigkeit war sowohl in der lebendigen (wenngleich nur schwach artikulierten) nationalistischen Strömung innerhalb der Partei wie in dem Glauben bemerkbar, die bestehende staatliche Struktur könnte im Interesse des deutschen Proletariats genutzt werden.

3. Die Internationale. Bakunin

Von der Mitte der 60er Jahre an richtete sich die politische Kritik Marxens jedoch stärker als gegen Lassalle gegen verschiedene Strömungen, mit denen er innerhalb der Internationale in Berührung kam, vor allem aber gegen den Proudhonismus und Bakuninismus.

Die Internationale Arbeiterassoziation (1. Internationale) entstand im September 1864. Bereits ein Jahr zuvor, anläßlich einer Begegnung zwischen französischen und englischen Syndikalistenführern während einer Manifestation für die polnische Unabhängigkeit, wurden die Ansätze zu einem organisatorischen Zusammenschluß geschaffen. Bei dem nächsten Treffen, an dem außer Franzosen und Engländern auch deutsche, polnische und italienische Emigranten teilnahmen, beschloß man, einen internationalen Verband ins Leben zu rufen, der den Kampf um die Befreiung der Arbeiterklasse in den einzelnen Ländern vereinheitlichen würde. Gewählt wurde ein aus 34 Personen bestehender Generalrat, dessen Vorsitzender George Odger wurde, ein Londoner

Syndikalistenführer. Marx, der auch Mitglied des Generalrats war, wurde zum Sekretär für deutsche Fragen ernannt. Bei der Ausarbeitung der Statuten und der Inauguraladresse der Assoziation spielte Marx die entscheidende Rolle. Die »Inauguraladresse« enthielt eine kurze Bilanz des Schicksals des europäischen Proletariats von 1848 an. Sie wies auf die wachsende Verelendung der Arbeiterklasse hin, die Konzentration des Eigentums, verzeichnete die trotz der Triumphe der Reaktion erzielten Erfolge im Kampf um die Verkürzung des Arbeitstages und in der Genossenschaftsbewegung, unterstrich aber zugleich auch, daß die Eroberung der politischen Gewalt die Bedingung der Befreiung des Proletariats ist. Voraussetzung dafür ist das internationale Zusammenwirken der Arbeiter, die eine Klasse mit gemeinsamen Interessen bilden, unabhängig von Land und Nationalität. Diese Befreiung könne, wie das Statut besagt, nur Werk der Arbeiter selbst sein, wobei ihr Kampf nicht im Austausch des bestehenden Systems der Privilegien gegen ein anderes bestehe, sondern in der Aufhebung jeglicher Klassenherrschaft. Die Programmdokumente enthielten jedoch keine direkten revolutionären Aufrufe.

Die Internationale versuchte innerhalb weniger Jahre mit mittelmäßigem Erfolg ihre Sektionen in verschiedenen europäischen Ländern zu gründen: Ihre Zweigstellen entstanden, außer in England, in verschiedenen Städten Frankreichs, der Schweiz und Belgiens, vornehmlich auf der Basis schon bestehender Organisationen. Die Lassallesche Partei in Deutschland befand sich außerhalb der Internationale, hauptsächlich wegen der Auseinandersetzungen über das Verhältnis dieser Partei zu Bismarck und zur bürgerlichen deutschen Demokratie. Der Teil der englischen Gewerkschaften, der sich der Internationale angeschlossen hatte, verfolgte jedoch eine eigene Politik. Die französischen Funktionäre wiederum waren in der Mehrheit Proudhonisten und setzten sowohl auf dem 1. Kongreß der Internationale in Genf (September 1866) wie auf dem 2. Kongreß in Lausanne (September 1867) sich deutlich vom Marxschen Standpunkt ab. Die Proudhonisten opponierten u. a. gegen die Behandlung der polnischen Frage in den Beratungen und Programmen, für die sich Marx glühend einsetzte. Marx war stets der Ansicht, daß die polnische Unabhängigkeit unzertrennlich mit dem Arbeiterproblem ganz Europas zusammenhänge und daß die Zerbrechung der reaktionären Macht des Zarentums die vordringlichste Aufgabe sei. Darüber hinaus war die Proudhonsche Richtung in Übereinstimmung mit den Intentionen ihres Meisters allen politischen Aktionen gegenüber skeptisch eingestellt und setzte auf »mutualistische« Unternehmungen, die in Marxens Augen glatte Utopie waren.

Das Statut der Internationale war in einem Maße unbestimmt, daß es die Mitgliedschaft unterschiedlichster Gruppen und Strömungen zuließ.

Neben den englischen *Trade*-Unionisten und Proudhonisten waren dort mehrere Jahre lang die Anhänger Mazzinis vertreten sowie französische Radikale. Der Generalrat besaß in Wirklichkeit keinerlei Exekutivgewalt gegenüber den Mitgliedsorganisationen, und der ganze Organismus war eine lose Föderation. Marx, der während der ganzen Bestehenszeit der Internationale seine meiste Zeit ihren Problemen widmete, strebte – was besonders in den letzten Jahren deutlich wurde – vor allem drei Ziele an: Er wollte die Internationale in einen zentralisierten Körper verwandeln, der allen ihren Sektionen eine einheitliche Politik aufzwingen könnte; er kämpfte zweitens dafür, daß die gesamte Bewegung die ideologischen Grundsätze akzeptiere, die er selbst ausgearbeitet hatte; er war drittens bemüht, die Internationale zu einem Kampfmittel gegen Rußland zu machen. Trotz der großen Autorität, derer er sich erfreute, gelang es ihm nicht, auch nur eines dieser Ziele zu erreichen, seine Politik führte hingegen in allen diesen Punkten mit der Zeit zur Spaltung, die eine der wichtigsten Ursachen, wenn auch nicht die Hauptursache des Untergangs der Internationale war. Marx selber nahm außer am letzten, dem Haager Kongreß von 1872, persönlich an keinem Kongreß der Internationale teil.

Die Krise von 1867 und die Streikwelle, die danach viele europäische Länder erfaßte, trug der Internationale bedeutende Erfolge ein; neue Sektionen entstanden in Spanien, Italien, Österreich, Holland und Deutschland, wo sich neben den Lassalleanern eine neue sozialdemokratische Partei unter der Führung von Liebknecht und Bebel formierte; sie gehörte der Internationale formell nicht an, stand jedoch in grundsätzlichen Programmfragen der Marxschen Linie nahe. Der Einfluß der Proudhonisten wurde schwächer; auf dem 3. Kongreß der Internationale in Brüssel (September 1868) fordert die Internationale die Sozialisierung der Bergbauindustrie, des Ackerbodens, der Wälder, Straßen und Kanäle und spricht sich für die Anwendung von Streikmitteln aus.

Das Jahr 1869 war der Höhepunkt der Aktivität der Internationale und ihrer Einflußnahme. Zugleich war es der Beginn der Spaltung, die über ihr weiteres Schicksal entschied. Innerhalb der Internationale stießen die beiden bedeutendsten Persönlichkeiten der revolutionären Bewegung des 19. Jahrhunderts aufeinander: Marx und Bakunin. Jeder von ihnen verkörperte eine gänzlich entgegengesetzte strategische Lehre und gegensätzliche Ansichten über Arbeiterklasse, Revolution, Staat und Sozialismus.

Michail Aleksandrowitsch Bakunin (18. 5. 1814–6. 7. 1876) hatte zum Zeitpunkt seines Beitritts zur 1. Internationale eine lange und abenteuerreiche politische Vergangenheit hinter sich. Als Sohn einer Adelsfamilie in Prjamuchino im Gouvernement Twer geboren, begann er seine Ausbildung an einer Petersburger Offiziersschule, die er jedoch bald wieder verließ. In Moskau, wo er viele Jahre zubrachte, kam er mit den Kreisen der dortigen Intellektuellen in Berührung, die über das Schicksal Rußlands und der Welt auf der Grundlage der Hegelschen Historiosophie debattierten. Eine Zeitlang war er konservativer Hegelianer, glaubte an die Vernünftigkeit des geschichtlichen Fatums und meinte, daß das menschliche Individuum nicht das Recht besitze, seine zufällige Subjektivität gegen die Urteilssprüche der universellen Vernunft durchzusetzen. Alsbald bezog er jedoch den entgegengesetzten Standpunkt, der seinem Temperament evidenterweise mehr entsprach. In Berlin, wohin er sich 1840 begab, lernte er das junghegelianische Milieu kennen und wurde von dessen Ideen angesteckt. In seinen weiteren rastlosen Reisen durch die Schweiz, Belgien und Frankreich lernte er die führenden sozialistischen Autoren der Zeit kennen: Cabet, Weitling, Proudhon und schließlich auch Marx und Engels; er begegnete auch vielen Polen aus der Emigration nach dem Aufstand und widmete daher dem Problem der polnischen Unfreiheit in seinen Schriften viel Aufmerksamkeit. In den 40er Jahren beschäftigte ihn die Propaganda einer slawischen Föderation stark, die er später als wirkungslos und reaktionär verwarf. Doch nie gab er seinen Haß gegen Deutschland auf, der sich mit dem Marxens gegen Rußland messen konnte.

Während der Revolution von 1848 kam es erstmalig zu einem Konflikt mit Marx, als die »Neue Rheinische Zeitung« Bakunin beschuldigte, ein zaristischer Agent zu sein, und später gezwungen war, diese ihre völlig unbegründete Verleumdung zurückzunehmen. Bakunin nahm aktiv an den revolutionären Kämpfen in Prag teil, später in Dresden. Zweimal zum Tode verurteilt, schließlich an Rußland ausgeliefert, verbrachte er zwölf Jahre in Gefängnissen und Verbannung. Aus dem russischen Gefängnis schrieb er seine erstaunliche Beichte an den Zaren; er bereute darin seine umstürzlerische Tätigkeit und warnte zugleich vor der Revolution, die durch die schrecklichen Lebensbedingungen in Rußland provoziert werden könnte (diese Bittschrift wurde erst nach der Oktoberrevolution veröffentlicht). Im Jahre 1862 gelang Bakunin die Flucht aus der sibirischen Verbannung über Japan und von dort aus über Amerika nach London. Seit 1864 datiert seine Tätigkeit als Theoretiker und Agitator des Anarchismus. In diesem Jahr nämlich gründete er den konspirativen Verband »Fraternité Internationale«, der keine feste Organisationsform besaß und aus einer unbestimmten Anzahl Bakuninscher Freunde und Anhänger bestand, vorwiegend in der Schweiz, Spanien und Italien. Im September 1868 entstand jedoch eine legale anarchistische Organisation unter dem Namen »Alliance Internationale de la Démocratie Socialiste«, die einen Antrag auf Aufnahme in die Internationale stellte. Der Generalrat konnte sich jedoch nicht zu einer Aufnahme der gesamten »Alliance« entschließen, erlaubte jedoch im nächsten Jahr den Eintritt einzelner Sektionen und nahm die Genfer Alliance-Section auf, die einzige wirklich organisierte Gruppe, der auch Bakunin angehörte. Von diesem Moment an begann der Kampf gegen Marx, in dem sich persönliche und politische Haßgefühle schwer auseinanderhalten lassen. Marx versuchte, jeden Menschen zu überzeugen, daß Bakunin die Internationale für seine persönlichen Zwecke mißbrauchen möchte, und verschickte im März 1870 ein in diesem Sinne gehaltenes vertrauliches Schreiben. Er argwöhnte, daß Bakunins Hand in allen Anzeichen der Opposition mit im Spiel sei, die sich ihm in der Internationale entgegenstellte (persönlich hatten sie sich nach 1864 nie wieder gesehen). Bakunin wiederum bekämpfte nicht nur das politische Programm Marxens. Er hielt ihn, worüber er wiederholt schrieb, für einen rachsüchtigen, unloyalen, von Machthunger besessenen Menschen, der seine despotische Herrschaft der gesamten revolutionären Bewegung aufzwingen möchte. Er schrieb, Marx würde alle Eigenschaften und Mängel des jüdischen Geistes verkörpern: er sei ein hervorragender Kopf, ungemein belesen und intelligent, doch zersetzt von Doktrinärtum und einer ungewöhnlichen, geradezu unwahrscheinlichen Eitelkeit; er lebe von Intrigen und krankhaftem Neid gegenüber allen, die mehr Erfolge als er in der politischen Tätigkeit aufzuweisen haben (wie z. B. Lassalle). In der Tat stellt die Geschichte der Beziehung Marxens zu Bakunin dem ersteren kein gutes Zeugnis aus. Marx beschuldigte Bakunin ohne jede Grundlage, er versuche persönlichen Nutzen aus seiner Tätigkeit in der Internationale zu ziehen, und schließlich gelang es ihm nach langen Kämpfen, seinen Ausschluß durchzusetzen, wobei ein Brief Netschajews eine entscheidende Rolle spielte, von dem Marx wissen mußte, daß Bakunin keinerlei Verantwortung für diesen Brief tragen konnte. Wahr war selbstverständlich, daß Bakunin seiner Idee innerhalb der Internationale zum Sieg verhelfen wollte, ähnlich wie dies Marx seinerseits tat. Auf dem Baseler Kongreß der Internationale (1869) setzten die Bakuninisten ihren Antrag, der die Abschaffung des Erbrechts als grundlegenden Akt der sozialen Revolution verlangte, gegen Marx durch. Seit 1870 mehrten sich Spaltungen in einzelnen Sektionen, in der Schweiz, in Italien, in Spanien, der Bakuninisten-Flügel überwog den der Marx-Anhänger erheblich. Die letzten Jahre seines Lebens widmete Bakunin der literarischen Tätigkeit. 1870 veröffentlichte er auf französisch »L'empire knouto-germanique et la révolution sociale«, 1873 dagegen auf russisch sein einziges größeres Werk »Gosudarstvennost' i anarchija« (Staatlichkeit und Anarchie). Alle wichtigen Ideen seiner anarchistischen Periode sind in diesem Buch versammelt, das als Einleitung eines größeren, nie geschriebenen Werks geplant war. Es ist im Grunde eine chaotische Ansammlung von Bemerkungen zu unterschiedlichsten Themen: europäische und Weltpolitik, Rußland, Deutschland, Polen, Frankreich, China, die Revolution von 1848, Pariser Kommune, Angriffe gegen den Kommunismus und verschiedenerlei philosophische Beobachtungen.

Bakunin besaß weder das Talent eines Theoretikers noch eines Systemgründers. In ihm brach eine unerschöpfliche revolutionäre Energie auf, die – auf zerstörerische Aufgaben konzentriert – von einem anarchistischen Messianismus inspiriert war. Er konnte sich nicht mit Situationen abfinden, die auf lange Sicht berechnete politische Aktionen, taktische Manöver, temporäre Bündnisse erforderten. Seine Stärke war es – und er wußte es –, allen Stimmungen der Empörung Ausdruck zu verleihen, die in den meistunterdrückten Schichten des Proletariats, des Lumpenproletariats und der Bauernschaft ihren Nährboden hatten. Er schrieb, daß sich für den »Staatskommunismus«, d. h. den Marxschen, nur die Arbeiter aussprechen, die bereits bürgerliche Gewohnheiten angenommen haben, also die besser situierten und relativ stabilisierten, während er selber an die Zerlumpten appellieren wolle, die nichts zu verlieren haben und durch nichts korrumpiert seien. Er berief sich wiederholt auf die Pugatschew- und Rjasin-Aufstände in Rußland, die spontane, instinktive Revolten von verzweifelten Bauern unter der Führung von Banditen gewesen seien. Doch die Anhänger von Marx, sagte er, verachteten das Volk: habe Lassalle vielleicht nicht geschrieben, die Niederwerfung der Bauernrevolte in Deutschland im 16. Jahrhundert habe den geschichtlichen Fortschritt kräftig gefördert? Sowohl Marx wie Lassalle, die nichts außer dem persönlichen Neid Marxens trenne, seien Befürworter eines neuen Staatsdespotismus, der sich unweigerlich aus ihrem »wissenschaftlichen Sozialismus« entwickeln müsse.

Die ganze Bakuninsche Lehre konzentriert sich auf das eine Wort »Freiheit«, und das gesamte Übel der Welt, das es zu besiegen gelte, fand seinen Ausdruck im Wort »Staat«. Bis zu einem gewissen Grad stimmt er der Theorie des historischen Materialismus zu, verstanden als das Prinzip, demzufolge die menschliche Geschichte von den »ökonomischen Fakten« abhängig sei und die Ideen der Menschen die Widerspiegelung ihrer materiellen Lebensumstände seien. Auch bekennt er sich zum philosophischen Materialismus (unter dieser Bezeichnung), der Atheismus und im allgemeinen die Negation sämtlicher Vorstellungen von einer »anderen Welt« voraussetzt. Er behauptet jedoch, die Marxisten setzten das richtige Prinzip des historischen Materialismus absolut und schmiedeten es zu einer Art Fatalismus um, der keinen Platz für den freien Willen des Individuums, für Empörung, für moralische Faktoren im Geschichtsprozeß offenläßt.

Eben aus dem Prinzip der Priorität des »Lebens« über die »Ideen« ergibt sich die Hoffnungslosigkeit der Lehre des »wissenschaftlichen Sozialismus«; nach Bakunin geht diese Doktrin davon aus, daß dem Volk Schemata oktroyiert werden, die von Gelehrten erfunden sind, und daß man diesen Schemata folgend das gesellschaftliche Leben organisieren könnte. Die politische oder moralische Propaganda kann das Volk nur insofern überzeugen, als die Inhalte dieser Propaganda gleichsam bereits in den Herzen und Köpfen der Menschen lebendig, obschon noch nicht artikuliert sind; u. a. aus diesem Grund sind die Versuche wirkungslos, das russische Volk mit Hilfe von Ideen aufzuklären, die in Gelehrtenstuben erfunden worden sind: Das Volk wird nur das akzeptieren, was es auf irgendeine Weise bereits selber weiß, wenngleich es es noch nicht auszudrücken versteht.

Überhaupt ist die Wissenschaft nur eine Form der »Lebens«-funktion und kann nicht den Anspruch auf Dominanz anderen Formen gegenüber erheben. Die Wissenschaft ist notwendig und anerkennenswert, doch ist sie nicht imstande, die »Totalität« der Erscheinungsformen zu erfassen, sie reduziert diese auf Abstraktionen und kennt weder die Freiheit noch die menschliche Individualität. Während das Leben schöpferisch ist, kann die Wissenschaft nur seine partielle Registrierung sein, schafft aber selber nichts. Insbesondere die Gesellschaftswissenschaften, die sich erst im Embryonalstadium befinden, können weder auf Zukunftsprognostik noch darauf Anspruch erheben, den Menschen Ideale aufzuzwingen. Die Geschichte ist ein spontaner Schaffensprozeß, nicht aber die Realisierung wissenschaftlicher Schemata, sie entwickelt sich wie das Leben selbst, instinktiv und in nichtrationalisierter Weise.

Diese Idee der »Revolte des Lebens gegen die Wissenschaft« – wenn sie auch bei Bakunin hinter Beteuerungen bezüglich des Wertes des Wissens verschanzt war – ist später zum Ausgangspunkt der radikal antiintellektualistischen Versionen des Anarchismus geworden, die die wissenschaftliche Arbeit überhaupt für eine perfide Idee der Intelligenzschicht hielten, die ihre Privilegien mit dem Schein geistiger Überlegenheit verteidigten. Bakunin lancierte keine so radikalen Formeln, doch wetterte er wiederholt gegen die Universitäten als Sitze des Elitarismus und Seminare einer privilegierten Kaste; auch warnte er vor der Tyrannis der Gelehrten, die seiner Meinung nach vom marxistischen Sozialismus angekündigt wird und die schlimmer wäre als alle bisher bekannten.

Das »Leben« strebt beharrlich und unendlich nach Freiheit, und das bedeutet: Freiheit für jedes einzelne menschliche Individuum, Freiheit für die Gemeinwesen und für die gesamte menschliche Gattung. Voraussetzung der Freiheit wiederum ist Gleichheit, doch »wirkliche«, nicht nur juristische Gleichheit, also »ökonomische Gleichheit«. Das bestehende System der Privilegien und des Privateigentums, das von der ganzen Macht des Staates geschützt wird, widersetzt sich der Gleichheit und Freiheit. Der Staat war zwar ein geschichtsnotwendiges Produkt des gesellschaftlichen Lebens, doch ist er keineswegs ewig und ist auch kein unwesentlicher Überbau der »ökonomischen Fakten«; im Gegenteil, er spielt eine unverzichtbare Rolle für den Fortbestand von Ausbeutung, Privilegien und sämtlichen Knechtschaftsformen. Der Staat als solcher ist, unabhängig von seiner Form, Versklavung, Despotie einer privilegierten Minderheit, gleich, ob es eine priesterliche, feudale, bourgeoise oder »wissenschaftliche« Minderheit ist, die über die Volksmassen herrscht. »Jeglicher Staat«, schreibt Bakunin in seinem opus magnum, »selbst der republikanischste oder demokratischste, und sogar der Pseudo-Volksstaat, wie ihn Marx geplant hat, (stellt) letzten Endes nichts anderes dar, als die Beherrschung der Massen von oben nach unten, durch eine intellektuelle und eben dadurch privilegierte Minderheit, die angeblich die wahren Interessen des Volkes besser erkennt, als das Volk selbst.«[2]

Aufgabe der Revolution ist mithin die Zerstörung des Staates, nicht aber seine Ersetzung durch eine andere Staatlichkeitsform. Was man vermeiden muß, ist, den Staat mit der Gesellschaft zu verwechseln, diese nämlich ist ein natürliches Phänomen, die Verlängerung der instinktiven Bindungen zwischen den Menschen, während der erste ein künstliches Gebilde darstellt, das der Unterdrückung dient.

Die Abschaffung des Staates bedeutet keineswegs die Aufhebung der Zusammenarbeit der Menschen und aller Organisationsformen. Sie bedeutet hingegen, daß jegliche gesellschaftliche Organisation sich ausschließlich »von unten nach oben« aufbauen wird, ohne irgendwelche Autoritätsinstitutionen. Bakunin bekennt sich nicht zum Stirnerschen Egoismus, glaubt nicht, daß jeder einzelne in der erträumten Zukunftsgesellschaft ausschließlich sein Privatinteresse werde verfolgen können. Im Gegenteil, es gibt seiner Auffassung nach eine natürliche und instinktive Solidarität der Menschen, welche sie zu Aufopferung und Sorge um die Nächsten befähigt. Der Staat fördert nicht nur nicht die Entwicklung dieser Solidarität, er ist vielmehr deren Verneinung: Er organisiert allenfalls die Solidarität der privilegierten Klassen, insofern sie als Ganzes an dem Fortbestand der Ausbeutung interessiert sind. Nach Zerschlagung des Staatsapparats wird sich die Gesellschaft in kleine Kommunen gliedern, von denen eine jede totale Autonomie erhalten und in denen jedem ihrer Mitglieder absolute Freiheit gewährt werden wird. Alle größeren Einheiten werden auf dem Grundsatz völliger Freiwilligkeit sich organisieren, angefangen von den elementaren Kommunen, und jede Kommune wird das Recht haben, die Föderation jederzeit zu verlassen, sofern sie es wünscht. Die Personen werden nicht dauerhaft an bestimmte Verwaltungstätigkeiten gefesselt sein, die früheren Regierungsfunktionen werden restlos in der Gemeinschaft aufgehen. Es wird weder Rechte noch Gesetzbücher geben und auch keine Richter, auch die Familie wird nicht mehr bestehen als eine rechtlich konstituierte Einheit, niemand wird mehr Bürger sein, alle werden zu Menschen werden. Die Kinder werden weder das Eigentum der Eltern noch das der Gesellschaft sein, sie werden dafür ihrer eigenen, künftigen Freiheit angehören: Die Gesellschaft wird sie betreuen und sie den Eltern wegnehmen, sofern diese sie depravieren oder in der Entwicklung hemmen sollten. Die Freiheit der Verbreitung beliebiger Meinungen, auch der falschen, insbesondere der religiösen, wird absolut sein; auch dürfen sich alle zum Zweck der Propaganda ihrer Ideen oder zu beliebigen sonstigen Zwecken in Verbänden organisieren. Die Kriminalität wird, sofern es sie noch geben sollte, als Krankheitssymptom angesehen und entsprechend behandelt werden.

Es ist im übrigen klar, daß alle Privilegien mit dem Recht verbunden sind, das Vermögen seinen Nachkommen zu vererben, und daß der Staat der Verewigung dieses der Gerechtigkeit widersprechenden Privilegs dient. Daher muß die Zerstörung mit der *Liquidierung des Erbrechts* begonnen werden. Dank dessen wird die Gleichheit eingeführt werden, doch ist Gleichheit ohne Freiheit undenkbar, die Freiheit aber ist unteilbar.

Im Sinne dieser Grundsätze erscheint der etatistische Kommunismus der deutschen Doktrinäre Marx, Engels, Lassalle und Liebknecht als Gefahr einer neuen Tyrannei angeblicher Gelehrter in einer neuen Staatlichkeitsform.

»Solange es einen Staat gibt, muß es auch Herrschaft geben und folglich auch Sklaverei; ein Staat ohne offene oder verborgene Sklaverei ist undenkbar – das ist der Grund, weshalb wir Feinde des Staates sind.«[3] Auf die eine oder andere Weise werde die Minderheit die Mehrheit regieren. »Diese Minderheit aber, so sagen die Marxisten, wird aus Arbeitern bestehen. Mit Verlaub, aus *ehemaligen* Arbeitern, die aber, kaum sind sie zu Volksvertretern geworden oder an die Regierung gelangt, aufhören, Arbeiter zu sein und vielmehr auf die ganze Welt der einfachen Arbeiter von der Höhe des Staats herabzusehen beginnen; und so werden sie bereits nicht mehr das Volk, sondern sich selbst repräsentieren und ihren Anspruch darauf, das Volk zu regieren. Wer das bezweifelt, der kennt die menschliche Natur nicht. (...) Die Worte ›*gelehrter Sozialist*‹, ›*wissenschaftlicher Sozialismus*‹, denen man in den Werken und Reden der Anhänger von Lassalle und Marx ständig begegnet, beweisen allein schon, daß der sogenannte Volksstaat nichts anderes sein wird, als die äußerst despotische Regierung der Volksmassen durch eine neue und zahlenmäßig sehr kleine Aristokratie wirklicher oder angeblicher Gelehrter. Das Volk ist nicht gelehrt, d. h. es wird vollkommen von der Sorge der Regierung befreit werden, wird gänzlich in die Herde der Regierten eingeschlossen. Eine schöne Befreiung!«[4] »Die Marxisten versichern, daß allein die Diktatur, natürlich die ihre, die Freiheit des

Volks schaffen kann; wir dagegen behaupten, daß eine Diktatur kein anderes Ziel haben kann, als nur das eine, sich zu verewigen, und daß sie in dem Volk, das sie erträgt, nur Sklaverei zeugen und nähren kann; Freiheit kann nur durch Freiheit geschaffen werden, d. h. durch einen allgemeinen Volksaufstand und durch die freie Organisation der Arbeitermassen von unten nach oben.«[5]

Alles in allem kann es also nicht Ziel der revolutionären Bewegung sein, den bestehenden Staatsapparat zu erobern oder einen neuen zu schaffen, in diesem Fall nämlich müßte das Ergebnis zwangsläufig der Idee widersprechen. Auch aus diesem Grund kann sich die Bewegung nicht auf den politischen Kampf im Rahmen der bestehenden staatlichen und parlamentarischen Institutionen einstellen. Dem Volk kann nur der einmalige apokalyptische Aufschwung die Befreiung bringen, der das vorgefundene Recht, den Staat und das Privateigentum schlagartig zertrümmert.

In dieser Hinsicht unterscheidet sich die künftige soziale Revolution grundsätzlich von allen vorausgegangenen, insbesondere von der Französischen Revolution, deren Despotismus eine Ausgeburt des kranken Kopfs Rousseaus gewesen sei. Bakunin nennt die Namen Rousseaus und Robespierres mit höchstem Widerwillen. Er findet überhaupt kaum für einen der sozialistischen Theoretiker ein gutes Wort, ausgenommen Proudhon, der den Preis der Freiheit gekannt habe.

Sind der Staatsapparat und die repressiven oder restriktiven Mittel nicht dennoch notwendig, um die menschlichen Egoismen im Zaum zu halten und die Konflikte zu regeln? Nein, antwortet Bakunin, gerade die Existenz des Staates ist dafür verantwortlich, daß sogar die besten Menschen, die von den Volksmassen hervorgebracht worden sind, zu Tyrannen und Henkern werden; in einer auf Freiheit gebauten Gesellschaft werden selbst die Selbstsüchtigsten und Bösartigsten unweigerlich zu guten Menschen werden. Eine von Staat und Privilegien befreite Gesellschaft wird nicht nur besser sein: sie ist auch die einzige mit der menschlichen Natur und den allgemeinen Gesetzen des »Lebens« in Einklang stehende, das spontan und kreativ ist und das keine Restriktionen duldet. Die Anarchie ist nicht nur ein Ideal, sie ist auch die Verwirklichung der natürlichen Bestimmung des Menschen. Das bedeutet jedoch nicht, daß sie durch historische Gesetze garantiert oder in den Plan der Geschichte eingeschrieben wäre: Sie ist grundsätzlich ein Werk des menschlichen Willens. Doch alles spricht dafür, daß dieser Wille sich durchsetzen werde. Bakunin glaubte zutiefst an den natürlichen revolutionären Instinkt des arbeitenden Volkes. Er behandelte dieses Problem vornehmlich am Beispiel Rußlands. Seiner Ansicht nach erfordert die Revolution ein Ausmaß an Elend, welches Verzweiflung gebiert, aber ebenso ein Ideal der neuen Gesellschaft. Doch dieses Ideal darf dem Volk nicht aufgezwungen werden, es muß bereits in seiner Seele schlummern; das Volk braucht keine Lehrer, die das Ideal für es schaffen, sondern Revolutionäre, die es aus seiner Schlafsucht erwecken. Das russische Volk (d. h. die russischen Bauern) verfügen über ein tief verwurzeltes anarchistisches Bewußtsein: Es glaubt, daß der Boden Gemeineigentum ist und daß die Dorfkommune *(mir)* autonom sein soll; auch ist es erfüllt von einer spontanen Abneigung gegen den Staat. Dieses Bewußtsein ist überschattet von der patriarchalischen Tradition durch das Vertrauen in den Zaren und schließlich durch die Tatsache, daß die Dorfkommune die menschliche Persönlichkeit völlig vereinnahmt und ihr keine Eigenentwicklung zugesteht. Auch das Narkotikum der Religion trägt zur geistigen Knechtung des Volkes bei. Im Endergebnis dösen die Dorfkommunen voneinander isoliert dahin. Doch das Volk kann Rebellen hervorbringen, die seine Starre überwinden und die natürlichen revolutionären Neigungen befreien. Man kann auch beobachten, daß diese natürlichen Ideale in den Herzen der Armen anderer Länder schlummern: Am krassesten zeigt sich das in Italien, wo die anarchistische Revolution mit jedem Tag reifer werde. Die Ausnahme bildet dagegen Deutschland, wo sich immer genügend Theoretiker finden, die über die Revolution meditieren, doch nie genug Menschen der Tat, die sie machen. Die Deutschen sind nach Bakunin naturgemäß begeisterte Staatsanbeter, die Vorliebe für Gehorsam und Kommandieren ist ihnen angeboren; kein Wunder, daß sie nur dazu fähig waren, den Staatssozialismus von Marx und Lassalle hervorzubringen. Es ist deshalb nicht erstaunlich, daß das Deutschland Bismarcks zum Hauptsitz der Weltreaktion geworden ist. Im Gegensatz zu der Ansicht von Marx, kann diese Rolle nicht vom Zarat übernommen werden; es versucht zwar, sich in europäische Angelegenheiten einzumischen, doch ohne Erfolg.

Die Überlegungen Bakunins zum Thema Rußland ergeben im übrigen kein kohärentes Ganzes. Auf der einen Seite behauptet er, die Slawen seien grundsätzlich unfähig zur Staatsbildung und alle slawischen Staatsorganismen hätten Fremde für sie eingerichtet. Auf der anderen Seite bietet sich ihm Rußland nicht nur als ein Militärstaat dar (im Unterschied zu dem Handelsstaat England), sondern als ein System, in dem der Staatsgewalt alles, die Interessen aller gesellschaftlichen Klassen sowie die gesamte ökonomische Tätigkeit von Industrie und Landwirtschaft, untergeordnet wurde; jedweder nationale Reichtum gilt nur als Mittel zur Vermehrung der Stärke der Staatlichkeit.

In diesem Punkt äußert Bakunin eine Beobachtung, die im 19. Jahrhundert bereits wiederholt gemacht worden war: In Rußland sei die Priorität des Staates gegenüber der bürgerlichen Gesellschaft so absolut, daß sogar die Klassengliederung den Bedürfnissen des Staates gegenüber sekundär sei. Unklar bleibt jedoch, wie sich diese Ansicht mit der Überzeugung vereinbaren lassen soll, die Russen besäßen überhaupt keine staatsbildenden Fähigkeiten.

Auf der Grundlage dieses kurzen Überblicks kann man sich leicht vorstellen, daß es kaum eine Chance für die theoretische oder politische Übereinkunft zwischen Marx und Bakunin geben konnte. Abgesehen von den Auseinandersetzungen um die Führung der Internationale und der gegenseitigen Bezichtigungen diktatorischer Gelüste, abgesehen von der Frage, ob nun Rußland (worauf Marx entschieden bestand) oder vielmehr Preußen (was Bakunin behauptete) die Hauptstütze der Weltreaktion darstelle, betraf der Konflikt einige Punkte, die von erstrangiger Bedeutung für die sozialistische Bewegung waren.

Zum ersten also war die Losung der sofortigen Aufhebung des Erbrechts für Marx ein Aufzäumen des Pferdes vom Schwanz, sofern das Erben nur ein besonderer Fall und nur ein besonderes Symptom der Auswirkung des Privateigentums überhaupt war. Zum zweiten ist, nach Marx, der Staat nicht die selbständige Quelle allen sozialen Übels, sondern lediglich ein Werkzeug zur Stärkung des bestehenden Privilegiensystems. In diesem Punkt war die Diskrepanz jedoch nicht so wesentlich, denn Marx ging gleichfalls von der Notwendigkeit der Zerstörung der vorgefundenen Institutionen der politischen Gewalt aus. Bakunin wiederum akzeptierte, daß der Staat historisch als Instrument des Privateigentums entstanden ist, fügte aber hinzu, daß es diesem mit der Zeit gelungen sei, eine selbständige Kraft zu werden und gleichzeitig ein unverzichtbares Instrument zum Schutz der Klassengliederung. Der eigentliche Streit betraf also die Frage, ob die sozialistische Revolution sämtliche Formen der Staatlichkeit sofort aufheben könne oder nicht. Marx glaubte, daß der Staat keine »Regierung über Personen« sein werde, sondern eine »Verwaltung von Sachen«, d. h., daß er sich mit der Organisation der Produktion befassen werde. Bakunin witterte darin einen extremen Etatismus: es könne keine zentralisierte Wirtschaftsleitung ohne zentralisierte politische Gewalt, also ohne Unfreiheit, geben. Drittens schloß die von Marx empfohlene Strategie die politische Tätigkeit im Rahmen der bestehenden Systeme (insbesondere auch die parlamentarische Tätigkeit) ein und ließ zeitweilige Bündnisse mit dem demokratischen Bürgertum gelten, wo seine Interessen temporär mit den Interessen des Proletariats zusammenfallen; für Bakunin beruht die einzige »politische Tätigkeit«, die ein Revolutionär akzeptieren kann, auf dem Akt der Zerstörung jeglicher Staatlichkeit.

Viertens war die Idee der völligen Freiheit der ökonomischen Tätigkeit, die auf dem Prinzip der völligen Autonomie kleiner Kommunen basierte, für Marx eine Wiederholung der Proudhonschen Utopie und unterlag derselben Kritik: auf der einen Seite sei die Zentralisierung der Produktionsprozesse die natürliche Entwicklungstendenz, auf der anderen Seite müsse eine Wirtschaft von völlig voneinander unabhängigen Produktionseinheiten sämtliche Gesetze der Konkurrenz und Akkumulation des Kapitals reproduzieren.

Die Marxschen Ideen in allen diesen Fragen veränderten sich und reiften über eine lange Zeit. Den Gedanken von der Notwendigkeit der Zertrümmerung der bisherigen Staatsmaschine (die zentrale Idee der späteren Leninschen Marxismusversion) formulierte er gleich nach der Pariser Kommune, er wurde auch spontan von Guillaume, einem Schweizer Bakuninisten, als Marxens Übergang zum anarchistischen Standpunkt begrüßt. Diese Freude war jedoch unbegründet, weil Marx seine Überzeugung von der Notwendigkeit einer zentralen Wirtschaftsverwaltung keineswegs aufgab, er glaubte lediglich, der künftige Staat werde seine politischen Funktionen verlieren. Es stimmte jedoch, daß Marx sich nicht klar darüber äußerte, auf welcher Grundlage das Gesellschaftsleben unter Bedingungen organisiert werden könnte, unter denen der Staat aufgehoben und die Wirtschaft einer total zentralisierten Regelung unterworfen werde. Bakunins Vorstellungen von politischer Ökonomie waren überaus primitiv. Er glaubte ganz einfach, daß die Menschen sofort ihre Solidaritätsinstinkte und angestammte Fähigkeit zur freundschaftlichen Zusammenarbeit frei mobilisieren würden, sobald sie sich von der Bürde des Staates befreit hätten, und daß kein Interessenkonflikt je wieder in Erscheinung treten würde. Die Demokratie stellte er sich nach dem Muster der Schweizer Dörfer vor, in denen die gesamte volljährige Bevölkerung sich in gewissen Abständen versammelte, um über Gemeindeprobleme zu entscheiden. Auf welche Weise ein derartiges System auf der Skala einer Provinz, eines Landes und schließlich der ganzen Menschheit Anwendung finden sollte unter der Voraussetzung, daß die repräsentative Demokratie abgeschafft ist, darüber geben seine Schriften keinerlei Auskunft.

In diesen Disputen war die ökonomische Kritik Marxens starke Seite, vor allem seine Überzeugung, daß die Unabhängigkeit aller Produktionseinheiten sämtliche katastrophalen Gesetze der Marktwirtschaft zwangsläufig reproduzieren würde. Die starke Seite Bakunins wiederum war vor allem seine Kritik des »Etatismus«, der in Marxens Programm explizit bzw. latent enthalten war. Bakunin nahm ein Problem in Angriff, das Marx nicht erwogen hatte und das alles andere als ein imaginäres war: Auf welche Weise hat man sich eine zentralisierte Wirtschaftsmacht ohne politischen Zwang vorzustellen? Und wenn die Zukunftsgesellschaft die Scheidung in Regierte und Regierende aufrechterhalten sollte, wie kann dann die Entstehung eines neuen Privilegiensystems verhindert werden, sofern bekannt ist, daß das Machtprivileg eine natürliche Tendenz zur Selbstverewigung aufweist? Diese Fragen sollten sich von nun an häufig in den Kritiken wiederholen, die Anarchisten und

Syndikalisten gegen den Marxismus richteten. Daß Marx sich den Sozialismus nicht als eine despotische Herrschaft vorgestellt hat, in der der politische Apparat seine Privilegien auf der Grundlage des Monopols an der Verwaltung der Produktionsmittel sichern würde, scheint mehr als evident. Und doch stellte Bakunin ihm zu diesem Problem Fragen, die Marx nicht beantwortete. Man kann sagen, daß Bakunin der erste gewesen ist, der den Leninismus gewissermaßen aus dem Marxismus deduziert hat, womit er einen außergewöhnlichen Scharfsinn bewies.

Bakunin glaubte ganz naiv, daß die sich selbst überlassenen Menschen sich als gut erweisen werden, weil das Böse nicht von ihnen stammt, sondern von Staat und Privateigentum; vermöge welcher Mechanismen der gute Mensch die ganze Unmenge des weltbeherrschenden Bösen geschaffen haben soll, das allerdings bleibt unklar. In jedem Fall sollte man sich darauf einstellen, daß mit der Aufhebung von Staat und Erbrecht das Böse, die Konflikte, Kämpfe und Aggressionen sofort verschwinden werden. Marx erwog dieses Problem im allgemeinen überhaupt nicht in diesen Kategorien; er hielt die Frage, ob die Menschen von Natur aus gut seien oder nicht, für naiv. Ihn beschäftigte die prometheische Expansion der menschlichen Gattung, die auf der wachsenden Herrschaft des Menschen über die Natur basierte, und er glaubte, daß die persönliche Entwicklung des Menschen irrelevant sei, wenn sie sich nicht auf die Entwicklung der Gattung stützte. Er war sicherlich kein Befürworter des Despotismus, ganz im Gegenteil; doch er wehrte Bakunins Kritik nicht ab, der in seiner Lehre den Keim eines neuen Despotismus entdeckt hatte.

Die Ursache des endgültigen Untergangs der Internationale waren sowohl ihre inneren Konflikte als auch der Deutsch-Französische Krieg und die Pariser Kommune. Die Kommune war kein Werk der Internationale und erst recht nicht der Marxisten. Die Mehrheit ihrer Führer gehörte der Blanquistischen Orientierung an, und unter den Mitgliedern der Internationale, die sich der Bewegung anschlossen, überwogen die Proudhonisten. Marx war sich der Aussichtslosigkeit des Unternehmens von Anfang an bewußt, doch nach der Niederlage und dem Massaker an Kommunarden ehrte er ihr Heldentum in der Broschüre »Der Bürgerkrieg in Frankreich«, wo er nicht nur dem Kampf und Märtyrertum der französischen Kämpfer huldigt, sondern vor allem eine Analyse der spontanen Aktion der Kommune unter dem Gesichtspunkt der weiteren Perspektiven der kommunistischen Bewegung durchführt. Für Marx war die Kommune zumindest teilweise die erste Regierung der Arbeiterklasse in der Geschichte, sie hat gewissermaßen auf natürlichem Weg bestimmte wesentliche Prinzipien entdeckt, die die künftige sozialistische Gesellschaft ankündigten: die Liquidierung des stehenden Heeres zugunsten der allgemeinen Volksbewaffnung, die Umfunktionierung der Polizei in ein Organ des Volkes, das allgemeine Stimmrecht bei der Beamten- und Richterwahl, die Festlegung eines Lohnminimums, die Expropriation der Kirchen und die Trennung von Staat und Kirche, das kostenlose Schulwesen. Dennoch war die Pariser Kommune in Marx' Augen weder ein klar sozialistisches noch eindeutig proletarisches Unternehmen (Engels nannte die Kommune 1891 zwar Diktatur des Proletariats, doch Marx hat das nie getan; die Bezeichnung »Kommune« selbst bedeutet bekanntlich nur soviel wie »Gemeinde« und besitzt keinen ideologischen Sinn). Zehn Jahre später, in einem Brief an Ferdinand Domela Nieuwenhuis vom Februar 1881 schrieb Marx ganz deutlich, daß die Majorität der Kommune keineswegs sozialistisch gewesen sei und daß die einzige Sache, die die Kommunarden hätten erreichen können und erreichen sollen, der Kompromiß mit Versailles gewesen sei, von dem das ganze Volk profitiert hätte.[6]

Die Niederlage der Kommune verursachte eine Welle der Reaktion in ganz Europa, verschärfte die inneren Streitigkeiten in der Internationale und führte letzten Endes zu ihrer Spaltung. Zu den Repressionen, die auf die Arbeiterorganisationen in Deutschland und Frankreich niederprasselten, kam der faktische Austritt der englischen Gewerkschaften aus der Internationale, die vor allem um die Sicherung der Legalität ihrer Bewegung im Rahmen des bestehenden Systems kämpften und deren Bündnis mit der Internationale mehr taktischer denn ideeller Natur gewesen war. Die Londoner Konferenz (September 1871) der Internationale nahm zwar die Thesen von Marx an, die die Einheit der politischen und ökonomischen Aktion der Arbeiterklasse forderten und die Losung zur Gründung selbständiger Arbeiterparteien in allen Ländern ausgaben; ähnlich machte der Kongreß in Den Haag deutlich, daß die Anhänger von Marx die Mehrheit im Generalrat besaßen. Doch die durch Repressionen zerschlagene, innerlich zerstrittene und zur Führung der nationalen Arbeiterorganisationen, die unter sehr unterschiedlichen Bedingungen arbeiteten, untaugliche Internationale war nicht mehr lebensfähig. Auf den Antrag von Engels verlegte der Generalrat seinen Sitz nach New York, wo er nur noch wenige Jahre kümmerlich existierte, bis er 1876 formell aufgelöst wurde. Die internationale Dissidentenorganisation, die in dieser Zeit von den Bakuninisten gegründet wurde, konnte keine größeren Erfolge mehr verbuchen, wenngleich Bakunins Ideologie selbst bis ans Ende der 70er Jahre sehr lebendig war und ihr Einfluß nicht nur in Spanien und Italien, sondern auch in Frankreich den Marxschen übertraf.

Unabhängig jedoch vom Kräfteverhältnis in der Internationale selber kann von den 60er Jahren an zumindest in dem Sinn von Marxismus als der herausragendsten Erscheinung innerhalb der sich bekämpfenden sozialistischen Ideologien gesprochen werden, insofern alle weltweiten sozialistischen Doktrinen und Programme gewissermaßen gezwungen waren, sich durch den Rekurs auf Marx selbst zu bestimmen. Keine andere Strömung hatte eine so kohärente und so ausgebaute theoretische Lehre aufzuweisen wie der Marxismus. Dieser Umstand hängt mit dem Faktum zusammen, das dem Zerfall der Internationale vorausging, nämlich mit der Veröffentlichung des ersten Bandes von »Das Kapital« in Leipzig im Jahre 1867. Dieser Band kehrt teilweise zu der in »Zur Kritik der politischen Ökonomie« behandelten Problematik zurück und deckt die Quellen des kapitalistischen Profits durch die Analyse grundlegender Phänomene der Warenwirtschaft auf: Ware, Geld, Tausch- und Gebrauchswert, Mehrwert, Kapital, Arbeitslohn, Akkumulation. Die fundierende Idee des »Kapital« beruht darin, daß die kapitalistische Ausbeutung im Verkauf der Arbeitskraft durch die Lohnarbeiter besteht, wobei die Arbeitskraft eine Ware von so besonderer Art ist, daß ihre Nutzung in Form der Arbeit bedeutend höhere Werte liefert, als man für ihre Reproduktion benötigt; die Ausbeutung kann nicht anders aufgehoben werden als durch Aufhebung der Lohnarbeit überhaupt.

Marx rechnete damit, daß es ihm gelingen würde, die Arbeit am zweiten und dritten Band alsbald zu Ende führen zu können; der zweite Band sollte die Analyse der Zirkulation von Kapital und Markt enthalten, der dritte Band wiederum – die Beschreibung der Profitverteilung zwischen verschiedenen Schichten von Ausbeutern, die Analyse der Entstehung der durchschnittlichen Profitrate, das Gesetz des tendenziellen Falls der Profitrate, die Theorie der Verwandlung des Extraprofits in die Grundrente. Marx gelang es nicht, das Manuskript fertigzustellen, an dem er bis 1878 arbeitete, dessen erheblichen Teil er jedoch schon vor Fertigstellung des ersten Bandes geschrieben hatte. Das überlieferte Manuskript des zweiten und dritten Bandes ordnete und redigierte Engels; die Bände erschienen hintereinander 1885 und 1894. Der sogenannte vierte Band des »Kapital«, oder die »Theorien über den Mehrwert«, wurde erst in den Jahren 1905–1910 veröffentlicht.

Vom Zeitpunkt der Auflösung der Internationale und damit des Erlöschens der neuen Hoffnungen auf eine baldige europäische Revolution an konzentrierte sich Marx auf die wissenschaftliche Arbeit, sofern es seine zahlreichen Krankheiten, Kuraufenthalte, finanziellen Schwierigkeiten und Familientragödien zuließen. Er las viel, doch war er in den letzten Jahren fast völlig schreibunfähig. Er verfolgte die ganze Zeit über die Entwicklung der sozialistischen Bewegung Europas. 1875 kam es zum Zusammenschluß der beiden deutschen Arbeiterparteien, der Lassalleaner und der Eisenacher, und es entstand eine einheitliche »Sozialistische Arbeiterpartei Deutschlands«. Der aus diesem Anlaß veröffentlichte Programmentwurf wurde zum Gegenstand der vernichtenden Kritik Marxens, die er in Form eines Briefes an die Führer der Eisenacher versandte. Jene »Kritik des Gothaer Programms« (die erst 1891 von Engels veröffentlicht wurde) ist eine Fortsetzung der Abrechnung mit dem Lassalleschen Sozialismus und enthält darüber hinaus in einigen wesentlichen Punkten, die sich auf die Staatskonzeption, die Idee der Herrschaft des Proletariats und die Frage des Internationalismus beziehen, ausdrücklichere Formulierungen als andere Marxsche Texte. Im übrigen hatte diese Kritik einen nur geringen Einfluß auf die endgültige Fassung des Parteiprogramms, sie wurde jedoch zu einem der grundlegenden Dokumente, auf das sich die revolutionären Fraktionen der 2. Internationale im Kampf gegen Reformismus und Revisionismus später beriefen; von immenser Bedeutung war das Dokument insbesondere für Lenin und seine Anhänger; Marx gebrauchte darin nämlich die Wendung »Diktatur des Proletariats«. 1880 half Marx Guesde bei der Ausarbeitung des Programms der französischen Arbeiterpartei, in den Jahren 1881–82 interessierten ihn die Perspektiven einer Revolution in Rußland, und dieser Frage widmete er einige Briefe, die später zum Gegenstand langer Debatten und Streitigkeiten unter den russischen Marxisten werden sollten. Marx starb am 14. März 1883 in London. Seinen Nachlaß gab zu einem Teil Engels heraus, und nach dessen Tod gelangte die gewaltige Hinterlassenschaft von Manuskripten größtenteils in die Hände von Bebel und Bernstein, die nicht viel für ihre Publikation taten. Mehring gab einige bereits im Druck erschienene, doch schwer zugängliche Arbeiten aus den 40er Jahren neu heraus und veröffentlichte auch das erhaltene Manuskript der Marxschen Dissertation (doch ohne die vorbereitenden Notizen), Bernstein edierte Fragmente der »Deutschen Ideologie«. Die erste Ausgabe der Korrespondenz, die Mehring und Bernstein besorgten, war fehlerhaft und voller Ungenauigkeiten. Kautsky verdanken wir die Publikation der »Theorien über den Mehrwert« sowie der »Einleitung« zu den »Grundrissen«. Hervorragende Verdienste in der Sammlung verstreuter Manuskripte und Briefe und ihrer kritischen Herausgabe hat sich David Rjazanov erworben, der das von ihm gegründete Marx-Engels-Institut in Moskau bis 1930 leitete. Seiner Initiative ist die Entstehung der großen historisch-kritischen Gesamtausgabe der Werke von Marx und Engels (MEGA) in den Jahren 1927–1935 zu verdanken, die, wenngleich nicht bis zu Ende geführt, die überwiegende Mehrheit der noch unbekannten Texte zugänglich machte (u. a. »Die deutsche Ideologie«, die »Manuskripte« von 1844, aber auch »Die Dialektik der Natur« von Engels).

Engels überlebte Marx um zwölf Jahre. Während der ganzen Zeit ihrer gemeinsamen Arbeit und Freundschaft hatte er ein wenig im Schatten seines Freundes gestanden und sich mit dieser Position abgefunden, zumal er meinte, daß die Grundgedanken des wissenschaftlichen Sozialismus das Werk von Marx seien, und er seinen eigenen Beitrag auf ein

Minimum herunterspielte. Doch die späteren Marxistengenerationen machten bei der Vermittlung und Propagierung der Ideen des wissenschaftlichen Sozialismus von den Engelsschen Texten in größerem Maße Gebrauch als von den Marxschen, abgesehen natürlich vom 1. Band des »Kapital«. Engels war ein Mann von ungemeiner geistiger Auffassungsgabe und einem erstaunlichen Kenntnisreichtum. Neben historischen, politischen und philosophischen Problemen, denen er einen Großteil seiner Arbeit widmete, beschäftigten ihn zwei Gebiete ganz besonders stark: Heerestechniken und philosophische Interpretationen der Naturwissenschaft. Den militärischen Fragen widmete er eine große Anzahl von kleineren und größeren Artikeln, in denen er alle aktuellen Kriegsereignisse von ihrer heerestechnischen Seite aus betrachtete. Er war bemüht, den stetigen Fortschritt der Naturwissenschaft zu verfolgen und in ihm die Bestätigung seiner philosophischen Überlegungen zu finden. Als Autor, der erheblich leichter lesbar und populärer schrieb als Marx, unternahm er auch wiederholt den Versuch einer systematischen Darstellung der Hauptgedanken des wissenschaftlichen Sozialismus in zugänglicher Form, daher war sein Ansehen in der sozialistischen Bewegung immens.

Die erste größere Abhandlung, die Engels nach 1848 veröffentlichte, war »Der deutsche Bauernkrieg« (1850). Es war der Versuch einer Interpretation des Münzerschen Aufstands unter dem Gesichtspunkt der als Klassenkämpfe betrachteten Geschichte. Engels stützte sich hinsichtlich des Tatsachenmaterials auf das große Werk von Wilhelm Zimmermann, das in den 40er Jahren erschienen war. Es ging ihm um die Darstellung der Geschichte des größten deutschen Volksaufstandes, weil er eine gewisse Analogie zwischen dieser Bewegung und der revolutionären Situation der Jahre 1848–49 sah. Die Bilanz der ganzen Epoche revolutionärer Erschütterungen in Deutschland, an denen er selber teilgenommen hatte, stellte Engels in einer Artikelserie dar, die in den Jahren 1851–1852 in der »New York Daily Tribune« unter dem Titel »Die Revolution und Konterrevolution in Deutschland« erschien (ursprünglich mit der Unterschrift von Marx; in Buchform wurde der Text erstmalig 1896 veröffentlicht).

Eines der meistgelesenen Bücher von Engels ist sein »Anti-Dühring« (1878). Eugen Dühring (1833–1921), ein erblindeter Berliner Philosoph, der wegen seiner heftigen Angriffe gegen die akademische Philosophie von der Universität entfernt wurde, war ein unter den deutschen Sozialdemokraten sehr populärer Autor und spielte eine Zeitlang fast die Rolle des Haupttheoretikers der Partei. Engels hielt seinen Einfluß für gefährlich, und anläßlich der bissigen Kritik, der er die Dühringsche Philosophie unterzog, legte er in transparenter Form sowohl die Ideen der materialistischen Dialektik als auch die Grundlagen der Marxschen ökonomischen Theorie sowie die Voraussetzungen des wissenschaftlichen Sozialismus in seinem Gegensatz zur Tradition der Utopisten dar. Dieses Buch wurde mit der Zeit zu einer Art Handbuch der neuen Philosophie, völlig unabhängig von Dühring, dessen Einflüsse bald abebbten (wenngleich einige Nazi-Doktrinäre später an seine Werke anknüpften, und zwar aufgrund seines Antisemitismus).

Nach dem Tod von Marx investierte Engels, der seit 1870 auch in London wohnte, einen Großteil seiner Arbeit in die Endredaktion des nachgelassenen Manuskripts des »Kapital«. Er stellte seine eigene philosophische Arbeit jedoch nicht völlig ein. 1886 veröffentlichte er in der »Neuen Zeit« die Abhandlung »Ludwig Feuerbach und der Ausgang der klassischen deutschen Philosophie«, in der er das Verhältnis des wissenschaftlichen Sozialismus zum klassischen deutschen Erbe darstellte; auch dieser Text gehört zu den populärsten Darlegungen der neuen Philosophie. In der ersten Buchausgabe dieses Textes von 1888 veröffentlichte Engels auch erstmalig die Marxschen »Thesen über Feuerbach«, nachdem er sie überarbeitet hatte.

Zu Engels' klassischen Werken gehört auch die Abhandlung »Der Ursprung der Familie, des Privateigentums und des Staats«, die 1884 in Zürich erschien. In dieser Arbeit benutzte er vornehmlich die Werke von Levis H. Morgan, der als erster eine systematische Analyse der Herkunft der Urgesellschaft auf der Basis der direkten Beobachtung von Indianergemeinschaften in Nordamerika lieferte und der in dem Werk »Ancient Society« (London 1877) eine allgemeine Theorie der Entwicklungsstadien der Menschheit von der Barbarei bis zur Zivilisation umriß. Aufgrund dieser und weiterer Lektüren unternahm Engels den Versuch der Darlegung der Genese der wichtigsten Institutionen, die für die neuzeitliche Kultur konstitutiv sind.

Vom Beginn der 70er Jahre an plante Engels ein Werk, das die Kritik des Vulgärmaterialismus enthalten und die Anwendung der dialektischen Methode auf die naturwissenschaftlichen Forschungen demonstrieren sollte. Er schrieb einzelne Kapitel, Fragmente und Ideen zu diesem Werk in den Jahren 1875–1882 nieder, doch ist es ihm nicht gelungen, dieses Werk abzuschließen. Die Gesamtheit dieser Materialien, unter denen sich auch bruchstückhafte Einheiten befinden, wurde erstmalig 1925 unter dem Titel »Dialektik der Natur« in Moskau veröffentlicht. Die hier erwähnten Werke stellen nur einen Bruchteil des literarischen Schaffens von Engels dar, und zwar jenen, der im Hinblick auf seinen systematischen und am wenigsten okkasionellen Charakter sich das dauerhafteste Ansehen erworben hat. Sie gehören neben dem »Kapital« zum grundlegenden Bestand, aus dem mehrere Generationen von Sozialisten ihre Kenntnis des wissenschaftlichen Sozialismus und seiner philosophischen Grundlagen schöpften.

Engels starb am 5. August 1895 in London. Anders als Marx, hat er dort kein Grab; seine Asche wurde gemäß seinem Wunsch nach der Verbrennung des Körpers im Meer versenkt.

Zwölftes Kapitel

Der Kapitalismus als entmenschlichte Wirklichkeit. Das Wesen der Ausbeutung

1. Der Streit um das Verhältnis des »Kapital« zu den Marxschen Frühschriften

Die Marxsche Theorie, die die Funktionsweise und die Perspektiven der kapitalistischen Wirtschaft erklärt, ist kein gesondertes Gebiet, das sich unabhängig von seinen anthropologischen Inspirationen und unabhängig von der Geschichtsphilosophie verstehen und darlegen ließe. Marxens Theorie ist nämlich als Wissenschaft vom Menschen konzipiert, die die menschliche Lebenstätigkeit in allen Bereichen erfassen soll, dessen bewußt, daß dies unterschiedliche Bereiche sind, die jedoch zugleich in einer Wechselbeziehung stehen. Das historische Verständnis der Verhaltensweisen der Menschen als denkende, arbeitende, künstlerisch empfindende, als leidende und schöpferische Wesen kann entweder ein ganzheitliches sein oder gar keines. Daher muß auch das »Kapital« aus einer von philosophischen Interessen determinierten Perspektive als ein philosophisches Werk verstanden werden, und zwar als Anwendung der ursprünglichen anthropologischen Theorie der Entmenschung auf das Verständnis der Produktions- und Austauschphänomene. Alle Marxschen »Kritiken« – die »Manuskripte« von 1844, das »Elend der Philosophie« von 1847, »Lohnarbeit und Kapital« von 1849, die »Grundrisse« von 1857–58, »Zur Kritik . . .« von 1859, schließlich das »Kapital« selbst – sind immer weiter vervollkommnete Versionen ein und desselben Leitgedankens. Alle erwachsen aus der Überzeugung, daß *wir in einer Epoche leben, in der die Entmenschung des Menschen, d. h. die Fremdheit, die zwischen ihm selbst und seiner eigenen Lebenstätigkeit und deren Produkten entsteht, ihre maximale Steigerung erfährt* und, wenn sie ihren Gipfel erreicht, mit einem revolutionären Umsturz enden muß, der, vom partikularen Interesse der am stärksten entmenschten Klasse ausgehend, allen Menschen ihre eigene Menschheit zurückerstatten wird.

Es trifft zu, daß die Marxsche Terminologie und Ausdrucksweise zwischen den Jahren 1844 und 1867 einen Wandel erfuhren; es stellt sich somit die Frage, inwieweit diese Veränderungen der sachlichen Evolution des Denkens entsprechen, insbesondere aber, ob es stimmt, daß die ganze Theorie der »Rückkehr zum Gattungswesen« – die für die Texte der Jahre 1843–44 kennzeichnend war – zugunsten einer strukturellen Beschreibung aufgegeben wurde, die auf die normativen Voraussetzungen der Ausgangsanthropologie verzichtete.

Ein Teil der Marx-Forscher und -Kommentatoren ist der Ansicht, die Frühschriften enthielten die universellere oder »reichere« philosophische Theorie und der »alte Marx« habe, an diesen Texten gemessen, seinen gedanklichen Horizont gewissermaßen eingeschränkt (so Landshut und Meyer, Popitz, Fromm). Viele sind außerdem der Ansicht, daß sich in der geistigen Entwicklung Marxens eine deutliche Diskontinuität beobachten lasse und daß die Lehre des »Kapital« von der Anthropologie der »Manuskripte« nicht nur durch den Umfang des Interesses, sondern auch durch eine wesentliche inhaltliche Differenz getrennt sei (so Sydney Hook, Daniel Bell, Lewis Feuer), während andere wiederum zur Feststellung einer Kontinuität zwischen der frühen und der späten Phase gelangen (so Calvez, Tucker, McLellan, Fetscher, Avineri). Diese Frage ist mit einer anderen eng verwandt (wenn auch nicht identisch): War das Marxsche Denken – ungeachtet seiner zuweilen sehr scharfen Hegelkritik – von den Hegelschen Quellen abhängig und in welchem Maße, oder haben wir es auch in dieser Hinsicht mit einer »prinzipiellen« Wende in seiner geistigen Entwicklung zu tun? Einige meinen, man könne nach 1844 einen deutlichen Bruch mit dem Hegelianismus beobachten (so Croce, Löwith, Hook), während andere im Gegenteil der Auffassung sind, daß die Hegelsche Inspiration – mehr oder weniger bewußt – permanent im Marxschen Werk enthalten war (so Lukács, Fetscher, Tucker, Avineri). Der eine wie der andere Standpunkt fallen mit der Sympathie oder Antipathie gegenüber einer beliebigen »Phase« des Marxschen Denkens zusammen oder aber gegenüber dem Werkganzen. Andere wiederum sind der Auffassung, Marxens Verhältnis zu Hegel habe mehrere Phasen durchlaufen, Marx habe nach einer kurzen Phase der Faszination Hegel einer radikalen Kritik unterzogen, in deren Folge fast nichts mehr von der Hegelschen Tradition in seinem Denken übriggeblieben sei, in den späteren Jahren jedoch habe er wieder zu einer ausgewogeneren Beurteilung zurückgefunden (so Jordan).

Die Texte, die im Zusammenhang mit dieser Diskussion bis zum gegenwärtigen Zeitpunkt veröffentlicht wurden, haben bereits den Umfang einer stattlichen Bibliothek erreicht, und das detaillierte Eingehen auf alle in dieser Diskussion benutzten Argumente wäre in dieser Darstellung ein Ding der Unmöglichkeit. Dennoch muß kurz erklärt werden, warum ich mich der Auffassung derer anschließe, die keine »Pause« oder Diskontinuität in der Entwicklung des Marxschen Denkens konstatieren, die vielmehr geneigt sind, in dieser Entwicklung die fortwährende Präsenz ein und derselben philosophischen Inspiration verfolgen zu können, deren Hauptgerüst dem Hegelschen Erbe entstammt.

Es muß auch hinzugefügt werden, daß die Frage nicht darin besteht, ob Marx sich im Verlauf seines vierzigjährigen Schaffens überhaupt geändert habe oder nicht (denn es ist offenkundig, daß er sich in vielerlei Hinsicht geändert hat), und nicht darin, ob man aus den »Manuskripten« von 1844 guten Gewissens den ganzen Inhalt des »Kapital« herauslesen könne oder nicht (denn es ist offenkundig, daß der Marxismus ohne die Wert- und Mehrwerttheorie nicht dasselbe ist wie der Marxismus, der bereits über eine diesbezügliche ausgereifte Theorie verfügt). Es geht jedoch darum, ob die Elemente seiner früheren Konzeptionen, die Marx, wie es scheint, später aufgegeben hat, wichtig genug sind, um auf ihrer Grundlage die Hypothese vom prinzipiellen geistigen Umbruch zu errichten, oder ob die Werttheorie und ihre Konsequenzen ein wesentliches Novum darstellen, das der Philosophie der frühen 40er Jahre entweder widerspricht oder in dieser Philosophie in keiner Weise antizipiert ist. Die so gestellte Frage beantworte ich wie folgt:

Das fundamentale Novum der Analysen des »Kapital« ist in zwei Punkten enthalten, die ein verändertes Bild der gesamten kapitalistischen Gesellschaft nach sich ziehen, wenn man es mit dem vergleicht, zu dem die klassische Ökonomie gelangt war, die die Arbeit zum Wertmaßstab erklärte. Diese beiden Punkte sind 1. die Annahme, daß *der Arbeiter nicht seine Arbeit, sondern seine Arbeitskraft verkaufe*, sowie die Entdeckung *des Doppelcharakters der Arbeit* – der abstrakten und konkreten Arbeit. *Beide zusammen bilden die endgültige Formel der Marxschen Theorie der Entmenschung*, die erstmalig in den Jahren 1843–44 umrissen wurde. Marx erkennt das Wesen der Ausbeutung in dem Akt, in dem der Arbeiter seine Arbeitskraft verkauft, d. h. sich selbst entäußert, wodurch sowohl der Arbeitsprozeß als auch seine Produkte zu etwas Fremdem und Feindseligen werden, ihn seines menschlichen Wesens, seiner Menschheit berauben, anstatt diese zu affirmieren. Marx ist zweitens dank der Entdeckung des Doppelcharakters der Arbeit, der sich im Gegensatz von Tausch- und Gebrauchswert ausdrückt, fähig, das Wesen des Kapitalismus als eines Systems zu charakterisieren, in dem das *unbegrenzte Wachstum des Tauschwerts das einzige Ziel der Produktion* darstellt, in dem das Gesamt der Lebensaktivitäten der Menschen der un-menschlichen Aufgabe unterworfen wird, etwas zu erzeugen, das der Mensch sich nicht als Mensch aneignen kann (denn so lassen sich ausschließlich die Gebrauchswerte aneignen). Folglich erweist sich der Kapitalismus als ein System, in dem die ganze Gesellschaft der Herrschaft der eigenen Produkte (Abstrakta) untergeordnet ist, die sich ihm von außen als eine fremde Macht entgegenstellen. Die Entfremdung des politischen Überbaus dieses Systems sowie die Bewußtseinsdeformationen sind Folgen dieser genuinen Arbeitsentfremdung, die jedoch keinen »Fehler« der Geschichte darstellen, sondern eine zwangsläufige Bedingung ihrer künftigen Entfaltung in einer Gesellschaft von freien Menschen, die den eigenen Lebensprozeß unter ihrer Kontrolle haben.

Daher kann man das »Kapital« als die Fortsetzung der ursprünglichen Intention betrachten, von der Marx in seinen frühesten Versuchen der Hegelkritik geleitet war. Daher ist auch der Rekurs auf die fast dreißig Jahre zurückliegende Hegelkritik im Nachwort zur 2. Auflage des ersten Bandes des »Kapital«, also sicherlich auf die »Manuskripte«, eine Bekräftigung dieser Kontinuität.

Wahr ist zwar auch, daß Ausdrücke wie »Rückkehr des Menschen zu seinem eigenen Gattungswesen«, »Versöhnung von Wesen und Dasein« und ähnliche nach 1844 nicht mehr in den Marxschen Texten auftauchen. Das erklärt sich aber am besten, wie bereits gesagt, durch die Polemik gegen den deutschen »wahren Sozialismus«, der *nicht nur den Sozialismus selbst, sondern auch die Bewegung auf ihn hin als Sache der ganzen Menschheit betrachtete* und ohne Unterschied an alle gesellschaftlichen Klassen zu appellieren gedachte, nicht aber an das herausgestellte Interesse des Proletariats. Marx hingegen mied, seit er zu der Überzeugung gelangt war, daß *die Bewegung auf den Sozialismus hin vom Klassenkampf, nicht aber von allgemeinmenschlichen humanistischen Gefühlen gelenkt werden müsse* und daß die neue Gesellschaftsordnung nur durch die extreme Verschärfung dieses Kampfes und womöglich auch durch die Anwendung revolutionärer Gewalt verwirklicht werden könne, alle Ausdrücke, die die Idee der Solidarität mit den feindlichen Klassen oder den Gedanken an über den Klassen stehende Ideale oder Emotionen nahelegen konnten, die eine Weltveränderung intendierten. Dennoch erfuhr die ursprüngliche Intention keine Veränderung. Marx verband nämlich auch weiterhin mit dem Sozialismus die Hoffnung auf Aufhebung der Klassen und Privilegien, er betrachtete den Sozialismus auch weiterhin als *menschliche*, nicht aber partikular-klassenmäßige Angelegenheit, er analysierte weiterhin – obgleich ihn die Ausbeutung des Arbeiters selbstverständlich unvergleichlich stärker beschäftigte – den Prozeß der Entmenschung und Verdinglichung auch auf der Seite der Besitzenden.

Es muß darauf hingewiesen werden, daß der Gedanke von der »Rückkehr des Menschen zu sich selbst« in der *Entfremdungskategorie selbst* enthalten ist, mit der Marx weiterhin operierte. Was ist die Entfremdung anderes wenn nicht der Prozeß, in dem der Mensch sich einer Sache entäußert, in der er selbst wahrhaftig *ist*, sich demnach der eigenen Menschheit entäußert? Um dieses Wort sinnvoll zu gebrauchen, müssen wir voraussetzen, daß wir bereits wissen, worin die Bedingung des Menschseins besteht, d. h., was der verwirklichte Mensch ist im Unterschied zum verlorenen Menschen, was die »Menschheit« oder die »menschliche Natur« ist, aber nicht die Natur im Sinne der empirisch zugänglichen konstanten Qualitäten, sondern im Sinne eines Komplexes von Bedingungen, die erfüllt sein müssen, damit der Mensch wahrhaft zum Menschen wird. Ohne dieses Modell oder Muster, und sei es nur verschwommen umrissen, läßt sich dem Wort »Entfremdung« kein Sinn zuschreiben. Daher ist in den auf die Entfremdungskategorie rekurrierenden Marxschen Texten dieses unhistorische oder vorhistorische normative Menschheitsmodell unaufhörlich, wenngleich verborgen, gegenwärtig, doch stellt es keinen Komplex konstanter und unveränderlicher Qualitäten dar, die einen endgültigen, beliebig erfundenen Zweck festsetzen, es ist vielmehr die Vorstellung der Bedingungen einer unbegrenzten und freien Entwicklung, eines unendlichen Prozesses, in dem die Menschen bei minimalstem Zwang von seiten der materiellen Bedürfnisse ihre eigenen schöpferischen Vermögen in Freiheit äußern könnten. *Die Erfüllung der Menschheit* bedeutet für Marx nicht das Erreichen irgendeiner *endgültigen Genugtuung,* die die Entwicklung der menschlichen Gattung zum Abschluß bringen würde; sie ist jedoch die *endgültige* Befreiung des Menschen von den Umständen, die seiner Entfaltung im Wege stehen und seine eigenen Produkte zu einer Kraft machen, die ihn unterjochen. So ist also nicht nur die Idee des Freiseins von Entfremdung, sondern auch die Idee der Entfremdung selbst ohne wertende Voraussetzung, ohne Wissen darüber, was »Menschsein« bedeutet, unverständlich.

Der Terminus »Entfremdung« erscheint zwar nach 1858 seltener in den Marxschen Texten (oft begegnet man ihm noch in den »Grundrissen« von 1857–58 und gelegentlich im »Kapital«). Wir haben es jedoch mit einem verbalen, nicht aber sachlichen Wandel zu tun, denn die Ganzheit der Prozesse, in denen *sowohl die menschliche Arbeit wie deren Produkte* den arbeitenden Subjekten entfremdet werden, ist im »Kapital« in einer Weise beschrieben worden, die keinen Zweifel darüber aufkommen läßt, daß wir uns auch weiterhin innerhalb der Beschreibung desselben Phänomens befinden, das die »Manuskripte« erstmalig entdeckten.

Marx hat die Entfremdung niemals – und dies ist ein wichtiger Punkt seiner frühen Hegelkritik – mit der Entäußerung identifiziert, d. h. dem Arbeitsakt selbst, in dem die menschlichen Kräfte und Fähigkeiten sich in neue Produkte verwandeln. Andernfalls wäre der Gedanke von der Aufhebung der Entfremdung offensichtlich absurd, sofern die Menschen unter allen vorstellbaren Umständen ihre Energien zur Herstellung von Dingen verausgaben müssen, deren sie bedürfen. Als Folge der Identifizierung von Entfremdung und Entäußerung kann sich die Hegelsche Doktrin keine andere Versöhnung des Menschen mit der Welt als in

Gestalt der Aufhebung der »Objektivität« des Objekts selbst vorstellen. Für Marx bedeutet die Tatsache, daß die Menschen ihre Kräfte »objektivieren«, jedoch keinesfalls zwangsläufig, daß sie um das Hergestellte ärmer werden, im Gegenteil ist die Arbeit »an sich« ein Akt der Selbstaffirmation des Menschen, nicht aber seine Verneinung, sie ist die wichtigste Form des permanenten Selbsterzeugungsprozesses des Menschen. Nur unter gesellschaftlichen Bedingungen, die von Arbeitsteilung und Privateigentum beherrscht sind, werden die Produktionstätigkeiten zur Quelle von Unglück und Enthumanisierung, vernichtet die Arbeit den Arbeitenden, statt ihn zu bereichern. Indem die Menschen die entfremdete Arbeit aufheben, hören sie keineswegs auf, ihre Kräfte zu entäußern und zu »objektivieren«, werden vielmehr befähigt, die Produkte ihres Schaffens sich selbst als Ausdruck der gemeinschaftlichen Kraft anzueignen.

Es scheint auch nicht, als sei ein Unterschied vorhanden zwischen der Bejahung der Selbstaffirmation, die der Mensch – nach dem jungen Marx – in der Produktionsarbeit erfährt oder erfahren kann, und den Gedankengängen des 3. Bandes des »Kapital«, denen zufolge der künftige Fortschritt in der stufenweisen Reduzierung der notwendigen Arbeit bestehen werde, d. h. der Arbeit, die zur Herstellung von Objekten benötigt wird, die für das biologische Überleben des Menschen ganz einfach unerläßlich sind. Die Reduzierung der notwendigen Arbeit ist nämlich nicht gedacht als eine Steigerung des Faulenzertums, sondern als Vermehrung der von den Zwängen des materiellen Lebens befreiten Freizeit, die auch für das freie Schaffen verwendbar wird. Das Ideal besteht nicht in permanentem Müßiggang, sondern im Schaffen, dessen Paradigma für Marx stets die künstlerische Arbeit war: ernsthafte, absorbierende Arbeit, keineswegs unbekümmertes Faulenzen. Der Mensch wird also weiterhin seine Menschheit in der Arbeit affirmieren, doch in immer geringerem Maße in einer Arbeit, deren Resultate Fleisch, Schuhe und Stühle sind, vielmehr in steigendem Maße in einer Arbeit, die in den Werken der Wissenschaft und Kunst ihre Früchte tragen soll.

Auch gibt es gute Gründe für die Behauptung, daß die in den »Manuskripten« von 1844 dargelegten Gedanken über die Natur, die der Mensch nicht in ihren selbständigen Formen erkenne, sondern in einer durch das gesellschaftlich geschaffene Bedürfnissystem vermittelten Weise, für Marx keineswegs ihre Gültigkeit verloren haben. In einem seiner letzten Texte, nämlich in den Kommentaren zum »Lehrbuch der politischen Ökonomie« von Adolph Wagner (die nach 1880 entstanden sind), stoßen wir auf die Wiederholung der nämlichen Idee: der Mensch beziehe sich auf die Außenwelt als auf das Mittel zur Befriedigung seiner Bedürfnisse, nicht aber als auf das Objekt einer theoretischen Kontemplation; daher seien die Eigenschaften, welche er in der Welt auszeichne und sodann sprachlich fixiere, also das gesamte System seiner Begriffskategorien, gemäß der praktischen Einstellung des bedürftigen Menschen gestaltet. Es erscheint daher als unzweifelhaft, daß Marx die »Widerspiegelungstheorie« niemals im Sinne eines Prinzips akzeptiert hat, demzufolge die Qualitäten der Welt, wie sie »an sich« sind, sich in den menschlichen Sinnen »widerspiegeln« und dort ihre »Abbilder« hinterlassen, die danach zu abstrakten »Begriffen« umgearbeitet werden.

Es könnte hingegen erscheinen, als tauchte der romantische Gedanke von der Rückkehr des Menschen zur Einheit mit der Natur nach 1844 nicht mehr bei Marx auf, ja man könnte sogar anhand der »Grundrisse« annehmen, daß Marx in dieser Hinsicht einen utilitaristischen oder dem Utilitarismus nahestehenden Standpunkt bezogen habe. In einer seiner zahlreichen Ausführungen über die beispiellose zivilisatorische Rolle, die der Kapitalismus gespielt habe (wir kennen ähnliche Bemerkungen sowohl aus dem »Manifest« wie aus dem »Kapital«), sagt Marx, daß das Kapital den Menschen erstmalig die »universelle Aneignung der Natur« ermöglicht habe, die erstmalig zu einem gewöhnlichen Gebrauchsgegenstand geworden sei, anstatt wie bisher Gegenstand eines abgöttischen Kults. Doch auch in diesem Punkt kann man schwerlich von einer wesentlichen »Wende« sprechen. Marx hatte jenes abgöttische Verhältnis zur Natur, dessen Zerstörung er als Leistung des Kapitals ansieht, nämlich niemals geteilt, d. h., er hat nie behauptet, daß die »Natur an sich« oder die Natur als »wildes«, vom Menschen ungezähmtes Ding einen solchen Kult verdiene. Er ging statt dessen davon aus, daß wir sie entsprechend unseren Bedürfnissen wahrnehmen und begrifflich organisieren und daß der menschliche Fortschritt die Natur in immer stärkerem Maße in eine vermenschlichte, d. h. immer weniger unberechenbare, immer gefügigere verwandle. Es besteht kein Anlaß zu der Annahme, daß der Marxsche Standpunkt sich in dieser Hinsicht gewandelt habe, auch wenn sich seine diesbezügliche Ausdrucksweise gewandelt haben sollte.

Überhaupt nahm die Veröffentlichung der »Grundrisse« – wie bereits gesagt – denen, die in der Marxschen Entwicklung eine wesentliche Diskontinuität ausfindig gemacht haben wollten, einen Teil ihrer Argumente. Bei ihrer Lektüre kann man in der Tat schwerlich übersehen, daß Marxens Wert- und Geldtheorie gewissermaßen zwanglos in seine Theorie der Entfremdung eingegangen sind. Gewiß, wir haben es hier mit der Synthetisierung von zwei verschiedenen Traditionen zu tun: des Hegelianismus und der klassischen englischen Ökonomie, die Marx bereits in seiner Pariser Zeit zu studieren begonnen hatte. Und dies ist in der Tat eine seiner größten Leistungen: Es ist ihm gelungen, seine von

Bauer, Feuerbach und Heß inspirierte Entfremdungstheorie in begrifflichen Kategorien auszudrücken, die er, nicht ohne Modifizierungen, dem ricardianischen Erbe entnahm.

2. Die Werttheorie. Die Tradition der klassischen Ökonomie

Die Werttheorie, die den Kern des »Kapital« bildet, hatte eine Geschichte hinter sich, die man bis zu Aristoteles hin verfolgen kann. Diese Theorie entsprang sowohl dem rein theoretischen Interesse als auch durchaus praktischen Bedürfnissen, die mit dem Warenaustausch zusammenhingen. Die theoretische Fragestellung war folgende: Wenn die Waren in bestimmten Proportionen gegeneinander ausgetauscht werden, dann besitzen sie offensichtlich eine Eigenschaft, die sie – trotz aller qualitativen Unterschiede – quantitativ vergleichbar macht; worin besteht diese gemeinsame Eigenschaft, die die Vielheit der Dinge auf ein gemeinsames Maß reduziert? Die praktische Frage wiederum, die häufig von den Autoren des Mittelalters erörtert wurde, lautete: Wie soll der gerechte Preis der Waren bestimmt werden? Diese letzte Frage war, wiewohl in normativer Gestalt formuliert, in Wirklichkeit dieselbe Frage wie die nach den Bedingungen des äquivalenten Austauschs, d. h. eines Austauschs, in dem der Käufer dem Verkäufer den Wert erstattet, der ihm »wirklich« zusteht. Diese Frage war unmittelbar mit einer anderen verknüpft, die von vielen Theologen, Moralisten und politischen Autoren des Mittelalters behandelt wurde: Ist der Kreditzins legitim, und in welcher Weise kann man seine Legitimität begründen? Es war klar, daß das Problem des »gerechten Preises« und des Zinses nicht anders entschieden werden konnte als durch die Entscheidung darüber, worin der Wert der Ware »in Wahrheit« bestehe und auf welche Weise man ihn messen könne.

Der Gedanke, daß der »reale« Wert der Ware am Arbeitsquantum gemessen wird, das für ihre Herstellung aufgewandt wurde, erscheint schon vor dem 18. Jahrhundert gelegentlich bei vielen Theoretikern. Marx hat die Geschichte dieses Problems ungemein detailliert studiert und die Lehren zum Ausgangspunkt seiner eigenen Theorie gemacht, die vor allem in zwei klassischen Werken dargelegt wurden, die seiner Meinung nach die wissenschaftliche politische Ökonomie begründet haben: »An Inquiry into the Nature and Causes of Wealth of Nations« (1776) von Adam Smith und »On the Principles of Political Economy and Taxation« (1817) von David Ricardo.

Smith ging es, in Übereinstimmung mit dem Titel seines Hauptwerkes, darum, herauszuarbeiten, worin das Wachstum des nationalen

Reichtums besteht und auf welche Weise man ihn objektiv messen kann, d. h. unabhängig von den Preisfluktuationen. Er ging davon aus, daß das Wachstum der Güter erwünscht sei, und wollte beweisen, daß die staatlichen Eingriffe in die Produktions- und Austauschprozesse sich hemmend auf dieses Wachstum auswirken. Er führte die Unterscheidung zwischen produktiver und unproduktiver Arbeit ein, indem er der ersten nicht nur (wie die Physiokraten) die landwirtschaftliche Arbeit zurechnete, sondern jegliche Beschäftigungen, die auf der nützlichen Bearbeitung materieller Objekte beruhen (also ausgenommen Dienstleistungen, Verwaltungsarbeiten, politische und intellektuelle Tätigkeiten) und die darüber hinaus zur Entstehung von »Überschüssen« beitragen, die der Produktionserweiterung im nächsten Zyklus dienen können. Die Frage, wie man den Wert eines Produkts zu messen habe, war in Smiths Auffassung der Frage untergeordnet, wie das Nationaleinkommen zu errechnen sei. Er unterschied den Gebrauchswert (d. h. die Fähigkeit zur Befriedigung der menschlichen Bedürfnisse) vom Tauschwert, der den eigentlichen Gegenstand der Ökonomie darstellt; es ist jedoch klar, daß es herausragende nützliche Objekte gibt, die niemals zum Tauschobjekt werden (z. B. die Luft), und andere, deren Nützlichkeit unerheblich ist und die dennoch gewaltige Preise auf dem Markt erzielen.

Doch der Tauschwert ist keineswegs dasselbe wie der reale Warenpreis; im Gegenteil, es geht um die Untersuchung der Bedingungen, unter denen die Preise dem »realen« Wert entsprechen, und der Ursachen, aufgrund welcher sie von diesem Wert abweichen. Den wirklichen oder »natürlichen« Wert der Waren mißt man am Quantum der in sie investierten Arbeit. So geschah es zumindest in den primitiven Gesellschaften, in denen die Menschen ihre Produkte gemäß den Proportionen der Arbeitszeit austauschten, die zu ihrer Herstellung erforderlich war (oder z. B. zum Erjagen eines Tieres). Doch in den modernen Gesellschaften tragen außer der Arbeit noch andere Faktoren zur Produktion bei, und zwar Kapital und Erde. Letzten Endes enthält der Wert oder der natürliche Preis eines Produkts also den Arbeitslohn des Arbeiters, die Rückverwandlung des Kapitals im Produktionsprozeß sowie die Rückverwandlung der Rente, die dem Bodeneigentümer zufällt. Die Verteilung der Gewinne, die beim Verkauf der Produkte erzielt werden, unter die Arbeiter, die Grundeigentümer und die Kapitaleigner ist demnach mit der Natur der Sache übereinstimmend. Das allgemeine Wachstum liegt im allgemeinen im Interesse aller Klassen, die an der Produktion beteiligt sind (Smith behauptete nicht, daß die Arbeitslöhne grundsätzlich vom physischen Minimum bestimmt seien, wie es Malthus später zu beweisen versuchte und auch Marx, zumindest in einer bestimmten Phase). Es liegt auch in ihrem Interesse, daß die Marktpreise möglichst nahe an den »natürlichen« Preisen liegen; diese Aufgabe übernimmt der Markt selbst, der spontan, trotz permanenter Schwankungen, die Preise um den Wert oszillieren läßt; die künstliche Regelung dieses Mechanismus durch administrative Maßnahmen kann seiner Wirksamkeit eher schaden als sie vervollkommnen. Der Markt reduziert auch die Heterogenität der menschlichen Arbeit auf ein gemeinsames Maß: Es ist nämlich klar, daß die Arbeiten sich hinsichtlich des Komplexitätsgrades und der zu ihrer Ausführung benötigten Fähigkeiten erheblich unterscheiden, daß sie also unterschiedlich bezahlt werden müssen, nicht nur gemäß der Zeit.

Smith nannte letzten Endes keine Methode, mit deren Hilfe sich der »natürliche« Preis und das Nationaleinkommen unabhängig vom Marktpreis berechnen ließen. Sein Werk stellt jedoch den ersten Versuch der Herausbildung eines kompletten Kategoriensystems dar, das auf die Analyse der wirtschaftlichen Tätigkeiten der Gesellschaften anwendbar war, unter der Voraussetzung, daß die Wirtschaft Gesetzen *sui generis* unterliegt, die von den menschlichen Intentionen unabhängig sind, und daß sie von der »unsichtbaren Hand« des Marktes gelenkt wird. »Der Reichtum der Nationen« war eines der historisch wichtigsten Dokumente des Liberalismus, wenngleich Smith seinen Glauben an die wohltätigen Wirkungen der automatisch waltenden Konkurrenz- und Marktgesetze bestimmten Restriktionen unterwarf. Bei ihm sind die ökonomischen und moralischen Probleme noch nicht klar voneinander getrennt.

Ricardo stellte sich Fragen, die ein wenig anders geartet waren als die Smithschen, machte jedoch, zumindest teilweise, von den gleichen analytischen Instrumenten Gebrauch. Es ging ihm nicht so sehr darum, wie man das Nationaleinkommen zu berechnen habe, sondern um die Ermittlung der Umstände, von denen die Verteilung dieses Einkommens zwischen den verschiedenen sozialen Klassen abhängt. Er war der Auffassung, daß der Wert der Produkte sich theoretisch auf Einheiten der menschlichen Arbeit zurückführen lasse (auch die Maschinen könne man als Summe der in ihre Konstruktion investierten Arbeit behandeln), gestand jedoch, daß derartige Berechnungen für die Untersuchung der ökonomischen Prozesse auf größerer Skala nicht durchführbar seien. Außerdem entdeckte Ricardo einen Widerspruch zwischen der Tendenz zum Ausgleich der Profitrate in unterschiedlichen Produktionszweigen und der Abhängigkeit der Preise der Produkte von der Arbeit: Es ist nämlich evident, daß in unterschiedlichen Industriezweigen auch unterschiedliche Kapitalmassen auf eine Arbeitseinheit fallen, so daß eine gleiche Profitrate nicht unter der Voraussetzung der Proportionalität von Arbeitsaufwand und Warenpreis erreicht werden kann. Letzten Endes spielte bei Ricardo die Theorie des auf Arbeit basierenden Werts nicht die wesentliche Rolle, die ihr in der Marxschen Lehre zuteil werden sollte.

Ricardo sah die Interessenkonflikte zwischen den Kapitaleignern und Lohnarbeitern viel klarer als Smith. Er gab zu, daß der technische Fortschritt zur Senkung der Beschäftigung führen und somit das allgemeine Einkommen der arbeitenden Klassen reduzieren kann. Er war auch eher geneigt, die Malthussche Auffassung zu teilen, derzufolge die Löhne die natürliche Tendenz haben, um das vom physischen Minimum bestimmte Niveau zu oszillieren, da die Lohnsteigerung normalerweise das Wachstum der Geburtenrate der Arbeiterklasse nach sich ziehe und damit ein erhöhtes Angebot an Arbeitskraft und eine erneute Senkung der Löhne.

Für Marx war die englische klassische Ökonomie das Muster der unvoreingenommenen wissenschaftlichen Analyse, die nicht von Emotionen geleitet war, sondern von dem Bestreben, die wirklichen Mechanismen des Wirtschaftslebens zu entdecken. Zwar blieb ihm der ideologische Background dieser Ökonomie nicht verborgen (die Verteidigung der liberalen Wirtschaftsordnung und – vor allem – die Hinnahme dessen, daß die Grund- und Kapitaleigentümer als solche an der Produktion teilnehmen und infolgedessen entsprechend entlohnt werden, als »natürliche« Sache). Doch für Marx war bei Smith und Ricardo die Beschreibung der Wechselbeziehungen selbst von entscheidender Bedeutung, in denen die verschiedenen Variablen, die an den Produktionsprozessen beteiligt sind, zueinander stehen: Investition, Bevölkerungszuwachs, Arbeitslöhne, Lebensmittelpreise, Außenhandel usw. Die klassische Ökonomie ging – ähnlich wie Hegel – davon aus, daß man vom Funktionieren der Gesellschaft nicht allzuviel verstehen könne, wenn man die Intentionen erforscht, von denen die Menschen sich in ihrem individuellen Verhalten leiten lassen, und daß die Ganzheit der gesellschaftlichen Prozesse von Abhängigkeiten und Gesetzmäßigkeiten geregelt wird, die nicht Inhalt irgend jemandes Intention, sondern bei der Determination des Verhaltens »wirklicher« seien als alles, was die Menschen über sich selbst denken, zusammengenommen.

Für Marx hatte die Werttheorie jedoch völlig andere Aufgaben zu erfüllen als in der Lehre irgendeines seiner Ökonomie-Vorgänger. Sie war weder dem Problem der Profitkalkulation noch der Frage nach den Mechanismen der Profitverteilung untergeordnet, sondern der Frage nach der Natur der Ausbeutung in einer auf Privateigentum gestützten Gesellschaft.

Daher sind, neben den zwei bereits erwähnten Punkten (Doppelcharakter der Arbeit; Verkauf der Arbeitskraft und nicht der Arbeit im System der Lohnarbeit), zwei weitere Punkte grundlegend für das Verständnis der Umgestaltung, die die Werttheorie unter Marx' Händen erfahren hat: der Gedanke, daß die Arbeit nicht nur Wertmesser, sondern auch einzige *Quelle* des Werts sei (was es bei Ricardo nicht gab), sowie die These, daß das Phänomen des Tauschwerts selbst keine natürliche und unausweichliche Eigenschaft des gesellschaftlichen Lebens oder auch nur der zivilisierten Gesellschaften sei, sondern eine historische Übergangsform, in der sich Produktion und Austausch organisierten; die Zukunftsgesellschaft werde den Tauschwert überhaupt nicht mehr kennen. In diesen vier Punkten lassen sich die Veränderungen zusammenfassen, die Marx an der herkömmlichen Werttheorie vornahm.

Marx veränderte, verbesserte und ergänzte seine ökonomische Lehre über viele Jahre hinweg. Seine ersten ökonomischen Notizen aus den Jahren 1844–45 zeugen (wie Ernest Mandel demonstrierte) davon, daß er die ricardianische Werttheorie damals für falsch hielt, und zwar deshalb, weil sie unfähig war, die Diskrepanz zwischen Angebot und Nachfrage zu erklären, ebensowenig also auch die Krisen, und weil er sie für moralisch suspekt hielt, da aus ihr zu folgern war, daß der natürliche Wert der menschlichen Arbeit vom physischen Minimum determiniert sei.

Marx gelangte über mehrere Etappen zur endgültigen Formulierung der eigenen Theorie, die wir hier jedoch nicht verfolgen, sondern uns mit der Darlegung der endgültigen, im »Kapital« enthaltenen Version begnügen wollen.

3. Die Doppelform des Wertes und die Doppelform der Arbeit

Der Ausgangspunkt des »Kapital« besteht in der Beobachtung, daß sich jedes nützliche Ding unter einem Doppelaspekt betrachten läßt: *im Hinblick auf seine Qualitäten,* die dazu beitragen, daß es auf die eine oder andere Weise nützlich ist – als Leinen, Stuhl, Brot –, und zweitens im Hinblick darauf, daß es die *Verkörperung eines bestimmten Quantums von Arbeit überhaupt* darstellt, unabhängig von der Spezifität dieser Arbeit. Die Produkte der menschlichen Arbeit können infolgedessen einen doppelten Wert aufweisen oder vielmehr zwei völlig inkommensurable Werte: den Gebrauchswert, d. h. den Komplex von Eigenschaften, dank denen sie irgendwelche menschlichen Bedürfnisse befriedigen, zu etwas nutze sein können, sowie den *Wert,* der keine physikalische oder chemische Qualität ist, sondern nichts als der Umstand, daß eine bestimmte Summe an Arbeitszeit zur Herstellung einer gegebenen Sache verausgabt wurde. Im Nebeneinander der verschiedenen Waren im Austauschprozeß tritt der Wert als *Tauschwert* in Erscheinung. Die konkreten nützlichen Gegenstände werden somit zu Trägern eines abstrakten Tauschwerts als »Kristalle« einer homogenen Arbeitszeit, die nur als Quantität, ohne Rücksicht auf ihren besonderen Charakter betrachtet wird. *Nur* die Arbeit als solche schafft den Tauschwert; die Gegenstände, die nützlich, nicht aber Produkte der Arbeit sind (d. h. die von der Natur gelieferten Güter, der unkultivierte Boden, die Wasserenergie, der natürliche Wald), besitzen keinen Wert, wenngleich sie einen Preis haben (diesen Umstand erklärt Marx später unter Berufung auf den Begriff des Mehrwerts).

Als Tauschwerte sind die Dinge somit *quantitativ* miteinander *vergleichbar*, nämlich im Hinblick auf die in ihnen geronnene Arbeitszeit. Dank dessen können sie zu Tauschobjekten werden, im Austausch aber werden sie auf eine homogene Eigenschaft reduziert, die Arbeitszeit. Doch der Wert ist nicht durch die Zeit der *effektiv* für die Herstellung des gegebenen Gegenstandes verausgabten Arbeit bestimmt, d. h., es verhält sich nicht so, daß ein Brötchen doppelt soviel wert wäre als ein anderes, aus dem alleinigen Grund, weil ein Bäcker infolge schlechterer technischer Voraussetzungen oder geringerer Kapazität zweimal soviel Zeit für seine Herstellung benötigt als der andere. Es geht nicht um die faktische Zeit, sondern um die *gesellschaftlich notwendige Arbeitszeit*, d. h. darum, wieviel Zeit durchschnittlich für die Herstellung eben dieses Gegenstandes unter gegebenen historisch bestimmten Produktionsbedingungen und bei einem bestimmten Stand der menschlichen Fähigkeiten erforderlich ist. Jene notwendige Arbeitszeit bestimmt die Gegenstände hinsichtlich ihrer *gegenseitigen* Wertigkeit, gestattet ihren quantitativen Vergleich sowie ihren Ver- und Ankauf in bestimmten Proportionen. Waren, die die gleiche Arbeitssumme erfordern, besitzen denselben Wert, zurückgeführt auf einen einheitlichen Wertmesser, auch wenn sie sonst hinsichtlich aller physikalischen Qualitäten und ihrer Anwendungsmodi sich gänzlich unterscheiden sollten.

Es ist evident, daß der Besitz des Gebrauchswerts die notwendige (wenngleich nicht hinreichende) Bedingung ist, daß eine Ware einen Tauschwert besitzt, d. h., daß nur solche Arbeitsprodukte faktisch als Waren ausgetauscht werden können, die irgendwelche menschlichen Bedürfnisse befriedigen, zu irgend etwas nützlich sind. Nur sie können zur *Ware* werden, d. h. auf andere Menschen auf dem Wege des Austauschs übergehen. Mit anderen Worten: Das Ding kann keinen Tauschwert annehmen, ohne die Gestalt der Ware anzunehmen, kann also nicht zur Ware werden, ohne in den Austauschprozeß zu treten. Die Menschen verausgaben ihre Zeit jedoch seit jeher für die Erzeugung von Nutzgütern, doch solange es kein System des Austauschs dieser Güter gibt, welches diese Güter auf die homogene Arbeitszeit zurückführt, gibt es weder Ware noch Tauschwert. Der Tauschwert ist keine Eigenschaft des Dinges »an sich«, sondern eine Eigenschaft, die ihm aufgrund seiner Teilnahme an der gesellschaftlichen Zirkulation und dem Austausch der Güter verliehen wird. Nur im gegenseitigen Vergleich ihrer Produkte bewirken die Menschen, daß diese Produkte zu Werten werden. »Eine Ware gewinnt nur allgemeinen Wertausdruck, weil gleichzeitig alle andren Waren ihren Wert in demselben Äquivalent ausdrücken, und jede neu auftretende Warenart muß das nachmachen. Es kommt damit zum Vorschein, daß die Wertgegenständlichkeit der Waren, weil sie das bloß ›gesellschaftliche Dasein‹ dieser Dinge ist, auch nur durch ihre allseitige gesellschaftliche Beziehung ausgedrückt werden kann, ihre Wertform daher gesellschaftlich gültige Form sein muß« (»Kapital« I, 1. Kap. 3 C, 1).[1] Voraussetzung für die Warenform der Gegenstände ist mithin eine bestimmte Art von gesellschaftlicher Beziehung, namentlich die Situation, in der die am Austausch beteiligten Personen zueinander als Privateigentümer auftreten, d. h. als »Personen (. . .), deren *Willen* [Hervorhebung L. K.] in jenen Dingen haust, so daß der eine nur mit dem Willen des andren, also jeder nur vermittels eines, beiden gemeinsamen Willensakts sich die fremde Ware aneignet . . .« (*ebd.*, 2. Kap.).[2] »Alle Waren sind *Nicht-Gebrauchswerte für ihre Besitzer, Gebrauchswerte für ihre Nicht-Besitzer.* Sie müssen also allseitig die Hände wechseln. Aber dieser Händewechsel bildet ihren Austausch, und ihr Austausch bezieht sie als Werte aufeinander und realisiert sie als Werte. Die Waren müssen sich daher *als Werte realisieren, bevor sie sich als Gebrauchswerte realisieren können*« (*ebd.*, 2. Kap. – Hervorhebungen L. K.).[3]

Diese, der Natur unbekannte, durch die menschlichen Gesellschaftsverhältnisse verliehene Eigenschaft des Dings, die der Wert darstellt, setzt somit, nach Marx, die *Doppelform der menschlichen Arbeit* voraus. Die Arbeit ist, abgesehen davon, daß sie eine qualitativ bestimmte, konkrete Tätigkeit ist, die an einem qualitativ bestimmten Material ausgeführt wird, auch Arbeit schlechthin, d. h. *Verausgabung menschlicher Arbeitskraft.* Diese *abstrakte, homogene* menschliche *Arbeit* ist der eigentliche Schöpfer des Tauschwerts, während die qualitativ differierende Arbeit die Gebrauchswerte schafft. Indem wir den Prozeß der Warenproduktion betrachten (d. h. der Produktion, die auf den Austausch abzielt), abstrahieren wir von der Differenz der Arbeit des Bäkkers, des Spinners oder des Holzfällers, indem wir ihre Tätigkeit in ihrer Bezogenheit auf eine gemeinsame Eigenschaft als identisch betrachten: die Verausgabung von Arbeitskraft innerhalb einer meßbaren Zeit. Auf diese Weise reduzieren wir alle noch so komplexen Arbeitsformen auf die einfache Arbeit, auf die Arbeitszeit. Wir begreifen dank dessen die Vergleichbarkeit und Austauschbarkeit der qualitativ heterogenen Produkte und verstehen auch, daß eine Änderung der Produktivkraft der Arbeit (Wechsel der Effizienz) sich in der Summe der hergestellten Gebrauchswerte niederschlägt, während die Summe der entstandenen Tauschwerte konstant bleibt. Erfolgt ein technologischer Fortschritt, so ergeben die gleichen Massen verausgabter Arbeit zwar mehr Güter, doch sinkt der Wert jedes einzelnen Gegenstandes entsprechend, infolgedessen bleibt die Summe der Werte unverändert. Auf jedem beliebigen Entwicklungsstand der Technologie erzeugt die Gesellschaft dasselbe Quantum neuer Werte aus demselben Quantum an Arbeitszeit.

Wenn alle Arbeitsprodukte ihren Wert nur im Austausch offenbaren, nur im *Nebeneinander mit anderen* Produkten, dann kann jedes einzelne ebensogut das Maß für alle anderen sein. Das Auftauchen eines allgemeinen Wertmaßes, nämlich des Geldes, war mithin möglich aufgrund der vorangegangenen Präsenz jener abstrakten Eigenschaft in den Dingen, die im Austauschprozeß erzeugt wird. Dieser Umstand wiederum, daß mit der Zeit bestimmte besondere Waren, nämlich Edelmetalle, eine privilegierte Stellung als Wertmesser erhielten, kommt nur daher, daß ihre Natureigenschaften (Homogenität, unbegrenzte Teilbarkeit, Korrosionsfestigkeit) sie gewissermaßen für diese Funktion prädestinierten, die bedeutend leichter von diesen wahrgenommen werden konnte als von anderen Arten von Geld, die aus früherer Zeit bekannt waren, jener Vorzüge aber entbehrten (z. B. Vieh). Im übrigen unterscheidet sich das Gold – im Hinblick auf seinen Charakter als Tauschwert – nicht von anderen Waren und verdankt seinen Wert keinen immanenten magischen Eigenschaften, sondern eben dieser einzigen und identisch gemessenen Eigenschaft, die in der Tatsache besteht, daß es Produkt der abstrakten Arbeit des Menschen ist. Das Gold mußte zuvor im Austauschprozeß als eine Ware nach dem Ebenbild der anderen Waren funktioniert haben, bevor es zu der herausragenden Rolle des universellen Wertmessers aufsteigen konnte. Doch im Geld, als Wertmesser, Tauschmittel, Zahlungsmittel, Instrument der Schatzbildung, verselbständigt sich der Tauschwert gleichsam, nimmt eine Gestalt an, die ihre Herkunft aus der Arbeit verschleiert. Die Möglichkeit, sich Arbeitsprodukte in Geldform anzueignen, ruft die Täuschung hervor, als wohne dem Geld oder dem Gold als solchem immanent, in ursprünglicher Weise, das Prinzip des Reichtums inne. Die gleichen Shakespeareschen Verse über das Gold in einer Anmerkung im »Kapital« zitierend, die er schon in den »Manuskripten« von 1844 zitiert hatte, sagt Marx: »Wie im Geld aller qualitative Unterschied der Waren ausgelöscht ist, löscht es seinerseits als radikaler Leveller alle Unterschiede aus. Das Geld ist aber selbst Ware, ein äußerlich Ding, das Privateigentum eines jeden werden kann. Die gesellschaftliche Macht wird so zur Privatmacht der Privatperson« (*ebd.*, 3. Kap., 3a).[4]

Solange wir die bloße Natur des Tauschwerts betrachten, setzen wir fiktiv voraus, daß die Waren zu ihrem Wert ausgetauscht werden. Doch das Auftauchen des Geldes schafft, neben dem Wert, den *Preis*, d. h. die effektive Masse des universellen Wertmessers, gegen die die anderen Waren eingetauscht werden. Bei der Verwandlung des Werts in den Warenpreis drücken die Waren ihr quantitatives Verhältnis zu den anderen Waren *als quantitatives Verhältnis zum Geld* aus. Dank dessen kommt es zur *quantitativen Inkongruenz* zwischen Geld und Preis, d. h., es wird eine Situation möglich, in der die Waren unter oder über ihrem in Geldform ausgedrückten Wert ausgetauscht werden. »Die *Preisform* läßt jedoch nicht nur die Möglichkeit quantitativer Inkongruenz zwischen Wertgröße und Preis, d. h. zwischen der Wertgröße und ihrem eignen Geldausdruck zu, sondern kann einen *qualitativen* Widerspruch beherbergen, so daß der Preis überhaupt aufhört, *Wert*ausdruck zu sein, obgleich Geld nur die *Wertform* der Waren ist. Dinge, die an und für sich keine Waren sind, z. B. Gewissen, Ehre usw., können ihren Besitzern für Geld feil sein und so durch ihren Preis die *Warenform* erhalten. Ein Ding kann daher formell einen Preis haben, ohne einen *Wert* zu haben. (. . .) Andrerseits kann auch die imaginäre Preisform, wie z. B. der *Preis des unkultivierten Bodens, der keinen Wert* hat, weil keine menschliche Arbeit in ihm vergegenständlicht ist, ein wirkliches Wertverhältnis oder von ihm abgeleitete Beziehung verbergen« (*ebd.*, 3. Kap., 1 – Hervorhebungen L. K.).[5]

Die Geldform schafft mithin die Möglichkeit des Widerspruchs und den Widerspruch selbst zwischen Wert und Wertrealisierung in Form des Preises. Die Summe der Produktionspreise des globalen gesellschaftlichen Produkts muß der Summe seines Wertes gleich sein – dieses Prinzip formuliert Marx im dritten Band des »Kapital«; doch diese Gleichheit läßt innerhalb der Warenwirtschaft nicht nur die Ungleichheit zwischen den einzelnen Bestandteilen beider Summen zu, setzt sie vielmehr sogar voraus, setzt namentlich Preise voraus, die um den Wert oszillieren, doch notorisch von ihm nach oben oder unten abweichen. Im Gegensatz zwischen Wert und Preis kommen die grundlegenden Widersprüche des kapitalistischen Produktions- und Austauschprozesses zum Ausdruck. Doch ist diese Ungleichheit keineswegs die Erklärung für den Profit; es ist nicht so, daß der Verkauf über den Wert die eigentliche Profitquelle wäre, er ist nur die Quelle einer seiner Sonderformen. Das Phänomen des Profits muß unter der Voraussetzung erklärt werden, daß alle Waren zu ihrem wirklichen Wert gehandelt werden. Das sei, wie Marx in der Abhandlung »Lohn, Preis und Profit« (1865) bemerkt, »paradox«. Jedoch: »Es ist ebenso paradox, daß die Erde um die Sonne kreist und daß Wasser aus zwei äußerst leicht entflammenden Gasen besteht. Wissenschaftliche Wahrheit ist immer paradox vom Standpunkt der alltäglichen Erfahrung, die nur den täuschenden Schein der Dinge wahrnimmt.«[6]

4. Warenfetischismus. Die Arbeitskraft als Ware

Bevor die Quelle des Profits jedoch geklärt wird, können wir Prozesse beobachten, die die Geldform selbst in das menschliche Bewußtsein einführt. In der Tat sind weder der Warenaustausch noch die Präsenz des Geldes hinreichende Bedingungen der kapitalistischen Produktion; diese verlangt, wie sich erweisen wird, noch zusätzliche Bedingungen: den freien Verkauf der Arbeitskraft sowie eine Produktion, deren grundsätzlicher Zweck die Vermehrung des Tauschwerts ist. Dagegen ist die Waren- und Geldform selbst, die die Gegenstände annehmen, Quelle einer spezifischen Täuschung, die Marx *Warenfetischismus* nennt und die den größten Teil des falschen Bewußtseins auf sich versammelt, das die menschlichen Köpfe produzieren, wenn sie das eigene gesellschaftliche Leben betrachten.

Der Warenfetischismus besteht darin, daß wir, indem wir die Verausgabung der Arbeitskraft an der Arbeitszeit messen, gewissermaßen jenes Maß, das sich ursprünglich auf den Lebensprozeß bezieht, in die produzierten Gegenstände selbst projizieren. *Auf diese Weise gewinnen die Beziehungen der Menschen untereinander als Teilnehmer des Austauschprozesses die Gestalt von Beziehungen zwischen Dingen,* als ob den Dingen selbst geheimnisvolle Eigenschaften innewohnten, die sie zu Werten machen, als ob der Wert eine physische, genuine Eigenschaft der Gegenstände wäre. Daher erscheint »das gesellschaftliche Verhältnis der Produzenten zur Gesamtarbeit als ein außer ihnen existierendes gesellschaftliches Verhältnis von Gegenständen. Durch dies Quidproquo werden die Arbeitsprodukte Waren, sinnlich übersinnliche oder gesellschaftliche Dinge. (. . .) Dagegen hat die Warenform und das Wertverhältnis der Arbeitsprodukte, worin sie sich darstellt, mit ihrer physischen Natur und den daraus entspringenden dinglichen Beziehungen absolut nichts zu schaffen. Es ist nur das bestimmte gesellschaftliche Verhältnis der Menschen selbst, welches hier für sie die phantasmagorische Form eines Verhältnisses von Dingen annimmt. Um daher eine Analogie zu finden, müssen wir in die Nebelregionen der religiösen Welt flüchten. Hier scheinen die Produkte des menschlichen Kopfes mit eignem Leben begabte, untereinander und mit den Menschen in Verhältnis stehende selbständige Gestalten« (»Kapital« I, 1. Kap., 4).[7] Dieser Prozeß, in dessen Verlauf die *gesellschaftlichen Beziehungen* sich als *Dinge* oder *dingliche Beziehungen* präsentieren, ist die Grundlage der Undurchsichtigkeit, durch die das gesellschaftliche Leben in den Augen seiner Teilnehmer ausgezeichnet ist. Im vom Geld vermittelten Tauschakt kommt es also zur ungewollten Zustimmung der Menschen dazu, daß ihre persönlichen Qualitäten und Fähigkeiten, ihre Anstrengung *nicht mehr ihnen gehören*, sondern eine Gestalt annehmen, die den Gegenständen selbst eignet. In diesem deformierten Bewußtsein verwirklicht sich demnach eine Sonderform des zuvor Entfremdung genannten Phänomens (dieser Sonderfall ist wiederum ein Fall der Verdinglichung, der eben darin besteht, daß den gesellschaftlichen Verhältnissen eine dingliche Form verliehen wird). Marx, der den früheren Begriff nicht verwendet, beschreibt jedoch das gleiche Phänomen, vergleicht es ganz genauso mit der religiösen Entfremdung, wie er dies – Feuerbach folgend – in seinen Frühschriften getan hatte.

Im Warenfetischismus verbirgt sich also die *menschliche Unfähigkeit zur Erfassung der eigenen Produkte als eigener* oder das menschliche Einverständnis mit der Entfremdung der menschlichen Kraft, die den Menschen beherrscht, anstatt daß er über sie verfügte. Alle anderen Entfremdungsphänomene: die Verselbständigung der politischen Institutionen, die zur Quelle der Unterdrückung werden, die Verselbständigung der Bewußtseinsprodukte in Form der religiösen Vorstellungen – mit einem Wort, die ganze *summa* der Unfreiheit, in die die Menschen gegenüber den eigenen Produkten geraten sind, ist im Keim in dem Phänomen des Fetischismus enthalten. Der gesamte gesellschaftliche Fortschritt – die technologische Entwicklung und die Entwicklung der Arbeitsorganisation, die Vermehrung der Gebrauchsgüter, die gesellschaftlichen Verwaltungsorgane –, alles das richtet sich gegen den Menschen, indem es sich in quasi-natürliche Kräfte verwandelt; jeder wirkliche Fortschritt wird zum Instrument vermehrter Unterjochung, gleichsam als Bestätigung der Hegelschen Beobachtungen über die Widersprüche des Fortschritts.

Insbesondere aber drückt sich das verschattete Bewußtsein, das in gesellschaftlichen Verhältnissen Dinge wahrnimmt, in einem Phänomen aus, das sich nunmehr in spezifischer Weise auf die kapitalistische Produktionsweise bezieht, nämlich in der *Verdinglichung der Arbeitskraft* oder der Situation, in der die menschlichen Personen, die realen Subjekte, im Arbeitsprozeß als Waren auftreten, die auf dem Markt angekauft und verkauft werden zu Preisen, die von den Regeln des Wertgesetzes determiniert werden.

Wie bereits erwähnt, hatte das Ricardosche Prinzip, das die Arbeit als Wertmesser anerkannte, den Sozialisten als Prämisse gedient, aus der sich der Schluß ergeben sollte, daß die Ausbeutung aus dem Verkauf der Arbeit unter ihrem Wert stamme, daß die soziale Ungerechtigkeit also auf dem nichtäquivalenten Austausch zwischen Arbeiter und Kapitalist beruhe. Also müsse man, so argumentierten sie, Produktion und Austausch nach dem Äquivalenz-Prinzip in einer Weise reorganisieren, daß die Arbeit zu ihrem wirklichen Wert verkauft werde.

Wenngleich eine solche Argumentation Propagandawert in der Aktion unter den Arbeitern besitzen mochte, hielt Marx sie für völlig verfehlt. Seiner Ansicht nach war der Verkauf der Arbeit durch den Arbeiter unter ihrem Wert gar nicht die Voraussetzung der Ausbeutung. Um das Phänomen der Ausbeutung und das Phänomen des Profits zu erklären, mußte nach Marx erst vom äquivalenten Austausch sowohl in der Warenzirkulation als auch beim Verkauf jener spezifischen Ware Arbeitskraft ausgegangen werden.

Denn – und das ist der Grundstein der gesamten Marxschen Kapitalismus-Analyse in ihrer ausgereiften Form – *die Lohnarbeit beruht auf dem Verkauf der Arbeitskraft und nicht der Arbeit.* Die Arbeit schafft Werte, doch sie besitzt selber keinen Wert. Marx erwägt dieses Problem bei der Untersuchung der Quellen des kapitalistischen Profits. Er stellt die Frage, wie es dazu kommt, daß der Produktionsmitteleigner einen größeren Tauschwert aus ihnen gewinnen kann, als er in den gesamten Produktionsprozeß investiert hat. Wie kommt es dazu, daß der Geldbesitzer allein aufgrund seines Besitzens das Geld in einem verzinsten Kredit vermehren kann? Wie kommt es dazu, daß der Grundeigentümer ohne irgendwelche Arbeitsleistungen Bodenrente erhalten kann? Bei naiver Betrachtung könnte es scheinen, als sei das Kapital als solches eine selbständige Wertquelle, als besitze es eine geheimnisvolle Fähigkeit zur Selbstvermehrung. Daher die Theorien, die auf der Existenz von drei voneinander unabhängigen Wertquellen bestehen: Arbeit, Kapital und Boden. Diese Theorien dienen im Grunde der Rechtfertigung des kapitalistischen Systems; aus ihnen leitet sich der Aufruf zur Klassensolidarität der Kapitalbesitzer, der Bodenbesitzer und der Arbeiter als Mitschöpfer dieses Wertes ab. Doch basieren sie – unabhängig von ihren apologetischen Aufgaben – auf einer Mystifikation. Ähnlich falsch ist die (von Condillac formulierte) Theorie, derzufolge der Tauschprozeß selbst die Werte vermehre. In der Tat realisiert sich der Wertüberschuß der Ware gegenüber den Produktionskosten erst in der Warenzirkulation, im Tauschakt, woraus sich die Täuschung ergibt, er würde auch in diesem Akt entstehen. Wenn der Wert jedoch ausschließlich das Werk der Produktionsarbeit ist, kann er durch die bloßen Handelstätigkeiten auch nicht vermehrt werden. Der Händler, der billiger einkauft und teurer verkauft, lebt nur scheinbar vom Betrug, wie einige Sozialisten behaupteten, und nur scheinbar müßte sein ganzer Profit unter den Bedingungen eines äquivalenten Austauschs sofort wegfallen. In Wirklichkeit kann der Profit auch unter den Bedingungen eines strikt äquivalenten Austauschs existieren: Dieser Profit stammt nicht aus der Zirkulation, auch wenn er erst in den Zirkulationsakten entsteht. Der Geldbesitzer kann das Geld dank dessen vermehren, weil es auf dem Markt als *besondere Ware* vorhanden ist, *deren Gebrauchswert selbst die Quelle des Wertes ist,* der den Tauschwert bei der Realisierung des Gebrauchswertes schafft, also im Konsumtionsprozeß. Diese Ware ist das Arbeitsvermögen, die Arbeitskraft oder der »Inbegriff der physischen und geistigen Fähigkeiten, die in der Leiblichkeit, der lebendigen Persönlichkeit eines Menschen existieren und die er in Bewegung setzt, sooft er Gebrauchswerte irgendeiner Art produziert« (*ebd.* 4. Kap., 3).[8] Die Lohnarbeit ist der Verkauf der Arbeitskraft innerhalb eines bestimmten Zeitraums. Damit der Austausch wirksam werden kann, bedarf es der Präsenz eines in zweierlei Bedeutung freien Lohnarbeiters in der Gesellschaft: Gesetzlich frei, d. h. *der frei über seine Arbeitskraft verfügt* und das Recht besitzt, sie nach Belieben an jeden zu verkaufen, außerdem *frei von Eigentum an Produktionsmitteln,* d. h. der Präsenz eines Lohnarbeiters, der nichts besitzt außer seiner Arbeitskraft und der daher gezwungen ist, diese zu verkaufen. Dieses Verhältnis, in dem der freie Lohnarbeiter dem Eigentümer der Produktionsmittel seine Arbeitskraft verkauft, ist gerade das charakteristische Kennzeichen des Kapitalismus. Dieser ist ein historisch entstandenes und historisch zum Untergang verurteiltes System, zugleich aber auch eines, das den gesamten Geschichtsprozeß revolutioniert hat.

Der Wert der Arbeitskraft wird genauso bestimmt wie der einer beliebigen anderen Ware: durch die Arbeitszeit, die für ihre Reproduktion benötigt wird. Die Reproduktion der Arbeitskraft bedeutet soviel wie die Erhaltung der Leistungsfähigkeit des Produzenten sowie der Fähigkeit zur generationsmäßigen Reproduktion der ganzen Gemeinschaft der nichtbesitzenden Produzenten. Mit anderen Worten, der Wert der Arbeitskraft ist der Wert der Produkte, die zum Unterhalt des Arbeiters (und seiner Kinder) und zur Erhaltung seiner Leistungskraft notwendig sind. Der Austausch der Arbeitskraft gegen Geld ist also dann äquivalent, wenn der Käufer der Arbeitskraft dem Arbeiter die unentbehrlichen Mittel zu seinem Überleben liefert. Das Quantum dieser Mittel ist zwar nicht nur durch das physische Minimum bestimmt, sondern auch durch die historisch wechselnden Bedürfnisse; doch stellt jenes physische Minimum auch die Grenze des Arbeitslohns dar. Solcherweise zeigt sich, daß der Argumentationsgang der utopischen Sozialisten falsch war: »Die Arbeiter verkaufen ihre Arbeit unter dem Wert, daher die Ausbeutung.« Wenn der Arbeiter seine Arbeitsfähigkeit mit Hilfe des Arbeitslohns zu reproduzieren vermag, kann er nicht mehr behaupten, er habe seine Arbeitskraft unter ihrem Wert verkauft. Er hat sie in einem äquivalenten Austausch verkauft.

Das bedeutet aber nicht, daß es die Ausbeutung nicht gibt. Im Gegenteil, sie ist bedeutend universeller, als die Utopisten glaubten, besteht aber eben nicht nur in dem nicht-äquivalenten Austausch zwischen dem Verkäufer und dem Käufer der Arbeitskraft. Sie besteht darin, daß *die Arbeitskraft die Eigenschaft besitzt, daß ihre Anwendung, eine bestimmte technologische Entwicklungsstufe vorausgesetzt, eine bedeutend größere Tauschwertmenge erzeugen kann als die, die dem Wert der für ihre Reproduktion notwendigen Produkte entspricht.* Mit anderen Worten: Die tägliche Arbeitszeit kann erheblich länger sein als die Arbeitszeit, die für die Produktion der Ware vonnöten ist, die das Produktionsvermögen des Arbeiters erhalten. Der Gebrauchswert der Arbeitskraft beruht darauf, daß sie *einen Tauschwert schafft, der ihren eigenen Tauschwert übersteigt.* Wie in jedem Kaufakt entäußert sich der Verkäufer der Arbeitskraft ihres Gebrauchswerts, d. h., er stellt sie den Kapitalisten zur Verfügung, während er ihren Tauschwert realisiert. Der Eigentümer der Produktionsmittel bezahlt täglich den Wert der Arbeitskraft und erwirbt sich damit das Recht, sie den ganzen Tag über in Anspruch zu nehmen, also die Arbeiter zu einer Arbeit zu zwingen, die maximal einem 24-Stunden-Arbeitstag nahekommt. Der Überschuß des durch die Nutzung der Arbeitskraft gelieferten Werts über ihren Reproduktionswert ist der *Mehrwert,* den sich der Kapitalist aneignet, wobei er sich ihn in Übereinstimmung mit den Prinzipien des äquivalenten Austauschs aneignet. Entspricht ein halber Arbeitstag dem Wert der Produkte, die für die Reproduktion der Arbeitskraft notwendig sind, so stellt die zweite Hälfte des Arbeitstags die unbezahlte Arbeit dar, also jenen Vorgang des Arbeitskraftkonsums (und dieser Konsum ist eben Arbeit), der die durch den Käufer, den Eigentümer der Produktionsmittel, angeeigneten *Mehrwerte* erzeugt. Dieses Phänomen erklärt zugleich die Harmonie zwischen der Ausbeutung und den Regeln des äquivalenten Austauschs sowie die Zwangsläufigkeit des Klassenkampfs gegen diese Ausbeutung, der jedoch ein Kampf ist, der nicht durch die bloße Erhöhung der Arbeitslöhne gewonnen werden kann, sondern allein durch die generelle Aufhebung des Systems der Lohnarbeit. »Der Kapitalist behauptet sein Recht als Käufer, wenn er den Arbeitstag so lang als möglich und womöglich aus *einem* Arbeitstag zwei zu machen sucht. Andrerseits schließt die spezifische Natur der verkauften Ware eine Schranke ihres Konsums durch den Käufer ein, und der Arbeiter behauptet sein Recht als Verkäufer, wenn er den Arbeitstag auf eine bestimmte Normalgröße beschränken will. Es findet hier also eine *Antinomie* statt, Recht wider Recht, beide gleichmäßig durch das Gesetz des Warenaustausches besiegelt. Zwischen gleichen Rechten entscheidet die *Gewalt.* Und so stellt sich in der Geschichte der kapitalistischen Produktion die Normierung des Arbeitstags als Kampf um die Schranken des Arbeitstags dar – ein Kampf zwischen dem Gesamtkapitalisten, d. h. der Klasse der Kapitalisten, und dem Gesamtarbeiter, oder der Arbeiterklasse« (*ebd.*, 8. Kap., 1

– Hervorhebungen L. K.).[9] Das Lohnarbeitssystem, in dem der Kapitalist die Arbeitskraft für die gesamte Zeit ihrer Nutzung bezahlt, verwischt die Aufteilung des Arbeitstags in die für die Reproduktion der Arbeitskraft unbedingt notwendige Arbeit und die Mehrarbeit, die den Mehrwert erzeugt, verwischt die Trennung zwischen bezahlter und unbezahlter Arbeit. Die gesamte Arbeit erscheint als bezahlte Arbeit, anders als in der Sklaverei, wo es schien, als arbeite der Sklave ausschließlich für seinen Herrn, während in Wirklichkeit ein Teil seines Arbeitstags auch der Reproduktion der für seinen Unterhalt benötigten Mittel diente. Unter den Bedingungen der Fronarbeit hingegen ist die Arbeit für den eigenen Nutzen deutlich von der Arbeit für den Feudalherrn getrennt, und die unbezahlte Arbeitszeit ist unmittelbar sichtbar. Die unbezahlte Arbeitszeit des Lohnarbeiters hingegen ist im homogenen Produktionsprozeß verborgen, und die Quelle des Mehrwerts muß erst in analytischer Arbeit entdeckt werden. Der Kapitalist schießt eine bestimmte Summe für die Entlohnung des Arbeiters vor, die von diesem geschaffenen Werte, die die vorgeschossene Summe übersteigen, rafft er in Form des Profits an sich, den er jedoch erst in der Warenzirkulation realisiert. Die Masse des erzeugten Mehrwerts heißt *absoluter* Mehrwert; das Verhältnis dieser Größe zum gesamten Kapital, das der Eigentümer für die Bezahlung der Arbeitskraft ausgibt, *relativer* Mehrwert.

5. Entfremdung der Arbeit und ihres Produkts

So stellt also die produktive Arbeit, die materielle Bearbeitung der Gegenstände, die zur Befriedigung der menschlichen Bedürfnisse benötigt werden, die *einzige* Quelle des Werts dar. Alle abgeleiteten Formen des Kapitals – das Handels-, Bank- und Bodenkapital – dienen der Aneignung des Mehrwerts, stehen jedoch in keinem Zusammenhang mit seiner Entstehung. »Das industrielle Kapital ist die einzige Daseinsweise des Kapitals, worin nicht nur Aneignung von Mehrwert, resp. Mehrprodukt, sondern zugleich dessen Schöpfung Funktion des Kapitals ist« (»Kapital« II, 1. Kap., IV).[10] Dem industriellen Kapital wird auch das den Transport organisierende Kapital zugerechnet: »Die wirkliche Transportindustrie und die Spedition« können »vom Handel ganz verschiedne Industriezweige sein (. . .) und sind (es); auch die zu kaufenden und zu verkaufenden Waren, (die) in Docks und andren öffentlichen Räumen lagern mögen und die hieraus entspringenden Kosten dem Kaufmann von dritten Personen berechnet werden, sofern er sie vorzuschießen hat (. . .) Der Fuhrunternehmer, der Eisenbahndirigent, der Schiffsreeder sind keine ›Kaufleute‹« (»Kapital« III, 17. Kap.).[11] Dagegen verleihen alle Handelstätigkeiten im eigentlichen Wortsinn (d. h. solche, die nicht auf Transport oder Lagerung beruhen, die Produktionsfunktionen erfüllen – sondern auf bloßen Akten des Handelsaustauschs) den Waren keine neuen Werte. Ausschließlich der Arbeiter, der die Ware bearbeitet oder transportiert (also auch der arbeitende Bauer, versteht sich), schafft neue Tauschwerte, nur er vermehrt die Summe der Werte, über die die Gesellschaft verfügt.

Auf diese Weise entdecken wir die grundlegende gesellschaftliche Beziehung, auf der das ganze Gebäude der kapitalistischen Produktion ruht: den Warencharakter der Arbeitskraft. Die Tatsache aber, daß die Arbeitskraft eine Ware ist, bedeutet nichts anderes, als daß *der Mensch nach dem Prinzip eines Dinges funktioniert,* daß seine persönlichen Qualitäten und Fähigkeiten an- und verkauft werden wie eine beliebige Ware, bedeutet nichts anderes, als daß seine Muskeln und sein Gehirn, seine Kreativität und seine physische Energie eine Gestalt angenommen haben, in der nur ihr Tauschwert zählt. In dieser Verdinglichung, dieser Verwandlung der Persönlichkeit in eine Sache besteht die Degradierung der Menschheit unter den kapitalistischen Verhältnissen. So betrachtet, reproduziert das Denken von Marx im »Kapital« auch seine ursprünglichsten Ideen, jene nämlich, die er bereits 1843 formuliert hatte, zu einem Zeitpunkt, da er in der Arbeiterklasse das Konzentrat der Enthumanisierung und die Perspektive der Rehumanisierung zugleich entdeckt hatte. »Die Betätigung der Arbeitskraft, die Arbeit, ist aber die eigne Lebenstätigkeit des Arbeiters, seine eigne Lebensäußerung. Und diese *Lebenstätigkeit* verkauft er an einen Dritten, um sich die nötigen *Lebensmittel* zu sichern. Seine Lebenstätigkeit ist für ihn also nur ein Mittel, um existieren zu können. Er arbeitet, um zu leben« (»Lohnarbeit und Kapital«, I, 1849).[12] Dasselbe im »Kapital«: »Die Produktionsmittel verwandelten sich sofort in Mittel zur Einsaugung fremder Arbeit. *Es ist nicht mehr der Arbeiter, der die Produktionsmittel anwendet, sondern es sind die Produktionsmittel, die den Arbeiter anwenden.* Statt von ihm als stoffliche Elemente seiner produktiven Tätigkeit verzehrt zu werden, verzehren sie ihn als Ferment ihres eignen Lebensprozesses, und der Lebensprozeß des Kapitals besteht nur in seiner Bewegung als *sich selbst verwertender Wert«* (»Kapital« I, 9. Kap. – Hervorhebungen L. K.).[13]

Sowohl die Entfremdung der *Arbeit* (der Lebensproduktionsprozeß wird für den Arbeiter nur zum Modus seines Sich-am-Leben-Erhaltens, wird ihm außer diesem Zweck gleichgültig und fremd) als auch die Entfremdung des *Arbeitsproduktes* (die Vergegenständlichung der eigenen Energie wird, während sie für den anderen den Mehrwert produziert, für den Arbeiter nur zum Modus der Reproduktion seines eigenen Elends und seiner Entmenschung) sind Themen, zu denen das Marxsche Denken unaufhörlich zurückkehrt, im ersten wie im dritten Band des »Kapital«. »Das Kapitalverhältnis« verberge »den innern Zusammenhang (. . .) in der vollständigen Gleichgültigkeit, Äußerlichkeit und Entfremdung, worin es den Arbeiter versetzt gegenüber den Bedingungen der Verwirklichung seiner eignen Arbeit« (»Kapital« III, 5. Kap., I).[14] »Der Arbeiter (verhält sich) in der Tat zu dem gesellschaftlichen Charakter seiner Arbeit, zu ihrer Kombination mit der Arbeit andrer für einen gemeinsamen Zweck, als zu einer ihm fremden Macht; die Verwirklichungsbedingungen dieser Kombination sind ihm fremdes Eigentum, dessen Verschleuderung ihm völlig gleichgültig wäre, würde er nicht zur Ökonomisierung desselben gezwungen . . .« (*ebd.*).[15] ». . . die kapitalistische Produktion (ist) an und für sich gleichgültig gegen den bestimmten Gebrauchswert, überhaupt gegen die Besonderheit der Ware, die sie produziert. In jeder Produktionssphäre kommt es ihr nur darauf an, Mehrwert zu produzieren, im Produkt der Arbeit ein bestimmtes Quantum unbezahlter Arbeit sich anzueignen. Und es liegt ebenso in der Natur der dem Kapital unterworfnen Lohnarbeit, daß sie gleichgültig ist gegen den spezifischen Charakter ihrer Arbeit, sich nach den Bedürfnissen des Kapitals umwandeln und sich von einer Produktionssphäre in die andre werfen lassen muß« (*ebd.*, 10. Kap.).[16]

Der Kapitalismus trennt das Arbeitsprodukt von der Arbeit selbst, trennt die objektiven Bedingungen des Produktionsprozesses von der menschlichen Subjektivität; der Arbeiter ist Schöpfer der Werte, doch es ist ihm genommen, diese Werte für sich zu realisieren, sie sich als Gebrauchswerte anzueignen, mit ihrer Hilfe den eigenen Lebensreichtum zu vermehren. »Da vor seinem Eintritt in den Prozeß seine eigne Arbeit ihm selbst *entfremdet*, dem Kapitalisten angeeignet und dem Kapital einverleibt ist, vergegenständlicht sie sich während des Prozesses beständig in *fremdem Produkt*. Da der Produktionsprozeß zugleich der Konsumtionsprozeß der Arbeitskraft durch den Kapitalisten, verwandelt sich das Produkt des Arbeiters nicht nur fortwährend in *Ware*, sondern in *Kapital*, Wert, der die wertschöpfende Kraft aussaugt, Lebensmittel, die Personen kaufen, Produktionsmittel, die den Produzenten anwenden. Der Arbeiter selbst produziert daher beständig den *objektiven Reichtum als Kapital*, ihm fremde, ihn beherrschende und ausbeutende Macht, und der Kapitalist produziert ebenso beständig die *Arbeitskraft als subjektive*, von ihren eignen Vergegenständlichungs- und Verwirklichungsmitteln getrennte, abstrakte, in der bloßen Leiblichkeit des Arbeiters existierende *Reichtumsquelle*, kurz, den Arbeiter als *Lohnarbeiter. Diese beständige Reproduktion oder Verewigung des Arbeiters* ist das *sine qua non* der kapitalistischen Produktion« (»Kapital« I, 21. Kap. – Hervorhebungen L. K.).[17] Infolgedessen werden die Lebensfunktionen des Arbeiters außerhalb des Produktionsprozesses realisiert, und nur außerhalb der Arbeit gehört er sich selbst; sofern er arbeitet, gehört er dem Kapitalisten und funktioniert nur als lebendiger Reproduzent des

Kapitals. Dieses Schema wiederholt exakt die Gedankengänge der Marxschen »Manuskripte«. Doch selbst der individuelle Konsum des Arbeiters stellt, obgleich er hinsichtlich seiner Motivierung auf das eigene, private Interesse gerichtet ist, vom Standpunkt des ökonomischen Prozesses einen Teil der seine Arbeitskraft reproduzierenden Tätigkeit dar – ähnlich wie der Verbrauch von Schmiere durch ein Rad oder von Kohle durch die Dampfmaschinen. In diesem System sei »der Arbeiter für die Verwertungsbedürfnisse vorhandner Werte, statt umgekehrt der gegenständliche Reichtum für die Entwicklungsbedürfnisse des Arbeiters da. Wie der Mensch in der Religion vom Machwerk seines eignen Kopfes, so wird er in der kapitalistischen Produktion vom Machwerk seiner eignen Hand beherrscht« (*ebd.*, 23. Kap., 1).[18] Wenn der Mehrwert einen Bestandteil des bereits zuvor existierenden Kapitals bildet und dessen Masse vermehrt, stammt das Eigentum gar nicht aus der Arbeit. Das Eigentumsrecht verkehrt sich in sein Gegenteil: für den Kapitalisten ist es das Recht auf Aneignung des durch andere produzierten Werts, für den Arbeiter die Unmöglichkeit, sich die Produkte der eigenen Anstrengung anzueignen. Die Tauschbeziehung erweist sich somit als rein illusorisch.

In der Situation des Arbeiters sehen wir das Phänomen der Unterjochung der Menschheit durch das menschliche Produkt und den gesamten technischen Fortschritt in seiner ganzen Kraßheit: »(...) die Maschinerie *an sich betrachtet* (verkürzt) die Arbeitszeit, während sie kapitalistisch angewandt den Arbeitstag verlängert, an sich die Arbeit erleichtert, kapitalistisch angewandt ihre Intensität steigert, an sich ein Sieg des Menschen über die Naturkraft ist, kapitalistisch angewandt den Menschen durch die Naturkraft unterjocht, an sich den Reichtum des Produzenten vermehrt, kapitalistisch angewandt ihn verpaupert usw.« (»Kapital« I, 13. Kap., 6 – Hervorhebung L. K.).[19]

Infolge dieser Trennung der lebendigen Arbeit vom Eigentum, also infolge der Situation, die bewirkt, daß der Arbeiter das eigene personale Sein *außerhalb der Arbeit* realisiert, kann der gesellschaftliche Charakter des Produktionsprozesses keine Gemeinsamkeitsform annehmen. Die Kooperation selbst ist den kooperierenden Produzenten entfremdet, zwingt sich ihnen als gleichgültige, zwangsläufige Tatsache auf, die in nichts dazu beiträgt, die gegenseitige Trennung der Produzenten zu überwinden, die diese Trennung vielmehr vertieft. »Das bloß atomistische Verhalten der Menschen in ihrem *gesellschaftlichen* Produktionsprozeß und daher die von ihrer Kontrolle und ihrem bewußten individuellen Tun unabhängige, *sachliche* Gestalt ihrer eignen Produktionsverhältnisse erscheinen zunächst darin, daß ihre Arbeitsprodukte allgemein die Warenform annehmen« (*ebd.*, 2. Kap. – Hervorhebungen L. K.).[20]

Mit anderen Worten: Marx wiederholt auch hier seinen Gedanken aus den »Manuskripten«: Die Entfremdung der Arbeit ist die Quelle der Warenform der Produktion, nicht aber umgekehrt; sie ist somit die Quelle des *Kapitals, also eines solchen Werts, der sich durch den Ankauf der Arbeitskraft um den Mehrwert vermehrt.*

6. Die Entfremdung des Sozialisationsprozesses

Der gesellschaftliche Charakter der Arbeit ist daher unter kapitalistischen Bedingungen nur scheinbar, ist eine technologische, nicht aber menschliche Sozialisation, er ändert nichts an der Isolierung der Produzenten. »Der Zusammenhang ihrer (der Arbeiter) Arbeiten tritt ihnen daher ideell als *Plan,* praktisch als *Autorität* des Kapitalisten gegenüber, als Macht eines fremden Willens, der ihr Tun seinem Zweck unterwirft« (*ebd.,* 11. Kap. – Hervorhebungen L. K.).[21] »Als unabhängige Personen sind die Arbeiter Vereinzelte, die in ein Verhältnis zu demselben Kapital, aber nicht zueinander treten. Ihre Kooperation beginnt erst im Arbeitsprozeß, aber im Arbeitsprozeß haben sie bereits aufgehört, sich selbst zu gehören. Mit dem Eintritt in denselben sind sie dem Kapital einverleibt. Als Kooperierende, als Glieder eines werktätigen Organismus, sind sie selbst nur eine besondre Existenzweise des Kapitals. Die Produktivkraft, die der Arbeiter als *gesellschaftlicher Arbeiter* entwickelt, ist daher *Produktivkraft des Kapitals«* (*ebd.* – Hervorhebungen L. K.).[22]

So also ist die kennzeichnende und wesentliche Funktion des Kapitalismus: der Austausch des *variablen Kapitals* (d. h. des für die Bezahlung der Arbeiter verwendeten Kapitals) gegen die lebendige Arbeitskraft die eigentliche Quelle der Verwandlung der Produzenten in Sachen und ihrer Beraubung der menschlichen Gemeinschaft – diese Gemeinschaft nämlich realisiert sich von Anfang an als Kooperation von zuvor verkauften, also nicht zu den Arbeitern gehörenden Elementen ihres persönlichen Daseins, der Arbeitskraft. »Es ist ein Produkt der manufakturmäßigen Teilung der Arbeit, ihnen die *geistigen Potenzen* des materiellen Produktionsprozesses als *fremdes Eigentum* und sie *beherrschende* Macht gegenüberzustellen« (*ebd.,* 12. Kap., 5 – Hervorhebungen L. K.).[23] Alles, war zur Vergrößerung der menschlichen Macht über die Naturkräfte beiträgt, trägt zugleich, sofern es unter den besonderen Bedingungen der Lohnarbeit stattfindet, zur Vernichtung des Produzenten selbst bei: der technische Fortschritt, die fortschreitende Arbeitsteilung. »Die manufakturmäßige Teilung der Arbeit (. . .) entwickelt die gesellschaftliche Produktivkraft der Arbeit nicht nur für den Kapitalisten, statt für den Arbeiter, sondern durch die Verkrüpplung des individuellen Arbeiters. Sie produziert neue Bedingungen der Herrschaft des Kapitals über die Arbeit. Wenn sie daher einerseits als historischer Fortschritt und notwendiges Entwicklungsmoment im ökonomischen Bildungsprozeß der Gesellschaft erscheint, so andrerseits als ein Mittel zivilisierter und raffinierter Exploitation« (*ebd.*).[24] ». . . der Automat selbst (ist) das Subjekt, und die Arbeiter sind nur als bewußte Organe seinen bewußtlosen Organen *beigeordnet* und mit denselben der zentralen Bewegungskraft *untergeordnet*« (*ebd.*, 13. Kap., 4 – Hervorhebungen L. K.).[25] »Selbst die Erleichterung der Arbeit wird zum Mittel der Tortur, indem die Maschine nicht den Arbeiter von der Arbeit befreit, sondern seine Arbeit vom Inhalt. Aller kapitalistischen Produktion (. . .) ist es gemeinsam, daß nicht der Arbeiter die Arbeitsbedingung, sondern umgekehrt die Arbeitsbedingung den Arbeiter anwendet (. . .). Durch seine Verwandlung in einen Automaten tritt das Arbeitsmittel während des Arbeitsprozesses selbst dem Arbeiter als Kapital gegenüber, als tote Arbeit, welche die lebendige Arbeitskraft beherrscht und aussaugt« (*ebd.*, 13. Kap.).[26]

Die Arbeitsteilung wird zur Teilung des lebendigen Menschen selbst, der Zeit seines Lebens an Teil-Tätigkeiten gefesselt ist, deren Funktion dem Arbeiter im Schaffensprozeß der Gebrauchswerte gleichgültig ist, weil der Zweck seiner Arbeit, subjektiv gesehen, die Befriedigung der eigenen elementaren Bedürfnisse ist, nicht aber die Erzeugung nützlicher Güter. Das Kapital braucht sogar einen Arbeiter, der, außer der ihm aufgezwungenen Leistungen, zu keinerlei spezifisch menschlichen Tätigkeiten mehr fähig ist, einen verdummten und mechanisierten Arbeiter.

Doch auf der Seite des Kapitalisten wird die Kehrseite desselben Prozesses wirksam, die den Arbeiter in ein Werkzeug der Kapitalverwertung verwandelt: die Verwandlung der Persönlichkeit des Kapitalisten in ein Werkzeug des sich selbst verwertenden Kapitals. Marx kündigt im Vorwort zum »Kapital« an, daß er in diesem Werk die menschlichen Personen nur als »Personifikation ökonomischer Kategorien, Träger von bestimmten Klassenverhältnissen und Interessen«[27] schildere. Dies ist selbstverständlich nur eine methodologische Voraussetzung, ein Prinzip, das auf die Ausklammerung des psychologischen Standpunkts in der Analyse der wirtschaftlichen Verhältnisse abzielt und auf die Untersuchung der Motive des Handelns zugunsten der Untersuchung der bloßen Gesetze dieses Handelns verzichtet, wobei vorausgesetzt wird, daß diese Gesetze nicht durch jemandes Absicht bestimmt sind, sondern nach dem Muster natürlicher Gesetzmäßigkeiten funktionieren. Doch stützt sich die Möglichkeit dieser methodologischen Prämisse zugleich auf die faktische Situation: eben jene, die bewirkt, daß die individuellen Motive der Kapitalisten nur die Erscheinungsform der Bewegung der Selbstverwertung sind, die dem Kapital eignet, daß der Kapitalist also *in Wirklichkeit* nichts anderes ist als das belebte, der subjektiven menschlichen Eigenschaften ledige Kapital. »Als Kapitalist ist er nur personifiziertes Kapital.

Seine Seele ist die Kapitalseele. Das Kapital hat aber einen einzigen Lebenstrieb, den Trieb, sich zu verwerten, Mehrwert zu schaffen, mit seinem *konstanten* Teil, den Produktionsmitteln, die größtmögliche Masse Mehrarbeit einzusaugen. Das Kapital ist verstorbne Arbeit, die sich nur vampyrmäßig belebt durch Einsaugung lebendiger Arbeit und um so mehr lebt, je mehr sie davon einsaugt« (*ebd.*, 8. Kap., 1 – Hervorhebung L. K.).[28] »Die freie Konkurrenz macht die immanenten Gesetze der kapitalistischen Produktion dem einzelnen Kapitalisten gegenüber als äußerliches Zwangsgesetz geltend« (*ebd.*).[29] Der Umstand, daß der Arbeiter im Produktionsprozeß nur der lebendige Repräsentant des variablen Kapitals, während der Kapitalist der Repräsentant des konstanten Kapitals ist, verleiht ihrem Verhalten gewissermaßen einen zwangsläufigen Charakter. Dieser ist auch dafür verantwortlich, daß die Hoffnungen der utopischen Reformisten illusorisch sind, man könne das kapitalistische System ändern, indem man sich auf den guten Willen oder die menschlichen Gefühle der Ausbeuter berufe; der private Wille oder die Intentionen des Kapitalisten zählen nicht im ökonomischen Prozeß; der Kapitalist ist einer Kraft unterworfen, die seine Motive mit unerbittlicher Notwendigkeit in eine bestimmte Richtung zwingt, zumindest auf der gesellschaftlich relevanten Skala. Im Prozeß der kapitalistischen Produktion treten weder der Arbeiter noch der Kapitalist als Personen auf, sie sind der Menschheit entledigt. Daher ist das Klassenbewußtsein des Proletariats, wenn es über das Bewußtsein des Elends hinausgeht und zum revolutionären Bewußtsein wird, das Selbstbewußtsein der eigenen Sendung im Geschichtsprozeß, der auf die Zerstörung des Kapitalismus abzielt, auch dadurch gekennzeichnet, daß es dem Arbeiter seine Menschheit, seine subjektive Wirklichkeit wiedererstattet, es ist die Überwindung der dinglichen Seinsweise, die dem Menschen von der Herrschaft des Tauschwerts im gesellschaftlichen Leben aufgezwungen wird. Als Klasse können die Kapitalisten nicht gegen die eigene Enthumanisierung ankämpfen, denn sie affirmieren sie und sind zufrieden mit ihren Folgen, denn diese erlauben es ihnen, als Personen, den Überfluß der Gebrauchsgüter und der Macht zu genießen. Die Entmenschung ist somit genauso radikal auf der Seite des Lohnarbeiters wie auf der des Eigentümers, aber nur der Lohnarbeiter kann sie zum Ausgangspunkt des sozialen Protests und Kampfes machen.

Man kann daraus ersehen, daß für Marx das fundamentale Wesensmerkmal der kapitalistischen Produktionsweise (was ihre gesellschaftlichen Auswirkungen anbelangt) nicht im *Elend*, sondern im *Verlust der menschlichen Subjektivität* besteht. Denn das Elend ist ein allen Gesellschaftsformationen bekanntes Phänomen. Doch das bloße Bewußtsein des Elends und nicht einmal die Empörung gegen das Elend allein können dem Menschen seine menschliche Subjektivität zurückerstatten sowie sein gesellschaftliches Dasein in der Gemeinschaft. Als Bewegung entsteht der Sozialismus nicht aus dem Elend, sondern aus den Klassengegensätzen, in deren Verlauf das proletarische Bewußtsein zum revolutionären Bewußtsein wird. Der Gegensatz zwischen Kapitalismus und Sozialismus ist in seiner grundlegenden, originären Qualität ein Gegensatz zwischen einer Welt, in der die Subjekte auf Sachen reduziert sind, und einer Welt, in der die menschliche Subjektivität ihr Dasein zurückgewinnt.

7. Die Verelendung der Arbeiterklasse

Aus dem Gesetz allein, das den Verkauf der Arbeitskraft beherrscht, scheint noch nicht die Notwendigkeit des wachsenden oder konstanten Elends der Arbeiter hervorzugehen. Wenn sie ihre Arbeitskraft zum wirklichen Wert verkaufen – und das Funktionieren des Kapitalismus selbst widersetzt sich einem solchen Verkauf nicht –, könnte es scheinen, daß der Lebensstandard der Arbeiter unverändert bleiben oder sich sogar verbessern könnte, sofern der Wert der Arbeitskraft auch durch die außerphysischen, historisch veränderlichen Bedürfnisse mitbestimmt ist. Doch die *Akkumulation* des Kapitals bewirkt, daß die Verelendung des Arbeiters in Wirklichkeit immer größer wird, und zwar nicht nur die *relative* Verelendung, die auf der immer geringer werdenden Partizipation an der Summe der gesellschaftlich erzeugten Werte beruht, sondern auch die *absolute* Verelendung, d. h. entweder faktische permanente Verringerung der Wertsumme, die dem Arbeiter zufällt, oder zumindest die sich vertiefende gesellschaftliche Degradierung. »(. . .) innerhalb des kapitalistischen Systems vollziehn sich alle Methoden zur Steigerung der gesellschaftlichen Produktivkraft der Arbeit auf Kosten des individuellen Arbeiters; alle Mittel zur Entwicklung der Produktion schlagen um in Beherrschungs- und Exploitationsmittel des Produzenten, verstümmeln den Arbeiter in einen Teilmenschen, entwürdigen ihn zum Anhängsel der Maschine, vernichten mit der Qual seiner Arbeit ihren Inhalt, entfremden ihm die geistigen Potenzen des Arbeitsprozesses im selben Maße, worin letzterem die Wissenschaft als selbständige Potenz einverleibt wird; so verunstalten die Bedingungen, innerhalb deren er arbeitet, unterwerfen ihn während des Arbeitsprozesses der kleinlichst gehässigen Despotie, verwandeln seine Lebenszeit in Arbeitszeit, schleudern sein Weib und Kind unter das Juggernaut-Rad des Kapitals. Aber alle Methoden zur Produktion des Mehrwerts sind zugleich Methoden der Akkumulation, und jede Ausdehnung der Akkumulation wird umgekehrt Mittel zur Entwicklung jener Methoden. Es folgt daher, daß im Maß wie Kapital akkumuliert, die Lage des Arbeiters, welches immer seine Zahlung, *hoch* oder *niedrig*, sich verschlechtern muß. Das Gesetz endlich, welches die *relative Übervölkerung oder industrielle Reservearmee stets mit Umfang und Energie der Akkumulation in Gleichgewicht hält*, schmiedet den Arbeiter fester an das Kapital als den Prometheus die Keile des Hephästos an den Felsen. Es bedingt eine der *Akkumulation von Kapital* entsprechende *Akkumulation von Elend*. Die Akkumulation von Reichtum auf dem einen Pol ist also zugleich Akkumulation von Elend, Arbeitsqual, Sklaverei, Unwissenheit, Brutalisierung und moralischer Degradation auf dem Gegenpol, d. h. auf Seite der Klasse, die ihr *eignes Produkt als Kapital produziert*« (»Kapital« I, 23. Kap. – Hervorhebungen L. K.).[30] Ähnlich deutlich äußerte sich Marx in »Lohn, Preis und Profit«: »(. . .) die allgemeine Tendenz der kapitalistischen Produktion ist es, den durchschnittlichen Lohnstandard nicht zu heben, sondern zu senken oder den *Wert der Arbeit* mehr oder weniger bis zu seiner *Minimalgrenze* zu drücken.«[31] Daher hemmt der ökonomische Kampf der Arbeiterklasse, der Kampf gegen die unaufhörliche Verelendung, zwar die sinkende Tendenz des Lohns, ändert jedoch nicht die Entwicklungsrichtung des Kapitalismus und kann die Befreiung des Proletariats nicht leisten, wenngleich dieser Kampf unverzichtbar und wichtig ist.

Das Problem der Pauperisation des Proletariats gehörte zu den umstrittensten Themen unter den Marxisten im 20. Jahrhundert. Einzelne diesbezügliche Aussagen Marxens sind keineswegs eindeutig. Aus seinen früheren Schriften geht hervor, daß er an die absolute Verelendung glaubt (so in »Lohn, Arbeit und Kapital« und im »Manifest«), zumindest an die permanente Gültigkeit des Prinzips des physischen Minimums bei der Regelung des Arbeitslohns in der kapitalistischen Wirtschaft. In den »Grundrissen« macht er jedoch darauf aufmerksam, daß der Wert der Arbeitskraft auch durch kulturelle Faktoren bestimmt wird, nämlich durch das Wachstum der Bedürfnisse, die der Kapitalismus selber produziert; die Befriedigung dieser neuen Bedürfnisse, die zuvor unbekannt waren, wird zu einem Bestandteil des Lebensminimums der Menschen. Auch wird, wie Marx in »Lohn, Preis und Profit« unterstreicht, der als minimal angesehene Lebensstandard durch die jedem Land eigene Tradition bestimmt. In dieser Arbeit führt er auch den Begriff der relativen Lohnsenkung ein, d. h. der Senkung der Arbeitslöhne im Vergleich zu den Gewinnen der Kapitalisten. Die zitierte Passage des »Kapital« dient häufig als Beweismittel dafür, daß Marx letzten Endes die Theorie der absoluten Verelendung aufgegeben habe. Es muß jedoch unterschieden werden zwischen dem Lohnniveau und den anderen Faktoren, die über den allgemeinen Lebensstandard entscheiden. Die Voraussetzung des zitierten Argumentationsgangs ist, daß der Lohn »*hoch* oder *niedrig*« sein kann, die Lage des Arbeiters sich aber dennoch verschlechtern muß, und zwar in einem *absoluten* Sinne, wenn auch nicht notwendigerweise im Hinblick auf die Menge an Lebensmitteln und Kleidung, sondern vielmehr im Sinne der geistigen Degradierung und wachsenden Abhängigkeit von wirtschaftlicher Tyrannei.

Alles in allem muß man annehmen, daß Marx erstens die Theorie aufgab, derzufolge der Arbeitslohn entweder permanent sinken oder auf dem Niveau des physischen Minimums bleiben muß, zweitens die Theorie der absoluten Verelendung verwarf, die jedoch durch die geistige und gesellschaftliche Situation des Arbeiters bestimmt ist; drittens die Theorie der relativen Verelendung aufrechterhielt. Die relative Verelendung wiederum kann, was man sowohl aus einzelnen Bemerkungen in Marxens Schriften als auch aus den später zu diesem Problem geführten Diskussionen unter Marxisten schließen kann, mindestens auf dreierlei Weise bestimmt werden: *Im ersten Sinne* besteht sie darin, daß der allgemeine Anteil der Arbeitslöhne am gesamten Nationaleinkommen eine fallende Tendenz aufweist; *im zweiten Sinne* darin, daß der Durchschnittsertrag des Arbeiters einen immer geringer werdenden Prozentsatz des Einkommens des Kapitalisten bildet; im dritten Sinne darin, daß der Arbeiter im Verhältnis zur wachsenden Summe seiner Bedürfnisse immer weniger verdient. Es scheint evident, daß derartige Prozesse, sofern sie auftreten, keineswegs miteinander korrelieren müssen, ein jeder ohne die anderen stattfinden kann. Es scheint auch, daß die Pauperisation im ersten Sinne vielerlei Gründe haben kann, z. B. die Senkung der relativen Beteiligung der Arbeiterklasse an der Gesamtbevölkerung, in diesem Falle wäre der Terminus »Pauperisation« irreführend. Im dritten Sinne wiederum ist die Pauperisation durch subjektive Faktoren bestimmt und völlig unmeßbar; unter Bedingungen, unter denen aus irgendwelchen Gründen die Konsumabsichten der Menschen sehr rasch ansteigen, kann die subjektive Verelendung alle sozialen Klassen betreffen, außer einer Handvoll Krösusse, die nicht unbedingt zur Bourgeoisie im strikten Wortsinne gehören.

Es ist jedoch sichtbar, daß es Marx daran gelegen war, im Kapitalismus die unausweichliche Tendenz zur Degradierung des Arbeiters zu entdekken, und daß er sich dagegen wehrte, die Fakten zur Kenntnis zu nehmen, die von der Verbesserung des Arbeiterschicksals zeugten. Es wurde darauf hingewiesen (Bertram Wolfe), daß in der ersten Auflage des »Kapital« verschiedene statistische Angaben bis 1865 bzw. 1866 berücksichtigt wurden, außer den Daten, die die Lohnbewegung betrafen; diese enden mit dem Jahr 1850, und in der zweiten Auflage (1873) wurden die Statistiken durch neue Daten ergänzt, wiederum außer denen zur Bewegung der Arbeitslöhne. In der Tat, diese Bewegung sprach gegen die Theorie der Verelendung! Dies ist ein seltenes, doch wesentliches Beispiel für Marxens mangelnde Gewissenhaftigkeit in faktischen Fragen.

Die im 20. Jahrhundert geführte Diskussion über das Pauperisationsproblem konnte der evidenten Tatsache, daß es in der kapitalistischen Wirtschaft kein Gesetz der absoluten Verelendung gibt, nicht mehr ausweichen. Es erhob sich die Frage, ob das auch bedeute, daß die Marxsche Akkumulationstheorie, also auch die gesamte Funktionsanalyse des Kapitalismus, falsch sei. Diejenigen, die der Ansicht waren, die Theorie der absoluten Verelendung sei eine unabweisbare Folgerung aus den Marxschen Prämissen, und die zugleich seine Lehre verteidigen wollten, versuchten nachzuweisen, daß die Verelendung allem Anschein zuwider dennoch stattfinde. Doch ist dieser Standpunkt unter den zeitgenössischen Marxisten selten vertreten. Andere Marxisten dagegen weisen auf, daß, wenn es der Arbeiterklasse durch Ausübung von Druck gelungen sei, das Kapital zur Ausbeutungsbeschränkung zu zwingen, daraus keineswegs zu folgern sei, daß diese abgerungenen Zugeständnisse den Charakter der kapitalistischen Produktion auch nur im geringsten geändert hätten oder daß dadurch das Prinzip außer Kraft getreten sei, das das Phänomen der Enthumanisierung im Produktionsprozeß unaufhörlich reproduziert. Marx habe nämlich erklärt, daß die Länge des Arbeitstags und der Arbeitslohn zweierlei Grenzen besäßen: Auf der einen Seite hätten wir es mit der physischen Grenze zu tun, also mit den elementaren Bedürfnissen, um deren Befriedigung man nicht umhin komme, sofern der Arbeiter überhaupt am Leben bleiben, d. h. sofern die kapitalistische Produktion weiter existieren solle; auf der anderen Seite sei die obere Grenze des Arbeitslohns überhaupt durch nichts grundsätzlich determiniert, hinge vielmehr jeweils vom Kampf des Proletariats und vom Ausmaß des Drucks ab, den es auf die Kapitalistenklasse ausübe. Wenngleich die Voraussetzungen Marxens im Hinblick auf die absolute Verelendung sich also als falsch erwiesen hätten, so habe der Fehler darin bestanden, daß Marx die Möglichkeit der Druckausübung unterschätzt habe, zu der die Arbeiterklasse im Rahmen des Kapitalismus gegenüber der Ausbeuterklasse fähig sei, nicht aber darin, daß der Grundsatz der Akkumulation und die Tendenz des Kapitals zum unbegrenzten Wachstum außer Kraft getreten seien.

Ganz allgemein muß jedoch unterstrichen werden, daß die physische Pauperisation bei Marx weder für seine Analyse der Enthumanisierung im System der Lohnarbeit noch für seine Voraussagen bezüglich des unausweichlichen Zusammenbruchs des Kapitalismus eine notwendige Prämisse darstellt; diese Prognosen gründeten nämlich in der Überzeugung, daß die immanenten Widersprüche der kapitalistischen Produktionsweise selbst dieses System zum Untergang führen würden, wobei sich jene Widersprüche in Form des sich verschärfenden Klassenkampfs realisieren würden; das sich vertiefende physische Elend stellt für Marx jedoch nicht die notwendige Bedingung der Verschärfung des Klassenkampfs dar.

8. Die Natur des Kapitalismus und seine geschichtliche Sendung

Es war davon die Rede, daß die spezifische und konstitutive Eigenschaft des Kapitalismus für Marx im *unbegrenzten Streben zur Vermehrung des Tauschwerts* besteht, im ungestillten Hunger nach Wachstum auf Kosten der ausgebeuteten Mehrarbeit. Das Kapital ist gegenüber den spezifischen Eigenschaften der produzierten oder verkauften Ware gleichgültig, d. h., es ist nicht interessiert am Gebrauchswert bzw. nur insofern, als dieser geeignet ist, Ursprung der Vermehrung des Tauschwerts zu sein. An etlichen Stellen des »Kapital« spricht Marx von jenem »Heißhunger nach Mehrarbeit«[32], der für den Kapitalismus kennzeichnend sei. Die Gesellschaften, in denen Austausch stattgefunden hat, jedoch ein Austausch, der auf den Ankauf des Gebrauchswerts abzielte, konnten sich nicht durch diese maßlose Wachstumsgier auszeichnen. Die Menschen, die für den Verkauf produzieren, jedoch zu dem Zweck, sich durch den Verkauf Gebrauchsgüter zu sichern, produzieren letzten Endes für den Zweck der Erzeugung von Gebrauchsgütern. »Die Zirkulation des Geldes als Kapital ist dagegen Selbstzweck, denn die *Verwertung des Werts* existiert nur innerhalb dieser stets erneuerten Bewegung. Die Bewegung des Kapitals ist daher maßlos. Als bewußter Träger dieser Bewegung wird der Geldbesitzer Kapitalist. (. . .) Der *objektive Inhalt* jener Zirkulation – die Verwertung des Werts – ist sein *subjektiver Zweck*, und nur soweit wachsende Aneignung des abstrakten Reichtums das allein treibende Motiv seiner Operationen, funktioniert er als *Kapitalist* oder personifiziertes, mit Willen und Bewußtsein begabtes Kapital. Der *Gebrauchswert* ist also nie als unmittelbarer Zweck des Kapitalisten zu behandeln. Auch nicht der einzelne Gewinn, sondern nur die rastlose Bewegung des Gewinnens« (»Kapital« I, 4. Kap., 1 – Hervorhebungen L. K.).[33] Es ist daher verständlich, daß das kapitalistische System die vorausgehende Verbreitung der Geldform des Werts erforderte, in dieser Form nämlich lassen sich die Werte uneingeschränkt horten. Der Kapitalist »als Fanatiker der Verwertung des Werts *zwingt* (. . .) rücksichtslos die Menschheit zur *Produktion um der Produktion willen*, daher zu einer Entwicklung der *gesellschaftlichen Produktivkräfte* und zur Schöpfung von *materiellen Produktionsbedingungen*, welche allein die *reale Basis* einer höheren Gesellschaftsform bilden können, deren Grundprinzip die volle und freie Entwicklung jedes Individuums ist« (*ebd.*, Kap. 22, 3 – Hervorhebung L. K.).[34] Es verhält sich nicht einmal so, daß der Kapitalist es auf die eigene Konsumtion abgesehen hätte: üblich ist vielmehr im Gegenteil die Situation, in der ihm der Eigenkonsum als Wertraub, als Verschwendung erscheint (daher die asketische Moral, die besonders für den Kapitalismus der Frühphase kennzeichnend ist).

Doch ist eben jene Ungestilltheit, jener »Heißhunger« des Tauschwerts, der die Degradierung und das Elend des Arbeiters hervorruft, zugleich auch die Ursache des unerhörten Fortschritts, den der Kapitalismus im technologischen Bereich vollbracht hat. »Die Produktion für den Wert und den Mehrwert schließt (. . .) die stets wirkende Tendenz ein, die zur Produktion einer Ware nötige Arbeitszeit, d. h. ihren Wert, unter den jedesmal bestehenden gesellschaftlichen Durchschnitt zu reduzieren. Der Drang zur Reduktion des Kostpreises auf sein Minimum wird der stärkste Hebel der Steigerung der gesellschaftlichen Produktivkraft der Arbeit, die aber hier nur als beständige Steigerung der Produktivkraft des Kapitals erscheint« (»Kapital« III, 51. Kap.).[35] Aus eben diesem Grund konnten die vorangegangenen Gesellschaftsformationen jahrhundertelang unter den Bedingungen stagnierender Technologie existieren und ihr Dasein solcherweise von Generation zu Generation reproduzieren, während der Kapitalismus – wie bereits im »Kommunistischen Manifest« unterstrichen wurde – ohne permanente Revolutionierung der Produktionsmittel überhaupt nicht existieren kann. Der technologische Fortschritt ist sein notwendiges Lebensprinzip, denn der Kapitalist ist, vermöge der Wachstumstendenz des Kapitals, zur ständigen Anstrengung gezwungen, den Extraprofit zu erzielen, der aus der Reduzierung der Arbeitszeit unter die gesellschaftlich notwendige Zeit stammt, die für die Herstellung einer Ware benötigt wird: Er führt also sein Produkt zum Marktpreis in die Zirkulation ein, erzielt jedoch einen über dem Durchschnitt liegenden Profit, d. h. den unter durchschnittlichen technologischen Bedingungen erzielbaren. »Während also bei der Produktion des Mehrwerts in der bisher betrachteten Form die Produktionsweise als gegeben unterstellt war, genügt es für die Produktion von Mehrwert durch Verwandlung notwendiger Arbeit in Mehrarbeit keineswegs, daß das Kapital sich des Arbeitsprozesses in seiner *historisch überlieferten oder vorhandnen Gestalt* bemächtigt und nur seine Dauer *verlängert*. Es muß die technischen und gesellschaftlichen Bedingungen des Arbeitsprozesses, also die *Produktionsweise* selbst umwälzen, um die Produktivkraft der Arbeit zu erhöhn, durch die Erhöhung der Produktivkraft der Arbeit den *Wert der Arbeitskraft zu senken* und so den zur Reproduktion dieses Werts notwendigen Teil des Arbeitstags zu *verkürzen*« (»Kapital« I, 10. Kap. – Hervorhebungen von L. K.).[36] »Die moderne Industrie betrachtet und behandelt die vorhandne Form eines Produktionsprozesses nie als definitiv. Ihre technische Basis ist daher revolutionär, während die aller früheren Produktionsweisen wesentlich konservativ war« (*ebd.*, 13. Kap., 9).[37] Aus dem nämlichen Grund erscheint »die kapitalistische Produktionsweise (. . .) als *historische Notwendigkeit* für die Verwandlung des Arbeitsprozesses in einen gesellschaftlichen Prozeß« (*ebd.*, 11. Kap. – Hervorhebungen L. K.).[38]

Der Kapitalismus ist, mit einem Wort, die notwendige historische Bedingung des Fortschritts von Technologie und Arbeitsorganisation; der »Heißhunger« nach Mehrwert liegt an der Wurzel der modernen Industrie und der modernen Kooperationsweisen, ungeachtet dessen, daß dieser Fortschritt auf Kosten unbeschreiblicher menschlicher Leiden, auf Kosten von Ausbeutung, Elend und Enthumanisierung erreicht wurde. Und obgleich die Marxschen Darstellungen der Grausamkeiten, derer sich das Kapital bei der Ausbeutung von Kindern und Erwachsenen bedient, ergreifend sind, hält Marx den Kapitalismus nicht für einen »Irrtum« der Geschichte, der vermeidbar gewesen wäre, wenn jemand früher einmal auf eine bessere Idee der Gesellschaftsordnung gekommen wäre, sondern für die unvermeidliche Bedingung der Rückkehr des Menschen zur wahren Gemeinschaft. Das ist auch der Grund, weshalb er, obwohl er den ökonomischen Kampf des Proletariats für unumgänglich hält, ihn jedoch nicht als Selbstzweck betrachten kann, sondern in ihm vor allem das Mittel zur Beschleunigung des revolutionären Prozesses sieht; er setzt voraus, daß die Akkumulation des Kapitals, die das Elend der Arbeiter vergrößert, auch die Bedingung ist, die ihre Befreiung näher bringt.

9. Die Verteilung des Mehrwerts

Denn nicht allein die freie Aktion der Arbeiterklasse rechtfertigt die Hoffnung auf das Ende des Kapitalismus. Der Kapitalismus selber führt, aufgrund seiner eigenen immanenten Widersprüche, zu einer Situation, in der sein Fortbestand zu einer Unmöglichkeit wird, und zwar infolge eben jenes Selbstverwertungsprozesses, der sein Lebensprinzip konstituiert.

Im ersten Band des »Kapital« betrachtet Marx die kapitalistische Produktion, indem er vom Zirkulationsprozeß und der Profitverteilung abstrahiert. Er unterscheidet die *Profitrate* und die *Rate des Mehrwerts.* Die Profitrate ist das Verhältnis des erzielten Mehrwerts zum gesamten in die Produktion investierten Kapital, d. h. zur Summe, die das konstante Kapital bildet (Wert der für den Arbeitsprozeß benötigten Produktionsmittel, Rohstoffe, Werkzeuge usw.), zusammen mit dem variablen (d. h. dem für den Arbeitslohn vorgeschossenen) Kapital. Die Apologeten des Kapitalismus untersuchen vor allem die Profitrate, denn der Kapitalist interessiert sich begründetermaßen vor allem für das Verhältnis des Gesamts seiner Aufwendungen zum Wertzuwachs, den er danach erzielt; die Ausbeutung des Arbeiters stellt für ihn keinen Selbstzweck dar, sondern ein Instrument der Mehrwertsvermehrung. Doch der Grad der Ausbeutung sollte, nach Marx, nicht an der Profitrate gemessen werden, sondern an der Rate des Mehrwerts, d. h. am Verhältnis des Mehrwerts zum variablen Kapital selbst; erst dieses Verhältnis deckt nämlich auf, welchen Teil des in eigener Arbeit geschaffenen Werts der Arbeiter sich aneignet und welchen Teil er, sofern er seine Arbeitskraft verkauft hat, dem Kapital als Beute abtreten muß. Wenn z. B. der binnen eines Arbeitstags vom Arbeiter geschaffene Wert zweimal größer ist als der Preis seiner Arbeitskraft, wenn das variable Kapital also die Hälfte des erzeugten Werts ausmacht, dann beträgt die Rate des Mehrwerts oder der Exploitationsgrad 100 %. Nur der variable Teil des Kapitals, also das für den Ankauf der Arbeitskraft vorgeschossene Kapital, schafft den Mehrwert, doch Bedingung dieser Schaffung ist das Vorhandensein des konstanten Kapitals oder der toten Arbeit, d. h. der in den Werkzeugen und im Material der Produktionsbearbeitung vergegenständlichten Arbeit. Die Profitrate und die Rate des Mehrwerts brauchen sich keineswegs gemäß einer direkten Proportion zu ändern; die Profitrate kann steigen, während die Rate des Mehrwerts fällt, oder auch umgekehrt.

Bedingung für die Realisierung des Mehrwerts ist nämlich – außer der Produktion – die Warenzirkulation; der Kapitalist muß sein Produkt absetzen, wenn der Überschuß des von ihm erzielten Werts, der über die Produktionskosten hinausgeht, sich realisieren soll. Doch die Warenzirkulation schafft eine Reihe zusätzlicher Komplikationen; es ist nämlich nicht so, daß die Ware automatisch einen Abnehmer findet, auch entspricht die Produktion faktisch nicht dem wirklichen gesellschaftlichen Bedarf: sie findet auf der Skala der ganzen Gesellschaft planlos statt. Der Warenumsatz beeinflußt, wie Marx im zweiten Band des »Kapital« aufweist, die Profitrate. Der Umsatz erfordert nämlich *Zeit*, und somit bleiben kleinere oder größere Teile des Kapitals in der Zeit, in der sich der Umsatz vollzieht, untätig. Daher ist das in der Produktion aktive und den Mehrwert erzeugende Kapital stets geschmälert um jene untätigen Werte (die z. B. in den Rohstoffvorräten oder unverkauften Waren enthalten sind). Das Umsatztempo erhöht demnach die Mehrwerte, die man schaffen kann, steigert mithin auch die Profitrate. Der Markt ist daher der Ort des Kampfs um die prompte Verwandlung der Ware in Geld, dieser Kampf findet unter den Bedingungen der ständigen Inkongruenz von Angebot und Nachfrage statt, erzeugt demnach eine Bewegung der Preise, die ständig vom Wert abweichen.

Die kapitalistische Produktion könnte in der Tat nicht existieren, wenn die Waren effektiv zu ihrem Wert verkauft würden. In unterschiedlichen Produktionszweigen kann es auch unterschiedliche Profitraten geben (die für die Beschäftigung der Arbeiter in ausreichender Menge erforderlichen Kapitalaufwendungen sind nicht identisch, somit unterscheiden sich auch die für die Erzeugung einer bestimmten Mehrwertmenge erforderlichen Kapitalaufwendungen). Je nach den Unterschieden in der sog. *organischen Zusammensetzung des Kapitals* (d. h. im Verhältnis seines variablen zu seinem konstanten Teil) und abhängig von der unterschiedlichen Zeit, die in unterschiedlichen Produktionszweigen für den Umsatz des Kapitals benötigt wird, würde das Verhältnis der Steigerung der Mehrwertrate zum gesamten investierten Kapital, also die Profitrate, gewaltige Differenzen aufzuweisen haben. Doch das Kapital wendet sich selbstverständlich in die Richtung, wo die Profitrate größer ist. Der Kapitalüberschuß in einem bestimmten Produktionszweig im Verhältnis zur Möglichkeit der Absorption der entsprechenden Ware durch den Markt wiederum bewirkt, daß die Ware nicht abgesetzt wird und die retardierte oder gebremste Zirkulation die wertschaffende Effizienz des Kapitals senkt, somit auch die Profitrate, und das Kapital dazu zwingt, in andere Zweige zurückzufließen. Dank dieses unaufhörlichen Prozesses des Rück- und Durchströmens des Kapitals gestaltet sich die *durchschnittliche Profitrate*, die alle Zweige der industriellen Produktion umfaßt, die sich im übrigen hinsichtlich der Zusammensetzung des organischen Kapitals erheblich unterscheiden. Die Konkurrenz gleicht die Profitrate aus, bewirkt jedoch infolgedessen erhebliche Abweichungen der Preise von den Warenwerten.

Der Kapitalist eignet sich jedoch keineswegs das Profitgesamt an, das im Verlauf der Produktion erzielt wird. An der Profitverteilung partizipiert auch das Handelskapital, das nicht an der Schaffung des Mehrwerts beteiligt, doch bei der Realisierung des Profits durch den Kapitalisten unabkömmlich ist. Somit hat das Handelskapital Einfluß auf die Gestaltung der allgemeinen durchschnittlichen Profitrate. Ähnlich ist die Existenz des Kreditzinses nicht dadurch zu erklären, daß das Kapital automatisch, aus eigener Kraft, einen Wertzuwachs erfahren würde; der Kapitalzins ist die Teilnahme an eben jenem Mehrwert, der vom industriellen Kapital produziert wird; die Möglichkeit des Kreditzinses kommt eben daher, daß die Zeit der Zirkulation Einfluß auf die Profitrate hat und der Kapitalist, der sich Geld leiht, dank dessen produktionsgemäß bestimmte zusätzliche Werte aktivieren kann und danach den Profit mit seinem Gläubiger teilt; daher hängt die Zinsrate von der allgemeinen Profitrate ab.

An der Profitverteilung (und der absolute Profitwert ist der absoluten Masse des geschaffenen Mehrwerts gleich) ist auch der Grundeigentümer beteiligt. Marx betrachtet die landwirtschaftliche Produktion unter der modellhaften Voraussetzung, daß auch dort durchweg kapitalistische Produktionsbedingungen herrschen, d. h., daß die Landwirtschaft ein besonderer Industriezweig ist, in den der Kapitalist Produktionsmittel plaziert, und – nach dem gleichen Prinzip wie in der Industrie – Lohnarbeiter beschäftigt. Dieser Kapitalist muß sich den Profit mit dem Eigentümer des gepachteten Bodens teilen, dieser Eigentümer wiederum eignet sich einen Teil des Mehrwerts in Form der Grundrente an (wobei es aus dieser Sicht irrelevant ist, ob es sich um Ackerland oder Baugelände handelt usw.). *Die Grundrente partizipiert mithin am vom Lohnarbeiter geschaffenen Mehrwert*, und der Boden ist ebensowenig eine selbständige Quelle des Wertzuwachses wie das Kapital. Das Privileg des Bodeneigentümers besteht darin, daß der Boden nicht in unbegrenzter Menge verfügbar ist und daß dieser Umstand es ihm erlaubt, vom industriellen Kapital Beteiligung am Profit zu verlangen. Die Grundrente stellt somit ein Nebenprodukt der kapitalistischen Wirtschaft dar. Diese Situation macht auch die Tatsache verständlich, daß der Boden überhaupt einen Preis haben kann, ohne einen Wert zu besitzen: Der Bodenpreis ist nämlich die vorweggenommene Grundrente, die aus der Möglichkeit des Bodeneigentümers resultiert, Anspruch auf Beteiligung am kapitalistischen Profit zu erheben, wenngleich er selber durch nichts zu seiner Entstehung beiträgt (ähnlich wie der Preis der Sklaven in der Antike der vorweggenommene Mehrwert war, den man aus seiner Arbeit herauspressen konnte).

Dreizehntes Kapitel

Die Widersprüche des Kapitalismus und ihre Aufhebung. Einheit von aufhebender Bewegung und Methode

1. Die fallende Profitrate. Der unvermeidliche Zusammenbruch des Kapitalismus

Doch das Kapital verstrickt sich in seinem Streben nach unbegrenztem Wachstum in einen unauflösbaren Widerspruch. Mit dem technologischen Fortschritt und dem Anwachsen des konstanten Kapitals wird das Arbeitsquantum, das zur Herstellung derselben Produktenmenge erforderlich ist, immer kleiner, infolgedessen verringert sich das variable Kapital relativ auf das konstante Kapital, was sich in einer fallenden Profitrate auswirkt. Wir haben es hier mit dem Gesetz des *tendenziellen Falls der Profitrate* zu tun, das als universelles Gesetz der kapitalistischen Produktion in Erscheinung tritt. Das Kapital wächst auf der einen Seite nur dank der Erhöhung der Mehrarbeit an und strebt danach, daß die Masse dieses Werts im Verhältnis zu den angewandten Mitteln maximal groß sei; auf der anderen Seite wiederum ist es, infolge von Konkurrenz und technologischem Fortschritt, gezwungen, Bedingungen zu schaffen, die die Profitrate unentwegt senken. Das Kapital versucht dieser Senkung durch die ständige Vergrößerung der Exploitationsrate entgegenzuwirken, vor allem durch die Verlängerung des Arbeitstags und das Drücken der Arbeiterlöhne unter den Wert der Arbeitskraft. Einen Faktor, der das Sinken der Profitrate bremst, stellt auch die Entstehung – dank derselben Umstände, die die Profitrate senken, nämlich dank der Steigerung der Arbeitseffizienz – einer Reservearmee von Arbeitern, d. h. die relative Übervölkerung, die zu einem Konkurrenzgegensatz unter den Arbeitern führt und es erlaubt, den Lohn zu drücken. Auch der Außenhandel wirkt in nämlicher Weise hemmend, sofern er zur Senkung der Preiselemente des konstanten Kapitals beiträgt oder zur Verbilligung der Unterhaltskosten. Trotz allen diesen Faktoren, die die fallende Tendenz der Profitrate schwächen, bahnt sie sich dennoch ihren Weg in der Wirtschaft. Sie ist eine Quelle der wachsenden Ausbeutung und akzeleriert zugleich die Konzentration des Kapitals, weil sie die Position der kleinen Kapitalisten schwächt und sie in steigendem Maße dazu verurteilt, vom großen Kapital geschluckt zu werden. Der Fall der Profitrate ist auch ein wesentlicher Faktor bei der Entstehung der Überproduktion, des überflüssigen Kapitals und der relativen Übervölkerung sowie der Krisen. Die Angst des Kapitalisten angesichts dieses Prozesses verrate, sagt Marx, »das Gefühl, daß die kapitalistische Produktionsweise an der Entwicklung der Produktivkräfte eine Schranke findet, die nichts mit der Produktion des Reichtums als solcher zu tun hat; und diese eigentümliche Schranke bezeugt die Beschränktheit und den nur historischen, vorübergehenden Charakter der kapitalistischen Produktionsweise; bezeugt, daß sie keine für die Produktion des Reichtums absolute Produktionsweise ist, vielmehr mit seiner Fortentwicklung auf gewisser Stufe in Konflikt tritt« (»Kapital« III, 15. Kap., 1).[1]

Das Gesetz des tendenziellen Falls der Profitrate ist ein Bestandteil der Analyse, die am Ende zu dem Schluß führen soll, daß der Kapitalismus unausweichlich kraft der inneren Widersprüche zusammenbrechen müsse, die er selber erzeuge. Marx hat jedoch nie behauptet (was ihm zuweilen unterstellt wird), daß der Fall der Profitrate allein den weiteren Fortbestand des Kapitalismus zu einer ökonomischen Unmöglichkeit machen werde. Dieser Fall verträgt sich vorzüglich mit dem Wachstum der absoluten Profitmasse, und es läßt sich nur schwer ausmachen, auf welche Weise es zur unmittelbaren Ursache des Untergangs des ganzen Systems werden sollte. Unter den Faktoren, die dem Fall der Profitrate entgegenwirken, spielt der Wertverlust der Bestandteile des konstanten Kapitals die größte Rolle – Resultat eben jenes technischen Fortschritts, der andererseits den proportionalen Anteil des Arbeitslohns an den Produktionskosten verringert: der Stellenwert dieses Faktors resultiert aus den Grundvoraussetzungen des Marxschen Systems. Die Auswirkungen dieser gegenläufigen Tendenzen lassen sich jedoch quantitativ schwer prognostizieren, daher ist auch die Behauptung, der tendenzielle Fall der Profitrate müsse unausweichlich die entgegengesetzte Tendenz dominieren, durch nichts begründet, und das Gesetz selbst erscheint vielmehr als der ideologische Ausdruck Marxscher Hoffnungen auf die Unfähigkeit des Kapitalismus, mit seinen Widersprüchen fertig zu werden. Nur auf der Grundlage empirischer Registrierung, nicht aber auf dem Weg der Deduktion aus der allgemeinen Profitratendefinition kann ermittelt werden, ob der systematische Fall der Profitrate tatsächlich stattfindet oder nicht. Empirisch aber hat sich das Gesetz des permanenten Falls der Profitrate nicht bestätigt.

Marx wiederholt oft, der Kapitalismus reproduziere allein durch seinen Produktionsprozeß die gesellschaftlichen Verhältnisse, die den Arbeiter von seiner Arbeit und ihrem Produkt trennen, der Kapitalismus verfestige und reproduziere sich selbst dadurch, daß er die Produzenten von der Beteiligung an den erzeugten Werten fernhalte (»Kapital« I, 21. Kap., »Kapital« III, 51. Kap.). Das bedeutet jedoch nicht, daß er imstande sei, diese Selbstreproduktion unendlich zu verlängern. Der Fall der

Profitrate und die beschleunigte Akkumulation schaffen eine künstliche Übervölkerung und verlangsamen zugleich das Tempo der Akkumulation, stimulieren dadurch gleichzeitig ihre Akzeleration mit allen Mitteln, wodurch das Kapital jedoch aufs neue die nämlichen Prozesse reproduziert, denen es gerade entgegenwirken wollte. Dadurch kommt es zu paradoxen Situationen, in denen zugleich ein Überschuß des Kapitals, das produktiv einsetzbar ist, und ein Überschuß an arbeitender Bevölkerung nebeneinander koexistieren. Die Konsumtion kann mit dem Produktionswachstum nicht schritthalten, das durch die grenzenlose Habgier des Mehrwerts angetrieben wird, denn dieselbe Habgier läßt keine Vergrößerung der Konsummöglichkeiten der grundlegenden Masse der Bevölkerung zu. Die Summe des geschaffenen Reichtums ist keineswegs zu groß im Verhältnis zu den wirklichen Bedürfnissen, sie erweist sich jedoch stets als zu groß, gemessen an den Möglichkeiten des Markts. Das Gesetz des tendenziellen Falls der Profitrate steht der Entwicklung der produktiven Arbeitskraft stets im Wege, deren Entwicklung wiederum seine Quelle ist. Die Akkumulation des Kapitals wird von der ständigen Konzentration begleitet, d. h. der Entstehung immer größerer Kapitalanhäufungen auf Kosten der Expropriation der kleinen Produzenten. Das kapitalistische Eigentum überwindet seine Widersprüche in periodischen Krisen der Überproduktion, die den Ruin der Masse kleiner Eigentümer zur Folge haben und unzählige Opfer unter der Arbeiterschaft erfordern, indem sie dadurch das gestörte Marktgleichgewicht für einige Zeit wiederherstellen. Diese Krisen sind die Konsequenz des anarchistischen Charakters der Produktion und eben jener Tatsache, daß der Produktionszweck ausschließlich in der Mehrwertverwertung besteht. Sie bilden die unerläßlichen Bestandteile der kapitalistischen Wirtschaft. Es verhält sich hierbei nicht so, wie die Arbeiteragitatoren zuweilen behaupten, daß das Ansteigen der Arbeitslöhne, dank der Erweiterung des Marktvolumens, imstande wäre, die Krisen zu verhindern, und daß die Lohnhebung infolgedessen im Interesse der Kapitalisten liege; der Beweis gegen diese Argumentation, sagt Marx im 2. Band des »Kapital«, sei die Tatsache, daß die Krisen in der Regel in einer Zeit relativer Prosperität ausbrechen, wenn die Arbeitslöhne wachsen, also unter Bedingungen, die eigentlich – vorausgesetzt, die angeführte Argumentation sei richtig – diese Krisen eben vereiteln müßten. Das unersättliche Streben des Kapitals nach Wachstum ist nämlich nicht imstande, einen Markt zu schaffen, der fähig wäre, seine Produkte unaufhörlich zu absorbieren, insbesondere wenn man bedenkt, welchen gewaltigen Anteil der Warenmasse – im Hinblick auf ihren Wert – die Produktionsmittel darstellen, die nicht durch die bloße Hebung der Arbeiterlöhne leichter absetzbar werden. Die Krisen verursachen eine Verschwendung gesellschaftlichen Reichtums in ungeheurem

Ausmaß und decken die Unfähigkeit des Kapitalismus zur Bewältigung der eigenen Widersprüche auf. In ihnen tritt der Konflikt zwischen dem erreichten technologischen Niveau und den gesellschaftlichen Verhältnissen zutage, unter denen diese Technologie wirksam wird, d. h. der Konflikt zwischen den Produktionsmitteln und den Produktionsverhältnissen. Der Kapitalist, der über die Produktionsmittel verfügt und ausschließlich die Mehrwertmaximierung bezweckt, hat auch aufgehört, der für das wirksame Funktionieren der Produktion unerläßliche Organisator zu sein – der er in der ursprünglichen Phase der Akkumulation gewesen ist; er vertraut die Leitung seines Betriebs zumeist anderen an. Eigentum und Verwaltung trennen sich immer stärker. Die private Aneignung des Arbeitsprodukts bei steigendem gesellschaftlichem Charakter der Produktion wird immer anachronistischer. »So wächst die Macht des Kapitals, die im Kapitalisten personifizierte Verselbständigung der gesellschaftlichen Produktionsbedingungen gegenüber den wirklichen Produzenten. Das Kapital zeigt sich immer mehr als gesellschaftliche Macht, deren Funktionär der Kapitalist ist und die in gar keinem möglichen Verhältnisse mehr zu dem steht, was die Arbeit eines einzelnen Individuums schaffen kann – aber als entfremdete, verselbständigte gesellschaftliche Macht, die als Sache, und als Macht des Kapitalisten durch diese Sache, der Gesellschaft gegenübertritt. Der Widerspruch zwischen der allgemeinen gesellschaftlichen Macht, zu der sich das Kapital gestaltet, und der Privatmacht der einzelnen Kapitalisten über diese gesellschaftlichen Produktionsbedingungen entwickelt sich immer schreiender und schließt die Auflösung dieses Verhältnisses ein, indem sie zugleich die Herausarbeitung der Produktionsbedingungen zu allgemeinen, gemeinschaftlichen, gesellschaftlichen Produktionsbedingungen einschließt« (»Kapital« III, 15. Kap., 4).[2] Das Kapital sucht fieberhaft nach neuen Märkten, ist bestrebt, seine Zirkulationsfelder auf nicht kapitalistische Welten auszudehnen, je stärker jedoch die Produktivkraft wächst, desto krasser wird der Widerspruch zwischen dieser Produktion und den engen Grenzen der Konsumtion. Marx meinte auch, das Ende des Kapitalismus sei unvermeidlich vom rein ökonomischen Standpunkt aus, d. h. unabhängig vom Klassenkampf, weil allein der Widerspruch zwischen Gebrauchs- und Tauschwert, der der kapitalistischen Produktion unverzichtbar anhaftet, zur unaufhörlichen Reproduktion der krisenhaften Situationen genüge. »Wir haben verschiedene solche Rückschläge erlebt«, schrieb Engels im Jahre 1850, »die aber durch Eröffnung neuer Märkte (1842 in China) oder durch bessere Ausbeutung der alten Märkte infolge Verringerung der Produktionskosten (...) bisher glücklich überwunden wurden. Aber auch das hat seine Grenze. Es gibt keine neuen Märkte mehr, die eröffnet werden könnten, und es gibt nur noch ein Mittel, die Löhne herabzusetzen, nämlich eine radikale Finanzreform und Ermäßigung der Steuern durch *Nichtanerkennung der Staatsschuld.* Und wenn die freihändlerischen Fabrikherren nicht den Mut haben, so weit zu gehen, oder wenn auch diese zeitweiligen Hilfsmittel einmal erschöpft sind, nun, dann werden sie an Überfluß zugrunde gehen. Es liegt auf der Hand, daß bei einem System, das darauf angewiesen ist, die Produktion mit jedem Tag zu erweitern, angesichts der Unmöglichkeit, die Märkte weiter auszudehnen, *die Herrschaft der Fabrikherren ihr Ende erreicht hat. Und was dann?* Allgemeiner Ruin und Chaos – sagen die Freihändler. *Soziale Revolution und Herrschaft des Proletariats – sagen wir«* (Artikel in »The Democr. Review« III, 1850).[3] Dieses Problem war der Ausgangspunkt der Frage, die später vor allem von Rosa Luxemburg und Polemisten erörtert wurde: Wird der Kapitalismus unausweichlich in dem Augenblick zusammenbrechen, in dem die Möglichkeiten seiner Expansion auf nicht kapitalistische Märkte verschwinden werden? Wenn dem so wäre, so hätte die Existenz des Kapitalismus eine deutlich bestimmte Situationsgrenze – auch unter der Voraussetzung (die Marx und Engels und im übrigen auch Rosa Luxemburg teilten), daß das Ende des Kapitalismus nicht automatisch einem Vulkanausbruch gleichen, sondern vielmehr durch die revolutionäre Aktion der Arbeiterklasse erfolgen wird. Engels' Äußerung würde für eine solche Interpretation sprechen. Es scheint jedoch, daß die Überzeugung, die Erschöpfung der Reserven blockiere in irreversibler Weise die Lebensfähigkeit des Kapitalismus, nicht der notwendige Schluß aus den Marxschen Überlegungen ist. Zwangsläufig ist nur der Schluß, der Kapitalismus müsse an seinen inneren Widersprüchen zusammenbrechen, vor allem deshalb, weil die entwickelten Produktionsmittel und die technologische Kooperation gegen das System der privaten Aneignung rebellieren und der Kapitalismus zum Hemmschuh des technischen Fortschritts wird, den er so gewaltig stimuliert hatte und ohne dessen Weiterentwicklung er nicht existieren kann. Die proletarische Revolution hat, *mutatis mutandis,* denselben Gegensatz zur Voraussetzung, der, nach Marx' Ansicht, die bürgerlichen Revolutionen verursacht hat: Die von der Bourgeoisie entwickelte Technologie erwies sich zu einem bestimmten Zeitpunkt als mit den gesellschaftlichen Verhältnissen des Feudalismus unvereinbar, welche der Produktion zunftgemäße Restriktionen und lokale oder Standesprivilegien auferlegten und die, darüber hinaus, die Freizügigkeit der Lohnarbeit behinderten. Analog hat die Bourgeoisie selber im weiteren Fortschritt der Technik eine Situation geschaffen, die sie selbst als Klasse in den Ruin treiben und dadurch die kapitalistische Aneignungsweise liquidieren muß, und was daraus folgt: jegliche Aufteilung in Klassen. »Mit der beständig abnehmenden Zahl der Kapitalmagnaten, welche alle Vorteile dieses Umwandlungsprozesses usurpieren und monopolisieren, wächst die Masse des Elends, des Drucks, der Knechtschaft, der Entartung, der Ausbeutung, aber auch die Empörung der stets anschwellenden und durch den Mechanismus des kapitalistischen Produktionsprozesses selbst geschulten, vereinten und organisierten Arbeiterklasse. *Das Kapitalmonopol wird zur Fessel der Produktionsweise*, die mit und unter ihm aufgeblüht ist. Die Zentralisation der Produktionsmittel und die Vergesellschaftung der Arbeit erreichen einen Punkt, wo sie unverträglich werden mit ihrer kapitalistischen Hülle. Sie wird gesprengt. *Die Stunde des kapitalistischen Privateigentums schlägt. Die Expropriateurs werden expropriiert*« (»Kapital« I, 24. Kap., 7 – Hervorhebungen L. K.).[4]

2. Der ökonomische und politische Kampf des Proletariats

Man sieht daraus, daß allein die ökonomische Analyse Marx unmittelbar zu dem Schluß führt, der Kapitalismus lasse sich nicht reformieren, d. h., die Befreiung der Arbeiterklasse sei trotz aller politischen und ökonomischen Kämpfe unter den Bedingungen der kapitalistischen Produktion unmöglich. »Es kann sich für uns nicht um Veränderung des Privateigentums handeln, sondern nur um seine Vernichtung, nicht um die Vertuschung der Klassengegensätze, sondern um Aufhebung der Klassen, nicht um Verbesserung der bestehenden Gesellschaft, sondern um Gründung einer neuen«, hieß es in der »Ansprache der Zentralbehörde an den Bund«, die Marx und Engels 1850 verfaßten.[5] Ähnlich drückte es Engels in seiner Arbeit »Zur Wohnungsfrage« aus (die 1872–73 in der Zeitschrift »Volksstaat« erschien): »Und solange die kapitalistische Produktionsweise besteht, solange ist es Torheit, die Wohnungsfrage oder irgendeine andre das Geschick der Arbeiter betreffende gesellschaftliche Frage einzeln lösen zu wollen. Die Lösung liegt aber in der Abschaffung der kapitalistischen Produktionsweise . . .«[6] Wenn jedoch *keine einzige* soziale Frage innerhalb des Kapitalismus erledigt werden kann und wenn der blinde Trieb der kapitalistischen Produktion sie unausweichlich ins eigene Verderben treibt, könnte es scheinen, als hätten Marx und Engels, wie es ihnen die reformerischen Kritiker häufig vorgeworfen haben, den Grundsatz »je schlechter desto besser« vertreten, d. h. das Phänomen der steigenden Exploitation und des wachsenden Elends grundsätzlich positiv bewertet, weil es den revolutionären Reifeprozeß beschleunigt. Dieses Problem tangiert die Stelle, die für die Spezifität der gesamten theoretischen Struktur des Marxismus entscheidend ist; es geht dabei namentlich um das Verhältnis des »objektiven«, quasi-natürlichen ökonomischen Prozesses zur bewußten menschlichen Initiative. Wenn der Kapitalismus auf dem Weg einer Eruption in den Sozialismus übergehen sollte, zu dem es ganz einfach unabhängig von der bewußten Initiative und außerhalb dieser kommen werde, dann müßte man in der Tat den Zeitpunkt abwarten, bis der Kapitalismus seine Widersprüche auf die Spitze treibt und an der Expansion erstickt. In Wirklichkeit kann der Kapitalismus aber nur unter der Bedingung einer entsprechenden Entwicklung des Klassenbewußtseins des Proletariats aufgehoben werden. Am deutlichsten formuliert Marx das in dem Artikel »Die russische Politik gegenüber der Türkei« (in »New York Daily Tribune« vom 14. 7. 1853): »Es gibt eine Kategorie Philanthropen und sogar von Sozialisten, die Streiks als sehr schädlich für die Interessen des ›Arbeiters selbst‹ erachten und die ihre Hauptaufgabe darin sehen, eine Methode zu finden, ständige Durchschnittslöhne zu sichern. Abgesehen davon, daß die Tatsache des industriellen Zyklus mit seinen verschiedenen Phasen alle solche Durchschnittslöhne unmöglich macht, bin ich ganz im Gegenteil davon überzeugt, daß das *aufeinanderfolgende Steigen und Fallen der Löhne* und die ständigen daraus resultierenden *Konflikte zwischen Fabrikanten und Arbeitern* in der gegenwärtigen Organisation der Produktion die *unerläßlichen Mittel* sind, *den Kampfgeist der Arbeiterklasse lebendig zu halten*, diese in einer einzigen großen Vereinigung gegen die Übergriffe der herrschenden Klasse zusammenzufassen und sie davon abzuhalten, zu Mitleid heischenden, gedankenlosen, mehr oder weniger gut genährten Produktionsinstrumenten zu werden. In einer Gesellschaftsordnung, die auf dem Antagonismus der Klassen beruht, müssen wir, wenn wir die Sklaverei nicht nur in Worten, sondern auch in Taten verhüten wollen, den Kampf aufnehmen. Um den Wert von Streiks und Koalitionen richtig zu würdigen, *dürfen wir uns nicht durch die scheinbare Bedeutungslosigkeit ihrer ökonomischen Resultate täuschen lassen*, sondern müssen *vor allen Dingen ihre moralischen und politischen Auswirkungen* im Auge behalten. Ohne die längeren aufeinanderfolgenden Phasen von Abspannung, Prosperität, Aufschwung, Krise und Elend, welche die moderne Industrie in periodisch wiederkehrenden Zyklen durchläuft, mit dem daraus resultierenden Auf und Ab der Löhne sowie dem ständigen Kampf zwischen Fabrikanten und Arbeitern, der in genauer Übereinstimmung mit jenen Schwankungen in den Löhnen und Profiten verläuft, würde die Arbeiterklasse Großbritanniens und ganz Europas eine niedergedrückte, charakterschwache, verbrauchte, unterwürfige Masse sein, deren Emanzipation aus eigner Kraft sich als ebenso unmöglich erweisen würde wie die der Sklaven des antiken Griechenlands und Roms.«[7] (Hervorhebungen L. K.)

Der Marxsche Standpunkt ist also klar: Die Erschütterungen der kapitalistischen Produktion bieten der Arbeiterklasse die Gelegenheit, sich in einer Protestbewegung zu sammeln und sich das Bewußtsein der eigenen revolutionären Perspektive anzueignen. Die *gegen* die Arbeiter wirksamen Gesetze des Kapitalismus können in ihren Folgen gemindert werden, doch sie können auf dem Boden dieses Systems *nicht aufgehoben* werden. Daher kann der ökonomische Kampf keine glänzenden Resultate zeitigen. Seine Hauptfunktion besteht darin, daß er das *politische Bewußtsein des Proletariats vorbereitet,* denn – wie Marx in »Lohn, Preis und Profit« schrieb: »Eben diese Notwendigkeit *allgemeiner politischer Aktion* liefert den Beweis, daß in seiner rein ökonomischen Aktion das Kapital der stärkere Teil ist.«[8] Der ökonomische Kampf hat demnach einen Sinn vor allem mit Rücksicht auf den endgültigen politischen Kampf, *nicht aber an und für sich.* Andrerseits stellt aber auch dieser politische Kampf keinen Selbstzweck dar, sondern ein Werkzeug zur Eroberung der ökonomischen Befreiung – wie das in den »Allgemeinen Statuten« der Internationale von 1871 unterstrichen wurde: »Die ökonomische Emanzipation der Arbeiterklasse (ist) daher der große Endzweck, dem jede politische Bewegung, als Mittel, unterzuordnen ist.«[9] Wenn Marx also der Ansicht war, daß – obwohl die Arbeiterklasse noch mit zeitweiligen Niederlagen rechnen müsse – »große gesellschaftliche und ökonomische Gesetze wirksam sind, die deren Triumph schließlich verbürgen müssen« (in: »Die englische Bourgeoisie«, Leitartikel aus der »New-York Daily Tribune« vom 1. August 1854[10]), so schloß er daraus nicht, die Arbeiterklasse müsse den endgültigen Erfolg einfach abwarten wie ein Geschenk der Geschichte, das ihr in den Schoß fällt. Im Gegenteil, das politische Bewußtsein, das durch den ökonomischen Kampf vorbereitet wird, ist die notwendige Bedingung des Sieges: Die »ökonomischen Gesetze« allein stehen für die Möglichkeit dieses Sieges ein, doch die Bewegung der politischen Initiative ist neben diesen Gesetzen der zweite selbständige Faktor des Geschichtsprozesses. Wir begegnen hier, in einer sehr detaillierten Form, dem gleichen Motiv, welches bei Marx seit seinen frühesten Texten gegenwärtig ist: Im Klassenbewußtsein des Proletariats fällt die historische Notwendigkeit mit der Freiheit des Handelns zusammen, der Gegensatz zwischen dem menschlichen Willen und dem Verlauf des »objektiven« Prozesses, das Dilemma von Utopismus und Fatalismus werden aufgelöst. Nur die Arbeiterklasse hat eine solche privilegierte Situation erreicht, in der sie nicht dazu verurteilt ist, ihre Wünsche und Sehnsüchte an der Mauer der unerbittlichen Notwendigkeit zerschellen zu sehen; ihr Wille und ihre Initiative werden selber zu einem Teil des notwendigen Geschichtsverlaufs. Praktisch bedeutet das also, daß der ökonomische Kampf ein Mittel der politischen Aktionen ist (und das ist der Hauptpunkt, an dem die reformistischen Tendenzen sich vom Marxismus entfernt haben; sie haben den Grundsatz aufgegeben, demzufolge man den ökonomischen Kampf der politischen Strategie unterzuordnen habe), die politische Tätigkeit wiederum wird zum Mittel der ökonomischen Emanzipation nach der Revolution;

im Sozialismus nämlich sollte die gesonderte Sphäre des politischen Lebens überhaupt verschwinden.

Unsinnig wäre es mithin, zu behaupten, vom Standpunkt des Marxismus aus betrachtet müsse die Arbeiterklasse Krisen, Arbeitslosigkeit und Lohnsenkungen mit Freude begrüßen, sofern sie darin weitere Schritte erblicken könne, die zur Zerstörung des Kapitalismus führen. Sie soll im Gegenteil gegen die Auswirkungen der Krisen ankämpfen, jedoch mit dem Bewußtsein, daß man den Kapitalismus in keiner Weise so reformieren könne, daß ihre Knechtschaft abgeschafft werden könnte. Ihre Aufgabe besteht in der revolutionären Ausnutzung der eigenen ökonomischen Niederlage, nicht aber in ihrer Verursachung. Analog dazu: Der Prozeß der Enteignung des kleinen, u. a. des bäuerlichen Eigentums, ist ein unausweichliches Gesetz der kapitalistischen Akkumulation (». . . unser Kleinbauer«, schrieb Engels in »Die Bauernfrage in Frankreich und Deutschland«, »Neue Zeit« 11, 1894, »ist wie jeder Überrest einer vergangnen Produktionsweise unrettbar dem Untergang verfallen. Er ist ein zukünftiger Proletarier.«[11]), woraus jedoch nicht hervorgeht, daß es Aufgabe der Sozialisten wäre, den Ruin der Bauern voranzutreiben, sondern lediglich – jenen unausweichlichen Prozeß zur Stärkung der eigenen politischen Kraft auszunutzen. Mit einem Wort: Im politischen wie im ökonomischen Kampf, der sein Mittel ist, bezieht das Proletariat einen rein partikularen Standpunkt. Es verteidigt seine Interessen als Klasse. Dadurch aber wird es zu einem Organ der ganzen menschlichen Gattung, denn jenes partikulare Interesse führt zu einem Umsturz, der der Weg zur »vergesellschafteten Menschheit« ist, das heißt zur Emanzipation der Menschheit als Ganzes. Ähnlich waren auch die großen bürgerlichen Umstürze, die vom partikularen Interesse ausgingen, Werkzeuge des allgemeinen menschlichen Interesses: »Die Revolutionen von 1648 und 1789 waren keine *englischen* und *französischen* Revolutionen, sie waren Revolutionen *europäischen* Stils«, schrieb Marx in dem Artikel »Die Bourgeoisie und die Kontrerevolution«, der am 15. 12. 1848 in der »Neuen Rheinischen Zeitung« erschien. »Sie waren nicht der Sieg einer *bestimmten* Klasse der Gesellschaft über die *alte politische Ordnung*; sie waren die *Proklamation der politischen Ordnung für die neue europäische Gesellschaft.*«[12]

Jenes Menschheitsinteresse beruhte jedoch nicht darauf, daß die Gesellschaft dank der Freizügigkeit des Kapitals wirklich befreit worden wäre, sondern auf der Vorbereitung – durch den mächtigen technischen, organisatorischen und politischen Fortschritt – der natürlichen Voraussetzungen für die künftige sozialistische Umwälzung, die ausschließlich gestützt auf die vom Kapitalismus geschaffenen Bedingungen erfolgen kann.

Der Kapitalismus schafft die Voraussetzungen der neuen Gesellschaft jedoch nicht nur in dem Sinne, daß er die Technik revolutioniert und neue Kooperationsbedingungen erzeugt; Aktiengesellschaften, in denen Eigentum und Verwaltung sich voneinander trennen, auch die Kooperativfabriken der Arbeiter sollten – so können wir im 3. Band des »Kapital« lesen – als »Übergangsform«[13] auf dem Weg zur neuen Gesellschaft oder als Erscheinungen gelten, in denen die Aufhebung der kapitalistischen Produktionsweise bereits innerhalb des kapitalistischen Systems wirksam wird. In diesem Sinne stellt der Sozialismus auch nicht die schlichte Negation des Kapitalismus dar, sondern seine Kontinuierung, die Fortsetzung des Vergesellschaftungsprozesses, der auf der Grundlage der technologischen Errungenschaften dieser Epoche sich vollzieht.

3. Die Natur des Sozialismus. Seine zwei Phasen

Der Kapitalismus nämlich schafft die unverzichtbaren Prämissen des Sozialismus. Seine historische Mission bestand in der gewaltigen technologischen Entwicklung, deren Ursache in der Tendenz des Tauschwerts zum schrankenlosen Wachstum liegt. Der Kapitalismus schafft dadurch, daß er die Arbeitermassen unentwegt aus einem Produktionszweig in einen anderen umlenken muß, die Notwendigkeit einer bestimmten Produktionsvielseitigkeit der Arbeiterklasse und bereitet solcherweise die Bedingungen für die Umwälzung vor, deren Ziel die »Aufhebung der alten Teilung der Arbeit«[14] ist. Aber, wie Engels schrieb, »erst auf einem gewissen, für unsere Zeitverhältnisse sogar *sehr hohen Entwicklungsgrad* der gesellschaftlichen Produktivkräfte wird es möglich, die Produktion so hoch zu steigern, daß die *Abschaffung der Klassenunterschiede ein wirklicher Fortschritt, daß sie von Dauer sein kann, ohne einen Stillstand oder gar Rückgang* in der gesellschaftlichen Produktionsweise herbeizuführen« (in: »Soziales aus Rußland«, veröffentlicht im »Volksstaat«, 1875 – Hervorhebungen L. K.).[15] Der Sozialismus erntet somit die Früchte des Kapitalismus und wäre ohne jenen nur ein vergeblicher Wunschtraum. Aus dem Ruin, in den der Kapitalismus sich selbst unbewußt hineintreibt, wird die neue Gesellschaft erstehen.

»Die Arbeiterklasse hat die Natur erobert; jetzt muß sie die Menschen erobern«, schrieb Marx 1854 (in »The People's Paper« vom 18. 3. 1854[16]). Das ist die knappste Formulierung der Marxschen Idee des Sozialismus. Den Menschen erobern – was bedeutet das? Nichts anderes, als was Marx häufig mit anderen Worten gesagt hat: Verhältnisse schaffen, unter denen die Menschen die Herrschaft über den eigenen Arbeitsprozeß sowie über ihre physischen und geistigen Hervorbringungen voll ausüben, unter denen keine Resultate des menschlichen Verhaltens sich gegen den Menschen selbst richten könnten. Der den

Menschen beherrschende Mensch, d. h. der Mensch, der nicht länger der Macht der sachlichen Gewalten unterstellt ist, die er selbst ins Leben gerufen hat, der zu sich selbst zurückgekehrte Mensch, der mit dem eigenen Prozeß des gesellschaftlichen Lebens identisch geworden ist, *der sich selber lenkt, der also den Gegensatz zwischen der Freiheit des individuellen Verhaltens und der blinden Notwendigkeit des gesellschaftlichen Prozesses aufgehoben hat* – das ist der Mensch, der infolge der sozialistischen Umwälzung in Erscheinung treten wird. Der Sozialismus beruht – wie bereits gesagt – seinem grundsätzlichen Wesen nach nicht auf der Aufhebung des materiellen Elends bzw. der Aufhebung des Luxuskonsums der Bourgeoisie, sondern auf der Aufhebung der menschlichen Entfremdung durch die Aufhebung der »alten Arbeitsteilung«. Wenn der Lebensstandard, der private Konsum der Bourgeoisie ohne jede Veränderung dem Konsum der Arbeiter angeglichen würde, brächte das keine spürbare Erneuerung. Es geht auch keineswegs um einen anderen Verteilungsmodus des Einkommens, das unter denselben Bedingungen erzielt wird. Es geht auch nicht darum, worauf Marx wiederholt in seiner Polemik gegen die Lassalleaner hinwies, daß der Arbeiter die volle Masse der von ihm produzierten Werte zum individuellen Verzehr erhielte. Das nämlich sei ein Ding der Unmöglichkeit. Es kann daher nicht die Rede vom »unverkürzten Arbeitsertrag« sein, wie in der »Kritik des Gothaer Programms« zu lesen ist.[17] Vom gesamten Sozialprodukt müssen stets bedeutende Summen für die Erneuerung der verbrauchten Werte, die Erweiterung der Produktion, den Schutz vor unverhofften Katastrophen, für Verwaltungskosten, den gesellschaftlichen Konsum (Erziehungs-, Gesundheitswesen), für die Betreuung Arbeitsunfähiger abgezogen werden. Der grundlegende Unterschied zwischen der kapitalistischen und der sozialistischen Produktionsweise besteht darin, daß das System der Lohnarbeit abgeschafft wird, d. h. der Verkauf der Arbeitskraft, und daß ausschließlich der *Gebrauchswert zum Zweck der gesamten materiellen Produktion* wird. Mit anderen Worten, Umfang und Charakter der Produktion in allen ihren Bereichen sollen im Sozialismus ausschließlich durch die gesellschaftlichen Bedürfnisse bestimmt werden, nicht aber durch das Streben nach maximaler Tauschwertakkumulation; dies jedoch erfordert selbstverständlich eine gesellschaftliche Planung der Produktion. »Die Beseitigung der kapitalistischen Produktionsform erlaubt, den *Arbeitstag auf die notwendige Arbeit* zu beschränken. Jedoch würde die letztre, unter sonst gleichbleibenden Umständen, ihren Raum ausdehnen. Einerseits weil die Lebensbedingungen des Arbeiters reicher und seine Lebensansprüche größer. Andrerseits würde ein Teil der jetzigen Mehrarbeit zur notwendigen Arbeit zählen, nämlich die zur Erzielung eines gesellschaftlichen Reserve- und Akkumulationsfonds nötige Arbeit« (»Kapital« I, 15. Kap., IV –

Hervorhebung L. K.).[18] Wie man sieht, würde die Unterscheidung zwischen notwendiger und Mehrarbeit unter sozialistischen Produktionsbedingungen ihren Sinn verlieren, unter denen zwar nicht die ganze Arbeit unmittelbar in Form des Arbeitslohns entlohnt, jedoch unter verschiedenen Formen gemeinschaftlicher Bedürfnisbefriedigung in die Gesellschaft zurückfließen würde. Doch nicht allein die Befriedigung materieller Bedürfnisse, und sei es bedeutend erweiterter, ist der eigentliche Inhalt der menschlichen Emanzipation. Dieser Inhalt besteht im Erreichen der Totalität der Menschheit und der Allseitigkeit des Lebens. Daher ist das Problem der Aufhebung der Arbeitsteilung in der alten Gestalt für Marx so wesentlich. Die Arbeitsteilung war zu diesem Zeitpunkt der Ursprung geistiger und physischer Verkrüppelung, das Mittel, das die Individuen in die verdummende Einseitigkeit der Leistung hineinzwang. Aufgabe des Sozialismus ist vor allem die *Befreiung aller Fähigkeiten*, die dem Menschen innewohnen, die durch nichts begrenzte *Entfaltung seiner personalen Kräfte* als gesellschaftlicher. In welchem Sinne kann also davon gesprochen werden, daß der Sozialismus die »endgültige« Form der Menschheit sei? »Ebensowenig wie die Erkenntnis kann die Geschichte einen vollendenden Abschluß finden in einem vollkommenen Idealzustand der Menschheit«, schrieb Engels (in »Ludwig Feuerbach und der Ausgang der klassischen deutschen Philosophie«[19]). Der Sozialismus ist keine »Endgültigkeit« in dem Sinne, daß er eine stagnierende Gesellschaft wäre, in der eine fixe Summe menschlicher Bedürfnisse ihre Befriedigung fände und die infolgedessen keine Entwicklungsimpulse mehr aufzuweisen hätte; er ist jedoch insofern eine »Endgültigkeit«, als er, nach Marx, die volle Kontrolle der Gesellschaft über die Bedingungen ihres eigenen Lebens gewährleistet, also keine gesellschaftlichen Umwälzungen mehr erforderlich machen, keine Differenzen zwischen Regierenden und Regierten schaffen, die menschliche freie Kreativität durch nichts mehr beschränken würde. *Nur die Abwesenheit gesellschaftlicher Schranken der freien Entwicklung aller kreativen Kräfte des Menschen* kennzeichnet den Sozialismus, nicht aber die Abwesenheit dieser Entwicklung und Kreativität. Doch Entwicklung kreativer Kräfte ist keineswegs schlechthin oder insbesondere gleichbedeutend mit Vermehrung des materiellen Reichtums. Die berühmte Passage aus dem 3. Band des »Kapital« ist in dieser Hinsicht ungemein kennzeichnend: »Das Reich der Freiheit beginnt in der Tat erst da, wo das Arbeiten, das durch Not und äußere Zweckmäßigkeit bestimmt ist, aufhört; es liegt also der Natur der Sache nach jenseits der Sphäre der eigentlichen materiellen Produktion. Wie der Wilde mit der Natur ringen muß, um seine Bedürfnisse zu befriedigen, um sein Leben zu erhalten und zu reproduzieren, so muß es der Zivilisierte, und er muß es in allen Gesellschaftsformen und unter allen möglichen Produktionsweisen. Mit seiner Entwicklung erweitert sich dies Reich der Naturnotwendigkeit, weil die Bedürfnisse; aber zugleich erweitern sich die Produktivkräfte, die diese befriedigen. Die Freiheit in diesem Gebiet kann nur darin bestehn, daß der vergesellschaftete Mensch, die assoziierten Produzenten, diesen ihren Stoffwechsel mit der Natur rationell regeln, unter ihre gemeinschaftliche Kontrolle bringen, statt von ihm als von einer blinden Macht beherrscht zu werden; ihn mit dem geringsten Kraftaufwand und unter den ihrer menschlichen Natur würdigsten und adäquatesten Bedingungen vollziehn. *Aber es bleibt dies immer ein Reich der Notwendigkeit.* Jenseits desselben beginnt die *menschliche Kraftentwicklung, die sich als Selbstzweck gilt, das wahre Reich der Freiheit*, das aber nur auf jenem Reich der Notwendigkeit als seiner Basis aufblühn kann. Die Verkürzung des Arbeitstags ist die Grundbedingung« (»Kapital« III, 48. Kap., III – Hervorhebungen L. K.).[20]

Wir haben jetzt das Schema der Werte, die Marx mit der sozialistischen Umgestaltung verknüpft. Der Sozialismus ist – als System der gesellschaftlichen Verwaltung – die Beseitigung der Hindernisse, die es dem Menschen – allen Menschen – versagen, die eigenen kreativen Bestände in allen Bereichen zu mobilisieren. Diese schöpferische menschliche Expansion, die sich in der Fülle der Freiheit entwickelt, ist der eigentliche Zweck der Menschheit. Die Befriedigung der physischen Bedürfnisse vollzieht sich im »Reich der Notwendigkeit«, und die Zeit, die dafür verwendet wird, ist das Maß der Abhängigkeit des Menschen von den natürlichen Zwängen, von denen er sich selbstverständlich nicht gänzlich emanzipieren kann. Doch man kann ihren Druck auf ein Minimum reduzieren und, was wichtig erscheint, die repressiven Formen, die mit dem spezifisch gesellschaftlichen Leben zusammenhängen, völlig aufheben, d. h. eine Situation erreichen, in der die Menschen das Zusammenleben mit den anderen nicht als eine Masse von Beschränkungen ihres eigenen individuellen Lebens empfinden, sondern die eigene Individualität als ein Phänomen des gesellschaftlichen Lebens begreifen werden. Die Identifikation von persönlichem und gemeinschaftlichem Leben wird daher kein Werk des Zwangs sein, in diesem Fall wäre es nämlich eine Karikatur der eigenen Voraussetzungen, sondern wird dem Bewußtsein jedes einzelnen entspringen, der das eigene Leben als ein im Hinblick auf die anderen wertschöpferisches behandeln wird. Das Problem der Isolierung des gesellschaftlichen Seins von den einzelnen Individuen wird seine Existenzberechtigung verlieren, und zwar nicht deshalb, weil ein anonymes Kollektiv jegliches individuelles Sein einsaugen, es in einem homogenen Einerlei auflösen würde, sondern gerade deshalb, weil das gesellschaftliche Leben gegenüber den Individuen keine Entfremdungsformen mehr erzeugen, weil es aufhören wird, Antagonismen zu schaffen, und sich als das personale Leben eines jeden Einzelnen realisieren wird, d. h. als Schaffen. Dadurch werden auch die gesellschaftlichen Verhältnisse für alle transparent werden, das gesellschaftliche Leben wird seine Schleierhaftigkeit verlieren und mystifizierende religiöse Formen nicht weiter begünstigen, in denen sich bisher jene Schleierhaftigkeit ausdrückte, als Folge dessen, daß der gesellschaftliche Prozeß der Macht des Einzelnen entfremdet wurde. »Der religiöse Widerschein der wirklichen Welt kann überhaupt nur verschwinden, sobald die Verhältnisse des praktischen Werkeltagslebens den Menschen tagtäglich durchsichtig vernünftige Beziehungen zueinander und zur Natur darstellen. Die Gestalt des gesellschaftlichen Lebensprozesses, d. h. des materiellen Produktionsprozesses, streift nur ihren mystischen Nebelschleier ab, sobald sie als Produkt frei vergesellschafteter Menschen unter deren bewußter planmäßiger Kontrolle steht. Dazu ist jedoch eine materielle Grundlage der Gesellschaft erheischt oder eine Reihe materieller Existenzbedingungen, welche selbst wieder das naturwüchsige Produkt einer langen und qualvollen Entwicklungsgeschichte sind« (»Kapital« I, 1. Kap., 4).[21]

So übertrumpft also die Radikalität des Umsturzes, den die sozialistische Bewegung anstrebt, alles der Geschichte bisher Bekannte. Er ist die allergrößte und (im dargelegten Sinn) endgültige Umgestaltung. Der Sozialismus ist das *novissimum*, das Ende der Geschichte im bisherigen Verständnis und der Beginn der wirklichen Geschichte der Menschheit. U. a. deshalb ist sein Bruch mit der Vergangenheit so radikal: Er sieht keine Veranlassung, sich auf irgendeine Tradition zu berufen, um sich zu rechtfertigen oder zur Selbsterkenntnis zu gelangen. »Die soziale Revolution des neunzehnten Jahrhunderts kann ihre Poesie nicht aus der Vergangenheit schöpfen, sondern nur aus der Zukunft. Sie kann nicht mit sich selbst beginnen, bevor sie allen Aberglauben an die Vergangenheit abgestreift hat. Die früheren Revolutionen bedurften der weltgeschichtlichen Rückerinnerungen, um sich über ihren eigenen Inhalt zu betäuben. Die Revolution des neunzehnten Jahrhunderts muß die Toten ihre Toten begraben lassen, um bei ihrem eignen Inhalt anzukommen« (»Der achtzehnte Brumaire« I).[22]

Nach 1848 erlebte Marx abwechselnd Phasen der Hoffnung auf eine baldige europäische Revolution und Phasen der Ernüchterung. Mit jeder neuen Periode von Aufruhr, Krieg oder ökonomischer Krise gewannen diese Hoffnungen erneut Nahrung. Kurz nach 1848 gab er die optimistische Überzeugung auf, daß der Untergang des Kapitalismus unmittelbar bevorstehe, und erklärte den Befürwortern der »direkten Aktion«, daß die Arbeiter 15, 20 oder gar 50 Jahre schwerer Kämpfe vor sich hätten, bis sie für die Macht vorbereitet sein würden. Jede neue ökonomische oder politische Krise entfachte in ihm jedoch neue Erwartungen, daß hier oder dort, in Deutschland, Spanien, Polen oder Rußland, das Feuer der Revolution aufflammen und sein Funke auf Europa überspringen würde. In Übereinstimmung mit den Grundsätzen seiner Lehre rechnete er theoretisch auf die am weitesten entwickelten Länder, doch zuweilen hoffte er auch, daß ein rückständiges Land wie Rußland infolge eines Zusammenspiels von Umständen einen Sturm provozieren würde, der zum Vorspiel einer weltweiten Umwälzung werden könnte. Dieser Umstand inaugurierte eine Unmenge fruchtloser Auseinandersetzungen unter Orthodoxen darüber, welche Bedingungen auf dem Boden der Lehre eigentlich mit der größten Wahrscheinlichkeit die proletarische Weltrevolution ankündigen. In Wirklichkeit formuliert die Lehre selbst keine derartigen Bedingungen, und die unterschiedlichen und aus verschiedenen Zeitabschnitten stammenden Äußerungen Marxens ergeben, wenn man sie zusammenstellt, kein kohärentes Ganzes. Es wird deutlich, daß die revolutionäre Ungeduld und die theoretische Überzeugung von der Unabdingbarkeit der »ökonomischen Reife des Kapitalismus« (und in Europa hatte, wie man unterstellen darf, in seinen Augen nur England dieses Stadium erreicht) um die Priorität kämpften und daß je nach konkreter Situation mal das eine, mal das andere in seinen Überzeugungen überwog. Auf welche Weise man hingegen die »ökonomische Reife des Kapitalismus« näher zu bestimmen habe, das hat Marx nicht gesagt. 1871 und 1872 sah er außerdem voraus, daß in den entwickelten Ländern wie England, USA und die Niederlande der Übergang zum Sozialismus sich auf dem Weg friedlicher Propaganda, ohne Gewaltanwendung und ohne Aufstände vollziehen könne.

In jedem Fall aber gelangte Marx mit der Zeit zu der Überzeugung, daß der Übergang zu dem von ihm konzipierten Sozialismus nicht sofort erfolgen könne. In seiner »Kritik des Gothaer Programms« wies er darauf hin, daß von einer Übergangsperiode zwischen der Revolution und der endgültigen Erfüllung der sozialistischen Erwartungen auszugehen sei. In der ersten Übergangszeit sind die Rechte der Menschen ihrer Arbeit proportional. »Dies *gleiche* Recht ist ungleiches Recht für ungleiche Arbeit. Es erkennt keine Klassenunterschiede an, weil jeder nur Arbeiter ist wie der andre; aber es erkennt stillschweigend die ungleiche individuelle Begabung und daher Leistungsfähigkeit der Arbeiter als natürliche Privilegien an. *Es ist daher ein Recht der Ungleichheit, seinem Inhalt nach, wie alles Recht.*«[23] Diese Übergangsphase trägt noch den Makel der Gesellschaft, der sie entwuchs; in ökonomischer Hinsicht gilt die Regel: »jedem nach seiner Arbeit«; in politischer Hinsicht ist sie ein Staat der *Diktatur des Proletariats,* d. h. eine Herrschaft, die ihren partikularen Klassencharakter noch behält, die sich der Gewalt jedoch mit dem Ziel der völligen Aufhebung der Klassengliederung bedient. Erst in einer »höheren Phase der kommunistischen Gesellschaft«[24], in der die Unterdrückung durch die Arbeitsteilung verschwindet und mit ihr der Gegensatz von geistiger und körperlicher Arbeit, wenn die entwickelten Produktivkräfte den allgemeinen Wohlstand sichern werden und die Arbeit zum wichtigsten Lebensbedürfnis geworden sein wird, erst dann wird die Gesellschaft einen Zustand erreichen, der von der Losung bestimmt sein wird: »Jeder nach seinen Fähigkeiten, jedem nach seinen Bedürfnissen.«

Auch wenn es bei Marx keine detaillierten Prognosen hinsichtlich der Organisation der Zukunftsgesellschaft gibt, ist doch das allgemeine Prinzip klar: Der Sozialismus ist die volle Aneignung der Wesenskräfte des Menschen, seine volle »Vermenschlichung«, d. h. die totale Herrschaft über die eigene schöpferische Energie. Alle konstitutiven Qualitäten des Sozialismus lassen sich aus diesem Postulat ableiten: die Unterordnung der Produktion unter die Erzeugung von notwendigen Gebrauchswerten; die Aufhebung der Arbeitsteilung (im Sinne: Abschaffung der beruflichen Einseitigkeit, Aneignung unterschiedlicher Fähigkeiten, nicht aber, selbstredend, im Sinne von Aufhebung der großindustriellen Arbeitsorganisation zugunsten der Rückkehr zu einer handwerklichen Produktion); die Abschaffung des gesonderten Bereichs des politischen Lebens und der Institution der Regierung mit Ausnahme der Produktionsverwaltung; die Aufhebung aller gesellschaftlichen Quellen der Ungleichheit (Gleichheit bedeutet, wie Engels schrieb, nur die Aufhebung der Klassen, nicht aber die Unifizierung der Individuen) und überhaupt aller gesellschaftlichen Bedingungen, die das menschliche Schaffen beschränken. Es ist überaus kennzeichnend, daß die Überwindung des Kapitalismus nach Marx nicht das Privateigentum wiederherstellt, »wohl aber das *individuelle Eigentum* auf Grundlage der Errungenschaft der kapitalistischen Ära: *der Kooperation und des Gemeinbesitzes der Erde und der durch die Arbeit selbst produzierten Produktionsmittel*« (»Kapital« I, 24. Kap., 7 – Hervorhebungen L. K.).[25] Marx spricht vom *individuellen* Eigentum als vom *Gegensatz* des kapitalistischen Eigentums. So gesehen, ist das kapitalistische Eigentum in der Tat nicht in dem Sinne individuelles Eigentum, als die realen menschlichen Individuen nicht den Prozeß seiner Umwandlungen und seines Wachstums in der Gewalt haben, als es seine eigenen Gesetze in Form der anonymen Kraft des Kapitals entwickelt, das den Kapitalisten selber fesselt und das keineswegs zu seiner freien Verfügung steht. Der Sozialismus ist die Rückkehr zu einer Situation, in der nur die *realen menschlichen Subjekte*, die personalen Konkreta, wirklich existieren und in der keine unpersönliche gesellschaftliche Macht ihr Leben dominiert. Das Eigentum ist auch deshalb individuell, weil es den assoziierten Individuen gehört – und außer ihnen ist die Gesellschaft nichts. Die Vermutung, Marx habe sich den Sozialismus als Gleichschaltung der personalen Konkreta in einem unpersönlichen, Comteschen allgemeinen Sein vorgestellt, als

Eliminierung der realen Subjektivität, ist eine der monströsesten Verirrungen, zu denen es in der Rezeption seines Werks kam. Wahr ist nur soviel, daß für Marx die Individualität sich nicht durch den bloßen Akt ihres Selbsterlebens bestimmte, d. h., daß er das wirkliche Dasein nicht auf Kartesische Weise aus dem *cogito* ableitete, weil er der Meinung war, daß der Akt des reinen Selbstbewußtseins, der sich vom Bewußtsein des gesellschaftlichen, die Individualität konstituierenden Lebens trennt, eine Täuschung ist. Diese Täuschung konnte, seiner Auffassung nach, nur unter den Bedingungen der fortgeschrittenen Trennung der geistigen von der produktiven Arbeit entstehen, als Folge dessen, daß die Zusammenhänge, in denen diese zu jenen steht, in Vergessenheit geraten sind. Die Individualität ist stets ein vergesellschaftetes Sein, d. h., der Mensch verwirklicht sich in der Gemeinschaft; das bedeutet jedoch nicht, daß die Gemeinschaft ihre schöpferischen Kräfte aus irgendwelchen anderen Quellen schöpfen könnte als aus dem personalen, subjektiven Dasein.

4. Die Dialektik des »Kapital«. Das Ganze und die Teile, das Konkrete und das Abstrakte

Dazu steht die Methode der globalen Analyse, die Marx bei der Kapitalismusanalyse anwandte, keineswegs in Widerstreit. Denn gerade in der bisherigen Geschichte waren die menschlichen Konkreta von den sachlichen Gewalten beherrscht. Daher muß die wirksame Methode, angewandt auf die kapitalistische Gesellschaft, *jedes ihrer Fragmente nur in bezug auf das Ganze,* innerhalb dessen es funktioniert, und *jedes Phänomen* als *Phase* der *werdenden Prozesses* begreifen. Im »Kapital« geht Marx wiederholt auf den globalen Charakter seiner Methode ein. Kein einziges, nicht das allerbanalste ökonomische Faktum, und sei es der milliardenfach täglich wiederholte Akt des An- und Verkaufs einer beliebigen Ware, ist verständlich, sofern man es nicht auf die *Ganzheit* des Funktionierens des kapitalistischen Systems verstehend bezieht. »Jedes einzelne Kapital bildet jedoch nur ein verselbständigtes, sozusagen mit individuellem Leben begabtes Bruchstück des gesellschaftlichen Gesamtkapitals, wie jeder einzelne Kapitalist nur ein individuelles Element der Kapitalistenklasse. Die Bewegung des gesellschaftlichen Kapitals besteht aus der Totalität der Bewegungen seiner verselbständigten Bruchstücke, der Umschläge der individuellen Kapitale. Wie die Metamorphose der einzelnen Ware ein Glied der Metamorphosenreihe der Warenwelt – der Warenzirkulation – ist, so ist die Metamorphose des individuellen Kapitals, sein Umschlag, ein Glied im Kreislauf des gesellschaftlichen Kapitals« (»Kapital« II, 18. Kap., Einleitung).[26] Desgleichen bewirkt die Entstehung der Durchschnittsprofitrate, daß jeder einzelne Kapitalist die Profitrate in Größen realisiert, die seinem Anteil am globalen gesellschaftlichen Kapital entsprechen, nicht aber abhängig von der konkreten Zusammensetzung des organischen Kapitals in dem Produktionszweig, den er repräsentiert. Indessen ist die ganze Produktionsweise der kapitalistischen Wirtschaft der Produktion der maximalen Tauschwertmasse unter den Bedingungen der allseitigen Interdependenz aller einzelnen Glieder des Produktionsprozesses und der Kapitalzirkulation untergeordnet. Diese Wirtschaft wurde zu *einem einzigen* Prozeß und kann nur als solche verstanden werden.

Doch diese dialektische Regel: der Sinn eines Phänomens ist nur greifbar durch seine Beziehung auf das Ganze, bedeutet keineswegs, daß die Betrachtung von einer theoretisch unbearbeiteten, empirischen »Ganzheit« oder einer ungeordneten Masse an Wahrnehmungen auszugehen habe. Im Gegenteil, diese »Ganzheit« ist kognitiv überhaupt nicht faßbar. Die Analyse *reproduziert das Konkrete aus dem Abstrakten*, d. h. aus den einfachsten gesellschaftlichen Kategorien, die sich zuerst im Denken als isolierte Bildungen herauskristallisieren und erst später in der Analyse ihrer Wechselbeziehungen anreichern. In den »Grundrissen« (Einleitung) beschreibt Marx diese Argumentationsweise: »Es scheint das Richtige zu sein mit dem Realen und Konkreten, der wirklichen Voraussetzung zu beginnen, also z. B. in der Ökonomie mit der Bevölkerung, die die Grundlage und das Subjekt des ganzen gesellschaftlichen Produktionsakts ist. Indes zeigt sich dies bei näherer Betrachtung [als] falsch. Die Bevölkerung ist eine Abstraktion, wenn ich z. B. die Klassen, aus denen sie besteht, weglasse. Diese Klassen sind wieder ein leeres Wort, wenn ich die Elemente nicht kenne, auf denen sie beruhn. Z. B. Lohnarbeit, Kapital etc. (...) Finge ich also mit der Bevölkerung an, so wäre das eine chaotische Vorstellung des Ganzen und durch nähere Bestimmung würde ich analytisch immer mehr auf einfachere Begriffe kommen; (...) Die Ökonomen des 17. Jahrhunderts z. B. fangen immer mit dem lebendigen Ganzen, der Bevölkerung, der Nation, Staat, mehren Staaten etc. an; sie enden aber immer damit, daß sie durch Analyse einige bestimmende abstrakte, allgemeine Beziehungen, wie Teilung der Arbeit, Geld, Wert etc. herausfinden. Sobald diese einzelnen Momente mehr oder weniger fixiert und abstrahiert waren, begannen die ökonomischen Systeme, die von dem Einfachen, wie Arbeit, Teilung der Arbeit, Bedürfnis, Tauschwert aufstiegen bis zum Staat, Austausch der Nationen, und Weltmarkt. Das letztre ist offenbar die wissenschaftlich richtige Methode. *Das Konkrete ist konkret, weil es die Zusammenfassung vieler Bestimmungen* ist, also Einheit des Mannigfaltigen. *Im Denken erscheint es daher als Prozeß der Zusammenfassung, als Resultat, nicht als Ausgangspunkt*, obgleich es der wirkliche

Ausgangspunkt und daher auch der Ausgangspunkt der Anschauung und Vorstellung ist. Im ersten Weg wurde die volle Vorstellung zu abstrakter Bestimmung verflüchtigt; *im zweiten führen die abstrakten Bestimmungen zur Reproduktion des Konkreten im Weg des Denkens.* Hegel geriet daher auf die Illusion das Reale als Resultat des sich in sich zusammenfassenden, in sich vertiefenden, und aus sich selbst sich bewegenden Denkens zu fassen, während die Methode vom Abstrakten zum Konkreten aufzusteigen, nur die Art für das Denken ist, sich das Konkrete anzueignen, es als ein geistig Konkretes zu reproduzieren. Keineswegs aber der Entstehungsprozeß des Konkreten selbst.«[27] (Hervorhebungen L. K.)

Die Reihenfolge der verstehenden Exposition der gesellschaftlichen Phänomene ist mithin für Marx eine umgekehrte als die Reihenfolge der tatsächlichen Beobachtung. In der Darstellung beginnen wir mit den einfachsten und abstraktesten Qualitäten des gesellschaftlichen Lebens (Wert) und reproduzieren die Konkreta mit ihrer Hilfe als »geistige«, d. h. gedanklich angeeignete, theoretisch beherrschte Konkreta. Das solcherweise reproduzierte Ganze ist nicht mehr das, was es in der unmittelbaren Beobachtung war, ist keine chaotische Perzeptionsmasse, sondern ein System begrifflich geordneter Zusammenhänge. Zu diesem Zweck müssen wir uns einer – im übrigen allgemein in der Wissenschaft angewandten – Methode bedienen, und zwar der Methode der idealisierten Situationen, die fiktiv gewisse einfache, durch nichts gestörte Verhältnisse voraussetzt, um später erst zur Analyse ihrer Komplikationen überzugehen.

In diesem Punkt versuchte Marx die Denkweise auf die politische Ökonomie zu übertragen, die Galilei in die Wissenschaft eingeführt hatte und die den Anfang der modernen Wissenschaft darstellt. Galilei war sich darüber im klaren, daß die Mechanik kein Protokoll der wirklichen Erfahrung sein kann (wie die Empiristen des 16. und 17. Jahrhunderts meinten, z. B. auch noch Gassendi), sondern von bestimmten Idealzuständen ausgehen muß, die unter den tatsächlichen experimentellen Bedingungen nie erreichbar sind (so untersuchte er z. B. die Bahn eines Geschosses im Vakuum, wobei er vom Luftwiderstand abstrahierte, oder die Bewegung eines Pendels, bei der die Reibung im Punkt der Aufhängung außer acht gelassen wird usw.). Diese Methode wurde zur allgemein anerkannten Bedingung des wissenschaftlichen Erkenntnismodus; in Wirklichkeit gibt es nie die Grenzbedingungen, die in den Formulierungen der wissenschaftlichen Gesetze angenommen werden: Es gibt keinen ideal elastischen Körper, kein mechanisches Vakuum, keinen Organismus, der sich zu einem gegebenen Zeitpunkt unter der Einwirkung nur eines Impulses befände, usw. Die vorausgesetzte Annahme ist jedoch unerläßlich, um den Grad der Abweichungen analysieren zu können, denen die Größenwerte bestimmter Eigenschaften unter wirklichen, empirisch gegebenen Umständen unterliegen. Unter diesem Gesichtspunkt ist die Marxsche Methode als Anwendung von in der Wissenschaft allgemein anerkannten Regeln gedacht. Marx erwägt zuerst die Entstehung des Werts unter der fiktiven Voraussetzung einer Gesellschaft, die ausschließlich aus Bourgeoisie und Proletariat besteht; er untersucht sodann den Entstehungsprozeß des Mehrwerts, indem er von der Zirkulation und den durch sie verursachten Abweichungen abstrahiert, er untersucht des weiteren die Zirkulation, indem er zuerst von Angebot und Nachfrage abstrahiert, usw. »Nachfrage und Zufuhr decken sich in der Tat niemals, oder wenn sie sich einmal decken, so ist es zufällig, also wissenschaftlich = 0 zu setzen, als nicht geschehn zu betrachten. In der politischen Ökonomie wird aber unterstellt, daß sie sich decken, warum? Um die Erscheinungen in ihrer gesetzmäßigen, ihrem Begriff entsprechenden Gestalt zu betrachten, d. h. sie zu betrachten unabhängig von dem durch die Bewegung von Nachfrage und Zufuhr hervorgebrachten Schein. Andrerseits, um die wirkliche Tendenz ihrer Bewegung aufzufinden, gewissermaßen zu fixieren. Denn die Ungleichheiten sind entgegengesetzter Natur, und da sie einander beständig folgen, gleichen sie sich durch ihre entgegengesetzten Richtungen, durch ihren Widerspruch untereinander aus« (»Kapital« III, 10. Kap., II).[28]

Doch ist eine wesentliche Differenz zwischen der Anwendung dieser Methode in der Physik und in der politischen Ökonomie gegeben. Die Grenzbedingungen, die in der Galileischen Mechanik unterstellt wurden, waren derartig, daß wir den Grad der Abweichungen von ihnen unter Laborbedingungen feststellen können. Dasselbe ist bei der Erforschung der »globalen« gesellschaftlichen Phänomene undurchführbar. Wir verfügen über keinerlei Instrumente, die es uns gestatten würden, den Grad der Abweichung des realen Prozesses vom Modell quantitativ zu bestimmen. Aus diesem Grund setzten die Marxschen Prozeduren in der Folge die Diskussion darüber in Gang: Was ist es eigentlich, das Marx im »Kapital« beschreibt – die wirkliche Gesellschaft oder eine theoretische Modell-Gesellschaft (ganz abgesehen natürlich von seinen historischen Beschreibungen, die sich mit Sicherheit auf bestimmte, einmalige Situationen beziehen)? Gewisse Bemerkungen von Marx lassen sich in der Weise interpretieren, daß nicht der Kapitalismus, wie er »in Wahrheit« ist, Gegenstand seiner Überlegungen war, sondern ein auf ein vereinfachtes Schema reduzierter Kapitalismus, das in Wirklichkeit nie erfüllt wird. Wenn dem jedoch so wäre, so entsteht die Befürchtung, daß die ganze Analyse gleichsam im Vakuum schwebt, weil wir keine Möglichkeiten besitzen, das Modell mit der historischen Erscheinungsform zu vergleichen, und weil wir nicht wissen, wie sich eigentlich das eine zum anderen verhält. Mit Sicherheit war es nicht Marxens Intention, eine bestimmte »ideale« (natürlich im theoretischen, nicht normativen Sinn) kapitalistische Gesellschaft zu beschreiben, ohne sich darum zu kümmern, ob dieses Modell imstande sei, das Funktionieren der realen Wirtschaft zu erklären oder nicht, sowie – und zwar vor allem – ob es gestattete, ihr weiteres Schicksal vorauszusehen. Welchen theoretischen oder praktischen Nutzen würde beispielsweise die Behauptung erbringen, im »Modell«-Kapitalismus erfolge der tendenzielle Fall der Profitrate oder die Klassenpolarisation, wenn es sich im empirischen Kapitalismus, infolge mannigfaltiger »Störungen«, anders verhielte? Die Analyse des Grenzmodells kann jedoch vor allem dann wertvoll sein, wenn sie uns befähigt, zu erklären: Ein Kapitalismus, der die und die Bedingungen erfüllen würde, würde den und den Veränderungen erliegen, weil diese Bedingungen jedoch so oder so gestört sind, verlaufen die Veränderungen in einer ein wenig anderen Richtung, nämlich in folgender . . . Doch eben dies können wir nicht leisten; ändert sich nämlich der empirische Kapitalismus – zumindest in einigen Punkten – gegenläufig zum theoretisch vorgestellten Kapitalismus, so ist die Analyse des fiktiven Modells von geringem Nutzen, selbst wenn wir jene wirklichen Veränderungen *ex post* erklären könnten. Und dabei ist die Behauptung doch sehr zweifelhaft, daß das Gesetz des tendenziellen Falls der Profitrate oder die die Klassenpolarisation betreffende Prognose bei Marx den Sinn besessen hätten, daß es sich um die Tendenzen eines »idealen« Kapitalismus gehandelt habe, während der reale Kapitalismus sie, je nach Umständen, bestätigen oder erfüllen könne oder auch nicht. Marx hat mit Sicherheit geglaubt, daß die Profitrate im wirklichen Kapitalismus unweigerlich eine fallende Tendenz aufweisen werde und daß wir den Schwund des Mittelstandes im wirklichen historischen Prozeß beobachten werden können. Die Versuche der Marx-Interpretation in dem Sinne, daß das ganze »Kapital« sich auf einen idealen, nicht aber den wirklichen Kapitalismus beziehe (da seine Prognosen angeblich nicht Prognosen im eigentlichen Sinne, sondern nur theoretische Erwägungen darüber gewesen seien, wie sich ein nicht existierendes Idealsystem verhalten müßte), sollen den Wert der empirischen Daten neutralisieren, welche die Marxschen Prognosen widerlegen. Doch diese Interpretationen erkaufen ihr Resultat – die Neutralisierung der Lehre gegenüber der Erfahrung – mit der inhaltlichen Aushöhlung dieser Lehre und berauben sie des Werts eines Instruments zur Analyse der realen Gesellschaft.

Die physikalischen Gesetze, die nicht erreichbare Grenzwerte voraussetzen, sind Werkzeuge, die den Verlauf von Beobachtungsprozessen erklären können. Demgegenüber zielen die von Marx untersuchten Idealbedingungen auf die Aufdeckung des »Wesens der Sache« ab, das unter dem empirischen »Schein« verborgen ist (wie aus der zitierten Passage und im übrigen auch aus zahlreichen anderen Äußerungen von Marx ersichtlich, u. a. aus der These, die Wissenschaft wäre überflüssig, wenn Wesen und Erscheinung zusammenfielen). Das Problem besteht jedoch darin, welches eigentlich der ontologische Status jenes »Wesens« sei, dem die Erscheinungen widersprechen können, und in welcher Weise könnte man sich dessen vergewissern, das »authentische« Wesen entdeckt zu haben, wenn die empirische Beobachtung voraussetzungsgemäß nicht zum Mittel einer solchen Vergewisserung gemacht werden kann? Das Argument, daß auch die Existenz der Atome und Gene angenommen wurde, bevor sie durch unmittelbare Beobachtung bestätigt werden konnten, besitzt keine Überzeugungskraft; die Atome und Gene standen in einem klar erkennbaren logischen Zusammenhang mit der Empirie, dienten der Erklärung von Tatsachenbeobachtungen, waren nicht das Ergebnis deduktiver Prozeduren, die von der Beobachtung absehen. Daher muß man sich im Hinblick auf Entdeckungen, die das »Wesen« der Sache enthüllen, stets die Frage stellen, ob jenes »Wesen« nicht vielleicht in einer ähnlichen Situation sich befindet wie die Atome aus der Zeit von Mach (der ihre Realität bestritt) oder die Gene aus der Zeit von Morgan, oder vielmehr in einer Situation wie das Phlogiston im 18. Jahrhundert, d. h., ob es sich nur um eine verbale Pseudoerklärung handele, die keine Chancen auf empirische Bestätigung besitze.

Sicher ist jedoch, daß für Marx der globale Zugang zu den gesellschaftlichen Phänomenen, d. h. die Bezogenheit aller einzelnen Kategorien auf die Totalität des »Systems«, in allen Phasen seiner Analyse gegenwärtig ist. Mit besonderem Nachdruck und wiederholt unterstreicht Marx, daß die von ihm untersuchten Qualitäten kein »natürliches«, d. h. wahrnehmungsmäßig faßbares Sein, sondern vielmehr ein »gesellschaftliches Sein« besitzen, daß insbesondere der Wert keine physische Eigenschaft sei, sondern ein *reales* gesellschaftliches Verhältnis darstelle, das die Gestalt einer dinglichen Eigenschaft angenommen habe: »Bei der Analyse der ökonomischen Formen kann außerdem weder das Mikroskop dienen noch chemische Reagentien. Die Abstraktionskraft muß beide ersetzen. Für die bürgerliche Gesellschaft ist aber die *Warenform* des Arbeitsprodukts oder die *Wertform* der Ware die *ökonomische Zellenform*« (Vorwort zur 1. Auflage von »Kapital« I – Hervorhebungen L. K.).[29] »Im graden Gegenteil zur sinnlich groben Gegenständlichkeit der Warenkörper geht kein Atom Naturstoff in ihre Wertgegenständlichkeit ein. Man mag daher eine einzelne Ware drehen und wenden, wie man will, sie bleibt unfaßbar als Wertding. Erinnern wir uns jedoch, daß die Waren nur Wertgegenständlichkeit besitzen, sofern sie Ausdrücke derselben gesellschaftlichen Einheit, menschlicher Arbeit, sind, daß ihre

Wertgegenständlichkeit also rein gesellschaftlich ist, so versteht sich auch von selbst, daß sie nur im gesellschaftlichen Verhältnis von Ware zu Ware erscheinen kann« (*ebd.*, 1. Kap., 3).[30] Der Wert ist somit keine der Ware unabhängig von ihrer Zirkulation inhärierende Eigenschaft; als Kristallisierung der abstrakten Arbeitszeit ist das Ding wahrnehmungsmäßig nicht identifizierbar. Daß es eben das ist, was es ist, offenbart sich im gegenseitigen Verhältnis der Waren auf dem Markt, wenn die Ware mit einer anderen Ware als Austauschobjekt verglichen wird. »In gewisser Art geht's dem Menschen wie der Ware. Da er weder mit einem Spiegel auf die Welt kommt noch als Fichtescher Philosoph: Ich bin ich, bespiegelt sich der Mensch zuerst in einem andren Menschen. Erst durch die Beziehung auf den Menschen Paul als seinesgleichen bezieht sich der Mensch Peter auf sich selbst als Mensch« (*ebd.*, 1. Kap., 3A, 2a)[31]. ». . . während der Rock im Wertausdruck der Leinwand eine übernatürliche Eigenschaft beider Dinge vertritt: ihren Wert, etwas rein Gesellschaftliches« (*ebd.*, 1. Kap., 3, 3).[32] »Die Form des Holzes z. B. wird verändert, wenn man aus ihm einen Tisch macht. Nichtsdestoweniger bleibt der Tisch Holz, ein ordinäres sinnliches Ding. Aber sobald er *als Ware* auftritt, verwandelt er sich in ein sinnlich übersinnliches Ding« (*ebd.*, 1. Kap., 4 – Hervorhebung L. K.).[33]

Wie man sieht, enthalten diese Ausführungen eine antinaturalistische Voraussetzung, derzufolge das gesellschaftliche Leben neue Qualitäten erzeugt, die sich nicht auf die sinnfälligen Qualitäten zurückführen lassen, die der unmittelbaren Wahrnehmung nicht zugänglich und dennoch real sind und die die historischen Prozesse bestimmen; genaugenommen sind dies gar keine neuen Eigenschaften, die den natürlichen Objekten zukommen, oder sie sind es nur unter den Bedingungen des Warenfetischismus; es sind zwischenmenschliche Korrelationen, die eigene Gesetze schaffen. Die Beziehungen der Menschen untereinander lassen sich nicht als Verlängerung oder Spezifizierung von Beziehungen erklären, die aus der vormenschlichen Natur bekannt sind, wie Feuerbach erwähnte. Sie erzeugen Ganzheiten, die besonderen Gesetzen unterworfen sind, und verleihen daher auch den an diesen Ganzheiten partizipierenden, den menschlichen Subjekten, Besonderheiten, die sich in der außermenschlichen Welt nicht entdecken lassen. In diesem Sinne kann der einzelne Mensch weder sich selbst noch der theoretischen Analyse anders verständlich werden denn als Teilnehmer am gesellschaftlichen Prozeß, nicht aber als »natürliches Sein« schlechthin. Weiterhin also bleibt der Aphorismus von 1843–44 in Kraft: für den Menschen sei der Mensch selbst die Wurzel. Durch die Teilnahme an den menschlichen Verhältnissen werden die Dinge zu etwas anderem, als sie »an und für sich« sind. »Ein Neger ist ein Neger. In bestimmten Verhältnissen wird er erst zum *Sklaven*. Eine Baumwollspinnmaschine ist eine

Maschine zum Baumwollspinnen. Nur in bestimmten Verhältnissen wird sie zu Kapital. Aus diesen Verhältnissen herausgerissen, ist sie so wenig Kapital, wie Gold an und für sich Geld oder der Zucker der Zucker*preis* ist« (»Lohnarbeit und Kapital« – kursive Hervorhebungen L. K.).[34]

Dank dessen begreifen wir die Marxsche Idee der Rückkehr zur Menschheit in der sozialistischen Umwälzung genauer. Unter sozialistischen Verhältnissen, unter denen die Ganzheit der nützlichen Arbeit dem Gebrauchswert untergeordnet sein wird, bedeutet die Baumwollspinnmaschine nichts anderes als eine Baumwollspinnmaschine, d. h. ein Instrument, das die Menschen benutzen zum Zwecke der Befriedigung ihres Bekleidungsbedürfnisses. Sie ist weiterhin die Kristallisierung eines bestimmten Quantums menschlicher Arbeitszeit, doch sie ist dennoch kein Tauschwert (zumindest nicht in der höheren Phase der sozialistischen Gesellschaft), weil die Produkte insgesamt nicht zu ihren Werten ausgetauscht, sondern gemäß den wirklichen Bedürfnissen verteilt werden. Daher ist das Schicksal der Maschine ebensowenig wie das eines beliebigen anderen Produkts als Wert nicht von seiner Beziehung zu anderen Produkten abhängig. Die Dinge, die in der Warenwirtschaft *scheinbar vermenschlicht* sind, nämlich in der Weise, daß sie Qualitäten annehmen, die in Wirklichkeit nur menschliche Beziehungen sind, werden den Schein ihrer Vermenschlichung zugunsten der *wirklichen Vermenschlichung* verlieren, d. h., sie werden von den Menschen schlechthin als Gebrauchswerte angeeignet werden; solcherweise werden sie zu wirklichem individuellem Eigentum. Der Mensch wird weiterhin ein »gesellschaftliches Tier«[35] bleiben (Marx beruft sich auf diese Aristotelische Stereotype), d. h., er wird seine schöpferischen Fähigkeiten als gesellschaftliche realisieren, aber unter sozialistischen Bedingungen wird das *Abstrakte die Herrschaft über das menschliche Konkrete* verlieren. In diesem Sinn ist der Sozialismus die *Rückkehr zum Konkreten*: Der Prozeß, in dessen Verlauf die vergegenständlichte Arbeit zur wachsenden Macht wird, die sich die lebendige Arbeit unterwirft, der Prozeß also, in dem nicht nur die Vergegenständlichung der menschlichen Tätigkeit, sondern gerade ihre Entfremdung dominierend ist, dieser Prozeß sei, wie Marx in den »Grundrissen« schreibt, real, in der Gesellschaft selbst gegenwärtig, nicht nur in der Vorstellung der Arbeiter und Kapitalisten. Diese Verkehrung sei eine historische Notwendigkeit, ohne die die Produktivkräfte sich nicht so hätten entwickeln können, wie sie sich tatsächlich entwickelt haben, doch sei sie keineswegs eine *absolute* Notwendigkeit jeglicher Produktion. »Mit der Aufhebung aber des *unmittelbaren* Charakters der lebendigen Arbeit, als bloß *einzelner*, oder als bloß innerlich, oder bloß äußerlich allgemeiner, mit dem Setzen der Tätigkeit der Individuen als unmittelbar allgemeiner oder *gesellschaftli-*

cher, wird den gegenständlichen Momenten der Produktion diese Form der Entfremdung abgestreift; sie werden damit gesetzt als Eigentum, als der organische gesellschaftliche Leib, worin die Individuen sich reproduzieren als Einzelne, aber als gesellschaftliche Einzelne« (»Grundrisse«, III, 3).[36]

5. Die Dialektik des »Kapital«. Bewußtsein und historischer Prozeß

Die dialektische Methode des »Kapital« beruht jedoch nicht nur darauf, daß sie jedes Fragment der kapitalistischen Wirklichkeit als Bestandteil eines nach spezifischen Gesetzen funktionierenden Ganzen auffaßt. Ihre nicht minder wichtige Regel, ja sogar das, was Marx selber für ihren konstitutiven Zug hielt, besteht in der Betrachtung jeder vorgefundenen Form als einer Phase des werdenden Prozesses, d. h. in der Untersuchung der Phänomene in ihrer historischen Entwicklung. Marx hat seine Dialektik an keiner Stelle in einem gesonderten Diskurs dargestellt – wobei es klar ist, daß seine Methode, ähnlich wie die Hegelsche, untrennbar von ihrem Gegenstand ist –, doch er kennzeichnet sie gelegentlich allgemein anläßlich detaillierterer Ausführungen. Eine der am häufigsten zitierten Ausführungen zu diesem Thema ist das Nachwort der 2. Auflage des »Kapital« I, sind insbesondere die Worte: »Meine dialektische Methode ist der Grundlage nach von der Hegelschen nicht nur verschieden, sondern ihr direktes Gegenteil. Für Hegel ist der Denkprozeß, den er sogar unter dem Namen Idee in ein selbständiges Subjekt verwandelt, der Demiurg des Wirklichen, das nur seine äußere Erscheinung bildet. Bei mir ist umgekehrt das Ideelle nichts andres als das im Menschenkopf umgesetzte und übersetzte Materielle.«[37] Im nämlichen Nachwort führt Marx billigend die Darstellung seiner eigenen Methode durch den russischen Rezensenten des »Kapital« von 1872 an. Diese Darstellung unterstreicht, daß die gesellschaftliche Bewegung nach Marx einen »naturgeschichtlichen« Charakter besitze, d. h., daß sie kraft Gesetzen sich vollziehe, die von den menschlichen Absichten und von dem menschlichen Bewußtsein unabhängig seien, daß eine jede geschichtliche Epoche ihre eigenen Gesetze besitze, die von anderen Gesetzen in der darauffolgenden Epoche abgelöst werden. Doch, wie Marx sagt, »in dem positiven Verständnis des Bestehenden« schließe die Dialektik zugleich »auch das Verständnis seiner Negation, seines notwendigen Untergangs« ein, fasse »jede gewordne Form im Flusse der Bewegung, also auch nach ihrer vergänglichen Seite« auf, lasse »sich durch nichts imponieren«, sei »ihrem Wesen nach kritisch und revolutionär . . .«[38]

Der pauschale Gedanke von der allgemeinen Wechselhaftigkeit der gesellschaftlichen Phänomene allein genügt jedoch nicht für ihre erfolgreiche Analyse. Die ganze bisherige Geschichte muß darüber hinaus erfaßt werden, indem man sie auf ihre höchsten Entwicklungsformen bezieht; insbesondere werden die früheren Formationen erst durch das Verständnis ihrer Resultate in der bürgerlichen Gesellschaft verständlich. »Die bürgerliche Gesellschaft ist die entwickeltste und mannigfaltigste historische Organisation der Produktion. Die Kategorien, die ihre Verhältnisse ausdrücken, das Verständnis ihrer Gliederung, gewähren daher zugleich Einsicht in die Gliederung und die Produktionsverhältnisse aller der untergegangnen Gesellschaftsformen, mit deren Trümmern und Elementen sie sich aufgebaut, (. . .) In der Anatomie des Menschen ist ein Schlüssel zur Anatomie des Affen. Die Andeutungen auf Höhres in den untergeordnetren Tierarten können dagegen nur verstanden werden, wenn das Höhere selbst schon bekannt ist. Die bürgerliche Ökonomie liefert so den Schlüssel zur antiken etc. Keineswegs aber in der Art der Ökonomen, die alle historischen Unterschiede verwischen und in allen Gesellschaftsformen die bürgerlichen sehen. Man kann Tribut, Zehnten etc. verstehn, wenn man die Grundrente kennt. Man muß sie aber nicht identifizieren« (»Grundrisse«, Einleitung).[39]

Mehr noch, verständlich sind nicht nur die vergangenen Gesellschaftsformen in ihrer Bezogenheit auf die gegenwärtige Form, auch die gegenwärtige gewinnt erst einen Sinn, wenn man sie mit ihrem künftigen Schicksal konfrontiert, d. h. mit der Form, von der sie nach ihrem unweigerlichen Untergang ersetzt werden wird. In dieser Hinsicht ist ein wesentlicher Unterschied zwischen dem Marxschen und dem Hegelschen Konzept zu verzeichnen, das voraussetzungsgemäß auf die Interpretation bereits vergangener Wirklichkeit gerichtet war. Marx hat die Idee einer in die Zukunft vorlaufenden Dialektik von den Junghegelianern übernommen, die die vorgefundene Welt aus der Perspektive ihres unentrinnbaren Zerfalls interpretierten.

Marx beruft sich im »Kapital« beiläufig auf einige Hegelsche Formeln. Zum Beispiel dort, wo er erklärt, jede Wertmasse könne unter gewissen gesellschaftlichen Bedingungen zu Kapital werden, doch könne dies erst von einer bestimmten Größe an geschehen, die es in die Lage versetze, die Arbeitskraft des Lohnarbeiters zu kaufen. Marx weist auf diese Tatsache hin als auf die Bestätigung der Hegelschen Beobachtung vom Umschlagen quantitativer Veränderungen in qualitative (der Wert erreicht erst auf einem bestimmten quantitativen Niveau eine neue Qualität: die Fähigkeit zur Beherrschung der lebendigen Arbeit und zur Schaffung des Mehrwerts)..Da, wo er vom kapitalistischen Eigentum als von der Negation des auf Arbeit basierenden Privateigentums schrieb, entwirft er die Perspektive des Sozialismus als *Negation der Negation*, d. h. als Rückkehr zum individuellen Eigentum, das jedoch nunmehr ein auf der Gemeinsamkeit der Produktionsmittel, nicht aber auf ihrem privaten Besitz basierendes Eigentum währe.

Doch ist diese Dialektik, sowohl in Hegels wie in Marxens Fassung, kein Komplex von gänzlich voneinander unabhängigen, völlig dem spezifischen Material, auf das sie angewandt werden, gegenüber gleichgültigen Regeln. Wäre sie nur eine »Methode«, die sich unabhängig von ihrem Gegenstand darstellen ließe, könnte Marx nicht behaupten, seine Dialektik sei der Hegelschen aufgrund von Hegels Idealismus entgegengesetzt: Das alles nämlich, was später als Gesetze der Dialektik vorgestellt wurde, läßt sich in völliger logischer Unabhängigkeit vom idealistischen oder materialistischen Geschichtsverständnis formulieren. Indes gehört das *Problem des Verhältnisses des Bewußtseins zum historischen Prozeß zum Inhalt der Dialektik im Marxschen Verständnis selbst.* Während nämlich für Hegel die Dialektik die Geschichte der Aufspaltung der Begriffe war, in deren Verlauf das Bewußtsein endgültig zum Verständnis des Seins als seines eigenen Produktes gelangt, bedeutet sie für Marx die Geschichte der materiellen Lebensbedingungen, unter denen Bewußtseins- und institutionelle Formen eine scheinbare Autonomie gewinnen, um sodann – in der antizipierten Geschichte – zur Einheit mit ihrer Grundlage zurückzukehren. Die Dialektik als Modus des Weltverstehens ist gegenüber der realen Dialektik dieser Welt sekundär, in dem Sinne nämlich, als die Theorie der dialektischen Bewegung der gesellschaftlichen Realität über das Selbstbewußtsein ihrer Abhängigkeit vom Geschichtsprozeß verfügt, der sie ins Leben rief. Marx wiederholt des öfteren, daß die Theorie, die das Interesse der Arbeiterklasse zum Ausdruck bringen soll, nur aus der Beobachtung der wirklichen Bewegung dieser Klasse als ihr bewußter Überbau entstehen könnte. Indem sie entsteht, weiß sie, daß sie nichts mehr ist als nur die theoretische Widerspiegelung des realen historischen Prozesses, nicht aber seine Kontemplation von außen; daß sie das Produkt der tatsächlichen gesellschaftlichen Praxis ist. Die Einheit von Subjekt und Objekt ist das endgültige Resultat dieser dialektischen Bewegung, doch ist der Sinn dieser Einheit ein anderer als in der Hegelschen Konstruktion: Er ist die Rückerstattung der wirklichen Funktion des selbstbewußten Subjekts der Geschichte an den Menschen, d. h. die Erzielung dessen, daß die bewußte menschliche Initiative sich in ihren Ergebnissen nicht gegen die Urheber wendet; das Subjekt wird den Prozeß der eigenen Selbstvergegenständlichung in Produktion und Schöpfertum vollends beherrschen; die Vergegenständlichung wird sich nicht mehr in Entfremdung verkehren; die menschlichen Konkreta werden sich ihre eigenen Produkte als eigene Hervorbringungen aneignen, die jeder autonomen, verdinglichten Gewalt bar sind, welche bislang die Herrschaft über die Menschen ausübte. Die Bewegung der Geschichte wird gänzlich vom bewußten menschlichen Willen gelenkt werden, der seinerseits ein dessen bewußter Wille sein wird, das zu sein, was er ist, nämlich Bewußtsein des Lebensprozesses. *Der historische Prozeß und der Prozeß der freien Bewußtseinsentfaltung werden eins werden.*

Die Marxsche Dialektik ist die Beschreibung des historischen Werdens, das diese Einheit von Bewußtsein und gesellschaftlichem Sein herbeiführt. Sie ist, ähnlich wie bei Hegel, die Beschreibung einer Bewegung, die Widersprüche hervorbringt, um sie zu überwinden und neuen Widersprüchen Platz zu machen. Die Bewegung durch Widersprüche ist der zentrale Ort der dialektischen Weltinterpretation. Doch der dialektische »Widerspruch« ist kein logischer Widerspruch. Auch ist er nicht ein anderes Wort, das ganz einfach den sozialen Konflikt bezeichnen würde; daß es soziale Konflikte gibt, haben die Menschen seit Bestehen der Welt gewußt, ohne daß dieses Wissen in dialektische Hermeneutik umgeschlagen wäre. Der Klassenantagonismus in politisch bewußten Formen ist die Folge von Widersprüchen, die in einem völlig unbewußten »objektiven« Prozeß vorausgesetzt werden. Für Hegel deckten die Begriffe ihre inneren Widersprüche, deren Überwindung zur Entstehung höherer Bewußtseinsformen führte, im Verlauf der Entwicklung auf. Für Marx »geschehen« die Widersprüche im historischen Prozeß, unabhängig davon, ob sie bewußt werden oder eine Begriffsform besitzen. Sie beruhen darauf, daß ein bestimmtes Phänomen Situationen erzeugt, die sich gegen die ihm inhärierende und es konstituierende Tendenz wenden. Der wichtigste Ort der Dialektik der inneren Widersprüche des Kapitalismus ist Marxens Analyse des Falls der Profitrate sowie der Krisen. Sie zeigt, daß dasselbe Streben zur Maximierung der Profitrate die Steigerung des konstanten Kapitals nach sich zieht und somit, entgegen der Voraussetzung, zum permanenten Fall der Profitrate führt. Der nämliche Drang nach unaufhörlicher Vermehrung der absoluten Mehrwertgröße führt, infolge der Krisen, zum Ruin der Kapitale, also zu Resultaten, die der »angeborenen Tendenz« entgegenlaufen, die dem Kapital selbst innewohnt (nicht aber nur der Intention der Kapitalisten; diese nämlich ist sekundär). Das Kapital bringt mithin aus der anfangs undifferenzierten homogenen Tendenz Phänomene hervor, die sich ihm widersetzen, bis es zum Schluß, ungeachtet aller Anstrengungen, diesen Widerspruch auf ein Niveau treibt, auf dem seine Existenz selbst zu einer Unmöglichkeit wird. Wir begegnen hier also einem Analogon zum Hegelschen Schema der Begriffsentzweiung, doch ist es ein Schema, das die Geschichte aus eigener Kraft entwickelt, unabhängig von jemandes Bewußtsein, das Bewußtsein partizipierte bislang an diesem Prozeß nur als ein Bündel von Täuschungen und Mystifikationen; die Rückkehr zur Einheit von Subjekt und Objekt ist, anders als bei Hegel, nicht die Auflösung der gegenständlichen Natur der Welt, nicht die Aufhebung ihrer Gegenständlichkeit überhaupt; der Mensch wird seine Kräfte auch weiterhin im Vollzug seiner Arbeit vergegenständlichen und wird weiterhin mit einer Natur konfrontiert bleiben, die er nicht geschaffen hat. Die gesellschaftlichen Phänomene verlieren in dieser Rückkehr ihren dinglichen Charakter, das heißt, sie gehen jeglicher Unabhängigkeit von den realen, singularen Subjekten verlustig. Die dialektische Theorie, die diesen ganzen Prozeß beschreibt, ist das auf das Niveau der intellektuellen verstehenden Erfassung erhobene Bewußtsein der Arbeiterklasse.

Nach diesen Erklärungen können wir die Marxsche Dialektik in ihrer Allgemeinheit wie folgt charakterisieren: *Die Dialektik ist das Bewußtsein der Arbeiterklasse*, die, während sie sich die eigene Lage in ihrem Gegensatz zur bourgeoisen Gesellschaft vergegenwärtigt, sowohl das ganzheitliche Funktionieren dieser Gesellschaft als auch den gesamten vergangenen Geschichtsprozeß als eine Bewegung des Inerscheinungtretens von Widersprüchen versteht, die zu ihrer antizipierten Aufhebung führen; das dialektische Bewußtsein *erfaßt*, dank der Abstraktionsarbeit, die die gesellschaftlichen Phänomene von ihrer Zufälligkeit reinigt und in ihrer grundlegenden Struktur begreift, *jedes Element des Geschichtsprozesses, indem es dieses auf das Ganze dieses Prozesses bezieht, und erfaßt auch sich selbst auf diese Weise*; es mündet letztlich in das Bild der weiteren Verschärfung der Widersprüche, die – unter seiner eigenen Beteiligung eben als dialektisches Bewußtsein – in einem revolutionären Ausbruch aufgehoben werden, um die »Vorgeschichte« der menschlichen Gattung zu beenden und die Einheit der Gesellschaft als Subjekt und der Gesellschaft als Objekt der Geschichte zurückzugewinnen oder die *Einheit von Geschichte und Geschichtsbewußtsein*.

In dieser Formulierung zeigt es sich, daß die Dialektik keine Methode ist, die man beliebig auf ein anderes Material übertragen könnte oder die unter beliebigen Bedingungen anwendbar wäre, analog z. B. den Rechenmethoden. Sie existiert als Methode nur insofern, als sie das Selbstbewußtsein ihrer funktionellen Bezogenheit auf diese Situation der Klasse ist, deren Bewußtsein sie ist, und nur insofern, als sie, Akt des Geschichtsverstehens seiend, zugleich der Akt der Geschichtsantizipation in der praktischen Bewegung ist, die die vorgefundenen Widersprüche auf revolutionäre Weise aufhebt. Es gibt also keine Dialektik jenseits der praktischen Bewegung des Kampfes um eine Gesellschaft, deren Idealbild ihr inhärent ist.

Auf dieser Grundlage können wir auch verstehen, weshalb Marx den Sozialismus vom Standpunkt der eigenen Methode aus ethisch weder zu begründen braucht noch kann, d. h. ihn nicht einfach als einen Komplex von erwünschten Werten darzustellen vermag. Das resultiert jedoch nicht daraus, daß er für ihn ganz einfach eine »geschichtliche Notwendigkeit« darstellte oder er sich für ihn nicht als für einen Wert interessieren oder daß er von dem absurden Grundsatz ausgehen würde, die Menschen »sollten« in die von der Geschichte gewiesene Richtung streben, ohne sich um den Inhalt dieser Richtung zu scheren. Jene Entbehrlichkeit ethischer Rechtfertigungen resultiert daraus, daß für Marx der bloße *Akt des Verstehens der bürgerlichen Gesellschaft schon als praktischer Akt hervorgeht* oder vielmehr, daß das Verstehen das bewußtseinsmäßige Korrelat der realen revolutionären Praxis ist und nicht unabhängig von dieser erscheint. Marx ist mithin die Trennung seiner Gedanken in »faktische«, »seinsollende« und »technologische« Glieder fremd, d. h., ihm liegt die getrennte Erörterung fern, wie die Welt sei, wie sie sein sollte, um bestimmte axiologische Normen zu erfüllen, und welche Mittel anzuwenden seien, damit dieses Sollen erfüllt werde. *Die kapitalistische Welt ist dem Proletariat im nämlichen Verstehensakt gegeben, der seinen Ursprung im praktischen Akt des Aufhebens dieser Welt hat.* Die Arbeiterbewegung entstand früher als die Theorie, die ihre wirklichen, wenngleich ursprünglich unbewußten Tendenzen reflektiert; wenn die Theorie entsteht, so entsteht sie gleich als Selbstbewußtsein jeder Bewegung. Die, die sich diese Theorie aneignen, kommen dank ihrer nicht in den Besitz eines Ensembles von Werten, die sich ihnen in Form eines äußeren Imperativs aufzwingen, sie gewinnen vielmehr das Bewußtsein des Ziels, das sie auch faktisch, obschon ohne klares theoretisches Bewußtsein, anstrebten. In diesem Prozeß ist kein Platz für willkürliche Zielsetzungen, auf die Überlegungen über die möglichen Mittel zur Verwirklichung dieser Ziele folgten, wie im normalen technologisch-orientierten Denken, wo der Zweck irrational vorausgesetzt ist und die rationalen Mittel erst konstruiert werden, nachdem dieser Zweck bereits formuliert worden ist. Diese Denkweise ist gerade für den moralistischen Sozialismus der Utopisten kennzeichnend. Für Marx entsteht das Bewußtsein des Zwecks als ein Akt, in dem die bereits angewandten Mittel für die am historischen Prozeß Beteiligten theoretische Transparenz gewinnen. Wenn die Menschen ihre Befreiung von Unterdrückung und Exploitation faktisch anstreben und sich danach ihr Streben als ein Bestandteil der wirklichen Bewegung der »objektiven« Geschichte bewußtmachen, besteht für sie kein Bedarf mehr an einem getrennten Erfinden eines Imperativs, der verkünden würde, daß man sich im allgemeinen befreien solle von Unterdrückung oder daß eine solche Befreiung einen Wert darstelle. Ihr erworbenes Bewußtsein ist ein »Zusichkommen« der Geschichte, besteht aber nicht darin, daß ihr eine neue Aufgabe oktroyiert wird. Der Mensch erkennt sich selbst als Handelnder, wenngleich er sich bislang bezüglich des wirklichen Inhalts seines Selbstbewußtseins vielleicht getäuscht oder sogar notorisch getäuscht hat. Die Bewegung, die die Aufhebung der menschlichen Knechtschaft anstrebt, erkennt sich selbst prompt als eben diese Bewegung, identifiziert ihre Position als kämpfende Bewegung, kann sich also nicht selbst die Frage stellen: »Worum wird gekämpft?«, es sei denn, daß sie zuvor den Kampf eingestellt hätte, um sich diese Frage zu stellen, und damit aufgehört hätte zu existieren. Die Dichotomie von Tatsache und Wert, von Wahrnehmung und Beurteilung findet keine Stelle, an der sie in Erscheinung treten könnte, im Gegenteil, das bloße Gegebensein ist die erklärbare Situation der Menschen, deren Ideale und Wunschträume die Wirklichkeit erheblich übersteigen und nicht in den Realitäten der historischen Bewegung verwurzelt sind; dies ist also die besondere Situation eines Bewußtseins, das den Hiatus zwischen sich und der Welt wahrnimmt, eine Epikureische Situation. In der Situation der Arbeiterklasse treten im Gegenteil das Verständnis der historischen Welt und ihre praktische Umgestaltung in ein und demselben undifferenzierten Akt auf; das »Sollen« braucht und kann nicht einmal dem Verstehen als ein getrennter Akt des Bewußtseins »angehängt« werden. Das Verständnis der Geschichte ist zugleich Teilnahme an der Geschichte, erfährt mithin kein Bedürfnis nach einer gesonderten Selbstrechtfertigung. Die Dialektik, wenngleich Forschungsregel, ist auch das Selbstbewußtsein der wirklichen historischen Bewegung und kann aus dieser Situation nicht in Gestalt einer selbständigen Logik der Geschichtsforschung und erst recht nicht der Naturforschung befreit werden.

6. Kommentar zur Werttheorie und zur Exploitationstheorie

Die Marxsche Werttheorie war wiederholt von unterschiedlichen Standpunkten aus kritisiert worden, vor allem jedoch unter dem Aspekt ihrer Unbrauchbarkeit für irgendeine empirische Analyse. Nach Conrad Schmidt, der Einwände gegen die Anwendbarkeit des Wertbegriffs erhob, kennen wir diese Kritik aus den Arbeiten von Boehm-Bawerk (über den später zu sprechen sein wird), Sombart, Struve, Bernstein, Pareto und in den letzten Jahren – John Robinson und Raymond Aron. Einige Motive wiederholen sich in diesen Kritiken permanent. Man kann nicht über alle Einzelheiten der Diskussion berichten, doch es scheint lohnend, die wichtigsten Punkte in Erinnerung zu rufen.

Erstens wurde also darauf hingewiesen, daß der Wert im Marxschen Sinne nicht meßbar sei, d. h., daß sich der Wert einer beliebigen Ware nicht in Einheiten der notwendigen Arbeitszeit ausdrücken lasse. Es gibt zwei Gründe, die das verhindern, und ein jeder für sich ist hinreichend. Der eine Grund ist der, daß der Wert eines jeden Produkts den Wert der Werkzeuge, die für seine Herstellung verwendet wurden, einschließt, ebenso den Wert der Rohstoffe, aber auch den Wert der Werkzeuge, die für die Produktion jener Werkzeuge benutzt wurden, usw. bis ins Unendliche. Zwar schaffen die Werkzeuge, nach Marx, keinen neuen Wert, übertragen vielmehr nur einen Teil des in ihnen kristallisierten Werts auf das Produkt; dennoch, wollten wir den Wert des Produkts jedoch in Arbeitszeit-Einheiten ausdrücken, so müßten wir auch den Wert der Werkzeuge auf jene Einheiten reduzieren, was offenkundig undurchführbar ist. Der zweite Grund ist der, daß sich unterschiedliche Arten von Arbeit unmöglich auf ein gemeinsames Maß reduzieren lassen. Die menschliche Arbeit basiert auf einem unterschiedlichen Bestand von Qualifikationen, und die Zeit der zusammengesetzten Arbeit müßte, vom Standpunkt der Marxschen Lehre aus gesehen, unter Berücksichtigung der Arbeitszeit errechnet werden, die in den Erwerb der Qualifikationen durch den Arbeitenden investiert wurde. Doch auch dies ist undurchführbar. Die von Marxisten in diesen Fällen häufig zur Verteidigung gebrauchte Wendung, der Arbeitsmarkt reduziere die zusammengesetzte Arbeit »spontan« auf ein mit der einfachen Arbeit gemeinsames Maß, besitzt keinen Argumentationswert, denn sie besagt ja gerade, daß sich der Wert unmöglich unabhängig vom Preis errechnen lasse, was den Gegenstand des Einwands darstellt. Im übrigen ist der Wert der Arbeitskraft (will man, mit Marx, davon ausgehen, daß die Arbeitskraft, nicht aber die Arbeit in der Warenwirtschaft der Gegenstand des Austauschs sei), ähnlich wie der Wert anderer Waren, unterschiedlichen Arten und Abhängigkeiten unterworfen, insbesondere den Gesetzen von Angebot und Nachfrage, so daß kein Grund für die Schlußfolgerung besteht, daß die der Komplexität der Arbeit entsprechenden Lohnunterschiede den realen Differenzen der Arbeitszeit angemessen seien, die zur »Produktion« der jeweiligen Qualifikationen des Arbeiters notwendig war.

Wenn sich der Wert jedoch nicht unabhängig von den Preisen errechnen läßt, so kann die Behauptung, die faktischen Preise »oszillieren um den wirklichen Wert«, in keiner Weise verifiziert werden.

Marx wußte selbstverständlich, daß die realen Preise von verschiedenen Faktoren bestimmt werden: u. a. die Arbeitseffizienz, das Verhältnis von Angebot und Nachfrage, die Durchschnittsprofitrate. Wenn er im ersten Band des »Kapital« vom Einfluß anderer Faktoren auf die Preise abstrahierte, dann nicht deshalb, weil er geglaubt hätte, Wert und Preis seien deckungsgleich (so daß keine Veranlassung besteht, ihm einen Widerspruch zwischen dem ersten und dem dritten Band des »Kapital« vorzuwerfen, der sich u. a. mit der Entstehung der Durchschnittsprofitrate beschäftigt), vielmehr aus methodologischen Gründen. Das Problem ist, daß es sich unmöglich quantitativ ermitteln läßt, wie groß der jeweilige Anteil aller preisgestaltenden Faktoren an den Marktpreisen ist. Wenn Smith davon ausgegangen war, daß die Menschen in primitiven Gesellschaften ihre Produkte proportional der zu ihrer Herstellung erforderlichen Zeit austauschten, während Engels, der die Werttheorie verteidigte, ausführte, der Austausch habe auf der Basis desselben Prinzips sogar noch im späten Mittelalter stattgefunden, so ist die Position der Werttheorie dadurch keinesfalls besser. Wenn man annimmt, dem sei wirklich so gewesen, so sind wir dadurch nicht zu mehr berechtigt als zu der Aussage, daß der Austausch in der primitiven Wirtschaft gemäß der durch die Arbeitszeit bestimmten Proportionen erfolgt sei und daß diese Proportionen in der entwickelten Warenwirtschaft andere seien, wobei die Arbeitszeit einer der Faktoren bleibe, der auf die Preise Einfluß nehme, aber nicht der einzige sei. Doch Marx bestand trotz seiner Erkenntnis, daß die Preise von verschiedenen Faktoren gestaltet werden, zugleich darauf, daß der wirkliche Wert ausschließlich durch die gesellschaftlich notwendige Arbeitszeit bestimmt wird. Seine Theorie antwortete, mit anderen Worten, nicht auf die Frage: »Was bestimmt die Preise?«, sondern auf die Frage: »Was ist der Wert in Wahrheit?« Uns geht es um den eigentlichen Sinn dieser Frage und um die Möglichkeit, irgendeine Antwort auf sie zu begründen.

Das ist der zweite Punkt, der sich in der Kritik häufig wiederholt. Auf welche Weise soll man sich den Beweis der Behauptung vorstellen, daß der »reelle« Wert der Ware (das also, was im Mittelalter als gerechter Preis und in der klassischen Ökonomie als natürlicher Preis bezeichnet wurde) durch die Arbeitszeit bestimmt ist? Was bedeutet überhaupt der Ausdruck »Wertgesetz«, dessen sich Marx bediente? Gesetz nennen wir für gewöhnlich eine Behauptung, die aussagt, daß unter ganz bestimmten Bedingungen ganz bestimmte Phänomene eintreten. Doch es ist nicht ersichtlich, daß die Marxsche Wertdefinition sich in Form eines Gesetzes formulieren lassen könnte. Die allgemeinste Behauptung, die auf die Bezeichnung »Gesetz« Anspruch erheben könnte, würde – auch wenn sie keine quantitative Form annehmen kann – besagen, daß die Veränderungen der Arbeitseffizienz im allgemeinen auf die Preisänderungen Einfluß nehmen. Doch wäre das nicht die Werttheorie im Marxschen Sinne. Diese letztere besagt nämlich nicht ganz einfach, die Arbeitszeit beeinflusse die Preise, sie behauptet vielmehr, die Arbeitszeit sei der einzige wertschaffende Faktor. Diese Aussage jedoch ist kein Gesetz, sie ist eine willkürliche Definition, die sich weder begründen noch für irgendwelche Zwecke der empirischen Beschreibung ökonomischer Phänomene verwenden läßt. Wenn es keinen Übergang vom Wert zum Preis gibt, so gibt es auch keinen Übergang von der Werttheorie zur Beschreibung irgendwelcher realer ökonomischer Prozesse.

Die Marxisten pflegten darauf hinzuweisen, daß solche Phänomene wie der Ruin der kleinen durch die großen Unternehmen eine Bestätigung des Wertgesetzes sei, ja, daß er geradezu beweise, daß Marxens

Kategorie der »abstrakten Arbeit« eine reale ökonomische Erscheinung darstelle (Lukács). Es handelt sich hier jedoch um einen sprachlichen Mißbrauch. Daß kleinere Unternehmen der Konkurrenz mit größeren infolge der geringeren Arbeitseffizienz nicht gewachsen sind, ist eine Tatsache, zu deren Beschreibung es der Werttheorie überhaupt nicht bedarf: Da genügt der Begriff der Produktionskosten. Daß die arbeitsraubende Technik von der weniger arbeitsraubenden Technik verdrängt wird (zumindest in sehr vielen Fällen), läßt sich durch die Analyse der Preise erklären, die, anders als der Wert, ein empirisches Moment darstellen; der Zusatz, das »Wertgesetz« in diesem Prozeß wirksam, trägt nichts zum besseren Verständnis dieses Faktums bei, um so weniger, als es unklar ist, worin dieses Wertgesetz eigentlich besteht, wenn es etwas anderes sein sollte als die Wertdefinition, die aber mit Sicherheit kein Gesetz ist.

Das ist der Grund, weshalb die empirisch orientierten Ökonomen das Marxsche Wertgesetz für unbrauchbar halten, weil es in der empirischen Beschreibung der Phänomene keine Verwendung findet. Es handelt sich hierbei nicht darum, daß der »wirkliche« Wert etwas anderes sei als das von Marx Gemeinte, sondern darum, daß die Frage, worin der Wert in Wahrheit bestehe, im allgemeinen keinen wissenschaftlichen Sinn besitzt, wenn sie etwas anderes bedeuten soll als die Frage nach den Entstehungsbedingungen der Preise. Man warf Marx daher vor, seine Theorie besitze methaphysischen Charakter (im für Positivisten üblichen pejorativen Sinn), er beanspruche also die Entdeckung des »Wesens« der Erscheinung, das unter seiner »Oberfläche« verborgen sei, ohne irgendwelche Methoden zu nennen, mit deren Hilfe die »Wesens«-Behauptungen sich verifizieren oder falsifizieren ließen. Der Vorwurf, Marx sei auf der Suche nach der »Substanz« des Werts, war zwar zuweilen von den Marxisten mit der Äußerung abgewehrt worden, der Wert im Marxschen Sinne solle keinerlei »Substanz« sein, weil er ein gesellschaftliches Verhältnis sei und außerhalb des Warenaustauschs überhaupt nicht existiere. Doch ist diese Zurückweisung nicht gut, auch wenn das Wort »Substanz« vielleicht nicht im richtigen Sinne verwendet wurde (obgleich Marx dieses Wort auch in eben diesem Kontext verwendet). Marx verwirft den Gedanken, der Tauschwert sei immanent in der Ware enthalten, in der Tat *explicite*, d. h. unabhängig von den gesellschaftlichen Tauschprozessen, in die die Ware verwickelt ist. Wenn wir jedoch zwischen Wert und Tauschwert unterscheiden, dann können wir sagen, jede Ware »repräsentiere« eine bestimmte Summe von Arbeit, die für sie verausgabt worden ist, daß sie deren »Kristallisierung« oder »Träger« sei (alles das sind Metaphern), während der Tauschwert den Wert im Prozeß der Konfrontation der Waren auf dem Markt »aufdekke«. Die Existenzbedingungen des Tauschwerts bestehen also sowohl in der Tatsache der Marktwirtschaft (und in diesem Sinne ist er, nach Marx, ein historisches und Übergangsphänomen) sowie im Wert selbst, also in der »kristallisierten Arbeitszeit«. Die Existenz dieser letzteren ist unabhängig vom Produktions- und Austauschsystem, sofern die Menschen stets Arbeit zur Herstellung von Gegenständen aller Art verausgabt haben. Somit ist der Wert aber eine immanente Qualität des Dings, die unter bestimmten gesellschaftlichen Verhältnissen als Tauschwert »in Erscheinung tritt«. Wenn diese Behauptung jedoch etwas anderes bedeuten soll als die Konjunktion von zwei logisch unabhängigen empirischen Behauptungen – nämlich, daß die Mehrzahl der Gebrauchsgegenstände ein Werk der Arbeit und daß die Arbeitszeit einer der preisbeeinflussenden Faktoren sei –, wenn sie bedeutet, daß es so etwas gebe wie den »wirklichen«, wenngleich nicht meßbaren, vom Preis unabhängigen Wert, dann haben wir es mit einem typischen Beispiel einer verborgenen Qualität von dem Typ zu tun, den die moderne Wissenschaft seit dem 17. Jahrhundert bekämpfte. Es kann jedoch kein Zweifel darüber bestehen, daß es Marx in seiner Werttheorie nicht um die beiden angeführten Behauptungen gegangen sei, sondern um die Feststellung, worin der Wert und der Tauschwert in Wahrheit bestehen. Die Behauptung, der wirkliche Wert sei nichts anderes als die kristallisierte Arbeitszeit, hat denselben ontologischen Status wie die Behauptung, Opium wirke einschläfernd, weil es eine einschläfernde Kraft besitze: Es spricht von einer bestimmten verborgenen Qualität, die in den empirischen Qualitäten »in Erscheinung treten« (namentlich in der Tatsache, daß Opium einschläfert oder daß die Waren ausgetauscht werden), die uns aber an diesen empirischen Qualitäten weder etwas erklären noch etwas über sie vorauszusagen gestattet, was nicht auch ohne ihre Beteiligung hätte erklärt oder vorausgesagt werden können.

Es gibt eine Formel, die Anspruch darauf erheben könnte, den Inhalt des Wertgesetzes anzugeben. Es ist die Marxsche Behauptung, daß der Gesamtpreis sich mit dem Gesamtwert decke. Doch ist auch diese Behauptung durch nichts begründet, und ihr Sinn ist unklar. Werden nämlich Objekte, die keinen Wert besitzen (wie z. B. der Boden, dessen Preis die antizipierte Rente ist), zum Gegenstand des Verkaufs, dann heißt das, daß jene Gleichheit von Wert und Preis sich in keinem einzigen bestimmten Augenblick realisiere, sondern nur innerhalb eines unbestimmten und unbestimmbaren Zeitabschnitts. Also läßt sich weder sagen, auf welche Weise diese Behauptung verifizierbar wäre (sofern der Wert nicht quantitativ ausdrückbar ist), noch, welcher ihr eigentlicher Sinn ist (sofern jener Zeitabschnitt, auf den sie sich bezieht, keine rational bestimmbaren Grenzen besitzt).

Als Interpretation ökonomischer Phänomene erfüllt die Marxsche Werttheorie nicht die Postulate, die man wissenschaftlichen Theorien normalerweise stellt, insbesondere nicht das Postulat der Falsifizierbarkeit. Ihre Vorzüge lassen sich jedoch auf einer anderen Grundlage verteidigen, indem wir sie nämlich als philosophische Anthropologie begreifen (oder, mit Jaurès, als »Sozialmetaphysik«), die eine Fortsetzung der Entfremdungstheorie darstellt und die ein für die Geschichtsphilosophie wichtiges Merkmal des gesellschaftlichen Lebens zu erfassen versucht: die Tatsache nämlich, daß die menschlichen Fähigkeiten, Talente und Anstrengungen, sobald sie Warenform angenommen haben, sich in abstrakte Träger des Geldes verwandeln und anonymen Marktgesetzen unterliegen, die nicht unter der Kontrolle der Produzenten stehen. Die Werttheorie ist keine Erklärung der Funktionsmechanismen der kapitalistischen Wirtschaft, sondern eine Kritik an der *Enthumanisierung des Objekts* und somit der Enthumanisierung des *Subjekts* selbst in einer Wirtschaft, in der »alles käuflich« ist. Sie ist die Fortsetzung des romantischen Angriffs gegen eine Gesellschaft, die der Allmacht des Geldes unterworfen ist.

Es muß hinzugefügt werden, daß die unter den Marxschen Analysen, die in größerem oder kleinerem Maße sich empirischen Regeln unterwerfen lassen, also die Theorie des tendenziellen Falls der Profitrate oder die Reproduktionsschemata des zweiten Bandes des »Kapital«, von der Werttheorie logisch unabhängig sind (ungeachtet der Marxschen Auffassung in dieser Frage) und daß man sie bei ihrer Erörterung außer acht lassen kann.

Wie bereits gesagt, einen Teil der Werttheorie bildet die (für Marx spezifische) Behauptung, derzufolge die Arbeit nicht nur das Maß des Wertes, sondern seine alleinige Quelle sei. In logischer Hinsicht sind diese beiden Aussagen über den Wert voneinander unabhängig, denn es besteht kein logischer Widerspruch zwischen der Behauptung, die Arbeitszeit sei das einzige Maß des Werts, nicht aber seine einzige Quelle, oder im Gegenteil: die Arbeit sei die einzige Quelle des Werts, ohne sein einziges Maß zu sein.

Die Behauptung aber, die menschliche Arbeit stelle die einzige Quelle des Werts dar, und die mit ihr verknüpfte Differenzierung von produktiver und unproduktiver Arbeit sind ebenfalls nicht begründet. Es ist nicht klar, weshalb ein Bauer, der seinen Acker mit Hilfe eines Pferdes pflügt, neue Werte schaffe, das Pferd hingegen keine, sondern seinen bereits besessenen Wert lediglich auf das Produkt übertrage. Wie es scheint, tritt der Sinn dieser willkürlichen Behauptung eher in der Schlußfolgerung zutage, die für Marx so maßgebend ist: das Kapital schafft keinen Wert. Marx wußte (das wird in den »Grundrissen« stark hervorgehoben), daß das Kapital als die die Produktion organisierende Kraft die Arbeitsleistung ungemein anhebt; dennoch bestand er (mit Ricardo) darauf, daß das Kapital nur zur Vermehrung der Gebrauchswerte, nicht aber der Tauschwerte beitrage. Wenn dem jedoch so wäre, dann müßte das Kapital faktisch die Quelle des realen Reichtums sein, d. h. des Zuwachses von Gebrauchsgegenständen, wenngleich die Wertsumme dieser Güter konstant bleiben wird, unabhängig von seinen Ausmaßen, sofern das gleiche Quantum an Arbeitsstunden (reduziert auf »einfache Arbeit«) in sie investiert wurde. Die Anhebung des allgemeinen gesellschaftlichen Reichtums hat also nichts zu tun mit dem Wertzuwachs. Wir können uns eine Gesellschaft vorstellen, in der die gesamte Produktion vollkommen automatisiert wäre, eine Gesellschaft also, die überhaupt keine Werte (im Marxschen Sinn) erzeugen würde, dafür aber gewaltige Mengen von Reichtümern, also von Gebrauchswerten. Keine logischen, physikalischen oder ökonomischen Gesetze würden verhindern, daß eine solche imaginierte Gesellschaft auf kapitalistischem Eigentum basierte, wenngleich in ihr überhaupt keine Arbeiter beschäftigt wären, die eine produktive Arbeit ausführten, sie also auch auf keine »lebendige« Arbeit zurückgreifen müßte.

Daher macht es sich die Marxsche Kritik, die die Ansicht verspottete, das Geld besitze eine magische Macht der Selbstvermehrung, weil man aus ihm Zinsen schöpfen könne, zu leicht. Daß die Werte sich nicht dank des Kapitals vermehren, ergibt sich bei Marx ganz einfach als logische Deduktion aus der bloßen Wertdefinition, und man kann ihr nicht widersprechen, sofern man dieser Definition zustimmt; doch reichen eben weder die logischen noch die empirischen Umstände für ihre Annahme aus. Daß das Kapital hingegen einen Beitrag zur Vermehrung der Gebrauchswerte leistet (durch die Organisation der Arbeit), widerspricht nicht den Marxschen Grundvoraussetzungen. Somit steht aber das Problem des Wachstums des gesellschaftlichen Reichtums und seiner Distribution in keinem Zusammenhang mit der Theorie, die die einzige Wertquelle in der Arbeit sieht, weil das Problem der Vermehrung der Tauschwerte (im Unterschied zur Vermehrung der Waren und im Unterschied zu ihren Preisen) ganz einfach an und für sich für die Gesellschaft irrelevant ist. Bedeutung besitzt die Masse der geschaffenen Reichtümer, die Form ihres Verkaufs, die Form der Distribution der Produkte, die Ausbeutung: Doch bei der Erörterung aller dieser Fragen nützt der Glaube daran, daß nur der Arbeiter den Wert schaffe, zu nichts anderem außer zur Schürung der Empörung angesichts der Tatsache, daß der »einzige wirkliche« Produzent einen geringen Anteil an den Produkten seiner Arbeit habe, während der Kapitalist die Profite ausschließlich kraft seines Eigentumstitels einstreiche, ohne selbst im geringsten zur Vermehrung des Wertes beizutragen. Außer diesem moralischen Sinn ist es nicht klar, in welcher Weise die Werttheorie das Verständnis der Mechanismen der kapitalistischen Wirtschaft fördern sollte (wobei jedoch, wie es zu wiederholen gilt, Marx die Ansicht der ricardianischen

Sozialisten zurückwies, die die Werttheorie so interpretierten, daß der Arbeiter Anspruch auf das Äquivalent seines Produktes habe).

Die Differenzierung zwischen produktiver und unproduktiver Arbeit tritt bei Marx in zweierlei Gestalt auf. Einerseits ist die produktive Arbeit (wie wir in den »Grundrissen« lesen) die Arbeit, die zur Schaffung des Kapitals beiträgt. In diesem Sinne läßt sich diese Differenzierung nur auf die kapitalistische Produktion anwenden. In einem anderen Sinne ist die produktive Arbeit die Arbeit, die überhaupt wertbildend ist, unabhängig von den gesellschaftlichen Bedingungen ihrer Anwendung. Diese Unterscheidung war Gegenstand langer Debatten unter Marxisten, da die Grenze zwischen diesen beiden Arten von Arbeit ausgesprochen undurchsichtig schien. Im allgemeinen suggeriert die Marx-Lektüre den Schluß, daß die produktive Arbeit die physische Anstrengung darstelle, die auf der Bearbeitung materieller Objekte beruhe; gelegentlich sieht man jedoch, daß Marx bereit war, auch diejenigen den »Produzenten« zuzurechnen, die selber keine physische Energie für die unmittelbare Bearbeitung der Materie verausgabten, aber auf die eine oder andere Weise Beiträge zu dieser Bearbeitung leisten (z. B. Ingenieure oder Projektanten in technischen Betrieben). Hiermit wird die Grenze jedoch völlig verschwommen, und daher die nicht endenwollenden Diskussionen, die in den sozialistischen Ländern im übrigen einen durchaus praktischen Sinn hatten. Man mußte sich nämlich überlegen, ob die Arbeit des Arztes produktiv sei oder nicht (ökonomisch gesehen, beruht die Arbeit des Arztes auf der Reproduktion der Arbeitskraft, müßte also unter die produktive Arbeit fallen; doch demselben Zweck dient auch das Kinderzeugen, was wiederum Zweifel aufwirft). Dasselbe bezieht sich, beispielsweise, auf die Arbeit des Lehrers, der ebenfalls, zumindest unter bestimmten Bedingungen, zum »Produzieren« von Fähigkeiten beiträgt, die für die Industrie von Bedeutung sind, also dürfte auch er wertbildende Arbeit leisten. Der praktische Sinn dieser Diskussionen bestand darin, daß in der Wirtschaft, in der man die der Marxschen Theorie entnommenen Kriterien mit größerem oder geringerem (meistens jedoch mit geringerem) Erfolg anzuwenden versuchte, die als produktiv anerkannte Arbeit größeren Respekt und höheren Lohn verdiente; dadurch erhielten die ausgesprochenen Hungerlöhne im Schul- und Gesundheitswesen eine theoretische Erklärung, solange man diese Bereiche den nichtproduktiven Zweigen zurechnete. Eine andere Konsequenz war die Zuordnung des gesamten Dienstleistungswesens zu den nichtproduktiven Tätigkeiten, und in der Folge: sein völliges Außerachtlassen bei der Wirtschaftsplanung.

Gegenwärtig ist diese Unterscheidung immer anachronistischer, und man weiß nicht genau, welchen Zwecken sie dienen sollte; der Prozentsatz der Menschen, deren Arbeit in der unmittelbaren physischen Bearbeitung von materiellen Dingen besteht, verringert sich in natürlicher Weise mit dem technischen Fortschritt, während das Wachstum des allgemeinen Reichtums in immer geringerem Maße von ihrer Anzahl abhängig ist.

Unklar bleibt auch, auf welches Prinzip sich Marxens Ansicht stützt, der Arbeiter verkaufe seine Arbeitskraft, nicht aber seine Arbeit. Wenn wir, mit Marx, annehmen, daß die Arbeit selbst keinen Wert besitze, während sie die Quelle des Werts sei, so folgt daraus nicht, daß die Arbeit unverkäuflich sei; immerhin werden, nach Marxens Auffassung, die unterschiedlichsten Dinge verkauft, die keinen Wert besitzen; verkauft werden auch Tätigkeiten, die in diesem Sinne nicht wertbildend sind. Höchstwahrscheinlich ging es Marx darum, daß der Kapitalist, indem er die Arbeitskraft kauft, dann auch, gemäß den Gesetzen der kapitalistischen Wirtschaft, das *Recht* besitzt und sich dieses Recht anmaßt, den Arbeiter zur Arbeit in den Grenzen der physischen Leistungsfähigkeit oder auch über diese Grenzen hinaus zu zwingen, daß er also der Eigentümer des Arbeiters während des ganzen Arbeitstages sei, für den er bezahle. Doch das Anrecht des Kapitalisten auf Auspressung der maximalen Anstrengung aus dem Arbeiter und auf unbeschränkte Ausdehnung des Arbeitstags stellt kein integrales Gesetz der kapitalistischen Wirtschaft dar, sondern ist das Merkmal einer bestimmten Frühphase dieser Wirtschaft. Ob der Kapitalist wirklich dieses Recht besitzt oder nicht, darüber entscheidet die Gesetzgebung und der Druck, den die Arbeiterklasse auf die Gesetzgebung ausübt; von keinem einzigen kapitalistischen Land läßt sich gegenwärtig sagen, diese Art von Berechtigung sei in ihm wirksam. Und selbst wenn der Kapitalist meinen sollte, er habe ein Recht auf alles, was er aus dem Arbeiter physisch herauspressen könne, dann besteht, sofern seine Ansprüche aus gesetzlichen oder welchen Gründen auch immer nicht erfüllt werden können, kein Anlaß zu der Behauptung, im Kapitalismus sei das Gesetz des Verkaufs der Arbeitskraft weiterhin wirksam. Es ist also nicht einzusehen, in welcher Weise die Marxsche Behauptung zum Verständnis der Wirtschaftsmechanismen beitragen sollte. Auch bedarf der Kampf der Arbeiter um die Verkürzung des Arbeitstags und um die Einschränkung der Ausbeutung einer solchen Theorie nicht zu seinem besseren Verständnis.

Alle charakteristisch Marxschen Unterscheidungen und Begriffe, die mit der Werttheorie zusammenhängen, sind Ausdruck seiner ideologischen Haltung, die davon ausgeht, daß der Kapitalismus grundsätzlich nicht reformierbar sei, daß die kapitalistische Wirtschaft unerschütterlichen Gesetzen unterliege, kraft deren die Arbeitslöhne immerzu auf das Niveau des Arbeitskraftwerts herabgedrückt werden müssen (und ihr Ansteigen erklärt sich durch das Anwachsen der Bedürfnisse, das wiederum unbeschränkt sein kann, so daß die Theorie, der Arbeiter verkaufe seine Arbeitskraft zu ihrem Wert, unter beliebigen Lohnbedingungen aufrechterhalten bleibt), und daß die Nutzung der Arbeitskraft durch den Kapitalisten den Arbeiter pausenlos zur Verausgabung des Maximums seiner physischen Leistungsfähigkeit zwingen werde. Unter Bedingungen, unter denen der Widerstand gegen die Ausbeutung nicht nur Erfolge zu verbuchen, sondern das ganze gesellschaftliche Leben radikal umgewandelt hat, sind die Werttheorien und ihre Derivate nicht nur entbehrlich für die Erklärung der Wirtschaft der modernen Welt, sie erschweren diese Erklärung vielmehr, weil sie das allgemeine Bild durch nicht existente Gesetze verschleiern, zu deren Anerkennung die marxistischen Orthodoxen sich verpflichtet fühlen.

Daraus geht selbstverständlich nicht hervor, daß der Kapitalist nicht an der Profitmaximierung interessiert wäre und nicht alle Mittel anwenden würde, die ihm einen maximalen Profit sichern helfen. Doch diese Common-sense-Wahrheit bedarf keineswegs der Anerkennung der Werttheorie.

Der Werttheorie bedarf auch nicht die Tatsache der Ausbeutung, die, in Übereinstimmung mit den Marxschen Intentionen, doch logisch unabhängig von der Werttheorie bestimmt werden kann. Marx charakterisiert die Ausbeutung durch den Begriff der unbezahlten Arbeit, d. h. des Wertüberschusses, den sich der Kapitalist nach Abzug der Reproduktionskosten des konstanten Kapitals, der Rohstoffkosten und der Arbeitslöhne aneignet. Auf der anderen Seite verspottete Marx jedoch selber die Idee der Utopisten (und Lassalles), derzufolge der Arbeiter das volle Äquivalent des selbstgeschaffenen Werts in Form des »unverkürzten« Arbeitslohns erhalten sollte, weil ein solcher Ausgleich offensichtlich in keiner Gesellschaft durchführbar sei. Die Ausbeutungsaufhebung sollte seiner Ansicht nach nicht darin bestehen, daß die Arbeiter das volle Äquivalent der von ihnen erzeugten Produkte erhalten, sondern darin, daß der Mehrwert, den sie nicht in Form des Arbeitslohns erhalten, in anderer Form in die Gesellschaft zurückfließt, namentlich in Gestalt von neuen Investitionen, von Katastrophenfonds, Löhnen für unproduktive, doch gesellschaftlich unerläßliche Arbeiten (Dienstleistungen, Verwaltung usw.) sowie für Unterhaltskosten der arbeitsunfähigen Bevölkerung. In der kapitalistischen Wirtschaft jedoch fließen die Mehrwerte unter allen diesen Formen zurück außer dem Teil, der für den Konsum der Bourgeoisie bestimmt ist. Die Präsens eben dieses letzten Teils verleiht dem Ausbeutungsbegriff einen moralischen Sinn, der vor allem dann manifest wird, wenn der Kontrast zwischen dem Luxuskonsum der Bourgeoisie und der Armut der Lohnarbeiter kraß und augenfällig ist. Doch Marx hat – im Gegensatz zu den Ideologen der früheren Volksbewegungen – keineswegs behauptet, daß die Verteilung der Güter, die die Bourgeoisie konsumiert, von wesentlicher Bedeutung für die Lösung der sozialen Probleme sei. Der Konsum der Bourgeoisie besitzt in der Tat keinen größeren ökonomischen Stellenwert, wenngleich er aus moralischer Sicht wesentlich ist in Anbetracht der Armut der Arbeiterklasse, und die einmalige Verteilung dieses Konsumpostens brächte keine wesentlichen Veränderungen und würde von sich aus nichts lösen können. Die Parole der Verteilung der Güter der Reichen an die Armen hatte dann einen Sinn, als sie sich auf die Grundbesitze bezog, die man aufteilen konnte und die in vielen Ländern auch tatsächlich an die Bauern verteilt wurden. Dagegen kann die Verteilung der Wohnungen oder der Kleidungsstücke der Bourgeoisie unter das Volk nur als einmaliger Racheakt an den Reichen angesehen werden, kann darüber hinaus jedoch in keiner Weise zur Lösung der gesellschaftlichen Probleme beitragen – und nur dieser Teil des Sozialprodukts könnte infolge der Vergesellschaftung des Eigentums verteilt werden. Daher sollte die Ausbeutung in einer Weise charakterisiert werden, die keine einfachen, aber falschen und der Marxschen Lehre im übrigen widersprechenden Suggestionen nähren würde, daß die Parole der Ausbeutung gleichbedeutend sei mit der Aufforderung, die Reichen ihrer Anzüge und Schmuckstücke zu berauben; derlei Suggestionen tragen zur Stärkung einer Plünderermentalität bei, die besonders für Bewegungen der Bauern und des Lumpenproletariats kennzeichnend ist.

Die Ausbeutung besteht nämlich weder darin, daß 1. der Arbeiter nicht das volle Äquivalent des von ihm geschaffenen Werts erhält, noch darin, daß es 2. überhaupt eine Ungleichheit des Einkommens gibt (sofern zur Zeit keine Mittel bekannt sind, die es den industriell hochentwickelten Gesellschaften erlauben würden, unter den Bedingungen des völligen Einkommensausgleichs überhaupt zu existieren); nicht einmal darin, daß es 3. ein Einkommen ohne Arbeit gibt, das für den Luxuskonsum der Bourgeoisie verwendet wird. Die Ausbeutung besteht darin, daß die Gesellschaft nicht die Kontrolle über Bestimmung und Verteilung des Mehrprodukts ausübt, daß diese Verteilung nach dem Dafürhalten der Menschen vonstatten geht, die das Entscheidungsmonopol an der Anwendung der Produktionsmittel besitzen. Die Ausbeutung ist also ein steigerungsfähiger Begriff, und man kann genausogut von der Einschränkung der Ausbeutung nicht nur infolge von Arbeitslohnerhöhungen sprechen, sondern auch infolge einer erhöhten Kontrolle der Gesellschaft über die Investitionen und die Verteilung des Nationaleinkommens. Der Luxuskonsum der Bourgeoisie ist nicht die »Natur« der Ausbeutung, sondern ihre Konsequenz: Wer über die Produktionsmittel verfügt und somit über die Distribution des Mehrprodukts, der teilt sich selbstverständlich selbst einen entsprechend hohen Konsumfond zu.

Der so bestimmte Begriff der Ausbeutung, der, wie es scheint, der Marxschen Intention nicht widerspricht, ist schwer annehmbar für die marxistische Orthodoxie, und zwar aus dem Grund, weil aus ihm hervorgeht, daß die bloße Verstaatlichung der Produktionsmittel keineswegs notwendigerweise zur Aufhebung der Ausbeutung führt, diese vielmehr unter bestimmten, empirisch bekannten Bedingungen sogar erheblich steigern kann. Wenn nämlich der Grad der Beschränkung der Ausbeutung gleichbedeutend ist mit dem Grad der Kontrolle der Gesellschaft als Ganzes über die Verteilung des Mehrprodukts, dann ist es klar, daß die Ausbeutung um so größer ist, je schwächer die Mechanismen sind, die eine solche Kontrolle sicherstellen. Unter Bedingungen, unter denen es keinen Privatpersonen zustehenden Eigentumstitel gibt, dafür aber ein Verfügungsmonopol an den Produktions- und Distributionsmitteln, das einer kleinen herrschenden Gruppe monopolistisch vorbehalten und von keinen Mechanismen der repräsentativen Demokratie eingeschränkt ist, ist die Ausbeutung nicht aufgehoben, sondern potenziert. Auch hierbei spielen die materiellen Privilegien, die die herrschende Gruppe sich zuerkennt, keine wesentliche Rolle, so wie es unwesentlich ist, ob die Bourgeoisie ein paar Anzüge mehr oder weniger hat oder wie groß ihr Kaviarverbrauch ist; wesentlich ist die Tatsache des Ausschlusses der grundlegenden Masse der Gesellschaft aus dem Entscheidungsprozeß, der die Einkommensverteilung und die Anwendung der Produktionsmittel betrifft. Der Begriff der Ausbeutung korreliert – anders gesagt – mit der Existenz und der Wirksamkeit von gesellschaftlichen Mechanismen, die über die Beteiligung der Arbeitenden an den Entscheidungen in bezug auf die Produkte ihre Arbeit bestimmen, korreliert somit mit der politischen Freiheit und den Mechanismen der politischen Repräsentanz. So gesehen, sind die gegenwärtig existierenden sozialistischen Gesellschaften keine Beispiele für Systeme mit aufgehobener Ausbeutung, sie sind ganz im Gegenteil Beispiele extremer Ausbeutung, da sie mit der Aufhebung der rechtlichen Eigentumstitel zugleich auch die gesellschaftlichen Instrumente aufgehoben haben, mit deren Hilfe die Gesellschaft über die Produkte ihrer Arbeit entscheiden könnte, wohingegen in den kapitalistischen Gesellschaften (zumindest in den am meisten entwickelten) diese Instrumente gegeben sind und es erlauben, die Ausbeutung auf dem Weg gesellschaftlicher Pressionen (progressive Steuern, teilweise Kontrolle über Investitionspolitik und Preise, Erhöhung des gesellschaftlichen Konsumfonds und Erweiterung der Wohlfahrtseinrichtungen usw.) einzuschränken, obwohl das Privateigentum an den Produktionsmitteln nicht aufgehoben wurde und obwohl die Ausbeutung fortbesteht.

Vierzehntes Kapitel

Die Bewegungskräfte des Geschichtsprozesses

1. Produktivkräfte, Produktionsverhältnisse, Überbau

Das »Kapital« machte bei der Beschreibung des Funktionierens der kapitalistischen Wirtschaft auf den Kausalzusammenhang aufmerksam, der zwischen dem unbeschränkten Wachstumsstreben des Kapitals und dem technologischen Fortschritt besteht. Zugleich konnte diese Tendenz selbst jedoch nur unter bestimmten technologischen Bedingungen auftreten und wirksam werden, nicht aber zu einem beliebigen Zeitpunkt. Wirkung und Entwicklungstendenz des Kapitalismus lassen sich nämlich als Sonderfall von allgemeineren Interdependenzen erfassen, von denen alle bisherigen Gesellschaftsformationen beherrscht waren. Die Beschreibung dieser Interdependenzen, bekannt unter der Bezeichnung historischer Materialismus oder materialistisches Geschichtsverständnis, wurde erstmalig in der »Deutschen Ideologie« deutlich formuliert, die meistverbreitete und allgemeinste Formel dieses Verständnisses befindet sich in Marxens Vorwort von »Zur Kritik der politischen Ökonomie« und tritt in verschiedenen Versionen auch in den popularisierenden Schriften von Engels auf. Dieser klassische Marxsche Text lautet wie folgt: »In der gesellschaftlichen Produktion ihres Lebens gehen die Menschen bestimmte, notwendige, von ihrem Willen unabhängige Verhältnisse ein, Produktionsverhältnisse, die einer bestimmten Entwicklungsstufe ihrer materiellen Produktivkräfte entsprechen. Die Gesamtheit dieser Produktionsverhältnisse bildet die ökonomische Struktur der Gesellschaft, die reale Basis, worauf sich ein juristischer und politischer Überbau erhebt, und welcher bestimmte gesellschaftliche Bewußtseinsformen entsprechen. Die Produktionsweise des materiellen Lebens bedingt den sozialen, politischen und geistigen Lebensprozeß überhaupt. Es ist nicht das Bewußtsein der Menschen, das ihr Sein, sondern umgekehrt ihr gesellschaftliches Sein, das ihr Bewußtsein bestimmt. Auf einer gewissen Stufe ihrer Entwicklung geraten die materiellen Produktivkräfte der Gesellschaft in Widerspruch mit den vorhandenen Produktionsverhältnissen oder, was nur ein juristischer Ausdruck dafür ist, mit den Eigentumsverhältnissen, innerhalb deren sie sich bisher bewegt hatten. Aus Entwicklungsformen der Produktivkräfte schlagen diese

Verhältnisse in Fesseln derselben um. Es tritt dann eine Epoche sozialer Revolution ein. Mit der Veränderung der ökonomischen Grundlage wälzt sich der ganze ungeheure Überbau langsamer oder rascher um. In der Betrachtung solcher Umwälzungen muß man stets unterscheiden zwischen der materiellen, naturwissenschaftlich treu zu konstatierenden Umwälzung in den ökonomischen Produktionsbedingungen und den juristischen, politischen, religiösen, künstlerischen oder philosophischen, kurz, ideologischen Formen, worin sich die Menschen dieses Konflikts bewußt werden und ihn ausfechten. Sowenig man das, was ein Individuum ist, nach dem beurteilt, was es sich selbst dünkt, ebensowenig kann man eine solche Umwälzungsepoche aus ihrem Bewußtsein beurteilen, sondern muß vielmehr dies Bewußtsein aus den Widersprüchen des materiellen Lebens, aus dem vorhandenen Konflikt zwischen gesellschaftlichen Produktivkräften und Produktionsverhältnissen erklären. Eine Gesellschaftsformation geht nie unter, bevor alle Produktivkräfte entwickelt sind, für die sie weit genug ist, und neue höhere Produktionsverhältnisse treten nie an die Stelle, bevor die materiellen Existenzbedingungen derselben im Schoß der alten Gesellschaft selbst ausgebrütet worden sind. Daher stellt sich die Menschheit immer nur Aufgaben, die sie lösen kann, denn genauer betrachtet, wird sich stets finden, daß die Aufgabe selbst nur entspringt, wo die materiellen Bedingungen ihrer Lösung schon vorhanden oder wenigstens im Prozeß ihres Werdens begriffen sind. In großen Umrissen können asiatische, antike, feudale und modern bürgerliche Produktionsweisen als progressive Epochen der ökonomischen Gesellschaftsformation bezeichnet werden. Die bürgerlichen Produktionsverhältnisse sind die letzte antagonistische Form des gesellschaftlichen Produktionsprozesses, antagonistisch nicht im Sinne von individuellem Antagonismus, sondern eines aus den gesellschaftlichen Lebensbedingungen der Individuen hervorwachsenden Antagonismus, aber die im Schoß der bürgerlichen Gesellschaft sich entwickelnden Produktivkräfte schaffen zugleich die materiellen Bedingungen zur Lösung dieses Antagonismus. Mit dieser Gesellschaftsformation schließt daher die Vorgeschichte der menschlichen Gesellschaft ab.«[1]

Es gibt nur wenige Texte in der Geschichte des menschlichen Denkens, die eine derartige Menge von Polemiken, Widerspruch und zerstrittenen Interpretationen ausgelöst haben wie eben dieser Text. Auch scheint es unmöglich, an dieser Stelle über das Gesamt dieser vertrackten Diskussionen zu berichten. Wir wollen uns daher mit der Aufzeichnung von einigen Hauptpunkten begnügen.

In der Einleitung zur englischen Ausgabe seiner Arbeit »Die Entwicklung des Sozialismus von der Utopie zur Wissenschaft« von 1892 charakterisiert Engels den historischen Materialismus als diejenige »Auffassung des Weltgeschichtsverlaufs, die die schließliche Ursache und die entscheidende Bewegungskraft aller wichtigen geschichtlichen Ereignisse (...) in der ökonomischen Entwicklung der Gesellschaft, in den Veränderungen der Produktions- und Austauschweise, in der daraus entspringenden Spaltung der Gesellschaft in verschiedne Klassen und in den Kämpfen dieser Klassen unter sich«[2] sehe.

Der historische Materialismus ist, wie zu erkennen, die Antwort auf die Frage: Welche Umstände haben die Verwandlungen der menschlichen Kultur am stärksten beeinflußt? – wobei man das Wort »Kultur« in dieser Frage im umfassendsten Sinn verstehen sollte, als Ganzheit der gesellschaftlichen Kommunikationsformen, also einschließlich der politischen Institutionen wie auch der gesellschaftlichen Organisation der Arbeit und Denkweisen.

Ausgangspunkt der menschlichen Geschichte ist der Kampf mit der Natur, das Gesamt der Mittel, mit deren Hilfe die Menschen die Natur zum Dienst zugunsten der eigenen Bedürfnisse zwingen, die mit ihrer Befriedigung wachsen. Die Spezifität des Menschen, sein Austritt aus der tierischen Welt wurde bestimmt durch die Fähigkeit der Werkzeugsproduktion (die Tiere bedienen sich zuweilen primitiver Formen der Werkzeugsvermittlung im Verkehr mit der Umwelt, jedoch nur solcher Werkzeuge, die sie in der Natur vorfinden). Sobald die Vervollkommnung der Werkzeuge einem einzelnen Menschen die Erzeugung einer Gütermenge gestattet, die die Menge der von ihm selbst konsumierten Güter übersteigt, ist auch die Möglichkeit des Kampfs um die Verteilung dieses Überschusses gegeben sowie die Möglichkeit einer Situation, in der die einen Menschen sich das Produkt der Arbeit anderer aneignen; es entsteht also die Möglichkeit der Klassengesellschaft. Die mannigfaltigen Formen dieser Aneignung entscheiden über die Formen des politischen Lebens und über die Modi, in denen die Menschen ihr gesellschaftliches Dasein bewußt erleben, d. h. über die Formen des gesellschaftlichen Bewußtseins.

Wir haben es demnach mit folgendem Schema zu tun: letztlich bilden die Technologie, die Produktivkräfte, also das Gesamt der der Gesellschaft zugänglichen Werkzeuge gemeinsam mit den erworbenen technischen Fähigkeiten und der technischen Arbeitsteilung die Quellen der historischen Umgestaltungen. Der Entwicklungsstand der Produktivkräfte bestimmt die grundsätzliche Struktur der Produktionsverhältnisse, also die »Basis«, die Grundlage des ökonomischen Lebens (Marx zählt die Technologie selbst nicht zur »Basis«, sofern er vom Konflikt der Produktivkräfte mit den Produktionsverhältnissen spricht). Zu den Produktionsverhältnissen zählen vor allem die Eigentumsverhältnisse, d. h. die Weise, in der die Menschen die rechtlich garantierte Verfügungsgewalt über Produktionsmittel und Rohstoffe ausüben, sowie des weiteren die Verfügungsweise über die Arbeitsprodukte; zu ihnen gehört auch die gesellschaftliche Arbeitsteilung, d. h. die Differenzierung der Menschen nicht mehr nach dem Kriterium der Produktionstätigkeit, die sie ausüben, oder danach, welchen Teil eines bestimmten Produktionsprozesses sie bedienen, sondern danach, ob sie überhaupt an der materiellen Produktion teilnehmen, oder aber andere Funktionen erfüllen: Produktionsleitung, politische Verwaltung, kreative Geistesarbeit. Die Trennung der physischen Arbeit von der geistigen war eine der bedeutendsten Umwälzungen in der Geschichte. Die Voraussetzung dazu bestand in der Möglichkeit der Aneignung fremder Arbeit, des Ausschlusses einiger Menschen aus dem Produktionsprozeß, also der sozialen Ungleichheit. Das Ergebnis war die gesellschaftliche Freizeitmenge, die für intellektuelle Arbeit genutzt werden konnte; die gesamte geistige Kultur der Menschen, das künstlerische, philosophische, wissenschaftliche Schaffen hatten also die soziale Ungleichheit zu ihrer Bedingung. Den Produktionsverhältnissen zuzurechnen ist auch der Distributionsmodus der produzierten Güter und der Modus ihres Austauschs zwischen den Produzenten.

Des weiteren bedingen die Produktionsverhältnisse das Gesamt der Phänomene, die Marx als »Überbau« bezeichnet. Hierzu gehören vor allem die politischen Institutionen – besonders der Staat –, die institutionalisierten Formen der Religion, sämtliche politische Organisationen, das Rechtswesen, die Sitten, schließlich das menschliche Bewußtsein selbst, das in Ansichten über die Welt, in religiösen Glaubensinhalten, in Formen des künstlerischen Schaffens, in juristischen, politischen, philosophischen, moralischen Lehren zum Ausdruck kommt. Die Hauptthese des historischen Materialismus besagt, daß eine bestimmte Entwicklungsstufe der Technologie entsprechende Produktionsverhältnisse verlange und mit der Zeit bewirke, daß eben diese Verhältnisse in der Geschichte sich durchsetzen. Darüber hinaus, daß bestimmte Produktionsverhältnisse ganz bestimmte Formen des Überbaus erzeugen, der einen innerlich differenzierten und antagonistischen Charakter besitzt; die in der Aneignung der Früchte fremder Arbeit gründenden Produktionsverhältnisse erzeugen nämlich die Aufteilung der Gesellschaft in Klassen mit widersprüchlichen Interessen, und der Klassenkonflikt kommt im Bereich des Überbaus als Kampf gegensätzlicher politischer Kräfte und Meinungen zu Worte. Der Überbau ist mithin eine Gruppe von Instrumenten, deren sich die feindlichen Klassen bedienen, die um den maximalen Anteil an den Resultaten der Mehrarbeit kämpfen.

2. Das gesellschaftliche Sein und das Bewußtsein

Die gängigsten Einwände, die im 19. Jahrhundert gegen diese Lehre erhoben zu werden pflegten, waren folgende: 1. der historische Materialismus streitet jedwede Bedeutung von bewußten menschlichen Handlungen in der Geschichte ab – gegen die evidente Erfahrung; 2. der historische Materialismus schreibt dem Menschen ausschließlich interessenbezogene Motivierungen zu, streitet das Vorhandensein von Intentionen ab, die nicht vom materiellen Interesse determiniert sind – ebenfalls entgegen der evidenten Erfahrung; 3. der historische Materialismus »reduziert« die Geschichte auf den »ökonomischen Faktor«, indem er alle anderen »Faktoren« (Gefühle, Denken, religiöser Glaube usw.) entweder für unwichtig hält oder für von jenem vorrangigen Faktor strikt abhängig; er verkündet somit eine Art »ökonomischen Determinismus«.

Bestimmte von Marx und Engels verwendete Formeln mochten derartige Interpretationsweisen in der Tat suggerieren. Doch hat Engels diese Vorwürfe teils selber zurückgewiesen, teils haben es die späteren Marxistengenerationen getan, doch nicht in einer Weise, daß dadurch jegliche Mehrdeutigkeit beseitigt worden wäre.

Die angeführten Vorwürfe erweisen sich größtenteils als gegenstandslos, wenn man sich vor Augen hält, welche Probleme der historische Materialismus eigentlich aufweist und welche er als solcher gar nicht zu beantworten beabsichtigt.

Der historische Materialismus ist vor allem kein Instrument, das selber den Schlüssel zur Interpretation eines beliebigen historischen Ereignisses lieferte, und er erhebt keinen Anspruch auf diese Rolle. Er will nicht mehr, als die Abhängigkeiten zwischen einigen – keineswegs allen – Eigenschaften des gesellschaftlichen Lebens zu bestimmen. In seiner Rezension von Marxens »Zur Kritik der politischen Ökonomie« von 1859 schrieb Engels: »Die Geschichte geht oft sprungweise und im Zickzack und müßte hierbei überall verfolgt werden, wodurch nicht nur viel Material von geringer Wichtigkeit aufgenommen, sondern auch der Gedankengang oft unterbrochen werden müßte; (. . .) Die logische Behandlungsweise war also allein am Platz. Diese aber ist in der Tat nichts andres als die historische, nur entkleidet der historischen Form und der störenden Zufälligkeiten.«[3] Mit anderen Worten: Die Erklärungen, die die Abhängigkeit des Überbaus von den Produktionsverhältnissen betreffen, beziehen sich auf die großen geschichtlichen Epochen, auf die grundsätzlichen Umwandlungen des gesellschaftlichen Lebens. Es ist jedoch nicht so, daß der Entwicklungsstand der Technologie die Formen der gesellschaftlichen Arbeitsteilung in allen Einzelheiten bestimmte, diese ihrerseits für alle Einzelheiten des politischen und geistigen Lebens eine Erklärung lieferten. Marx und Engels dachten in Kategorien der großen historischen Formationen und wollten die Übergänge von einer Formation zur anderen in ihren konstitutiven Zügen verstehen. Ihrer Meinung nach müssen bestimmte fundamentale Systemeigenschaften, die der Klassensituation der gegebenen Gesellschaft entsprechen, letzten Endes früher oder später in Erscheinung treten, doch ist der Lauf der Ereignisse, der ihnen den Weg bahnt, durch eine Vielzahl von zufälligen Umständen determiniert. »Sie [die Weltgeschichte] wäre andrerseits sehr mystischer Natur, wenn ›Zufälligkeiten‹ keine Rolle spielten. Diese Zufälligkeiten fallen natürlich selbst in den allgemeinen Gang der Entwicklung und werden durch andre Zufälligkeiten wieder kompensiert. Aber Beschleunigung und Verzögerung sind sehr von solchen ›Zufälligkeiten‹ abhängig – unter denen auch der ›Zufall‹ des Charakters der Leute, die zuerst an der Spitze der Bewegung stehn, figuriert« (Marx in einem Brief an Ludwig Kugelmann vom 17. April 1871).[4] In einigen bekannten Briefen von Engels finden wir wiederum Erklärungen, die auf die Einschränkung von allzu krassen Formeln des sog. historischen Determinismus abzielen: »(. . .) wenn die materielle Daseinsweise das primum agens ist, das nicht ausschließt, daß die ideellen Gebiete eine reagierende, aber sekundäre Einwirkung auf sie hinwiederum ausüben (. . .)« (Brief an Conrad Schmidt vom 5. August 1890[5]); »(. . .) Nach materialistischer Geschichtsauffassung ist das in *letzter Instanz* bestimmende Moment in der Geschichte die Produktion und Reproduktion des wirklichen Lebens. Mehr hat weder Marx noch ich je behauptet. Wenn nun jemand das dahin verdreht, das ökonomische Moment sei das *einzig* bestimmende, so verwandelt er jenen Satz in eine nichtssagende, abstrackte [sic!], absurde Phrase. Die ökonomische Lage ist die Basis, aber die verschiedenen Momente des Überbaus – politische Formen des Klassenkampfs und seine Resultate – Verfassungen, nach gewonnener Schlacht durch die siegende Klasse festgestellt usw. – Rechtsformen und nun gar die Reflexe aller dieser wirklichen Kämpfe im Gehirn der Beteiligten, politische, juristische, philosophische Theorien, religiöse Anschauungen und deren Weiterentwickelung zu Dogmensystemen üben auch ihre Einwirkung auf den Verlauf der geschichtlichen Kämpfe aus und bestimmen in vielen Fällen vorwiegend deren *Form*. Es ist eine Wechselwirkung aller dieser Momente, worin schließlich durch alle die unendliche Menge von Zufälligkeiten (. . .) als Notwendiges die ökonomische Bewegung sich durchsetzt« (Brief an Joseph Bloch vom 21. September 1890).[6] Analog: Große Persönlichkeiten, die den Verlauf der Geschichtsereignisse zu bestimmen scheinen, treten in Wirklichkeit darum auf, weil der Geschichtsprozeß ihrer bedarf; Männer wie Alexander, Cromwell oder Napoleon sind Werkzeuge des Geschichtsprozesses, und wenngleich sie aufgrund ihrer zufälligen persönlichen Eigenschaften Einfluß auf ihn nehmen, sind sie doch unbewußte Vollstrecker eines bestimmten großen historischen Triebes, den sie nicht schufen. Der Erfolg ihrer Handlungen ist durch die Situation bestimmt, in der sie tätig werden.

Wenn man also vom historischen Determinismus sprechen kann, so nur in der Dimension fundamentaler Systemeigenschaften; in der Technologie des zehnten Jahrhunderts konnte weder die Menschenrechtsdeklaration noch der Code Napoléon entstehen. Man weiß dennoch, daß unter annähernd gleichen technologischen Bedingungen die politischen Systeme erhebliche Unterschiede aufweisen können. Wenn wir jedoch alle Wesensmerkmale in Betracht ziehen, nicht aber alle von Tradition, persönlichen Zufällen und ähnlichen sekundären Umständen determinierte Einzelheiten, erweist es sich stets, aus der Sicht des historischen Materialismus, daß die entscheidenden Eigenschaften dieser Systeme koinzidieren oder zumindest Koinzidenz anstreben.

Was die Rückwirkung des Überbaus auf die Produktionsweise betrifft, so ist auch in diesem Punkt das Prinzip der Determination »in letzter Instanz« wirksam. Das bedeutet, daß der Staat z. B. in eine Richtung wirken kann, die die vom Entwicklungsstand der Produktivkräfte verlangten Veränderungen beschleunigt oder sie, im Gegenteil, hemmt. Die Kraft dieser Wirkung kann unterschiedlich und von »zufälligen« Umständen determiniert sein; doch mit der Zeit werden diese Forderungen letztlich erfüllt werden. Wenn wir die Geschichte also aus einer Gesamtperspektive betrachten, so erscheint sie uns als eine Fülle chaotischer Ereignisse, unter denen die analytische Beobachtung jedoch eine bestimmte dominierende Tendenz ermittelt, die aus diesem Chaos herausführt. Eben in dieser dominierenden Tendenz sollen wir bestimmte fundamentale Abhängigkeiten erblicken, von denen Marx sprach: Wir sehen also, daß die konstitutiven Eigenschaften der juristischen Formen sich stets einer Situation nähern, in der sie den Interessen der herrschenden Klassen der jeweiligen Gesellschaft am wirksamsten dienen können, und daß eben diese Klassen sich in Abhängigkeit von der Produktionsweise, den Austausch- und Eigentumsverhältnissen konstituiert haben; wir werden noch sehen können, wie das philosophische Denken oder die Formen des religiösen Lebens sich in Abhängigkeit von den gesellschaftlichen Bedürfnissen und von den Veränderungen der politischen Institutionen modifizieren.

Was die im historischen Prozeß bewußtgewordenen Intentionen betrifft, so scheint die Idee von Marx und Engels auf folgendem zu beruhen: Die menschlichen Handlungen werden stets von bestimmten Intentionen gelenkt – vom privaten Interesse oder von öffentlichen Rücksichten, von religiösen Idealen oder persönlichen Gefühlen. Doch ist das allgemeine Resultat aller dieser sich überschneidenden Tätigkeiten ein solches, daß es nicht Inhalt irgend jemandes Intention ist, sondern sich zu bestimmten Gesetzmäßigkeiten fügt. Wir erhalten daher gleichsam statistische Gesetzmäßigkeiten, die sich erst bei der Betrachtung von großen gesellschaftlichen Massen ermitteln lassen und die überhaupt keine Informationen über die Bewegung der einzelnen Elemente dieser Masse, d. h. der menschlichen Individuen, enthalten. Der historische Materialismus spricht überhaupt nicht über Intentionen, von denen sich die Menschen in ihrem Verhalten leiten lassen, und schreibt ihnen auch keine besondere Durchtriebenheit noch ausschließlich eigennütziges Handeln zu. Der historische Materialismus ist *keine Theorie der Motivation* und steht nicht an, die Verhaltensweisen einzelner Individuen vorauszusagen; auch leugnet er nicht die Mannigfaltigkeit dieser Motive. Seine Aussagen beziehen sich ausschließlich auf massenhafte Erscheinungen, die ohne bewußte Intention vermöge bestimmter Gesetzmäßigkeiten bestehen, die dem gesellschaftlichen Leben in spezifischer Weise eignen und die ebensowenig beschlossen werden können wie die Naturgesetze. Die Menschen und ihre Beziehungen stellen die einzige Realität des Geschichtsprozesses dar. Die letztlichen Bestandteile der Geschichte sind die bewußten individuellen Verhaltensweisen. Das vereinte Gesamtbild dieser Verhaltensweisen fügt sich zum historischen Gesetz: diachronische Gesetze, die vom Übergang der einen Formation in andere sprechen, sowie funktionale Gesetze, die die allgemeinen Abhängigkeiten zwischen solchen Eigenschaften des gesellschaftlichen Lebens formulieren wie Technologie, Eigentumstypus, Klassengliederung, staatliche Institutionen, Ideologie. »Die Menschen machen ihre eigene Geschichte, aber sie machen sie nicht aus freien Stücken, nicht unter selbstgewählten, sondern unter unmittelbar vorgefundenen, gegebenen und überlieferten Umständen« (»Der achtzehnte Brumaire . . .«, I).[7]

Genaugenommen ist es unzutreffend, wenn man den historischen Materialismus in einer Weise darstellt, indem man in der Geschichte verschiedene »Faktoren« auszeichnet, um dann die einen auf die anderen oder alle übrigen auf einen dominierenden Faktor zu reduzieren. Auf den irreführenden Charakter dieser Faktoren-Theorie wurde wiederholt hingewiesen (vor allem von Seiten Plechanows). Die sogenannten »Faktoren« des Geschichtsprozesses sind so gesehen Ergebnis einer Abstraktion, nicht aber selbständige Entitäten; der historische Prozeß ist unteilbar, und in allen herausragenden Ereignissen koexistieren und kooperieren die unterschiedlichsten Bewußtseinsformen, Traditionen, Interessen und Ideale neben- und miteinander. Der historische Materialismus besagt, daß die politischen Institutionen, Bräuche und Ansichten der Menschen sich auf der großen Geschichtsskala unter dem übermächtigen Einfluß ihrer Situationen befinden, die mit Produktion, Austausch und Güterverteilung zusammenhängen. Eine Aussage dieser Art ist selbstverständlich grenzenlos allgemein und reicht nur dafür aus, den Gegensatz zwischen dieser Denkweise und allen anderen Theorien zu markieren, für die die Institutionen und die Gesellschaftsorganisationen letztlich durch die Ansichten oder die Tendenz eines seine Zwecke verfolgenden Geistes der Geschichte verständlich werden. Doch diese Aussage bestimmt noch nicht den besonderen Charakter dieses Einflusses. In der Formel »das gesellschaftliche Sein bestimmt das Bewußtsein« können wir zwischen verschiedenen Interpretationsmöglichkeiten differenzieren, auch nach Ausklammerung jener, die diesen Spruch so auslegen, daß die bewußten Motivationen der Menschen stets auf ihr materielles Interesse hin orientiert sind. Insbesondere ist nicht deutlich, ob es hier um eine Zweck- oder nur Ursachenbedingtheit geht. Wenn wir sagen, daß die Formen des Bewußtseins, also z. B. bestimmte religiöse oder philosophische Lehren, die Interessen der Gemeinschaft, die sie hervorgebracht haben, »widerspiegeln« oder »ausdrücken«, so kann man das in der Weise verstehen, daß die entsprechenden Ansichten für die gegebene Gemeinschaft (Klasse) nützlich sind, d. h., daß es nützlich ist, an sie zu glauben, oder daß sie ganz einfach das Kausalergebnis der Lage dieser Gruppe sind. Marx und Engels erklärten beispielsweise, die Ideale der politischen Freiheit dienten den Interessen der Bourgeoisie, weil in ihnen auch die Idee der Handelsfreiheit und des freien An- und Verkaufs der Arbeitskraft gegeben sei. In diesem Sinne kann man sagen, die Idee der Freiheit stelle ein gezielt der Expansionsbestrebung der Bourgeoisie angemessenes Werkzeug dar. Wenn jedoch, wie Engels beispielsweise sagt, die kalvinistische Prädestinationslehre der religiöse Ausdruck der Tatsache gewesen sein sollte, daß der Erfolg oder Bankrott in der Handelswelt nicht vom Willen der Einzelnen abhängig sei, sondern von den sie beherrschenden ökonomischen Gewalten, dann könnte man, unabhängig von der Triftigkeit dieser Interpretation, in dieser Erklärung einen reinen Kausalnexus sehen; denn man wüßte nicht, in welcher Weise die Idee der absoluten Abhängigkeit von fremden Mächten (nämlich vom Markt unter der mystifizierten Gestalt der Vorsehung) den Händlern sonst dienen sollte; es hat vielmehr den Anschein, als artikuliere diese Idee ganz einfach deren Ohnmacht. In der Regel verfahren die Schöpfer des historischen Materialismus bei ihren Interpretationen des Überbau-Phänomens so, daß sie in dieser Analyse demonstrieren, daß die untersuchten Ideen, geistigen Strömungen oder Institutionen von den Interessen der Klassen, die sie ins Leben gerufen haben, nicht nur *kausal* abhängig sind, sondern daß sie Organe darstellen, die diesen Interessen *dienen*, d. h., daß sie diesen ihren Bedürfnissen funktional angepaßt sind. Darüber hinaus ist eher die Rede von einer Teleologie, wie sie in der organischen Welt herrscht, nicht aber von einer der Art, wie sie in der menschlichen Praxis auftritt; die Ideen sind diesen Interessen nämlich aus dem Grund dienlich, weil diesen ihre dienende Funktion überhaupt nicht oder nur verkehrt bekannt ist; sie erfüllen neben ihren Hauptaufgaben auch mystifikatorische Aufgaben, sie verwandeln die Interessen in Ideale und die Konkreta in Abstraktionen; sie modeln sie zu Gebilden um, deren Rolle den Menschen, die von ihnen Gebrauch machen, unbekannt ist.

Und hier setzt der historische Materialismus seinen Interpretationsmöglichkeiten selbstverständlich gewisse Schranken. Indem er z. B. die Geschichte der Religion interpretiert, erklärt er weniger das Auftauchen einer bestimmten Idee selbst als ihre Verbreitung. Er ist nicht imstande, die Frage zu beantworten, weshalb zu einem bestimmten Zeitpunkt gerade die Gedanken von Gott und Erlösung gerade jenem Juden in den Sinn gekommen sind, der zur Zeit der Herrschaft von Augustus und Tiberius in einem Grenzgebiet des römischen Imperiums lebte; er mutet sich jedoch die Erklärung der Verbreitung und des schließlichen Sieges des Christentums in der römischen Welt als eines gesellschaftlichen Prozesses zu. Er ist nicht fähig, jeden Dogmenstreit im einzelnen zu erklären, der in den Kämpfen zwischen den unzähligen Sekten ausgetragen wurde; er erklärt hingegen die wesentlichen Tendenzen der größeren Sektenbewegungen, indem er sich auf die Situation der Klassen beruft, aus denen sich die Anhänger der Sekten rekrutierten. Er kann nicht das Aufkommen und die besonderen Eigentümlichkeiten eines bestimmten künstlerischen Talents erklären, doch erklärt er sich für zuständig, die gewichtigen Strömungen in der Kunstgeschichte zu erklären, indem er auf die besondere Weise der »Weltsicht« rekurriert, die in ihm dominierte, und diese Weltsicht wiederum auf irgendeine klassenmäßig determinierte Ideologie bezieht. Diese Vorbehalte sind wesentlich, sofern sie der Illusion entgegenwirken, daß die Klassengliederung der Gesellschaft allein jemals für die Interpretation aller ihrer Differenzierungen ohne Ausnahme, sogar der politischen, ausreichen würde; denn auch die politischen Kämpfe und Auseinandersetzungen sind reich an Einzelheiten, die sich nicht restlos aus den Klassenkonflikten erklären lassen, auch wenn sich das vom Standpunkt des historischen Materialismus stets dann durchführen läßt, wenn wir es mit Konflikten grundsätzlichen Charakters oder mit Zeiten einer klaren Klassenpolarisierung zu tun haben.

Worin besteht also letzten Endes der bestimmende Einfluß der Basis auf den Überbau und worin besteht die »relative Selbständigkeit« verschiedener Überbauformen, über die Engels und die Mehrzahl der marxistischen Theoretiker geschrieben haben? Es ist ein Einfluß, der sich nur auf einige, jedoch wichtige Merkmale des Überbaus bezieht. Zum Beispiel wird die besitzende Klasse eines jeden vorgefundenen politischen Systems das Erbrecht so einzurichten versuchen, daß es die Integrität ihres Vermögens möglichst optimal sichert, und sie wird es ungehindert tun können, sofern sie im Vollbesitz der politischen Macht ist. Doch wird ihre Aktivität im allgemeinen selbst dann, wenn der Zusammenhang zwischen materiellem Interesse und Recht evident ist und keine Mystifikation erfordert, durch nebensächliche Umstände eingeschränkt sein, wie z. B. die Trägheit der juristischen Traditionen, die in der gegebenen Gesellschaft lebendig sind, oder die Kraft bestimmter religiöser Glaubensinhalte, die zu anderer Zeit entstanden sind, doch immer noch kursieren. Innerhalb des Überbaus der klassenmäßig differenzierten Gesellschaft sind stets antagonistische Kräfte am Werk, aus diesem Grund stellen die politischen und rechtlichen Institutionen zumeist das Ergebnis verschiedener Kompromisse dar, die als Resultat des Drucks der widersprüchlichen Interessen zustande kommen und die ihrerseits durch die verselbständigte Kraft der Tradition deformiert sind. Diese verselbständigte Kraft ist um so bedeutender, desto weniger die betrachteten Überbau-Gebilde institutionell gebunden sind. Am größten ist sie in der rein ideologischen Produktion, z. B. in der Geschichte der Philosophie oder der ästhetischen Theorien: Hier ist die Einwirkung der Basis auf die Bewußtseinsmodifikationen schwächer infolge des Einflusses, die der übernommene und vorgefundene Bestand und die Tradition ausüben, als z. B. im Fall der Rechtsinstitutionen. In keiner Weise also können wir den Grundsätzen des historischen Materialismus entnehmen, die Produktionsverhältnisse determinierten das Überbauganze in eindeutiger Weise; sie bestimmen nur ihren allgemeinen Rahmen, schließen gewisse Möglichkeiten aus, verschaffen bestimmten Tendenzen ein Übergewicht auf Kosten anderer. Gewisse Bestandteile des Überbaus überdauern jedoch unterschiedliche ökonomische Formationen, scheinbar unverändert, wenngleich ihr Sinn ein jeweils anderer ist; das betrifft beispielsweise die religiösen Glaubensinhalte und philosophischen Doktrinen. Darüber hinaus kommt die Verselbständigung bestimmter Überbauelemente auch daher, daß sich einzelne menschliche Bedürfnisse und bestimmte Werte verselbständigen, die instrumentalen Charakter besaßen und nun selbstzwecklich werden. Marx macht darauf aufmerksam, daß die Summe der menschlichen Bedürfnisse keineswegs konstant sei, sondern vielmehr mit den Fortschritten der Produktion wachse. »Das Bedürfnis«, schrieb Marx, »das sie [die Konsumtion] nach ihm [dem Gegenstand] fühlt, ist durch die Wahrnehmung desselben geschaffen. Der Kunstgegenstand – ebenso jedes andre Produkt – schafft ein kunstsinniges und schönheitsgenußfähiges Publikum. Die Produktion produziert daher nicht nur einen Gegenstand für das Subjekt, sondern auch ein Subjekt für den Gegenstand« (»Grundrisse«, Einleitung).[8] »In den Kulturanfängen sind die erworbnen Produktivkräfte der Arbeit gering, aber so sind die Bedürfnisse, die sich mit und an den Mitteln ihrer Befriedigung entwickeln« (»Kapital« I, 14. Kap.).[9]

So widerspricht die Überzeugung, daß zum Beispiel die ästhetischen Bedürfnisse zu selbständigen Bedürfnissen werden, die nach einer Befriedigung für sich verlangen, nicht aber deshalb, weil sie nur »scheinbar« wären oder weil ihre Befriedigung in Wirklichkeit der Befriedigung anderer, angeblich einzig wirklicher Bedürfnisse untergeordnet wären, in keiner Weise weder den Marxschen Intentionen noch den Grundsätzen des historischen Materialismus. Wenn jedoch bestimmte Werte, und seien es ursprünglich instrumentelle, neben den elementaren physischen Bedürfnissen, die ganz einfach die Bedingung des biologischen Überlebens darstellen, zu autotelischen Werten werden, so ist es keineswegs verwunderlich, sondern viel eher natürlich, daß die mit der Erzeugung dieser Werte verbundenen Prozesse, also z. B. das künstlerische Schaffen, ihre Abhängigkeit von den Verhältnissen weitgehend verlieren, die letzten Endes in den elementaren Bedürfnissen verwurzelt sind.

Der funktionale Charakter verschiedener Elemente des Überbaus schließt auch, im Marxschen Verständnis, die Beharrlichkeit nicht aus, durch die sich die Gebilde der menschlichen Kultur auszeichnen. So denkt Marx beispielsweise darüber nach, welchen Umständen die Werke griechischer Kunst ihre Unsterblichkeit verdanken. Er beantwortet die Frage, indem er suggeriert, daß die Menschheit gern zu den Vorstellungen ihrer Kindheit zurückkehre, ähnlich wie das der einzelne Mensch tue; sie wisse, daß es eine irreversible Periode sei, höre jedoch dennoch nicht auf, sich gefühlvoll auf sie zu beziehen. Wenn dem jedoch so ist, so kann daraus gefolgert werden, daß das kulturelle Schaffen für Marx keineswegs auf die instrumentellen Aufgaben reduzierbar ist, die es nacheinander im Dienst der wechselnden gesellschaftlich-ökonomischen Formationen übernimmt, sondern daß ihm eine Kumulation von Werten inhärent ist, die von diesen Funktionen unabhängig sind.

Auch ist nicht zu folgern, daß das Prinzip »Das gesellschaftliche Sein bestimmt das Bewußtsein« ein ewiges Gesetz der Geschichte sei. In der Formulierung, die wir in »Zur Kritik der politischen Ökonomie« finden, ist die funktionale Abhängigkeit des gesellschaftlichen Bewußtseins von den Produktionsverhältnissen ein in der gesamten *bisherigen* Geschichte feststellbares Faktum; daraus geht jedoch nicht hervor, daß es ewig so sein müßte. Immerhin stellt der Sozialismus, gemäß der Marxschen Prognosen, eine immense Erweiterung der Sphäre des außerproduktiven Schaffens dar sowie die Befreiung des Bewußtseins von den Mystifikationen und die Emanzipation des gesamten gesellschaftlichen Lebens von der Herrschaft der sachlichen Gewalten. Unter diesen Bedingungen erobern gerade das Bewußtsein, das heißt: der bewußte Wille, und die menschliche Initiative die Herrschaft über die gesellschaftlichen Prozesse, so daß eher das Bewußtsein das gesellschaftliche Sein bestimmt. Es scheint, als beziehe sich der fragliche Grundsatz auf das ideologische

Bewußtsein, d. h. ein solches, das sich seiner eigenen instrumentellen Bestimmungen nicht bewußt ist. Auf der anderen Seite versichert die »Deutsche Ideologie« jedoch, das Bewußtsein könne nie etwas anderes sein als bewußtes Leben, d. h. eben die Weise, in der die Menschen die eigene unabhängig vom Bewußtsein stattfindende Situation erleben. Möglich ist jedoch auch, daß zwischen diesen beiden Auffassungen kein Widerspruch besteht. Daß das gesellschaftliche Sein das Bewußtsein bestimmt, ist nämlich der Sonderfall einer allgemeineren Regel, eben jener, derzufolge das Bewußtsein immer nur bewußtes Leben ist. Jener Sonderfall umfaßt namentlich die gesamte bisherige Geschichte, in der die Produkte der menschlichen Tätigkeiten sich in selbständige, den Geschichtsprozeß beherrschende Kräfte verwandelten. Sobald diese Herrschaft jedoch außer Kraft treten und die gesellschaftliche Entwicklung den bewußten menschlichen Entscheidungen gemäß verlaufen wird, verliert der Grundsatz »Das gesellschaftliche Sein bestimmt das Bewußtsein« seine Gültigkeit, während das allgemeinere Prinzip, das im Bewußtsein den Ausdruck des »Lebens« sehen heißt, weiterhin in Kraft bleiben wird; jenes letztere besitzt nämlich einen erkenntnistheoretischen, nicht aber historiosophischen Sinn. Es besagt, daß das Lebensbewußtsein eine Funktion des »vorbewußten« Lebens sei, selbstverständlich nicht im Schopenhauerschen oder Freudschen, sondern in dem Sinne, daß das Denken, ähnlich wie das Empfinden und dessen kulturelle Artikulationen – in Wissenschaft, Kunst, Philosophie – Instrumente darstellen, die (positiv oder negativ) auf die Verwirklichung der Menschheit in der empirischen Geschichte bezogen sind. Mit anderen Worten: Solange das gesellschaftliche Sein das Bewußtsein bestimmt, haben wir es mit einem mystifizierten Bewußtsein zu tun, das seine eigene Bestimmung nicht kennt und dem Menschen entgegenwirkt, das seine Knechtschaft aufrechterhält und steigert. Die Emanzipation des Bewußtseins hat zur Folge, daß es zu einem Werkzeug der Potenzierung, nicht aber der Unterdrückung der menschlichen Kräfte wird, daß es das Selbstbewußtsein der eigenen Teilnahme am Werk der Verwirklichung des Menschen gewinnt, daß es weiß, daß es eine bestimmte »Seite« oder ein Bestandteil des totalen Menschen ist; es ist nicht mehr von den aktuellen Produktionsverhältnissen unterjocht, es übt im Gegenteil die Herrschaft über sie aus, ist jedoch weiterhin Ausdruck und Instrument des die Totalität anstrebenden Lebens; doch es begünstigt diese Totalität, anstatt das Leben zu beschneiden, ist Zuwachsquelle schöpferischer Energie, nicht aber ihre Hemmung; es ist, mit einem Wort, ein in dem Sinn entmystifiziertes Bewußtsein, als es selbstbewußt zur Expansion der menschlichen Vermögen beiträgt. Das Bewußtsein ist also immer ein Instrument des Lebens, nur war es in der bisherigen Geschichte (der »Vorgeschichte«) von den vom menschlichen Willen unabhängigen Produktionsverhältnissen bestimmt.

Eine solche Interpretation widerspricht nicht den Marxschen Texten, ist aber ebensowenig eindeutig durch diese vorentschieden.

3. Der geschichtliche Fortschritt und seine Widersprüche

Der ganze bisherige Fortschritt war jedoch durch einen inneren Widerspruch belastet: Er vermehrte die allgemeine Herrschaft des Menschen über die Natur auf Kosten der Zurückdrängung ihrer Mehrheit von den Früchten dieser Herrschaft und auf Kosten der Unterwerfung aller unter die Knechtschaft der sachlichen Gewalt. Entgegen Hegel, ist die Geschichte nicht gleichbedeutend mit der allmählichen Eroberung der sozialen Freiheit, sondern eher ihre stufenweise Tötung. »In dem Maße, wie die Menschheit die Natur bezwingt, scheint der Mensch durch andre Menschen oder durch seine eigne Niedertracht unterjocht zu werden. Selbst das reine Licht der Wissenschaft scheint nur auf dem dunklen Hintergrund der Unwissenheit leuchten zu können« (Marx, »People's Paper« vom 19. 4. 1856).[10] Ähnliches schreibt Engels anläßlich seiner Überlegungen zur Geschichte der Familienformen: »Die Einzelehe war ein großer geschichtlicher Fortschritt, aber zugleich eröffnet sie neben der Sklaverei und dem Privatreichtum jene bis heute dauernde Epoche, in der jeder Fortschritt zugleich ein relativer Rückschritt, in dem das Wohl und die Entwicklung der *einen* sich durchsetzt durch das Wehe und die Zurückdrängung der *andern*« (»Der Ursprung der Familie, des Privateigentums und des Staats«).[11] »Da die Grundlage der Zivilisation die Ausbeutung einer Klasse durch eine andre Klasse ist, so bewegt sich ihre ganze Entwicklung in einem fortdauernden Widerspruch. Jeder Fortschritt der Produktion ist gleichzeitig ein Rückschritt in der Lage der unterdrückten Klasse, d. h. der großen Mehrzahl« (*ebd.*).[12] Und wieder schreibt Marx: »Es ist in der Tat nur durch die ungeheuerste Verschwendung von individueller Entwicklung, daß die Entwicklung der Menschheit überhaupt gesichert und durchgeführt wird in der Geschichtsepoche, die der bewußten Rekonstitution der menschlichen Gesellschaft unmittelbar vorausgeht« (»Kapital« III, 5. Kap., II).[13]

Diese negative, anti-menschliche Seite des Fortschritts ist sein unabtrennbares Merkmal unter den Bedingungen der entfremdeten Arbeit. Aber aus dem nämlichen Grunde können wir selbst in den grausamsten Erscheinungsformen der Zivilisation die sukzessiven Schritte verfolgen, die die Geschichte auf ihrem Weg zur endgültigen Emanzipation des Menschen macht. Die in diesem Zusammenhang kennzeichnendsten Überlegungen Marxens dürften seine Ausführungen über die Folgen der britischen Kolonisation in Indien sein. Nach der Darstellung des Ruins und der Zerstörung, die die Engländer in die stagnierenden, ruhigen Gemeinwesens Indiens hineinbrachten, sagt Marx: »Sosehr es nun auch dem menschlichen Empfinden widerstreben mag, Zeuge zu sein, wie Myriaden betriebsamer patriarchalischer und harmloser sozialer Organisationen zerrüttet und in ihre Einheiten aufgelöst werden, hineingeschleudert in ein Meer von Leiden, wie zu gleicher Zeit ihre einzelnen Mitglieder ihrer alten Kulturformen und ihrer ererbten Existenzmittel verlustig gehen, so dürfen wir doch darüber nicht vergessen, daß diese idyllischen Dorfgemeinschaften, so harmlos sie auch aussehen mögen, seit jeher die feste Grundlage des orientalischen Despotismus gebildet haben, daß sie den menschlichen Geist auf den denkbar engsten Gesichtskreis beschränkten, ihn zum gefügigen Werkzeug des Aberglaubens, zum unterwürfigen Sklaven traditioneller Regeln machten und ihn jeglicher Größe und geschichtlicher Energien beraubten. Wir dürfen nicht die barbarische Selbstsucht vergessen, die, an einem elenden Stückchen Land klebend, ruhig dem Untergang ganzer Reiche, der Verübung unsäglicher Grausamkeiten, der Niedermetzelung der Einwohnerschaft großer Städte zusah, ohne sich darüber mehr Gedanken zu machen als über Naturereignisse, dabei selbst jedem Angreifer, der sie auch nur eines Blickes zu würdigen geruhte, hilflos als Beute preisgegeben. Wir dürfen nicht vergessen, daß dieses menschenunwürdige, stagnierende Dahinvegetieren, diese passive Art zu leben, auf der andern Seite ihre Ergänzung fanden in der Beschwörung wilder, zielloser, hemmungsloser Kräfte der Zerstörung, und in Hindustan selbst aus dem Mord einen religiösen Ritus machten. Wir dürfen nicht vergessen, daß diese kleinen Gemeinwesen durch Kastenunterschiede und Sklaverei befleckt waren, daß sie den Menschen unter das Joch äußerer Umstände zwangen, statt den Menschen zum Beherrscher der Umstände zu erheben, daß sie einen sich naturwüchsig entwickelnden Gesellschaftszustand in ein unveränderliches, naturgegebnes Schicksal transformierten und so zu jener tierisch rohen Naturanbetung gelangten, deren Entartung zum Ausdruck kam in der Tatsache, daß der Mensch, der Beherrscher der Natur, vor Hanuman, dem Affen, und Sabbala, der Kuh, andächtig in die Knie sank. (. . .) Die Frage ist, ob die Menschheit ihre Bestimmung erfüllen kann ohne radikale Revolutionierung der sozialen Verhältnisse in Asien. Wenn nicht, so war England, welche Verbrechen es auch begangen haben mag, doch das unbewußte Werkzeug der Geschichte, indem es diese Revolution zuwege brachte. Dann haben wir, so erschütternd das Schauspiel des Zerfalls einer alten Welt für unser persönliches Empfinden auch sein mag, vor der Geschichte das Recht, mit Goethe auszurufen:

Sollte diese Qual uns quälen,
Da sie unsre Lust vermehrt . . .?«

(»Die britische Herrschaft in Indien«, 1853.[14])

Dies ist eine für das Verständnis der Marxschen Historiosophie besonders wichtige Ausführung. Wir stoßen in ihr auf die Hegelsche Kategorie der historischen Sendung, die einzelne Völker oder Klassen durch ihre Verbrechen und Leidenschaften unbewußt erfüllen. Wir entdecken darin auch den Gedanken von der universellen »Sendung der Menschheit«, d. h. der Bestimmung *des* Menschen. Wir sehen auch, daß für Marx die künftige Emanzipation der Menschheit der unverzichtbare und permanente Bezugspunkt für das Verständnis des gesamten Geschichtsprozesses ist, unter dem allein die laufenden Ereignisse beurteilt werden können; das ist auch der Grund, weshalb Marx den ökonomischen Errungenschaften der Arbeiterklasse unter den kapitalistischen Verhältnissen außerhalb ihrer Bezogenheit auf das endgültige Ziel keine Bedeutung zubilligte. Auch sollten wir nicht übersehen, daß für Marx die historische Bewertung, d. h. die Bewertung bestimmter menschlicher Handlungen hinsichtlich ihrer Funktion im allgemein geschichtlichen Fortschritt, sich keineswegs mit der ethischen Beurteilung deckte; die revolutionäre Rolle, die die englischen Kolonialherren erfüllten, ist keineswegs eine moralische Rechtfertigung ihrer Verbrechen; dieser Grundsatz gilt übrigens auch für das ganze »Kapital« in dem das Pathos der moralischen Entrüstung angesichts von Grausamkeit und Niedertracht der kapitalistischen Ausbeutung mit der Überzeugung einhergeht, daß diese Grausamkeit letztlich die Befreiung näher bringe; wenn die wachsende Ausbeutung mithin die Bedingung dafür ist, daß der Kapitalismus in den Ruin getrieben wird, so resultiert daraus keineswegs, daß der Kampf der Arbeiter gegen die Ausbeutung ein Handeln »gegen die Geschichte« wäre, zugleich aber fördert er den Fortschritt nicht dadurch, daß er das Schicksal der Ausgebeuteten ganz einfach verbesserte und daß diese Verbesserung einen Selbstzweck darstellte, sondern dadurch, daß er zur Entwicklung des Arbeiterbewußtseins beiträgt, welches die Voraussetzung der Revolution bildet.

Für Marx und Engels galt das Recht der höheren Zivilisation gegenüber der niedrigeren. Sie hielten die französische Kolonisierung Algeriens und die Eroberung Mexikos durch die Amerikaner für einen fortschrittlichen Prozeß, sie unterstützten überhaupt die Rechte der großen historischen Völker gegenüber den unterentwickelten oder solchen Nationen, die keine selbständigen historischen Entwicklungschancen besaßen. (Engels sah u. a. die Vereinnahmung der kleinen Balkanvölker durch die höher entwickelte Zivilisation Österreich-Ungarns voraus und hielt es für natürlich, daß Polen unter Einschluß seiner östlichen Grenzgebiete wiederhergestellt werde als historische Nation, die von den minder entwickelten weißrussischen, litauischen und ukrainischen Nachbarvölkern bewohnt waren.) Der historiosophische Optimismus bestand hier darin, daß die Geschichte immer wieder auf die Zukunftsperspektive der Befreiung bezogen wurde, deren wesentlicher Inhalt nicht in der Befriedigung elementarer Bedürfnisse, d. h. nicht in der Aufhebung des Elends bestehen sollte, sondern in der Erfüllung der Bestimmung des Menschen, namentlich darin, daß er sich die maximale Herrschaft über die Natur und das eigene Leben aneignet, in die Totalität von Würde und Größe eintritt. Wir können beobachten, in welcher Weise, trotz der Aufgabe der alten Formeln von der Rückkehr des Menschen zu seiner Natur, derselbe Glaube an die wahre, authentische Menschheit, deren Erfüllung Aufgabe der Geschichte sei, im Marxschen Denken permanent weiterlebt und sein Verhältnis zu den aktuellen Ereignissen bestimmt. Der Kapitalismus hat – durch alle seine Negativitäten und die Gesamtmasse seiner entmenschenden Unternehmungen – die technologischen Voraussetzungen geschaffen, die es erlauben, den Menschen vom Zwang der materiellen Bedürfnisse zu befreien und seine geistigen und künstlerischen Möglichkeiten jenseits dieses Zwangs als Selbstzweck, ohne Rekurs auf andere Bedürfnisse, zu entwickeln. »Die *Surplusarbeit der Masse* hat aufgehört Bedingung für die Entwicklung des allgemeinen Reichtums zu sein, ebenso wie die *Nichtarbeit der Wenigen* für die Entwicklung der allgemeinen Mächte des menschlichen Kopfes. Damit bricht die auf dem Tauschwert ruhende Produktion zusammen, und der unmittelbare materielle Produktionsprozeß erhält selbst die Form der Notdürftigkeit und Gegensätzlichkeit abgestreift. Die freie Entwicklung der Individualitäten, und daher nicht das Reduzieren der notwendigen Arbeitszeit um Surplusarbeit zu setzen, sondern überhaupt die Reduktion der notwendigen Arbeit der Gesellschaft zu einem Minimum, der dann die künstlerische, wissenschaftliche etc. Ausbildung der Individuen durch die für sie alle freigewordne Zeit und geschaffnen Mittel entspricht« (»Grundrisse«, III, 2, Heft VII).[15]

So also war die blutige Qual der Geschichte nicht vergeblich, wenngleich die kommenden Generationen den Verzehr ihrer Früchte der Mühsal der vorangegangenen Generationen verdanken.

Man muß unterstreichen, daß für Marx der Begriff der Produktionsweise das Instrument zur Segmentierung der gesamten Menschheitsgeschichte darstellt und es ihm gestattet, diese Geschichte in einem Schema aufzugliedern. Nun weist dieses Schema allerdings einen Punkt auf, der den Interpreten Schwierigkeiten bereitete: der Begriff der asiatischen Produktionsweise. Marx schreibt über diese wirtschaftliche Sonderform in einer Reihe von Artikeln und Briefen aus dem Jahr 1853, aber auch in den »Grundrissen«. Die asiatische Produktionsweise, deren Präsenz man in China, Indien und einigen Ländern des Islam feststellen kann, beruht namentlich darauf, daß es dort fast kein privates Bodeneigentum gab, während die geographischen und klimatischen Bedingungen ein Bewässerungssystem verlangten, das nur von einem zentralisierten Staatsapparat gewährleistet werden konnte, von dessen Leistungsfähigkeit die Wirtschaft des Landes in hohem Maße abhängig war; in der asiatischen Produktionsweise entwickelte sich der Austausch nur in minimalem Ausmaß, es entstanden keine Städte als Zentren von Industrie und Handel, und es kam so gut wie gar nicht zur Entstehung einer einheimischen Bourgeoisie. Die traditionellen Dorfgemeinden lebten über Jahrhunderte in technischer und gesellschaftlicher Stagnation, das herkömmliche System konservierend. Der allmähliche Zerfall sowohl dieser unbeweglichen Gemeinwesen als auch des orientalischen Despotismus war hauptsächlich infolge des Einflusses des europäischen Kapitalismus hervorgerufen, nicht aber aufgrund interner Ursachen.

Die marxistische Orthodoxie der stalinistischen Ära entfernte den Begriff der asiatischen Produktionsweise gänzlich aus ihrer eigenen Marxismus-Version. Die Gründe für diese Zensur waren folgende. *Erstens:* Wenn die Mehrheit der Menschheit über Jahrhunderte in einer Wirtschaft lebte, die ihre eigene Besonderheit war, so läßt sich kein einheitliches Entwicklungsschema finden, das gleichsam für die gesamte Menschheit verbindlich wäre. Das Schema Sklaverei-Feudalismus-Kapitalismus erweist sich als nur auf einen Teil der Welt applizierbar, während es in anderen Teilen seine Gültigkeit verliert. Somit gibt es gar keine universelle marxistische Geschichtstheorie. *Zweitens:* Die Eigentümlichkeiten der asiatischen Produktionsweise werden, nach Marx, durch besondere Merkmale des geographischen Milieus erklärbar. Unter dieser Voraussetzung ist nicht klar, in welcher Weise man den Glauben an das absolute »Primat« der Technologie in der gesellschaftlichen Entwicklung und an die nur untergeordnete Rolle der natürlichen Bedingungen retten solle; es stellt sich heraus, daß die natürlichen Bedingungen auf bedeutenden Flächen der Welt die Menschen in gänzlich unterschiedliche Entwicklungswege determiniert haben als in anderen Teilen der Welt. *Drittens:* Die asiatische Produktionsweise verurteilt, nach Marx, die von ihr erfaßten Länder zur Stagnation, aus der sie sich nur dank der Invasion der höher entwickelten Länder lösen können. Man müßte daher anerkennen, daß der »Fortschritt« keinerlei notwendige Eigenschaft des menschlichen Lebens sei: Er kann stattfinden oder auch nicht, je nach den Umständen. In dieser Weise würden sich die drei fundamentalen Besonderheiten, die die Orthodoxen dem historischen Materialismus zuzuschreiben pflegten, als ungültig herausstellen: der Glaube an das »Primat« der Produktivkräfte; der Glaube an die Unvermeidbarkeit des Fortschritts; der Glaube an das einheitliche Schema der

Evolution der menschlichen Gattung. Der historische Materialismus könnte sich als nur auf Westeuropa anwendbar erweisen, und es könnte die Suggestion Nahrung finden, der Kapitalismus sei im allgemeinen ein »Zufall« in dem Sinne gewesen, daß er als das Resultat eines Zusammenspiels von unterschiedlichen Umständen entstanden sei, die in einem bestimmten, relativ kleinen Winkel der Welt aufeinandergetroffen seien, und daß sich dieses System erst später als so expansiv und mächtig erwiesen habe, daß es seine Modelle dem ganzen Planeten aufzwingen konnte. Marx zieht zwar keine derartigen Schlüsse aus seinen Überlegungen über die asiatische Produktionsweise (wenngleich eine spätere Bemerkung, die die Geltung der Analysen des »Kapital« auf Westeuropa beschränkt, unter diesem Gesichtspunkt wesentlich ist), nichtsdestoweniger haben sich solche Schlüsse leicht aufgedrängt. In der Tat, die Kategorie der asiatischen Produktionsweise mag nur als ein Detail in der Marxschen Historiosophie erscheinen, doch ihre Annahme zwingt zur Revision vieler eingefahrener Stereotypen des Marxismus, insbesondere aller jener Stereotypen, die mit dem historischen Determinismus und mit dem »Fortschritt« zusammenhängen.

4. Das Problem der sog. monistischen Erfassung der gesellschaftlichen Abhängigkeiten

Der historische Materialismus bestimmt, wie gesagt, theoretisch die Haupt-Determinanten der geschichtlichen Entwicklung, kann jedoch kein Werkzeug für detailliertere Prognosen sein, sondern nur für die allgemeinste Entwicklungstendenz; denn er ist keine quantitative Theorie – wie es im übrigen keine Geschichtsphilosophie eine sein kann – und ist außerstande, das relative quantitative Verhältnis der einzelnen Kräfte zu bestimmen, die in einer jeden sozialen Bewegung wirksam sind. Er liefert jedoch die Regeln, die es gestatten, gleichsam das Skelett zu rekonstruieren, die grundlegende Struktur jeder Gesellschaft anhand der Analyse der Produktionsverhältnisse und der unmittelbar aus ihr neu sich ergebenden Klassengliederung. Der Begriff Produktionsverhältnisse selbst ist von den Texten von Marx und Engels nicht in einer Weise bestimmt, die völlig zweifelsfrei wäre. Engels nämlich zählt im Vorwort zur 1. Auflage von »Der Ursprung der Familie, des Privateigentums und des Staats« von 1884 neben der Erzeugung der Lebensmittel und der Werkzeuge auch die Gattungsreproduktion, d. h. die biologische Fortpflanzung der Gattung zu den Phänomenen, die unter dem Sammelbegriff »Produktion und Reproduktion des unmittelbaren Lebens«[16] fallen (dieser Gedanke wurde später wiederholt von seiten der Marxisten kritisiert), und in seinem bekannten Brief an Starkenburg vom 25. 1. 1894 bezieht er in den Begriff »ökonomische Verhältnisse« auch die »*gesamte Technik* der Produktion und des Transports« mit ein, d. h. Produktivkräfte, und darüber hinaus auch noch die »geographische Grundlage«[17]. Es handelt sich hier um keine rein verbale Frage, d. h., es geht dabei nicht einfach darum, welchen Umfang wir dem Terminus »Produktionsverhältnisse« oder »ökonomische Verhältnisse« zugestehen. Es handelt sich darum, ob sich *eine* Art von Umständen weisen läßt, die determinierenden Charakter in bezug auf den gesamten Überbau besitzen, oder ob es sich um eine Reihe von *unabhängigen* Umständen handelt. Es geht also beispielsweise darum, ob die gesellschaftliche Organisation des Fortpflanzungsprozesses, also die Familienformen und die demographische Situation in bezug auf die Produktions- und Verteilungsweise völlig sekundär sind oder ob sie auch gewisse unabhängige, z. B. biologisch determinierte Merkmale aufzuweisen haben, die als selbständige Quelle auf andere gesellschaftliche Phänomene im Bereich des Überbaus Einfluß nehmen. So auch im Hinblick auf die geographischen Bedingungen: In welchem Maß sind sie als eine selbständige Determinante der gesellschaftlichen Prozesse anzusehen? Marx macht im »Kapital« darauf aufmerksam, daß der Kapitalismus in der gemäßigten Klimazone entsprungen sei: »nicht das tropische Klima mit seiner überwuchernden Vegetation, sondern die gemäßigte Zone ist das Mutterland des Kapitals« (»Kapital« I, 14. Kap.).[18] Daraus geht hervor, daß für Marx bestimmte natürliche Umstände in jedem Fall die unerläßliche Bedingung einer bestimmten Richtung der Gesellschaftsentwicklung darstellen. In diesem Fall kann aber der technologische Entwicklungsstand allein – und alle Teile der menschlichen Gattung haben ähnliche Phasen der primitiven Technologie durchgemacht – nicht als hinreichende Bedingung der Veränderungen in den Produktionsverhältnissen gelten. Dasselbe müßte bezüglich der demographischen Bedingungen gesagt werden. Es scheint in der Tat, als sei die Orientierung des historischen Materialismus folgende: Eine bestimmte Technologie wird zur hinreichenden Bedingung für bestimmte Produktionsverhältnisse unter der Voraussetzung, daß – als notwendige Bedingung – andere Umstände erfüllt sind, die in den geographischen oder demographischen Bereich gehören. Analog werden bestimmte Produktionsverhältnisse zur hinreichenden Bedingung von bestimmten wesentlichen Eigenschaften des staatlichen Überbaus, wenn bestimmte Voraussetzungen erfüllt sind, z. B. im Bereich der nationalen Situation, der Tradition oder des Bewußtseins. Der kognitive Wert des historischen Materialismus erweist sich daher erst in detaillierten historischen Analysen, die unterschiedliche, im untersuchten Prozeß zusammenwirkende Umstände herausstellen können, nicht aber allein in den allgemeinen Voraussetzungen, die lediglich die Zielrichtung des Forschungsinteresses weisen.

Es gilt schließlich zwischen dem historischen Materialismus als einer Gruppe von Forschungsrichtlinien zu differenzieren, die Empfehlungen zur Verfolgung einer bestimmten Art von Abhängigkeit enthalten, und dem historischen Materialismus als einer historiosophischen Theorie, die eine globale Beschreibung der grundlegenden Geschichtsströmung liefert, die von der Urgemeinde zur klassenlosen Gesellschaft tendiert. Jene globale Beschreibung geht von der Voraussetzung aus, daß die geschichtlichen Veränderungen, betrachtet man sie auf einer hinreichend umfassenden Skala, mit Hilfe der Veränderungen und Vervollkommnungen der Form erklärt werden können, in denen die Menschen die Mittel zur Befriedigung ihrer materiellen Bedürfnisse produziert haben, und daß diese Veränderungen, von einem bestimmten technischen Niveau an, infolge des Kampfes zwischen Klassen mit gegensätzlichen Interessen wirksam werden.

5. Der Begriff der Klasse

In dem bekannten Brief an J. Weydemeyer vom 5. März 1852 erklärt Marx, er habe weder die Existenz der Klassen noch den Klassenkampf entdeckt, er habe vielmehr nachgewiesen, daß die »*Existenz der Klassen* (...) an *bestimmte historische Entwicklungsphasen der Produktion* gebunden« sei und »daß der Klassenkampf notwendig zur *Diktatur des Proletariats*« führe, die »selbst nur den Übergang zur *Aufhebung aller Klassen*« bilde.[19]

Der Klassenbegriff selber wurde weder von Marx noch von Engels je klar definiert, und das letzte Kapitel des dritten Bandes des »Kapital«, in dem eben diese Frage aufgegriffen wird, bricht bekanntlich nach wenigen Sätzen ab. Marx stellt dort die Frage: »Was macht Lohnarbeiter, Kapitalisten, Grundeigentümer zu Bildnern der drei großen gesellschaftlichen Klassen?« Es scheint, antwortet er, daß darüber die Identität der Einkommensquellen entscheidet, von denen diese Gesellschaftsgruppen leben (Arbeitslohn, Profit und Grundrente). Doch von diesem Standpunkt aus würden auch zum Beispiel die Ärzte und Beamten zwei gesonderte Klassen bilden, weil ja auch ihre Einkommensquelle identisch innerhalb jeder dieser Gruppen ist. Man sieht also, daß dieses Kriterium in jedem Fall unzureichend ist.

Kautsky, der die Marxschen Überlegungen an der Stelle aufgreift, an der Marx sie unterbrochen hatte, und den nicht geschriebenen Fortgang seiner Ausführung zu rekonstruieren versucht, kommt zu folgendem Schluß: Der Klassenbegriff ist ein polarer Begriff, d. h., jede Klasse existiert nur insofern, als sie sich im Gegensatz zur anderen befindet (unsinnig wäre beispielsweise die Wendung »Einklassengesellschaft«; es kann nur eine klassenlose Gesellschaft geben oder eine solche, die mindestens aus zwei feindlichen Klassen besteht)[20]. Nicht allein die Gemeinsamkeit der Einkommensquelle macht eine bestimmte gesellschaftliche Gruppe zu einer Klasse, sondern darüber hinaus der gemeinsame Gegensatz zu anderen Klassen im Kampf um die Einkommensverteilung. Doch auch dies genügt nicht. Wenn nämlich Arbeiter wie Kapitalisten und Grundeigentümer Einnahmen aus derselben Quelle schöpfen, nämlich aus dem Wert, den die Arbeit der Arbeiter erzeugt, und die Möglichkeit einer solchen Verteilung dieses Wertes vom Besitz oder Nichtbesitz der Produktionsmittel abhängt, dann ist das Eigentumsverhältnis an den Produktionsmitteln das endgültige Kriterium. Wir haben also auf der einen Seite die Eigentümer, die auf Grund ihrer Verfügung über die Produktionsmittel zugleich auch über den im Verlauf der Arbeit von den Arbeitern produzierten Mehrwert verfügen, auf der anderen Seite wiederum die Klasse der Ausgebeuteten, die über nichts als die eigene Arbeitskraft verfügen und zu ihrem Verkauf gezwungen sind. Dieses Kriterium gestattet auch, die dazwischenliegenden Klassen zu unterscheiden, d. h. die wie die Kleinbauern oder die Handwerker Besitzer von kleinen Mengen an Produktionsmitteln sind, ohne jedoch Lohnarbeiter zu beschäftigen; sie bedienen sich nicht der Resultate fremder unbezahlter Arbeit, sondern schaffen Werte, indem sie sich selbst oder ihre Familie anstellen. Diese Klassen haben ein entzweites Bewußtsein, denn das Eigentum an den Produktionsmitteln macht sie zur Solidarität mit den Kapitalisten geneigt, während sie andererseits der Umstand, daß sie nicht in den Genuß des Mehrwerts kommen, der von anderen geschaffen wird, sondern nur sich den aneignen können, den sie sich in eigener Anstrengung aneignen können, den Arbeitern nahebringt. Der Kapitalismus enteignet diese Zwischenschichten unaufhörlich aus ihrem kleinen Eigentum und drängt ihre Mehrheit in die Situation des Arbeiters, einer unbedeutenden Minderheit hingegen erlaubt er den Eintritt in die Reihen der Ausbeuter.

Marx reflektierte den Klassenbegriff anhand der englischen Verhältnisse, Kautsky wiederum – anhand der deutschen und mitteleuropäischen. Das Kriterium, das auf das Eigentum an Produktionsmitteln und auf die Nutzung der Lohnarbeit rekurriert, um Ausbeuter, Ausgebeutete und eine Zwischenklasse (Eigentümer, die mit eigenen Mitteln arbeiten, ohne fremde Lohnarbeit zu beschäftigen) zu unterscheiden, gestattet jedoch nicht mehr, die Kapitalisten von den Grundeigentümern als zwei große unterschiedliche Klassen auseinanderzuhalten – die eine wie die andere eignet sich nämlich die unbezahlte Zeit der Surplusarbeit dank des Produktionsmittelbesitzes an (denn ihnen gehört auch der Boden).

Im Grunde jedoch ist der Klassengegensatz zwischen den Kapitalisten und den Grundbesitzern ein anderer als der Gegensatz zwischen jeder dieser beiden Klassen auf der einen und der Arbeiterklasse auf der anderen Seite: Beide besitzenden Klassen nämlich sind an maximal dimensionierten absoluten Mehrwerten interessiert, d. h. an der Ausbeutungsmaximierung. Daher treten sie in kritischen Situationen solidarisch gegen das Proletariat auf, obwohl es im politischen Kampf vorkommt, daß das Proletariat vorübergehend mit einer dieser Klassen sich verbündet (z. B. mit der Bourgeoisie im Kampf um politische Freiheiten, falls die feudalen Institutionen noch einen starken Einfluß besitzen). Die endgültige Profitquelle des Kapitalisten und des Grundeigentümers ist dieselbe: der von den Arbeitern geschaffene Mehrwert. Aus der nämlichen Quelle schöpft letzten Endes, der Marxschen Analyse zufolge, auch das Wucher-, Handels- und Geldkapital. Die beiden Klassen unterscheiden sich hingegen hinsichtlich der Profitaneignungsweise. Nur das industrielle Kapital eignet sich den Profit über den unmittelbaren Austausch der vergegenständlichten gegen lebendige Arbeit an, während der Grundeigentümer, der in den Genuß der Bodenrente kommt, ähnlich wie der Wucherer, überhaupt nicht an diesem Austauschprozeß teilhat.

Es scheint jedoch, daß eine Unterscheidung zwischen primären und sekundären Kriterien der Klassengliederung der Gesellschaft mit den Marxschen Intentionen im Einklang stünde. Das ursprüngliche Kriterium ist das der Verfügungsgewalt, dank der Verfügung über die Produktionsmittel, über die durch die fremde Mehrarbeit geschaffenen Werte. Dieses Kriterium situiert alle ausbeutenden Klassen auf einer Seite, d. h. die in den Genuß des Mehrwerts kommen, also die Disponenten des industriellen und Handelskapitals sowie die Grundeigentümer; auf der anderen Seite – die Verkäufer der Arbeitskraft, also die Lohnarbeiter, und die kleinen Eigentümer, die persönlich mit eigenen Produktionsmitteln arbeiten. Innerhalb der ersten Gruppe bedarf es eines sekundären Kriteriums, das sie in unmittelbare Käufer der Arbeitskraft (industrielle Kapitalisten) und diejenigen aufteilt, die sich den Mehrwert indirekt aneignen, dank des Grund- oder Kapitalbesitzes. Innerhalb der zweiten Gruppe unterscheidet das bloße Faktum des Besitzes oder Nichtbesitzes der Produktionsmittel die Lohnarbeiter von den kleinen Besitzern.

Das primäre Kriterium ist in dieser verallgemeinerten Form auch auf die vorkapitalistischen Klassenformationen anwendbar, d. h., es umfaßt auch den in Sklaverei und Feudalsystem gebräuchlichen Ausbeutungstypus. Die sekundären Kriterien hingegen sind spezifisch für die kapitalistische Produktionsweise.

Das Problem der Klassendefinition ist keineswegs ein verbales oder klassifikatorisches Problem. Die Notwendigkeit dieser Definition drängt sich infolge der Beobachtung der faktischen Phänomene des Klassenkampfes auf; es geht also um die Ermittlung von Kriterien, nach denen die Gruppen, deren Gegensätze die grundlegenden historischen Prozesse bestimmen, sich faktisch unterscheiden.

Für die Kennzeichnung der Klasse ist es darüber hinaus wesentlich, daß sie eine spontane Solidarität in Opposition zu anderen Klassen herausbildet, was die Konkurrenz zwischen den einzelnen Mitgliedern dieser Klasse keineswegs beseitigt. Marx weist im 3. Band des »Kapital« auf die ökonomischen Grundlagen der Klassensolidarität der Kapitalisten hin: Sofern die Profitrate sich in allen Produktionszweigen ausgleicht und jeder Kapitalist proportional zur Masse seines Kapitals am Profit beteiligt ist, dann ist »(. . .) jeder einzelne Kapitalist, wie die Gesamtheit aller Kapitalisten jeder besondern Produktionssphäre, in der Exploitation der Gesamtarbeiterklasse durch das Gesamtkapital und in dem Grad dieser Exploitation nicht nur aus allgemeiner Klassensympathie, sondern direkt ökonomisch beteiligt. (. . .) ein Kapitalist, der in seiner Produktionssphäre gar kein variables Kapital und darum gar keine Arbeiter anwendete (was in der Tat übertriebne Unterstellung), [wäre] ganz ebensosehr an der Exploitation der Arbeiterklasse durch das Kapital interessiert, und leitete ganz ebensosehr seinen Profit von unbezahlter Mehrarbeit ab, wie etwa ein Kapitalist, der (wieder übertriebne Voraussetzung) nur variables Kapital anwendete, also sein ganzes Kapital in Arbeitslohn auslegte« (»Kapital« III, 10. Kap.).[21] Der interne Interessengegensatz zwischen den einzelnen Kapitalisten wird auf natürliche Weise in Situationen gedämpft, in denen der Gegensatz zwischen dieser Klasse als Gesamtheit und der Gesamtheit der Ausgebeuteten dominiert. Dieser Gegensatz ist nichtsdestoweniger unausweichlich. Es gibt auch einen Gegensatz innerhalb der Arbeiterklasse, insbesondere unter Bedingungen hoher Arbeitslosigkeit. Während der Kampf der Kapitalisten untereinander jedoch an sich nicht die Interessen des Kapitals als Ganzes antastet, ist die Konkurrenz unter den Arbeitern ihren Interessen als Klasse abträglich. Daher spielt das Klassenbewußtsein der Arbeiter bei der Verwirklichung ihres Klasseninteresses eine größere Rolle als das Klassenbewußtsein der Ausbeuter.

Wesentlich für den Marxschen Klassenbegriff ist schließlich die Ablehnung der Aufteilung, die für die Doktrinen des utopischen Sozialismus kennzeichnend waren, d. h. der Aufteilungen, die von der Revenuehöhe oder der relativen Beteiligung am gesamten Sozialprodukt bestimmt werden. Die Utopisten teilten die Gesellschaft in Reiche und Arme auf. Diese Gliederung unterscheidet sich gänzlich von der Marxschen. Der Anteil am Nationaleinkommen bestimmt nicht allein den Platz in der Klassenstratifikation, sondern ist vielmehr deren Ergebnis. Der kleine Handwerker kann unter bestimmten Bedingungen ein geringeres Einkommen beziehen als ein qualifizierter Arbeiter, was nichts an der Klassenzugehörigkeitsdifferenz der beiden ändert. Auch der Luxuskonsum ist kein auszeichnendes Merkmal der Klassenzugehörigkeit: Wir kennen Epochen der heroischen Askese der Bourgeoisie. Zweitens ist auch die Saint-Simonistische Aufteilung der Gesellschaft in Müßiggänger und Arbeitende keine Klassengliederung. Der Kapitalist kann die gesellschaftlich unerläßlichen Funktionen in der Unternehmungsleitung erfüllen oder auch nicht, indem er sie entlohnten Verwaltern überträgt; das mag von Bedeutung für die Leistungsfähigkeit des Unternehmens sein, nicht aber für die Klassenposition des Eigentümers.

Die Ausübung von Verwaltungstätigkeiten in der Produktion ist weder die notwendige noch die hinreichende Bedingung für die Zugehörigkeit zur Klasse der Kapitalisten.

Dagegen ist ein zumindest keimhaft vorhandenes Klassenbewußtsein eine Bedingung für die Existenz der Klasse, d. h. das elementare Selbstbewußtsein der Interessengemeinschaft und der gemeinsamen Opposition gegenüber den übrigen Klassen. Eine Klasse kann zwar »an sich« existieren, ohne eine Klasse »für sich« zu sein, also eine Klasse, die sich ihres Stellenwerts innerhalb des gesellschaftlichen Produktions- und Verteilungsprozesses bewußt ist. Es bedarf jedoch der wirklichen und sich praktisch äußernden Interessengemeinschaft, damit von einer Klasse gesprochen werden kann.

Unter den Bedingungen der gegenseitigen Isolation der Mitglieder einer Klasse existiert die Klasse nur potentiell. »Die Parzellenbauern bilden eine ungeheure Masse, deren Glieder in gleicher Situation leben, aber ohne in mannigfache Beziehung zueinander zu treten. Ihre Produktionsweise isoliert sie voneinander, statt sie in wechselseitigen Verkehr zu bringen. (...) So wird die große Masse der französischen Nation gebildet durch einfache Addition gleichnamiger Größen, wie etwa ein Sack von Kartoffeln einen Kartoffelsack bildet. Insofern Millionen von Familien unter ökonomischen Existenzbedingungen leben, die ihre Lebensweise, ihre Interessen und ihre Bildung von denen der andern Klassen trennen und ihnen feindlich gegenüberstellen, bilden sie eine Klasse. Insofern ein nur lokaler Zusammenhang unter den Parzellenbauern besteht, die Dieselbigkeit ihrer Interessen keine Gemeinsamkeit, keine nationale Verbindung und keine politische Organisation unter ihnen erzeugt, bilden sie keine Klasse. Sie sind daher unfähig, ihr Klasseninteresse im eigenen Namen, sei es durch ein Parlament, sei es durch einen Konvent geltend zu machen. Sie können sich nicht vertreten, sie müssen vertreten werden. Ihr Vertreter muß zugleich als ihr Herr, als eine Autorität über ihnen erscheinen, als eine unumschränkte Regierungsgewalt« (»Der achtzehnte Brumaire ...«, VII).[22]

Die bloße Existenz des Klassenkampfs in politischer Form ist jedoch, nach Marx, keine einhellige Bedingung der Realität der Klassengliederung. »... im Alten Rom (spielte) der Klassenkampf nur innerhalb einer privilegierten Minorität (. . .), zwischen den freien Reichen und den freien Armen, während die große produktive Masse der Bevölkerung, die Sklaven, das bloß passive Piedestal für jene Kämpfer bildete« (a. a. O., Vorwort zur 2. Auflage von 1869).[23] Und doch sah Marx die Sklaven als eine Klasse an.

Die Klassengliederung stellt nach Marx die zentrale Struktur einer jeden Gesellschaft dar, in der es Klassen gibt. Das heißt aber nicht, daß dies die einzige Gliederung innerhalb dieser Gesellschaft wäre. Innerhalb einer jeden Klasse gibt es Fraktionen, deren Interessen kollidieren können. Das industrielle und das Finanzkapital können gegenläufige Interessen besitzen. Unter denen, die ihren Profit aus der Grundrente beziehen, sind wiederum verschiedene Fraktionen gegeben (Grundrente, Baustellenrente und Bergwerksrente). Innerhalb der Arbeiterklasse gibt es Fraktionen, die nicht nur nach dem jeweiligen Industriezweig differieren, sondern auch bezüglich des Qualifikationsgrads und des Lohnniveaus. Es gibt die beruflichen Differenzierungen. Die Intelligenz bildet, nach Marxscher Auffassung, keine gesonderte Klasse, sondern sie wird je nachdem der Klasse zugeordnet, in deren Dienst ihre Arbeit steht. Mit einem Wort, die Klassengliederung weist eine Unmenge von Komplikationen auf. Marx besteht jedoch darauf, daß die Aufteilung gemäß den Klassenkriterien im Verlauf der gesamten Geschichte der antagonistischen Gesellschaftsformationen (d. h. die klassenlosen Urgesellschaften ausgenommen) für die geschichtlichen Umwandlungen bestimmend waren, daß der gesamte Überbaubereich, in dem sich das politische Leben, die Kämpfe, Kriege, die Veränderungen der staatlichen und juristischen Strukturen, schließlich auch die Prozesse des kulturellen Schaffens, abspielen, unter dem mächtigen Einfluß der Klassendifferenzierung steht. Auch auf diesem Gebiet kann man selbstverständlich nur mit qualitativen Charakteristiken operieren, denn es ist unmöglich, den relativen Anteil anderer Formen der gesellschaftlichen Schichtung an der Gestaltung der einzelnen Überbaubestandteile zu ermessen.

Daraus müßte man schließen, daß die bloße Aufhebung der Klassengliederung durch die Aufhebung des Privateigentums an den Produktionsmitteln nicht sämtliche Quellen der gesellschaftlichen Gegensätze aufhebt, wenngleich sie die wichtigsten aufhebt, die aus der Differenzierung in der Verfügungsgewalt über die Bestandteile des Mehrwerts herrühren. Marx erhoffte jedoch nicht, daß in Anbetracht des übermächtigen Charakters der Klassenschichtung die Aufhebung der Klassen gleichbedeutend wäre mit der Aufhebung aller wesentlichen Wurzeln des Gegensatzes und daß das gesellschaftliche Leben allein dadurch zur erwünschten Einheit gelangen könnte, in der die Freiheit des einen Menschen nicht länger die Grenze der Freiheit des anderen wäre.

6. Die Entstehung der Klassen

Was die Entstehung der Klassendifferenzierungen selbst angeht, so bestand ihre notwendige, doch nicht hinreichende Bedingung in einem technologischen Entwicklungsstand, der die Aneignung der Resultate der Surplusarbeit überhaupt erst ermöglichte. Engels erwägt die Entstehung der Klassengliederung in seinen Arbeiten »Der Ursprung der Familie, des Privateigentums und des Staats« und »Anti-Dühring«. Er kritisiert Dühring, der die Entstehung der Klassen aus der Gewaltanwendung ableitet, wobei er sich der Hypothese zweier Individuen bedient, die physisch unterschiedlicher Verfassung waren. Nach Engels' Auffassung ist die Theorie der Gewalt als Quelle der Klassengliederung nichtssagend und falsch. Die Gewalt der kleinen Minderheit über die Mehrheit läßt sich nicht durch die ursprüngliche physische Überlegenheit erklären. Weder Eigentum noch Ausbeutung stammen aus der Gewalt. Das Eigentum setzt eine Produktion voraus, die die Bedürfnisse des Produzenten übersteigt, und die Ausbeutung setzt die vorangegangene Ungleichheit des Eigentums voraus. Die Klassen sind auf mehreren Wegen entstanden. Erstens mußte mit steigender Warenproduktion die Vermögensungleichheit entstehen, die vermittels des Erbrechts auf die nächsten Generationen übergegangen ist und mit der Zeit, ohne Gewalt, auf dem Gewohnheitsweg, die Geburt der Stammesaristokratie ermöglichte. Zweitens mußten die Urgemeinden die Verteidigung ihrer Interessen damit beauftragten Personen anvertrauen, und sie haben zu diesem Behuf Ämter ins Leben gerufen, die den Keim der späteren Staatsgewalt bildeten. Diese Ämter haben sich mit der Zeit aus gesellschaftlich unerläßlichen Institutionen des Schutzes und der Verwaltung in selbständige Körperschaften verwandelt, wurden erblich, lösten sich von der Gesellschaft und stellten sich gewissermaßen über ihren Kopf. Drittens schließlich hat die natürliche Arbeitsteilung zu dem Zeitpunkt einen Klassencharakter angenommen, als es, infolge des technologischen Fortschritts, möglich wurde, die Sklavenkraft zu beschäftigen, die den Raubzügen zu verdanken war. Diese Gewalt hatte demnach einen ganz bestimmten ökonomischen Entwicklungszustand der Gesellschaft zur Voraussetzung. Erst die Sklaverei ermöglichte die wahre Trennung der Industrie von der Agrarwirtschaft und auch das gesamte Staatssystem und die ganze Kultur der europäischen Antike. Sie war die Bedingung jenes gewaltigen Fortschritts, den die Zivilisation durchgemacht hatte, bevor sie die gegenwärtige Phase erreichte. Doch in allen Formen, unter denen die Klassenunterschiede entstanden waren, war die Arbeitsteilung die primäre, die letztliche Quelle. Die Arbeitsteilung, Bedingung der gesamten Menschheitsevolution, ist somit verantwortlich für die Entstehung von Privateigentum, Ungleichheit, Ausbeutung, Unterdrückung.

7. Die Funktionen des Staates und seine Aufhebung

Die Klassengliederung führte mit der Zeit zur Entstehung des Staatswesens. Gestützt auf die Untersuchungen Morgans, umreißt Engels die Entwicklungsstadien der Urgesellschaft und äußert die Vermutung, der Staat sei infolge des Zusammenbruchs der demokratischen Stammesorganisation entstanden. In diesem Prozeß wirkten folgende Umstände zusammen: die bereits erwähnte Verselbständigung der Ämter, die ursprünglich im Rahmen der einfachen Arbeitsteilung einberufen worden waren, sich aber später in erbliche Privilegien umwandelten; außerdem: die Notwendigkeit der Verteidigung der Vermögensprivilegien, die ursprünglich aufgrund zufälliger Umstände zustande kamen. Der Staat als Instrument des Zwangs, das der Verteidigung der Klasseninteressen dient, setzt somit eine Klassengliederung, und sei es in ursprünglichster Form, voraus. Die gegenüber den Sklaven angewandte Gewalt und der Apparat, der dazu diente, die Macht über sie auszuüben, sind ökonomisch begründet. Die Eroberung pflegt zwar auch ein staatsbildender Faktor zu sein, doch der klassische Entstehungsprozeß des Staates beruht darauf, daß er den Klassengegensätzen entspringt, die im Rahmen einer bestehenden Gemeinschaft entwickelt werden. Der Staat heiligt das erworbene Eigentum und die Vermögensprivilegien, indem er sie vor dem Druck der kommunistischen Tradition der Urgemeinden verteidigt und Bedingungen schafft, die die Vermehrung dieses Eigentums sowie die Vertiefung der Ungleichheiten begünstigen. »Da der Staat entstanden ist aus dem Bedürfnis, Klassengegensätze im Zaum zu halten; da er aber gleichzeitig mitten im Konflikt dieser Klassen entstanden ist, ist er in der Regel Staat der mächtigsten, ökonomisch herrschenden Klasse, die vermittelst seiner auch politisch herrschende Klasse wird und so neue Mittel erwirbt zur Niederhaltung und Ausbeutung der unterdrückten Klasse« (»Der Ursprung der Familie, des Privateigentums und des Staats«).[24] Bezogen auf den bürgerlichen Staat ist diese seine Schutzfunktion bezüglich der Privilegien der Besitzenden kraß und für die Staatsmaschinerie konstitutiv. »Der bürgerliche Staat ist weiter nichts als wechselseitige Assekuranz der Bourgeoisklasse gegen ihre einzelnen Mitglieder wie gegen die exploitierte Klasse, eine Assekuranz, die immer kostspieliger und scheinbar immer selbständiger gegenüber der bürgerlichen Gesellschaft werden muß, weil die Niederhaltung der exploitierten Klasse immer schwieriger wird«, schrieben Marx und Engels in ihrer Rezension über das Buch von Emile de Girardin »Le socialisme et l'impôt« (»Der Sozialismus und die Steuer«[25]) im Aprilheft 1850 der »Neuen Rheinischen Zeitung«. Wenngleich die ursprünglich gesellschaftlich notwendigen Funktionen, die infolge der Verselbständigung zur Entstehung der politischen Gewalt führten, auch weiterhin ausgeübt werden müssen, sind nicht sie es, die den Charakter des Staates bestimmen. In diesen Funktionen nämlich ist kein Bestandteil der politischen Gewalt enthalten; so hätte auch allein der Autonomisierungsprozeß sicherlich nicht zur Herausbildung des Staatsapparats geführt, hätte keine Notwendigkeit des Schutzes der Klassenprivilegien bestanden.

Zwar kann es auch dazu kommen, und Marx erwägt einen solchen Fall anläßlich der Analyse des Staatsstreichs von Louis Napoleon, daß der bürokratische Apparat sich in der bürgerlichen Gesellschaft gegenüber der Klasse verselbständigt, der er dient, doch werden auch diese Situationen erklärbar durch das Klasseninteresse: Die Bourgeoisie kann auf die parlamentarische Macht verzichten, d. h. auf die unmittelbare Ausübung der politischen Macht, indem sie die Regierung einer autonomisierten Bürokratie anvertraut, wenn das zur Aufrechterhaltung ihrer ökonomischen Position als Klasse als Ganzes notwendig ist.

Wenn wir in dieser Weise den Sinn des Staats bestimmen, so resultieren daraus zwei Schlußfolgerungen, die für die Marxsche Lehre von eminenter Bedeutung sind. Erstens die Unausweichlichkeit der Aufhebung des Staates in der klassenlosen Gesellschaft; zweitens – die Notwendigkeit der Zerstörung des vorgefundenen Staatsapparats durch die Revolution.

Die erste Konsequenz ist evident. Mit dem Augenblick des Verschwindens der Klassengliederung werden auch die Einrichtungen, die ihrer Verewigung dienten und die die Aufgabe der Unterdrückung der ausgebeuteten Klassen erfüllten, überflüssig werden. »Der erste Akt, worin der Staat wirklich als Repräsentant der ganzen Gesellschaft auftritt – die Besitzergreifung der Produktionsmittel im Namen der Gesellschaft –, ist zugleich sein letzter selbständiger Akt als Staat. Das Eingreifen einer Staatsgewalt in gesellschaftliche Verhältnisse wird auf einem Gebiete nach dem andern überflüssig und schläft dann von selbst ein. An die Stelle der Regierung über Personen tritt die Verwaltung von Sachen und die Leitung von Produktionsprozessen. Der Staat wird nicht ›abgeschafft‹, *er stirbt ab*« (Engels in »Die Entwicklung des Sozialismus von der Utopie zur Wissenschaft«,III).[26] Der Staat ist nicht ewig, er stellt ein Übergangsprodukt der Zivilisation dar, das zusammen mit der Klassengliederung verschwinden wird, und die Staatsmaschine wird, wie Engels schrieb, »ins Museum der Altertümer, neben das Spinnrad und die bronzene Axt« wandern («Der Ursprung der Familie, des Privateigentums und des Staats«).[27]

Wie man sieht, ist Aufhebung des Staats keineswegs gleichbedeutend mit Aufhebung der Verwaltungsfunktionen, die für die Lenkung der Produktion unerläßlich sind. Diese Annahme setzt allerdings einen Zustand voraus, in dem alle gesellschaftlichen Konflikte erloschen sind.

Daher bestätigt sich die Interpretation, derzufolge die Aufhebung der Klassengliederung für Marx und Engels die Abschaffung sämtlicher Herde der gesellschaftlichen Konflikte bedeute.

Zweitens kann der staatliche Überbau als Gewaltapparat nicht in einer Weise reformiert werden, daß er von einem bestimmten Moment an beginnen würde, der ausgebeuteten Klasse zu dienen; er muß in einem Akt revolutionärer Gewalt zerstört werden. Marx drängte sich dieser Schluß, wie schon erwähnt, in Zusammenhang mit den Erfahrungen der Pariser Kommune auf. Die Aufhebung des bürgerlichen Staats ist der Weg zur Aufhebung des Staats überhaupt, doch in einer Zeit, da die siegreiche Klasse noch den Kampf mit den Ausbeutern zu führen gezwungen sein wird, wird sie über einen eigenen Unterdrückungsapparat verfügen müssen, der erstmalig in der Geschichte ein Werkzeug der Mehrheit darstellen soll; das wird die Zeit der Diktatur des Proletariats sein, in der die – von keiner Phrase verschleierte – Gewalt dem Proletariat als Instrument dienen wird, das zur Liquidierung der Klassen überhaupt führt. Der Übergang zur sozialistischen Gesellschaft kann sich somit nicht allein kraft des ökonomischen Prozesses vollziehen, sondern ausschließlich im Bereich des Überbaus, wenngleich er durch Entwicklungsprozesse innerhalb der kapitalistischen Wirtschaft vorbereitet wird. Positive Voraussetzungen des Sozialismus im Rahmen der kapitalistischen Wirtschaft sind ein hoher Vergesellschaftungsgrad der Produktionsprozesse und eine hochentwickelte Technologie; negative Voraussetzungen hingegen – die inneren Widersprüche des Kapitalismus und das Klassenbewußtsein des Proletariats. Der Akt des Übergangs selbst ist eine politische, keine ökonomische Tat. Doch, wie der bekannte Aphorismus aus dem »Kapital« besagt: »Die Gewalt ist der Geburtshelfer jeder alten Gesellschaft, die mit einer neuen schwanger geht. Sie selbst ist eine ökonomische Potenz« (»Kapital« I, 24, Kap., 6[28]).

Wenige Monate vor seinem Tod schrieb Engels einen Text, der zum Gegenstand zahlreicher Auslegungen wurde und auf den sich die Befürworter der reformistischen Emanzipationsprogramme des Proletariats häufig als auf den Beleg beriefen, daß Engels den Gedanken der revolutionären Gewalt zugunsten der Perspektive der Machteroberung auf dem parlamentarischen Weg aufgegeben habe. Es handelt sich um die Einleitung zur 2. Auflage (1895) der Marxschen »Klassenkämpfe in Frankreich 1848–1850«. Angesichts der Abschaffung des Sozialistengesetzes und der überwältigenden sozialistischen Wahlerfolge sei »die Rebellion alten Stils, der Straßenkampf mit Barrikaden, der bis 1848 überall die letzte Entscheidung gab, bedeutend veraltet.«[29] Gegenwärtig, so Engels, sei die Situation der Insurgenten in Straßenkämpfen schlechter als früher, überhaupt könne die Entstehung einer kleinen Avantgarde das erstrebte Ziel nicht näherbringen, was die völlige Umgestaltung des Systems angehe. Hier müssen die Massen bewußte, vernünftige Beteiligte an den Ereignissen werden. Man solle also nicht den bewußtesten Teil des Proletariats in Straßenkämpfen aufreiben, sondern die Erfolge mit legalen Propaganda- und Parlamentsmitteln mehren und die Kräfte für den Tag des entscheidenden Zusammenstoßes sammeln. »Wir, die ›Revolutionäre‹, die ›Umstürzler‹, wir gedeihen weit besser bei den gesetzlichen Mitteln als bei den ungesetzlichen und dem Umsturz.«[30]

In Engels' Ausführungen ist die starke Betonung der friedfertigen Mittel des Wachstums der Arbeiterbewegung in der Tat unüberhörbar. Er schließt jedenfalls, zumindest in Deutschland, die Möglichkeit eines solchen Wandels der Dinge nicht aus, unter dem die Eroberung der Macht ohne Blutvergießen erfolgen könnte. Der Meinungswechsel, der offensichtlich angesichts der Wahlerfolge der deutschen Sozialdemokratie eintrat, ist jedoch kein so einschneidender, wie es auf den ersten Blick erscheinen möchte. Engels beschränkt seine Hoffnung erstens auf Deutschland (so wie Marx es bezüglich Englands, der USA und der Niederlande tat). Zweitens prognostiziert er keineswegs, daß die Machteroberung unbedingt auf dem parlamentarischen Weg erfolgen werden, sondern macht das vom Verhalten der Bourgeoisie abhängig, während er die Perspektive einer gewaltsamen Revolution weiterhin offenhält. Er sieht drittens einen »Entscheidungskampf«[31] voraus, d. h. den Akt der Machtergreifung durch die Arbeiterklasse, nur läßt er die Möglichkeit offen, daß dieser Akt aufgrund der gewaltigen Kraft der Arbeiterklasse, ihres hochentwickelten Bewußtseins sowie ihrer Fähigkeit, die Mittelklassen um sich zu versammeln, auch ohne Blutvergießen vor sich gehen könnte. Eine solche Perspektive bedeutet jedoch nicht den Verzicht auf die Idee der Revolution und erst recht nicht die grundsätzliche Anerkennung der Entbehrlichkeit der Revolution im allgemeinen, es ist vielmehr eine Anerkennung der Möglichkeit einer Revolution ohne Blutvergießen. Engels sagt nicht klar, ob er es für denkbar hält, daß die Arbeiterklasse die Macht ganz einfach durch den Gewinn der Stimmenmehrheit in einer demokratischen Wahl erobern könnte, und es läßt sich schwer entscheiden, ob er eben diese Perspektive ernsthaft in Erwägung gezogen hat. Mit Sicherheit aber schrieb er den friedfertigen Instrumenten des Klassenkampfes eine größere Bedeutung zu als früher. Hätte er mit der Machtergreifung auf dem bloßen Weg des Wahlerfolges gerechnet, so wäre sein Positionswechsel in der Tat ein wesentlicher, wenngleich man ihm auch in diesem Fall nicht die Idee der Klassenkooperation unterstellen könnte bzw. die Überzeugung vom Erlöschen der Klassenkonflikte; doch dies alles läßt sich nicht mit Sicherheit sagen.

Unabhängig jedoch von den Mitteln, mit denen das Proletariat die politische Macht erobern solle, haben Marx und Engels in der Staatsgewalt stets nur ein *Instrument* gesehen, sie haben ihr nicht – im Gegensatz zu Hegel und Lassalle – irgendeinen autonomen Wert zugeschrieben und haben den Staat nie mit der Gesellschaft in eins gesetzt; sie sahen in ihm vielmehr eine historische, vorübergehende gesellschaftliche Organisationsform. Das gesellschaftliche Dasein der Menschen ist keineswegs gleichbedeutend mit staatlichem Dasein; im Gegenteil, die bloße Präsenz des Staats ist der politische Ausdruck einer Situation, in der die menschlichen Kräfte sich dem Menschen in ihren Produkten selbst widersetzen; der Staat ist der krasseste Ausdruck der gesellschaftlichen Entfremdung. Wenn das Proletariat einer Übergangsform der Gewalt bedürfen wird, dann wird diese in der wirklichen Herrschaft der überwältigenden Mehrheit der Gesellschaft bestehen. Doch erschöpft sich der gesamte Sinn dieser Form auch darin, daß sie ein Werkzeug der Selbstzerstörung ist und eine Situation anstrebt, in der die Sondersphäre des politischen Lebens überhaupt verschwinden wird. Letztlich also ist die Marxsche Staatstheorie eine Weiterentwicklung und Wiederholung der Idee, die 1843 in dem Aufsatz »Zur Judenfrage« in philosophischer Sprache formuliert wurde: Die realen menschlichen Individuen, die einzigen wirklichen »Subjekte«, werden das Gattungsleben in sich zurücknehmen, welches bislang im entfremdeten Bereich des staatlichen Lebens existierte; der gesellschaftliche Charakter der individuellen Energien des Menschen wird nicht länger in der Form eines entfremdeten politischen Gebildes seinen Ausdruck finden; die Individuen werden ihre gesellschaftliche Bestimmung unmittelbar erfüllen, ohne zu diesem Zweck ein separates Reich zu hypostasieren – mit einem Wort, die Integration des Privaten in das gemeinschaftliche Leben wird auf der Ebene eines jeden menschlichen Konkretums für sich erfolgen. Das Gattungswesen des Menschen wird zu den singularen Subjekten zurückkehren und restlos in ihnen aufgehen. Die Entzweiung in persönliches und gesellschaftliches Leben wird getilgt werden. Die Abschaffung der Klassengliederung ist die notwendige und zugleich hinreichende Bedingung dieser Rückkehr zum Konkreten.

8. Kommentar zum historischen Materialismus

Diese Darstellung der wichtigsten Gedanken der materialistischen Geschichtsauffassung war so konzipiert, daß diese Lehre mit maximalem Wohlwollen interpretiert werden konnte, d. h., daß bestimmte aphoristische und verkürzte Formulierungen von Marx und Engels nicht wörtlich genommen werden sollten, wodurch sie Vorwürfen ausgesetzt wären, die dahin gingen, daß diese von einem dogmatischen und durch nichts begründeten Glauben an die absolute und einseitige Abhängigkeit des gesamten Verlaufs der menschlichen Geschichte in allen Einzelheiten von der Klassengliederung und der Klassengliederung wiederum vom technischen Entwicklungsstand der Gesellschaft getragen seien. Wenn Marx (in »Das Elend der Philosophie«) sagt: »Die Handmühle *ergibt* eine Gesellschaft mit Feudalherren, die Dampfmühle eine Gesellschaft mit industriellen Kapitalisten«[32] (Hervorhebung L. K.), so ist es klar, daß derlei Formulierungen nicht wörtlich genommen werden dürfen; eine Handmühle »ergibt« nämlich ausschließlich Mehl, nichts anderes im übrigen als eine Dampfmühle, und die Handmühle kann innerhalb ein und derselben Gesellschaft durchaus mit der Dampfmühle koexistieren, die ihrerseits entweder mehr feudale oder mehr kapitalistische Eigenschaften besitzen kann. Als Engels in seiner Grabrede sagte, Marxens unsterbliches Verdienst habe darin bestanden, daß er entdeckt hatte, daß die Menschen »vor allen Dingen zuerst essen, trinken, wohnen und sich kleiden müssen, ehe sie Politik, Wissenschaft, Kunst, Religion usw. treiben können«[33], so fällt es schwer, derlei Wendungen bei der Interpretation des historischen Materialismus zu verwenden; es ist in der Tat nicht einzusehen, in welcher Weise die Wiederholung des antiken Wahlspruchs *primum edere, deinde philosophari* eine unsterbliche wissenschaftliche Entdeckung sein sollte. Es wäre jedoch eine Art von polizeilicher Kritik, wenn man in solchen Formulierungen nach dem eigentlichen Sinn der Lehre fahnden wollte. Andrerseits ist die Lehre des historischen Materialismus Einwänden und Zweifeln ausgesetzt, die nicht nur dem kleinlichen Zerpflücken von einzelnen Sätzen entspringen. Die überwältigende Mehrheit der marxistischen Theoretiker erläuterte oder sprach Engels' Formel nach, die sich auf die »Wechselwirkung«[34], »Rückwirkung«[35], die »relative Selbständigkeit«[36] des Überbaus und das »in *letzter Instanz* bestimmende Moment«[37] beziehen. Wenn wir diese Formeln jedoch näher betrachten, so erheben sich verschiedene Einwände, was immer die Ausdrücke »ökonomischer Faktor«, »Basis« und »Überbau« auch bedeuten mögen (denn bekanntlich ist auch der Sinn dieser Ausdrücke ausgesprochen umstritten). Es scheint, als spreche man nur eine triviale Wahrheit aus, wenn man sagt, zwischen den Produktionsverhältnissen und dem »Überbau« bestehe eine Wechselbeziehung, eine Wahrheit, die nichts spezifisch Marxistisches enthält und zu deren Anerkennung jedermann bereit ist. Daß wichtige historische Ereignisse – Kriege, Revolutionen, religiöse Umwandlungen, die Entstehung und der Untergang von Staaten und Imperien, künstlerische Strömungen und wissenschaftliche Errungenschaften – mit Hilfe vieler Umstände rational erklärt werden können, unter denen auch solche wie der technische Entwicklungsstand einer Gesellschaft und ihre Klassenkonflikte eine Rolle spielten, das ist ein Gedanke, der zum Bestand des gesunden Menschenverstands gehört, und weder ein religiöser Mensch noch ein Materialist noch ein Anhänger einer beliebigen anderen historiosophischen Doktrin würde ihm widersprechen, sofern es sich nicht um den Fanatiker irgendeines »einzigen Faktors« handelt. Daß beispielsweise Literatur und Theaterstücke nicht ohne Berücksichtigung des historischen Koeffizienten erklärt und verstanden werden können, also auch nicht ohne Berücksichtigung der sozialen Konflikte ihrer Epoche, das ist eine Wahrheit, die vor Marx und unabhängig von Marx vielen französischen Historikern bekannt war, unter ihnen auch politisch Konservativen. Es erhebt sich mithin die Frage: Worin besteht eigentlich der historische Materialismus? Wenn er darin bestehen sollte, daß alle Einzelheiten des »Überbaus« als Produkte eines »Basis«-Desiderats erklärt werden können, wäre er eine unbegründete und unannehmbare Absurdität. Verzichtet er hingegen, im Sinne der Engelsschen Bemerkungen, auf jene Idee der eindeutigen Determination, so ist er eine Common-sense-Wahrheit. Im rigorosen Verständnis erscheint der historische Materialismus als eine Vergewaltigung der Gebote des einfachsten rationalen Denkens, im lockeren Verständnis hingegen als Banalität.

Selbstverständlich ist es die traditionelle Formel von der »letzten Instanz«, die den Ausweg aus diesem peinlichen Dilemma weisen soll. Doch hat Engels ihren Sinn nicht ordentlich erklärt. Wenn sie soviel bedeuten soll, daß die Produktionsverhältnisse den Überbau nicht direkt, sondern *vermittels* anderer Systeme determinieren, dann bleibt berechtigterweise der Verdacht bestehen, daß diese – obgleich vermittelte Determination – absolut sei, d. h., daß alle Einzelheiten des »Überbaus« von den Produktionsverhältnissen determiniert werden, ähnlich wie die Bewegung des Rads einer Maschine nicht unbedingt über eine unmittelbare Verzahnung von anderen Rädern determiniert sein muß, sondern auch über einen Transmissionsriemen, wodurch sich an der Eindeutigkeit dieser Determination nichts ändert. Der Ausdruck »in letzter Instanz« kann jedoch auch, und eben das sollte er höchstwahrscheinlich in Engels' Intention bedeuten, etwas anderes besagen: keine eindeutig vermittelte Determination, sondern eben eine nicht eindeutige Determination. Es ging, mit anderen Worten, wie schon erwähnt, sicherlich darum, daß nicht die gesamten Eigenschaften der Kultur durch das Klassensystem und nicht die gesamten Eigenschaften der gegebenen Produktionsverhältnisse durch den Entwicklungsstand der Technologie bestimmt seien, sondern nur einige, und zwar die »wichtigsten«. Sodann erhebt sich wiederum die Frage: Aufgrund welchen Kriteriums sollen wir beurteilen, was wichtig und was weniger wichtig ist? Wir sind in Gefahr, daß wir gerade dasjenige als »wichtig« anerkennen, was wir innerhalb der historischen Prozesse mit dem Schema der Abhängigkeiten erklären können, von denen der historische Materialismus spricht;

dann haben wir es jedoch mit einer Tautologie oder einem Zirkelschluß zu tun: Es stellt sich nämlich heraus, daß die »Basis« diejenigen Eigenschaften des »Überbaus« bestimmt, die durch die Basis bestimmt werden. Man kann selbstverständlich auch z. B. sagen, in der Poesie Verlaines sei nicht das Versschema wichtig (es gehöre zur Reihe der »Zufälle« oder zur bloßen Tradition), wichtig sei vielmehr seine Melancholie, die sich aber klassenmäßig erklären lasse usw. (eine typische Kostprobe historisch-materialistischer Literaturbetrachtung). Doch weshalb dem so sein solle, daß das eine wichtig, das andere aber nicht wichtig sei, das kann der historische Materialismus nicht anders erklären, als indem er die Hierarchie der Wichtigkeit auf das eigene Schema der Abhängigkeiten bezieht, also in einen *circulus vitiosus* gerät.

Wenn außerdem die Produktionsverhältnisse nur bestimmte, nicht aber alle Eigenschaften des »Überbaus« bestimmen, dann kann der historische Materialismus kein einzelnes historisches Ereignis erklären – denn jedes historische Faktum ist die Kumulation vieler Umstände –, sondern nur bestimmte generelle Entwicklungslinien des Geschichtsprozesses. Darin bestand auch, wie es scheint, seine Hauptintention. Nicht ein einzelner Krieg, die einzelne Revolution, die einzelne religiöse, politische oder künstlerische Bewegung sollten durch das Schema erklärbar werden, sondern das Faktum der Aufeinanderfolge großer ökonomisch-gesellschaftlicher Formationen selbst; der gesamte Rest, jene »Zickzacks«, Regresse, Aufschwünge und Niedergänge der Geschichte, die Tatsache, daß ein bestimmter Prozeß mehrere Jahrhunderte später oder früher einsetzte, die Tatsache, daß dieser Prozeß sich unter den und den Kämpfen, Auseinandersetzungen, Anstrengungen und Ringen vollzog, alles das würde in die Randzone unwichtiger Zufälligkeiten abgedrängt werden, die theoretisch irrelevant bleiben können. Der historische Materialismus könnte in diesem Fall auch keinen Anspruch darauf erheben, ein prognostisches Werkzeug zu sein: Er könnte gar nichts Bestimmtes voraussagen, sondern immer nur auf allgemeinste Weise feststellen, daß z. B. der Kapitalismus irgendwann einmal dem Sozialismus werde weichen müssen. Wann, infolge welcher Kriege und Revolutionen, in wie vielen Jahrzehnten oder Jahrhunderten, darüber läßt sich keine Aussage machen, denn auch der Zeitpunkt fällt in die Rubrik des »Zufalls«.

Doch selbst bei einem so stark reduzierten Sinn gibt der historische Materialismus weiterhin Anlaß zu Einwänden. Der Geschichtsprozeß ist voraussetzungsgemäß einzig und unwiederholbar; er ist also ungeeignet dafür, daß auf seiner Grundlage Gesetze formuliert werden, die z. B. sagen, daß auf eine auf der Sklaverei basierende Wirtschaft stets und überall eine auf das feudale Grundeigentum gestützte eintreten müsse. Selbst wenn wir sagen, daß es eine Vielheit von voneinander unabhängigen Geschichtsprozessen gibt, weil die einzelnen Erdteile über Jahrhunderte und Jahrtausende im Zustand totaler oder fast vollkommener Isolation voneinander lebten, so würde sich eine solche Beobachtung eher gegen den historischen Materialismus richten, statt ihn zu bestätigen: Denn gerade die asiatische oder die amerikanische Gesellschaft haben vor der europäischen Invasion keineswegs die uns aus Europa bekannten Entwicklungsschemata wiederholt, und die Behauptung, sie hätten »trotz allem« diese Schemata wiederholen müssen, wären sie nur hinreichend lange sich selbst überlassen geblieben, wäre eine völlig sinnentleerte Phantasie.

In der Tat zeigen alle detaillierteren historischen und politischen Analysen, von Marx wie von Engels, ganz deutlich, daß sie selber zumeist nicht die Sklaven ihrer eigenen »reduktionistischen« Formeln gewesen sind, sondern vielmehr die unterschiedlichsten Umstände mitberücksichtigt haben, etwa demographische, geographische oder nationale usw. Wenn Engels in seinem Brief an Fr. A. Sorge vom 2. Dezember 1893[38] beispielsweise die Schwierigkeiten der sozialistischen Bewegung in den USA den besonderen ethnischen Umständen zuschreibt, dann demonstriert er damit, daß er den Konflikt »Bourgeoisie–Proletariat« keineswegs als die universelle Determinante der gesellschaftlichen Prozesse betrachtet, dennoch erhofft er, daß dieser Konflikt letztendlich in politischen Formen zum Ausdruck kommen werde, die den europäischen *grosso modo* ähneln werden. Wenn sich diese Prognose nicht bestätigt (und sie hat sich innerhalb der folgenden 80 Jahre nicht bestätigt), kann die Verantwortung dafür selbstverständlich auf die »Nebenfaktoren« abgewälzt und der Glaube an die Triftigkeit der Lehre unbegrenzt lange aufrechterhalten werden, die sich von zufälligen Störungen nicht erschüttern läßt. Das Sich-nicht-Bestätigen einer beliebigen Voraussage kann stets ignoriert werden anhand der Feststellung: »Die Theorie ist nicht schablonenhaft, man muß die Vielfalt der Faktoren berücksichtigen« usw. Doch diese Flexibilität, mit der die Lehre mit den Tatsachen fertig wird, die sie zu widerlegen scheinen, verdankt sie nicht ihrem Scharfsinn, sondern ihrer Verschwommenheit, welche sie im übrigen mit ausnahmslos allen universellen Geschichtstheorien teilt.

Umgekehrt erlaubt dieselbe Verschwommenheit der Lehre, zahlreiche nicht überprüfbare Ansprüche an die Adresse der Geschichte zu stellen. Wenn Engels sagt, große Männer wie Alexander, Cromwell oder Napoleon seien in Augenblicken in Erscheinung getreten, in denen die gesellschaftliche Situation ihrer bedurfte, so ist das eine völlig arbiträre Spekulation: In welcher Weise sollte man sich denn den Beweis für das Vorhandensein eines solchen Bedarfs vorstellen? Der einzig mögliche Beweis besteht darin, daß diese Männer faktisch aufgetaucht sind, also ganz offensichtlich auch gebraucht wurden. Es erübrigt sich, zu erklären, daß eine derartige Deduktion aus dem universellen Determinismus wenig zum Verständnis von irgendwelchen Einzelerscheinungen beisteuern könnte.

Es gibt eine noch weiter gelockerte Interpretation des historischen Materialismus. Die Marxisten haben des öfteren wiederholt, daß die Produktionsverhältnisse den Überbau aufgrund der Lehre nicht »erzeugen«, sondern vielmehr »bestimmen«, wobei dieses Wort in dem Sinn zu verstehen wäre, daß sie eine negative Rolle spielen: Sie beschränken die Optionsmöglichkeiten der Gesellschaft. Entspräche diese Interpretation der eigentlichen Intention von Marx und Engels, so muß wiederum befürchtet werden, daß die Lehre sich auf eine Binsenwahrheit zurückführen ließe: Man wird kaum umhin können, zuzugeben, daß die uns bekannten historischen, politischen und juristischen Formen oder religiösen und künstlerischen Phänomene in der uns bekannten Weise nicht unter beliebigen möglichen Bedingungen des gesellschaftlichen Lebens vorstellbar sind, d. h., um auf das zitierte Beispiel zurückzukommen, man kann nicht umhin, zu bestreiten, daß die Menschenrechtsdeklaration genausogut auch unter den technologischen und gesellschaftlichen Bedingungen in Europa des zehnten Jahrhunderts oder in der Gesellschaft der Azteken hätte entstehen können. Und dennoch ist der Umstand, daß bestimmte Formen des »Überbaus« Kontinuität bewahren und allen grundlegenden gesellschaftlichen Umwandlungen zum Trotz bestehen bleiben, nicht ohne Bedeutung für die Reflexion über die Grenzen der Gültigkeit selbst dieser so stark gelockerten Marxismusinterpretation. Das Christentum überlebte verschiedene Systeme und verschiedene ökonomische Formationen; ähnlich der Islam. Das Christentum veränderte sich selbstverständlich in vielerlei Hinsicht, veränderte die Interpretation seines Kanons, veränderte die Kirchenorganisation und die Liturgie, baute die Dogmen aus, erlebte Krisen, Schismen und innere Kämpfe. Und doch muß gesagt werden, sofern das Wort »Christentum« überhaupt sinnvoll gebraucht werden kann, dann nur unter der Voraussetzung, daß sich das Christentum nicht in jeder Hinsicht geändert hat und daß, allen Umständen zum Trotz, ein bestimmter wesentlicher Inhalt erhalten blieb, der sich den geschichtlichen Erschütterungen widersetzt hat. Selbstverständlich wird jeder Marxist zugeben, daß es ein Phänomen wie die verselbständigte Macht der Tradition gibt. Es mangelt nicht an Marxzitaten, die das bekräftigen können. Doch wenn Einwände auf diesem Weg abgetan werden, so ist das nur ein Beweis dafür, daß die Lehre so lose Regeln aufweist, daß keine historischen Forschungen und keine vorstellbaren Fakten imstande sind, sie zu widerlegen; wenn wir über eine Vielheit unterschiedlichster »Faktoren« verfügen, über die »relative Selbständigkeit« des Überbaus, die »Wechselwirkungen«, die Rolle der Tradition, die sekundären Ursachen usw., wird jedes nur vorstellbare Faktum in dieses Schema passen, und das Schema selbst wird sich – in Übereinstimmung mit der Popperschen Kritik – als unwiderlegbar und universell bestätigungsfähig, mithin als eine Theorie erweisen, die jeglichen wissenschaftlichen Wertes entbehrt, sofern sie Anspruch darauf erhebt, den faktischen Geschichtsverlauf zu erklären. Mehr noch, es erscheint als völlig unwahrscheinlich, daß sich irgendein Einzelfaktum oder eine Faktenserie aus dem Bereich der Ideologie erklären oder verstehen ließen ohne Rekurs auf andere Umstände, sei es ideologischer oder biologischer Natur, in jedem Fall also solche, die verschieden wären von der Engelsschen »letzten Instanz«. Nehmen wir die einfachsten Beispiele. Wir sagen, daß die Idee der Kommunion in zwei Gestalten im Christentum im 15. Jahrhundert aufkam und daß sie zu einem Bestandteil einer wichtigen häretischen Bewegung wurde. Wir sagen des weiteren, nicht ohne Grund, daß diese Idee das Verlangen nach Aufhebung der Unterschiede zwischen dem Klerus und den Gläubigen »ausdrückte«, daß man sie also als eine Losung des Egalitarismus ansehen kann. Doch in diesem Fall müssen wir fragen: Warum verlangen die Menschen überhaupt nach Gleichheit? Diese Frage kann natürlich nicht einfach so beantwortet werden: weil es Ungleichheit gibt; das wäre eine tautologische Scheinerklärung. Man muß daher davon ausgehen, daß die Menschen die Gleichheit, zumindest in bestimmten Epochen, für einen Wert ansahen, für den zu kämpfen es lohnte. Sofern der Kampf um Gleichheit mit der Situation hungernder oder im allgemeinen materieller Güter barer Menschen verbunden ist, können wir sagen, dieser Kampf läßt sich durch rein biologische Umstände erklären. Im anderen Fall – wenn es um Gleichheit über dem Niveau der physischen Befriedigung geht – kann der Kampf auch nicht allein durch das »System der ökonomischen Verhältnisse« erklärt werden, ohne die Voraussetzung, daß es ein gesondertes Phänomen der egalitären Ideologie gibt, andernfalls nämlich bestünde gar keine Veranlassung, sich um die Gleichheit zu bemühen. Oder ein anderes, noch einfacheres, bereits zitiertes Beispiel. In jedem System versuchen die besitzenden Klassen die Gesetzgebung in einer Weise zu beeinflussen, daß die Größe der Erbschaftssteuer auf ein Minimum heruntergedrückt wird. Das scheint »evident«. Die Erklärung dieses Faktums setzt jedoch mehr voraus, als nur bestimmte Produktionsverhältnisse und Privateigentum. Es setzt, beispielsweise, voraus, daß die Menschen für ihre Nachkommenschaft sorgen; und auch das scheint selbstverständlich, weil es allgemein ist. Doch hat es nicht den Anschein, als handele es sich hier um ein Faktum ökonomischer Natur: Man kann es in biologischen oder ideologischen Kategorien auslegen, doch es läßt sich in keinem Fall auf irgendeine Eigenschaft einer bestimmten ökonomischen Formation noch auf gemeinsame Eigenschaften aller auf Ausbeutung basierender Formationen zurückführen.

Sowohl die Marxisten als auch die Marxismuskritiker haben häufig darauf hingewiesen, daß der Begriff des technischen Fortschritts als einer »Quelle« der Umwandlungen der Produktionsverhältnisse irreführend und zweifelhaft sei. Immerhin hat nicht die Kutsche die Dampflokomotive gebaut, sie entstand vielmehr aus der intellektuellen Arbeit ihrer Konstrukteure. Der Fortschritt der Produktivkräfte ist offensichtlich das Ergebnis geistiger Anstrengung, daher widerspricht das wortwörtliche Beharren auf seinem »Primat« gegenüber den Produktionsverhältnissen und – vermittels ihrer – gegenüber der geistigen Arbeit dem gesunden Menschenverstand. Selbstverständlich haben die orthodoxen Marxisten darauf die obligate Antwort parat, der Fortschritt sowie die intellektuelle Arbeit, durch die er zustande komme, seien das Ergebnis eines »Bedarfs« seitens der Gesellschaft, mithin sei der kreative Geist, der die Werkzeuge vervollkommne, seinerseits ein Instrument der gesellschaftlichen Situationen. Doch wenn dem so wäre, so besteht weiterhin kein Grund, dem technischen Fortschritt ein »Primat« zuzuschreiben; es genügte völlig, wenn man von den vielseitigen Wechselbeziehungen zwischen der geistigen Arbeit und ihrem sozialen Milieu spräche, darin aber ist keine spezifisch marxistische Lehre von den Abhängigkeiten zwischen den verschiedenen »Momenten« des gesellschaftlichen Lebens enthalten. Doch weist selbst dieser Begriff des gesellschaftlichen »Bedarfs« am Fortschritt der Werkzeuge einen beschränkten Umfang auf. Gegenwärtig wird der Fortschritt in der Tat im allgemeinen von klar erkennbaren gesellschaftlichen Desideraten gelenkt. Marx selbst weist jedoch darauf hin, daß die vorkapitalistischen ökonomischen Formationen keine Impulse des technischen Fortschritts besaßen, eben weil ihre Produktion nicht der bloßen Vermehrung des Tauschwerts untergeordnet gewesen sei. Auf welcher Grundlage behaupten wir dann aber, daß der technische Fortschritt im allgemeinen stattfinden »muß«, und auf welcher Grundlage meinen wir, daß der Kapitalismus unausweichlich in Erscheinung treten mußte? Warum konnte die Feudalgesellschaft eigentlich nicht unbegrenzt lange in technischer Stagnation leben? Die Antwort, die die Marxisten in solchen Fällen normalerweise geben, lautet: Er ist aber gerade in Erscheinung getreten! Diese Antwort hat jedoch nichts mit der Frage zu tun. Wenn wir mit der Aussage, der Kapitalismus habe entstehen »müssen«, weiter nichts aussagen wollen, als daß er ja gerade entstanden sei, dann sprechen wir eine irreführende und geradezu betrügerische Sprache, weil wir etwas anderes suggerieren als das, worum es uns eigentlich geht. Wenn wir jedoch mehr im Sinn haben, als die bloße Tatsache des Kapitalismusursprungs, nämlich irgendeine »historische Notwendigkeit«, dann ist die bloße Tatsache, daß der Kapitalismus entstanden ist, kein Beweis für seine Notwendigkeit, es sei denn, wir deduzierten diese Ansicht daraus, daß es im allgemeinen so sei: Was immer eingetreten ist, das mußte auch eintreten; das letztere ist jedoch eine völlig unbegründete metaphysische Konzeption, die man zwar anerkennen kann, ohne jedoch Anspruch darauf erheben zu dürfen, mit ihrer Hilfe irgendetwas innerhalb der faktischen historischen Prozesse erklären zu können.

Der als Geschichtstheorie verstandene Marxismus, in der die Gesamtheit der historischen Umwandlungen durch den technischen Fortschritt und die gesamte Kultur durch den Klassenkampf erklärt wird, ist unhaltbar. Der Marxismus als Theorie der »Wechselwirkung« von Technik, Eigentumsverhältnissen und Kultur ist eine Binsenwahrheit. Diese Wahrheit wäre nicht trivial, wenn wir in der Lage wären, diese Abhängigkeiten in quantitativer Form auszudrücken, d. h., wenn wir das Kräfteverhältnis der einzelnen Faktoren des gesellschaftlichen Lebens messen könnten. Doch wir verfügen nicht nur über keinerlei Methoden dieser Art, wir können uns nicht einmal vorstellen, in welcher Weise diese »Kräfte« auf eine gemeinsame Skala zurückführbar wären. Sowohl in unseren Erklärungen der vergangenen Ereignisse wie in unseren Prognosen sind wir auf die ungewissen Intuitionen des gemeinen Verstandes angewiesen.

Das alles bedeutet jedoch nicht, daß die von Marx vorgeschlagenen Grundsätze der Geschichtsforschung nutz- oder bedeutungslos wären. Im Gegenteil! Marx hat unser Geschichtsverständnis maßgeblich beeinflußt, und man kann nicht leugnen, daß die Geschichtsforschung ohne Marx nicht nur anders wäre, als sie es heute ist, sondern auch ärmer und schlechter. Es ist in der Tat ein wesentlicher Unterschied, ob man beispielsweise die Geschichte des Christentums als Geschichte der Dogmenstreite, als eine Gruppe von Argumenten für oder wider verschiedene Kanoninterpretationen, ob man alle diese Prozesse als einen Kampf der Geister behandelt oder ob man sie als Erscheinungsformen des Lebens der christlichen Gemeinschaften untersucht, die allen geschichtlichen Gebrechen unterworfen waren, abhängig vom Gesamt der gesellschaftlichen Kämpfe und Konflikte ihrer Zeit. Es darf daher gesagt werden, daß Marx, auch wenn er seine Gedanken häufig in radikalen, unannehmbaren Formeln artikulierte, eine Arbeit geleistet hat, die von immenser Bedeutung für die Kultur ist: Er hat die ganze geschichtliche Denkweise verändert. Es besteht jedoch ein wesentlicher Unterschied zwischen der Aussage, daß wir die Geschichte der Ideen nicht begreifen, wenn wir sie nicht als Erscheinungsformen des gemeinschaftlichen Lebens betrachten, unter dem sie entstanden sind, und der Aussage, daß alle aus der Geschichte bekannten Ideen Werkzeuge des Klassenkampfs im Marxschen Verständnis des Begriffs »Klasse« gewesen seien. Diese erste Wahrheit ist Teil der allgemein anerkannten Denkweise und erscheint uns heute als trivial, doch trivial wurde sie dank Marx, auch dank seinen voreiligen Verallgemeinerungen und Extrapolationen.

Marx ist selbstverständlich nicht gänzlich »unschuldig« daran, wenn man so sagen darf, daß alle groben und vulgären Versionen des Marxismus stets auf ein umfangreiches Zitatenrepertoire zurückgreifen können, das ihnen als Stütze dient. Wenn wir wortwörtlich daran glauben, daß die »Geschichte aller bisherigen Gesellschaft die Geschichte von Klassenkämpfen« gewesen sei, können wir den Marxismus in der Tat als eine Doktrin interpretieren, derzufolge alle Einzelheiten der geschichtlichen Prozesse als Erscheinungsweisen des Klassenkampfs zu betrachten sind. Wann immer Marx selber detailliertere Überlegungen anstellte, nahm er die Hypothese vom Klassencharakter in diesem absurd rigorosen Sinn mit Sicherheit nie ganz ernst. Dennoch hat er einen bestimmten Formelfond überliefert, der sich für eine derartig simplifizierende Interpretation eignet. Man konnte diesen Formeln entnehmen, daß die Menschen die Opfer von Täuschungen geworden seien, sooft sie sich vorstellten, es ginge ihnen um etwas anderes als um die materiellen Interessen der Klasse, mit der sie sich – bewußt oder unbewußt – identifizierten, daß die Menschen also »in Wahrheit« nie um die Macht der Macht willen, nie um die Freiheit der Freiheit willen oder um die Sache ihrer Nation im Namen nationaler Ziele gekämpft haben, sondern daß alle diese Werte mystifizierte Scheinwerte gewesen seien, unter denen sich der einzig »reale« Inhalt ihrer Aspirationen und Ideale verborgen gehalten habe, nämlich das Klasseninteresse. Man konnte aus diesen Formeln schließen, daß die politischen Organismen keine eigenen Interessen erzeugen, die sich gegenüber den Interessen der Klassen, die sie »repräsentierten«, verselbständigt hätten (trotz allen Marxschen Betrachtungen zum Phänomen der Bürokratie), und daß, wenn der Staat als eigenständige Kraft in gesellschaftlichen Kämpfen auftritt, dies nur das Ergebnis eines vorübergehenden Gleichgewichts der Kräfte in einer Epoche scharfen Klassenkampfes sei (diesen Sinn besitzt die Analyse des Bonapartismus).

Einige zeitgenössische Historiker und Soziologen (z. B. T. Bottomore) schlagen vor, den Marxismus nicht als universelle Geschichtstheorie, sondern als Forschungsmethode zu betrachten. Diese Einschränkung des Sinnes des Marxismus stimmt zwar nicht mit den Marxschen Intentionen überein (denn dieser verstand seine Theorie als verallgemeinerte Beschreibung des vergangenen wie des künftigen historischen Prozesses in globaler Dimension), stellt jedoch einen Versuch der Rationalisierung des Marxismus und seiner Befreiung von seinen prophetischen und allerklärenden Ansprüchen dar. Dennoch verlangt auch das Wort »Methode« einige Einschränkungen. Der historische Materialismus ist in dem lockeren Sinn, in dem er den erwähnten Vorwürfen nicht mehr ausgesetzt wäre, keine Methode, d. h. keine Gruppe von Forschungsregeln, die – und das ist der eigentlich adäquate Gebrauch des Wortes »Methode« – in jedem Fall zu gleichen Ergebnissen führen würden, wenn sie von beliebigen Forschern auf das gleiche Material angewandt würden. In diesem Sinne gibt es keine generelle »Methode« der Geschichtsforschung, außer selbstverständlich die Methoden der Quellenidentifizierung. Der historische Materialismus in diesem reduzierten Sinn kann aufgrund seines pauschalen und unverbindlichen Charakters nicht als »Methode« angesehen werden, sondern lediglich als ein wertvolles heuristisches Prinzip, das uns bei der Erforschung der politischen und ideellen Konflikte der sozialen und religiösen Bewegungen und der künstlerischen Strömungen und der Sitten empfiehlt, alle untersuchten Phänomene auf die materiellen Interessen der Menschen zu beziehen, einschließlich der Interessen, die sich in den Kategorien des Klassenkampfes erfassen lassen. Eine solche allgemeine Regel entscheidet keineswegs darüber, ob »letztlich« alles auf das Klasseninteresse reduzierbar ist, enthält also auch nicht die Negierung solcher Umstände wie die verselbständigte Rolle der Tradition, der Ideen und des Machtkampfes, bezweifelt nicht die wesentliche Rolle, die die geographischen Bedingungen oder das biologische Ambiente der menschlichen Existenz in den historischen Prozessen spielen. Sie suspendiert auch von fruchtlosen Auseinandersetzungen über die »Determination in letzter Instanz« und nimmt dafür den Marxschen Gedanken ernst, demzufolge das geistige Leben der Menschen kein völlig autonomer Bereich sei, sondern auch als ein Gebiet der nicht geistigen Interessen verstanden werden müsse. Die Trivialität auch dieser Regel kommt eben daher, was wiederholt werden muß, daß der Marxismus sie verbreitet hat.

Es braucht nicht eigens gesagt zu werden, daß das eine weitgehende Einschränkung der Gültigkeit des Marxismus ist. Diese Einschränkung bezieht sich auf die Erforschung der vergangenen Geschichte. Es drängt sich jedoch die Notwendigkeit von nicht minder wesentlichen, ja vielleicht noch wichtigeren Einschränkungen auf, wenn es um den Marxismus als eine *Zukunftslehre* geht.

Kein Marx-Forscher wird leugnen können, daß der Sinn der Geschichte, die Marx kannte und untersuchte, sich für ihn nicht allein aus ihrer retrospektiven Erforschung ergab, sondern erst durch die Prognose der künftigen Menschheitsschicksale explizit werden konnte. Den Sinn des Gewesenen begreifen wir erst, wenn wir die Perspektive einer neuen Welt aufzeigen, zu der uns die gegenwärtige Gesellschaft unfehlbar hinführt: Das ist der junghegelianische Standpunkt, den Marx nie aufgegeben hat. Erst im Licht der künftigen Einheit der Menschheit enthüllt sich für uns der Sinn der gesamten Vergangenheit. Der Marxismus läßt sich daher ohne die Annahme seiner kommunistischen Prophetie unmöglich akzeptieren. Ein derart beschnittener Marxismus ist kein Marxismus mehr.

Doch es scheint lohnend, zu erwägen, worin diese Prophetie besteht. Rosa Luxemburg war die erste unter den Marxisten, die aufwies, daß Marx die ökonomischen Bedingungen, die zu dem unvermeidbaren Zusammenbruch des Kapitalismus führen, in keiner Weise bestimmt habe. Derartige klar bestimmte Bedingungen sucht man bei Marx in der Tat vergeblich. Aus der Analyse der Krisen und ihrer destruktiven Folgen resultiert keineswegs, daß das System des spontanen Anpassens der Produktion an die Nachfrage nicht von unbegrenzter Dauer sein könne (selbst wenn man Marxens Annahme gelten läßt, daß der Kapitalismus nie imstande sein werde, die Krisen der Überproduktion zu verhindern). Rosa Luxemburgs Theorie, derzufolge der Kapitalismus ohne die nichtkapitalistischen Märkte nicht existieren könnte, die er andererseits selbst ruiniere, ist von fast allen Marxisten zurückgewiesen worden. Weder das Elend noch die Anarchie der Produktion noch der Fall der Profitrate schaffen die Grundlage für die Behauptung, der Kapitalismus »müsse« notwendigerweise zusammenbrechen, und erst recht nicht dafür, daß seinem Zusammenbruch eine sozialistische Gesellschaft in dem von Marx bestimmten Sinn entspringen müsse.

Wahr ist jedoch, daß die »Notwendigkeit« des Untergangs des Kapitalismus und die Notwendigkeit des kommunistischen Milleniums für Marx einen anderen Sinn besitzen als die Notwendigkeit, mit der – für ihn – der Kapitalismus aus der feudalen Gesellschaft hervorgegangen ist. In der Tat hatte sich niemand das Ziel gesetzt, den »Kapitalismus aufzubauen«. Es hat die Kaufleute gegeben, von denen ein jeder für sich billiger einkaufen und teurer verkaufen wollte. Es hat die Seefahrer und Abenteurer gegeben, die die Meere auf der Suche nach Abenteuern und Schätzen durchkreuzten oder in der Hoffnung auf Erweiterung der europäischen Imperien. Es hat die Gründer von Manufakturen gegeben, die dem Profit nachjagten. Jeder war um seine Interessen besorgt, aber niemand von ihnen um den »Kapitalismus«. Der Kapitalismus ist nach und nach aufgetaucht als das unbeabsichtigte Resultat von Millionen menschlicher Aspirationen und Bestrebungen. Es war also ein »objektiver« Prozeß, an dem das Bewußtsein der Menschen nur in mystifizierter Gestalt beteiligt war. Doch die »Notwendigkeit« des Sozialismus ist für Marx – eine andere. Diese Notwendigkeit kann sich in keiner Weise vollziehen, ohne daß die Menschen, die dieser Notwendigkeit zum Erfolg verhelfen sollen, den Sinn der eigenen Handlungen verstehen; das Bewußtsein des Proletariats, welches das Bewußtsein seines Platzes im Produktionsprozeß sowie das Bewußtsein der eigenen historischen Sendung miteinbezieht, ist die notwendige Bedingung für die Erfüllung der »historischen Notwendigkeit«. Diese Notwendigkeit wird – wie bereits gesagt – in diesem privilegierten historischen Fall vermittels der bewußten Tätigkeit wirksam, das Subjekt der historischen Umgestaltung ist selber der Gegenstand, die Erkenntnis dieser Gesellschaft fällt mit der revolutionären Bewegung dieser Gesellschaft zusammen.

Obwohl das revolutionäre Bewußtsein des Proletariats mit der revolutionären Bewegung dieses Proletariats identisch werden soll, hat dieses Bewußtsein notwendigerweise als Ergebnis der Entwicklung der kapitalistischen Gesellschaft zu entstehen. Die historische Sendung des Proletariats muß, um in Erfüllung zu gehen, zu einer vollends bewußten Sendung werden, anders als es bei der Mission der Konquistadoren der Fall war; doch dieses Bewußtsein seinerseits ist selber das unausweichliche Resultat des historischen Prozesses.

Eben diese Überzeugung, daß das Proletariat von der Geschichte zur Errichtung der neuen Ordnung berufen sei, die die Klassenkonflikte aufheben werde, ist bei Marx jedoch nichts als eine unbegründete Prophezeiung. Es geht hierbei jedoch nicht um die Überzeugung, daß das Proletariat gegen die Kapitalisten um seine Interessen kämpft und weiter kämpfen wird; für Marx ist das bloße Bewußtsein des Interessenwiderspruchs kein revolutionäres Bewußtsein, sofern ihm nicht die Überzeugung innewohnt, daß es erstens ein globaler Gegensatz zwischen zwei Klassen ist, die auf internationaler Skala grundsätzlich identische sind, zum zweiten wiederum, daß dieser Gegensatz in einer entsprechend globalen proletarischen Revolution aufgehoben werden kann und muß. Das Proletariat ist nicht nur in dem Sinn eine *universelle* Klasse, in welchem der Bourgeoisie »Universalität« eignete, als ihre Aspirationen mit den eigenen Interessen des »Fortschritts« (was dieses Wort auch immer bedeuten mag) zusammenfielen, sondern auch in dem Sinn, daß das Proletariat der menschlichen Gattung ihre Universalität zurückerstattet, daß es die Bestimmung der Gattung erfüllt, die »Vorgeschichte« der Menschheit ein für alle Male abschließt und die Quellen der sozialen Gegensätze beseitigt. Es ist auch in dem Sinn eine universelle Klasse, daß es die Menschheit von den ideologischen Mystifikationen befreit, daß es die gesellschaftlichen Beziehungen für alle transparent macht und die bislang in der Geschichte dominierende Entzweiung in ohnmächtiges moralistisches Bewußtsein auf der einen Seite und den automatischen spontanen, durch niemand kontrollierten und eigentlich niemandem bekannten »objektiven« Geschichtsprozeß auf der anderen Seite aufhebt.

Doch ist diese Überzeugung, daß das Proletariat ein revolutionäres Bewußtsein herausbilden müsse, keine wissenschaftliche Prognose, sondern eine völlig unbegründete Prophezeiung. Marx gewann seine Theorie der historischen Sendung des Proletariats ursprünglich mit Hilfe einer philosophischen Deduktion, versuchte sie jedoch dann auf mehr empirische Prämissen zu stützen. Diese Prämissen waren vor allem sein Glaube, daß die Polarisierung der Klassen unausweichlich fortschreiten müsse. Das ist eine Prämisse, die sich zwar als falsch erwiesen hat, die jedoch grundsätzlich einer empirischen Verifikation zugänglich ist. Hätte sie sich jedoch bestätigt, so bliebe weiterhin unklar, in welcher Weise aus ihr die Unausweichlichkeit einer globalen sozialistischen Revolution resultieren sollte. Diese Unausweichlichkeit folgt auch nicht daraus, daß die Arbeiterklasse die Verkörperung der maximalen Enthumanisierung darstellt und daß sie zugleich die produktiv tätige Klasse ist, diese beiden Kriterien unterscheiden sie nämlich nicht von den Sklaven der Antike. Wenn es jedoch zuträfe, daß die soziale Degradierung der Arbeiterklasse sich in verhängnisvoller Weise vertiefen muß, so wären auf dieser Grundlage die Aussichten auf eine proletarische Weltrevolution – wie Marx-Kritiker wiederholt bemerkten – keineswegs glänzender: Es ist nicht klar, in welcher Weise die Klasse, deren permanente oder sogar sich vertiefende Unbildung, Erniedrigung und physische Verkümmerung vorausgesagt werden, die zu vernichtender Anstrengung und zu Analphabetismus verurteilt ist, aus sich heraus die Kraft zu einem universellen Umsturz schöpfen sollte, die der menschlichen Gattung die verlorene Menschheit wiedererstatten würde. Um so weniger darf man – in Übereinstimmung mit Marxens Ansichten – erwarten, daß die Hoffnung auf den Sieg des Proletariats darauf setzen kann, daß diese Klasse die Gerechtigkeit auf ihrer Seite habe; wenn wir unsere Voraussetzungen auf dem Glauben aufbauen wollten, daß die Gerechtigkeit siegen müsse, können wir diese Begründung aus keiner der geschichtlichen Erfahrungen gewinnen, die eher gegenteilige Erwartungen rechtfertigen.

Doch Marx glaubte in der Tat nicht, die proletarische Revolution sollte ein Ergebnis des Elends sein. Auch nahm er nie zur Kenntnis, daß die Verbesserung des Arbeiterschicksals einen Einfluß auf die »natürliche« revolutionäre Bereitschaft der Arbeiter ausüben könnte. Auch keiner der späteren orthodoxen Marxisten berücksichtigte diesen Umstand, wenngleich viele von ihnen abschätzig über die Arbeiter-Aristokratie schrieben, die infolge der Stabilität der Lebensverhältnisse und der höheren Löhne dem ideologischen Einfluß der Bourgeoisie erliege, was jedoch aufgrund der Theorie eigentlich nicht statthaben solle.

Wenn die beiden empirischen, verifizierbaren oder falsifizierbaren Marxschen Voraussetzungen: daß die Gesellschaft sich auf das Zwei-Klassen-Modell zubewegen werde und daß die Situation des Proletariats keine wesentliche Verbesserung erfahren könne, wahr wären, dann besäßen wir immer noch keinen Beweis dafür, daß die Arbeiterklasse »aus der Natur« ihrer Lage ein revolutionäres Bewußtsein entwickeln müsse, wir verfügten vielmehr über die Prämissen für die Annahme, daß das revolutionäre Gären unter dem Proletariat auftreten werde und daß es zum Sturz des bestehenden Eigentumssystems führen könne. Ohne diese Prämissen ist diese Prophezeiung unbegründet, was keineswegs bedeutet, daß sie gesellschaftlich wirkungslos wäre. Doch die Erfolge der politischen Bewegungen, die sich auf die Marxsche Lehre berufen, sind kein Beweis für den Wahrheitswert dieser Lehre (und dies ungeachtet dessen, ob sie diese Lehre deformieren und wie stark sie das tun), ebensowenig wie der Sieg des Christentums in der antiken Welt, der von den Propheten der Bewegung vorausgesagt worden war, einen Beweis für die Wahrhaftigkeit des Dreifaltigkeitsdogmas darstellt, sondern allenfalls einen Beweis dafür, daß sich der christliche Glaube als fähig erwiesen hat, die Aspirationen von wesentlichen Teilen der Gesellschaft zu artikulieren. Daß der Marxismus einen gewaltigen Einfluß auf die Arbeiterbewegung ausgeübt hat, bedarf keines besonderen Beweises; daß dieser Einfluß jedoch ein Beweis für seine Wahrhaftigkeit im wissenschaftlichen Wortsinn darstellt, läßt sich daraus nicht entnehmen. Wir verfügen hingegen über keine empirischen Bestätigungen der Marxschen Voraussagen, zumal es auf der ganzen Welt keine proletarische Revolution in dem von Marx beschriebenen Sinne gegeben hat, die von Bedingungen provoziert worden wären, die er für die gesellschaftlichen Ursachen einer solchen Revolution angesehen hat (der »Widerspruch« zwischen den Produktivkräften und den Produktionsverhältnissen; die Unfähigkeit des Kapitalismus zur Weiterentwicklung der Technik; usw.).

Wäre es jedoch wahr, daß der Kapitalismus aus ökonomischen Gründen nicht von unbegrenzter Dauer sein könne, so verfügten wir auch weiterhin über keine Gründe für die Annahme, daß er von einem Sozialismus im Marxschen Verständnis ersetzt werden müsse. Der Kapitalismus kann auch durch einen allgemeinen Zerfall der Zivilisation ersetzt werden (und die Alternative »Sozialismus« oder »Barbarei« scheint dafür zu sprechen, daß Marx nicht immer entschieden an die historische Notwendigkeit des Sozialismus geglaubt hat); oder er kann ersetzt werden entweder durch eine modifizierte kapitalistische Gesellschaft, und zwar durch eine solche, die in technologischer Hinsicht stagniert, oder aber durch eine andere Gesellschaftsform, die weder auf stetigen technischen Fortschritt orientiert noch sozialistisch wäre. Die Marxschen Bemerkungen, die besagen, daß der Kapitalismus zusammenbrechen werde, weil er die Fähigkeit zur Entwicklung der Technik verloren habe oder bald verlieren werde, setzten mindestens zwei Prämissen voraus: 1. daß der technische Fortschritt sich naturgemäß vollziehe, 2. die Arbeiterklasse Träger dieses Fortschritts sei. Keine dieser beiden Prämissen hingegen ist glaubwürdig. Die erste deshalb nicht, weil sie ganz einfach die Extrapolation einer historischen Tatsache (nicht aber eines Gesetzes) ist: daß die Menschen im Verlauf vieler uns bekannter

Epochen ihre Produktionsmittel vervollkommnet haben; es mangelt hingegen nicht an Rückschritten und Stillständen; auch besteht keine Veranlassung, zu meinen, daß die Menschen dies immer und unbegrenzt tun müßten. Die zweite Prämisse ist ebenfalls überaus zweifelhaft. In der kapitalistischen Gesellschaft ist die Arbeiterklasse nicht der Träger irgendeiner höheren Technik. Die genannte Prämisse müßte also den Sinn haben, daß der Sozialismus seinen Erfolg einer höheren Produktivität der Arbeit verdanken werde, als der Kapitalismus sie zu erreichen vermochte. Diese Prämisse ist jedoch weder auf der Grundlage der Erfahrungen des bestehenden Sozialismus noch auf der Grundlage irgendeiner Deduktion aus den im Kapitalismus zu beobachtenden Tendenzen glaubwürdig. Unvorstellbar ist mithin auch der Mechanismus eines auf dieser Prämisse basierenden Umsturzes.

Die Idee, daß fünfhundert Jahrtausende Geschichte der menschlichen Gattung und fünf Jahrtausende geschriebener Geschichte alsbald in einem Happy-End ihren Abschluß finden würden, ist Ausdruck einer Hoffnung. Die, die diese Hoffnung hegen, sind nicht in einer besseren intellektuellen Verfassung als die, die sie nicht teilen. Der Glaube Marxens an das »Ende der Vorgeschichte« ist ein Appell, nicht aber eine wissenschaftliche Theorie, ist das Wort eines Propheten, nicht das eines Wissenschaftlers. Die gesellschaftliche Wirksamkeit dieses Glaubens ist eine andere Frage, die wir an geeigneter Stelle erörtern werden.

Fünfzehntes Kapitel

Die Dialektik der Natur

1. Die szientistische Orientierung

Seit den sechziger Jahren trat die geistige Kultur Europas in eine neue Phase ein. Nach Mayer, Helmholtz und Schwann kamen Darwin, Virchow, Spencer, Huxley. Es schien, als strebte die Wissenschaft einen Punkt an, an dem das ganzheitliche, naturwissenschaftliche Weltbild zur unabweisbaren Realität werden sollte; das Prinzip der Erhaltung der Energie und die Festsetzungen, die die Gesetze ihrer Umwandlung betrafen, schienen sich einer Formel zu nähern, die die ganze unendliche Vielheit der Naturerscheinungen einem allgemeinen Gesetz unterordnete; die Erforschung des Zellenaufbaus der Organismen versprach die Entdeckung einer einheitlichen Theorie, die alle grundlegenden organischen Phänomene mit Hilfe eines einzigen Gesetzessystems erklärten; die Evolutionstheorie lieferte ein generelles Schema der historischen, ganzheitlichen Entwicklung der lebenden Natur und bezog den Menschen, zusammen mit seinen spezifisch menschlichen Eigenschaften, in den allgemeinen Prozeß der Umgestaltung der Natur mit ein; Fechners Untersuchungen eröffneten den Weg für die quantitativen Messungen der psychischen Erscheinungen, in einem Bereich also, der der experimentellen Wissenschaft bis zu diesem Zeitpunkt den größten Widerstand geleistet hatte. Der Augenblick, in dem die Einheit der Natur, die unter dem ganzen chaotischen Reichtum ihrer Mannigfaltigkeit verborgen ist, sich dem Blick des Wissenschaftlers zeigen würde, schien nicht mehr weit entfernt. Der Kult der Wissenschaft wurde allgemein; die metaphysischen Spekulationen schienen unwiderruflich zum Aussterben verurteilt. Die Methoden der naturwissenschaftlichen Forschung sollten universell anwendbar werden und auch die Analyse der gesellschaftlichen Erscheinungen umfassen.

Engels, der die Fortschritte der Naturwissenschaft eifrig verfolgte, teilte auch diese Hoffnung auf die baldige Geburt einer neuen *mathesis universalis.* Bis an sein Lebensende sollte er die Anerkennung und Bewunderung für den Erzmeister der Dialektik, den er in seiner Jugend studiert hatte, bewahren; auch glaubte er, daß der rationale Gehalt und Wert der Hegelschen Spekulationen sich erst als Resultat der Entwicklung der Erfahrungswissenschaft offenbaren würde, die mit jedem neuen Schritt das Denken auf das dialektische Naturverständnis hinlenken werde. Doch die Interpretation der wissenschaftlichen Entdeckungen und die Enthüllung ihres philosophischen Sinns erfordern, nach seiner Ansicht, eine theoretische Arbeit, die den Zusammenbruch der alten Schemata, insbesondere den Anachronismus der mechanistischen Denkweise in der Wissenschaft selbst aufdecken würde, die vom 17. Jahrhundert an in der Naturwissenschaft zu dominieren begonnen hatte. Seit seinen frühesten Schriften bemühte sich Engels um einen möglichst engen Kontakt der von ihm verwendeten theoretischen Begriffe zu den empirischen Daten; das wird in allen Texten deutlich, die das Marxsche Denken vermitteln oder popularisieren, welches zwar stets auf die Kohärenz der theoretischen Konstruktion, doch weniger auf das Verankern ihres Sinns in evidenten Erfahrungsdaten achtete. Auch nimmt es nicht wunder, daß Engels vom allgemeinen szientistischen Enthusiasmus seiner Zeit erfüllt war und, übereinstimmend mit dieser herrschenden Tendenz, nach einem Weltbild suchte, in dem grundsätzlich dieselben Methoden in Naturwissenschaft und Gesellschaftswissenschaft hätten angewandt werden können und in dem diese letztere zur natürlichen Verlängerung der ersteren würde; die Suche nach *Einheit der Methode* und *Einheit des Inhalts* des gesamten menschlichen Wissens, insbesondere aber die Suche nach solchen ganzheitlichen Erfassungsweisen, die die menschliche Geschichte in die Naturgeschichte – in Übereinstimmung mit der Intention des Darwinismus – mit einbeziehen, verbindet Engels mit der positivistischen Strömung seiner Epoche. Doch diese Einheit sollte nicht auf dem Wege der Zurückführung des gesamten Wissens auf mechanistische Schemata erreicht werden, was viele Physiker erhofften (z. B. Kirchhoff), sondern eben durch die Aufdeckung von dialektischen Gesetzen, die für alle Forschungsbereiche gleicherweise Gültigkeit besitzen. Diese Tendenz zeigt sich in den drei wichtigsten Texten von Engels, die in den Jahren 1875–1886 entstanden sind: »Anti-Dühring«, »Ludwig Feuerbach« und »Dialektik der Natur«. Dieses letzte Werk, eine Sammlung von kleinen Abhandlungen und Aufzeichnungen, entstand ursprünglich aus der Absicht einer Polemik gegen Ludwig Büchner, dessen mechanistischer Materialismus Engels die Gelegenheit zur Darlegung eines neuen, dialektischen Materialismus bieten sollte. Mit der Zeit verselbständigte sich jedoch die Engelssche Reflexion gegenüber dieser polemischen Orientierung. Alle drei Werke gaben, weil sie – im Unterschied zu den Marxschen Texten – Probleme aufgriffen, die traditionsgemäß der Philosophie zugerechnet wurden, einem bestimmten doktrinalen Stereotypus den Anfang, der später unter der Bezeichnung dialektischer Materialismus als »Ontologie und Erkenntnistheorie des Marxismus« zu funktionieren begann. Vor allem seit der

Zeit Plechanows verbreitete sich das Bild des Marxismus als einer Lehre, die aus den philosophischen, von Engels dargelegten Ideen, aus der ökonomischen Theorie des »Kapital« sowie der Theorie des wissenschaftlichen Sozialismus zusammengesetzt war. Die Frage, ob die so konzipierte Ganzheit völlig kohärent sei und ob insbesondere die Engelssche Dialektik der Natur mit den philosophischen Voraussetzungen, die für die Marxsche Arbeit bestimmend waren, eine kohärente Ganzheit bilde, ist seit einigen Jahrzehnten Gegenstand der Auseinandersetzung.

2. Materialismus und Idealismus. Der Ausgang der Philosophie

Der Gegensatz von Materialismus und Idealismus steht, nach Engels, im Mittelpunkt der Philosophie und organisiert ihre gesamte Geschichte. Diesen Gedanken erbt Engels von der Tradition; auf den Gegensatz zwischen Materialismus und Idealismus oder Spiritualismus als den zentralen Punkt des philosophischen Denkens haben Leibniz, dann Fichte, später Feuerbach hingewiesen. Diese Opposition läßt sich nach Engels letztendlich auf den Streit um die Erschaffung der Welt zurückführen – Idealisten sind alle die, die darauf bestehen, daß der Geist *vor* der Natur gewesen sei, ungeachtet dessen, ob ein Schöpfer-Gott oder die Hegelsche Idee die Stelle des »Geistes« einnimmt; der Materialismus ist dementsprechend die Ansicht, die auf der Priorität der Natur gegenüber dem Geist besteht. Der Subjektivismus des Berkeleyschen Typus, der das Dasein auf die Wahrnehmung relativiert, befindet sich in dieser Aufteilung selbstverständlich auf der Seite des Idealismus.

Der Streit zwischen Materialismus und Idealismus erfüllt nun die gesamte Philosophiegeschichte. Das soll jedoch nicht in dem Sinn verstanden werden, daß die Philosophie ganz einfach unverändert ein und dieselben Formeln wiederholte; wir kennen Epochen, in denen der Materialismus im strikten Sinn überhaupt nicht in der Kultur präsent ist, so z. B. im gesamten christlichen Mittelalter. Dennoch können wir auch dort, innerhalb der Grundauseinandersetzungen, eine bestimmte Tendenz feststellen, die, wenngleich sie nicht die Bezeichnung Materialismus verdient, eine gewisse Verwandtschaft mit diesem aufweist: Es ist namentlich der nominalistische Standpunkt im Generalienstreit, der immerhin ein bestimmtes Interesse für die Natur, eine Rückwendung zum Konkreten erkennen läßt. Auch sind uns aus der Philosophiegeschichte zahlreiche Doktrinen bekannt, die ungeachtet der grundsätzlichen Unvereinbarkeit der beiden philosophischen Einstellungen Kompromiß- oder vermittelnde Lösungen versuchen. Wenn es mithin schwierig ist, die Philosophiegeschichte in zwei Strömungen zu trennen, die die beiden Standpunkte in reiner Form ausdrücken und das gesamte philosophische Denken erschöpfen würden, so stoßen wir doch stets auf diese beiden einander bekämpfenden Tendenzen, von denen die eine der materialistischen Weltinterpretation nähersteht bzw. die mehr Bestandteile enthält, die normalerweise dem Materialismus in Reinkultur inhärent sind, als die andere. Der Umstand, daß die spiritualistischen Tendenzen in der Philosophie geläufiger sind, versteht sich durch die Teilung der Arbeit in physische und geistige, namentlich durch die Verselbständigung der intellektuellen Tätigkeiten und die Entstehung des Berufs der Ideologen, die allein aufgrund des Charakters ihrer Arbeit dazu neigen, dem Denken eine hervorragende Bedeutung zuzuschreiben.

Wie läßt sich die materialistische Orientierung näher bestimmen? Wenn die beiden Hauptstandpunkte der Philosophie nach Engels die Differenzierung von Natur und Geist voraussetzen, so könnte es so scheinen, als melde sich in beiden eine Art von dualistischem Weltverständnis zu Wort, als müsse der Geist auch vom Standpunkt des Materialismus aus, wiewohl der Natur gegenüber genetisch sekundär, etwas von ihr unterschiedenes, nicht aber ihr Bestandteil sein, sofern er ihr Produkt ist. Doch die Engelssche Intention hat einen anderen Sinn. Für Engels besteht der Gegensatz von Natur und Geist nicht im Gegensatz zweier unterschiedlicher Substanzen (und sei es genetisch nicht ranggleicher); das Bewußtsein ist kein Ding, sondern eine bestimmte Eigenschaft von in besonderer Weise organisierten materiellen Objekten oder auch ein Prozeß, der sich in diesen Objekten (namentlich in den menschlichen Körpern) vollzieht. Engels' Standpunkt ist also monistisch, und er lehnt das Vorhandensein jeglicher anderer Entitäten ab, die sich nicht als materielle bezeichnen ließen.

Doch um zu wissen, was der Materialismus ist, müssen wir erst wissen, was die Materie ist. In bestimmten Ausführungen äußert sich Engels so, als könnte der Materialismus in seinem Verständnis auf die Kategorie der Substanz oder deren Spezifikation (insbesondere die Materie) völlig verzichten, indem er sich mit einem rein szientistischen oder phänomenalistischen Standpunkt begnügt. Er sagt mithin: »Allerdings heißt materialistische Naturanschauung weiter nichts als einfache Auffassung der Natur so, wie sie sich gibt, ohne fremde Zutat . . .« (»Dialektik der Natur«, Notizen aus der Geschichte der Wissenschaft).[1] Er sagt auch: »Die Materie als solche ist eine reine Gedankenschöpfung und Abstraktion. Wir sehen von den qualitativen Verschiedenheiten der Dinge ab, indem wir sie als körperlich existierende unter dem Begriff Materie zusammenfassen. Materie als solche, im Unterschied von den bestimmten, existierenden Materien, ist also nichts Sinnlich-Existierendes« (»Dialektik der Natur«, Notizen über Bewegungsformen der Materie und die sie behandelnden Wissenschaften).[2] Daraus müßte man schließen, daß der Materialismus im Engelsschen Verständnis keine Ontologie im gängigen Wortsinn ist, sondern vielmehr ein anti-philosophischer Szientismus, der keine Notwendigkeit von Fragen nach der »Substanz« sieht, sondern sich eher mit der Anerkennung der wirklichen Ergebnisse der Naturwissenschaft begnügt, wobei er allenfalls versucht, diese von den spekulativen Zusätzen zu säubern. Die Philosophie wäre, so gesehen, ein Idealismus, namentlich der Versuch, die wissenschaftliche Erkenntnis durch erfundene Entitäten zu ergänzen. In der Tat verkündet Engels unmißverständlich den Ausgang der Philosophie. »Wenn wir den Weltschematismus nicht aus dem Kopf, sondern bloß *vermittelst* des Kopfs aus der wirklichen Welt, die Grundsätze des Seins aus dem, was ist, ableiten, so brauchen wir dazu keine Philosophie, sondern positive Kenntnisse von der Welt und was in ihr vorgeht; und was dabei herauskommt ist ebenfalls keine Philosophie, sondern positive Wissenschaft« (»Anti-Dühring«, 1. Abschn. III).[3] »Mit Hegel schließt die Philosophie überhaupt ab; einerseits weil er ihre ganze Entwicklung in seinem System in der großartigsten Weise zusammenfaßt, anderseits weil er uns, wenn auch unbewußt, den Weg zeigt aus diesem Labyrinth der Systeme zur wirklichen positiven Erkenntnis der Welt« (»Feuerbach und der Ausgang der klassischen deutschen Philosophie«, I).[4] Der moderne Materialismus sei »überhaupt keine Philosophie mehr, sondern eine einfache Weltanschauung, die sich nicht in einer aparten Wissenschaftswissenschaft, sondern in den wirklichen Wissenschaften zu bewähren und zu betätigen hat. Die Philosophie ist hier also ›aufgehoben‹, das heißt ›sowohl überwunden als aufbewahrt‹; überwunden, ihrer Form, aufbewahrt, ihrem wirklichen Inhalt nach« (»Anti-Dühring«, 1. Abschn., XIII).[5] »Sobald an jede einzelne Wissenschaft die Forderung herantritt, über ihre Stellung im Gesamtzusammenhang der Dinge und der Kenntnis von den Dingen sich klarzuwerden, ist jede besondre Wissenschaft vom Gesamtzusammenhang überflüssig. Was von der ganzen bisherigen Philosophie dann noch selbständig bestehn bleibt, ist die Lehre vom Denken und seinen Gesetzen – die formelle Logik und die Dialektik. Alles andre geht auf in die positive Wissenschaft von Natur und Geschichte« (»Anti-Dühring«, Einleitung).[6]

Wie man sieht, faßt Engels die Philosophie als den Versuch einer völlig spekulativen Weltbeschreibung auf oder als den Versuch, den Gesamtzusammenhang der Dinge in einer Weise zu erfassen, daß diese Erfassung nicht aus den Daten der Naturwissenschaft hervorgeht. In diesem Sinne soll die Philosophie ihre Existenzberechtigung verlieren. Was bleibt, ist eine Wissenschaft von der Methode, die mit der Philosophie im alten Sinn nur insofern verbunden ist, als sie traditionsgemäß als ein Teil von ihr, wenngleich nicht als ihr zentraler, angesehen wurde. Die Engelsschen Formeln sind nicht ganz eindeutig, doch ihre grundsätzliche Intention in dieser Frage entspricht den damals verbreiteten positivistischen Lehren: Die Philosophie als eine Disziplin neben oder über den Einzelwissenschaften ist überflüssig; die Denkregeln, also die Logik im weiteren Sinn, werden alsbald ihre einzige Spur in der Kultur darstellen. Auf der anderen Seite hält Engels, der in der zitierten Passage lediglich von der Dialektik als von einem Komplex von Denkgesetzen spricht, die Dialektik aber auch für eine ganzheitliche und legitime Wissenschaft von den allgemeinsten Naturgesetzen (und die Denkprozesse sind ein Sonderfall der Wirksamkeit dieser Gesetze). In dieser Auffassung muß sein anti-philosophisches Programm eine schwächere Interpretation erfahren. Die Philosophie wäre die Wissenschaft von den allgemeinsten Gesetzen des Werdens der Welt, aber eine solche, die ihre sämtlichen Ergebnisse auf Informationen aufbaut, die die »positive« Wissenschaft liefert. Solcherweise stellte die Philosophie eine Gruppe von Schlußfolgerungen dar, die logisch aus dem wissenschaftlichen Material hervorgehen, wenngleich sie möglicherweise von keiner Einzelwissenschaft formuliert worden sind. Diese beiden Versionen, die radikalere und die schwächere, treten bei Engels abwechselnd auf. Doch auch die zweite steht weiterhin im Rahmen der damals gängigen positivistischen Programme, die, ohne völlig auf die Philosophie zu verzichten, in ihr nur das sehen zu wollen, was man dem Material der positiven Wissenschaften deduktiv entnehmen konnte. Der Materialismus ist in diesem Verständnis also keine Ontologie, sondern vielmehr eine methodologische Regel, das Verbot der Ergänzung der positiven Erkenntnis durch spekulative Zusätze.

Engels bedient sich trotz dieses Standpunkts des Wortes »Materie« nicht nur zur Bezeichnung des abstrakten Gebildes, das vom Ding nach Abzug der qualitativen Differenzierungen übrigbleibt, sondern auch zur Bezeichnung der Allgemeinheit der physischen Entitäten schlechthin. In diesem Sinne sagt er, daß »die wirkliche Einheit der Welt in ihrer Materialität« bestehe (»Anti-Dühring« 1. Abschn., IV)[7], was bedeutet, daß die physische, sinnlich wahrnehmbare Welt die Ganzheit des Seins ausschöpfe, daß es keine verborgene Natur und keine zweite Welt gebe, die grundsätzlich von der verschieden sei, die Gegenstand der naturwissenschaftlichen Forschung ist. Engels erwägt nicht die Frage, ob die zitierte, phänomenalistische oder rein methodische Formel des Materialismus gleichbedeutend ist mit jener, die den Materialismus als die Überzeugung von der materiellen Einheit der Welt kennzeichnet, und ob die letztere wiederum gleichbedeutend ist mit dem Satz, der von der Priorität der Natur gegenüber dem Geist spricht. Sein Denken schwebt zwischen dem Pol des szientistischen Phänomenalismus, der ohne metaphysische Kategorien auskommt, und dem Pol des substanzialistischen Materialismus, der ein ursprüngliches und eigentliches Sein voraussetzt, dessen differenzierte Erscheinungsformen alle in der empirischen Welt stattfindenden Ereignisse wären. Der Materie als dem primären Sein eignet die Bewegung als konstantes und unverzichtbares Attribut (andernfalls nämlich müßte man die Quelle der Bewegung außerhalb der Materie suchen, also im Sinne des »ersten Impulses« der Deisten). Unter Bewegung hat man überhaupt jede Veränderung zu verstehen, nicht nur die Ortsveränderung. Die Bewegung ist die Existenzform der Materie und auf die nämliche Weise unerschaffbar und unzerstörbar wie diese.

3. Raum und Zeit

Zu den unverzichtbaren Attributen der Materie gehören darüber hinaus Raum und Zeit. Ganz allgemein lassen sich die zu Engels' Zeiten bekannten Theorien von Raum und Zeit (namentlich jene, die diese beiden Qualitäten gemeinsam erfaßten, als grundsätzlich innerhalb dieses Schemas interpretierbare; also unter Ausschuß der psychologischen Zeittheorien) auf drei zurückführen: 1. Raum und Zeit sind selbständige Entitäten, deren Existenz unabhängig von den physischen Körpern ist; möglich ist ein nicht ausgefüllter Raum, der dieselben Eigenschaften besitzt wie der physische Raum (der Raum ist das Behältnis der Körper), und möglich ist ein Zeitablauf, in dem sich nichts ereignet (die Zeit ist das Behältnis der Ereignisse); darin besteht die Newtonsche Lehre. 2. Raum und Zeit sind subjektiv und apriorisch (Kants Philosophie); ihre Quelle ist der Erkenntnisprozeß, doch sie kommen nicht aus der Erfahrung, sondern werden als deren transzendentale Bedingungen vorausgesetzt, die jeglicher möglichen faktischen Erkenntnis vorausgehen. 3. Raum und Zeit sind subjektiv und empirisch (Berkeley, Hume); sie sind Modi des Ex-post-Ordnens der Erfahrungsdaten, Formen also, in die wir dank der Assoziation die empirischen Daten zwecks ihrer wirksameren gedanklichen Organisation integrieren. Engels akzeptiert keine dieser Konzeptionen. Raum und Zeit sind für ihn »die Grundformen alles Seins«[8], sind also objektiv (entgegen Hume und Kant), doch (entgegen Newton) auf die materiellen Körper und auf die Ereignisse relativiert als ihre unabtrennbaren Eigenschaften. Genaugenommen müßte man von diesem Standpunkt aus sagen, daß es keine »Zeit« gebe, sondern nur die realen Verhältnisse der zeitlichen Sukzession (»früher«, »später«), denen gegenüber die Zeit eine sekundäre Abstraktion darstellt. Ähnlich verhält es sich mit dem Raum, es gibt ihn nicht, es gibt nur die objektiven räumlichen Relationen der Körper (Entfernung, Ausdehnung, Richtung). Engels hat seinen Gedanken nicht mit diesen Worten formuliert, doch dürften sie mit seiner Intention übereinstimmen. (»Die beiden

Existenzformen der Materie sind natürlich ohne die Materie nichts, leere Vorstellungen, Abstraktionen, die nur in unserm Kopf existieren.« In: »Dialektik der Natur«, Dialektik-Fragment).[9] Die räumliche und zeitliche Unendlichkeit des Weltalls sind die natürlichen Konsequenzen der Voraussetzung, die von der Unerschaffbarkeit und Unzerstörbarkeit der Materie ausgeht.

4. Die Veränderlichkeit der Natur

Es gibt also nichts außer den materiellen Körpern, die sich in einer ewigen Bewegung von differenzierten Formen befinden. In »Ludwig Feuerbach« sagt Engels zwar, daß die »Welt nicht als ein Komplex von fertigen *Dingen* zu fassen ist, sondern als ein Komplex von *Prozessen*, worin die scheinbar stabilen Dinge nicht minder wie ihre Gedankenabbilder in unserm Kopf, die Begriffe, eine ununterbrochene Veränderung des Werdens und Vergehens durchmachen«[10], doch darf das nicht wörtlich genommen werden, so als ob Engels die Ereignisse für primär und die Dinge für deren temporäre Konzentrationen gehalten hätte, nach dem Muster einiger zeitgenössischer »eventistischer« Theorien. Immerhin sagt er: »Der Stoff, die Materie ist nichts andres als die Gesamtheit der Stoffe, aus der dieser Begriff abstrahiert« (»Dialektik der Natur«, Dialektik-Fragment).[11] Wenn er von der Welt als von einem Komplex von Prozessen, nicht aber von Dingen spricht, will er eher die unaufhörliche Veränderlichkeit der materiellen Welt, die Ewigkeit ihrer Verwandlungen, die Abwesenheit jedweder dauerhaften Form hervorheben.

Diese ewige Veränderlichkeit der Welt gehört zu den bemerkenswertesten Ergebnissen des dialektischen Denkens. Engels sieht auch in dem Umstand die größte Leistung Hegels, daß er darauf aufmerksam gemacht hat, daß jede Seinsform in eine andere übergeht und sich – außer dem Weltall als Ganzem – dem Gesetz des Werdens und Vergehens kein Endgültiges, Unveränderliches zu widersetzen vermag. Die ganze erste Epoche der modernen Wissenschaft, die von den Namen Kopernikus, Descartes, Newton, Kepler, Linné markiert wird, war von dem Glauben an die Unveränderlichkeit der grundsätzlichen Gliederungen und Prozesse in der Natur beherrscht gewesen, sowohl was die Sternkonstellationen als auch die Struktur der Erde und die Differenzierung der organischen Welt betrifft. Die moderne Naturwissenschaft, die von der Kantschen Theorie des Himmels initiiert, von der Astronomie Laplaces weiterentwickelt wurde, die Entdeckungen Lyells in der Geologie, Mayers und Jouls in der Physik, Daltons in der Chemie, Lamarcks und Darwins in der Biologie haben das Weltbild revolutioniert, indem sie die universelle Veränderlichkeit der Natur und das Fehlen jeglicher fixer

Klassifikationen in ihr unter Beweis gestellt haben. Jedes erforschte Fragment der Welt erwies sich nur als Phase eines permanenten Prozesses, sämtliche Klassifikationen erwiesen sich als approximativ, zwischen den einzelnen Seinsformen wurden immer mehr Übergänge und Zwischenformationen entdeckt. Die Welt hat die Veränderlichkeit und Flexibilität ihrer Aufteilungen aufgedeckt. Es stellte sich heraus, daß auch der Mensch ein Produkt der Veränderlichkeit der Natur ist und seine verblüffenden Fähigkeiten – eine Fortsetzung der Kräfte, die die Natur selbst ins Leben rief. Die Arbeit hat den Menschen in seiner Besonderheit gegenüber der übrigen, der tierischen Welt hervorgebracht, die Arbeit hat auch alles geschaffen, dessen sich der Mensch rühmt. Die Anstrengung der Hand bildet den Ursprung der Entwicklung des menschlichen Gehirns. Die Beobachtung des ewigen Wandels gibt uns die Gewißheit, daß auch der Mensch, zusammen mit der ganzen Erde und dem ganzen Sonnensystem, zum Untergang verurteilt ist; aber die Bewegungsgesetze der Materie, die notwendigerweise höhere Daseinsformen aus sich hervorbringt, geben uns andererseits die Gewißheit darüber, daß diese höheren Formen, an denen wir partizipieren – das bewußte Denken und das gesellschaftliche Leben –, irgendwo im Weltall aufs neue auftauchen werden, um aufs neue unterzugehen.

5. Die Vielheit der Bewegungsformen

Doch die Dialektik der Natur beruht nicht nur auf ihrer unaufhörlichen Wandlungsfähigkeit. Die dialektische Weltanschauung unterscheidet sich vor allem von der mechanistischen in der Anerkennung der *Vielheit der Bewegungsformen*. Der Mechanismus des 17. und 18. Jahrhunderts, der von deutschen Materialisten (Vogt, Büchner) und dem Holländer Moleschott dem 19. Jahrhundert vermittelt wurde, ging davon aus, daß die Ganzheit der in der Welt ablaufenden Prozesse nichts als eine mechanische Bewegung sei, d. h., daß alles, was immer geschehe, ausschließlich auf der Ortsveränderung materieller Partikel beruhe, während alle qualitativen Differenzierungen innerhalb der Naturprozesse scheinbar oder subjektiv seien. Diese Konzeption hat zu dem Schluß geführt, daß die Mechanik ein Muster bilde, das von allen wissenschaftlichen Disziplinen anzustreben sei; daß jegliche Prozesse, die von den einzelnen Wissenschaften beobachtet werden, sich schlechthin als Einzelfälle der mechanischen Bewegung erweisen werden und auf die allgemeinen Gesetze der Ortsveränderung der Körper zurückführbar seien. Engels ist jedoch weit von diesem Glauben an eine derartige Reduktion der Wissenschaft entfernt, und sei es im Sinne eines vorgestellten Ideals. Seiner Ansicht nach sind die qualitativen Differenzierungen der Bewegungsformen eine *reale* Erscheinung. Die höheren, d. h. komplexeren Bewegungsformen lassen sich nicht auf die niedrigeren zurückführen. Wir unterscheiden zwischen »höheren« und »niedrigeren« Formen in der Weise, daß die höhere diejenige ist, die eine andere als ihre Bedingung voraussetzt, selber jedoch nicht von dieser vorausgesetzt wird. So setzen z. B. die chemischen Erscheinungen die mechanische Bewegung voraus, unter deren Beteiligung sie verlaufen müssen; analog setzen die Phänomene der organischen Welt die chemischen Prozesse voraus (nicht aber umgekehrt), stellen daher die höhere Bewegungsform dar; analog verhalten sich die biologischen Prozesse zu den psychischen sowie den gesellschaftlichen Prozessen. Wir haben es mithin mit einer Vielheit von Bewegungsformen zu tun, denen die wirkliche, d. h. auf den faktischen Hierarchien der Natur basierende Klassifikation der Wissenschaften entspricht. Diese Bewegungsformen unterscheiden sich qualitativ, eine jede von ihnen setzt alle niedrigeren voraus, doch erschöpfen jene diese nicht. Diese Irreduzibilität der höheren Phänomene auf niedrigere, die qualitative Spezifität aller so hierarchisierten Wirklichkeitsbereiche ist jedoch nicht in völlig klarer Weise expliziert worden. Engels zeichnet die Vielheit der Bewegungsformen aus (mechanische Prozesse, molekulare Bewegungen, chemische, biologische, soziale und psychische Prozesse – in steigender Kompliziertheit, gemäß der Comteschen Hierarchie), ohne jedoch klar zu sagen, worin ihre Irreduzibilität besteht. Besteht sie darin, daß die Gesetze der höheren Bewegungsformen sich weder logisch aus den niedrigeren Gesetzen deduzieren lassen (z. B. die Gesetze der Gesellschaftsgeschichte nicht aus den chemischen Gesetzen) noch daß sie ihnen äquivalent sind? Oder geht es auch um ontologische Nichtzurückführbarkeit, d. h. darum, daß in den »höheren« Prozessen etwas vor sich geht, das keine mechanische Bewegung und durch diese nicht kausal erklärbar ist? Die erste Interpretation ist schwächer, sie schließt nämlich nicht die Annahme aus, daß die höheren Prozesse etwas anderes seien als statistisch auf besondere Weise in Erscheinung tretende mechanische Bewegungen; dann wäre die mechanische Bewegung auf der ontologischen Ebene die einzige Form der Metamorphosen, die Wissenschaft würde sich, für den Bedarf der spezifischen Forschungsgebiete, mit den statistischen Gesetzen begnügen, die ihre Wirkung unter besonderen Bedingungen aufweist. Die zweite Interpretation läßt diese Annahme nicht zu, es ist jedoch nicht unmittelbar einsehbar, worin diese ontologische Nichtzurückführbarkeit unter der Voraussetzung der Homogenität des materiellen Stoffes bestehen soll, der das Substrat ausnahmslos aller Prozesse darstellt.

Unabhängig von dieser Frage ist es jedoch klar, daß für Engels die Natur in ihren Metamorphosen nicht homogen ist, daß ihre Mannigfaltigkeit sich nicht auf ein einziges Modell reduzieren läßt, daß es eine reale, keineswegs nur subjektive Mannigfaltigkeit ist und auch keine, die das Resultat der vorübergehenden Unzulänglichkeit unserer Erkenntnis wäre. Hierbei sind jedoch in genetischer Hinsicht alle höheren Formen Ableitungen gegenüber den niedrigeren (die Geschichte der Wissenschaft rekonstruiert bis zu einem gewissen Grad diese Ordnung), doch sind sie zugleich in ihnen auf eine gewisse Weise vorausgesetzt; mit anderen Worten, die Materie *mußte* auf natürliche Weise die Hervorbringung von höheren Seinsgestalten in eben jener Ordnung anstreben, wie wir sie auf der Erde beobachten können. Engels erklärte jedoch nicht, in welcher Weise jene höheren Gestaltungen potentiell den elementaren Qualitäten der Materie innewohnen.

6. Kausalität und Zufall

Die reale Qualitätsvielheit der Natur gestattet auch eine andere Erfassung des Kausalitätsproblems als die, die für den mechanistischen Materialismus kennzeichnend war. In dieser klassischen Auffassung war der Determinismus auf die Behauptung zurückführbar, jedes Ereignis sei in allen seinen Einzelheiten von der Gesamtheit der Bedingungen determiniert, unter denen es stattfindet; als zufällig können wir demnach etwas nur in bezug auf unsere Unkenntnis der Ursachen bezeichnen, der Zufall ist eine subjektiv determinierte Kategorie; der vollkommene Verstand könnte – gemäß der berühmten Idee von Laplace – den Zustand des gesamten Weltalls in einem beliebigen künftigen oder vergangenen Augenblick fehlerlos beschreiben, wenn er die mechanischen Koordinaten (Schwung und Lage) aller seiner Partikel zum gegebenen Zeitpunkt kennen würde. Es kann also nicht von nichtdeterminierten Erscheinungen gesprochen werden, insbesondere nicht von Willensfreiheit, sofern diese etwas anderes sein sollte als das rein subjektive, täuschende Gefühl der Freiheit. Diese Version des Determinismus (innerhalb der Grenzen der dehnbaren Welt), die in der neuzeitlichen Philosophie von Descartes, Spinoza und Hobbes formuliert wurde, erfreute sich noch im 19. Jahrhundert unter den Anhängern des mechanistischen Naturverständnisses großer Beliebtheit.

Der Engelssche Standpunkt ist jedoch ein anderer. Engels geht ebenfalls von dem Gesichtspunkt der universellen Kausalität aus, und zwar in dem Sinn, daß er das Gegebensein von nicht bedingten Phänomenen ausschließt und die Zweckmäßigkeit in der Natur, verstanden als Verwirklichung einer bewußten Absicht, ablehnt; eine so verstandene Zweckmäßigkeit würde nämlich auch einen der Natur vorausgehenden Geist voraussetzen, würde also den Grundsätzen des Materialismus widersprechen. Dagegen ist die allgemeine Formel des universellen Determinismus seiner Überzeugung nach wissenschaftlich völlig unfruchtbar. Wenn wir sagen, diese Erbsenschote enthalte fünf Erbsen, nicht aber sechs, der Schwanz dieses Hundes sei fünf Zoll und nicht weniger lang, diese Biene befruchte zu diesem Zeitpunkt diese Blüte usw., und jeder dieser Fakten sei bereits durch das Gefüge der Moleküle determiniert gewesen, das im Urnebel entstanden sei, aus welchem das Sonnensystem hervorgegangen sei, so formulieren wir ein wissenschaftlich nutzloses Prinzip und erreichen dadurch nicht die *Überwindung* der Zufälligkeit der Natur, sondern ihre *Universalisierung*. Diese Erklärungen bringen unsere Erkenntnis nicht weg von ihrem Ausgangspunkt, erlauben keinerlei Voraussagen und gehören alles in allem nicht zur wissenschaftlichen Beschreibung der Welt. Die Wissenschaft will Gesetze formulieren, die die einzelnen Weltbereiche auf eine Weise regieren, daß sie es gestatten, die Erscheinungen vorauszusagen, zu verstehen und zu beeinflussen. Die individuellen, winzigen Differenzierungen sind das Resultat einer unendlichen Menge von Einwirkungen und können daher als zufällig betrachtet werden, doch nicht sie sind Gegenstand der Forschung, sondern die allgemeinen Gesetze, die sich in der Unmenge von winzigen Abweichungen entdecken lassen. »In der Natur, wo auch der Zufall zu herrschen scheint, haben wir längst auf jedem einzelnen Gebiet die innere Notwendigkeit und Gesetzmäßigkeit nachgewiesen, die in diesem Zufall sich durchsetzt. Was aber von der Natur, das gilt auch von der Gesellschaft« (»Der Ursprung der Familie, des Privateigentums und des Staats«).[12] Engels formulierte seine Konzeption des Zufalls zwar nicht klar, doch scheint sein Gedanke folgender: Der Zufall ist weder ein Ereignis, dessen Ursachen wir nicht kennen (wie die Mechanisten es wollen), noch ein kausal nicht bedingtes Phänomen (wie die Indeterministen es wollen). Ist ein Phänomen zufällig, so ist es dies *objektiv, doch relativ*. Die Erscheinungen, die als Serie von Ereignissen stattfinden, die einer bestimmten Gesetzmäßigkeit unterliegen, werden nämlich unausweichlich von Ereignissen gestört, die einem anderen Typus von Gesetzmäßigkeiten angehören, d. h. einer anderen Bewegungsform; diese Ereignisse bezeichnen wir als Zufälle *in bezug* auf die Art der Gesetzmäßigkeiten, denen sie unterstellt sind, in bezug auf den Prozeß, an dem sie teilnehmen, nicht aber an sich. Eine kosmische Katastrophe, die das Leben auf der Erde gewaltsam zerstören würde, wäre zufällig in bezug auf die Gesetze, die die organische Evolution beherrschen, ein derartiges Ereignis wird, wenn man so sagen darf, von diesen Gesetzen »nicht vorgesehen«; das bedeutet jedoch nicht, daß es nicht der Kausalität unterworfen wäre. An dem Einzelfaktum, das in der Präsenz von fünf Erbsen in einer Schote besteht, hat eine Menge von Umständen mitgewirkt, die sich einzeln nicht erforschen lassen und deren Erforschung auch nicht notwendig ist, darunter Faktoren wie Windbewegung, Bodenfeuchtigkeit an der gegebenen Stelle zum gegebenen Zeitpunkt usw. Alle diese Faktoren haben das ihre zu jenem Detail beigetragen, doch war dieses Detail folglich nicht ausschließlich durch die biologischen Gesetze determiniert, wie z. B. der Umstand, daß aus einer Bohne ein Bohnengewächs und nicht eine Kiefer entsteht. Die allgemeine Formel, die von der eisernen Notwendigkeit aller Details eines jeden Prozesses spricht, ist nach Engels eine metaphysische Phrase, die als Erklärung gänzlich unergiebig ist. Die Wissenschaft beschäftigt sich mit dem Feststellen von Gesetzen, deren faktisches Eintreten sich selbstverständlich in jedem Einzelfall in einer ein wenig anderen, also zufällig determinierten Situation vollzieht und die in der Masse der Störungen und Abweichungen nichtsdestoweniger unerschütterlich wirksam werden; doch für die Wissenschaft sind diese Gesetze von Bedeutung, nicht aber die Einzelheiten ihres Funktionierens im jeweiligen Einzelfall.

Indem sich Engels auf die so verstandenen Begriffe von Kausalität und Gesetz beruft, entscheidet er die Frage nach der Freiheit in anderer Weise, als dies üblicherweise in den Diskussionen über die Willensfreiheit geschah. Für ihn besteht die Freiheit weder im Fehlen der kausalen Bedingtheit noch in einer dauerhaften Qualität des menschlichen Seins, sie besteht auch nicht in der Annullierung der natürlichen Notwendigkeiten bzw. im Vorhandensein irgendeines Rand- oder Toleranzbereichs an ihrer Grenze. Engels wiederholt – mit einer bestimmten wesentlichen Modifikation – den Freiheitsbegriff, auf den sich die stoische Schule berief und der durch Spinozas Vermittlung ins Hegelsche System Eingang fand: Die Freiheit ist die Einsicht in die Notwendigkeit. »Nicht in der geträumten Unabhängigkeit von den Naturgesetzen liegt die Freiheit, sondern in der Erkenntnis dieser Gesetze, und in der damit gegebnen Möglichkeit, sie planmäßig zu bestimmten Zwecken wirken zu lassen. (. . .) Freiheit des Willens heißt daher nichts andres als die Fähigkeit, mit Sachkenntnis entscheiden zu können. Je *freier* also das Urteil eines Menschen in Beziehung auf einen bestimmten Fragepunkt ist, mit desto größerer *Notwendigkeit* wird der Inhalt dieses Urteils bestimmt sein« (»Anti-Dühring«, 1. Abschnitt).[13] Man sieht, daß die Auffassung der Freiheit als eingesehener Notwendigkeit für Engels einen anderen Sinn besitzt als für die Stoiker, Spinoza und Hegel. Frei ist nicht der Mensch, der begriffen hat, daß das, was geschieht, mit unausweichlicher Notwendigkeit geschieht, und der sich, nachdem er das begriffen hat, mit dem Schicksal abfindet. Ich bin um so freier, je mehr ich, die Gesetze der Welt, in der ich lebe, kennend, imstande bin, mit ihrer Hilfe in dieser Welt die von mir gewünschten Wirkungen hervorzurufen. *Die Freiheit ist somit steigerbar* – sie bedeutet den Grad der Macht, über die der Einzelne oder die Gruppe in bezug auf die eigenen Lebensbedingungen verfügt. Sie ist also eine Situation, nicht aber ein dauerhaftes Eigentum des Menschen; sie setzt intellektuelle Bedingungen voraus, nämlich das Verständnis der Gesetzmäßigkeiten, die die Umwelt regieren, läßt sich jedoch nicht auf diese Bedingungen zurückführen, sie verlangt darüber hinaus die praktische Beeinflussung dieser Bedingungen bzw. wird erst dadurch manifest. Weder der einzelne noch die Gruppe sind an sich frei oder unfrei, sie sind es in der Relativierung auf ihre Situation und auf den Grad ihrer Beherrschung dieser Situation. Die Steigerbarkeit der Freiheit kann selbstverständlich nie zur absoluten Freiheit führen, die auf der uneingeschränkten Macht über sämtliche Elemente einer jeden Situation beruhen müßte. Dennoch ist die unbeschränkte Vermehrung der Freiheit des Menschen durch die Steigerung seiner Erkenntnis der Gesetze der Natur und der gesellschaftlichen Phänomene möglich. In diesem Sinn ist der Sozialismus der »Sprung der Menschheit aus dem Reiche der Notwendigkeit in das Reich der Freiheit«[14], namentlich die Aneignung der Macht über die Bedingungen des eigenen Fortbestands und die Beherrschung der Produktionsprozesse durch die Gesellschaft, welche bislang willkürlich verliefen und sich gegen die Mehrheit der Gesellschaft richteten.

Man sieht daraus, daß die Freiheitscharakteristik in der Engelsschen Konzeption eine andere Frage beantwortet als die, die in den Diskussionen über die Willensfreiheit gestellt wird. Engels fragt nämlich nicht, ob der bewußte Akt der Entscheidung immer von bewußtseinsunabhängigen Umständen determiniert sei, er fragt vielmehr nach den Bedingungen, unter denen die menschlichen Entscheidungen im Hinblick auf den angestrebten Zweck wirksamer seien, oder, falls dieser Zweck kognitiven Charakter besitzt, nach den Bedingungen, unter denen das kognitive Verhalten in wirksamster Weise zur Erkenntnis führt. Die Freiheit ist also der Grad der Wirksamkeit der bewußten Verhaltensweisen, nicht aber der Grad der Unabhängigkeit der Verhaltensweisen und Entscheidungen von den Gesetzen, die die Erscheinungen regieren, ungeachtet dessen, ob diese Gesetze bewußt sind oder nicht. Die Frage nach dieser Art von Unabhängigkeit ist nämlich, vom Engelsschen Standpunkt aus, negativ vorentschieden.

7. Die Dialektik in Natur und Denken

Im Engelsschen Verständnis ist die Dialektik die Wissenschaft von den Gesetzen *jeglicher* Bewegung, d. h. jenen, die sowohl in der Natur als auch in der menschlichen Geschichte und im Denken gelten. Wir haben es dementsprechend mit einer objektiven Dialektik zu tun, die die Natur beherrscht, sowie mit einer subjektiven Dialektik oder der Widerspiegelung der Gesetze im Kopf. Dieses allgemeinste Dialektikverständnis besitzt einen doppelten Sinn: Engels bezeichnet die *Prozesse* selbst, die in Natur und Geschichte vor sich gehen, ebenso wie die wissenschaftliche *Beschreibung* dieser Prozesse gleicherweise als Dialektik. Die Tatsache, daß wir zum dialektischen Denken befähigt sind, erklärt sich dadurch, daß das *menschliche Gehirn* den gleichen universellen Gesetzen unterliegt, denen die gesamte Natur gehorcht. (». . . die Dialektik des Kopfs [ist] nur Widerschein der Bewegungsformen der realen Welt, der Natur wie der Geschichte.« In: »Dialektik der Natur«, Naturwissenschaft und Philosophie.[15]) Dem ist zu entnehmen, daß sich Engels die psychologistische Logikinterpretation zu eigen macht, in Übereinstimmung mit den naturalistischen Lehren seiner Zeit, d. h., daß er die Gesetze der Logik als *Fakten*, als empirische Funktionsgesetzmäßigkeiten des Nervensystems ansieht. Doch nur der Mensch kann vom dialektischen Denken Gebrauch machen, die Tiere sind auf Operationen beschränkt, die dem Bereich des »Verstandes« angehören, d. h. auf elementare Abstraktionsverfahren – Induktion, Deduktion, Analyse, Synthese, Experiment (schon das Aufschlagen einer Nuß ist der Anfang der Analyse, und die Fähigkeit zum Synthetisieren zeigt sich in den tierischen Kunststücken); doch das dialektische Denken setzt die Fähigkeit zur Untersuchung der Begriffe selbst voraus, daher bleibt es dem Menschen vorbehalten.

Die Dialektik als Denken, das die Erscheinungen in der Entwicklung, in ihren inneren Widersprüchen, in der Durchdringung der Gegensätze, in ihren qualitativen Differenzierungen erfaßt, entstand im Laufe von Jahrhunderten; wir können ihre Keime in der griechischen und fernöstlichen Philosophie beobachten, ja selbst in volkstümlichen Sprichwörtern (denen beispielsweise, die davon sprechen, daß Gegensätze sich anziehen). Doch erst die deutsche Philosophie hat, vor allem im Schaffen von Hegel, der Dialektik die Gestalt eines abgerundeten Begriffssystems verliehen, das jedoch materialistisch umgeprägt werden mußte, um wissenschaftlich fruchtbar werden zu können; man mußte also die Begriffe ihrer autogenetischen Unabhängigkeit berauben und sie als Widerspiegelung der natürlichen Phänomene anerkennen und die Methode, die mit der Entzweiung des Denkens in widersprüchliche Seiten operierte und dem darauf folgenden Synthetisieren dieser Entzweiung zu einer höheren Einheit – als das Bild der *faktischen* Gesetzmäßigkeiten der Welt.

Die Gesetze der Dialektik lassen sich auf drei zurückführen: das Gesetz des Umschlagens der Quantität in Qualität und umgekehrt; das Gesetz von der Durchdringung der Gegensätze; das Gesetz von der Negation der Negation. Dies sind von Hegel formulierte Gesetze, die von Engels als reale Gesetzmäßigkeiten der Natur, der Geschichte und des Geistes betrachtet werden.

8. Quantität und Qualität

Der Sinn des Gesetzes, das vom Umschlagen der Quantität in Qualität spricht oder genauer – von der Entstehung qualitativer Differenzen aus dem Anwachsen quantitativer – ist folgender: Quantitative Unterschiede sind die, die sich durch die Zahlendifferenzen zwischen den einzelnen Punkten auf derselben Meßskala erschöpfend kennzeichnen lassen (Temperatur-, Größen-, Stärkedifferenzen, Differenzen in der Anzahl der Elemente usw.). Die übrigen sind qualitative Unterschiede, die sich durch bloße Zahlenwerte nicht erschöpfend beschreiben lassen. In der ganzen Natur geht es so vor sich, daß die bloße Vergrößerung oder Verringerung der Eigenschaften der Dinge hinsichtlich ihres Quantums an einem bestimmten, meistens genau bestimmten Punkt zur qualitativen Veränderung führt. Mehr noch, das besagte Gesetz besteht darauf, daß die qualitativen Veränderungen *ausschließlich* infolge eines quantitativen Zuwachses oder Verlustes entstehen. Diese Art der Umwandlung läßt sich in der gesamten Realität beobachten. Die unterschiedliche Anzahl von Atomen im Molekül einer chemischen Verbindung führt zur Entstehung einer Substanz von völlig anderen Eigenschaften (z. B. die Kohlenhydrate, Alkohole, Säuren usw.). Eine bestimmte Stromstärke verursacht das Glühen der Leitung; bestimmte Temperaturen bewirken, daß die Körper einen anderen Aggregatzustand erreichen, die Schmelz- und Gefrierpunkte markieren die Stellen der durch quantitative Veränderungen hervorgerufenen qualitativen Veränderungen. Die optischen oder akustischen Wellen werden für die menschlichen Rezeptoren auf einer bestimmten Frequenz wahrnehmbar: Also sind auch die Wahrnehmungsgrenzen durch qualitative Differenzen gekennzeichnet, die von quantitativer Andersartigkeit bestimmt sind. Die Verlangsamung der inneren Bewegung innerhalb der Zelle und der damit verbundene Wärmeverlust führten im kritischen Punkt zum Absterben der Zelle, einer qualitativen Veränderung also. Es bedarf einer bestimmten Größenordnung, um eine Geldsumme in Kapital zu verwandeln, d. h. um den Mehrwert zu erbringen; die Kooperation der Menschen in menschlichen Gruppen ist keine einfache Summe der persönlichen individuellen Kräfte, sondern deren Potenzierung. Nicht alle diese Beispiele stammen von Engels, aber sie stimmen mit seiner Intention überein. Allgemein kann gesagt werden, daß qualitative Veränderungen, die infolge einer quantitativen Zunahme oder eines qualitativen Verlusts entstehen, sich in allen solchen Fällen beobachten lassen, in denen wir es mit der Differenz von Agglomerat und Ganzheit zu tun haben; die Natur und das soziale Leben liefern uns unzählige Beispiele für Situationen, in denen eine Ganzheit nicht »nur die Summe« ihrer Teile ist, sondern die Teile, infolge ihrer Verwicklung in das *ganzheitliche* Gefüge, neue Eigenschaften dazugewinnen, die sie in der Isolation nicht besaßen; auch das System selbst erzeugt neue Gesetzmäßigkeiten, die sich in keiner Weise aus den Gesetzen erschließen lassen, die seine einzelnen Elemente regieren. Dieser Ganzheitsbegriff, der später zum wichtigen Gegenstand der Untersuchungen von Methodologen und zur zentralen Kategorie verschiedener methodologischer Richtungen wurde (die Gestalttheorie in der Psychologie, der Holismus in der Biologie usw.), entstand ebenfalls in der griechischen Wissenschaft, wo wir (z. B. bei Aristoteles) die Erkenntnis der Differenz zwischen der Zusammenstellung der Elemente und den spezifischen Ganzheiten finden können. Doch das Gesetz des Umschlagens der quantitativen Unterschiede in qualitative soll diese Beobachtungen generalisieren und sie in den Rang eines allgemeinen Naturgesetzes erheben. Die (partielle) Abhängigkeit der Struktur der Organismen von ihren Dimensionen ist ebenfalls ein Einzelfall des fraglichen Gesetzes (ein Tier von der Struktur einer Ameise könnte nicht die Dimension eines Nilpferdes und umgekehrt besitzen). Nach Engels' Auffassung haben wir es sogar in der Mathematik mit qualitativen Unterschieden zu tun (Wurzeln und Potenzen; Inkommensurabilität unendlich kleiner Größen oder unendlich großer und endlicher usw.).

Die bloße Entgegensetzung quantitativer und qualitativer Differenzen macht die Tendenz deutlich, in der sich die Unterschiedlichkeit des Engelsschen Materialismus gegenüber den mechanistischen Doktrinen zeigt. Jene nämlich versuchten aufzuzeigen (so Descartes, Hobbes, Locke und die Mehrheit der Materialisten der französischen Aufklärung), daß die qualitative Differenziertheit der Welt keine Besonderheit der Welt selbst, sondern eine Eigenschaft unserer Wahrnehmung sei, daß die authentischen (»primären«) Eigenschaften des Dings sich auf seine quantitativen (»geometrischen«) Bestimmtheiten zurückführen lassen: Größe, Form, Bewegung, während die ganze Mannigfaltigkeit der Welt das Werk der menschlichen Perzeption sei, der täuschende Modus unseres subjektiven Reagierens auf mechanische Reize. Die Charakteristiken Engels' kehren somit gewissermaßen, wenn auch natürlich in exakterer Art, zur Idee von Bacon zurück, der überzeugt war, daß die qualitativen Differenzierungen nicht auf die quantitativen Koordinaten reduzierbar seien. Dagegen scheint das Gesetz des Umschlagens der quantitativen Unterschiede in qualitative nur soviel zu besagen, daß es in Natur und Gesellschaft ganz bestimmte nicht additive Eigenschaften gebe, oder sogar nur, daß alle Eigenschaften der Dinge nicht additiv seien (d. h., daß sie nicht unendlich gesteigert werden können, ohne daß dadurch neue Eigenschaften entstehen oder alte vergehen würden).

9. Die Widersprüche der Welt

Das zweite der von Engels formulierten Gesetze der Dialektik spricht von der Entwicklung durch Widersprüche und von der gegenseitigen Durchdringung der Gegensätze. Seine Bemerkungen zu diesem Thema sind sehr verkürzt. Es geht ihm darum, daß »die beiden Pole eines Gegensatzes, wie positiv und negativ, ebenso untrennbar voneinander wie entgegengesetzt sind, und daß sie trotz aller Gegensätzlichkeit sich gegenseitig durchdringen« (»Anti-Dühring«, Einleitung.)[16] Das Phänomen der Polarität tritt im Magnetismus, in der Elektrizität, Mechanik, Chemie, in der Entwicklung der Organismen (Erblichkeit und Anpassung) sowie im gesellschaftlichen Leben auf. Es geht hierbei nicht nur um die Feststellung der polaren Organisation der Phänomene, sondern vor allem um den Nachweis, daß der Natur selber Widersprüche inhärieren, aus deren Konflikten und gegenseitiger Durchdringung jegliche Entwicklung hervorgeht. Nach der Auffassung Engels' ist das Phänomen des Widerspruchs in der Natur die Widerlegung der formalen Logik, die neben den einst sog. Hauptgesetzen des Denkens im Satz vom Widerspruch besteht. So sagt er: »Die Bewegung selbst ist ein Widerspruch; sogar schon die einfache mechanische Ortsbewegung kann sich nur dadurch vollziehn, daß ein Körper in einem und demselben Zeitmoment an einem Ort und zugleich an einem andern Ort, an einem und demselben Ort und nicht an ihm ist« (»Anti-Dühring«, I).[17] Um so sichtbarer wird das in den höheren Bewegungsformen der Materie: Das Leben bestehe vor allem darin, »daß ein Wesen in jedem Augenblick dasselbe und doch ein andres ist. Das Leben ist also ebenfalls ein in den Dingen und Vorgängen selbst vorhandner, sich stets setzender und lösender Widerspruch« (»Anti-Dühring«, I, 12).[18] Selbst die Mathematik wimmelt nach Engels von Widersprüchen: »Es ist z. B. ein Widerspruch, daß eine Wurzel von A eine Potenz von A sein soll, und doch ist $A^{1/2} = \sqrt{A}$. Es ist ein Widerspruch, daß eine negative Größe das Quadrat von etwas sein soll, denn jede negative Größe, mit sich selbst multipliziert, gibt ein positives Quadrat. (. . .) Und dennoch ist $\sqrt{-1}$ ein in vielen Fällen notwendiges Resultat richtiger mathematischer Operationen« usw. (*ebd.*).[19] Ähnlich erfolge die gesellschaftliche Entwicklung durch das unaufhörliche Auftauchen von Widersprüchen.

Der Engelssche Gedanke von den Widersprüchen, die auf eine solche Weise in der Natur gegenwärtig sind, daß ihre Beschreibung nicht ohne Vergewaltigung der *Logik* erfolgen könne, d. h., die Überzeugung, daß die *logischen* Widersprüche eine Eigenschaft der Welt darstellen, erweckte Kritik. Die bedeutende Mehrheit der Marxisten teilt gegenwärtig nicht die Meinung, daß das »Prinzip der Entwicklung durch Gegensätze« zur Aufgabe des logischen Satzes vom Widerspruch zwinge und daß

Engels, in dieser Hinsicht Hegel folgend, das bereits in den zenonischen Antinomien enthaltene Argumente (die Bewegung ist ein Widerspruch) reproduziere, mit dem Unterschied, daß er, anstatt wie Zenon die Bewegung als widersprüchliche für unmöglich zu erklären, den Widerspruch in den Rang einer Eigenschaft der Welt erhoben habe. Viele zeitgenössische Marxisten sind der Meinung, daß man die Idee vom »Widerspruch« in dem Sinne beibehalten könne, daß sie von den konflikthaften oder gegenläufigen Tendenzen in der Natur und im gesellschaftlichen Leben sowie von der Bewegung und Entstehung der höheren Seinsformen aus jenem Gegensatz spricht, ohne daß dadurch ein Verzicht auf die formale Logik erforderlich wäre; der Umstand, daß bestimmte reale Situationen gegensätzliche Bewegungen enthalten, widerspricht nicht der Logik, denn er heißt nicht anerkennen, daß zwei widersprüchliche Urteile zugleich wahr seien, sondern lediglich, daß man die Natur als ein System von Spannungen und Zusammenstößen zu behandeln habe.

10. Die Negation der Negation

Was das Gesetz der Negation der Negation betrifft, so soll es die einzelnen Etappen jener Entwicklung der Phänomene durch Widersprüche näher beschreiben, und es ist ebenfalls (*mutatis mutandis*) mit dem Hegelschen Einfall konvergent. Es besagt, jedes System weise die natürliche Tendenz dazu auf, ein neues System aus sich hervorzubringen, welches seine Negation darstelle, daß diese Negation ihrerseits der Negation unterworfen werde, um einem System den Anfang zu geben, das in bestimmten wesentlichen Aspekten eine Wiederholung des Ausgangssystems darstelle, doch gleichsam auf einem höheren Niveau; die Entwicklung vollzieht sich somit spiralförmig, die Synthese ist die Wiederholung des Ausgangszustands in vervollkommneter Form, bewahrt die beiden widersprüchlichen Elemente, deren Widersprüchlichkeit durch die Aufhebung ihrer Glieder aufgelöst wird. So entwickelt sich z. B. aus dem Samen die Pflanze, die dessen Negation darstellt; dieser wiederum entspringen neue Samen, in einer großen Anzahl, die Pflanze selbst wiederum stirbt ab, nachdem sie sie hervorgebracht hat; die Gruppe der Samen ist mithin die Negation der Negation; ein ähnlicher Zyklus vollzieht sich bei den Insekten; Ei, Larve, ausgereiftes Individuum, Eier; ähnlich negieren wir eine Zahl, indem wir sie mit dem negativen Zeichen versehen, negieren dann die negative Zahl, indem wir sie zum Quadrat erheben, und erhalten wieder eine positive Zahl; es ist unwesentlich, daß wir dasselbe Quadrat aus der Operation mit einer positiven Zahl erhalten können: »Denn die negierte Negation sitzt so fest in dem a^2, daß es unter allen Umständen zwei Quadratwurzeln hat, nämlich *a* und $-a$« (»Dialektik der Natur«, I, 13).[20] Die Geschichte entwickelt sich nach demselben Gesetz: vom Gemeineigentum der Urstämme über das Privateigentum in den Klassengesellschaften zum gesellschaftlichen Eigentum im sozialistischen System; die Negation der Negation ist die Wiederherstellung des gesellschaftlichen Charakters des Eigentums, nicht jedoch auf dem Weg der Rückkehr zur primitiven Gemeinschaft, sondern durch die Schaffung einer bedeutend höheren und entwickelteren Eigentumsform. Genauso erfuhr der ursprüngliche Materialismus der antiken Philosophie eine Negierung in den idealistischen Doktrinen, um in vollendeterer Form als dialektischer Materialismus wiederzukehren. Die dialektisch verstandene Negation ist also keine gewöhnliche Negierung des vorausgegangenen Systems, sondern eine solche, die den Wert des Annullierten aufbewahrt und es auf ein höheres Niveau hebt. Ausgeschlossen davon ist jedoch das Phänomen des Todes. Dem Leben wohnt der Keim des Untergangs inne, doch führt der Tod des Individuums nicht zu seiner Reproduktion in einer höheren Form.

11. Die Kritik des Agnostizismus

Das grundlegende Problem der Philosophie besitzt, wie Engels sagt, ebenfalls eine »andere Seite« – die Frage nach der Erkennbarkeit der Welt, danach, ob unser Denken zur Widerspiegelung der wirklichen Zusammenhänge in der Natur fähig sei, die in der Natur unabhängig vom Menschen gegeben sind. Denn der neue Materialismus widersetzt sich in diesem Punkt entschieden allen agnostischen Doktrinen, die vor allem in den von Hume und Kant überlieferten Versionen bekannt sind. Dieser Materialismus weist jeglichen Gedanken an irgendwelche absoluten Grenzen der Erkenntnis zurück und lehnt im besonderen den Gegensatz von Erscheinung und grundsätzlich nicht erkennbarem Ding an sich ab. Der Agnostizismus läßt sich, nach Engels' Auffassung, einfach widerlegen. Tagtäglich verwandele die Wissenschaft die »Dinge an sich« in »Dinge für uns«, wenn sie z. B. neue chemische Substanzen hervorbringt, die zwar in der Natur vorhanden sind, jedoch noch unerkannt waren. Es besteht ein Unterschied zwischen der bereits erkannten und noch nicht erkannten Wirklichkeit, aber nicht zwischen der erkennbaren und der nicht erkennbaren Wirklichkeit. Insbesondere wenn wir unsere Hypothesen praktisch anwenden und die Erscheinungen auf ihrer Grundlage erfolgreich voraussagen können, bestätigen sie sich in einer Weise, daß der erforschte Naturbereich zum wirklichen Eigentum der Erkenntnis wird. Die Praxis, das Experiment und die Industrie stellen – nach Engels – die besten Argumente gegen die Agnostiker dar. Zwar kommt es in der Geschichte gelegentlich dazu, daß die agnostischen Theorien eine nützliche Rolle in der Philosophie spielen; sie werden beispielsweise von einigen Naturwissenschaftlern vertreten, die mit ihrer Hilfe die wissenschaftliche Forschung vom Druck der Religion befreien wollen, und zwar dadurch, daß sie jegliche metaphysische Problematik als der Erkenntnis unzugänglich erklären und zugleich die religiöse Neutralität der Wissenschaft postulieren; die französische Aufklärung lieferte Beispiele für einen solchen Agnostizismus. Doch auch in dieser Art von Haltung verbirgt sich für Engels gleichsam die Flucht vor den realen Problemen unter dem Schein ihrer ewigen Unentscheidbarkeit.

12. Erfahrung und Theorie

Ausgangspunkt der Erkenntnis ist die Erfahrung. Engels steht auf dem Standpunkt des Empirismus, dessen Grundsätze er auch auf die mathematische Wissenschaft ausdehnt (ähnlich wie Mill zu seiner Zeit), zumindest was die Genesis der mathematischen Begriffe angeht: »Wie der Begriff Zahl, so ist der Begriff Figur ausschließlich der Außenwelt entlehnt. (. . .) Die reine Mathematik hat zum Gegenstand die Raumformen und Quantitätsverhältnisse der wirklichen Welt, also einen sehr realen Stoff. (. . .) Aber wie in allen Gebieten des Denkens werden auf einer gewissen Entwicklungsstufe die aus der wirklichen Welt abstrahierten Gesetze von der wirklichen Welt getrennt, ihr als etwas Selbständiges gegenübergestellt, als von außen kommende Gesetze, wonach die Welt sich zu richten hat« (»Anti-Dühring«, I, 3).[21] Doch steht der Engelssche Empirismus jenem fern, zu dem sich die Mehrheit der damaligen Phänomenalisten und Positivisten bekannte. Er setzt nicht voraus, daß die Erkenntnis aus der einbahnigen Bewegung von den rohen Fakten zur Theorie erfolgt, insbesondere hält er die theoretischen Generalisierungen nicht für passive Konstruktionen, d. h. für etwas, was sich aus der Sammlung und induktiven Verallgemeinerung ergibt, ohne Rückwirkung auf die spätere Beobachtung von neuen Fakten. Auch hier haben wir es, ähnlich wie in allen anderen Bereichen, mit einer Wechselbeziehung von Fakten und Theorien zu tun. Engels hat diese Problematik nicht weiter ausgebaut, doch ist die Hauptrichtung seines Denkens klar. Er bekämpft das, was er als »nackten Empirismus« bezeichnet, d. h. den unkritischen Glauben an das Faktum als an etwas, das sich selbst interpretierte. In der kleinen Abhandlung »Die Naturforschung in der Geisterwelt« weist er beispielsweise auf, daß der Standpunkt des rigorosen Empirismus mit den spiritistischen Doktrinen nicht fertig werden könne, die sich immerhin auch auf Experiment und Beobachtung berufen können. Die Verachtung für die Theorie, die bei der Interpretation der

Fakten unverzichtbar sei, sei für die Wissenschaft verhängnisvoll (aus diesem Grund bezeichnet Engels Newton als »Induktionsesel«).[22]

Doch interpretieren sich die Fakten nicht allein, ihre Kontaminierung ergibt sich nicht aus ihnen selbst, sondern verlangt theoretische Instrumente, die zwar aus der Beobachtung hervorgegangen sind, sich jedoch mit der Zeit zu selbständigen Bestandteilen der Wissenschaft entwickelt haben. Im Aufbau der Wissenschaft haben wir es gleichsam mit einem gegenseitigen Sichabstützen von Erfahrung und theoretischer Konstruktion zu tun, wobei, genetisch gesehen, die Erfahrung stets die Priorität behält. Es scheint dabei, als hielte Engels die wissenschaftlichen Gesetze nicht für gleichbedeutende Konjunktionen singulärer Faktenbeschreibungen, als seien die Gesetze seiner Auffassung nach nicht ganz einfach das Ergebnis einer ökonomisierenden Tätigkeit, als enthielten sie darüber hinaus noch etwas mehr; sie erfassen nämlich die Notwendigkeit des in ihnen beschriebenen Zusammenhangs, und diese Notwendigkeit ist weder im einzelnen Faktum noch in der Summe der Fakten enthalten. Der Natur selbst wohnt die »Form der Allgemeinheit« inne: »In der Tat besteht alles wirkliche, erschöpfende Erkennen nur darin, daß wir das Einzelne im Gedanken aus der Einzelheit in die Besonderheit und aus dieser in die Allgemeinheit erheben, daß wir das Unendliche im Endlichen, das Ewige im Vergänglichen auffinden und feststellen. Die Form der Allgemeinheit ist aber Form der Insichabgeschlossenheit, damit Unendlichkeit, sie ist die Zusammenfassung der vielen Endlichen zum Unendlichen. Wir wissen, daß Chlor und Wasserstoff innerhalb gewisser Druck- und Temperaturgrenzen und unter Einwirkung des Lichts sich unter Explosion zu Chlorwasserstoffgas verbinden, und sobald wir dies wissen, wissen wir auch, daß dies *überall* und *immer* geschieht, wo obige Bedingungen vorhanden, und es kann gleichgültig sein, ob sich dies einmal oder millionenmal wiederholt und auf wieviel Weltkörpern. Die Form der Allgemeinheit in der Natur ist *Gesetz* . . .« (»Dialektik der Natur«, Dialektik-Fragment).[23] Die Notwendigkeit, die den Gesetzen, die einen gewissen Kausalnexus beschreiben, innewohnt, ist, entgegen Hume, nicht nur eine geistige Gewohnheit, sie ist vielmehr die Eigenschaft der natürlichen Zusammenhänge selbst, und davon können wir uns dank dessen überzeugen, daß wir nicht nur die regelmäßige Aufeinanderfolge bestimmter Ereignisse beobachten können, sondern daß wir sie auch, auf der Grundlage dieser Beobachtung, durch eigenes Tun hervorrufen können.

Die Bemerkungen Engels' über den empirischen *background* der theoretischen Konstruktion sind ziemlich pauschal, doch läßt sich ihnen dennoch die allgemeinste Tendenz seines Denkens entnehmen. Man kann sie zusammenfassend als radikal empiristischen Standpunkt in bezug auf die *Genesis* der Erkenntnis (es gibt keine legitime Erkenntnis, die ihren Ursprung in etwas anderem hätte als in der Erfahrung) und gemäßigt empiristisch in bezug auf die Forschungs*methode* bezeichnen; der gesellschaftliche Erkenntnisprozeß führt nämlich zur Herausbildung von theoretischen Instrumenten, die es dem Forscher gestatten, dem Andrang der »Fakten« standzuhalten, sie verstehend zu interpretieren und zu verknüpfen (so hielt Engels beispielsweise das Zweite thermodynamische Gesetz für unsinnig, weil es den Energieschwund im Weltall voraussetze). Außerdem ist die Wissenschaft nicht die Registrierung von Fakten in kondensierter und ökonomisierter Form, sondern die Erfassung von etwas, das in der Natur selbst einen »allgemeinen« und »notwendigen« Charakter besitzt.

13. Die Relativität der Erkenntnis

Dennoch kann die Erkenntnis nach Engels niemals, weder in ihrer Gesamtheit noch in ihren einzelnen theoretischen Bestandteilen (d. h. den Gesetzen), einen Entwicklungsstand erreichen, der sich als absolut bezeichnen ließe. Engels folgt dem herkömmlichen Wahrheitsverständnis als der Übereinstimmung mit der Realität, beruft sich jedoch zugleich auf Hegel, um die Theorie der Wahrheit als Prozeß darzulegen, der Wahrheit also, die stets nur relativen Charakter besitzt.

Worin besteht jedoch die Relativität der Wahrheit? Sie besteht nicht darin, daß ein und dasselbe Urteil in bezug auf seine Wahrhaftigkeit auf Zeit oder Person relativiert wäre, d. h., daß es sich aus Wahrheit in Falschheit oder umgekehrt je nachdem verwandeln könnte, unter welchen Bedingungen oder von wem es ausgesprochen wird. Der Relativismus in diesem Sinn ist Engels fremd. Er spricht in mehreren Bedeutungen von der Relativität der Erkenntnis. Die Erkenntnis ist ganz einfach in dem Sinn relativ, daß sie stets eine partielle ist, d. h. in einem endlichen Prozeß der menschlichen Erkenntnistätigkeit nie eine allumfassende Kenntnis aller Einzelheiten der Welt erreichen könnte. Doch das ist die Relativität im banalsten Sinn. Wesentlich für Engels ist das Relativitätsverständnis, das sich in spezifischer Weise auf die wissenschaftlichen Gesetze bezieht. Die normale Entwicklung der Erkenntnis geht nämlich in der Weise vonstatten, daß in der Regel die theoretischen Erläuterungen der Beobachtungstatsachen mit der Zeit durch andere Erläuterungen ersetzt werden, die die vorangegangenen nicht einfach widerlegen, sondern den Geltungsbereich des früheren Gesetzes präzisieren. Das Boyle-Mariottesche Gesetz, das die Beziehung zwischen Druck, Volumen und Temperatur der Gase erfaßt, wurde von Regnault korrigiert, der entdeckt hat, daß das Gesetz seine Gültigkeit verliert, wenn bestimmte Temperatur- und Druckwerte überschritten werden. Er widerlegte das vorangegangene Gesetz dadurch nicht, schränkte nur seinen Geltungsbereich ein. Auf diese Weise erfolgt üblicherweise der Fortschritt in der Wissenschaft: Es erweist sich, daß die früher formulierten Gesetze einen anderen Aktionsradius besitzen, als ursprünglich angenommen. Wir können jedoch nie mit Sicherheit sagen, daß das Gesetz in der zum gegebenen Zeitpunkt anerkannten Formulierung einen endgültig festgelegten Geltungsbereich besitzt, vielmehr müssen wir damit rechnen, daß die weitere Entwicklung der Erkenntnis diese Grenzen unentwegt unterlaufen und präzisieren wird. In diesem Sinn sind alle wissenschaftlichen Gesetze relativ oder nur relativ wahr.

Wir können außerdem, drittens, in dem Sinn von Relativität der Erkenntnis sprechen, als sich dieselben Faktenkomplexe unterschiedlichen theoretischen Erklärungen unterziehen lassen, wobei die Amplitude der verschiedenen möglichen Erklärungen sich mit dem Erkenntnisfortschritt ständig verengt, ohne jedoch nullwertig zu werden. Viertens schließlich, obwohl ein Unterschied zwischen Naturgesetz und Hypothese besteht (und dieser wird nach Engels nur von denen angezweifelt, die die Realität des Kausalverhältnisses bestreiten, in diesem Fall nämlich wäre jedes Gesetz hypothetisch), können die Begründungen der wissenschaftlichen Generalisierungen niemals vollständig sein, sofern diese Generalisierungen die Unendlichkeit von möglichen Einzeltatsachen erfassen. Wenn wir mithin in unserer Erkenntnis Bestandteile entdecken können, die einen Anspruch auf »Absolutheit« erheben, so werden dies allenfalls Banalitäten oder Aussagen über singulare Tatsachen sein, also Aussagen von der Art: »Alle Menschen sind sterblich« oder »Napoleon starb am 5. Mai 1821«. Eine wahrhaft absolute Erkenntnis, sei es als ganzheitliche Abbildung der Welt, sei es zumindest als einzelnes Gesetz, welches unbedingte Unerschütterlichkeit beanspruchen dürfte – ist eine effektiv nicht erreichbare Grenze; die faktische menschliche Erkenntnis kann sich dieser Grenze nur immerzu nähern. Doch in diesem Prozeß erreichen wir die immer vollkommenere Widerspiegelung des wirklichen Zustands der Natur; unsere Erkenntnis ist bestrebt, zur möglichst besten Wirklichkeitskopie zu werden.

14. Die Praxis als Wahrheitskriterium

Bezüglich des *Wahrheitskriteriums* meint Engels, daß die *Wirksamkeit unserer praktischen Handlungen* die Wahrhaftigkeit unserer Erkenntnis am wirksamsten zu bestätigen pflegt. Wenn wir nämlich, gestützt auf bestimmte Informationen über die Welt, an bestimmte praktische Umgestaltungen eines entsprechenden Wirklichkeitsfragments herangehen und wenn sich unsere Anstrengungen als erfolgreich erweisen, dann gelangen wir in den Besitz der besten Bestätigung der eingangs vorausgesetzten Information. In diesem Sinn stellt die Praxis das Kriterium der Wahrheit dar, und ihre Anwendung in der Erkenntnis erfüllt zugleich den Zweck der Ausklammerung aller jener spekulativen Konstruktionen aus unserem Wissen, die keine Chancen auf praktische Bestätigung haben. Zuweilen begreift Engels die Praxis in einem so weiten Sinne, daß er auch die Bestätigung von Annahmen durch Beobachtung miteinbezieht, die auf bestimmten Hypothesen gründen, erweitert also den Praxisbegriff auf Situationen, in denen wir auf das Untersuchungsobjekt nicht praktisch einwirken, so z. B. in der astronomischen Forschung. Die Bedeutung der Praxis für die Erkenntnis ist jedoch noch umfassender. Sie ist nicht nur der beste Prüfstein unserer Wissensinhalte, sondern darüber hinaus eine Erkenntnisquelle, in dem Sinn nämlich, daß die gesellschaftlich empfundenen realen praktischen Bedürfnisse das Forschungsinteresse der Menschen lenken und den Bereich der relevanten Probleme determinieren. Darüber hinaus sind die praktischen Gründe der eigentliche Zweck der Erkenntnistätigkeit, ihr gesellschaftliches Motiv. In diesem Sinn ist das Denken praktisch orientiert, woraus nicht geschlossen zu werden braucht, daß es nicht »objektiv« sei, d. h. – vorbehaltlich seiner Relativität und Historizität – die faktischen, realen, vom menschlichen Bewußtsein unabhängigen Qualitäten und notwendigen Zusammenhänge der Natur selbst nicht widerspiegelte. In einer Bemerkung in »Dialektik der Natur« (Dialektik-Fragment) sagt Engels allerdings: »Naturwissenschaft wie Philosophie haben den Einfluß der Tätigkeit des Menschen auf sein Denken bisher ganz vernachlässigt, sie kennen nur Natur einerseits, Gedanken andrerseits. Aber grade die *Veränderung der Natur durch den Menschen,* nicht die Natur als solche allein, ist die wesentlichste und nächste Grundlage des menschlichen Denkens, und im Verhältnis, wie der Mensch die Natur verändern lernte, in dem Verhältnis wuchs seine Intelligenz.«[24] Diese interessante Bemerkung könnte der Vermutung Vorschub leisten, Engels sei geneigt gewesen, den Inhalt der menschlichen Erkenntnis selbst als das Resultat der wechselseitigen Einwirkungen zwischen Mensch und Natur aufzufassen, nicht aber einfach als Widerspiegelung der Natur, bei der die praktische Tätigkeit die Rolle des Prüfsteins und der Determinante des Erkenntnisinteresses spielte. Solcherweise würde jedoch die Gesamtheit der menschlichen Erkenntnis nicht nur in dem Sinn der Praxis entspringen, daß die praktischen Bedürfnisse den Umfang der menschlichen Interessen bestimmten und die Erfolge oder Mißerfolge in der Technik eine Bestätigung oder Widerlegung der menschlichen Ansichten von der Welt wären; die Verbindung von Denken und Praxis würde bedeuten, daß das, *worüber* unsere Erkenntnis spricht, nicht die Wirklichkeit an sich sei, sondern vielmehr der *Prozeß des Verkehrs des Menschen mit der Natur.* Es fällt schwer, diese Auffassung mit der Ansicht auf einen Nenner zu bringen, derzufolge der menschliche Gedanke schlechthin das immer perfektere Abbild der Welt darstelle, wie sie jenseits der Erkenntnissituation und jenseits der praktischen Bezogenheit des Menschen auf sie ist. Die Bemerkung, von der die Rede ist, ist jedoch nicht eindeutig genug, um aus ihr zu weitgehende Schlußfolgerungen zu ziehen; auch wurde sie von Engels nie weiterentwickelt. Wendungen wie »Grundlage des Denkens« sind nicht völlig einhellig. Immerhin zeichnet sich jedoch bei Engels eine Idee ab, die den Gegenpol zur Theorie des weltkopierenden Denkens bildet.

15. Die Quellen der Religion

Den dialektisch solcherweise umgestalteten Materialismus stellt Engels sowohl der ganzen idealistischen Philosophie als auch dem ganzen bisherigen Materialismus entgegen, der nicht über die mechanistische Weltinterpretation hinausgelangt war. Das bezieht sich auch in einem gewissen Maße auf Feuerbach, dem Engels gewaltige Verdienste in der Überwindung des deutschen Idealismus zuschrieb; doch sei es diesem Philosophen seiner Meinung nach nicht gelungen, den rationalen Gehalt der Hegelschen Dialektik zu entdecken, so daß er sie ganz einfach verworfen habe. Darüber hinaus sei Feuerbach, wie alle bisherigen Materialisten, »unten Materialist, oben Idealist«[25] gewesen, habe also die menschliche Geschichte nicht anders zu erklären vermocht als durch den Rekurs auf ideologische Bedingungen, nämlich die religiösen Vorstellungen, in denen er die Haupttriebfeder der geschichtlichen Umgestaltungen gefunden zu haben glaubte. Der moderne Materialismus ist auch in dieser Hinsicht konsequent, als er die historischen Phänomene miterfaßt, d. h. im gesellschaftlichen Bewußtsein ein Produkt der materiellen Lebensbedingungen sieht. Es könnte sogar scheinen, als ob Engels – obwohl er das nicht in der Weise ausspricht – den historischen Materialismus als die logische Konsequenz des philosophischen Materialismus betrachtet. Die Religion selbst, die Feuerbach in den Rang der Wirkungskraft der Hauptveränderungen der Geschichte erhoben hatte, hielt Engels hingegen, darin mit dem positivistischen Evolutionismus übereinstimmend, für das Resultat der falschen Vorstellungen der Menschen über die Welt, letzten Endes also – für eine Ausgeburt ihrer Ignoranz. »Seit der sehr frühen Zeit, wo die Menschen, noch in gänzlicher Unwissenheit über ihren eigenen Körperbau und angeregt durch Traumerscheinungen, auf die Vorstellung kamen, ihr Denken und Empfinden sei nicht eine Tätigkeit ihres Körpers, sondern einer besonderen, in diesem Körper wohnenden und ihn beim Tode verlassenden Seele – seit dieser Zeit mußten sie über das Verhältnis dieser Seele zur äußern Welt sich Gedanken machen. Wenn sie im Tod sich vom Körper trennte, fortlebte, so lag kein Anlaß vor, ihr noch einen besondren Tod anzudichten; so entstand die Vorstellung von ihrer Unsterblichkeit. (. . .) Nicht das religiöse Trostbedürfnis, sondern die aus gleich allgemeiner Beschränktheit hervorwachsende Verlegenheit, was mit der einmal angenommenen Seele, nach dem Tod des Körpers, anzufangen, führte allgemein zu der langweiligen Einbildung von der persönlichen Unsterblichkeit. Auf ganz ähnlichem Weg entstanden, durch Personifikation der Naturmächte, die ersten Götter, die in der weitern Ausbildung der Religionen eine mehr und mehr außerweltliche Gestalt annahmen . . .« (»Ludwig Feuerbach und der Ausgang der klassischen deutschen Philosophie« II).[26]

Wie man sehen kann, folgt Engels in seinem Religionsverständnis der Spur der Denker der Aufklärung und hält die Religion für die Ausgeburt der Unwissenheit oder geistigen Unbeholfenheit. Er gibt damit auch die Marxsche Interpretation der Religion als einer sekundären Entfremdung auf, die ein Produkt der entfremdeten Arbeit ist, zugunsten der Interpretation, die das Phänomen der Religion in geistigen Kategorien organisiert. Auch in dieser Hinsicht teilte er die Vorstellungen des Evolutionismus in der Religionswissenschaft des 19. Jahrhunderts.

Sechzehntes Kapitel

Rekapitulation. Philosophischer Kommentar

1. Die Marxsche und die Engelssche Philosophie

Wenn wir die Engelssche Philosophie zusammenfassend betrachten, so sehen wir in ihr eine naturwissenschaftlich orientierte und zugleich antimechanistische Weltanschauung. Sie entwirft das Bild einer dynamischen, in der Evolution zu immer höheren Stufen fortschreitenden, innerlich konflikthaften und durch die Konflikte reicher werdenden Welt von mannigfaltiger qualitativer Differenziertheit. Sie ist eine antiphilosophische, antimetaphysische (obschon in diesem Punkt inkonsequente) Version der Dialektik, die die qualitative Vielfältigkeit der Welt, ihre Irreduzibilität auf ein einziges Modell respektiert. Sie ist dem Szientismus und dem Positivismus verwandt aufgrund ihres Vertrauens in die Naturwissenschaften und ihrer Abneigung gegenüber der Philosophie, sofern diese etwas anderes sein sollte als methodische Regeln; aufgrund ihrer allgemeinen empiristischen und deterministischen Orientierung; aufgrund einer gewissen – doch nicht entschieden umrissenen – Neigung zum Phänomenalismus. In ihrer Kritik des radikalen Empirismus und der Theorie der Bewegungsvielheit weicht sie hingegen von den typischen positivistischen Auffassungen ab. (Doch auch in diesem Punkt war Comte, über den sich Marx und Engels sehr abschätzig äußerten, Engels' Vorläufer gewesen; auch er lehnte die Reduktion aller Phänomene auf mechanische Modelle ab und bot eine Klassifikation der Wissenschaften an, die Engels geringfügig modifiziert übernehmen konnte.)

Es muß hinzugefügt werden, daß Engels' Evolutionsstandpunkt, wie es scheint, nur einzelne Fragmente des Kosmos betrifft, nicht aber den Kosmos als Ganzes. Dieser nämlich, der unendlich und ewig ist, reproduziert gleichsam, laut Einleitung der »Dialektik der Natur«, ein und dieselben Formen in einem ewigen Kreislauf der Dinge. Die einzelnen Ausschnitte des Kosmos, die einzelnen Sternensysteme erfahren, kraft einer inneren Notwendigkeit, eine evolutionäre Entwicklung, die höhere Daseinsformen hervorbringt – das organische Leben, das Bewußtsein, doch das Universum als Ganzes unterliegt keiner solchen Evolution. Wir können davon ausgehen, daß wir, die Erdbewohner, auf einem solchen

Bruchteil des Kosmos leben, der sich gegenwärtig noch im Anfangsstadium seiner Entwicklung befindet, doch ist diese Entwicklung vor dem Hintergrund des Naturganzen nur ein ephemeres Aufleuchten, das sich im übrigen zwangsläufig ewig in anderen Weltbezirken wiederholt.

Viele Beobachtungen von Engels, die mit dem damaligen Stand von Naturwissenschaft und Mathematik zusammengingen, sind selbstverständlich zu Anachronismen geworden. Nichtsdestoweniger ist die allgemeine Orientierung seines Denkens – die naturwissenschaftliche Interpretation der Welt, die Konzeption der Erkenntnis als Widerspiegelung der Wirklichkeit, die Theorie der Relativität der Erkenntnis, der Gedanke von der Dialektik der Natur – in der Geschichte des Marxismus lebendig geblieben und bildete sogar das eigentliche Gerüst davon, was insbesondere die russische Version des Marxismus (Plechanow, Lenin) als die marxistische Philosophie *par excellence* ansah. Andererseits stieß die Idee der Naturdialektik auch auf Kritik unter den Marxisten. Der erste, der Engels als einen Philosophen von völlig anderer Orientierung als Marx angriff, dürfte Stanisław Brzozowski gewesen sein; auch bei Max Adler finden wir Bemerkungen über wichtige Differenzen zwischen den beiden Begründern des Marxismus. Später erhob Lukács grundsätzliche Einwände gegen die Idee der Dialektik der Natur. Diese Einwände zielten in folgende Richtung: Der Gedanke, die Natur selber könne sich dialektisch verhalten, ist mit dem Marxschen Dialektik-Verständnis unvereinbar; für Marx war die Dialektik nämlich die Bewegung der Wechselwirkungen zwischen Subjekt und Objekt, eine ihre Einheit anstrebende Bewegung. Marx ging somit nicht von einer fertigen Natur aus, die sich der Mensch kognitiv aneignet, er sah in ihr vielmehr das Gegen-Glied der praktischen Anstrengung, das nur in der Perspektive der Praxis gegeben ist. Das bloße Wissen darum, daß der Mensch die Natur im allgemeinen umgestaltet – was im übrigen selbstverständlich ist –, hebt noch nicht die kontemplative Erkenntniseinstellung auf, sofern die Praxis nichts anderes wäre als die Exploitation der Naturkräfte oder das Kriterium, das die Triftigkeit unserer Annahmen bestätigt. Die Dialektik, die im Marxschen Verständnis die Einheit von Theorie und Praxis ist, kann nur in einer Weise formuliert werden, in der sie auf eine Natur an sich bezogen wäre, da sie die praktische Bewußtseinsbewegung voraussetzt.

Dieses Problem, das von entscheidender Bedeutung ist für die Frage, ob wir es in den Texten der Begründer des wissenschaftlichen Sozialismus mit einer einheitlichen Erkenntnistheorie zu tun haben oder nicht, stellt sich nach meinem Verständnis wie folgt dar: Engels' Dialektik bildet einen Versuch, der unter dem Einfluß der Entdeckungen Darwins und in der vom Darwinismus geprägten Atmosphäre entstanden ist. Die wichtigste Tendenz dieser Epoche bestand in der naturalistischen Interpretation des menschlichen Lebens, der gesellschaftlichen Phänomene und der Erkenntnis, d. h. in einem Gesichtspunkt, der die menschliche Geschichte als eine Fortsetzung und einen Sonderfall der Naturgeschichte behandelt und dessen Voraussetzung infolgedessen darin besteht, daß bestimmte allgemeine Naturgesetze in der Menschheitsgeschichte – in spezifizierten Formen – auf identische Weise wirksam sind. Eben diesen Gesichtspunkt teilt Engels. Er bestreitet zwar nicht die Besonderheit der menschlichen Geschichte, behauptet an keiner Stelle, für ihre Interpretation würden die zoologischen Populationen ausreichen oder sich im allgemeinen unverändert auf die menschlichen Sozietäten übertragen lassen. Er widersetzt sich sogar ganz deutlich einer solchen Applikation. Er geht immerhin davon aus, daß die Natur in ihrem Entwicklungsprozeß neue Qualitäten schaffe und daß das gesellschaftliche Leben der Menschen einen ebensolchen qualitativen Unterschied bedeute. Er weist jedoch in »Ludwig Feuerbach . . .« bei der Erörterung der Frage nach dem Unterschied zwischen der Entwicklungsgeschichte der organischen Welt im allgemeinen und der menschlichen Geschichte darauf hin, daß die Menschen, im Gegensatz zu anderen Wesen, sich in ihren Handlungen von bewußten Absichten leiten lassen. Ungeachtet dessen füge sich die Gesamtheit dieser individuellen Absichten und Tätigkeiten zu »objektiven« Geschichtsgesetzmäßigkeiten, die unabhängig davon wirksam werden, ob sie bewußt werden oder nicht.[1] Dieser letzte Gedanke geht mit den mehrfach wiederholten Äußerungen Marxens konform, doch stimmte die ganze Ausführung nicht mit diesen überein, wenn man sie so zu verstehen hätte, daß der unbewußte Charakter des Einzelverhaltens, der ohne Einfluß auf die Gesetze des ganzheitlichen Geschichtsverlaufs bleibe, das *einzige* Merkmal darstellte, welches die menschliche Geschichte auszeichnet. Denn es hat nicht den Anschein, als könne man die philosophischen Grundannahmen des Marxismus mit dem Glauben an solche allgemeinen Naturgesetze vereinbaren, deren Sonderfall die menschliche Geschichte wäre und als deren Sonderfall folglich auch die Denkgesetze erscheinen müßten, die mit den psychologischen oder physiologischen Gesetzmäßigkeiten des Gehirns identifiziert werden. Während der Mensch nämlich für Engels – um es auf die allgemeinste Formel zu bringen – durch die allgemeinen Naturgesetze verständlich wird, gewissermaßen einbezogen in den Lauf der natürlichen Evolutionsgesetze, die von ihm so erkannt werden können, wie sie an sich sind, so stellt für Marx eher die Natur, wie sie sich unserer Erkenntnis zeigt, eine Fortsetzung des Menschen, sein praktisches Organ dar. Der Mensch hat die Natur selbstverständlich nicht erschaffen, und sie ist auch nicht etwa seine subjektive Vorstellung, doch den Inhalt der menschlichen Erkenntnis stellt nicht die Natur an sich, sondern der menschliche Kontakt mit der Natur dar. Mit anderen Worten, der Praxisbezug der Erkenntnis hat für Marx einen anderen Sinn als der, der sich auf die Beobachtung beschränkt, daß die praktischen Bedürfnisse das Erkenntnisinteresse determinieren und daß die Praxis die Kontrollinstanz der Hypothesen sei. Die menschliche Praxis selbst ist der eigentliche Erkenntnisgegenstand, das heißt, unsere Erkenntnis kann sich nie vom situationellen, praktischen Charakter ihrer Gewinnung befreien. Wir sind außerstande, das Subjekt an sich kontemplativ zu erfassen, ein Subjekt, das von seinen Verwicklungen in seine geschichtlichen Konditionen gereinigt wäre; das *cogito* ist unmöglich. Doch es steht auch nicht in unserer Macht, den Gegenstand von der Tatsache zu befreien, daß er sich dem Menschen nur innerhalb der praktisch bestimmten Perspektive zeigt, nur als menschlicher Gegenstand. Der praktische Kontakt mit der Natur ist die nicht überschreitbare Gegebenheit jeglicher Erkenntnis, und in diesem Sinne gibt es keine fertige Natur, die wir zuerst kontemplativ erfassen, um sie danach den technischen Verfahren zu unterziehen. Die Natur als *unsere* Natur ist uns nur als eine mit unseren Bedürfnissen und Handlungen gekoppelte bekannt, die Erkenntnis kann nicht von der Tatsache befreit werden, daß sie eine menschliche, gesellschaftliche und historische Erkenntnis ist. Mit anderen Worten: Unmöglich ist der transzendentale Standpunkt, in dem das erkennende Subjekt zum Behältnis fertiger natürlicher Formen würde und diese ganz einfach in seinem Kopf zu subjektiven Duplikaten verwandeln würde. Die materialistische Bewußtseinsinterpretation besteht in Marxens Verständnis darin, daß die menschliche Erkenntnis, und ebenso das Verlangen, die Ideale, Gefühle, Vorstellungen, mit einem Wort, sämtliche bewußte Inhalte, ein Produkt des gesellschaftlichen und historischen Bestehens des Menschen sind. Es ist daher ausgeschlossen, daß der Mensch sich auf einen kosmischen oder göttlichen Standpunkt stellt, indem er sein Menschsein aufgibt und das Sein in einer außermenschlichen Selbständigkeit kognitiv absorbiert, ein von der Situation des Gegenstand-des-praktischen-menschlichen-Lebens-sein befreites Sein.

Der Unterschied zwischen dem latenten Transzendentalismus der Dialektik der Natur und diesem anthropozentrischen Gesichtspunkt, der bei Marx dominiert, ist mithin deutlich. Die Differenz kommt auch zur Geltung bei der Erfassung der Bedeutung, die Hegel und der Hegelschen Dialektik für die neue Weltanschauung zugestanden wird. Engels, der die gewaltigen Verdienste Hegels bei der Ausarbeitung des Begriffsgerüstes der Dialektik wiederholt hervorhob und die deutsche Arbeiterbewegung für den einzigen legitimen Erben der klassischen deutschen Philosophie hielt, erkennt die grundsätzliche Bedeutung des Hegelianismus darin, daß er die unausweichliche Vergänglichkeit sämtlicher Formen des gesellschaftlichen Lebens aufzeigte. Er macht ihm die nichtdialektische Erfassung der Natur als einen permanenten Kreislauf zum Vorwurf, vor allem aber – mit den junghegelianischen Radikalen der 40er Jahre – den »Widerspruch zwischen System und Methode«[2]. Dieser Widerspruch besteht darin, daß die Dialektik die ewige Entwicklung und die ewige negierende Bewegung verkündet, somit auch keine Seins- oder Gesellschaftsform als endgültige anerkennen, sich nicht damit abfinden dürfte, daß ein wie immer geartetes Absolutes je effektiv erreichbar wäre; entgegen dieser Denkmethode setzt Hegel jedoch gewisse Formen der Kultur – in Religion, Staat und Philosophie – als endgültig und unüberwindbar, wodurch er in Konflikt mit der eigenen Methode gerät.

Doch jener vermeintliche Konflikt zwischen Methode und System läßt sich nicht lösen, indem man das Prinzip der ewigen Vergänglichkeit von endgültigen Formen ablehnt. Ohne seinen »Abschluß« im Absoluten wäre Hegel überhaupt nicht verständlich, und die pure Idee der Negativität in der Form, wie sie von den Junghegelianern propagiert wurde, weist überhaupt keinen Hegelschen Inhalt mehr auf. Die ganze Kritik an Kant und Fichte, die in der Hegelschen Lehre unternommen wurde, vor allem die Kritik der »schlechten Unendlichkeit« oder des ewigen Wachsens, beruht gerade darauf, daß jegliche Entwicklungsform des Seins nur in ihrer Bezogenheit auf den Endzustand ihren Sinn erhalten könne und daß außerhalb dieses Endzustands alles sinnlos und vergeblich wird, ein ewiges Wiederholen, auch wenn man die Idee des Fortschritts verkündet. Nur das effektiv, nicht aber an einer verschwommenen Grenze Erreichbare, auf die die Welt in »schlechter Unendlichkeit« endlos zustreben würde, also nur das effektiv erreichbare Absolute kann das Koordinatensystem darstellen, welches jeglicher Entwicklungsstufe des Geistes ihren Sinn verleiht. Die Aussage, man könne die revolutionäre Idee des ewigen Fortschritts aus der Hegelschen Dialektik retten, indem man diese Idee von der konservativen Idee des Abschlusses trennt, ist eine ähnliche Konstruktion wie die Idee der Beseitigung Gottes angesichts des Widerspruchs zwischen der göttlichen Allmacht und der sittlichen Freiheit des Menschen in der christlichen Philosophie, d. h. den Widerspruch zu beseitigen und danach anzuerkennen, daß man solcherweise den authentischen Inhalt des Christentums (Nämlich den Atheismus) gerettet habe. Doch das Christentum besteht unter anderem gerade in dieser Spannung oder in diesem Widerspruch, und die einseitige Abschaffung einer seiner Pole ist keine kritische Assimilation des Christentums, sondern schlechtweg seine Liquidierung. Ähnlich stellt die Beseitigung der Perspektive der endgültigen Aussöhnung des Seins bei Hegel unter Beibehaltung der Idee vom unendlichen Fortschritt nicht eine kritische Assimilation des Hegelianismus dar, sondern seine Preisgabe; der bloße Gedanke eines unendlichen Fortschritts ist unvereinbar mit dem Hegelianismus und ist erst recht nicht ein spezifisch Hegelscher. Er stammt von Kant und Fichte; sofern er demnach als Kern des dialektischen Denkens gelten sollte, so handelte es sich hier um eine Dialektik, in der die Hegelsche Tradition durchaus entbehrlich ist.

Demgegenüber ist die Marxsche Assimilation des Hegelianismus auf einen anderen Punkt konzentriert; Marx spricht davon, daß man Hegels Dialektik »umstülpen«[3] müsse, nicht aber davon, daß es gelte, die Methode außerhalb des Systems zu bewahren. Diese Ausdrücke bedeuten nicht dasselbe. Marx hat nach Kant und Hegel ihre Idee, die Geschichte zu einer Situation der vollen Einheit des Menschen hinzuführen, in der das Wesen mit dem Dasein zusammenfällt oder die *Zufälligkeit der menschlichen Existenz* aufgehoben ist, auf eine andere Weise aufgegriffen. Der Mensch ist nicht zur Zufälligkeit verurteilt – wie Stirner verkündete (und wie es die zeitgenössische Existenzphilosophie, zumindest die atheistische tut) –, im Gegenteil, das, was bisher Zufälligkeit war, was die irreführende Bezeichnung Freiheit trug, besteht für ihn in der Herrschaft verdinglichter Gewalten über den Menschen. Die Aufhebung dieser verdinglichten Gewalten oder die *Unterwerfung der Existenz des Menschen unter seine eigene Freiheit*, die Aufhebung des Unterschiedes zwischen dem empirischen Sein und der Gattungsnatur – ist die Abschaffung der Zufälligkeit des Daseins. Der Mensch ist nicht der Gnade entfremdeter Kräfte ausgeliefert, die er selber schuf, das Individuum ist weder ein Raubgut einer anonymen Gesellschaft, noch kann es sich gegen diese Gesellschaft als Eigentümer seiner vergegenständlichten Arbeit (des Kapitals) stellen; mit einem Wort – *das absolute Sein des Menschen realisiert sich vollständig im faktischen Sein*, wodurch dieses letztere aufhört, ein Sein von ungefähr zu sein, und in seiner Singularität das allgemeine Wesen der Menschheit verwirklicht und in seiner Freiheit – die historische Notwendigkeit. Mithin ist die Überwindung des fundamentalen Risses im Menschen möglich, aber nicht auf Hegelschem Wege. Hegel nämlich, der den Menschen auf das Selbstbewußtsein reduzierte und seine Produkte auf Entäußerungen des Selbstbewußtseins und der, was wichtiger scheint, die Menschheit als ein Entwicklungsmoment des Geistes ansah, war auf dem Boden seiner Methode weder dazu imstande, den totalen Menschen zu rekonstruieren, noch dazu, ihm seine wirkliche Einheit zurückzuerstatten. Da der Mensch seine eigene Zufälligkeit nicht durch ein Absolutes aufheben kann, das eine Entität außerhalb seiner wäre, hebt Hegel die Zufälligkeit des individuellen Lebens nicht auf oder aber nur zusammen mit diesem individuellen Leben, d. h., er verurteilt die empirische menschliche Singularität faktisch zur ewigen Zufälligkeit, sofern sie bestehen bleiben soll (das kommt in der Ewigkeit der Trennung in bürgerliche Gesellschaft und Staat in der Hegelschen Rechtsphilosophie zum Ausdruck). Die wahre Befreiung des Menschen aus der Zufälligkeit muß also darin bestehen, daß man erstens den Menschen als ein totales Sein erfaßt, d. h.

als physisches, arbeitendes, mit der Natur ringendes Sein, sowie zweitens die Individualität als die einzige Realität der Menschheit begreift und jegliches außerindividuelle Dasein als Ergebnis einer – im übrigen unvermeidlichen und die künftige Emanzipation bedingenden – Aberration seines Schicksals, nämlich als Ergebnis der Entfremdung der Arbeit. Erst nach dieser Umstülpung des Hegelianismus im materialistischen Sinn (das Bewußtsein als Bestandteil des totalen Menschen und als Produkt seiner praktischen Tätigkeit) und individualistischen Sinn (das Individuum als einziges Subjekt, alle anderen menschlichen Daseinsformen als Prädikate des Konkreten) wird die Perspektive der wirklichen Versöhnung des Menschen mit sich selbst möglich, die Marx sowohl in den »Manuskripten« als auch im »Kapital« konzipierte. Hegel ist »vom Kopf auf die Füße« gestellt worden, also was für ihn Subjekt war, ist zum Prädikat geworden, und umgekehrt (das Individuum und das allgemeine Sein), und an die Stelle der Bewußtseinsentäußerung ist die Entäußerung der natürlichen Kräfte des Menschen in der Arbeit getreten – als Quelle jeglicher historischen Entwicklung.

Doch ist diese Umstülpung Hegels keine Übernahme seiner Methode außerhalb des Systems, sondern eine Umstülpung von Methode und System zusammen. Im neuen Schema haben wir nämlich weiterhin die Perspektive einer gewissen Endgültigkeit, die Marx als Ende der bisherigen Geschichte und als Keim der wahren Geschichte bezeichnet. Es ist eine in dem Sinn endgültige Situation, als sie den bisherigen Riß auf endgültige Weise beseitigt, der die Geschichte bestimmte: die Diskrepanz zwischen Individuum und verdinglichtem gesellschaftlichem Sein, zwischen Selbstvergegenständlichung in der Arbeit und entfremdetem Charakter der Arbeitsprodukte. Der Abschluß des Entzweiungsprozesses und die Rückkehr zur totalen Einheit stellen für Marx genauso unverzichtbare Bestandteile seiner Lehre dar, wie sie es für Hegel waren, wenngleich der Entzweiungsprozeß selbst, folglich also auch die Idee der Rückkehr verschieden sind. Der endgültige Charakter des sozialistischen Umbruchs soll, wie bereits gesagt, nicht in der Entwicklungsverhinderung bestehen, sondern im völligen Erlöschen des Konflikts zwischen dem empirischen Leben des Menschen und seiner Natur, d. h. gerade in der Beseitigung aller Schranken, die die entfremdete Arbeit und mit ihr die Zufälligkeit des Lebens der wirklichen, kreativen Vergegenständlichung der menschlichen natürlichen Kräfte in den Weg stellten. Die Assimilation des Hegelianismus durch Marx ist somit eine andere, ist kein Aufbewahren der Methode ohne das System.

Analog dazu ist der Marxsche Gedanke von der »Aufhebung der Philosophie durch ihre Verwirklichung« etwas anderes als die szientistische Perspektive vom Ausgang der Philosophie zugunsten der positiven Wissenschaften. In der Marxschen Konzeption stellt die Aufhebung der

Philosophie einen natürlichen Bestandteil der Rückkehr zur Menschheitstotalität dar, weil sie nämlich ein Ergebnis dessen ist, daß den Denkprozessen ihr autonomer Charakter gegenüber der Ganzheit des Lebensprozesses genommen wird. Der Gedanke soll zur unmittelbaren Affirmation des Lebens werden, die sich dessen voll bewußt ist, daß es ein bewußtes Leben ist, nicht etwas anderes, die Aufteilung der Arbeit in physische und geistige wird liquidiert werden, der Gedanke wird sich nicht in einem scheinbaren eigenen Reich verselbständigen können, die Philosophie, also eben das geistige Streben nach Versöhnung des Menschen mit sich selbst, wird sich selbst vernichten in der Verwirklichung eben dieser Versöhnung. Demgegenüber besitzt die Prognose vom Ausgang der Philosophie, die ihres Rechts auf gesonderte Existenz verlustig gehen und in ihrem rationalen Gehalt von der Anstrengung der positiven Einzelwissenschaften übernommen werden soll, einen evident anderen Sinn.

Wenn wir diese beiden Versionen der philosophischen Interpretationen der Menschheit nebeneinander stellen, so fällt uns ihre Diskurrenz auf. Wir merken, daß die Zäsur, die die gegenwärtige Welt von der künftigen trennt, in Marxens Sicht bedeutend einschneidender ist und daß Marx sich, bei seinen philosophischen Voraussetzungen, nie auf irgendwelche Zugeständnisse gegenüber der reformerischen Strategie einlassen konnte; die revolutionäre Umwälzung war die einzig mögliche Art der endgültigen Kritik, denn der Grad der Diskontinuität zwischen der neuen Gesellschaft und der alten ist radikal. Demgegenüber ist die reformistische Perspektive, die Anerkennung von Reformen im Rahmen des Kapitalismus als autonomem Wert auf dem Boden der Idee vom ewigen Fortschritt, der die ganze Geschichte erfaßt und nie an einen endgültigen Punkt gelangt, schon eher verständlich.

Wir können also die Differenzen in den Weltvorstellungen zwischen Marx und Engels in mehreren Punken zusammenfassen. Einen Gegensatz bilden erstens der naturalistische Evolutionismus und der Anthropozentrismus; zweitens die technizistische Interpretation der Erkenntnis und die Erkenntnistheorie der Praxis; drittens die Idee vom Ausgang der Philosophie und der Gedanke von der Aufhebung der Philosophie durch ihre Verwirklichung im Leben; viertens die Idee des unendlichen Fortschritts und die revolutionäre Eschatologie. In der kritischen Literatur kann man häufig der Auffassung begegnen, daß der »Materialismus« in dem Sinn, den Engels diesem Wort verleiht, bei Marx überhaupt nicht anzutreffen sei, da Marx, sooft er das Wort »Materialismus« im eigenen Namen gebraucht habe, die Abhängigkeit des Bewußtseins von den gesellschaftlichen Verhältnissen, nicht aber die metaphysische Behauptung von der »Priorität der Materie gegenüber dem Geist« gemeint habe. Es gibt sogar die Ansicht (Z. Jordan), daß Marx die Bezeichnung »Positivist« viel mehr verdiene als Engels, eben aus dem Grund, weil er jegliche »substanzialistische« Metaphysik abgelehnt habe. Bis zu einem gewissen Grade ist das ein verbales Problem; im historischen Wortsinn war Marx sicherlich kein Positivist, da er weder den phänomenalistischen Standpunkt in der Erkenntnistheorie teilte noch die typischen positivistischen Verbote befolgte, die die Suche nach dem »Wesen« außerhalb der »Erscheinungen« betreffen; er äußerte sich im Gegenteil sehr häufig in einem genau entgegengesetzten Sinn. Dagegen stellte er sich, im Gegensatz zu Engels, in der Tat keine metaphysischen Fragen, d. h. Fragen nach der primären Substanz und nach der Erschaffung der Welt. In den Frühschriften verwarf er die metaphysischen Fragen *explicite*, und es ist etwas völlig anderes, wenn man die Frage nach der Erschaffung der Welt verwirft, und etwas anderes, wenn man sie negativ beantwortet. Gewiß, gesteht man dem Wort einen so großen Umfang zu, daß jeder als »Materialist« bezeichnet werden kann, der nicht die Existenz eines der Natur vorausgehenden »Geistes« annimmt (also auch der, der die Frage selbst als falsch gestellte zurückweist), so fällt Marx durchaus unter diese Bezeichnung. Im allgemeinen pflegte man diesem Wort jedoch einen ausdrücklicheren Sinn zuzuerkennen, bei dem es zur Bezeichnung des »substanzialistischen« Standpunkts, des Glaubens an die »Materie« als an das Substrat von allem dient, worüber man sinnvollerweise sagen kann, daß es existiere, oder exakter, die Behauptung, daß alle Gegenstände diejenigen Eigenschaften besitzen, die die Alltags- und die wissenschaftliche Erfahrung den physischen Körpern zuschreibt. In diesem Sinn kann man Marx schwerlich Materialismus unterstellen, und selbst Engels schwankt, wie bereits gesagt, zwischen dem szientistischen Phänomenalismus (der keine metaphysische Doktrin, vielmehr eine geistige Verfahrensregel) und dem eigentlichen Materialismus (der über die strengen wissenschaftlichen Regeln hinausgeht und der, je nach Interpretation, entweder unklar oder unbeweisbar ist). Es besteht auch die Auffassung (die besonders häufig von katholischen Marxismus-Kritikern vertreten und neuerdings von Coletti verteidigt wird), derzufolge der Materialismus sich nicht widerspruchslos mit dem dialektischen Naturverständnis im Engelsschen Sinne vereinbaren lasse, weil die Dialektik von der Präsenz von Eigenschaften in der Natur ausgehe, die man nur geistigen Entitäten zuschreiben könne, nämlich Kreativität. Doch gegen diese Kritik läßt sich einiges einwenden. Der Gedanke, daß die Natur Formen hervorbringen kann, die man als »neue Qualitäten« (im dargelegten Sinn) anerkennen kann, und daß bestimmte Teile der Natur Gesetzen unterworfen sind, die sich nicht deduktiv aus den universellen Gesetzen der Physik ableiten lassen, enthält nichts, was mit dem Materialismus in der genannten Bedeutung in logischem Widerspruch stünde. Jedenfalls ist die Theorie vieler irreduzibler Qualitäten nicht von selbst mit dem Materialismus unvereinbar. Man könnte dagegen die Diskrepanz zwischen Dialektik und Materialismus in einem anderen Punkte suchen. Engels scheint nämlich ganz offensichtlich zu glauben, der logische Widerspruch sei eine Eigenschaft gewisser natürlicher Phänomene. Die These jedoch, daß eine bestimmte logische Relation in der Natur gegeben sei, läßt sich zwar mit den Lehren von Hegel, Leibniz oder Spinoza vereinbaren (d. h. in diesem letzten Fall mit der Annahme, daß das *cogitatio*-Attribut eine allgemeine Eigenschaft der Welt sei), jedoch keine von diesen mit dem Materialismus im Engelsschen Sinne. Wenn man »Widerspruch« und »Negation« jedoch als nichtlogische Kategorien betrachtet (also z. B. als Konflikt oder als Zerstören), wird diese Diskrepanz hinfällig. Es scheint, als seien die leichtfertigen Formeln von Engels, in denen die logischen Relationen mit den physischen Verhältnissen in eins gesetzt werden, eher das Ergebnis seiner philosophischen Unausgebildetheit als einer durchdachten Theorie: Engels war, trotz seiner immensen Kenntnisse und seiner intellektuellen Flexibilität in philosophischer Hinsicht ein Dilettant; seine Kritik des Kantschen »Agnostizismus« ist erstaunlich naiv: Es geht aus ihm hervor, daß die Entdeckung von zuvor unbekannten chemischen Substanzen nach Kant unmöglich sei, weil eine derartige Entdeckung das »Ding an sich« in ein erkanntes verwandeln würde; wir haben es hier mit einem krassen Beispiel eines völligen Verkennens der kritisierten Theorie zu tun. Auch weiß man nicht, auf welche Weise Engels seine psychologistische Logik-Interpretation (die im übrigen sehr pauschal war und über die damals gängigen Ansichten nicht hinausging) mit seiner Überzeugung auf einen Nenner zu bringen gedachte, unsere Erkenntnis sei die Widerspiegelung der Natur, wie sie »in Wahrheit«, unabhängig von unserer Erkenntnis sei. Wenn die Regeln unseres Denkens nämlich, d. h. die Logik, keine von der Erfahrung und der Existenz der Dinge unabhängigen Gebote darstellen, sondern schlechthin Funktionsweisen unseres Gehirns und Einzelfälle von irgendwelchen generellen Naturgesetzen, so läßt sich die Frage nach der »Wahrheit« der Erkenntnis im traditionellen Wortsinn überhaupt nicht sinnvoll stellen. Entsprechend müssen die kognitiven Tätigkeiten als eine Sonderform der biologischen Reaktion verstanden werden und können nur vom Standpunkt des biologischen Nutzens, nicht aber unter dem Aspekt ihrer »Wahrheit« bewertet werden.

Läßt sich aber, bei allen Engelsschen Inkohärenzen und der Unbekümmertheit seiner Verallgemeinerungen, die Idee der »Dialektik der Natur« selbst in irgendeinem Sinne retten? Die marxistischen Kritiker, die die bloße Möglichkeit einer Idee, wie sie die Naturdialektik darstellt, anzweifelten, beriefen sich darauf, daß die Dialektik im Marxschen Verständnis die Beschreibung einer Art »Spiel« zwischen dem Bewußtsein und seinen sozialen Bedingtheiten sei, also demzufolge auch weder auf die Natur übertragbar noch als Komplex universeller Gesetze gelten könne, die nur auf ihre Weise in den »Gesetzen« des gesellschaftlichen Lebens »in Erscheinung« treten würden; sie wiesen auch darauf hin, daß in dieser Konzeption die gesellschaftliche Entwicklung und insbesondere die revolutionäre Umgestaltung der bestehenden Gesellschaft sich als Ergebnis der »naturwüchsigen« Naturgesetze erweisen würden, was der Marxschen Intention zuwiderlaufe. Wäre diese Kritik zutreffend, so ginge aus ihr dennoch nicht hervor, daß die Überlegungen über die Irreduzibilität verschiedener natürlicher Prozesse auf ein einziges Modell – auch aus der Sicht der marxistischen Orthodoxie – unberechtigt wären, vielmehr resultiert daraus nur, daß man das Wort »Dialektik« nicht in demselben Sinne auf diese Prozesse beziehen solle, in dem es auf die gesellschaftlichen Phänomene Anwendung findet. Diesen Vorbehalt vorausgesetzt, ist nicht einzusehen, warum eine Reflexion derart, wie sie von Engels durchgeführt wurde, grundsätzlich verurteilt werden oder unmöglich sein sollte, ganz abgesehen von der Frage, welche der detaillierten Ausführungen Engels' annehmbar seien und in welchem Sinn. Der Gedanke von den logischen »Widersprüchen« in der Natur oder die Bemerkungen über die Dialektik in der Arithmetik sind gewiß naiv. Doch die Frage nach der »Vielheit der Qualitäten« ist nicht naiv. Man kann auch nichts Anstößiges in den Betrachtungen über die Kumulation der quantitativen Veränderungen entdecken, die zu qualitativen »führen« (wenn man diese Beobachtung in der oben vorgeschlagenen Weise interpretiert, d. h. im Sinne der Behauptung, daß die Mehrheit oder sogar alle Parameter, die der Beschreibung der Naturphänomene dienen, nicht unbegrenzt additiv seien).

Sicherlich, die »Dialektik der Natur« ist nicht nur reich an anachronistischen Beispielen, sondern auch an unbegründeten Spekulationen aus dem Bereich der philosophischen Kosmologie. Engels glaubt, daß das Inerscheinungtreten höherer Formen aus niedrigen in der Reihenfolge, wie wir sie in der Erdgeschichte beobachten können, eine Art immanente Naturnotwendigkeit darstellt, daß die Natur also kraft irgendeines unbekannten Gesetzes unter ähnlichen Bedingungen die gleichen Formen hervorbringen müsse. Wenngleich derartige Überlegungen als ein Exempel arbiträrer Spekulationen von der Art angesehen werden können, die Engels seinerseits – zumindest in pauschalen Erklärungen – selber verurteilte, so gehören sie doch zur traditionellen Naturphilosophie, wie sie im 19. Jahrhundert ziemlich stark verbreitet war.

Die Engelssche Philosophie hat in keiner Weise zur Entwicklung der Naturwissenschaften beigetragen. Immerhin kennen wir aus der Geschichte der Naturwissenschaften Krisensituationen, in denen gerade die philosophische Reflexion eine große Rolle bei der Entstehung neuer Konzeptionen in der Naturwissenschaft spielte; so weisen die Wissenschaftshistoriker auf die Rolle des Platonismus bei der Entstehung der Galileischen Physik oder auf die Rolle der Philosophie des Empiriokritizismus bei der Entstehung der Relativitätstheorie hin. Es läßt sich jedoch kein einziger Fall nennen, in dem diese Art von heuristischer Rolle der marxistischen (oder Engelsschen) Naturphilosophie zuteil geworden wäre, wenn man von der destruktiven Rolle dieser Doktrin in der naturwissenschaftlichen Forschung in der Sowjetunion absieht. Man darf sogar sagen, daß Engels diesbezüglich nicht ganz unschuldig war; während er nämlich mit Nachdruck betonte, daß die philosophischen Generalisierungen wertlos seien, sofern sie nicht auf wissenschaftliche Erfahrung gestützt seien, so hat er doch auf der anderen Seite – in seiner Kritik des Empirismus – der Philosophie ganz deutlich eine Kontrollfunktion gegenüber der »flachen Erfahrung« zugestanden. Er hat nicht genau erklärt, in welcher Weise diese beiden Regeln auf einen Nenner gebracht werden sollen, insbesondere nicht, woher die Philosophie ihre Grundsätze beziehen solle, die es ihr erlauben würden, die Kontrolle über die Erfahrung auszuüben. Die bloße Idee einer solchen Kontrolle konnte leicht ein Alibi für die Unterwerfung der Wissenschaft unter die Herrschaft der Ideologie liefern, was dann auch tatsächlich der Fall war (selbstverständlich unter Beteiligung von politischen Umständen, für die dieser Teil der Engelsschen Lehre nicht mehr verantwortlich gemacht werden kann).

Alle diese mit der Dialektik der Natur zusammenhängenden Probleme stellten und stellen auch weiterhin die populäre Abteilung der später kodifizierten Doktrin des »dialektischen Materialismus« dar. Ihre wissenschaftliche und philosophische Ergiebigkeit ist gegenwärtig eine andere Frage, die wir an dieser Stelle nicht aufgreifen möchten.

2. Die drei Hauptmotive des Marxismus

Obwohl Marxens Denken im Vergleich mit dem Engelsschen homogener wirkt, läßt sich – synoptisch gesehen – auch bei ihm, wie bei allen großen Denkern, eine Spannung zwischen heterogenen Motiven verzeichnen, die sein Denken durchziehen; diese Spannung ist gleichzeitig die zwischen den verschiedenen Quellen, denen der Marxismus entsprang und die dieser zu einer Synthese führen sollte. In diesem Zusammenhang lassen sich *drei Hauptmotive des Marxismus* herausarbeiten.

Erstens: das romantische Motiv. In den Hauptaspekten seiner Kapitalismuskritik erscheint Marx als Erbe der Romantik. Die romantische Philosophie war ein konservativer Gegenschlag gegen die Industriegesellschaft, in der die traditionellen, »organischen« Bindungen und Loyalitäten zerfallen und die Individuen in ihren gegenseitigen Beziehungen zunehmend nicht mehr als Individuen, sondern als Repräsentationen unpersönlicher kollektiver Kräfte, als Träger des Geldes oder der Institutionen auftreten. In dieser Gesellschaft verliert sich die menschliche Persönlichkeit auf der einen Seite an die anonymen Mächte, und die einzelnen Individuen beginnen sich selbst als Verkörperungen der Funktionen, die sie ausüben, oder der Güter, die sie besitzen, zu betrachten. Auf der anderen Seite schwindet auch die authentische Gemeinschaft, d. h. die Unmittelbarkeit der Kommunikation, die die alten traditionellen Gemeinwesen zu moralischen Ganzheiten zusammenfügte, die nicht nur durch Interesse, sondern durch elementare, natürliche Solidarität verbunden waren. Die Gegenüberstellung von organischer »Gemeinschaft« und »Gesellschaft« im Sinne eines mechanischen Aggregats, in dem das Gemeinwesen nur durch die negative Interessenbindung im Gleichgewicht gehalten wird, ist unter verschiedenen Bezeichnungen in der gesamten romantischen und vorromantischen Philosophie gegenwärtig, bei Rousseau wie bei Fichte und selbst bei Comte. Diese Träume von der Rückkehr zur vollkommenen Einheit, in der die Person ausschließlich Person ist und die Gemeinschaft sich auf unmittelbare Beziehungen gründet, diese Träume von der *Aufhebung jeglicher Vermitteltheit* zwischen Persönlichkeit und Gemeinschaft, von der Aufhebung der inneren Zerrissenheit der Persönlichkeit selbst, sind implizit oder explizit gegen die Philosophie des Liberalismus und ihre theoretische Grundlage, die Theorie des Gesellschaftsvertrages, gerichtet. Die Philosophie des Liberalismus ging davon aus, daß die Menschen von Natur aus von egoistischen Beweggründen geleitet seien und daß der Ausgleich ihrer widersprüchlichen Interessen nur auf der Grundlage einer rationalen Organisation des Rechtswesens möglich sei, die die Freiheit jedes einzelnen einschränke, während sie die Sicherheit aller garantiere. Sie ging also davon aus, daß die Menschen von Natur aus Feinde seien, denn die Freiheit jedes einzelnen ist durch die Freiheit aller anderen begrenzt; die unbegrenzte Freiheit führt jedoch zur Selbstzerstörung, denn in einer Gesellschaft, in der niemand verpflichtet wäre, die Rechte der anderen zu respektieren, würden alle unaufhörlich Opfer der Aggression werden und keiner besäße mehr eine Sicherheit für sich selbst. Der Gesellschaftsvertrag (im Hobbesschen Sinne) soll diesem Zustand entgegenwirken, indem er das gemeinschaftliche Leben nach den Grundsätzen der Achtung vor der Freiheit des anderen organisiert. So gesehen, erscheint die Gesellschaft als ein künstliches Gebilde, als ein gesetzgeberisches System, das die natürlichen Egoismen zügeln und einem jeden Sicherheit um den Preis des teilweisen Verzichts auf Freiheit gewährleisten soll. In den Augen der romantischen Philosophie entsprach diese Beschreibung der Gesellschaft zwar dem faktischen System der Beziehungen, wie sie die moderne Gesellschaft verbreitete, sie entsprach aber keineswegs den Erfordernissen der menschlichen Natur. Die natürliche Bestimmung des Menschen bestand darin, daß er in einer Gemeinschaft lebt, die nicht durch negative Interessenbindung zustande kommt, sondern durch das eigenständige, durch nichts bedingte Bedürfnis nach Kommunikation mit den anderen. Eine solche Gemeinschaft bedarf nicht des Gesetzes als eines Zwangs- und Kontrollsystems, da die sozialen Bindungen dank der spontanen Identifikation eines jeden einzelnen Individuums mit dem gesellschaftlichen Ganzen erhalten bleiben.

Marx übernahm den destruktiven Aspekt der romantischen Kapitalismuskritik. Seine Entfremdungstheorie, seine Geldtheorie, sein Glaube an die künftige Einheit, in der das Individuum die eigenen Kräfte unmittelbar als gesellschaftliche Kräfte begreift, sind als Fortsetzung der romantischen Kritik zu betrachten. Gegenstand seines Angriffs sind die nämlichen Eigenschaften der Industriegesellschaft, deren zerstörerische Auswirkungen die Romantiker registrierten. In dieser Gesellschaft üben die Energien und Fähigkeiten der menschlichen Individuen in Form der anonymen Marktgesetze, in Form der abstrakten Geldtyrannei, in Form der grausamen Gesetze der kapitalistischen Akkumulation die Herrschaft über diese Individuen aus. Auch für Marx ist die Freiheit in dem in der Erklärung der Menschenrechte dargelegten Sinn, also die *negative Freiheit* – d. h. das Recht des Individuums auf alles, was es in den Grenzen der Nichtschädigung anderer tun darf –, Ausdruck einer von der negativen Interessenbindung dominierten Gesellschaft.

Dem romantischen Erbe sind auch die Hauptmerkmale der kommunistischen Gesellschaft entnommen. Ein fundamentaler Zug der Marxschen Utopie ist der Glaube, daß in der zukünftigen Welt jegliche *Vermittlung zwischen Individuum und menschlicher Gattung aufgehoben sein wird.* Alle Apparate – die rationalen wie die irrationalen –, die zwischen dem Individuum und dem gesellschaftlichen Ganzen aufgestellt worden sind, werden verschwinden; sowohl der Staatsapparat als auch das Gesetz und die Nationen; das Individuum wird sich freiwillig mit der Gemeinschaft identifizieren, jeglicher Zwang wird überflüssig werden, die Konfliktquellen werden versiegen. Doch bedeutet die Aufhebung der Vermittlung keineswegs die Aufhebung der Singularität, vielmehr gilt das Gegenteil. Ähnlich wie bei den Romantikern vollzieht sich die Rückkehr zur organischen Bindung nicht um den Preis der Annullierung des personalen Lebens, sondern sie erstattet dem personalen Leben seine Authentizität zurück; das aus der Gemeinschaft herausgerissene und anonymen Gewalten unterworfene Individuum verliert seine Individualität und wird genötigt, sich selbst als *Ding* zu behandeln – weil die sozialen Institutionen es unweigerlich in diese Situation hineintreiben: Der Arbeiter wird zum Ding, weil er seine gesamte Anstrengung als Mittel zum biologischen Überleben behandeln muß, weil seine Produktion und seine Arbeit ihm als fremd erscheinen; seine personalen Eigenschaften und Talente nehmen die Form einer Ware an, die nach den üblichen Spielregeln des Markts, wie alle anderen Waren, verkauft und gekauft werden. Der Persönlichkeitsverlust auf der Seite des Kapitalisten wirkt sich auf andere Weise aus, ist jedoch nicht minder zerstörerisch: Als Verkörperung des Geldes verfügt der Kapitalist nicht über sich selbst, er ist gezwungen, so zu handeln, wie es ihm der Markt vorschreibt; seine Verhaltensregeln werden nicht von seinem guten oder bösen Willen determiniert, sondern von seiner Funktion als Repräsentant des Kapitals. Auf beiden Seiten dieses Grundkonflikts verfällt also die Persönlichkeit, auf beiden Seiten verwandeln sich die Individuen in bloße Dinge, werden sie zu Funktionären entfremdeter Mächte. Die Zerstörung des Kapitalismus wäre also die Rückkehr zur Gemeinschaft und die Rückkehr zur Persönlichkeit zugleich, nicht aber die Verwirklichung der Gemeinschaft auf Kosten der Persönlichkeit. An die Stelle der als der Umfang des »Privaten« verstandenen Freiheit, die durch die Grenzen bestimmt ist, innerhalb derer den anderen kein Schaden zugefügt wird, d. h. an die Stelle der Freiheit der Sozialphilosophie des Liberalismus, würde die als *freiwillige Einheit von Individuum und Ganzheit* verstandene Freiheit treten.

Doch die Konvergenz mit der Romantik ist nur eine partielle. Die eigentliche Romantik war nur ein Traum von der Einheit auf dem Wege der Rückkehr zu vergangenen Formen des gesellschaftlichen Lebens, zu einer – auf die eine oder andere Weise – idealisierten Vergangenheit: zur geistigen Harmonie des Mittelalters, zum ländlichen Arkadien, zum glücklichen Leben des Wilden, welchem Gesetz und Industrie unbekannt sind und der in der totalen Identifikation mit seinem Stamm vollkommene Genugtuung findet.

Die Marxsche Position repräsentiert selbstverständlich den Gegenpol zu dieser retrospektiven Utopie. Wenn es bei ihm noch Spuren des romantischen Glaubens an den glücklichen Wilden gibt, so sind sie entweder irrelevant oder vereinzelt und gehen nie von der Annahme aus, daß die menschliche Gattung je zu diesem Modell zurückkehren sollte oder daß dieses überhaupt erstrebenswert wäre. Die Rückkehr zur ersehnten Einheit soll nicht durch Zerstörung der modernen Technik, nicht durch den Kult des Primitiven und der »Idiotie des Landlebens« erfolgen, sondern im Gegenteil durch die weitere technische Leistungssteigerung und dadurch, daß die bestehenden Gesellschaften gezwungen werden, ihre endgültigen Möglichkeiten zu offenbaren und durch die weitere Expansion des Menschen bis zur völligen Beherrschung der Naturenergien. Nicht die Flucht in die Vergangenheit also, sondern die Entfaltung der menschlichen Fähigkeiten auf der Grundlage der bereits bestehenden Gewalt über die Natur werden uns das zurückerstatten können, was in den primitiven Sozietäten wertvoll war, allerdings ohne die primitiven Formen wiederherzustellen. Es soll also gleichsam eine spiralförmige Rückkehr sein, über ein Maximum an Negativität, zu dessen Hervorbringung die bestehende Welt aus sich selbst heraus fähig wäre. Mit anderen Worten: Die destruktiven Wirkungen der Maschine lassen sich nicht dadurch beseitigen, daß man die Maschine zerstört, sondern nur durch ihre weitere Perfektionierung. Die menschliche Technologie ermöglicht gleichsam aus sich selbst heraus und durch alle ihre negativen Seiten die Rückgewinnung des von ihr Zerstörten.

Weil die künftige Einheit nicht durch die Annullierung der Ergebnisse der gesellschaftlichen Entwicklung erreicht werden soll, sondern durch ihre bewußte Fortsetzung, werden nicht die herkömmlichen natürlichen Gemeinwesen, also nicht die Nation oder das traditionelle Dorf, den Ort dieser Einheit bilden, sondern die menschliche Gattung als Ganzes. Die nationale Gemeinschaft, die von so vielen Romantikern als das Paradigma des organischen Zusammenlebens angesehen wurde, ist aufgrund der Fortschritte des Kapitalismus, der unerbittlich alles fortfegt, was sich bei seiner Expansion als unbrauchbar erweist, im Zerfall begriffen. Die Arbeiter haben kein Vaterland, und das Kapital hat kein Vaterland, auf beiden Seiten des Grundkonfliktes der Epoche ist das Vaterland ein verlorener Wert. Die Nationalismen können nur noch für politische Zwecke oder zur Begründung einer protektionistischen Politik ausgenutzt werden, sie dienen weiterhin als Werkzeug zur Verfolgung akuter Zwecke, doch ihre Kraft bröckelt unter dem unerbittlichen Druck des Kosmopolitismus des Kapitals und des internationalistischen Bewußtseins des Proletariats ab. Auch in dieser Beziehung bahnt das Kapital – der Zerstörer der Tradition – der neuen Gesellschaft den Weg.

Zweitens: Wenn Marx die romantischen Wunschbilder nicht in diesen wesentlichen Teil seiner Utopie integriert, so deshalb, weil das romantische Motiv von einem zweiten, starken und teilweise der Romantik entgegengesetzten Motiv eingeschränkt wird: dem *prometheisch-faustischen Motiv.* Dieses Motiv läßt sich schwerlich auf eine besondere geistige »Strömung« beziehen, weil es in heterogene philosophische Kontexte verwickelt auftaucht; wie begegnen ihm in einigen neuplatonischen Richtungen (der Mensch als Führer des Seins), in den allgemein und Marx vorzüglich bekannten Texten von Lukrez und Goethe, in den Werken von Giordano Bruno und anderen Renaissance-Autoren, die für Marx als Vorbilder der vollendeten *humanitas* galten, als gigantische Universalgeister, die die Beschränktheit der Arbeitsteilung überwunden hatten und sich nicht nur die gesamte ihnen zeitgenössische Kultur anzueignen gewußt, sondern diese durch eigenes kreatives Schaffen auf eine neue, höhere Stufe gehoben hatten. Wenn wir die berühmten Marxschen »Confessions« lesen, die er auf die Bitte seiner

Töchter hin niederschrieb, so tritt dieses Motiv deutlich hervor; Marxens Lieblingsdichter waren Shakespeare, Aischylos und Goethe; seine Lieblingshelden – Spartakus und Kepler; seine Auffassung vom Glück – zu kämpfen; die ihm am meisten verhaßte Eigenschaft – Servilität.[4] Und diese prometheisch-faustische Idee des Menschen ist bei Marx permanent gegenwärtig. Es ist der Glaube an die durch nichts begrenzten Fähigkeiten des Menschen als des Schöpfers seiner selbst und die Erfassung der menschlichen Geschichte als eines Prozesses der Selbsterzeugung der Gattung durch Arbeit, die Verachtung der Tradition und des Vergangenheitskults sowie die Überzeugung, daß der Mensch von morgen seine »Poesie« nicht aus der Vergangenheit, sondern allein aus der Zukunft schöpfen werde.

Selbstverständlich hat der Prometheismus bei Marx eine Präzisierung erfahren. Es ist vor allem kein individualistischer, sondern ein Gattungs-Prometheismus. Marx glaubte nämlich, und er notierte es in seiner Verteidigung Ricardos vor der sentimentalen Kritik Sismondis, die Idee der »Produktion der Produktion halber« bedeute nichts anderes als die »Entwicklung des Reichtums der menschlichen Natur als Selbstzweck«, man solle daher nicht an ein Aufhalten der Gattungsentwicklung denken, um das »Wohl des einzelnen zu sichern«; die Entwicklung der Gattung werde nämlich, wenngleich sie auf Kosten der Mehrheit der einzelnen erfolge, letzten Endes mit der Entwicklung jedes einzelnen Individuums zusammenfallen; der Fortschritt des Ganzen verwirkliche sich zum Schaden der einzelnen, daher sei die Ricardo vorgeworfene Rücksichtslosigkeit Ausdruck seiner wissenschaftlichen Ehrlichkeit.[5]

Marx war also sicher, daß das Proletariat als kollektiver Prometheus in einer alles befreienden Revolution jenen Widerspruch aufheben werde, der die Entwicklung des Menschen permanent begleitet habe, den Widerspruch zwischen dem Einzel- und dem Gattungsinteresse. Auch in dieser Hinsicht ist der Kapitalismus ein Vorbote des Sozialismus: Indem er auf seinem Weg den Widerstand der herkömmlichen Verhältnisse bricht, indem er die dämmernden Völker brutal aus ihrer Stagnation reißt, indem er die Produktivkräfte revolutioniert, also neue menschliche Energien freisetzt, schafft der Kapitalismus eine Zivilisation, in der der Mensch seine Fähigkeiten erst unter Beweis stellen kann, obwohl er dies vorerst nur in unmenschlichen und widermenschlichen Formen tun kann. Es ist seiner Auffassung nach ein erbärmlicher Sentimentalismus, wenn man über den Kapitalismus ins Gericht geht und unterschwellig glaubt, seinen siegreichen Zug bremsen oder gar rückgängig machen zu können. Der Prozeß der Unterwerfung der Natur muß fortschreiten, seine nächste Etappe wird die Bändigung der gesellschaftlichen Bedingungen dieses Fortschritts durch den Menschen sein.

Das bezeichnende Ergebnis des Marxschen Prometheismus ist die Abneigung, die natürlichen Bedingungen der menschlichen Existenz zur Kenntnis zu nehmen, ist die faktische *Abwesenheit der menschlichen Physis* in seinem Weltbild. In diesem Weltbild ist der Mensch gänzlich durch sein gesellschaftliches Sein bestimmt; die leiblichen Grenzen seines Daseins sind nahezu unkenntlich. Im Marxismus fehlen fast gänzlich solche Aspekte des Lebens wie die Tatsache, daß die Menschen geboren werden und sterben, daß es junge und alte Menschen gibt, daß sie männlich oder weiblich, gesund oder krank sind, daß sie in genetischer Hinsicht ungleich sind und daß alle diese Gliederungen Einfluß auf ihre gesellschaftliche Entwicklung nehmen können, unabhängig von den Klassengliederungen, und daß sie den menschlichen Projekten zur Vervollkommnung ihrer Welt Schranken setzen.

Marx glaubt nicht an die fundamentale Endlichkeit und Begrenztheit des Menschen, nicht an die prinzipiellen Grenzen seiner Schaffenskraft. Das Böse und das Leid erscheinen bei ihm als die Hebel der künftigen Emanzipation, sie besitzen keinen eigenen Sinn, sind keine notwendigen Bestandteile des Lebens, gehen völlig darin auf, gesellschaftliche Fakten zu sein.

Es stimmt zwar, daß Marx in den »Manuskripten« von 1844 die sexuelle Beziehung zwischen Mann und Frau, also eine, wie es scheinen möchte, biologische Beziehung, als Modell einer wahrhaft menschlichem, personalen Bindung darstellt, einer Bindung, die, wie wir unterstellen dürfen, in der kommunistischen Gesellschaft dominieren wird. Doch der Sinn jenes Modells enthüllt sich sofort als dem ursprünglich vermuteten völlig entgegengesetzt: Es geht nicht darum, daß die biologische Bindung zum Muster der sozialen wird, sondern im Gegenteil darum, daß auch sie einen gesellschaftlichen Charakter angenommen hat, daß der Mensch sich in der sexuellen Beziehung klar darüber wird, in welch hohem Maße seine Biologie »menschlich« und seine biologischen Bedürfnisse zu gesellschaftlichen Bedürfnissen geworden sind.[6]

Im Gegensatz zu den Sozial-Darwinisten und den Philosophen des Liberalismus leitet Marx die soziale Bindung nicht von den biologischen Bedürfnissen ab, sondern begreift die biologischen Bedürfnisse und biologischen Bedingungen des menschlichen Daseins als Elemente der gesellschaftlichen Bindung. Die »vergesellschaftete Natur« ist keine Metapher. Für den Menschen ist alles gesellschaftlich, seine natürlichen Funktionen, Verhaltensweisen und Eigenschaften haben den Kontakt mit ihrer tierischen Provenienz fast gänzlich verloren.

Daher will Marx auch kaum zur Kenntnis nehmen, daß der menschliche Körper oder die natürlichen, vorfindlichen geographischen Bedingungen den Menschen grundsätzlich restringieren können. Daher glaubt er auch nie, daß es eine absolute Übervölkerung geben könne,

d. h. eine Übervölkerung, die ganz einfach Folge der Begrenztheit der Erdoberfläche oder der Begrenztheit der natürlichen Ressourcen wäre; die Übervölkerung, die er meint, ist ausschließlich ein gesellschaftliches Phänomen, abhängig von den besonderen Bedingungen der kapitalistischen Produktionsweise, welche allein aufgrund des technischen Fortschritts und der Ausbeutung die relative Übervölkerung unausweichlich schaffen muß, d. h. die industrielle Reservearmee. Für Marx zählt die Demographie nicht als ein selbständiger Faktor, sie ist nur eines der Elemente des gesellschaftlichen Systems und muß als solches bewertet werden.

Diese Abwesenheit von Körper und Tod, die Abwesenheit von Geschlecht und Aggression, die Abwesenheit von Geographie und Fortpflanzung, die Umstülpung aller dieser Fakten in rein gesellschaftliche stellt einen der charakteristischsten und am wenigsten beachteten Bestandteile der Marxschen Utopie dar. Sie ist auch dafür verantwortlich, daß die häufig aufgestellten Analogien zwischen der Marxschen Soteriologie und der christlichen Tradition (die Idee des Proletariats als Retter, die Idee der totalen Erlösung, die Idee des auserwählten Volkes, die Idee der Kirche usw.) in einem entscheidenden Punkt verfehlt sind: Die Erlösung ist ein rein menschliches Werk, ist Selbsterlösung, sie ist weder das Werk Gottes noch das der Natur, sondern ausschließlich das Werk des kollektiven Prometheus, der *grundsätzlich* fähig ist, über alles seine Herrschaft auszuüben und die eigenen Existenzbedingungen gänzlich in seine Gewalt zu bringen. In diesem Sinn ist die *Freiheit* des Menschen sein *kreatives Schaffen*, der Siegeszug eines Konquistadoren, der die Natur und sich selbst erobert.

Drittens: Aber auch dieser Prometheismus stößt an eine Grenze, zumindest solange er Prinzip der Vergangenheitsinterpretation ist. Diese Grenze stellt das *dritte Hauptmotiv des Marxismus* dar: das *aufklärerische, deterministische, rationalistische Motiv*. Marx spricht wiederholt von den Gesetzen des gesellschaftlichen Lebens, die nach dem Modell der Naturgesetze wirken. Das bedeutet jedoch nicht, daß es sich hierbei um Gesetze handelt, die eine Verlängerung der Gesetze der Physik oder Biologie darstellten, es bedeutet vielmehr, daß es sich um Gesetze handelt, die in bezug auf die menschlichen Individuen als äußerliche Notwendigkeit auftreten, die ähnlich unentrinnbar und fatal wie Naturkatastrophen sind. Die Aufgabe des unvoreingenommenen wissenschaftlichen Denkens besteht in der Untersuchung dieser Gesetze in der Weise, wie der Naturforscher seine Gesetze untersucht, ohne Gefühlsengagement, ohne Wertung, ohne dogmatische Vorurteile, genau so, wie Marx der eigenen Vorstellung nach verfuhr, als er das »Kapital« schrieb. Aus dieser Perspektive erscheinen die normativen Begriffe der Entfremdung und Entmenschung als scheinbar neutralisierte, wertfreie

Begriffe des Tauschwerts, Mehrwerts, der abstrakten Arbeit und des Verkaufs der Arbeitskraft. In den erwähnten »Confessions« kommt dieses rationalistische Motiv in Marxens Lieblingsmotto zum Ausdruck: *de omnibus dubitandum*, die Regel des wissenschaftlichen Skeptizismus.

Vor diesem szientistischen Horizont stoßen wir auf den dritten Freiheitsbegriff, eben jenen, der von Engels formuliert worden war: *Freiheit* ist die Einsicht in die Notwendigkeit, d. h. der *Grad der Fähigkeiten des Menschen, in dem er die Naturgesetze zum eigenen Nutzen einzusetzen vermag*, also der Entwicklungsstand der *materiellen Technik und der gesellschaftlichen Technik.*

Aber auch hier muß ein Vorbehalt gemacht werden. Der Glaube an die »Gesetze«, die die Gesellschaft regieren, versteht sich als Voraussetzung für die Interpretation der *vergangenen* Geschichte, der menschlichen »Vorgeschichte«, wie Marx sagte. Bis an ihr Ende bleibt das Schicksal der Menschen in der Gewalt der Notwendigkeit, die den von den Menschen geschaffenen, doch nicht von den Menschen beherrschten Kräften einverleibt ist – als Geld, als Markt, als religiöse Mythen. Der Hiatus zwischen der Tyrannei der vorgefundenen Gesetze der Ökonomie auf der einen und der Ohnmacht des beobachtenden Bewußtseins auf der anderen Seite wird – wie wiederholt gesagt – aufgehoben, wenn das seiner Sendung bewußte Proletariat die Szene betritt. Von diesem Augenblick an ist die Notwendigkeit nicht mehr aufgezwungen, sie besteht auch nicht mehr allein in der technischen Ausnutzung von fertigen Gesetzen durch aufgeklärte Sozialingenieure. Die Differenz zwischen dem Notwendigen und dem Freien verschwindet. Folglich müssen, so kann man annehmen, auch die »gesellschaftlichen Gesetze« im bisherigen Wortsinn verschwinden, also in dem Sinne, in dem wir z. B. vom Gravitationsgesetz sprechen (das selbstverständlich ebenfalls als solches erkannt und eingesetzt, doch nicht annulliert werden kann und dessen Wirkung nicht davon abhängig ist, ob wir es kennen oder nicht). Ein gesellschaftliches Handeln, das *nur unter der Bedingung stattfindet, daß sein Sinn erkannt ist* – und eben dadurch zeichnet sich die revolutionäre Praxis aus –, ist nämlich in diesem Sinn kein »Gesetz« mehr. Dieser Unterschied ist wesentlich: die Gesetze, die die bisherige Gesellschaft regiert haben, traten unabhängig davon in Kraft, ob sie den Menschen bekannt waren oder nicht; die bloße Tatsache, daß sie nunmehr bekannt sind, setzt sie noch nicht außer Kraft. Doch die revolutionäre Bewegung des Proletariats ist keine Realisierung von Gesetzen in diesem Sinne, weil sie, wiewohl von der Geschichte hervorgebracht, zugleich auch das Bewußtsein der Geschichte ist.

Während die romantische Seite des Marxismus sowohl auf die Vergangenheit als auf die Zukunft orientiert ist (d. h. sowohl die Kritik der Entmenschung im Kapitalismus als auch den Entwurf der künftigen

Einheit des Menschen enthält), während die prometheische Seite des Marxismus zukunftsorientiert ist (zwar ist der Mensch im gesamten Verlauf seiner Geschichte Schöpfer seiner selbst, er verfügt jedoch noch nicht über das Selbstbewußtsein der eigenen Selbsterzeugung), ist die deterministische Seite auf die Vergangenheit gerichtet, die noch auf uns lastet, jedoch bald restlos Vergangenheit sein wird.

Mit Hilfe dieser drei Hauptmotive und ihrer Interferenz läßt sich alles im Marxschen Werk erklären. Diese drei Motive decken sich keineswegs mit der gängigen Klassifikation der »Quellen« des Marxismus. Das romantische Motiv stammt zum Teil von Saint-Simon, zum Teil von Heß und zum Teil von Hegel. Das prometheische – zum Teil von Goethe, zum Teil von Hegel und zum Teil aus der junghegelianischen Philosophie der Praxis und der Philosophie des Selbstbewußtseins (der Mensch als Schöpfer seiner selbst); das deterministische und rationalistische Motiv stammt zum Teil von Ricardo, zum Teil vom (verspotteten) Comte, zum Teil wiederum von Hegel. Hegel ist in allen drei Motiven gegenwärtig, doch in allen drei Fällen handelt es sich um einen umgestülpten Hegel.

Diese drei Hauptmotive sind im Marxschen Denken permanent vorhanden, wenngleich nicht alle in den jeweiligen Entwicklungsstadien mit gleicher Intensität artikuliert werden. Es ist klar zu erkennen, daß Marx den rein wissenschaftlichen, objektiven, deterministischen Charakter seiner Untersuchungen in den 60er Jahren stärker herausstellte als in den 40er Jahren. Das ist unbestritten. Doch sind die beiden vorangegangenen Motive keineswegs verklungen, sie bestimmen vielmehr konstant und mit gleicher Intensität Richtung, Begrifflichkeit, Problemstellungen und -lösungen seiner wissenschaftlichen Untersuchungen – selbst wenn er, wie das häufig der Fall zu sein pflegt, sich ihrer persistenten Wirkung nicht voll bewußt ist.

Marx war überzeugt, daß es ihm gelungen sei, alle ererbten intellektuellen Werte in einem synthetischen Bild assimiliert zu haben. Nimmt man die Intention, die Marx seinem eigenen Werk verliehen hat, zum Ausgangspunkt, dann sind Fragen wie »War er Determinist oder Voluntarist?«; »Glaubte er an die historischen Gesetze oder an den Wert der menschlichen Initiative?« sinnlos. Schon zur Zeit seines Berliner Studiums war Marx davon überzeugt, daß es ihm mit Hegels Hilfe gelungen sei, den Kantschen Dualismus von »Sein« und »Sollen« zu überwinden. Seitdem ging er weiter auf einem Weg, auf dem er derlei Fragen getrost suspendieren konnte.

3. Der Marxismus als Quelle des Leninismus

Doch alle diese Erwägungen befinden sich innerhalb der Grenzen der Sozialphilosophie, und es kam zu Schwierigkeiten, als man ihnen konkrete Hinweise entnehmen mußte, die die politische Strategie betrafen zu einer Zeit, als es bereits eine starke Bewegung gab, die den Marxismus als eigene Ideologie angenommen hatte. Die zahlreichen Einzelinterpretationen, die dadurch erforderlich wurden, brachten auch die Spannungen und Widersprüche zwischen den unterschiedlichen Elementen des Marxismus an den Tag, die so lange verborgen geblieben waren, wie die Lehre auf die Ebene einer allgemeinen Soteriologie und Eschatologie beschränkt war. Der Konflikt zwischen Notwendigkeit und Freiheit mochte theoretisch »überwunden« sein, doch es galt zu einem gegebenen Zeitpunkt die Frage zu erwägen: Soll die revolutionäre Bewegung die ökonomische Reife des Kapitalismus abwarten oder soll sie sich vielmehr auf die Eroberung der Macht einstellen, wo immer diese politisch möglich war? Ein allgemeines Prinzip stellte in dieser Situation eine geringe Hilfe dar. Der Marxismus verhieß die Einheit der Gesellschaft und die Aufhebung aller Einrichtungen, die zwischen Individuum und Gesellschaft vermitteln; es galt jedoch, praktische Schlüsse aus dieser Verheißung zu ziehen und diese in die Sprache politischer Programme zu übersetzen. Auch galt es, die Konzeption vom Klassencharakter der Kultur einerseits und ihrer Universalität andrerseits näher zu bestimmen. Es galt, präzisere Angaben darüber zu machen, was unter der Formel »Absterben des Staats« zu verstehen sei und in welcher Weise diese Idee in der Praxis Anwendung finden solle. In den Marxschen Texten konnten sowohl diejenigen eine Stütze finden, die sich dafür aussprachen, daß die Arbeiterbewegung auf das allmähliche und automatische Heranreifen der kapitalistischen Wirtschaft zum Kommunismus sich einzustellen habe, wie auch jene, die auf der schöpferischen Rolle der revolutionären Initiative in der Geschichte beharrten. Die ersteren machten den letzteren den Vorwurf, sie wollten die natürlichen historischen Gesetze im Widerspruch zu Marx vergewaltigen. Die letzteren machten den ersteren den Vorwurf, sie wollten, daß die Revolution von einem unpersönlichen Geschichtsprozeß »gemacht« werde, darauf allerdings könnten sie bis zum Ende der Welt warten. Marx fungierte in diesen Auseinandersetzungen als hilfreiche Zitatenquelle, doch die Zitatenmontage vermochte nur wenig zu entscheiden und erfüllte letzten Endes nur den Zweck, Entscheidungen zu legitimieren, die auf anderem Wege zustande gekommen waren.

Als noch heikler erwiesen sich jedoch die praxisbezogenen Interpretationen sämtlicher Marxschen Prophezeiungen, die dem Kommunismus galten. Es konnte nämlich folgendermaßen argumentiert werden: Gemäß der Marxschen Lehre wurzeln alle gesellschaftlichen Gegensätze in den Klassengesetzen. Indem man das Privateigentum an den Produktionsmitteln aufhebt, hebt man auch die Klassen auf und damit die Quellen der gesellschaftlichen Konflikte. Alle noch verbliebenen Konflikte sind Überreste des noch nicht völlig gebrochenen Widerstandes der besitzenden Klassen. Marx sah die Aufhebung aller Mediationen in der sozialistischen Gesellschaft voraus. In der Praxis hätten diese Prognosen durch die Aufhebung des liberalen, also des bürgerlichen Systems der Gewaltenteilung Anwendung finden müssen, durch die Einsetzung einer »einheitlichen« legislativen, exekutiven und richterlichen Gewalt. Marx sah die Liquidierung des »nationalen Prinzips« in der künftigen Gesellschaft voraus; es galt also, alle Bestrebungen zur Förderung nationaler Besonderheiten und der Nationalkultur als ein Überbleibsel des Kapitalismus anzuerkennen. Marx sah die Identifikation dessen, was der Staat war, mit dem, was die bürgerliche Gesellschaft war, voraus. Es bietet sich eine einfache Auslegungsweise dieser Idee an: Haben wir es im Falle der überlieferten bürgerlichen Gesellschaft (im Hegelschen Sinn) mit einer bourgeoisen Gesellschaft zu tun, so müssen alle Formen dieser Gesellschaft von dem neuen Staat absorbiert werden, der definitionsgemäß ein Staat der Arbeiterklasse ist, sofern er von einer Partei regiert wird, die den Marxismus, also die Ideologie des Proletariats, angenommen hat. Marx sah voraus, daß die negative Freiheit in dem durch die liberale Tradition bestimmten Sinn in der sozialistischen Gesellschaft keine Anwendung mehr finden werde, da diese Freiheit nur ein »Ausdruck« des antagonistischen Charakters dieser Gesellschaft sei: Folglich kann man den Aufbau der neuen Welt mit der Aufhebung jener negativen, bourgeoisen Freiheit zugunsten einer Freiheit höheren Ranges beginnen, wobei letztere aber auf der Einheit von Individuum und gesellschaftlichem Ganzen beruht. Wenn das Proletariat definitionsgemäß sein Streben durch den proletarischen Staat zum Ausdruck bringt, sind alle, die sich der erreichten Einheit nicht anpassen können, Überbleibsel der bourgeoisen Gesellschaft und verdienen nichts anderes als ihre Zerstörung. Außerdem steht einem immer noch das Prinzip zur Verfügung, daß der Fortschritt der menschlichen Gattung immer auf Kosten der Individuen vonstatten gehe und daß dies so lange nicht anders sein könne, als das kommunistische Absolute nicht erreicht sei.

Auf diese Weise konnte die gesamte marxistisch-romantische Theorie der Einheit in Verbindung mit der Theorie der Klassen und der Theorie des Klassenkampfs – wohlgemerkt, sie *konnte, mußte* es aber nicht aus einer geschichtlichen Notwendigkeit heraus – zur Grundlage einer Politik des extremen Despotismus werden, der in sich die Verkörperung eines Maximums an Freiheit sieht. In der Tat, wenn, wie Engels lehrte, die Gesellschaft um so freier ist, je mehr sie die eigenen Lebensbedingungen unter Kontrolle hat, so ist der Glaube daran, daß die Gesellschaft um so freier ist, je regulierter sie ist oder je despotischer sie regiert wird, keine krasse Deformation dieser Lehre. Wenn der Sozialismus in Übereinstimmung mit Marx die Herrschaft der objektiven ökonomischen Gesetze aufhebt und die Lebensbedingungen der bewußten menschlichen Kontrolle unterwirft, so läßt sich daraus leicht der Schluß ziehen, daß in der sozialistischen Gesellschaft »im Prinzip« alles machbar sei, d. h., daß der menschliche Wille (also der Wille der revolutionären Partei) keine Rücksicht auf die objektiven ökonomischen Gesetze mehr zu nehmen brauche, daß er vielmehr, kraft der eigenen schöpferischen Initiative, fähig sei, sich alle Elemente des wirtschaftlichen Lebens unterzuordnen und sie in beliebiger Weise zu manipulieren. Solcherart konnte sich der Marxsche Traum von der Einheit als die despotische Herrschaft der Parteioligarchie realisieren und sein Prometheismus sich in Form von Versuchen verwirklichen, das ökonomische Leben mit polizeilichen Mitteln zu organisieren, was die Partei Lenins in den ersten Jahren ihrer Existenz auch zu tun begann. Der ökonomische Voluntarismus, den man erst dann aufgab, als die neue Gesellschaft kurz vor ihrem Zusammenbruch stand, war eine bestimmte Applikation des Marxschen Prometheismus, gewiß eine mit karikaturhaften Zügen, wenngleich man sich über den Grad der Verzeichnung streiten könnte. (Der chinesische Sozialismus hat eine sehr ähnliche Epoche durchgemacht, die ideologisch genauso motiviert und nicht minder katastrophal in den Folgen war.) Im Sozialismus konnte jeder ökonomische Fehlschlag nicht anders interpretiert werden als durch den bösen Willen der Regierten, doch ließ sich der böse Wille stets als ein Symptom des Widerstandes der ehemals besitzenden Klasse verstehen. Die Regierenden brauchten die Quellen ihrer Niederlagen also nie in den Irrtümern der Lehre zu suchen, sondern konnten die Niederlagen – entsprechend ihrem eigenen Marxismus – der Bourgeoisie anlasten und mit verstärkten Repressionen reagieren, was auch tatsächlich geschah. Mit einem Wort: Die leninistisch-stalinistische Version des Sozialismus war eine *mögliche* Interpretation der Marxschen Konzepte, wenngleich sicherlich nicht die einzig mögliche. Sofern die Freiheit gesellschaftliche Einheit bedeutet, folgt daraus in der Tat: je mehr Einheit, desto mehr Freiheit; sofern die »objektiven« Voraussetzungen der Einheit erreicht sind (nämlich die Konfiszierung des Besitzes der Bourgeoisie), stellen sämtliche Symptome von Unzufriedenheit mit den bestehenden Verhältnissen Symptome der bourgeoisen Vergangenheit dar, denen angemessen begegnet werden muß. Das prometheische Prinzip der schöpferischen Initiative und der historische Determinismus entzweiten sich: Das Prinzip der Initiative wurde vom politischen Apparat verkörpert, während die rückständigen Massen ihr Schicksal als historische Notwendigkeit hinnehmen sollten, als eine

Notwendigkeit, die, sofern man sie eingesehen hat, mit der Freiheit zusammenfällt. Was war einfacher, als bei Marx die Zitate zu finden, die davon sprechen, daß der »Überbau« ein Werkzeug der »Basis« sei und daß sowohl das eine wie das andere in klassenbezogenen Kategorien beschrieben werden müsse. Sofern wir also über neue Produktionsverhältnisse verfügen, die den Interessen des Proletariats entsprechen, muß konsequenterweise auch der gesamte »Überbau«, d. h. das Recht, die staatlichen Institutionen, die Literatur, die Kunst, die Wissenschaft, den neuen Verhältnissen dienen, dessen Bedarf selbstverständlich von der bewußten Avantgarde des Proletariats, also der Partei, festgelegt wird. Auf diese Weise konnte sowohl die Aufhebung des Rechts als einer Institution der Vermittlung zwischen Individuen und Staat als auch die allgemeine Verbreitung der Servilität als eines Hauptprinzips der funktionierenden Kultur u. ä. als vollkommene Verkörperung der marxistischen Theorie erscheinen.

Als Antwort auf solche Einwände läßt sich leicht anführen, daß Marx (ausgenommen vielleicht die Zeit nach der Revolution von 1848) die demokratischen Regierungsgrundsätze nicht nur nicht in Frage stellte, sondern als den selbstverständlichen Bestandteil der Volksherrschaft ansah; daß er, auch wenn er die Wendung »Diktatur des Proletariats« zweimal (im übrigen ohne nähere Erläuterung) gebrauchte, diese im Sinne der Betonung des Klassencharakters der Herrschaft, nicht aber, wie Lenin es wollte, im Sinne der Liquidierung der demokratischen Institutionen verstand. So verhält es sich in der Tat. Daher kann der historisch verwirklichte Sozialismus oder der despotische Sozialismus nicht als Verkörperung der Marxschen *Intentionen* angesehen werden. Das Problem besteht jedoch darin, ob dieser Sozialismus vielleicht doch die Verkörperung der *inneren Logik* der Lehre sei, und wenn ja: in welchem Maße. Darauf läßt sich antworten, daß die Lehre nicht unschuldig ist an einer solchen Interpretation, obschon die Behauptung, der despotische Sozialismus sei sozusagen allein aus der Ideologie entstanden, absurd wäre. Er ist das Produkt vieler historischer Umstände, an denen die Tradition der Marxschen Doktrin mitbeteiligt war. Die leninistisch-stalinistische Marxismusversion ist in der Tat eine *Version*, der Versuch der praktischen Anwendung einer Idee, die Marx in philosophischer Form ausgedrückt hat und die über keine klaren Prinzipien politischer Interpretation verfügte. Die Auffassung, daß die Freiheit letzten Endes am Grad der Einheit der Gesellschaft zu messen sei und daß die Gegensätze der Klasseninteressen die einzige Quelle der gesellschaftlichen Konflikte darstellen, ist ein Bestandteil der *Theorie*. Wenn wir dabei der Meinung sind, es könne eine *Technik* der Verfügung von gesellschaftlicher Einheit geben, so bietet sich der Despotismus aus dem einfachen Grund als natürliche Lösung, weil bisher keine anderen Techniken für die Durchsetzung dieses Zwecks bekannt sind. Die vollkommene Einheit realisiert sich als Aufhebung aller Institutionen der gesellschaftlichen Vermittlung, d. h. als Aufhebung der repräsentativen Demokratie sowie des Rechts als des selbständigen Werkzeugs der Konfliktregelung. Der Begriff der negativen Freiheit setzt in der Tat eine Konfliktgesellschaft voraus. Und unter der Voraussetzung, daß Konfliktgesellschaft gleichbedeutend ist mit Klassengesellschaft und Klassengesellschaft mit Gesellschaft, in der es Privateigentum gibt, so enthält die Behauptung, der Akt der Gewalt, der das Privateigentum aufhebt, hebe zugleich das Bedürfnis nach negativer Freiheit auf, also die Freiheit schlechthin, nichts Verwerfliches.

So also erwacht Prometheus aus seinem Traum von der Macht verwandelt wie der Kafkasche Gregor Samsa.

Anmerkungen

Einleitung

1 vgl. Thomas Mann, »Doktor Faustus«: »War diese Herrschaft nicht nach Worten und Taten die verzerrte, verpöbelte, verscheußlichte Wahrwerdung einer Gesinnung und Weltbeurteilung, der man charakterliche Echtheit zuerkennen muß, und die der christlich-humane Mensch nicht ohne Scheu in den Zügen unserer Großen, der an Figur gewaltigsten Verkörperungen des Deutschtums ausgeprägt finden?« In: Thomas Mann, Gesammelte Werke, 6. Bd., Berlin-Ost 1956, S. 652. Anmerkung des Übers.

1. Kapitel

1 Plotins Schriften, übers. v. R. Harder, Neubearbeitung mit griech. Lesetext u. Anmerkungen, fortgeführt von R. Beutler u. W. Theiler, Bd. IVa, Hamburg 1967 (Philosophische Bibliothek Bd. 214a), S. 23
2 a. a. O., S. 27
3 Plotin, Über Ewigkeit und Zeit (Enneade III, 7), übers., eingel. u. kommentiert von W. Beierwaltes, Frankfurt am Main 1967 (Quellen der Philosophie, Texte und Probleme, Hg. R. Berlinger, Bd. 3), S. 99
4 a. a. O., S. 107
5 Plotins Schriften, Bd. Ia, a. a. O., S. 205 u. 207
6 a. a. O., S. 197 u. 199
7 Die echten Briefe Platons, griech. u. deutsch, Zürich 1951 (Die Bibliothek der alten Welt, Hg. K. Hoenn, Bd. MCMLI, Griechische Reihe), S. 113
8 Plotins Schriften, a. a. O., S. 357
9 Plotins Schriften, Bd. Va, S. 157
10 vgl. Plotins Schriften, Bd. IIa, S. 245: »dort oben kann es unmöglich eine Erinnerung geben.«
11 Plotins Schriften, a. a. O., S. 218 und 300
12 Plotins Schriften, Bd. Ia, a. a. O., S. 239
13 Des Heiligen Thomas von Aquin Summa Contra Gentiles oder die Verteidigung der höchsten Wahrheiten, aus dem Latein. ins Deutsche übers. u. mit Übersichten, Erläuterungen und Aristoteles-Texten versehen v. H. Fahsel, Zürich 1945, Bd. II, 2. Buch, S. 157
14 Augustinus, Bekenntnisse, übertr. u. eingel. v. H. Endrös, München 1963 (Goldmanns Gelbe Taschenbücher Bd. 997–998), S. 260 (XI. Buch)
15 Augustinus, Bekenntnisse, XIII. Buch, a. a. O., S. 337
16 Johannes Scotus Erigena, Über die Eintheilung der Natur, übers. v. L. Noack, Leipzig 1870–74 (Philosophische Bibliothek 86–87), Bd. II, S. 244
17 a. a. O., Bd. I, S. 330
18 a. a. O., Bd. I, S. 345

19 Bd. II, a. a. O., S. 311
20 a. a. O., S. 175
21 a. a. O., S. 218
22 Anselm von Canterbury, Proslogion, latein.-deutsche Ausgabe von P. Franciscus Salesius Schmitt O. S. B., Stuttgart–Bad Cannstatt 1962, S. 120–123
23 Meister Eckehart, Deutsche Predigten und Traktate, hg. u. übers. v. J. Quint, München 1963, S. 95
24 vgl. a. a. O., S. 171
25 a. a. O., S. 191
26 Der Brief des Kardinals Nikolaus von Kues an den Novizen Nikolaus Albergati, Montepolciano, 11. Juni 1463, hg. u. übers. v. G. v. Bredow, in: »Sitzungsberichte der Heidelberger Akademie der Wissenschaften«, Philos.-hist. Klasse, Jg. 1955, Heidelberg 1955, S. 27
27 Nikolaus von Kues, Philosophisch-theologische Schriften, hg. u. eingef. v. L. Gabriel, übers. u. kommentiert v. D. u. W. Dupré, Studien- u. Jubiläumsausgabe Lateinisch-Deutsch, Wien 1964, Bd. I, S. 211
28 a. a. O., S. 329
29 a. a. O., S. 335
30 Docta Ignorantia, Zweites Buch, IV, a. a. O., S. 343
31 Jakob Boehme's Sämmtliche Werke, in sieben Bänden, hg. v. K. W. Schiebler, Bd. V (»Mysterium magnum, oder Erklärung über das erste Buch Mosis«), Leipzig 1843, S. 8
32 a. a. O., S. 38
33 Angelus Silesius, Sämtliche poetische Werke, in drei Bänden, hg. u. eingel. v. H. L. Held, München 1952 (3., erw. Aufl.), Bd. 3 (»Cherubinischer Wandersmann«), S. 46
34 a. a. O., S. 38
35 a. a. O., S. 29
36 François de la Mothe Fénelon, Geistliche Werke, hg. v. Fr. Varillon, Düsseldorf 1961 (Traktat über die Existenz und die Attribute Gottes), S. 133
37 Jacob Bril, Alle de Werken van –, Rotterdam 1715
38 Immanuel Kants Werke, hg. v. E. Cassirer, Bd. V (Hg. B. Kellermann), Berlin 1914, S. 92
39 a. a. O., S. 35
40 vgl. Immanuel Kant, Auswahl u. Einleitung v. Hans-Georg Gadamer, Frankfurt am Main 1960 (Fischer Bücherei 336), S. 200
41 Johann Gottlieb Fichte, Gesamtausgabe, Bd. I, 2 (Werke 1793–1795), Hg. R. Kauth u. H. Jacob, Stuttgart–Bad Cannstatt 1965 (nach dem Text von 1794), S. 87
42 a. a. O., S. 83–89
43 Johann Gottlieb Fichte, Grundlage der gesamten Wissenschaftslehre, Berlin-Wilmersdorf 1961 (Bd. 246 der Philosophischen Bibliothek. Hg. A. Diemer), S. 96f.
44 Georg Wilhelm Friedrich Hegel, Phänomenologie des Geistes, mit einem Nachwort von Georg Lukács, Text-Auswahl und Kommentar zur Rezeptionsgeschichte von Gerhard Göhler, 2., erweiterte u. neu einger. Auflage Frankfurt/M–Berlin–Wien 1973 (Ullstein Buch Nr. 2762), S. 20
45 a. a. O., S. 22
46 a. a. O., S. 442
47 a. a. O., S. 29
48 a. a. O., S. 120
49 a. a. O., S. 221f.
50 Georg Wilhelm Friedrich Hegel, Grundlinien der Philosophie des Rechts oder Naturrecht und Staatswissenschaft im Grundrisse. Mit einer Einleitung hg. v. Bernhard Lakebrink, Stuttgart 1970 (Reclam Universalbibliothek Nr. 8388–93), S. 56
51 Georg Wilhelm Friedrich Hegel, Wissenschaft der Logik. Zweiter Teil (der Philosophischen Bibliothek Bd. 57), Hg. Georg Lasson, Leipzig o. J. (unveränderter Abdruck 1951), S. 101

52 Hegel, Phänomenologie des Geistes, a. a. O., S. 377
53 a. a. O., S. 434
54 Hegel, Wissenschaft der Logik, a. a. O., S. 117f.
55 vgl. a. a. O., S. 131
56 ebd.
57 a. a. O., S. 138f.
58 Georg Wilhelm Friedrich Hegel, Vorlesungen über die Philosophie der Geschichte. Mit einer Einführung von Theodor Litt (nach der Ausgabe von F. Brunstäd), Stuttgart 1972 (Reclam Universalbibliothek Nr. 4881–85/85 a–b), S. 137
59 a. a. O., S. 69
60 a. a. O., S. 70f.
61 a. a. O., S. 80
62 a. a. O., S. 84
63 a. a. O., S. 85
64 a. a. O., S. 86
65 a. a. O., S. 87
66 a. a. O., S. 91
67 G. W. F. Hegel, Grundlinien der Philosophie des Rechts, a. a. O., S. 59

2. Kapitel

1 vgl. »Fortschritte der Sozialreform auf dem Kontinent« (Originaltitel »Progress of Social Reform on the Continent«), ein Beitrag, den Engels in der Wochenschrift der englischen Owenisten, »The New Moral World and Gazette of the Rational Society«, Nr. 19 vom 4. November 1843 veröffentlichte. In: Karl Marx/Friedrich Engels, Werke, Berlin 1974, Bd. 1, S. 480–498, bes. S. 495), Anm. d. Übers.

3. Kapitel

1 Karl Marx/Friedrich Engels, Werke (im folgenden zitiert MEW), Bd. 1, Berlin 1974, S. 79f.
2 MEW, Ergänzungsband (Schriften, Manuskripte, Briefe bis 1844), 1. Teil, Berlin 1974, S. 262
3 a. a. O., S. 371
4 a. a. O., S. 217f.
5 a. a. O., S. 155
6 vgl. a. a. O., S. 247

4. Kapitel

1 Moses Heß, Philosophische und sozialistische Schriften 1837–1850 (eine Auswahl), hg. u. eingel. v. Auguste Cornu und Wolfgang Mönke, Berlin 1961, S. 159 (aus: »Die europäische Triarchie«)
2 a. a. O., S. 223 (aus: »Philosophie der That«, erschienen in »Einundzwanzig Bogen aus der Schweiz«, Hg. Georg Herwegh, 1. Teil, Zürich-Winterthur, 1843)
3 a. a. O., S. 335 (aus: »Über das Geldwesen«, erschienen in den »Rheinischen Jahrbüchern zur gesellschaftlichen Reform«, Darmstadt 1845, 1. Bd.)
4 a. a. O., S. 294 (aus: »Über die sozialistische Bewegung in Deutschland«, erschienen in »Neue Anekdota«, Darmstadt 1845)
5 Ludwig Feuerbach, Werke in sechs Bänden, Hg. Erich Thies, Frankfurt am Main 1976 (Theorie-Werkausgabe Suhrkamp), Bd. 5, S. 21

6 a. a. O., S. 20
7 a. a. O., S. 407
8 a. a. O., S. 41
9 a. a. O., S. 318
10 Ludwig Feuerbach, Sämtliche Werke, neu hg. v. W. Bolin u. Fr. Jodl, 2., unv. Aufl., Stuttgart–Bad Cannstatt 1960 (»Vorlesungen über das Wesen der Religion«, 1. Aufl. 1903–1911), Bd. 8, S. 122 (11. Vorlesung)
11 a. a. O., S. 151 (14. Vorlesung)
12 vgl. MEW, Ergänzungsband, 1. Teil, S. 584

5. Kapitel

1 MEW, Bd. 1, S. 6 (»Bemerkungen über die preußische Zensurinstruktion«)
2 a. a. O., S. 50 (»Debatten über die Preßfreiheit)
3 a. a. O., S. 51
4 a. a. O., S. 54
5 a. a. O., S. 58
6 a. a. O., S. 69f.
7 MEW, Bd. 1, S. 222
8 vgl. a. a. O., S. 224
9 a. a. O., S. 231
10 a. a. O., S. 264
11 a. a. O., S. 247
12 a. a. O., S. 253
13 a. a. O., S. 370
14 ebd.
15 MEW, Bd. 1, S. 345f.
16 a. a. O., S. 378f.
17 a. a. O., S. 381
18 a. a. O., S. 385
19 a. a. O., S. 390
20 a. a. O., S. 391
21 Marx/Engels Gesamtausgabe (MEGA), Erste Abteilung, Bd. 3, Glashütten im Taunus 1970 (unveränderter Nachdruck der Ausgabe Berlin 1932), S. 23

6. Kapitel

1 MEW, Ergänzungsband, 1. Teil, S. 579
2 a. a. O., S. 539f.
3 a. a. O., S. 540
4 a. a. O., S. 541
5 a. a. O., S. 587
6 a. a. O., S. 545
7 a. a. O., S. 546
8 vgl. a. a. O., S. 577
9 a. a. O., S. 517
10 a. a. O., S. 564
11 vgl. a. a. O., S. 544
12 a. a. O., S. 536
13 1. These. Zitiert wird die von Marx 1845 niedergeschriebene Fassung nach Karl Marx/Friedrich Engels, Ausgewählte Schriften in zwei Bänden (im folgenden als AS zitiert), Berlin 1968, Bd. 2, S. 526

14 2. These, ebd.
15 6. These, a. a. O., S. 527
16 10. These, ebd.
17 a. a. O., S. 526
18 a. a. O., S. 527
19 a. a. O., S. 528
20 MEW, Bd. 1, S. 520

7. Kapitel

1 MEW, Bd. 2, S. 7
2 vgl. a. a. O., S. 38
3 a. a. O., S. 98
4 a. a. O., S. 85

8. Kapitel

1 MEW, Bd. 3, S. 21
2 a. a. O., S. 26f.
3 a. a. O., S. 38
4 vgl. a. a. O., S. 36
5 a. a. O., S. 35
6 vgl. Max Stirner, Der Einzige und sein Eigentum und andere Schriften, hg. v. Hans G. Helms, München 1968 (Reihe Hanser 6), S. 186
7 vgl. a. a. O., S. 144
8 MEW, Bd. 3, a. a. O., S. 423
9 a. a. O., S. 424
10 a. a. O., S. 424f.
11 a. a. O., S. 425f.
12 a. a. O., S. 540
13 a. a. O., S. 435
14 MEW, Ergänzungsband, 1. Teil, a. a. O., S. 580 (aus: Ökonomisch-philosophische Manuskripte 1844)
15 Aus: »Debatten über das Holzdiebstahlgesetz« in: MEW, Bd. 1, a. a. O., S. 118. Anm. d. Übers.

10. Kapitel

1 vgl. Filippo Michele Buonarroti, Babeuf und die Verschwörung für die Gleichheit, übers. u. eingel. v. Anna u. Wilhelm Blos, Stuttgart 1909, S. 97
2 vgl. den Neuabdruck einer dt. Übersetzung des »Manifests« von Maréchal in: Die Frühsozialisten. 1789–1848, Hg. Michael Vester, Bd. 1, Reinbek bei Hamburg 1970 (Rowohlts Klassiker der Literatur und Wissenschaft, Hg. Ernesto Grassi, Bd. 17), S. 155. Anm. d. Übers.
3 Die Frühsozialisten, Bd. 1., a. a. O., S. 37
4 MEW, Bd. 4, a. a. O., S. 130
5 a. a. O., S. 140
6 a. a. O., S. 130
7 a. a. O., S. 130
8 AS, Bd. 1, S. 29

9 a. a. O., S. 32
10 ebd.
11 a. a. O., S. 36
12 a. a. O., S. 43
13 a. a. O., S. 47
14 a. a. O., S. 52
15 a. a. O., S. 56

11. Kapitel

1 Ferdinand Lassalle, Gesammelte Reden und Schriften, hg. v. Eduard Bernstein, Bd. 6 (Philosophisch-literarische Streifzüge), Berlin 1919, S. 150f. – Titel der Rede: »Die Philosophie Fichtes und die Bedeutung des deutschen Volksgeistes«, Festrede vom 19. Mai 1862.
2 Michail Bakunin, Staatlichkeit und Anarchie und andere Schriften, hg. u. eingel. v. Horst Stuke, Frankfurt–Berlin–Wien 1972 (Ullstein Buch Nr. 2864), S. 439
3 a. a. O., S. 612
4 a. a. O., S. 613f.
5 a. a. O., S. 615
6 vgl. MEW, Bd. 35, S. 160

12. Kapitel

1 MEW, Bd. 23, a. a. O., S. 80f.
2 a. a. O., S. 99
3 a. a. O., S. 100
4 a. a. O., S. 146
5 a. a. O., S. 117
6 AS, Bd. 1, S. 395
7 MEW, Bd. 23, S. 86
8 a. a. O., S. 181
9 a. a. O., S. 249
10 MEW, Bd. 24, S. 61
11 MEW, Bd. 25, S. 299f.
12 AS, Bd. 1, S. 73
13 MEW, Bd. 23, S. 329
14 MEW, Bd. 25, S. 95
15 a. a. O., S. 95f.
16 a. a. O., S. 205
17 MEW, Bd. 23, S. 596
18 a. a. O., S. 649
19 a. a. O., S. 465
20 a. a. O., S. 107f.
21 a. a. O., S. 351
22 a. a. O., S. 352f.
23 a. a. O., S. 382
24 a. a. O., S. 386
25 a. a. O., S. 442
26 a. a. O., S. 445f.
27 a. a. O., S. 16
28 a. a. O., S. 247

An die Buchhandlung

Leszek Kolakowski

Die Hauptströmungen des Marxismus

Preise

Band 1	*bei Einzelbezug*	Leinen	DM 58,–
Band 1	*bei Abnahmeverpflichtung für die Bände 2 und 3*	Leinen	DM 48,–

Abnahmeverpflichtung für Leszek Kolakowski, Die Hauptströmungen des Marxismus, Band 2 und Band 3

Ich habe Leszek Kolakowski «Die Hauptströmungen des Marxismus», Band 1, zum Vorzugspreis von

DM 48,–

erworben. Damit verpflichte ich mich zur Abnahme der Bände 2 und 3 jeweils nach Erscheinen. Die vorgesehenen Erscheinungstermine sind

Band 2: September 1978
Band 3: September 1979

Name

Straße, Ort

Datum und Unterschrift

Der Vorzugspreis für die Bände 2 und 3 wird jeweils ca. DM 50,– betragen.

29 a. a. O., S. 286
30 a. a. O., S. 674 f.
31 AS, Bd. I, S. 416
32 vgl. z. B. »Kapital« I, 8. Kapitel, 2 u. 3 MEW, Bd. 23, S. 249–254 (»Kapitalistenheißhunger nach Mehrarbeit«, S. 258) bzw. »Werwolfsheißhunger für Mehrarbeit«, S. 258. Anm. d. Übers.
33 a. a. O., S. 167 f.
34 a. a. O., S. 618
35 MEW, Bd. 25, S. 888
36 MEW, Bd. 23, S. 333 f.
37 a. a. O., S. 510 f.
38 a. a. O., S. 354

13. *Kapitel*

1 MEW, Bd. 25, S. 252
2 a. a. O., S. 274
3 MEW, Bd. 7, S. 231
4 MEW, Bd. 23, S. 790 f.
5 AS, Bd. 1, S. 102
6 a. a. O., S. 575
7 MEW, Bd. 9, S. 170 f.
8 AS, Bd. 1, S. 415
9 a. a. O., S. 358
10 MEW, Bd. 10, S. 649
11 AS, Bd. 2, S. 391
12 AS, Bd. 1, S. 59 f.
13 vgl. hierzu 27. Kapitel »Kapital« III MEW, Bd. 25, bes. S. 456: »Die kapitalistischen Aktienunternehmungen sind ebensosehr wie die Kooperativfabriken als Übergangsformen aus der kapitalistischen Produktionsweise in die assoziierte zu betrachten; nur daß in den einen der Gegensatz negativ und in den andren positiv aufgehoben ist.« Anm. d. Übers.
14 MEW, Bd. 23, S. 512
15 AS, Bd. 2, S. 39
16 MEW, Bd. 10, S. 125
17 vgl. AS, Bd. 2, S. 15. Anm. d. Übers.
18 MEW, Bd. 23, S. 552
19 AS, Bd. 2, S. 332
20 MEW, Bd. 25, S. 828
21 MEW, Bd. 23, S. 94
22 AS, Bd. 1, S. 228
23 AS, Bd. 2, S. 16 f.
24 a. a. O., S. 17
25 MEW, Bd. 23, S. 791
26 MEW, Bd. 24, S. 351 f.
27 Karl Marx, Grundrisse der Kritik der politischen Ökonomie (Rohentwurf) 1857–1858 Anhang 1850–1859, Berlin 1974, 2. Aufl., S. 21 f.
28 MEW, Bd. 25, S. 199
29 MEW, Bd. 23, S. 12
30 a. a. O., S. 62
31 a. a. O., S. 67 (Anm. 18)
32 a. a. O., S. 71
33 a. a. O., S. 85

34 AS, Bd. 1, S. 80
35 vgl. hierzu »Grundrisse«, a. a. O., S. 6, u. »Kapital« I, MEW, Bd. 23, S. 345 f., bes. Anm. 13. Anm. d. Übers.
36 a. a. O., S. 716
37 MEW, Bd. 23, S. 27
38 a. a. O., S. 28
39 »Grundrisse«, a. a. O., S. 25 f.

14. Kapitel

1 Karl Marx, Zur Kritik der politischen Ökonomie, Erstes Heft, Berlin 1971, 7. Aufl., S. 15 f.
2 AS, Bd. 2, S. 89
3 AS, Bd. 1, S. 345 f.
4 AS, Bd. 2, S. 434
5 a. a. O., S. 454
6 a. a. O., S. 456 f.
7 a. a. O., Bd. 1, S. 226
8 »Grundrisse«, a. a. O., S. 14
9 MEW, Bd. 23, S. 535
10 AS, Bd. 1, S. 332
11 AS, Bd. 2, S. 205
12 a. a. O., S. 299 f.
13 MEW, Bd. 25, S. 99
14 AS, Bd. 1, S. 322 f.
15 »Grundrisse«, a. a. O., S. 593
16 AS, Bd. 2, S. 155 f.
17 vgl. a. a. O., S. 472
18 MEW, Bd. 23, S. 536
19 AS, Bd. 2, S. 423
20 vgl. Karl Kautky, Die materialistische Geschichtsauffassung, Berlin 1929, Bd. II, 4. Buch, 1. Abschnitt, »Der Begriff der Klasse ist aber ein polarer Begriff. Eine Klasse für sich allein ist nicht denkbar, sie bedarf stets eines Gegenpols: Ausbeuter und Ausgebeutete, Herren und Knechte.« S. 16. Anm. d. Übers.
21 MEW, Bd. 25, S. 207
22 AS, Bd. 1, S. 307
23 a. a. O., S. 223
24 AS, Bd. 2, S. 295
25 MEW, Bd. 7, S. 288
26 AS, Bd. 2, S. 135
27 AS, Bd. 2, S. 296
28 MEW, Bd. 23, S. 779
29 AS, Bd. 1, S. 119
30 a. a. O., S. 124
31 ebd. (bzw. »Entscheidung« in der sog. 2. Fassung. Zur Geschichte der Kontroverse um diesen Engels-Text vgl. a. a. O., S. 629 f. Anm. 43). Anm. d. Übers.
32 MEW, Bd. 4, S. 130
33 AS, Bd. 2, S. 152
34 AS, Bd. 2, S. 473
35 a. a. O., S. 461
36 ebd.
37 a. a. O., S. 155
38 vgl. MEW, Bd. 39, S. 172 f.

15. *Kapitel*

1 MEW, Bd. 20, S. 469
2 a. a. O., S. 519
3 a. a. O., S. 34
4 AS, Bd. 2, S. 335
5 MEW, Bd. 20, S. 129
6 MEW, Bd. 20, S. 24
7 a. a. O., S. 41
8 a. a. O., S. 48
9 a. a. O., S. 503
10 AS, Bd. 2, S. 355
11 MEW, Bd. 20, S. 503
12 AS, Bd. 2, S. 297
13 MEW, Bd. 20, S. 106
14 vgl. »Anti-Dühring«, 3. Abschnitt: Sozialismus, MEW, Bd. 20, S. 264.
15 MEW, Bd. 20, S. 475
16 a. a. O., S. 21
17 a. a. O., S. 112
18 a. a. O., S. 112f.
19 a. a. O., S. 113
20 a. a. O., S. 127
21 a. a. O., S. 36
22 vgl. »Dialektik der Natur«, Fragment-Naturwissenschaft und Philosophie, MEW, Bd. 20, S. 476. Anm. d. Übers.
23 a. a. O., S. 501
24 a. a. O., S. 498
25 vgl. Friedrich Engels, »Ludwig Feuerbach und der Ausgang der klassischen deutschen Philosophie«, IV AS, Bd. 2, S. 353f. Anm. d. Übers.
26 a. a. O., S. 338

16. *Kapitel*

1 vgl. AS, Bd. 2, S. 358f. Anm. d. Übers.
2 vgl. a. a. O., S. 335f. Anm. d. Übers.
3 vgl. Nachwort zur 2. Aufl. des »Kapital« I, MEW, Bd. 23, S. 27. Anm. d. Übers.
4 vgl. den Neuabdruck der »Confessions« in: D. Rjazanov, Karl Marx als Denker, Mensch und Revolutionär (Marxismus-Bibliothek, Bd. 9), Frankfurt am Main 1971 (Nachdruck der Ausgabe aus Marxistische Bibliothek Bd. 4, Wien 1928), S. 141f. Anm. d. Übers.
5 vgl. Karl Marx, Theorien über den Mehrwert (vierter Band des »Kapital«, 2. Teil), MEW, Bd. 26, 2, S. 110f. Anm. d. Übers.
6 vgl. MEW, Ergänzungsband, a. a. O., S. 535: Anm. d. Übers.

Leszek Kolakowski

Die Hauptströmungen des Marxismus

Entstehung. Entwicklung. Zerfall. In 3 Bänden.
Kolakowski: »Wir kennen alle den politischen Hintergrund des zeitgenössischen Interesses am Marxismus. Es ist das Interesse für eine Lehre, die als ideologische Tradition des zeitgenössischen Kommunismus angesehen wird. Sowohl die, die sich selber für Marxisten halten, als auch deren Gegner erwägen für gewöhnlich die Fragen, ist der zeitgenössische Kommunismus, sowohl was die Ideologie als auch was die Institution betrifft, der rechtmäßige Erbe Marxens? . . . Die Frage, die sich ein Ideenhistoriker stellt, sollte demnach nicht in der Konfrontation der ›Essenz‹ einer bestimmten Idee und ihrer praktischen ›Existenz‹ in Form der sozialen Bewegungen entstehen. Wir sollten vielmehr fragen, in welcher Weise und infolge welcher Umstände die ursprüngliche Idee fähig war, über so zahlreiche und so unterschiedliche, sich gegenseitig bekämpfende Kräfte das Patronat auszuüben.«

Band 2: Aus dem Polnischen von Friedrich Griese. Etwa 500 Seiten. Leinen. Erscheint im Herbst 1978.
Band 2 ist der Entwicklung des Marxismus nach dem Tod seiner Begründer gewidmet: die Zweite Internationale, Kautsky, Rosa Luxemburg, Bernstein, Jaurès, Sorel u. a. bis zur Entstehung und Entwicklung des Leninismus.

Band 3: Aus dem Polnischen von Friedrich Griese. Etwa 600 Seiten. Leinen. Erscheint im Herbst 1979.
Band 3 behandelt den Stalinismus und moderne Entwicklungen des Marxismus bis zu Marcuse und Bloch. Der Band 3 enthält Bibliographie und Personenregister für Band 1 bis 3.

Piper

Leszek Kolakowski

Die Gegenwärtigkeit des Mythos

Aus dem Polnischen von Peter Lachmann. 2., revidierte Aufl. 11. Tsd. 1974. 169 Seiten. Serie Piper 49. Kartoniert

Gespräche mit dem Teufel

Acht Diskurse über das Böse. Aus dem Polnischen von Janusz von Pilecki. Gesamtaufl. 10. Tsd. Neuausgabe 1975. 133 Seiten. Serie Piper 109. Kartoniert

Der Himmelsschlüssel

Erbauliche Geschichten. Aus dem Polnischen von Wanda Bronska-Pampuch/Mikolaj Dutsch. 3. Aufl. 9. Tsd. 1966. 212 Seiten. Linson

Der Mensch ohne Alternative

Von der Möglichkeit und Unmöglichkeit, Marxist zu sein. Aus dem Polnischen von Wanda Bronska-Pampuch/Leonhard Reinisch. Gesamtaufl. 22. Tsd. Neuausgabe 1976. 312 Seiten. Serie Piper 140. Kartoniert

Leben trotz Geschichte

Lesebuch. Ausgewählt und eingeleitet von Leonhard Reinisch. 1977. 304 Seiten. Leinen

Die Philosophie des Positivismus

Aus dem Polnischen von Peter Lachmann. 8. Tsd. 1971. 259 Seiten. Serie Piper 18. Kartoniert

Traktat über die Sterblichkeit der Vernunft

Philosophische Essays. Aus dem Polnischen von Peter Lachmann. 6. Tsd. 1967. 271 Seiten. piper paperback

Piper